Von den verschiedenen Formen der Psychotherapie bei körperlichen und seelischen Beschwerden wird das Autogene Training in Deutschland am häufigsten angewandt. Die Zahl derer, die es täglich betreiben, wächst ständig. Das Ziel des Autogenen Trainings ist Entspannung und – davon ausgehend – Erholung, Leistungssteigerung, die Beseitigung vegetativer und psychosomatischer Störungen und vieler psychischer Fehlverhaltensweisen sowie, ganz allgemein, eine Steigerung der Fähigkeit, in Harmonie und ruhiger Gelassenheit zu leben.
Dieses systematisch angelegte Handbuch faßt das theoretische und praktische Wissen über das AT übersichtlich zusammen. Alle bewährten Übungen werden ausführlich in ihrer Technik und in ihren Anwendungsmöglichkeiten behandelt, wobei Schwierigkeiten und Probleme, die sich bei der Einübung einstellen, besondere Beachtung finden. Die vorliegende Ausgabe wurde vollständig durchgesehen und überarbeitet.

Dr. Bernt H. Hoffmann, 1911–1994, studierte Medizin und Psychologie in Hamburg, Lausanne und Paris. Er war Facharzt für Psychiatrie und Psychotherapeut, war zunächst wissenschaftlich und als Dozent tätig und arbeitete schließlich fast 40 Jahre in eigener Praxis in Hamburg. Er hielt regelmäßig AT-Kurse ab, aus denen dieses Buch entstanden ist.

Dr. med. Claus Derra, Dipl.-Psych., geb. 1953, ist Facharzt für Psychiatrie und für Psychotherapeutische Medizin, Abteilungsarzt der Reha-Klinik Taubertal der BfA in Bad Mergentheim. Er erlernte das AT, die gestufte Aktivhypnose und Hypnose bei Dietrich Langen in Mainz.

Prof. Dr. med. Sven Olaf Hoffmann, Dipl.-Psych., geb. 1939, ist seit 1982 Direktor der Klinik und Poliklinik für Psychosomatische Medizin und Psychotherapie der Universität Mainz. Er erlernte das AT bei Bernt Hoffmann. Zahlreiche Publikationen aus dem Gesamtgebiet der Psychotherapie und der Psychosomatischen Medizin, u.a. des Standard-Lehrbuches (zusammen mit G. Hochapfel): ›Neurosenlehre, Psychotherapeutische und Psychosomatische Medizin‹.

PD Dr. med. Friedhelm Stetter, geb. 1959, ist Facharzt für Psychotherapeutische Medizin und Facharzt für Psychiatrie, Psychotherapie, seit 1995 Chefarzt der Oberbergklinik Extertal im Weserbergland und seit 1996 habilitiertes Mitglied der Medizinischen Fakultät der Universität Tübingen. Er erlernte das AT, die gestufte Aktivhypnose und Hypnose bei Dietrich Langen in Mainz. Publikationen zur Wirksamkeitsforschung bei der Anwendung des AT. Initiator und Leiter der Leitlinienentwicklung »Therapie mit AT«.

Handbuch Autogenes Training

Grundlagen, Technik, Anwendung

Von Dr. med. Bernt Hoffmann

Bearbeitet und herausgegeben von
Dr. med. Claus Derra,
Prof. Dr. med. Sven Olaf Hoffmann
und PD Dr. med. Friedhelm Stetter

Mit Zeichnungen von Brigitte Borck

Deutscher Taschenbuch Verlag

Meiner Frau, Dorothea Hoffmann-Reeber,
ohne deren Hilfe und fachlichen Rat
dieses Buch nicht entstanden wäre

Originalausgabe
1. Auflage November 1977
3., durchgesehene und stark erweiterte Auflage
April 1981
12., vollständig überarbeitete und erweiterte Auflage Januar 1997
14., vollständig durchgesehene und erweiterte Auflage
September 2000

www.dtv.de

Umschlagkonzept: Balk & Brumshagen
Umschlagbild: © Bavaria/VCP
Gesamtherstellung: C. H. Beck'sche Buchdruckerei, Nördlingen
Gedruckt auf säurefreiem, chlorfrei gebleichtem Papier
Printed in Germany · ISBN 3-423-36208-1

Inhalt

Gibst du jemandem einen Fisch,
nährt er sich einmal. Lehrst Du ihn das
Fischen, nährt er sich für immer.

Orientalische Weisheit

Ob einer ernst macht im Leben, merkt
man nicht an den großen Entschlüssen,
sondern an der kleinen Arbeit tagaus, tagein.

Romano Guardini

Schicksal, das wußte er jetzt, kam nicht
von irgendwoher, es wuchs im eigenen Innern.

Hermann Hesse

Aus dem Vorwort der Bearbeiter zur 12. Auflage

Diesem Handbuch ist ein verdienter und zugleich erstaunlicher Erfolg beschieden. Dem Verfasser ist offensichtlich gelungen, was von vielen angestrebt wird: eine klare Sprache, die auch interessierten Laien einen Zugang ermöglicht, einerseits, sowie Gründlichkeit und Exaktheit, die auch für Wissenschaftler das Werk zu einem Referenzbuch haben werden lassen, andererseits.

Nachdem die letzte weitergehende Überarbeitung 15 Jahre zurückliegt, stellten sich den Bearbeitern der 12. Auflage eine Reihe von Aufgaben. So mußte die relevante neue Forschungsliteratur eingearbeitet werden, was besonders für die Grundlagen, die psychophysiologischen Bedingungen und die Erfolgskontrollen gilt. Unser Studium hierzu zeigt eine erfreuliche Tendenz. Während in der umfangreichen Literatur zum Autogenen Training, die zum Teil von Bernt Hoffmann referiert wird, empirische Studien im engeren Sinne einen vergleichsweise kleinen Teil einnehmen, ist in den Veröffentlichungen der neueren Zeit ein Ansteigen kontrollierter Studien festzuhalten. Es erstaunt geradezu, wie wenig der Erfolg des Autogenen Trainings in der Praxis im strengeren Sinne wissenschaftlich kontrolliert und wie stark erfahrungsgeleitet er insgesamt war. Diese Beschränkung teilt das Autogene Training mit einer Reihe älterer Psychotherapieformen, aber eine Verbesserung des Standards zeichnet sich deutlich ab. Wir selbst haben eine Literaturrecherche über alle Veröffentlichungen zum AT in den Jahren 1980 bis 1995 durchgeführt und fanden für diesen Zeitraum insgesamt mehr als 1000 Beiträge; davon haben wir 190 in den Text und das Literaturverzeichnis aufgenommen.

Diese Aktualisierung hat uns nicht veranlaßt, die ungewöhnlich kenntnisreiche und profunde Übersicht über die Literatur, die vom Autor vorgelegt wird, zu kürzen. Der Wert einer guten Übersicht, die Bernt Hoffmann sich aus der Originalliteratur selbst erarbeitet hatte, ist für jüngere Ärzte und Psychologen, denen diese Quellen fremd oder unzugänglich sind, kaum zu überschätzen. In den vergangenen zehn Jahren konnte man in zahlreichen neueren Publikationen über das Autogene Training Passagen entdecken, die gerade bei Berichten über die ältere Forschung von diesem Handbuch ohne Nennung der Quelle »abgekupfert« waren. Bernt Hoffmann wußte davon und fühlte sich eher geehrt, als daß er sich geärgert hätte.

Gestrichen haben wir hingegen Ausführungen, die auf wissenschaftlich veralteten oder nicht mehr haltbaren Annahmen beruhten. Die geringsten Änderungen ergaben sich in den praktischen Teilen des Buches. Hier erwies die Erfahrung von 40 Jahren Arbeit mit dem Autogenen Training den Autor als so aktuell, daß kaum Veränderungen erforderlich waren. Lediglich die schon zu seinen Lebzeiten in Besprechungen kritisierten unbefriedigenden Abbildungen der Übungspositionen wurden durch bessere ersetzt. Obwohl einige kürzere Kapitel neu aufgenommen wurden, ist es uns gelungen, den Umfang des Handbuchs nicht nennenswert zu erweitern. Zirka ein Fünftel des Textes ist neu geschrieben; alle Kapitel wurden ausnahmslos überarbeitet. Wo es um »Meinungen« geht, ist die Position der Bearbeiter oft an der »Wir«-Formulierung zu erkennen. Der Singular (»ich«, »meine«) wird nur vom Autor verwendet.

Die neuere Krankheitslehre folgt der ab 1998 auch für die Bundesrepublik verbindlichen Klassifikation der ICD-10 (International Classification of Diseases der WHO, 10. Aufl.). Wir haben versucht, einen Kompromiß zwischen den tradierten und den neuen Krankheitsbezeichnungen zu finden.

Bad Mergentheim und Mainz
im Herbst 1996

Claus Derra
Sven Olaf Hoffmann

Vorwort der Bearbeiter zur 14. Auflage

Der erfreuliche Erfolg dieses Handbuches hält an, so daß drei Jahre nach der letzten Bearbeitung eine erneute Aktualisierung möglich wird.

Die Überarbeitung gilt zum einen der Erhöhung des praktischen Wertes durch die Aufnahme neuer Formeln und Ergänzung der älteren in einer zeitgemäßeren Sprache. Insbesondere der praktisch interessierte Leser wird diese Aktualisierung begrüßen.

In erfreulicher Weise konnten wir auch die Darstellung der kontrollierten Studien zur Wirksamkeit des AT erweitern. Während Grawe in seiner Metaanalyse bis 1984 lediglich 13 kontrollierte Studien zum AT nachweisen konnte, fand Linden 1994 schon 24 entsprechende Studien. Der wichtigste Nachtrag ist die qualitative Metaanalyse kontrollierter klinischer Studien von F. Stetter und S. Kupper (1998). In diese Analyse gingen bereits 64 bis dahin veröffentlichte Studien zum AT ein, die die Wirksamkeit des AT bei den unterschiedlichsten geprüften Indikationen positiv belegen. Die Zusammenfassung der Ergebnisse findet sich im neu aufgenommenen Kapitel 28 dieser Auflage. Eine Reihe von Einzelergebnissen wird in den entsprechenden Anwendungen aufgeführt (Kapitel 29 bis 33).

Für die Herausgabe dieses Bandes stellt der Eintritt des in Deutschland renommiertesten Forschers zur Wirksamkeit des AT, PD Dr. Friedhelm Stetter, in das Herausgebergremium einen großen Gewinn dar. Aus seiner Feder stammt auch im wesentlichen das erwähnte Kapitel 28.

Bad Mergentheim — Claus Derra
Mainz — Sven Olaf Hoffmann
Extertal im Herbst 2000 — Friedhelm Stetter

Vorbemerkungen des Autors

Das *Standardwerk* von J. H. Schultz[1] fällt aus dem Rahmen alles dessen, was bisher über das Autogene Training erschienen ist. Es enthält nahezu alle Forschungsergebnisse, die seit der Geburtsstunde des AT vor fast einem halben Jahrhundert veröffentlicht wurden. Wenn ich »nahezu« sage, so beruht das auf einer Feststellung von Schultz, daß bis 1955 mindestens 2000 Arbeiten über das AT vorlagen, so daß an eine »vollständige Literaturübersicht« nicht mehr gedacht werden könne[2]. Der Fachmann kann ohne dieses Buch nie auskommen; für den Nichtfachmann ist es nicht immer leicht, damit umzugehen – er findet gelegentlich vor lauter Bäumen den Wald nicht.

Das Buch ist das Werk eines Pioniers, es hat den Charakter einer Rechtfertigung und Beweisführung; das schimmert überall durch. Seine Aufgabe ist es – war es –, auch noch den hartleibigsten Skeptiker zu überzeugen. Die allerletzte Nachhut (darunter auch Ärzte) ist inzwischen von den Laien längst überholt worden, die entdeckt haben, wie hilfreich in verschiedenen Lebenslagen und bei verschiedensten Störungen das AT sein kann. Die praktische Verwertbarkeit und die Einzelerfahrungen mit dem Autogenen Training – von Mensch zu Mensch mitgeteilt – haben in den letzten 20 Jahren in erster Linie zu dessen weltweitem Erfolg beigetragen.

Verfahren, deren Erfolg auf Suggestion, Entspannung und Übung beruht, hat es zu allen Zeiten gegeben; sowohl bei unseren Vorfahren als auch in den anderen Hochkulturen. Seit über hundert Jahren hat sich die Wissenschaft dieser Möglichkeiten angenommen, hat sie untersucht und angewendet – d.h. meistens wurde sie zuerst angewendet und dann untersucht (wie die Hypnose). Unter den vielen Behandlungsmethoden, die seitdem entwickelt worden sind, hat das AT eine hervorragende Stellung. Es entstand durch Auswahl und Amalgamierung der wirksamen Elemente verschiedener seelischer Heilverfahren, durch die Ausarbeitung ihrer methodischen Anwendung und die wissenschaftliche Untersuchung der Ergebnisse.

Mit dem AT kann, nach Schultz, alles erreicht werden, was »Entspannung und Versenkung« leisten können:

1. Erholung,
2. Selbstruhigstellung (durch Resonanzdämpfung der Affekte),
3. Selbstregulierung sonst »unwillkürlicher« Körperfunktionen,
4. Leistungssteigerung,
5. Schmerzabstellung,
6. Selbstbestimmung (durch formelhafte Vorsätze),
7. Selbstkritik und Selbstkontrolle (durch Innenschau)[3].

Während der 3. und der 5. Punkt deutlich auf den medizinischen Ursprung der Methode hinweisen, gehören die Punkte 1., 2. und 4. mehr zum Bereich »normaler« Lebensführung; die beiden letzten stehen im Dienste einer bewußten Persönlichkeitsentwicklung.

In ein Exemplar seines Buches ›Die seelische Krankenbehandlung‹, das Schultz einem Freund und Kollegen 1919 (1. Auflage) schenkte, schrieb er die Widmung: »Tout comprendre c'est presque tout guérir« – alles verstehen heißt fast alles heilen. In den darauf folgenden 50 Jahren – J. H. Schultz starb 1970 - machte er die Wandlung durch vom verstehenden Menschen zum Arzt, der in der *Mitarbeit* des Patienten die Grundlage psychotherapeutischer Behandlung sieht. So entstand das Autogene Training als eine Methode seelischer Selbstbeeinflussung.

Jede Methode, jede Technik dient zum schnelleren und leichteren Erreichen eines Zieles. Ohne eine besondere Technik wären manche Ziele gar nicht erreichbar. Das gilt für das Yoga ebenso wie für die Hypnose und das Autogene Training. Methoden erleichtern eine Aufgabe, sie sind jedoch niemals Patentlösungen. Wer eine solche erwartet – und das geschieht nicht selten –, kommt nicht weit. Das AT steht und fällt, wie jede Psychotherapie, mit der Mitarbeit des Patienten. Schultz sprach vom »gärtnerischen« Verhalten des Psychotherapeuten: er kann nur anregen, bestenfalls den Anstoß zu einer Entwicklung geben. Ein solcher Anstoß ist das AT – ob es Früchte trägt, hängt vom Übenden ab.

Ich habe seit Jahrzehnten *AT-Kurse* durchgeführt, zuerst als junger Arzt in Kriegsgefangenenlagern der USA, später in der eigenen Praxis. Immer habe ich darauf geachtet, daß die Teilnehmerzahl 14 bis 16 möglichst nicht überstieg und somit jeder einzelne Übende über Erfolge und Mißerfolge berichten und Fragen stellen konnte. Im Laufe der Zeit wurde deutlich, daß Gruppen mit regem Interesse und lebhafter Diskussion den geringsten Schwund an Teilnehmern aufwiesen – im Gegensatz zu Volkshochschulkursen von 150 bis 200 Teilnehmern, die eine Diskussion nur sehr bedingt zuließen. Aus den vielen Fragen und Diskussionsbemerkungen wurde deutlich, daß die Übungen des einzelnen Teilnehmers viel besser gelingen, wenn vorher Unklarheiten, Unsicherheiten und Zweifel an den Elementen des AT, an deren Beweisbarkeit, Wirkung und Anwendungsmöglichkeit beseitigt waren. Die eineinhalb Stunden, die ich für die erste Übungsstunde eines Kurses ansetzte, erwiesen sich bei lebhaft mitarbeitenden Gruppen als zu kurz, um alle Fragen beantworten zu können. Hektographierte Kurzfassungen der Grundprobleme des AT und seines Verlaufs haben das Gruppenproblem nicht beseitigt. So entstand der Plan, ein Buch zu schreiben, in dem ich versuche, möglichst viele bisher von Kursteilnehmern an mich gestellte Fragen zu beantworten. Viel häufiger, als ich geglaubt hatte, galt das Interesse der grundlegenden Dynamik des AT – was mich veranlaßte, ausführlicher auf die Grundlagen des Trainingsablaufes einzugehen.

Mein zweites Anliegen ist die Einordnung des AT als *Methode* in die psychophysischen Zusammenhänge, wodurch erst eine sinnvolle Anwendung ermöglicht wird.

Hierzu gehört die Klärung der Grundbegriffe, wie sie bereits im Titel des Standardwerkes ›Das Autogene Training – konzentrative Selbstentspannung‹ zu finden sind; ferner das Einordnen des AT in die verschiedenen Arten von Lernvorgängen, in die verschiedenen Formen der Entspannung, der Suggestion sowie seine Abgrenzung gegen verwandte Vorgänge wie Hypnose und Schlaf.

Bei der Methodik werden die zahlreichen Variationen und Zusätze, die zum Schultzschen Standardablauf hinzukamen, berücksichtigt, sowie deren Brauchbarkeit bei bestimmten Persönlichkeitsstrukturen und individuellen Bedürfnissen. Dazu gehören auch im Bereich der Anwendung: ein systematisches Indikationsverzeichnis mit jeweiligem Abwägen der Erfolgschancen, Vergleiche mit anderen Verfahren und die Abgrenzung gegenüber anderen Formen der Psychotherapie, ferner die Möglichkeit einer Kombination mit anderen Methoden.

Einige Kapitel sind *Problemen* gewidmet, die in dieser Ausführlichkeit oder unter diesem Blickwinkel bisher nicht behandelt worden sind: ein Kapitel über die Konzentrationsstörungen, die als häufigste und größte Schwierigkeit beim AT eine zusätzliche Übung beanspruchen; ein Kapitel über die Sprache im AT; über die verschiedenen Arten der Generalisierung; über den Bewußtseinszustand im AT; über die Auswirkung der Gruppe (Gruppendynamik); über die Zusammenfassung möglicher Fehlerquellen und Schwierigkeiten im AT-Ablauf; über die Sonderstellung des Nacken-Schulterfeldes und einige mehr.

Der Stoff wurde so gegliedert, daß ich glaube, jeder kann das ihn Interessierende leicht auffinden – daher auch das stark aufgefächerte Inhaltsverzeichnis. Auf ausführliche Protokolle wurde weitgehend verzichtet; diese finden sich in reichem Maße im Standardwerk von J. H. Schultz.

Bei der Grundlagenbesprechung und für theoretische Überlegungen sind eine Fachsprache bzw. Fachausdrücke nicht immer zu umgehen; sie werden aber im praktischen Teil möglichst vermieden. Auch die angeführten Beispiele und Bilder sollen für alle verständlich sein. Der praktische Teil ist ganz für den »Übenden« gedacht.

Der reine »Praktiker« unter den Übenden kann beim 14. Kapitel zu lesen beginnen und dann bei Bedarf auf den Ersten Teil zurückgreifen. Vielfach wird auch im Text auf die Stellen verwiesen, die bei den »Grundlagen« besprochen wurden und die für das Verständnis des praktischen Ablaufs erforderlich sind.

Seht ihr den Mond dort stehen?
Er ist nur halb zu sehen
Und ist doch rund und schön!
So sind wohl manche Sachen,
Die wir getrost belachen,
Weil unsre Augen sie nicht sehn.

Matthias Claudius

Erster Teil
Über die Grundlagen des Autogenen Trainings

1. Kapitel
Die Entspannung

1. Die Polarität von Spannung und Entspannung

Beschäftigt man sich mit dem Autogenen Training (AT), so fällt auf, daß immer nur von Entspannung die Rede ist, obwohl im Bereich des Lebendigen Spannung und Entspannung immer miteinander abwechseln. »Spannung und Entspannung«, sagt Karl Jaspers, »ist eine vom Biologischen bis zur Seele und zum Geist gehende Polarität«[1], und Schultz beendet sein Übungsheft mit den Worten: »Leben verlangt Polarität; auf unseren Stoff angewandt: höchste Kampf- und Wirklichkeitsspannung auf der einen, tief aufbauende, von innen quellende Entspannung auf der anderen Seite.« Entspannung ist immer nur in ihrem Wechselverhältnis zur Spannung zu verstehen. Wenn trotzdem immer nur von einer entspannenden, dagegen nie von einer anspannenden Psychotherapie die Rede ist, so weist das auf zeitbedingte Faktoren hin[2]. Der Ruf nach Entspannung beruht sicher nicht nur auf einer quantitativen Zunahme der Spannung in der heutigen Welt. In unserer Industriegesellschaft kommen die Spezialisierung der Arbeit, das Hineingepreßtwerden in bestimmte künstliche Lebens- und Arbeitsformen (im Glücksfall aufgrund von Begabungen und Fähigkeiten) hinzu, eine Manipulierung, die schon vor der Schule beginnt: außerdem eine oft als Dauerzustand bestehende Angst um den Arbeitsplatz, das Konkurrenzverhalten bis zur Vernichtung des Konkurrenten oder bis zum eigenen Untergang (cut throat competition)[3]. Diese Belastungen führen zu immer wieder auftretenden Spannungszuständen und im Laufe der Zeit zu Dauerspannungen mit all ihren körperlichen und seelischen Folgen[4].

Grundsätzlich ist festzuhalten, daß äußere Anforderungen, mögen sie auch mengenmäßig und inhaltlich eine hohe Beanspruchung darstellen, leichter bewältigt werden als *innere Spannungen, die aus anhaltenden Beziehungskonflikten* erwachsen. Das bedeutet praktisch, daß ein Fließbandarbeiter weniger durch den hohen Zeitdruck des Bandes als z.B. durch ständige Hänseleien der Kollegen oder die Sorge um den Alkoholkonsum der Ehefrau gesundheitlich belastet wird – was natürlich keine Rechtfertigung für eine überhöhte Leistungsanforderung am Arbeitsplatz darstellt!

2. Entspannung und Ruhe

Der Gegensatz Spannung – Entspannung ist im Physiologischen nicht so eindeutig, wie es auf den ersten Blick erscheint. Die einfachsten Verhältnisse findet man bei der Tätigkeit der Muskeln, und zwar sowohl der Skelettmuskeln (beispielsweise beim Gehen, wobei sich Spannung und Entspannung rhythmisch ablösen), als auch bei der Eingeweidemuskulatur (bei der Herztätigkeit, Atmung und Verdauung): Zusammenziehung, Kontraktion des Muskels ist Spannung; Lockerung, beziehungsweise passives Gedehntwerden ist Entspannung.

Nicht immer identisch mit dem Gegensatz Spannung – Entspannung ist das Gegensatzpaar Bewegung – Ruhe. Ein liegender Mensch kann, muß aber nicht entspannt sein. Sieht man bei einer Röntgendurchleuchtung des Leibes einen völlig bewegungslosen Darm (etwa bei Obstipation), so beruht dies fast immer auf einem Dauerkrampf. Bei normaler Verdauungsbewegung ist der Darm im Vergleich dazu entspannt (vgl. Kap. 22, 2). Ebenso kann ein Lächeln als »paradox« angesehen werden, denn es ist eine Bewegung, die entspannt; es »lösen« sich unsere Gesichtszüge dabei (vgl. Kap. 24, 2). Das Übergeordnete ist hier die seelische Entspannung.

Es kommt bei jeder Psychotherapie nicht auf einzelne, isolierte somatische oder psychische Vorgänge an, sondern man sollte »eine innere und äußere Gesamtsituation schaffen, die diesem Menschen in seiner Lage angemessen ist«[5] und ihm aus seinen Schwierigkeiten heraushilft.

Dieses Ziel ändert nichts daran, daß das AT zunächst in einzelnen entspannenden Vorgängen abläuft, die erst in ihrer Gesamtheit voll wirksam werden und auf die sich eine spätere Aktivität aufbauen kann.

3. Der Tonus

Im AT ist viel von Tonus die Rede, insbesondere vom Muskeltonus. Unter Tonus versteht man die vom Nervensystem her gesteuerte Spannung der Gewebe, insbesondere der Muskeln. Wenn man von Tonus spricht, so meint man den Ruhetonus, d.h. die Grundanspannung des ruhenden Muskels. Dieser schwankt in bestimmten Grenzen, ebenso wie der Blutdruck und der Psychotonus, der sich im Temperament und in der Stimmung widerspiegelt. Alle mit Spannung – Entspannung einhergehenden Vorgänge hängen vom Biotonus ab, der lebendigen Grundspannung, die den ganzen Menschen bestimmt. Sind diese Funktionen in ihrem Verhältnis zueinander gut abgestimmt, so spricht man von Eutonus; von Hyper- bzw. Hypotonus, wenn zuviel bzw. zuwenig Spannung vorhanden ist (meist auf den Spannungszustand der Blutgefäße bezogen); von einer Dystonie, wenn die einzelnen Funktionen sich in ihrem Spannungs-Entspannungs-Gehalt stark unterscheiden. Es kommt darauf an, sowohl bei den Einzelfunktionen als auch beim Gesamtmenschen, den entsprechenden Tonus herzustellen.

4. Krampf und Erschlaffung

Ein häufiger Irrtum liegt darin, Spannung mit Krampf und Entspannung mit Erschlaffung zu verwechseln. (Daher die Vermeidung des Wortes Erschlaffung im AT.) Normalerweise schwingen alle Vorgänge zwischen Spannung und Entspannung. Wird jedoch der Ausschlag der Schwingung zu groß, so wird damit der Bereich der normalen Funktion verlassen. Es kommt bei überstarker Spannung zu einem Krampf, der unnormal ist und nach anderen Gesetzen abläuft, gleichviel, ob es sich um einzelne Muskelgruppen handelt wie beim Lumbago (Hexenschuß) und beim Wadenkrampf oder um den Krampf der Gesamtmuskulatur wie bei einem (generalisierten) epileptischen Anfall.

An den Muskeln der inneren Organe kann man ähnliches beobachten. Bei den hier ablaufenden Verkrampfungen spricht man von Koliken bzw. Spasmen (vgl. Kap. 22, 2).

Die Grenzen des Normbereiches von Spannung und Entspannung nach oben und unten unterscheiden sich insofern, als eine völlige Entspannung nie schadet. Man kann sich gefahrlos der unteren Grenze nähern; sie fällt mit einer Grund(ent)spannung, einem Nullpunkt zusammen. Wir nähern uns dieser Grenze in der Ruhe, vollkommener im Schlaf und beim AT. Einem Krampf folgt meist eine Erschlaffung. Krampf und Erschlaffung liegen insofern dicht beieinander. Dieser Umschlag von einem Krampf in einen Kollapszustand kommt sowohl im Körperlichen als auch im Psychischen vor.

Nach körperlichen und seelischen Überforderungen ist der Schlaf oft »bleiern«, man wacht aus ihm »wie gerädert«, wie »zerschlagen« auf. Dieser Schlaf entspricht dann einer Erschlaffung, aus der man sich nur langsam erholt, im Gegensatz zum entspannten Normalschlaf. Zur irreversiblen Erschlaffung und damit zum Tode kommt es nach (manchmal bereits durchstandenen) Streßsituationen, wie bei Schiffbrüchigen, bei Unfällen im Hochgebirge u. ä. »Physiologisch gibt es Krampf und Kollaps«, sagt Jaspers, »und die Gesundheit, die keines von beidem ist; in der Seele gibt es Verkrampfung und Schlaffheit, Eigensinn und Haltlosigkeit und das aufgeschlossene klare Wollen, das diesen Gegensätzen nicht verfällt. Aus den Polaritäten der Spannung und Lösung... entspringen die Bewegungen, die entweder abgleiten, sei es in Verkrampfung, sei es in Erschlaffung, oder die aus einer Spannung über eine Lösung in der jeweils gelingenden Synthesis zu neuer Spannung gehen.«[6]

Jeder Weg zu einer Synthese führt über eine Lösung, über eine Entspannung. Genau das ist der Weg des Autogenen Trainings. Droht die Gefahr einer Überspannung, so muß diese vorsorglich verhütet werden. Bereits vor über siebzig Jahren hat O. Vogt, der geistige Vorgänger von Schultz, auf den wir noch häufiger zu sprechen kommen, »prophylaktische Ruhepausen« in Form von Autohypnosen empfohlen, wenn es darum ging, das Anwachsen von Erregungen zu schädlicher Stärke zu vermeiden. Diesem Verfahren entsprechend wendet man im AT »vorsorgende Erholungen« an.

5. Die ganzheitliche Reaktion

Bei Menschen in einem starken Affekt (beispielsweise Wut) verändert sich der Gesamtzustand: der Herzschlag wird kräftiger, schneller, der Blutdruck steigt an, der hormonale Apparat stellt sich um (Adrenalinausschüttung), die Körpermuskulatur ist angespannt, insbesondere die mimischen Muskeln, die Bewegungen sind ruckweise, brüsk, massiv. Das Verhalten dieses Menschen zeigt eine Widerspiegelung seiner Gesamtspannung: im Verhalten der Muskeln, der vegetativen Funktionen und im affektiven Spannungsgrad. All dies ist in der anliegenden Abbildung 1 veranschaulicht[7]. Alle Funktionen sind dabei immer aufeinander bezogen – der Mensch reagiert als einheitliches Ganzes.

Untersuchungen an Konstitutionstypen ergaben, daß Muskeltonus, Bewegungsabläufe und anschließende Entspannungsfähigkeit zusammenhängen. Diese Untersuchungsergebnisse fanden ihren Niederschlag im *Psychophysischen Gesetz:* »Die konstitutionstypischen Tonusregulierungen der willkürlichen Muskulatur, des vegetativen Systems und des psychischen Affektablaufes stehen mehrfach in korrelativem Zusammenhang.«[8] Uns kommt es hier zunächst auf die wechselseitigen Beziehungen dieser verschiedenen Funktionen an. Verändert sich in diesem Beziehungsfeld eine Funktion, so verändern sich die anderen auch, und zwar gleichsinnig.

In der älteren Hypnose- und Suggestionstherapie sprach man zuerst die Psyche an, zumindest vorwiegend, denn es gab keine systematische Anwendung der Hypnose. Diese schwankte in Form, Inhalt und Effekt je nach dem Hypnotiseur, der sie anwandte. Über die psychischen Funktionen wirkten sie auf das vegetative System oder auf den Muskelapparat ein.

Eine Reihe von psychotherapeutischen Verfahren aus neuerer Zeit beschreiten den umgekehrten Weg. Man geht von Muskelveränderungen aus und erreicht damit eine Umschaltung im vegetativen und psychischen Bereich. Diesen Weg geht auch das Autogene Training (ebenso wie die Progressive Muskelrelaxation nach Jacobson, s. Kap. 34, 1a). Es werden die Skelettmuskeln und die Blutgefäßmuskeln entspannt, damit wird eine Gesamtentspannung, eine Gesamttonusregulierung des Menschen erreicht.

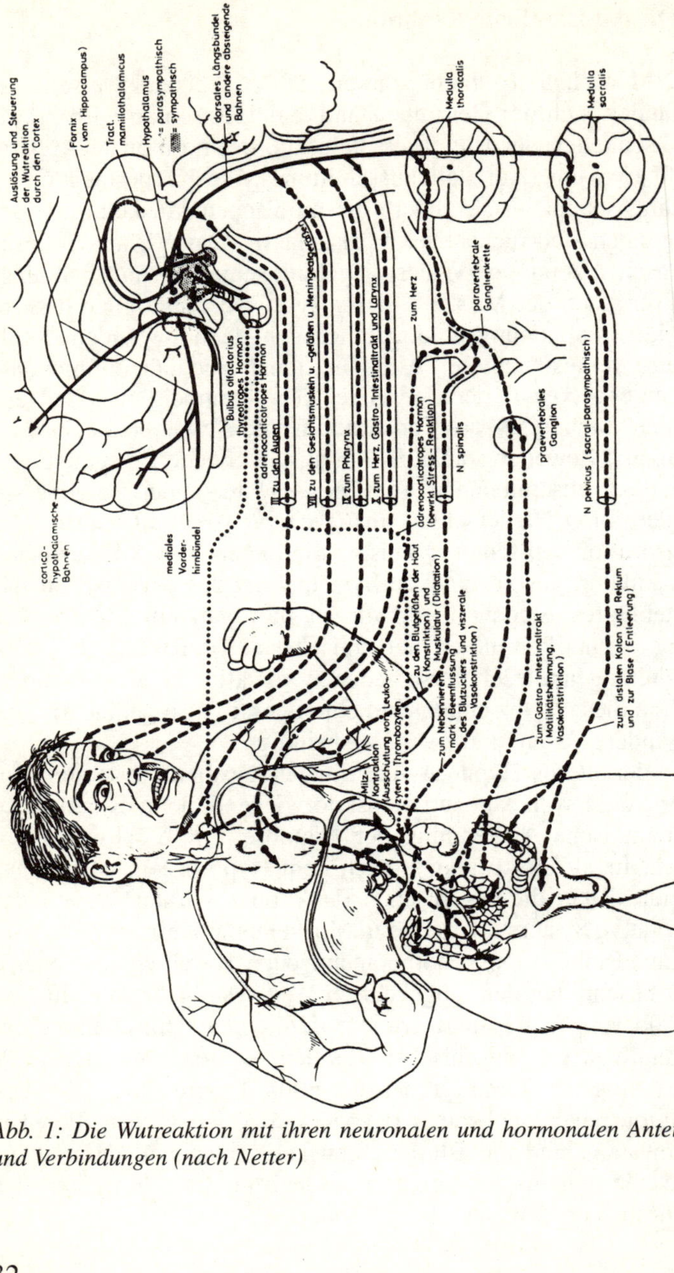

Abb. 1: Die Wutreaktion mit ihren neuronalen und hormonalen Anteilen und Verbindungen (nach Netter)

2. Kapitel
Das Konzentrative

1. Die Verwendung des Begriffs bei J. H. Schultz

Der Untertitel des Standardwerkes von Schultz über das Autogene Training lautet: Konzentrative Selbstentspannung. Wie ist es dazu gekommen, und wie ist das »Konzentrative« zu verstehen? In einer ersten Mitteilung 1926[1] spricht Schultz von »Autogenen Organübungen« und schließt mit den Worten: »Das prinzipiell Neue an dem Verfahren ist die systematische physio-psychologisch-rationell übende Darstellung der selbsttätigen Umstellung sonst automatischer Funktionen und – m. E. hiermit wesensgleich – die gefahrlose Darstellung autosuggestiv-echt-produktiver Versenkung.«

Drei Jahre später übernimmt Schultz[2] den Vorschlag eines Mitarbeiters, von *konzentrativen* anstatt von autosuggestiven Vorgängen zu sprechen: »Es sollen die Erscheinungen der spezifischen Selbstumschaltung als ›konzentrative‹ schon dem Namen nach von den allgemeinsuggestiven geschieden werden.« Es wird also der Ausdruck »allgemeinsuggestiv« für fremdsuggestive Vorgänge benutzt, während die Bezeichnung »konzentrativ« für autosuggestives Geschehen steht. Wir kommen auf diese Dinge später ausführlich zu sprechen (Kap. 4). Schultz hat, um der neuartigen Verwendung autosuggestiver Vorgänge Rechnung zu tragen, diese philologische Korrektur angebracht. In seinem Hauptwerk taucht der Begriff der »Suggestion« selten auf; er wird ausschließlich für die »interindividuellen Probleme«[3], also für die Fremdsuggestion (Heterosuggestion) reserviert.

Die meisten Hinweise auf autosuggestive (= konzentrative) Wirkungen findet man im Hauptwerk von Schultz unter dem Stichwort »Konzentrationslehre«[4]. Konzentrations- und Suggestionswirkungen sind im Autogenen Training unlösbar miteinander verschränkt.

2. Die Konzentration

Unter Konzentration wird im allgemeinen die *aktive* Hinwendung der Aufmerksamkeit auf bestimmte Objekte verstanden.

Diese Aktivität äußert sich stufenweise, und zwar in »Aufmerksamkeit, Anstrengung und Wille«[5]. Die Aufmerksamkeit ist ein »aktiver selektiver Aspekt der Wahrnehmung«, d.h. sie wendet sich einem Objekt zu unter bewußter Ausschaltung alles dessen, was nicht zu diesem Objekt gehört. Die Aktivität der Aufmerksamkeit spiegelt sich wider in Ausdrücken wie »gespannte Konzentration« oder »scharf nachdenken« oder »die Schärfe der Aufmerksamkeit« (Vigilanz).

Es gibt aber auch Zustände von Aufnahmebereitschaft, bei denen die Aktivität im Sinne einer gesteuerten Aufmerksamkeit und willkürlichen Wahrnehmung nur eine minimale Rolle spielt. Ähnlich unterscheiden die Franzosen bei der akustischen Wahrnehmung zwischen »écouter«, dem aufmerksamen Zu- und Hinhören, und »entendre«, dem diffus-passiven Wahrnehmen eines akustischen Reizes. Noch deutlicher ist es im Italienischen, das »ascoltare« im selben Sinne wie »écouter« verwendet, im Gegensatz zu »sentire«, das nicht nur hören, sondern auch ganz allgemein fühlen bedeutet, also einer passiven Wahrnehmung entspricht. Man spricht auch von einer *gleichschwebenden Aufmerksamkeit,* nach Freud eine »möglichst vollständige Unterbrechung alles dessen, was gewöhnlich die Aufmerksamkeit auf sich zieht«[6]. Gleichschwebende Aufmerksamkeit, die sich beim Analysanden entwickeln soll, bezieht sich auf alles, »was er in seiner Selbstbeobachtung erhascht, mithin Anhaltung aller logischen und affektiven Einwendungen, die ihn bewegen wollen, eine Auswahl zu treffen«.[7] Diese Art der Aufmerksamkeit entspricht einer passiven, nicht willkürlichen, diffusen Wahrnehmungshaltung, bei der Objekte der Außenwelt (zufällig) auffallen, ins Auge fallen – intrapsychisch gesehen: einfallen.

Auf der einen Seite dieser gegensätzlichen Arten der Aufmerksamkeit steht die Konzentration im Sinne eines gespannten Vorganges, einer willkürlichen Zuwendung, die auf einen Punkt ausgerichtet, konzentriert ist. Sie ist einem Scheinwerfer vergleichbar[8], mit dessen Hilfe die Dunkelheit bewußt punktuell ausgeleuchtet wird, unter Beiseitelassen unerwünschter Objekte. Auf der anderen Seite steht die passive, eher diffuse Aufmerksamkeit, die über dem gesamten Wahrnehmungsfeld schwebt, und die im Unterschied zum Punktscheinwerfer eher einer Kerze vergleichbar ist, deren Licht den gesamten Umkreis erhellt, spärlich zwar, dafür jedoch alle Objekte ausnahmslos miteinschließend. Selbstverständlich ist auch diese Art der Aufmerksamkeit nicht gänzlich ohne Aktivität und Spannung.

Im angloamerikanischen Schrifttum benutzt man Ausdrücke wie »concentration without effort« (Brown) oder einfach »relaxation«; im Französischen »Autohypnose« (Bonnet), »gesammelte Aufmerksamkeit bei minimaler Anspannung« (Baudouin) und »Aktiv-Relaxation« (Stokvis)[9].

Die Verbindung zwischen Entspannung, schwebender Aufmerksamkeit und Autosuggestion ist für die meisten dieser Zustände bestimmend. Sie entsprechen alle der konzentrativen Selbstentspannung von Schultz[10] oder sind ihr zumindest nahe verwandt.

Der Ausdruck konzentrativ ist auch für andere Behandlungsmethoden übernommen worden (z.B. konzentrative Bewegungstherapie); meistens wird ihm dieselbe Bedeutung wie im AT zugelegt, nämlich die selbsttätige entspannte Zuwendung zu einem Vorgang[11].

3. Kapitel
Das Training

1. Das Lernen

Trainieren ist modern. Überall wird heute trainiert: vom sportlichen Training über das Autogene Training bis zum Intelligenz- und Kreativitätstraining (dem Einüben einer »produktiven Bewältigung neuer Aufgaben«). Das Wort Training ist nach Schultz »philologisch tadelnswert«. Er definiert es als ein »selbstgestaltendes systematisches Üben«[1].

Üben und Trainieren gehören in die übergeordnete Rubrik der Lernprozesse, wobei Lernen identisch ist mit dem Erwerb neuer Verhaltensmuster, die mit den angeborenen und bereits erworbenen Verhaltensweisen verschmelzen. Mensch und Tier sind darauf angewiesen, dauernd zu lernen, um sich an ihre Umgebung anzupassen. Ohne diesen Dauerprozeß ist ein Überleben unmöglich.

Die gut gesicherten Lerngesetze beruhen zum großen Teil auf Tierversuchen. Von dieser allgemeinen Lerntheorie wird in den folgenden Abschnitten häufig die Rede sein.

Darüber hinaus wird aber, wenn vom AT und dessen Lernvorgängen gesprochen wird, das Lernen im Sinne einer speziellen menschlichen Lerntätigkeit betrachtet, in der die Aneignung von Wissen und Können erfolgt. Dieses Lernen erfolgt, im Gegensatz zum Lernen des Tieres, bewußt. Es führt nicht nur passiv zu einer Anpassung an bestehende Verhältnisse, sondern kann auch auf deren Veränderung abzielen.

2. Die Assoziation

Zum Lernen gehört Gedächtnis. Die Suche nach einem Gedächtnisinhalt wird erleichtert, wenn wir uns an Eindrücke erinnern, die mit dem Gesuchten im Verhältnis der Ähnlichkeit, des Gegensatzes oder der räumlichen und zeitlichen Nähe

(Kontiguität) stehen. Diesen drei »primären Assoziationsgesetzen«[2] wurden später »sekundäre Assoziationsgesetze« hinzugefügt. Sie betreffen[3]: die Dauer des ursprünglichen Eindrucks; seine Lebhaftigkeit; die Häufigkeit seiner Wiederholung; seine Frische; das Fehlen konkurrierender Eindrücke; konstitutionelle Unterschiede der Eindrucksempfänger; deren jeweilige Gemütslage; deren körperlichen Zustand und deren Lebensgewohnheiten.

Die Assoziationsgesetze betreffen nicht nur Begriffe, sondern (in viel höherem Maße) Vorstellungen, die aus sämtlichen Sinnesgebieten stammen können.

Die in den »sekundären Assoziationsgesetzen« festgelegten Faktoren finden sich beim AT alle wieder; ihre Bedeutung entspricht der Reihenfolge ihrer Aufzählung. Im AT werden alle Eindrücke, solche der Eigenerfahrung bei den Übungen wie auch solche, die vom Trainingsleiter oder von einzelnen Gruppenmitgliedern stammen, assoziativ verarbeitet und als Grundlage für die nächste Übung verwertet.

3. Die bedingten Reflexe

Der russische Physiologe Ivan P. Pawlow führte 1897 ein Experiment durch, das die gesamte Lernpsychologie umgestaltete. Er verlegte bei einem Hund operativ den Ausführungsgang der Speicheldrüse nach außen und konnte so die Speichelmenge messen, die beim Fressen sezerniert wurde. Dieser Vorgang der Speichelsekretion beim Fressen beruht auf einem angeborenen Reflex des autonomen Nervensystems; er ist unbedingt und unkonditioniert. Wenn man neben dem Hund in dem Augenblick, in dem er sein Futter bekommt, eine Lampe anzündet (oder eine Glocke ertönen läßt) und den Vorgang mehrere Tage wiederholt, so wird beim Anzünden der Lampe Speichel abgesondert, auch wenn kein Futter mehr gegeben wird. Das Aufleuchten der Lampe führt zu einem bedingten Reflex, entstanden durch die Koppelung von unbedingtem Reflex und bedingendem Reiz. Ein solcher bedingter Reflex ist jedem Menschen bekannt, der (besonders bei Hunger) sich Speisen vorstellt oder sogar nur ein Bild mit Speisen sieht, und dem dann »das Wasser im Munde zusammenläuft«.

Ein Lernen, das den Pawlowschen bedingten Reflexen folgt, bezeichnet man als »klassische Konditionierung«.

Beim AT laufen eine ganze Reihe von Reaktionen nach der Art bedingter Reflexe ab. So kann man das *Erlernen* des AT, besonders einleuchtend an der Wärme- und Schwereübung, mit der Etablierung neuer bedingter Reflexe gut erklären. Auch *unerwünschte Nebenwirkungen* entstehen auf die gleiche Weise (Fehlkonditionierungen). Das gesamte AT mit bedingten Reflexen erklären zu wollen, wäre dagegen eine konstruktive Überspitzung. Dagegen spricht eindeutig das Prinzip der Absicht und der Erwartung, das vom AT nicht zu trennen ist, und es kommen weitere lerntheoretische (Generalisierung, Modellernen) sowie andere Prinzipien (Suggestion) hinzu (s. u.).

4. Die operante (instrumentale) Konditionierung

Man kann den Versuch von Pawlow ergänzen[4]: Das Anzünden der Lampe bei einem hungrigen Tier wird mit einer zusätzlichen Betätigung (auf einen Hebel drücken, auf ein Brett treten u. ä.) gekoppelt, die erst dem Tier seine Nahrung verschafft.

In diesem Fall ist die assoziative Verbindung von Reiz, dem Wunsch nach Reizbefriedigung und dem dazu führenden Akt ohne auslösende Reizsituation (Anblick der Nahrung) gegeben. Da bei dieser Art der Konditionierung kein unbedingter Reiz mehr vorhanden ist, spricht man von operanter bzw. instrumentaler Konditionierung.

5. Lernen am Erfolg

Das am Erfolg orientierte Lernen baut auf drei Gesetzen auf: Das »Prinzip von Versuch und Irrtum« (trial and error) als bestimmendem Faktor beim Lernvorgang[5]. Hierauf basiert das

»Effektgesetz«[6]: »Akte, auf die Zustände folgen, die ein Lebewesen nicht zu vermeiden, sondern evtl. herbeizuführen und zu erhalten trachtet, werden ausgewählt und fixiert.«[7] Drittens das Gesetz von der Verstärkung von Reaktionstendenzen[8]: »Wenn eine Reaktion mit der Erlebnisspur eines Reizes assoziiert ist, und wenn diese Reiz-Reaktion-Verbindung mit einer schnellen Verringerung der Bedürfnisspannung eines Organismus assoziiert wird, dann verstärkt sich die Tendenz dieser Reizspur zur Auslösung der Reaktion.« Entscheidend für das Lernen ist damit sein Erfolg (Verringerung der Bedürfnisspannung = Befriedigung); es stellt sich ein, wenn ein äußerer Reiz (als Charakteristikum einer Situation), ein Verhalten (Reaktion) und ein innerer Reiz (Abnahme der Bedürfnisspannung, z.B. des Hungers) zusammentreffen. Bei wiederholten Koppelungen tritt jedesmal eine Verstärkung (reinforcement) der Reaktionstendenz ein.«[9]

Beim Lernen am Erfolg unterscheidet man zwischen fördernden und hemmenden Vorgängen: eine *Verstärkung* des Verhaltens in Tierversuchen wird erreicht durch Belohnung (meist Futter) bei richtigem, und Strafe (z.B. ein elektrischer Schlag) bei falschem Verhalten.

Ein wichtiges Verstärkungsmittel ist das *Lernen in kleinen Schritten:*

Ein Erfolgserlebnis wird häufiger erfahren.

Man beschleunigt das Lerntempo, wenn man dem Ziel näherkommt oder näherzukommen glaubt (»antizipatorische Zielreaktion«).

Die Übersicht und damit die Beherrschung eines kurzen Lernvorganges gelingt besser.

Durch Generalisation bzw. Transfer (siehe dort) wird das Erlernen der nächsten Stufe (beim AT die Realisierung der nächsten Formel) erleichtert.

Außerdem wird die Aufmerksamkeit beim Üben in kleinen Stufen bzw. kurzen Zeitintervallen[10] nicht strapaziert.

Je kürzer die Zeiten zwischen Reaktion und Erfolgserlebnis sind (man denke ans Scheibenschießen), um so mehr wird pro Zeiteinheit gelernt. Auf diesem Gesetz beruht die Schwierigkeit, aus der eigenen Lebenserfahrung zu lernen: wenn sich die Konsequenzen unseres Tuns nach oft längerer Zeit einstellen, läßt sich die Originalsituation unseres Handelns manchmal nur schlecht rekonstruieren[11].

Ein schnell sich einstellendes, oft überraschendes Erfolgserlebnis vermittelt der *Pendelversuch* (siehe Kap. 15, 1). Man sollte ihn vor Beginn eines AT-Kurses von jedem Übenden ausführen lassen.

Die Verstärkung kann *primär* sein, d.h. im Lernakt selber liegen, z.B. in der eben besprochenen Kürze des Lernaktes. Erfolgt die Verstärkung von außen her, so bezeichnet man sie als *sekundär.*

Die sekundären Verstärkungen sind meist wichtiger als die primären, man denke an Belohnung und Bestrafung bei der Kindererziehung. Beim AT wird vorzugsweise mit *positiver Verstärkung* gearbeitet. Der Belohnung entspricht hier die Anerkennung – durch den Trainingsleiter, durch Gruppenteilnehmer –, wobei diese Anerkennung eine höhere Zuwendung, eine Zunahme des Prestiges des Teilnehmers, eine Anerkennung seiner Ehrlichkeit (z.B. beim Eingestehen eines Mißerfolges) sein kann.

Ein Beispiel für sekundäre *negative Verstärkung* ist die Kritik. Insbesondere innerhalb der Gruppe sollte diese mit Fingerspitzengefühl vorgenommen werden: Korrekturen, Verbesserungsvorschläge müssen die emotionale Abwehr des Übenden, müssen Protestreaktionen vermeiden. An jeder Reaktion, auch an einer falschen, sollte die Aktivität des Trainierenden, seine Bereitwilligkeit zum Lernen hervorgehoben werden. Meist läßt sich dabei auch ein positiver Aspekt entdecken, dessen Anerkennung wichtig ist: »mit Ihrer Schwierigkeit sind Sie bestimmt nicht der einzige«; »es ist gut, daß Sie darauf zu sprechen kommen«; oder »aus negativen Erfahrungen lernt man meist mehr als aus positiven«. Diese Art der Verstärkung wird heute vielfach von den »Lernmaschinen« übernommen (z.B. im Sprachunterricht), die zusammen mit einer Teilanerkennung einen neuen Reiz auslösen.

Eingeständnissen wie beispielsweise dem folgenden: »Ich bin die letzten zwei Wochen überhaupt nicht zum Üben gekommen«, sollte man sofort nachgehen. Bei einem so »schwerwiegenden Vergehen« gegen die Regel in der Gruppe genügt es oft, die einfache Frage zu stellen: »Warum war das wohl so?«[12], um den Betreffenden zu einem Bericht und damit zu einer Stellungnahme zu veranlassen und den Grund seiner mangelnden Motivationsfähigkeit deutlich werden zu lassen und möglicherweise abzubauen. Unbewußte Widerstände und Abwehrhaltungen, die den Entschluß zum Erlernen des AT durchkreuzen und stören, wird man gegebenenfalls in Einzelsitzungen klären müssen.

Sekundäre Verstärkungen (z.B. in Form äußerer Bestätigungen) sind vor allem beim Beginn des AT am Platze, wenn sich die primären Verstärkermechanismen (z.B. die Generalisierung) noch nicht auswirken.

Vorübergehendes Verschwinden eines bedingten Reflexes bezeichnet man als *temporäre Hemmung* (vgl. Kap. 3, 6 und 3, 10). – Sie tritt auf bei heftigen Affekten und bei aktuellen belastenden Situationen, etwa bei Lampenfieber und im Examen. Klagt der Neuling im AT darüber, das Üben gelinge gerade dann nicht, wenn man es am meisten brauche, wenn man unruhig, ängstlich, nervös oder erregt sei, wäre hierauf zu erwidern, daß die Meisterung von Belastungssituationen zu den Zielen des AT gehört und nicht an ihrem Beginn erwartet werden kann.

Beim Fehlen jeglicher Verstärkung nimmt die Reaktion auf einen Reiz langsam ab und erlöscht schließlich (Extinktion). Erloschene (vergessene) Reaktionen lassen sich übrigens wieder aktivieren. So kommt es vor, daß nach Jahren ein AT-Kurs von einem Teilnehmer wiederholt wird und dann besonders gut (durch bessere Motivierung) und besonders schnell (durch Reaktivierung des früher Gelernten) zum Ziele führt. Solche Wiederauffrischungssitzungen werden heute gern als (amerikan.) »booster sessions« oder Booster-Sitzungen bezeichnet. Es empfiehlt sich, Kursteilnehmer am Ende eines Kurses auf diese Phänomene aufmerksam zu machen, damit die Schwelle zu einem Auffrischungskurs gesenkt wird.

6. Das Orientierungslernen

Die Erwartung (expectation) steht im Mittelpunkt der Orientierungstheorie[13]. Danach ist das Agieren bzw. Reagieren eines Lebewesens von Erwartungen, d.h. von Zielvorstellungen her bestimmt.

Lernen heißt die Ergebnisse von Bewegungsabläufen vorwegnehmen (während nach der Verstärkungstheorie der Organismus die Bewegungsabläufe erlernt). Zu Beginn des Lernvorganges steht eine »Hypothese«[14]; das Lernen selbst ist die Verifizierung dieser Hypothese. Eine solche Erwartung kann sich auch hemmend auf den Lernvorgang auswirken, wenn nämlich eine neue Situation ein neues Verhalten erforderlich macht. Man spricht dann von »negativem Transfer«[15].

Die antizipierende (also vorwegnehmende) Erwartung[16] spielt eine große Rolle. Wir werden sie wiederfinden bei der Besprechung der Suggestion bzw. Autosuggestion, mit denen ja das ganze AT steht und fällt. Auch die sog. Vorsatzbildungen sind ohne eine antizipierende Erwartung nicht zu verstehen. Natürlich können sich falsche Erwartungen, Vorurteile, Vorbehalte, wie sie zu einem AT-Kurs oft mitgebracht werden, auf den ganzen Lernprozeß im Sinne von Fehlerwartungen hemmend auswirken. Daher die Wichtigkeit der Grundsatzbesprechung durch den Trainingsleiter.

Es ist überflüssig, darauf hinzuweisen, daß eine Einsicht den Lernvorgang von Grund auf gestaltet.

Bei Versuchen mit Menschenaffen hat man festgestellt[17], daß diese bei begrenzten Aufgaben einsichtiger Handlungen fähig sind: Außerhalb ihres Käfigs liegende Bananen holten sie beispielsweise mit Hilfe eines Stockes herbei, wobei hinzuzufügen wäre, daß »Werkzeuggebrauch« bei einigen Tieren bekannt ist, dieser jedoch durch operante Lernprozesse und Instinkte und nicht durch verstehende Einsicht gesteuert wird.

Beim AT verstärken Erwartung und Einsicht (insight) einander auf mehrfache Weise:

Je mehr wir vom *Ablauf* eines Geschehens wissen, je besser wir seine Modalitäten kennen, um so selbstverständlicher erwarten wir ihn. Ebenso wird durch eine hohe Erwartung die Einsicht gefördert. (Aussicht auf Futter z.B. macht Tiere erfinderisch.)

Je präziser das *Ziel* umrissen wird, desto deutlicher und intensiver werden die Erfolgserwartungen, die wiederum die Reaktion verstärken und damit die Einsicht (im weiteren Verlauf des Lernens) bestätigen.

Diese Erwartungen werden ebenfalls verstärkt, wenn die *Grundlage,* auf der sie sich abspielen, als gesichert und überzeugend angesehen wird. Diese Verstärkungsvorgänge sind gegeneinander nicht genau abzugrenzen, doch sollte eine Einsicht in Ziel und Grundlage möglichst vor Beginn des AT vorhanden sein; die Einsicht in den Ablauf wird sich im Verlauf des AT stufenweise von einer Übung zur anderen steigern.

Die *Absicht* (purpose) ist der dritte Begriff, der beim Orientierungslernen eine große Rolle spielt. Auch er läßt sich auf den bewußten AT-Lernvorgang anwenden. Das AT wird erlernt in der Absicht, ein neues Wissen zu erwerben, etwas abzuändern. Das ändert nichts daran, daß wir häufig Ziele nicht direkt (intentional) anstreben dürfen, um sie zu verwirklichen. Die Beharrlichkeit der Absicht hängt von der Motivation ab: der »spezifischen Logik der Erkenntnis des Seelischen«[18].

7. Das Üben

Es heißt, das Tier sei gefangen im Käfig seiner (angeborenen) *Instinkte.* Von der Art her gesehen sind diese Instinkte zweckmäßig, final auf die Erhaltung der Art orientiert. Innerhalb dieses »Käfigs« hat das Einzeltier nur sehr begrenzte Lernmöglichkeiten.

Damit hängt es zusammen, daß das Tier nur am Zufall lernt. Wenn man trotzdem über das Lernen bei Einzeltieren Aussagen machen und sogar Lerngesetze entwickeln kann, so deswegen, weil im Tierversuch die Quote des Zufalls durch Kunstgriffe außerordentlich erhöht wird. Paradox formuliert: Der Zufall wird systematisch produziert.

Der Mensch ist weit weniger als das Tier an artmäßig festgelegtes Verhalten (Instinkte) gebunden. Jeder Einzelmensch kann individuell die verschiedensten Verhaltensweisen erlernen. Dieses Lernen ist – je jünger der Mensch, um so stärker – identisch mit sozialer Prägung, mit Anpassung an die mitmenschliche Umwelt.

Man kann sich die Einwirkung dieser sozialen Einübung gar nicht stark genug vorstellen. Sie bestimmt nahezu unser gesamtes menschliches Verhalten. So wird, wie A. Jores einmal anführte[19], die Tatsache, daß sich ein Kind als Junge oder Mädchen empfindet, nicht durch die Keimdrüsen bestimmt, sondern durch die Erziehung. Ein Zwitter, der Hoden hat, also ein Knabe ist, und wegen einer Mißbildung der äußeren Genitalien als Mädchen erzogen wird, empfindet sich ganz als Mädchen. Für weibliche Zwitter gilt das Umgekehrte. Ob ein Mensch sich also als Mann oder Frau begreift, ist das Resultat eines Lernprozesses. Diese einmal eingetretene Geschlechtsidentität läßt sich meist nicht mehr abändern. Die hormonelle Aktivität, die mit der Pubertät einsetzt, läßt Männer und Frauen dann im Rahmen der sozialen Lernerfahrungen (Sozialisation) aktiv werden.

Ist das Tier an seine Instinkte gebunden, so ist der Mensch nicht weniger durch seine *soziale Prägung* festgelegt. Fast alle unsere übernommenen Verhaltensweisen sind erlernt, erworben. Von ihnen sagt Goethe: »Und so vererben sich Gesetz und Recht wie eine ew'ge Krankheit fort.«

Durch dauernde Wiederholungen werden unsere übernommenen Verhaltensweisen zu Gewohnheiten. Sowohl deren Erwerb als auch die Gewohnheiten selber sind uns kaum bewußt, d.h. wir bemerken ihren Ablauf kaum noch, es sei denn, wir werden durch irgendeinen Umstand darauf hingewiesen.

Eine einzigartige Möglichkeit jedoch unterscheidet den Menschen von allen übrigen Lebewesen. Im Verlauf seines individuellen Reifungsprozesses, schon im dritten oder vierten Lebensjahr beginnend, kann der Mensch aufgrund einer erwachenden und ständig zunehmenden Bewußtheit Stellung zu seinem Verhalten beziehen. Das Tier verhält sich nur zu seiner Umwelt; für den Menschen dagegen kann sein Verhalten Gegenstand seiner Einsicht und somit einer neuen Verhaltensform werden. Der Mensch kann sein Verhalten, so wie er sich, rein visuell, in einem Spiegel betrachten kann, geistig zurückspiegeln, er ist der Reflexion fähig. Aufgrund dieser *Reflexion* kann er seine Verhaltensweisen überprüfen, auswählen, sich zu einer Abänderung oder zum Erlernen neuer Verhaltensweisen entschließen, die seinem individuellen Wesen gemäßer sind als die übernommenen.

Zum Training gehört das *systematische Wiederholen.* Durch das Wiederholen summieren sich die Verstärkungen des Einzelaktes beim Lernen. Gehen wir von der Betrachtung rein körperlichen Trainings aus, so denkt man zunächst an sportliche Leistungen, die sich durch ein Höchstmaß an Übung erreichen lassen.

Noch erstaunlicher sind die Leistungen mancher Artisten: So ließ sich der Entfesselungskünstler Houdini (in den zwanziger Jahren des 20. Jahrhunderts) mit Ketten gefesselt in ein Loch des zugefrorenen Hudson-River werfen und tauchte fünf Minuten(!) später weiter flußabwärts aus einem Loch auf, das er sich von unten mit den Ketten ins Eis geschlagen hatte. Lediglich durch monatelanges Üben im Eiswasser hatte er gelernt, mit seinem unterkühlten Körper umzugehen. Nicht nur eine bemerkenswerte Leistung, sondern auch eine zukunftsträchtige Entdeckung[20]. Fast alle virtuosen Leistungen beruhen auf Übung: Der Violinist Burmester gab an, ein Capriccio von Paganini viertausendmal gespielt (wiederholt) zu haben, bevor er es in sein Konzertprogramm aufnahm.

Im geistigen Bereich gilt der Wiederholungseffekt ebenfalls. Das betrifft ganz besonders den hier interessierenden Bereich der Versenkung und Meditation. Buddhistische Mönche sollen ein bestimmtes Objekt (Kasina) »hundert- oder tausendmal oder noch öfter« betrachten[21]; oder eine Gebetsformel (Mantra) soll dreißigtausendmal wiederholt werden. Übrigens findet sich ein Ansatz zu einer derartigen Praxis, den Möglichkeiten des Abendländers angepaßt, beim Beten mit dem Rosenkranz; und, um auf unser eigentliches Anliegen zu kommen, das AT wird ja täglich dreimal, im Verlauf eines Jahres also tausendmal und öfter wiederholt – bei den erfolgreich Praktizierenden zumindest.

Genie, heißt es bei Goethe, sei auch Fleiß (wenn auch sicherlich nicht nur Fleiß); eines aber ist sicher: den oft blitzartigen Erkenntnissen von Philosophen und Wissenschaftlern und den Erleuchtungen meditierender Mönche geht ein oft jahrelanges, immer wiederholtes Sich-Beschäftigen mit einem Problem voraus.

Aus der Psychotherapie ist der Vorgang des Übens nicht wegzudenken. Unter dem Stichwort: »Übende Verfahren«, die noch in aktive und passive Verfahren unterteilt werden[22], findet man verschiedenste Praktiken. Die Ansatzpunkte dieser Verfahren sind sehr verschieden: teils vom *Körperlichen* her (wie bei der Gymnastik), teils vom *Vegetativen* (wie z.B. beim AT), teils vom *Psychischen* (z.B. bei der Verhaltenstherapie). Zwei Formen der Psychotherapie, die auf den ersten Blick hin mit Übung wenig zu tun haben, kommen ohne das Wiederholungsprinzip ebenfalls nicht aus. Ich meine die Hypnose und die Psychoanalyse:

Bei der *Hypnose* wurde das hypnotische Einüben neuer Verhaltensweisen entwickelt, als man sich von der primitiven autoritär angewandten Überrumpelungshypnose abwandte (die häufig nur ein oder wenige Male angewandt wurde) und die Hypnose zu einem wissenschaftlichen Instrument machte[23]. Um die Jahrhundertwende wurde die medizinische Serienhypnose entwickelt, wobei Serien von 40 bis 60 Behandlungen üblich waren.

In seinem Artikel »Erkennen, Wiederholen, Durcharbeiten«[24] hat Freud das Wiederholungs- und Verstärkungsprinzip auch für die *Psychoanalyse* herausgestellt. Es ging ihm dabei jedoch nicht (wie oft mißverständlich angenommen wird) um das übende Wiederholen, sondern Wiederholen hat in diesem Zusammenhang eine völlig andere Bedeutung, auf die hier jedoch nicht eingegangen werden muß.

Die *Auswirkungen* des Trainings, also eines immer wiederholten Übens, sind folgende:

Die erwartete Wahrnehmung eines Formelinhaltes, die häufig zunächst nur angedeutet ist, gewinnt durch die Wiederholung immer mehr an *Intensität* und Deutlichkeit.

Diese kann jedoch – eine der üblichen Feststellungen – von einer Übung zur anderen stark schwanken, eine Schwierigkeit, die im Laufe der Zeit immer mehr abnimmt; das heißt, daß außer der Intensität durch die Wiederholung auch die *Gleichmäßigkeit* der Ergebnisse zunimmt.

Auch die *Zeit,* in der die Umschaltung gelingt, verkürzt sich durch die Wiederholung. Eine neu zu erlernende Übung braucht meist wesentlich mehr Zeit als eine Übung, die schon länger geübt wird.

Hand in Hand damit stellt sich auch eine *geringere Störbarkeit* ein, sowohl bei äußeren Reizen als auch durch eigene störende Gedanken und Vorstellungen. Die Übenden berichten, sie könnten sich besser konzentrieren.

Aufgrund dessen gelingt das AT auch unter *erschwerenden Bedingungen:* Es kann beispielsweise in einer Arbeitspause schneller auf das AT »umgeschaltet« werden; es läßt sich besser »abschalten«.

Je stärker sich die Umschaltung durch dauernde Wiederholung einfährt, um so leichter läuft der Vorgang des AT ab: So berichten Übende manchmal schon nach ein bis zwei Wochen: »Ich brauche mich nur hinzusetzen, dann stellt sich Wärme und Schwere von selber ein, ich brauche nichts dazu zu tun.« Der Vorgang hat sich *automatisiert.* Alles Lernen führt nach einer dem Lernvorgang angemessenen Zeit zu einer Verselbständigung des Ablaufes.

Die Aufmerksamkeitsspannung nimmt dabei immer stärker ab. Es ist immer weniger innere Hinwendung, weniger Aktivität nötig, um die Umschaltung zu bewirken. Man denke an die Anstrengungen beim Fahrenlernen eines Autos oder beim Erlernen einer neuen Sprache, die durch die Übung auf ein Mindestmaß absinkt. Damit sinkt aber auch die Spannung, beim AT nicht nur die Spannung der Aufmerksamkeit, sondern auch die dazugehörige muskuläre und vegetative Spannung.

Die Automatisierung des Verhaltens, das Einüben, das Einfahren bedingter Reflexe ist für den Menschen unentbehrlich. Der überwiegende Teil unseres Verhaltens im täglichen Leben läuft danach ab. Wir sprechen dann von Routineverhalten, von Gewöhnung. Gewöhnungsvorgänge (Habits) spielen daher in der Lernpsychologie eine große Rolle. Diese Automatismen bekommen im Laufe der Zeit eine »reflexartige Selbständigkeit«[25].

Hinzu kommt, daß die Ausübung von Gewohnheiten im Laufe der Zeit durch häufige Wiederholung zu einem Bedürfnis wird, ja sogar zu einem Zwang. Schultz stellt fest[26], daß konsequentes Trainieren zu einem »erworbenen Vollzugszwang im normalen Seelenleben« wird. Eines seiner Beispiele: Fängt man an, einen Satz zu lesen, dann liest man ihn auch automatisch zu Ende.

Manche Übungen des AT führen zur *Wiederentdeckung von Fähigkeiten,* die wir im Verlauf unserer Stammesentwicklung schon einmal hatten und die uns verlorengingen.

Jedes Tier, soweit es durch Domestizierung nicht deformiert ist, kann sich völlig entspannen; es kann, sobald das Bedürfnis da ist, ohne Schwierigkeiten einschlafen; das autonome Zusammenspiel aller Funktionen verläuft beim Tier ungestört. Mit dem Erwerb des Bewußtseins und des reflektierenden Intellektes gingen dem Menschen Fähigkeiten verloren, die er nur mühsam wieder erwerben kann – durch Übung.

Vor Jahren zeigte der Meisterjongleur Rastelli folgende Übung: Auf der Bühne setzte er sich auf einen Hocker, hob Arme und Beine zur Waagerechten und ließ sich Bälle, etwa von Fußballgröße, darauflegen. Auf jedes seiner Gliedmaßen paßten drei bis vier Bälle, dazu kam je einer auf Schultern, Nacken, Kopf und auf einen Stab, den er im Munde hielt. Es war ihm durch jahrelange Übung gelungen, sämtliche Körpermuskeln unabhängig voneinander reagieren zu lassen, ihre Funktionen autonom werden zu lassen und damit die Bälle im Gleichgewicht zu halten. In der nächsten Varieté-Nummer wurde ein Schimpanse auf die Bühne gebracht, genauso hingesetzt wie Rastelli, seine Arme und Beine in die Waagerechte gehoben, wo sie wie kataleptisch stehenblieben. Darauf wurde das Tier förmlich mit Bällen zugedeckt, die es im Gleichgewicht hielt und erst nach einer Weile, auf ein Händeklatschen des Dresseurs hin, zu Boden fallen ließ. Fazit: Was der Schimpanse *noch* konnte, konnte Rastelli *wieder.* Aufgrund jahrelanger Übung hatte er eine seiner verkümmerten urtümlichen Reaktionsweisen wiederentdeckt bzw. erneut entwickelt.

Man kann sagen, daß die Erfolge des AT vielfach auf einer Entwicklung ungenutzter bzw. verschütteter Möglichkeiten beruhen, die wir verspätet »nachentwickeln«.

Wir sprachen davon, daß das Kleinkind soziale Verhaltensweisen von der Umgebung übernimmt (ähnlich wie manche Tiere auf hoher Organisationsstufe). Der *Abbau* solcher eingefahrenen Verhaltensweisen, etwa im Dienste einer individuellen Selbstbestimmung, kann sehr schwierig sein. Je früher sie entstanden sind, um so mehr widerstehen sie ihrer Beseitigung. So meinte ein französischer Philosoph[27], daß falsche Angewohnheiten dem Menschen im Laufe der Zeit zu lieben Angewohnheiten werden, also zu Angewohnheiten, müßte man hinzufügen, deren Beibehaltung bequemer ist als ihre Beseitigung. Alles Verhalten, was vom Kind (und nicht nur vom Kind) unbemerkt, unreflektiert übernommen und durch Wiederholung zur Gewohnheit wurde, läßt sich nur durch ein systematisches, konsequent durchgeführtes Üben beseitigen, d.h. durch einen Lernvorgang, der aufgrund einer Reflexion zielstrebig eingesetzt wird und der sich damit völlig vom Lernen des Tieres und auch des Kleinkindes unterscheidet. Die Fähigkeit jedes Kleinkindes beispielsweise, sich mühelos zu entspannen (ebensogut wie Hunde und Katzen), wird ihm aberzogen. Die einseitige Erziehung zu nur reflektierendem Denken oder zu hochgeschraubtem Leistungswillen läßt die kindliche Fähigkeit verkümmern im Sinne einer Überanpassung an gesellschaftliche Forderungen und zuungunsten individueller Möglichkeiten.

Die Anwendung des AT bedeutet daher letzten Endes ein *Entüben*[28] von übernommenen Verhaltensweisen, die uns anerzogen wurden, die uns jedoch bei unserer individuellen Entwicklung hinderlich sind. Autogen trainieren ist in diesem Falle gleichbedeutend mit lebenslanger Selbstentwicklung.

8. Das Lernen am Modell (Beobachtungslernen)

Es geschieht nicht selten, daß Wissenschaftler sich mit ganz speziellen Fragen beschäftigen und darüber naheliegende, womöglich seit altersher bekannte Dinge vergessen. So vergingen fast hundert Jahre wissenschaftlicher Psychologie, bevor darauf aufmerksam gemacht wurde[29], daß sowohl Menschen als auch Tiere durch bloßes Beobachten fremden Verhaltens lernen können (observational learning) und sogar solche beobachteten Verhaltensweisen nachahmen: »stellvertretendes Lernen« (vicarious learning).

Jeder Mensch weiß, daß man »mit den Augen stehlen« kann, womit laut Sprachgebrauch das Sich-vertraut-Machen mit fremden Verhaltensweisen gemeint ist. Gerade Kinder überraschen immer wieder mit Fertigkeiten, die sie nur durch Zuschauen gelernt und übernommen haben können. Der bekannteste Vorgang dieser Art ist die Übernahme des elterlichen Verhaltens bei der Kindererziehung.

Für die Übernahme von Verhaltensweisen ist das Erlernen des AT in einer Gruppe besonders geeignet. Vom Übungsleiter wird diese Lernmethode gezielt eingesetzt beim Vorführen und Bewußtmachen einzelner Verhaltensweisen.

9. Zusammenfassung: Die drei »ehernen« Lerngesetze

In der Lerntheorie haben sich heute von den geschilderten die folgenden drei Modelle durchgesetzt:

1. Das klassische Konditionieren (Pawlow)
2. Das operante Konditionieren (Thorndike, Skinner)
3. Das Modellernen (Bandura)

Die anderen dargestellten Lernformen werden als mehr oder weniger durch diese Modelle miterklärt aufgefaßt. Es gibt auch divergierende Ansichten, nach denen insbesondere das *Üben* (und das Einsichtslernen) durch diese Einteilung unterbewertet wird, auf dessen Wichtigkeit für das AT schon eingegangen wurde. Einigkeit besteht in der aktuellen Lerntheorie, vor allem in ihrer Anwendung als *Verhaltenstherapie*, darüber, daß diese Modelle auch für kognitive Prozesse und nicht nur für das beobachtbare Verhalten gelten. Generell liegt in der zeitgenössischen Verhaltenstherapie seit Mitte der achtziger Jahre ein starker Akzent auf Wahrnehmung und Veränderung von *Kognitionen* (innere Abläufe von Reflexionen und Wahrnehmung). Das AT fügt sich hier mit seiner Betonung der *Enterozeption* (Wahrnehmung von Körperempfindungen; Sherrington 1911) mühelos ein.

10. Der Lernverlauf

Die klassische Lernkurve: Die Lernkurven wurden vor fast hundert Jahren in die Psychologie eingeführt[30]. Man ließ sinnlose Silben lernen und stellte, je nach dem Grade der behaltenen bzw. vergessenen Silben, eine »Vergessenskurve« auf[31]. Wiederholt man die einzelnen Lernübungen häufig genug, so entsteht, graphisch gesehen, eine S-Kurve (Abb. 2). Im ersten Teil der Kurve steigt die Anzahl der behaltenen Silben langsam, dann immer schneller (positive Beschleunigung); im zweiten Teil der Kurve nimmt die Anzahl der behaltenen Worte wieder stetig ab (negative Beschleunigung).

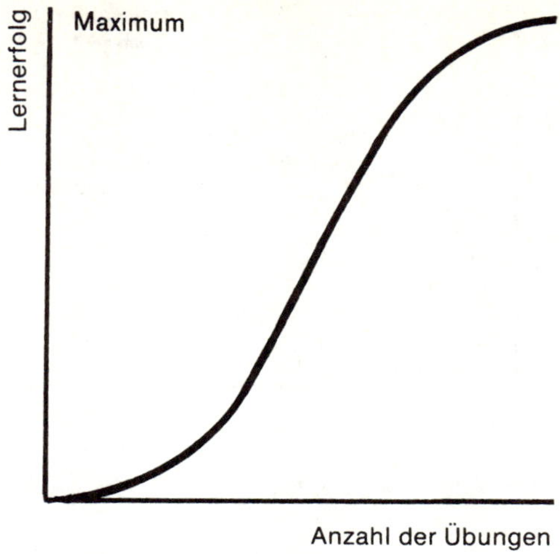

Abb. 2: Die klassische S-förmige Lernkurve

Individuelle Variationen: Die klassische S-Kurve findet man bei allen Lernvorgängen, doch sind die verschiedensten Variationen dieses Grundmodells möglich: Manche Menschen lernen schnell (steiler Verlaufstyp der Kurve), manche langsam (flacher Typ), manche lernen gleichmäßig, manche lernen ungleichmäßig, manche starten langsam, andere schneller.

Intelligenz und eine mittelstarke Motivation fördern den Lernprozeß. Bei schwacher Motivation lernt man langsamer, ebenso bei zu starker (Desorganisation des Verhaltens). Auf das AT angewandt würde das heißen, daß ein mittelstarker Leidensdruck, verbunden mit der Einsicht von der Notwendigkeit einer Behandlung, das Lernen optimal gestaltet. Befindet sich jemand in einem heftigen Konflikt, so wird er mit dem AT nicht zurechtkommen. Das gleiche gilt aber auch für Menschen, deren Motivation zu vordergründig ist und die sich wenig engagieren.

Die häufigste Kurvenform: Eine Kurve, in der der erste Teil des Grundmodells (die nach oben konkave Biegung) fehlt, kommt am häufigsten vor. Das kann mehrere Ursachen haben: Man beginnt mit Vorkenntnissen. Man ist zum AT bereit oder läßt

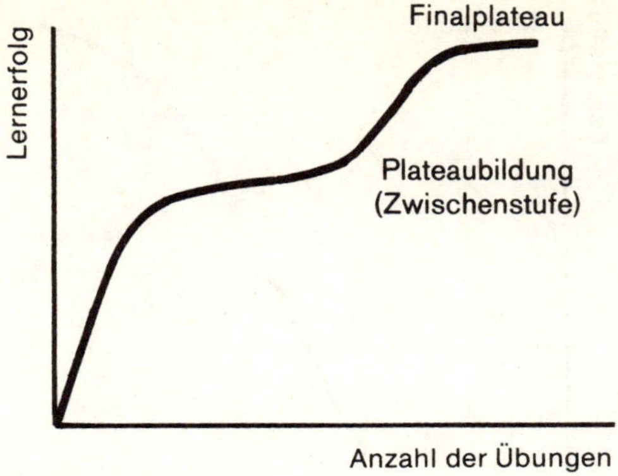

Abb. 3: Stufenförmige Kurve.
Im AT entstehen die Stufen oft bei Beginn einer neuen Übung

sich schnell von der Notwendigkeit einer AT-Anwendung und der Brauchbarkeit der Methode überzeugen. Der Anfangsteil der S-Kurve tritt auch bei guter Übertragungs- und Generalisationstendenz (im allgemeinen psychologischen Sinn) stark zurück. Verlängert wird der erste Kurventeil bei geringer Intelligenz, bei völlig mangelnden Vorkenntnissen und insbesondere bei Skepsis oder Angst.

Die Plateaubildung: Bei manchen Kurven kommt es zu einer Stufenbildung: die ansteigende Kurve verläuft (einmal oder mehrmals) flacher bzw. horizontal (d.h. ohne Lernerfolg), um dann wieder anzusteigen (Abb. 3). Man deutet diese Stufen mit der Notwendigkeit des Lernenden, das bereits Gelernte von Zeit zu Zeit zu integrieren, bevor Neues wieder aufgenommen wird. Derselbe Effekt tritt auf bei der Umstellung von einer Arbeitsmethode auf eine andere.

Beim AT findet man diesen vorübergehenden Lern-Stop beim Übergang von einer Stufe zur anderen, so z.B. beim Übergang von der Schwere zur Wärme oder von einem Organ zum anderen, ein Vorgang, der beim Lernenden mit einer inneren Umstellung verbunden ist.

Das Ausklingen der Lernkurve in ein Finalplateau kommt zustande, wenn der zu lernende Stoff beherrscht wird oder das

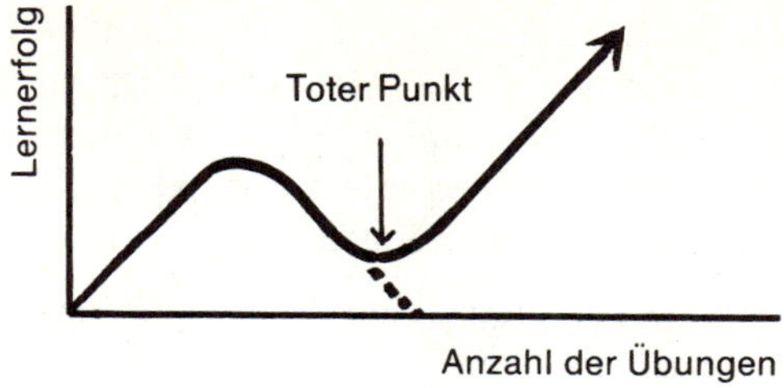

Abb. 4: Bajonettkurve nach Schultz

durch die Motivation angestrebte Ziel erreicht ist. So kann es bei einem niedrig gesteckten Ziel schon recht schnell zu einem Finalplateau kommen.

Die Bajonettkurve ist eine von Schultz beschriebene Sonderform des Lernverlaufes. Sie geht noch über das hinaus, was der Plateaubildung zugrunde liegt. Sie zeigt nach guten Anfangserfolgen eine rückläufige Tendenz (Abb. 4). Über das Zustandekommen dieser Verlaufsart schreibt Schultz[32]: »Unbefangen und entweder durch die Sensation des Neuen angeregt oder durch die Naivität weniger gehemmt und unsicher, produzieren vielfach VP (Anm. Versuchspersonen), besonders leicht neurotischer Art, einen sehr guten Anfangseinsatz, dem dann nach ein, zwei oder drei Wochen ein deutlicher Rückschlag folgt; erst nach dessen Überwindung setzt dann der ganz reguläre und gleichmäßige Übungsfortschritt ein.«

Der tote Punkt der Kurve wird nach meiner Erfahrung durchschnittlich von 20 Prozent aller Teilnehmer nicht überwunden. Sie geben auf. Das Neue, Interessante der ersten Stunde, die ungewohnte Gruppensituation, die oft erhöhte Suggestibilität, die überzeugende oder auch suggestive Wirkung der Argumente des Gruppenleiters lassen in der ersten Stunde deutliche, teilweise überraschende Erfolgserlebnisse beim einzelnen Gruppenteilnehmer entstehen. Es entsteht der Eindruck, das AT sei »kinderleicht«, man brauche es gar nicht zu üben; andere empfinden das häufige Wiederholen einer so einfachen Sache als »zu simpel«; wieder andere erliegen dem Trägheitsgesetz und verhalten sich wie jene Zuckerkranken, die erst zwei Tage vor der nächsten Untersuchung ihre Diät einhalten (oder ihren Urin mit Wasser mischen), um den Arzt nicht zu »kränken«. Nach zwei, drei Wochen Training gibt es immer eine mehr oder minder ausgesprochene Alternative: Entweder man nimmt das AT ernst und übt, oder man gibt auf.

Der Evidenzknick ist durch eine Kurve gekennzeichnet, die langsam ansteigt, um dann plötzlich schlagartig mit einem Knick in eine Vertikalbewegung umzuschwenken, nach der es zu einem Finalplateau mit der Beherrschung der AT-Anwendung kommt (s. Abb. 5).

Das Ungewöhnliche an dieser Kurve, der Knick, ist bedingt durch eine plötzlich sich einstellende Motivation, einer schlagartig auftretenden Evidenz (»aha-Erlebnis«) von der sachlichen Richtigkeit des ganzen Verfahrens oder der Notwendigkeit seiner Anwendung an der eigenen Person. Oftmals hat man dabei auch den Eindruck, daß durch regelmäßiges Üben des AT die Entspannungsreaktion auf physiologischer Ebene längst vorgebahnt ist, jedoch aus unterschiedlichen Gründen noch nicht zugelassen oder wahrgenommen werden kann. Relativ geringe Änderungen der Übungsbedingungen können plötzlich zu intensivem Schwere- oder Wärmeerleben mit der Folge des genannten Aha-Erlebnisses führen. Ähnliche Zusammenhänge dürften dem Phänomen zugrundeliegen, daß bei anfänglich unbefriedigendem Lernerfolg, z.B. nur geringer Realisation von

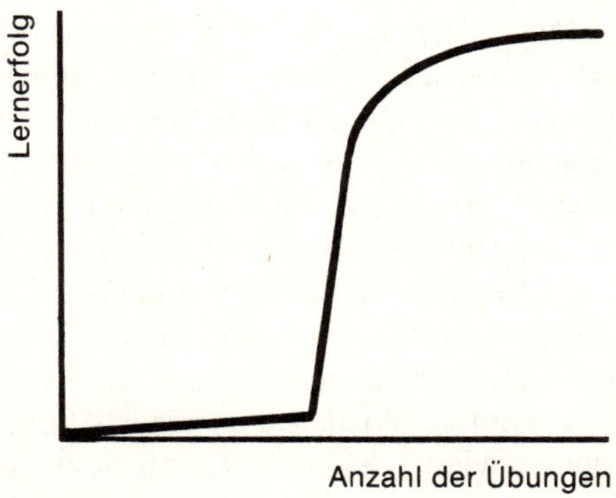

Abb. 5: Der Evidenzknick

Schwere, diese beim Übergang zur Wärmeübung wie von selbst auftritt, als ob eine unsichtbare Blockade gelöst wäre. Diese plötzlichen Übungserfolge sind immer wieder auch beim Übergang von einer Organübung zur anderen festzustellen.

Tendenziell scheinen von solchen stufenförmigen Lernverläufen besonders zwanghaft und ängstlich strukturierte Persönlichkeiten betroffen.

11. Lernprozesse im AT: ein Rationale in acht Thesen

Der heutige Stand soll in 8 Thesen dargestellt werden:

1. Alles übende Lernen ist durch anerkannte Lerngesetze beschreibbar.
2. Das AT folgt als übendes Verfahren den gleichen Gesetzen.
3. Das Üben des AT zielt auf die willentliche (intentionale) und kontrollierte Auslösung einer Entspannungsreaktion ab.
4. Eine wichtige Rolle spielen dabei enterozeptive (= körperliche Vorgänge wahrnehmende) Rückkopplungen (feedback).
5. Das AT kann damit als eine Konditionierung psychovegetativer Abläufe (körperlicher Entspannungseffekt) und ihrer Generalisierung in den psychischen Bereich (psychischer Entspannungseffekt) verstanden werden.
6. Die Rückkopplung des Entspannungserlebens führt zu einer Veränderung von Selbstwahrnehmung, Selbsterleben und sog. Kontrollüberzeugungen.
7. Der körperliche Entspannungseffekt geht dem psychischen voraus. Beide sind in ihrer Intensität abhängig vom Ausmaß des Übens (= Konditionierens).
8. Neben den etablierten Lerngesetzen kommt beim AT eine Reihe anderer Faktoren hinzu (Beziehung zum AT-Lehrer, Suggestion, Motivation, Intention u.a.), die den eigentlichen Lernprozeß jeweils fördern oder erschweren.

Die Verhaltenstherapie tut sich insgesamt schwer mit dem AT, obwohl viele Zusammenhänge (bei der Anwendung des AT) vor dem Hintergrund lerntheoretischer Erkenntnisse leichter zu begründen sind als durch andere Modellvorstellungen. Möglicherweise ist es die Rolle der *Autosuggestion* und der *Bewußtseinsveränderung* beim Üben, die für die klassische Verhaltenspsychologie, die sich als ein besonders rational fundiertes Verfahren versteht, »keinen guten Stallgeruch« hat. Beide lassen sich aber mühelos in die gelernte Auslösung von Entspannung einbeziehen (s. Kap. 34, 3c). Seit den neunziger Jahren wird das AT allerdings eher von der Verhaltenstherapie »nostrifiziert« und als auf komplexen, kognitive Vorgänge einschließenden, Verhaltensmodifikationen beruhendes Verfahren anerkannt[33].

12. Zur theoretischen Basis des AT: eine Stellungnahme

Die vorstehenden Ausführungen verdeutlichen, daß wir die theoretische Erklärung des *Erlernens* und der *Wirkung* des AT als am stringentesten über Konzepte der *Lerntheorie* begründbar ansehen. Für eine Kombination beider Verfahren spricht viel (s. Kap. 34, 3c; auch Kap. 39 zur Abgrenzung). Dies rechtfertigt jedoch nicht die Vereinfachung, daß das AT deswegen ein verhaltenstherapeutisches Verfahren wäre. Wie an vielen Stellen ausgeführt, weist das AT eine breite konzeptuelle Herkunft auf, die mit den Begriffen Nervenheilkunde, Neurophysiologie, Hypnosepraxis, Suggestionstherapie, Reflexologie, Tiefenpsychologie und Kybernetik noch unvollständig umrissen ist. Von den meisten seiner wesentlichen Bearbeiter wurden der *ganzheitliche Aspekt* seiner Wirkung, die Mischung aus Enterozeption und Enteroaktion (hier: auf den Körper zielendes Handeln), seine Mittelstellung zwischen den subjektiven und objektivierbaren Verfahren, zwischen rationaler Begründbarkeit und sehr individuellen Auswirkungen auf die Gesamtpersönlichkeit betont.

Auch als *Psychotherapie* ist seine Stellung durchaus singulär hinsichtlich seiner komplexen Wirkungen. Sowohl die abwertende Etikettierung als »zudeckendes Verfahren« wie die idealisierend verkennende Aufwertung als »aufdeckendes Verfahren« gehen an seinem eigentlichen Gehalt vorbei.

■ Das AT ist ein originäres eigenständiges Verfahren.

4. Kapitel
Von der Hypnose zum Autogenen Training

1. Die Hypnose

Die Hypnose ist eine der ältesten psychotherapeutischen Methoden. Auch das AT ist ein legitimes Kind der Hypnose: »Das autogene Training hat sich unmittelbar im Anschluß an die Erfahrungen der Hypnose entwickelt«, so Schultz 1929, oder noch genauer: »Die Methode schließt an die Erfahrungen von Oskar Vogt über ›Selbsthypnose‹ (Autohypnose) an.«[1] Noch heute wird das AT von manchen Autoren als »Selbsthypnose« bezeichnet[2].

Die Hypnose hat etwa seit 1980 eine zunehmende Änderung ihrer Praxis erfahren, die insbesondere auf den Einfluß von M. H. Erickson zurückgeht. Diese Entwicklung wird meist als »moderne Hypnose« bezeichnet. Wenn *Suggestion* und *Bewußtseinsveränderung* die entscheidenden Definitionselemente der klassischen Hypnose sind, dann tritt in den neuen Formen der Hypnose die Bedeutung der Bewußtseinsveränderung deutlich zugunsten einer vom Therapeuten in vielfältiger Weise suggestiv manipulierten Beeinflussung des Denkens und Verhaltens zurück. Darüber hinaus wird jetzt auch eine *symptomorientierte* (Symptomänderung durch direkte Suggestionen) von einer *problemorientierten* Anwendung (emotional-erlebnisbezogene Therapie in Trance) unterschieden[3]. Diese neueren Formen der Hypnose sind nicht Gegenstand der folgenden Abhandlung, weil sie sich von der Intention des AT als einer Entspannungsmethode weitgehend entfernen. Lediglich das sog. Prinzip der »Utilisation«, das nach Erickson (1993) beinhaltet, daß bei dem Patienten durch die Hypnose »eigene mentale Fähigkeiten und Potentiale zur Erreichung seiner eigenen therapeutischen Ziele« aktiviert werden sollen, zeigt gewisse Parallelen zum Grundgedanken des Autogenen.

Sämtliche körperlichen und psychischen Veränderungen, die aufgrund einer Hypnose herbeigeführt werden können, lassen sich auch durch das AT erreichen; beide Verfahren benutzen ähnliche Mittel. Bei der Hypnose werden diese Veränderungen jedoch durch eine Fremdeinwirkung, d.h. durch einen anderen Menschen hervorgerufen: Es handelt sich also bei der Hypnose um eine *heterogene* Wirkung – im Gegensatz dazu findet beim autogenen Training eine Selbstbeeinflussung statt. Nach Schultz ist das AT ein »vom Selbst (autos) sich entwickelndes (gen vom Stamm ›gen‹, werden) und das Selbst gestaltendes systematisches Üben«[4].

Der Begriff des Autogenen ist am besten historisch aufgrund seiner Herkunft zu verdeutlichen. Dazu muß man sich zunächst einmal mit der Hypnose beschäftigen und folgendes klären: Was hat das AT noch an Gemeinsamkeiten mit der Hypnose? Welches sind die im Laufe der Entwicklung entstandenen Unterschiede?

Die meisten Autoren, die zur Hypnose Stellung bezogen haben, vertreten folgende Auffassung: Die Hypnose ist ein künstlich hervorgerufener seelischer Zustand, für den nachstehende Erscheinungen typisch sind.

Die Bewußtseinsveränderung. Es tritt eine Bewußtseinstrübung ein, die von leichter Benommenheit über Schläfrigkeit (Somnolenz) bis zum Somnambulismus reicht, einem Zustand, in dem sich der Hypnotisierte wie ein Schlafwandler verhält, d. h. wie im Wachzustand bei gleichzeitiger Aufhebung des Außenweltbewußtseins (wie im Schlaf). Gleichzeitig kommt es zu einer Bewußtseinseinengung (die in der Somnolenz bereits deutlich ist), die Wahrnehmungsbreite nimmt ab, die Aufmerksamkeit konzentriert sich zunehmend auf den Hypnotiseur.

Die Körpermotorik verändert sich im Sinne sowohl einer völligen Entspannungsfähigkeit als auch eines Anspannungsvermögens, das ohne Ermüdung über längere Zeit anhalten kann (Katalepsie). So kann beispielsweise ein Mensch, nur auf Fersen und Hinterkopf aufliegend, längere Zeit in diesem horizontal schwebenden Zustand verharren, was im Wachzustand selbst für einen Menschen mit gut trainierten Muskeln unmöglich ist.

Die Sinneswahrnehmungen können, auf Veranlassung des Hypnotiseurs, abgeändert werden. Sowohl Überempfindlichkeit als auch Unempfindlichkeit, etwa im Sinne völliger Schmerzlosigkeit oder eines Aussparens der Wahrnehmung auf allen übrigen Sinnesgebieten, können erzeugt werden.

Vegetative Funktionen können verändert werden: Puls- und Atemfrequenz, die Tätigkeit innerer Organe (Peristaltik, Sekretion) können angeregt oder unterdrückt werden.

Es besteht eine *erhöhte Beeinflußbarkeit* (Suggestibilität), aufgrund derer die eben besprochenen Funktionen zunehmend verändert werden können. Gegebene Suggestionen wirken sich nicht nur während der Hypnose aus, sondern werden auch, auf Veranlassung des Hypnotiseurs, später im Wachzustand realisiert *(posthypnotischer Auftrag).* Dies geschieht unbewußt und wird teilweise mit Scheingründen erklärt (Rationalisierung).

Auch *Stimmungen* und Affekte können erzeugt, bestehende abgewandelt werden.

Wichtig ist die in der Hypnose bestehende *Hypermnesie,* nämlich die Möglichkeit, verdrängte bzw. vergessene Eindrükke und Gedanken ins Gedächtnis zurückzurufen. Hiervon ging beispielsweise Freud aus, der auf diese Weise auf Erinnerungen bei Hypnotisierten stieß, die diesen im Wachzustand nicht zur Verfügung standen.

Die hohe Beeinflussungsmöglichkeit in der Hypnose im Bereich der Sinne, der Motorik und im vegetativen Bereich ermöglichen mehr oder weniger lang anhaltende therapeutische Wirkungen.

Für das AT sind folgende Daten wichtig: Hypnotisierbar sind 80 bis 90 Prozent aller Menschen, aber nur 15 Prozent erreichen einen tieferen Grad der Hypnose. Man unterscheidet folgende Stufen:

Die Somnolenz, das lethargische Stadium mit völliger Entspannung, Ruhegefühl, Passivität der VP, deren Bewußtsein (vorwiegend auf die Worte des Hypnotiseurs) eingeengt ist. Dieses Stadium steht dem AT am nächsten.

Das kataleptische Stadium, die Hypotaxie. Es besteht zunehmende Schläfrigkeit sowie zunehmende Suggestibilität (vor allem auf motorischem Gebiet), die Muskulatur ist entspannt. Bei tiefer konzentrativer Entspannung im AT kann dieser Zustand erreicht werden.

Das somnambule Stadium. Die VP verhält sich wie im Schlaf. Die Suggestibilität ist stark erhöht, auch für posthypnotische Aufträge. Nach der Tiefenhypnose besteht anschließend völlige Amnesie (Erinnerungslosigkeit) für die Vorgänge in der Hypnose (auch hier dem Verhalten beim Schlaf entsprechend); es sei denn, die VP hätte den posthypnotischen Auftrag erhalten, sich an alles zu erinnern. Charakteristisch für die tiefe Hypnose ist die Diskrepanz von Verhalten und Bewußtseinseinengung. Der Somnambule verhält sich auf eine Aufforderung des Hypnotiseurs hin wie ein wacher Mensch bei gleichzeitig aufgehobenem Außenweltbewußtsein (wie im Schlaf). Unter Alltagsbedingungen neigen Kinder am häufigsten zum Somnambulismus: Sie stehen im Schlaf auf oder unterhalten sich mit anderen Menschen, ohne nach dem Aufwachen etwas davon zu wissen.

In früheren Jahrhunderten, und teilweise heute noch bei Naturvölkern, war die Hypnose ein magischer Akt, mit dem auf die Betroffenen ein Zauber ausgeübt wurde. Das geschah mit Hilfe übernatürlicher Kräfte, die man sich dienstbar machen konnte. Es gab weiße und schwarze Magie, je nachdem, ob der »Zauberer« mit himmlischen oder teuflischen Mächten im Bunde stand. Je nachdem war dann auch der Betroffene bezaubert, verzaubert (im heute noch gebräuchlichen Sinne des Ausgeliefertseins an eine Situation oder an einen Menschen) oder verhext.

Den Übergang zu einer psychologischen Denkweise findet man bei Agrippa Heinrich Cornelius von Nettesheim (1486–1535) in seinem Werk ›Occulta philosophia‹. Er äußert sich über die Magie, ihre Licht- und Schattenseiten (also über die Suggestivkräfte des Menschen):

»... ähnlich wie ein Mensch, der seine Seele einesteils an Naturkräften, anderenteils an himmlischen Gegebenheiten gestärkt hat, schwächere Seelen leicht bezaubern und sie zu ihn bewundernden, gehorsamen Dienern machen kann, so kann ein solcher Mensch auch andere in Sklaventum oder Krankheit stürzen, er kann ihnen aber auch Selbstvertrauen, Liebe und Treue einflößen. Achtung, Grauen, Furcht, seelischer Zwiespalt, Nachgiebigkeit, Überzeugung, all dies kann dadurch gelenkt werden! Das Wesen dieser Bezauberung wurzelt in jenem starken und bestimmten Wunsch der Seele, diese mit Hilfe des Himmels auch zu erreichen.«[5]

An anderer Stelle bekennt sich Agrippa zu einer psychologischen Auffassung vom Wesen der Suggestion bzw. Autosuggestion, wie wir sie vier

Jahrhunderte später nicht besser haben: »Die Gemütsschwankungen der Seele, die auf der Phantasie fußen, beeinflussen nicht nur unseren Organismus, sondern wirken auch stark auf Fremde, vorausgesetzt, daß sie genügend heftig sind. Sie können ebenso die Heilung anderer bewirken als auch geistig-seelisch krank machen. Eine erhabene, mit lebhafter Imagination gesegnete Seele kann sowohl am eigenen Körper, wie an jenem Fremder ebenso Gesundheit wie Krankheit hervorrufen.«[6]

Aus der Geschichte des Hypnotismus ist Franz Anton Mesmer (1734–1815) zu erwähnen, dessen Praktiken sicherlich dem entsprechen, was später Hypnose genannt wurde. Er suchte die Ursache der Wirkungen seines Verfahrens – darin der Magie und der Wissenschaft zugleich verbunden – in einem »animalischen Magnetismus«. (Noch heute gibt es Magnetopathen, deren Behandlung auf seiner Lehre fußt.) Den Magnetismus übertrug Mesmer auf den Körper der Kranken, indem er mit den Händen an deren Körper entlangstrich (passes), ein Verfahren, das beispielsweise Max Nonne (als Suggestivmittel) mit großem Erfolg zur Heilung von Schreckneurosen im Ersten Weltkrieg anwandte. Der »tierische Magnetismus«, den Mesmer nicht nachweisen konnte, wurde von einer ärztlichen Untersuchungskommission abgelehnt. Mesmer war verfemt.

Erst der englische Augenarzt James Braid (1795–1860) beschrieb die Vorgänge bei der Hypnose erneut und gab ihr den heute gültigen Namen: Hypnose (aus griech. Hypnos = Schlaf), wegen des schlafähnlichen Verhaltens des Hypnotisierten.

Ein Schüler von Mesmer[7] hatte entdeckt, daß es im somnambulen Zustand möglich ist, posthypnotische Aufträge zu erteilen, bei der im anschließenden Wachzustand selbst unsinnige Handlungen, dem Hypnotisierten nicht bewußt, ausgeführt und mit Scheinmotiven (Rationalisierung) begründet werden.

Dabei ist jedoch festzustellen, daß posthypnotische Aufträge, die dem Wertesystem des Hypnotisierten grob widersprechen, in der Regel nicht ausgeführt werden. Den Mord per hypnotischen Auftrag gibt es nur im Krimi, es sei denn, es besteht bei dem Hypnotisierten selbst schon vor der Hypnose eine ausgeprägte Bereitschaft dazu, deren Schwelle durch den hypnotischen Auftrag gesenkt wird.

Selbst nach Monaten werden solche Aufträge noch ausgeführt. Es handelt sich hierbei um die Vorläufer der Vorsatzbildungen beim AT.

Seit der Zeit ihrer wissenschaftlichen Erforschung (etwa ab 1860) wurde die Hypnose therapeutisch eingesetzt, um Funktionsstörungen im körperlichen (vegetativen) und seelischen Bereich zu beheben. Teilweise wurde überhaupt erst aufgrund des hypnotischen Behandlungserfolges nachgewiesen, daß es sich bei seelischen Störungen um solche handelte. Das galt insbesondere für Krankheitszustände, deren Ursache eine heftige seelische Erschütterung (psychisches Trauma) gewesen war, da diese sich im allgemeinen am leichtesten beheben lassen. Aber auch länger bestehende psycho-physische Konflikte bzw. die daraus resultierenden seelischen Fehleinstellungen sind einer Hypnosebehandlung zugänglich.

2. Das Autogene

Das AT basiert auf zwei Abkömmlingen der Hypnose: Bei dem einen handelt es sich im wesentlichen um die Erkenntnisse der Hypnoseforschung von Oskar Vogt, dem geistigen Lehrer von Schultz, beim anderen um die Erfahrungen der sog. ersten und zweiten Schule von Nancy, auf die zunächst eingegangen sei.

a. Der Weg der Suggestivtherapie

Die Vertreter der *ersten Schule von Nancy*[8] haben die Hypnose, etwa in den sechziger Jahren des letzten Jahrhunderts beginnend, zu einem wissenschaftlich anerkannten therapeutischen Instrument gemacht. Das Hauptwerk von Bernheim ›Die Suggestion und ihre Heilwirkung‹, das 1884 erschien, wurde einige Jahre später von Freud, der einige Zeit in Nancy gewesen war, ins Deutsche übersetzt[9]. Der Begriff Suggestion betrifft sowohl die hypnotische als auch die Wachsuggestion, insofern ein Fortschritt, als er bisher nur für die Beeinflußbarkeit während der Hypnose galt. Ein zweiter Fortschritt bestand darin, daß er die Suggestion nicht mehr aus der Hypnose ableitete, sondern umgekehrt feststellte, daß die Suggestion der übergeordnete Vorgang ist, der auch für den Spezialfall der Hypnose gilt. »Nur die Suggestion ist das Wirksame« (man müßte hinzufügen: wenn auch bei der Hypnose am deutlichsten).

Die sog. *zweite Schule von Nancy* (mit ihren Hauptvertretern Baudouin und Emile Coué) entwickelte diese These weiter und lehrte, daß bei jeder Suggestion nur die Autosuggestion das Wirksame ist: Jede Suggestion, ob in der Hypnose oder im Wachzustand, wird nur insoweit wirksam, als sie vom Suggerierten angenommen und vergegenwärtigt wird. Damit war auch der Weg geebnet zur suggestiven Selbstbeeinflussung und damit zur aktiv angewandten bewußten Autosuggestion, wie sie sich beim AT findet. Die autosuggestiven Übungen, die Baudouin seine Patienten zuhause durchführen ließ, unterscheiden sich vom AT aber noch deutlich, denn Baudouin leitete seine Behandlung mit einer Hypnose, zumindest mit Fremdsuggestion ein, mit anschließendem autosuggestiven Weiterüben. Es vermischen sich bei diesen Übungen also posthypnotisch wirksame Suggestion mit der gleichlaufenden eigenen des Patienten. Zwischen Fremd- und Eigensuggestionen zu unterscheiden, ist nicht nur in diesem Fall schwierig. Der Unterschied ist aber insofern wichtig, als Fremd- und Autosuggestion zwei völlig verschiedene seelische Haltungen gegenüber dem Behandlungsablauf wiederspiegeln. Erst das Autogene Training ermöglicht eine »echte autosuggestive Arbeitsweise«[10]. Das gilt noch heute, mehr als ein halbes Jahrhundert später, wenn es heißt, Schultz habe die hetero-hypnotische Technik »durch eine praktikable, jedermann verständliche Methode der Autosuggestion« ersetzt[11].

b. Der Weg der Autohypnose

Der zweite Abkömmling des Hypnotismus, auf den es in diesem Zusammenhang ankommt, war die Hypnoselehre von Vogt[12]. Er ging von der Vorstellung aus, daß Hypnose und Schlaf auf dieselbe Weise zustandekämen, nämlich durch ein reflektorisch arbeitendes Schlafzentrum. Dementsprechend betrachtete Vogt die Hypnose als »künstlichen Schlaf«, eine Meinung, die er mit vielen Forschern teilte. Die Hypnose sei identisch mit einem »künstlich induzierten partiellen Schlaf«.

Der nächste Schritt Vogts bestand darin, Teile der Hypnose in ihrer individuellen Prägung zu wiederholen: Bei der »fraktionierten Hypnose« wird der Patient »nach einigen Suggestionen in den Wachzustand zurückversetzt und über seine Erlebnisse befragt. Dann erfährt man, was in ihm vorgegangen ist und welche Suggestionen inneren Widerhall gefunden haben. Man verstärkt diese erneut, fügt einige neue hinzu, unterbricht wieder, exploriert, hypnotisiert von neuem usw.«[13]

Solche Übungen wurden innerhalb einer Sitzung mehrfach wiederholt und auf jeweils nur wenige Minuten ausgedehnt. Die Intensität der Bemühungen von Vogt wird deutlich, wenn man erfährt, daß einer seiner Patienten erst nach der vierhundertsten Sitzung in die Hypnose kam[14].

Vogt lehnte das Herbeiführen einer Tiefenhypnose »auf Anhieb« ab[15], im Gegenteil: Er vermied alle Formen der Überrumpelung der Patienten, alles magische Zubehör und die Faszination durch die Persönlichkeit des Hypnotiseurs. Er legte Wert darauf, daß noch unerfahrene Patienten zuerst als Zuschauer an Hypnosesitzungen teilnahmen, damit diese später um so aktiver an ihrer eigenen Hypnose mitarbeiten konnten (s. Modellernen Kap. 3, 8). Die Versuchspersonen (VP) waren häufig Ärzte, die sich für diese Versuche besonders eigneten. Bei ihnen fehlten Vorbehalte, falsche Erwartungen, Angst; sie waren an den Versuchen interessiert und waren es gewohnt, sachlich zu beobachten. Diese Voraussetzungen gelten noch heute für das Autogene Training.

Die eben erwähnten VP wurden nach einer Serie von hypnotischen Sitzungen (meist 40 bis 50) aufgefordert, den hypnotischen Zustand selber herbeizuführen, was den meisten von ihnen spontan gelang. So kam es zur »Autohypnose«. Noch eines kam hinzu: Vogt ließ sich nach jeder Teilhypnose von der VP berichten, was sie empfunden hatte. Er teilte die angegebenen Empfindungen nach der Häufigkeit ihres Auftretens ein und kam so zu einer Skala von Suggestionen, von »Erinnerungsbildern«, die für die meisten Menschen als wirksame Suggestion angewendet werden können, ein Verfahren, das mit dem heute angewandten »feedback« identisch ist. Es handelt sich dabei um Vorstellungen der Ruhe, der Entspannung, der Schwere und Wärme der Gliedmaßen; Vorstellungen, die noch heute für das AT bestimmend sind.

c. Der Beitrag von J. H. Schultz

In einer Arbeit aus dem Jahre 1920[16] berichtet Schultz über »Schichtenbildung im hypnotischen Selbstbeobachten«. Abgesehen von vielen optischen Erscheinungen, auf die wir später zurückkommen, berichteten die VP ausnahmslos über eine eigenartige Allgemeinempfindung eines behaglichen und wohligen Gefühls der Ruhe und Geborgenheit: Der Körper fühle sich schwerer an, sei erfüllt von einem »eigentümlichen strömenden Wärmegefühl«. Schultz nahm an, was im Laufe der Zeit immer wieder bestätigt wurde, daß Schwere gleichbedeutend sei mit Muskelentspannung und Wärme mit Erweiterung (ebenfalls also Entspannung) der Blutgefäße. Diese muskulärvegetative Entspannung befähigte die VP, die »spezifische suggestive Umschaltung« zu vollziehen.

Weiter griff Schultz auf die Selbstschilderungen von hypnotisierten kritischen Beobachtern, meist bekannten Psychiatern, zurück, die sich hypnotisieren ließen, um eine Hypnose an sich selbst zu erfahren, und die diese Erlebnisse publiziert hatten. Aus der eigenen Erfahrung von Eugen Bleuler einige Beobachtungen: »...ein behagliches Wärmegefühl zog vom Kopfe her über den Körper bis in die Beine hinunter... Die Hypnotisierung hatte etwa eine Minute gedauert. Mein Zustand war nun von einer angenehmen behaglichen Ruhe; es fiel mir auf, daß ich kein Bedürfnis hatte, meine Lage zu ändern, die mir unter anderen Umständen auf die Dauer nicht ganz bequem gewesen wäre.«

Schultz bezieht sich weiterhin auf die Selbstbeobachtung beim Einschlafen. Er stellte dabei das »Paradoxon einer selbsttätigen Passivierung« fest[17]. Dieser Vorgang wird folgendermaßen beschrieben: »Wie der Mensch beim Einschlafen, soll er sich Ermüdungs-Empfindungen und Gefühlen hingeben ... Im Ganzen mit sich geschehen lassen ... Sich ganz ungeteilt den Übungserlebnissen hingeben ... Alles führt zu einer gelösten psycho-physischen Gesamthaltung.«[18] Dieses Passivierungserlebnis beim Einschlafen läßt sich zwanglos auf die Vorgänge beim AT übertragen.

d. Die Resultate der Entwicklung zum Autogenen

Wie geschildert, lassen sich seit etwa der Mitte des 19. Jahrhunderts, von der Hypnose ausgehend, zwei Entwicklungstendenzen nachweisen, die beide im AT ihren Niederschlag fanden.

Die eine führt von der Hypnose über die Wachsuggestion zur Autosuggestion. Der zweite Weg verließ die vorwissenschaftliche Überrumpelungshypnose und führte zu einer therapeutisch differenzierten, individuell an die Möglichkeiten des Patienten angepaßten Hypnosemethode, bei der der Patient in wachsendem Maße das Geschehen selber in die Hand nahm.

Schlägt man einen Bogen von den Anfängen dieser Entwicklung bis zum AT, so überraschen die Gegensätze vom Anfang und Ende, die fast unvereinbar anmuten:

Bewirkt wird das Geschehen am Anfang durch einen allgewaltigen Zauberer, einen heilenden Magier, der »Unterwürfigkeit«[19] der Kranken erreicht, dem der Kranke ausgeliefert ist, der ihn zum Objekt seiner Manipulationen macht. Am Ende steht der Mensch, der sich eine psychologische Methode aneignet, die der Fachmann ihm vermittelt. Wie bei jedem Lernvorgang ist der Vermittler nach Abschluß dieses Vorganges überflüssig. Der Zauber ist gewichen.

Die Entwicklung indes geht weiter: Die Tendenz besteht, den Vermittler der Methode auszuschalten und durch das Buch zu ersetzen oder durch die Lernmaschine des Autogenen Trainings, die CD, die Kassette oder das Videoband, über die der Trainingswillige nach eigenem Gutdünken verfügt.

Mit dieser Entwicklung ist noch ein zweiter Aspekt verbunden: Der Entwicklungsweg beginnt in der Atmosphäre der Bezauberung, ja Verzauberung, die durch das Numinose, durch das Tremendum geprägt ist[20]; der Mensch erschauert vor dem Geheimnisvollen, das die Heilung oder innere Wandlung mit sich bringt. Am Ende steht die nüchterne Einstellung des Menschen, der sich das AT wie ein neues Wissen erwirbt, so wie man Algebra in einem Fernkurs lernt oder sich Informationen über seinen multimedialen Personal-Computer und per Modem im Internet verschafft.

5. Kapitel
Die Umschaltung

1. Die Umschaltung als psychophysisches Gesamtgeschehen

Im AT spielt die »Umschaltung« eine zentrale Rolle. Sie gehört zu den Schlüsselvorgängen und wird im Hauptwerk von Schultz dementsprechend oft erwähnt. Je nach den hinzutretenden definierenden Bezeichnungen werden verschiedene Aspekte der Umschaltung angesprochen. Ausdrücke wie das »konzentrative (›echt suggestive‹) Umschaltungserlebnis«[1] oder die »autohypnotische« Umschaltung[2] meinen vorwiegend die psychische Seite des Vorganges; die meisten Ausdrücke im Zusammenhang mit dem Begriff der Umschaltung verweisen jedoch auf das psychophysische Gesamtgeschehen: So spricht Schultz von der Eigenart des AT als »einer allgemeinsten organismischen Schaltreaktion«[3] oder einer »Gesamtumschaltung durch das autogene Training«[4] oder dem »cerebralen Gesamtvorgang der Umschaltung«[5], und weiter heißt es, es bestehe »kaum ein Zweifel darüber, daß der Übungslauf des Trainings zu einer fortschreitenden, an bestimmte Apparate gebundenen, von physiologischen Momenten normaler und pathologischer Art abhängenden Umschaltung führt...«[6]. Das AT hat demnach einen psychischen Anteil, der sich von dem ihm entsprechenden physiologischen Ablauf nicht trennen läßt. In der heutigen Literatur wird für das psychophysische Gesamtgeschehen der Umschaltung verbreitet auch der Begriff der *Entspannungsreaktion* gebraucht.

Im Jahre 1902 wurde von Oskar Vogt das ›Journal für Psychologie und Pathologie‹ begründet. Die enge Koppelung der Psychologie mit der Neurophysiologie war damals bahnbrechend. Die neue Zielsetzung kommt auch in der Einleitung zur neuen Zeitschrift deutlich zum Ausdruck: »Der Parallelismus zwischen gewissen körperlichen und den psychischen Erscheinungen muß uns dazu führen, das Erkennbare an den psychophysiologischen Erscheinungen sowohl von der körperlichen (d.h. physiologischen und indirekt anatomischen) als auch von der seelischen Seite zu erforschen... Dabei müssen die Resultate der beiden Erkenntniswege sich gegenseitig fördern. Nur so werden wir uns dem Erkennbaren möglichst weit nähern.«[7]

Diese Zielsetzung ist heute, ein Jahrhundert später, aktueller denn je. Wir sind inzwischen in der Lage, auf neurophysiologische Vorgänge hinweisen zu können, die dem introspektiven Erleben des Entspannungsvorganges (sowohl beim AT als auch beim Einschlafen) entsprechen. Schultz spricht von »organismischem«, d.h. ganzheitlichem Geschehen. Nicht nur die Wissenschaft profitiert davon, sondern auch der autogen Trainierende. Wenn dieser es schwarz auf weiß (im Elektro-Myogramm) sehen kann, wie sich sein Muskel entspannt oder wie seine Hauttemperatur ansteigt oder wie seine Affekte sich in einem Psycho-Galvanogramm widerspiegeln, so steigt sein Vertrauen in die Gültigkeit und in die »Realität« seiner Erlebnisse.

2. Die Vielfalt der Bedeutungen von Schlaf, Hypnose und AT

Mit den Ausdrücken Schlaf, AT, Hypnose, Suggestion kann jeweils vielerlei gemeint sein. Man muß unterscheiden zwischen dem Vorgang ihres Entstehens und dem dadurch entstandenen Zustand: bei der Hypnose zwischen dem Vorgang des Hypnotisierens bzw. Hypnotisiertwerdens und dem dadurch dann herbeigeführten Zustand, der Hypnose; bei der Suggestion zwischen dem Suggestionsvorgang (dem Suggerieren bzw. Suggeriert-Werden) und der dann bestehenden Suggestion; beim Schlaf, zwischen dem Einschlafen und dem dann erreichten (wenn auch variablen und phasenhaft verlaufenden) Zustand, den man Schlaf nennt; alle diese Prozesse verlaufen nach dem Muster einer Lernkurve (vgl. Kap. 3, 10). Der ansteigende Schenkel entspricht dem Vorgang und der Umstellung; er klingt aus in einen waagerechten Schenkel, den erreichten Zustand.

Beim AT ist die Vielfalt der Bedeutungen am größten. Die Konfusion wird gefördert durch die Doppeldeutigkeit des mit dem AT so oft verknüpften Ausdruckes Entspannung. Dieser

Begriff kann ebenfalls einen Vorgang meinen, das Sichentspannen, der dann zum Zustand der Entspannung, dem Entspanntsein führt.

> Der Ausdruck »Autogenes Training« hat demnach vier Bedeutungen:
> 1. Das AT als der Vorgang des Sichumstellens im Ablauf der Einzelübung, die konzentrative Selbstentspannung;
> 2. der erreichte Entspannungszustand, ausgedrückt durch die abschließende Formel: »Ich bin ganz ruhig«;
> 3. der Gesamtlernvorgang, der sich über Monate hinzieht;
> 4. die Verfügbarkeit über die AT-Entspannung (wieder doppeldeutig) als Dauermöglichkeit, wenn beispielsweise gesagt wird: »Mit dem AT beherrsche ich meine Errötungsfurcht« oder »Mit dem AT habe ich meine Asthmaanfälle verloren«.

Ohne die Differenzierung dieser Bedeutungen ist es nicht möglich, den Ort der Umschaltung zu bestimmen: So sei vorausgreifend hier schon festgestellt, daß die »Umschaltung« nie in einem Zustand, sondern immer nur im Verlauf eines Vorganges, einer Veränderung stattfinden kann, also: beim Einschlafen, beim Hypnotisiert- oder Suggeriert-werden, beim AT-Entspannungsvorgang (entsprechend der ersten oben angeführten Bedeutung).

3. Schlaf und Hypnose

Vergleicht man Suggestiv- und Schlafabläufe, so liegt es nahe, zunächst Hypnose und Schlaf zu betrachten, in Anlehnung an Schultz, der das AT immer wieder mit dem Schlaf und der Hypnose verglich:

Die Hypnose (als Zustand) ist der Prototyp einer Suggestivauswirkung; sie hat, schon rein erscheinungsmäßig, mit dem Schlaf vieles gemeinsam und ist mit ihren ausgeprägten Kennzeichen am besten zu fassen. Erschwert wird die Abgrenzung von Hypnose und Schlaf insofern, als die Hypnose mit einer Reihe von festgefahrenen Meinungen verknüpft ist, denen man bis in die neuere Zeit hinein begegnet und die nur mit Mühe überwunden werden. Außerdem weiß bis zum heutigen Tage niemand recht, was Hypnose ist (vgl. die Definition von Jaspers am Ende des Abschnitts). Man kennt die Erscheinungsform der Hypnose, man wendet sie an, man erzielt Wirkungen mit ihrer Hilfe, ohne ihre eigentliche Ursache zu kennen (hierin läßt sich die Hypnose mit der Elektrizität vergleichen, die wir zwar in vielfältigster Weise benutzen, ohne jedoch genau zu wissen, worauf sie beruht).

Wir gehen aus von der Schultzschen These, daß alle Momente entfallen, »um eine prinzipielle Grenze zwischen Schlaf und Hypnose aufzurichten...«[8]. Der Name Hypnose (aus griech. Hypnos = Schlaf) wurde, wie bereits erwähnt, zuerst von James Braid benutzt. Er war (1841) Zuschauer bei der Vorführung eines Bühnenartisten, der Menschen und Tiere in »magnetischen Schlaf« versetzte. War in früherer Zeit schon die Rede gewesen von einem »experimentellen Schlafwandel«, einem »künstlichen Somnambulismus«[9], so benutzte Braid erstmals den Ausdruck »Hypnose« und nannte die sich mit diesem Vorgang befassende Wissenschaft »Hypnotismus«.

Ausgehend von manchen äußeren Übereinstimmungen des menschlichen Verhaltens beim Schlaf und in der Hypnose baute Vogt die Schlaftheorie der Hypnose weiter aus. Wie schon erwähnt, faßte er die Hypnose als einen partiellen induzierten Schlaf auf.[10] Diese Meinung teilten bis vor kurzer Zeit die meisten Hypnoseforscher. Sie sahen diese Auffassung durch das Verhalten der Hypnotisierten bestätigt, denn:

Beide, der Schlafende und der tief Hypnotisierte, bieten (im Liegen) das gleiche Bild.

Anschließend besteht, genau wie beim Schlaf, auch bei der Hypnose Erinnerungslosigkeit (Amnesie), es sei denn, der VP sei suggeriert worden, sich an alles zu erinnern.

Aufgefordert, die Augen zu öffnen und eine Handlung zu vollziehen, benimmt sich die VP im hypnotischen Somnambulzustand wie ein Schlafwandler.

Mit einem Schlafenden läßt sich Rapport aufnehmen, am besten aufgrund häufig wiederholter, geflüsterter Anordnungen, die dann später, ähnlich wie posthypnotische Aufträge, ausgeführt werden[11].

Auch Pawlow, von völlig anderen wissenschaftlichen Voraussetzungen ausgehend, stellte apodiktisch fest: »Die innere Hemmung, der Schlaf und die Hypnose sind derselbe physiologische Prozeß.«

Der vorhin erwähnten Ablehnung der Konstruktion eines »völligen Gegensatzes zwischen Schlaf und Hypnose« durch Schultz[12] wird heute wohl jedermann beipflichten. Die Auffassung eines völligen Gegensatzes läßt sich auch in der Literatur nicht nachweisen; wohl aber lassen sich eine ganze Reihe von Unterschieden feststellen.

Gegen die Schlaf-Hypnose-Gleichstellung sprechen folgende Tatsachen:

Die Hypnose kann, besonders nach einigen Wiederholungen, auf Kommando, oft in wenigen Sekunden erreicht werden. Beim Schlaf ist dies, von Ausnahmesituationen wie völliger Erschöpfung abgesehen, nicht möglich.

Das Eintreten der Hypnose hängt vom bewußten oder unbewußten Mitmachen des zu hypnotisierenden Menschen ab. Es spielen dabei die Suggestivität des Hypnotiseurs, die Suggestibilität des Hypnotisierten und die Zahl der Wiederholungen der Hypnose eine große Rolle. Je intensiver sich der zu Hypnotisierende dem Vorgang des Hypnotisiertwerdens zuwendet, um so schneller kommt er in die Hypnose. Beim Schlaf ist es umgekehrt: Der Wunsch, die Bemühung einschlafen zu wollen, stört das Einschlafen bzw. verlängert die Einschlafzeit. Für das Einschlafen gilt das Gesetz von der das Gegenteil bewirkenden Anstrengung (Baudouin).

Aus dem Schlaf kann jeder geweckt werden, wenn nur die hierfür benutzten Reize stark genug sind. Die Hypnose läßt sich nicht durch äußere Reize unterbrechen, auch die Reizquantität spielt dabei keine Rolle. Ausschlaggebend ist die Suggestion des Hypnotiseurs, z. B. nach der Anordnung: »Sie werden unter keinen Umständen aufwachen, es sei denn, ich fordere Sie hierzu ausdrücklich auf.«

Der Schlafende neigt dazu, seine Körperhaltung in rhythmischen Abständen zu ändern, wogegen der Hypnotisierte oft über viele Stunden in unbequemer Lage verharren kann.

Die Möglichkeit, mit einem Schlafenden Kontakt aufzunehmen, ihm evtl. Suggestionen zu geben[13], nimmt mit der Schlaftiefe ab. Die Möglichkeit zu posthypnotischen Aufträgen, die vom Hypnotisierten später, ohne darum zu wissen, ausgeführt werden, nimmt mit zunehmender Hypnosetiefe zu.

Eine tiefe Hypnose (Somnambulzustand), derjenige Zustand also, der mit dem Schlaf am besten vergleichbar ist, kann nur bei 15 Prozent aller Hypnotisierten erreicht werden.

Nach Jaspers wird das gesamte Erleben des Hypnotisierten ausschließlich durch den Rapport mit dem Hypnotiseur geprägt. Der Hauptunterschied zwischen Hypnose und Schlaf ist dieser Rapport: die wache Insel in dem im übrigen schlafenden Menschen.

Abschließend die – nunmehr schon klassisch gewordene – Stellungnahme von Karl Jaspers zur Hypnose[14]: »Was dieser Zustand eigentlich ist, ist nicht aus einem bekannten Prinzip zu begreifen, sondern nur unterscheidend zu begrenzen. Es ist keine verstehbare seelische Verwandlung, sondern im Zusammenhang wirkender Suggestion ein vitales Geschehen eigener Art. Es handelt sich um ein Urphänomen des seelisch-leiblichen Lebens, das sich als Veränderung des Bewußtseinszustandes zeigt.«

Die Veränderung des Bewußtseinszustandes in der Hypnose und im AT soll später untersucht werden. Vorher aber noch einiges zu den neurophysiologischen Möglichkeiten bei der Unterscheidung von Hypnose und Schlaf.

Die wichtigsten Erkenntnisse wurden durch das Elektro-Enzephalogramm (EEG) gewonnen. Mit diesem apparativen Verfahren mißt man Erregungsprozesse in der Hirnrinde; dabei werden die an der Kopfoberfläche auftretenden elektrischen Potentialschwankungen ermittelt. Wesentlich ist hierbei insbesondere die sog. Spontanaktivität, die sich in wellenförmigen EEG-Linien zeigt. Je nach Frequenz und physiologischem Korrelat handelt es sich dabei um Alpha-Wellen (8–13/sek, entspannter Wachzustand), Beta-Wellen (14–30/sek, körperliche, emotionale und geistige Anspannung), Theta-Wellen (4–7/sek, eingeschränkter Wachzustand, Übergang zum Einschlafen, aber auch bei besonderer Fokussierung der Aufmerksamkeit) oder Delta-Wellen (0,5–3/sek, Zeichen des Tiefschlafes, s.u.). Das Verfahren erlaubt daher eine objektivierende Einschätzung des Grades der zentralnervösen Aktivität, ein Zugang zu differenzierten Prozessen wie z.B. Gedanken, spezifischen Vorstellungen oder Gefühlen ist jedoch nicht möglich.

Es konnte nachgewiesen werden, daß im EEG bei der Hypnose Abläufe auftreten, die auch im Wachzustand beobachtet werden. Ebenso verhält es sich mit anderen physiologischen Vorgängen: dem Grundumsatz, der Reflexerregbarkeit, der Pulsfrequenz und dem elektrischen Hautwiderstand. Die Hypnose ist somit physiologisch gesehen kein Schlaf, sondern eine, wenn auch sehr *modifizierte Form eines Wachzustandes*. Genaugenommen gibt es auch im Schlaf EEG-Kurven (z.B. im Traumschlaf, s.u.), die dem Wachzustand mehr gleichen als dem Tiefschlaf. Aber im Prinzip ist die Aussage so zutreffend.

4. Die Umschaltung im AT

Wie so oft, so trägt auch hier die Klärung des Tatbestandes nicht zur Vereinfachung bei. Der Unterschied zwischen Schlaf und Hypnose wurde durch das EEG geklärt; damit wurde eine Frage gelöst, gleichzeitig wurden mehrere neue, die Sonderstellung des AT betreffend, gestellt.

a. Vergleich des AT mit Schlaf und Hypnose

Zur Trennung der Vorgänge im AT von denen im Schlaf und in der Hypnose wurden diese Vorgänge in einer Tabelle zusammengestellt (mit allen Vorbehalten, die einem solchen Verfahren eigen sind). Vorwegnehmend muß festgestellt werden, daß die Erscheinungen während einer Hypnose in hohem Grade abhängig sind von der Suggestion des Hypnotiseurs. Daher sind fast alle Vorgänge (s. Tab. 1) in den Spalten 2, 3 und 4 unter B »Kann«-Erscheinungen. Die in der Tabelle eingetragenen Größen unter *medizinische Hypnose* beziehen sich auf die übliche ärztliche Handhabung der klassischen Hypnose, die von einem entspannten Ruhezustand (ähnlich wie beim AT) ausgeht. Die ärztliche Hypnose gleicht äußerlich weitgehend einem schlafähnlichen Zustand, unterscheidet sich jedoch vom Schlaf durch den intensiven Rapport, »die wache Insel«. Da außerdem die klassische medizinische Hypnose meistens im Sinne einer fraktionierten Hypnose[15] angewandt wird (also ein übendes Verhalten darstellt), steht sie dem Autogenen Training recht nahe, was sich auch in den Tabellenwerten äußert.

Bei der *Primitivhypnose* (Spalte 2) kann eine Unzahl von Erscheinungen herbeigeführt werden. Diese Form der Hypnose wird nur selten angewandt. Früher sah man sie häufiger auf Jahrmärkten, heute als Fernsehshow, als »Überrumpelungshypnose«, begünstigt durch die Situation, die Sensationslust (beim Hypnotisierten und beim Zuschauer), die Erwartungsspannung und die hochgezüchteten Affekte (Angst, Exhibitionslust u. ä.). Von Ärzten wurde diese Hypnoseform nur zu Beginn der wissenschaftlichen Ära angewandt. Ein Beispiel hierfür ist die »Dressurhypnose« bei Charcot (ca. 1870), die das »goldene Zeitalter der Hypnose« einleitete; Nonne wandte sie noch im Ersten Weltkrieg bei traumatischen Neurosen an. Dieses Verfahren wurde unter der Bezeichnung Protreptik grundlegend modifiziert und weiterentwickelt[16]. Für die Primitivhypnose eignen sich passive Menschen mit einer hohen Suggestibilität, verbunden mit geringer Selbstverfügung, wie sie bei Kindern und seelisch einfach strukturierten Erwachsenen anzutreffen ist; außerdem kann die Situation bestimmend sein.

Im folgenden wird diese Hypnoseform (Spalte 2) ausgespart, soweit sie nicht ausdrücklich erwähnt ist.

Geht man beim Vergleich des AT mit dem Schlaf und der Hypnose von *gemeinsamen Merkmalen* aus, so überrascht es, daß sich solche nur in geringer Zahl finden lassen (s. Tab. 1):

- Vorausgesetzt wird bei allen Vorgängen die Einwilligung oder der Wunsch der VP nach einem dieser Vorgänge. »Hinsichtlich der inneren ›Einwilligung‹«, sagt Schultz[17], »besteht eine nahe Übereinstimmung der Umschaltung im Training mit dem abendlichen Einschlafen als einer Einwilligung in die eigenen Müdigkeitserlebnisse.«
- Am Beginn soll eine gewisse Grundentspannung mit entsprechendem geringen Muskeltonus bestehen, diese Vor-Entspannung ist jedoch nach wiederholten Hypnosen oder Übungen oft entbehrlich.

Tabelle 1: Erfahrungswerte bei Schlaf, Hypnose und AT

	Schlaf	Primitiv-Hypnose	Hypnose Medizin. Erst-hypnose		Hypnose Serien-hypnose	AT Kurz-Länger-Übende		
	1	2	3		4	5		6
A. *Grundeinstellung*								
Grundentspannung	+	0	+		(+)	+		(+)
Passivität	+	+	+		(+)	(0)		0
Selbständige Passivierung	0	0	(0)		0	+	→	++
Einwilligung	+	(0)	+		+	+		+
Selbstverfügung	0	0	0		(0)	+	→	++
Rapport (Suggestibilität)	0	+++	++		++	+	→	0
B. *Erscheinungen*								
Bewußtseinseinengung	+++	+++	++		++	+	→	++
Traumbewußtsein, opt. Erlebnisse	(++)	(+)	(+)		+	+	→	++
Regression	++	+++	+	→	++	(+)	→	++
Hypermnesie	(+)	(+)	(+)	→	(++)	(+)	→	(++)
Amnesie	+	++	+		(+)	0		0
Posthypnot. Wirkung Vorsatzbildung	–	(++)	++		++	(+)	→	++
Introspektion	(+)	(+)	+		(++)	+	→	++
geringer Muskeltonus	+	(0)	+		(+)	+		+
Störbarkeit	(+)	0	(+)	→	(0)	+	→	0
Übergang in Schlaf	–	(+)	(+)		(+)	(++)	→	0
C. *Fördernde Faktoren*								
Rhythmus/Monotonie	+	+	++	→	(+)	++	→	(+)
Körperhaltung	++	0	++	→	(+)	++	→	+
Augenschluß	++	(+)	++	→	+	++	→	(+)
Außenreizmangel	+	0	++	→	(0)	+	→	(0)

Die eingetragenen Zeichen von 3fach plus bis null entsprechen quantitativen Abstufungen. Die Klammern beziehen sich auf schwankende Größen, wobei nicht unterschieden wird, ob diese spontan eintreten oder herbeigeführt werden können. Die Pfeile bedeuten eine Zu- oder Abnahme der Erscheinungen, immer als Resultat einer Übung.

– Bei allen genannten Vorgängen findet eine Regression statt, wovon später die Rede sein wird.

- Bei allen Vorgängen wirken sich Rhythmus, Monotonie und Außenreizverarmung, vor allem der Augenschluß, als fördernde Faktoren aus. Sie verlieren aber nach häufiger Wiederholung der Hypnose bzw. nach längerem Üben des AT immer mehr an Bedeutung.

Wichtiger als die Gemeinsamkeiten sind die *trennenden Merkmale* von Schlaf, Hypnose und AT.

1. Typisch für die Hypnose ist der intensive Rapport und damit die ausgeprägte Fremdsuggestibilität, die beim Normalschlaf fehlt und beim AT, wenn überhaupt, dann nur im Anfangsstadium besteht.
2. Ein deutliches Unterschiedsmerkmal ist die Aktivität, die beim AT in Form der »aktiven Passivierung« besteht, im Gegensatz zur reinen Passivität, die dem Schlaf und der Hypnose vorausgeht und während des Ablaufs bestehen bleibt.
3. Dasselbe gilt für die Selbstverfügung, die typisch für das AT ist, bei Hypnose und Schlaf dagegen fehlt.
4. Ferner sind die Vorgänge in tiefer Hypnose und im Schlaf anschließend nicht gegenwärtig; es fehlt die Erinnerung daran (Amnesie), es sei denn, es handele sich um oberflächliche, bewußtseinsnahe Zustände. Eine Erinnerungslücke während des AT spricht gegen einen regulären Verlauf, meist für einen intermediären Schlaf.
5. Ebenso wie die Erinnerung an das Geschehen ist die gesteuerte Introspektion (vor allem in der Form der Enterozeption, s.o.) integrierender Bestandteil des AT (insb. nach einiger Übung). Im Schlaf findet sie sich nur spontan (dafür manchmal um so intensiver) in den Träumen.
6. In den Träumen treten nicht selten längst vergessene Erinnerungen wieder auf (Hypermnesie); ein Vorgang, den man beim AT und in der Hypnose methodisch einüben kann.

Zur Aktivität (Punkt 2.) sei ergänzend erwähnt, daß hypnotische Induktionen auch ohne körperliche Entspannung wirksam sein können, z.B. bei einer stereotypen sportlichen Betätigung zur Leistungssteigerung (Fahrradergometer). Hypnose kann daher nicht durch körperliche Entspannung als notwendige Bedingung definiert werden.

Zusammenfassend kann man sagen, daß Selbstverfügung, aktive Gestaltung des Passivierungsverlaufes, ausgeprägte Introspektion und fehlende anschließende Amnesie das AT grundsätzlich von Schlaf und Hypnose unterscheiden. Alle diese Faktoren sind *Ausdruck der autonomen, frei über sich verfügenden Persönlichkeit.*

Auch der zweite für das AT charakteristische Vorgang, das Trainieren, kommt in der Tabelle zur Darstellung. Das ist schon (s. Pfeile) an den Unterschieden zwischen Erst- und Wiederholungshypnose deutlich (Spalte 3 und 4) und erst recht am Unterschied zwischen Kurz- und Langübenden beim AT (Spalte 5 und 6). Nur die Übung macht das AT zu dem, was es ist; nicht umsonst läßt sich der Langzeit-Trainingseffekt auch im EEG nachweisen[18] (s. u.).

b. Überlegungen zum Vergleich der neurophysiologischen Erscheinungen

Unter dem Eindruck der sehr verschiedenartigen Grundbedingungen, sowie der Ablaufs- und Erscheinungsformen von Schlaf, AT und Hypnose, muß die Frage nach dem Umschaltungsvorgang neu gestellt werden.

Die Differenzierung von Bewußtseinszuständen, insbesondere in den Schlaf-Wach-Grenzbereichen, deren Schwerpunkt wie beim AT, bei der Autohypnose und den verschiedenen Meditationsformen in der introspektiven Erfahrung liegt, kann nicht allein im Psychologischen gesucht werden, sondern wird auch im Neurophysiologischen vorgenommen werden müssen. Ob bei diesen Zuständen Flach- oder Tiefschlaf vorliegt, Hypnose, Autohypnose, AT oder ein Meditationszustand einer bestimmten Tiefe oder ein durch Drogen oder Psychopharmaka hervorgerufener Zustand, wird sich durch die Beobachtung des Verhaltens in diesen Zuständen oft nicht entscheiden lassen. Bei den zunehmend subtileren technischen Möglichkeiten, neurophysiologische Vorgänge zu registrieren, werden sich diese Vorgänge dagegen in immer differenzierterer Weise durch Apparaturen bestimmen lassen. Einige Vorgänge lassen sich heute bereits genau bestimmen.

c. Der Schlaf

Standen bei den bisherigen Betrachtungen das AT und die Hypnose im Vordergrund, so muß man bei einem neurophysiologischen Vergleich vom Schlaf ausgehen. Dies aus leicht verständlichen Gründen:

- Der Schlaf ist ein normaler physiologischer Vorgang, der für eine Untersuchung jederzeit zur Verfügung steht.
- Die Vorgänge beim Schlaf (insbes. bei Ableitungen des EEG) sind ausgeprägt und lassen sich am leichtesten ermitteln.
- Der Schlaf ist ganz besonders in den letzten Jahrzehnten ein bevorzugter Gegenstand der Forschung gewesen.

Der Schlaf ist neurophysiologisch gesehen ein *aktiver* Vorgang.

Das ist spätestens seit den Tierversuchen von W. R. Heß (1933) bekannt. Er entdeckte im Hypothalamus zwei Schlafzentren. Im vorderen (in der präoptischen Region) wird das Erwachen (aktiv) gehemmt; die Zerstörung dieses Zentrums ruft fortlaufende Schlaflosigkeit hervor. Die Zerstörung des anderen Zentrums bewirkt eine dauernde Schläfrigkeit. Die Beobachtungen stammen aus der Zerstörung besagter Zentren durch Unfälle oder durch Infektionskrankheiten (Encephalitis lethargica »Economo« = »europäische Schlafkrankheit« im Anschluß an eine Grippeepidemie 1916) oder wurden aufgrund gezielter Reizung bzw. Zerstörung der Zentren im Tierversuch gewonnen.

Als aktiver Vorgang unterscheidet sich der Schlaf grundsätzlich von allen Zuständen, die durch zerebrale Funktionsarmut oder durch Ausschaltung physiologischer Funktionen zustandekommen (Ohnmacht, Narkose, Koma).

Die physiologische Aktivität im Schlaf zeigt sich in einer vermehrten Hirndurchblutung und in einer gesteigerten Wärmeabgabe des Gehirns. Schlaf ist Regeneration. Wenn trotzdem einige Funktionen auf Sparflamme laufen, so geschieht das aus ökonomischen Gründen, weil die Aktivität auf den Aufbau, auf anaboles Geschehen ausgerichtet ist. Am deutlichsten ist die Herabsetzung der Vigilanz (der Bewußtseinshelligkeit), die Abnahme der Atemfrequenz, der Pulsfrequenz, des Muskeltonus und das Sinken des Blutdrucks. Alle diese Merkmale sind Ausdruck eines erhöhten Parasympathikotonus, der im autonomen Nervensystem für die allnächtliche Regeneration des Körpers Sorge trägt. Dieselben vegetativen Erscheinungen findet man, wenn auch weniger ausgeprägt, im AT. Sie sind die physiologische Grundlage der Erholungs- und Aufbaufunktion des Trainings.

Man kann aufgrund des Elektro-Enzephalogramms (EEG) am Schlaf verschiedene *Stadien der Schlaftiefe* unterscheiden:

- Wachzustand (mit Ermüdung): periodische Alpha-Wellen;
- Stadium kurz nach dem Einschlafen oder im Traumstadium: flaches EEG mit uncharakteristischen kleinen Wellen wechselnder Frequenz, Theta-Wellen.
- leichter Schlaf: Schlafspindeln um $^{1}/_{4}$ sec., zunehmend auch kleinere Zwischen- und Delta-Wellen.
- mittlerer Schlaf: Delta-Wellen um $^{3}/_{6}$ sec. und einzelne steile Wellen, kleinere Schlafspindeln mit langsamer Frequenz von $^{12}/_{13}$ sec.
- Tiefschlaf: Große langsame Delta-Wellen von $^{0,6}/_{6}$ sec. und seltene Schlafspindeln.

Die Verlangsamung der Wellen mit zunehmendem Tiefschlaf hat diesem die Bezeichnung »langsamer Schlaf« (slow sleep) eingebracht.

Beim üblichen Nachtschlaf treten jeweils im Anschluß an eine Tiefschlafphase drei bis sechsmal pro Nacht Traumphasen auf. Sie dauern jeweils einige Minuten bis zu $^{3}/_{4}$ Stunden und füllen 20 Prozent der Gesamtschlafzeit aus.

Man träumt also in den Schlafphasen, die dem Wachsein am nächsten benachbart sind. (Das Rinden-EEG ist desynchronisiert spannungsarm; im Hippocampus finden sich spannungsreiche regelmäßige Theta-Wellen.) Es handelt sich um einen oberflächlichen Schlaf, bei dem aber die Weckbarkeit erschwert und der Tonus der Muskulatur (insbesondere an Hals und Kopf) im Vergleich zum Tiefschlaf herabgesetzt ist. Diese Phase wird üblicherweise als *REM-Phase* bezeichnet, da es während ihres Ablaufes zu schnellen, unregelmäßigen Augenbewegungen kommt (*r*apid *eye m*ovement). *Träume*, vor allem die bildhaften, treten überwiegend in dieser Phase auf. Außerhalb der REM-Phasen kommen Träume seltener vor und dann eher in einer Form, die Gedankenabläufen entspricht. In diesem Stadium treten also Symptome einer vermehrten psychischen Aktivität auf. Außer den Veränderungen von Körpertemperatur, Blutdruck, Puls, Atmung und des galvanischen Hautreflexes stellen sich auch Erektionen ein. Es wird von einem 3. Zustand[19] gesprochen, der sich deutlich sowohl vom Tiefschlaf als auch vom Wachzustand unterscheidet. Aufgrund dieser Diskrepanz bezeichnet man diese Phase auch als »paradoxen Schlaf« oder »dissoziierten Schlaf«[20].

Die psychische Aktivität im AT äußert sich beim gut Eintrainierten in hyponoischer Denkstruktur (dissoziiertes Denken = Traumdenken), in zahlreichen »freien« Einfällen (ähnlich wie beim Analysanden auf der Couch), in deren Übergang in Bilder und in traumähnliche hypnagoge Bilder. Alle diese Phänomene bestätigen die Verwandtschaft von AT und REM-Schlaf. Auch der entspannte Muskeltonus und die geringe Störbarkeit bzw. hohe Weckschwelle sind für beide Zustände charakteristisch. Die Störbarkeit durch Außenreize, die beim AT-Anfänger sehr groß sein kann, nimmt im Laufe der Zeit ab und kann, ähnlich wie bei tiefer Meditation, weit geringer sein als im Tiefschlaf.

Die REM-Phase, die dem Auftauchen aus dem Tiefschlaf entspricht, ist für die zerebrale Regeneration der wichtigste Teil des Schlafes (daher seine Bezeichnung emergent state). Es ist auch so gut wie sicher, daß das Lern- und Leistungsvermögen des Gehirns parallel zur Dauer des REM-Schlafes verläuft. Man bedenke die analoge Erholungsfunktion des AT. Häufige Unterbrechung des REM-Schlafes, also ein Defizit daran, führt zu Störungen (Spannung, Angst, Reizbarkeit, Konzentrationsstörungen, Störungen des Zeitsinnes, Depersonalisationserleben). Der REM-Schlaf wird im Falle eines Defizits (wie man ihn im Schlaflabor herbeiführen kann) in den folgenden Nächten nachgeholt. Ob sich dieser Nachholbedarf auch über das AT erreichen ließe, wäre noch zu prüfen.

AT und REM-Schlaf *unterscheiden* sich:
- durch das Fehlen der dem REM-Schlaf eigenen schnellen Augenbewegungen beim AT;
- durch den unmittelbaren Zugang zur Aktivität der Traum-Phase im AT, während im Schlaf das REM-Stadium sich erst nach einer Zeit des Tiefschlafes einstellt, im allgemeinen nicht früher als eine Stunde nach dem Einschlafen;
- durch das im AT erhaltene entspannte Wachbewußtsein, mit dem die Erscheinungen registriert werden, während die subjektiven Phänomene der REM-Phase erst im Anschluß an das Aufwachen apperzipiert, d.h. bewußt verarbeitet werden.

Einige Autoren stellen fest, daß das *EEG im AT*, dem »Zustand von Schläfrigkeit oder den ersten Stadien des physiologischen Schlafes stark ähnelt«, wobei die Übenden betonen, sie würden nicht schlafen[21]. Aus EEG-Ableitungen beim AT im Vergleich zum Schlaf-EEG und zu »verschiedenen normalen Zuständen« läßt sich nachweisen[22], daß das Trainings-EEG »irgendwo zwischen Vorschläfrigkeit (predrowsiness)« und Schläfrigkeit angesiedelt ist. Dabei bestehen Unterschiede zwischen Kurzzeit- und Langzeittrainierten: Kurzzeittrainierte (2–4 Monate) zeigen in der Übung nach einer Phase regelmäßiger Alpha-Wellen eine Periode mit Alpha-Wellen sehr unterschiedlicher Amplitudenhöhe und danach eine nicht-kontinuierliche Alpha-Aktivität mit gelegentlichen Theta-Wellen. Die Abnahme der Alpha-Aktivität ist durch verschiedene Studien bestätigt[23]. Der AT-Übende teilt »gewöhnlich, aber nicht immer, beim Auftreten von Theta-Wellen ein Schweregefühl mit«[24]. Bei Langzeittrainierten (6–36 Monate) kommt es ebenfalls zu einer Abnahme der Alpha-Amplituden bis hin zum völligen Verschwinden der Alpha-Wellen für wenige Sekunden bis zu einigen Minuten. Im Unterschied zu den Kurzzeittrainierten treten jedoch keine K-Komplexe oder Schlafspindeln (im Sinne von Einschlafzeichen) auf. Nach längerem Training findet offensichtlich die Umschaltung noch im Wachzustand statt und führt zu einem Zustand, bei dem ein direkter Übergang in Schläfrigkeit oder Schlaf durch eine funktionelle Schranke (functional barrier) unmöglich gemacht wird[25]. Der wesentliche Unterschied zwischen Kurz- und Langtrainierten scheint also darin zu bestehen, daß erstere während des AT eher in ein Einschlafstadium abgleiten oder gänzlich einschlafen, während letztere diesen physiologischen Prozeß des Übergangs vom Wachen zum Schlafen zu blockieren gelernt haben[26].

Obwohl die bisherigen Forschungsergebnisse noch keine befriedigende Klärung herbeigeführt haben, kann man festhalten, »daß während der Übung des autogenen Trainings etwas geschieht, das sich zerebral nachweisen läßt... Die erlebten Zustände während des autogenen Trainings sind keine Einbildungen, sondern beruhen auf Änderungen der Gehirnfunktion, die bei der Übung auftreten.«[27]

Auch im *Tiefschlaf* besteht eine partielle Beziehung zur Umwelt und eine Auswahl an Reizen. Das erklärt auch, warum nur selten jemand aus dem Bett fällt. Das im Traum häufig auftretende Wissen darum, daß man träumt, spricht ebenfalls für Reste von »Tagdenken«. Beim »Ammenschlaf« führen geringe Reize (so das immer wieder angeführte Husten eines Säuglings) zum Aufwachen, während viel lautere Geräusche nicht gehört werden. Auf ein fortlaufendes Registrieren der Zeit im Schlaf weist das Terminerwachen hin. Ammenschlaf und Terminerwachen sprechen für das Weiterwirken von bestimmten Erwartungshaltungen im Schlaf. Darauf basiert auch die Einflußnahme auf den Schlafablauf durch die AT-Vorsatzformeln. Schultz spricht von der »Kopfuhr«[28], die sich als Vorsatzbildung sehr präzise einstellen läßt.

d. Abgrenzung der Hypnose von Schlaf und AT

AT und Autohypnose werden entweder als identische oder aber als nahe verwandte Vorgänge aufgefaßt. Daher soll zum Abschluß der neurophysiologischen Überlegungen darauf hingewiesen werden, wieweit sich auch im EEG die Hypnose vom AT und vom Schlaf *unterscheiden* läßt.

1. Es gibt sowohl Ähnlichkeiten wie auch Unterschiede in den EEG-Befunden zwischen Stadien der Hypnose und Stadien des Schlafes. Es ist jedoch nachgewiesen worden, daß in der Hypnose EEG-Abläufe auftreten, die auch im Wachzustand beobachtet werden, und daß bestimmte typische EEG-Schlafmuster unter Hypnose nicht auftreten. *Die Hypnose ist somit kein Schlaf* (vgl. Kap. 5, 3).

2. Gestaltet man eine Hypnose als »Erholungshypnose«, d. h. teilt man der VP nach eingetretener Hypnose mit, sie würde in den nächsten Stunden erholsam durchschlafen, so verändert sich das EEG im Sinne eines regulären Schlafes mit dessen zyklischen Abläufen von Tiefschlaf und REM-Phasen. Der Rapport zum Hypnotiseur, der jederzeit die VP aufwecken kann, bleibt bestehen. Der Schlaf in der Hypnose entspricht also einem »gesteuerten Ammenschlaf«. Im Verhalten der VP läßt sich der Übergang von Hypnose zum Normalschlaf nicht erkennen. Ebenso kann man das AT aufgrund einer vorangehenden Vorsatzformel bewußt in Normalschlaf überführen (vgl.

Kap. 31, 5), ein Vorgang, der sich ebenfalls im EEG, dagegen nicht im Verhalten des Übenden feststellen läßt.

3. Es lassen sich Unterschiede zwischen dem AT-EEG und dem Hypnose-EEG nachweisen. In der Hypnose treten weder Schlafspindeln noch K-Komplexe auf, die im AT bei einzelnen Personen beobachtet werden[29]; jedoch ist zumeist eine erhöhte Thetaaktivität nachzuweisen, die in ihrem Ausmaß mit hypnotischer Suggestibilität korreliert. Diese Befunde sind ein weiterer Hinweis dafür, daß die Hypnose weder dem Schlaf noch dem AT entspricht, sondern eine, wenn auch modifizierte Form des Wachzustandes mit selektiver Aufmerksamkeit ist.

5. Die Vorgänge bei der Umschaltung

a. Die Wach-Schlaf-Umschaltung als Grundphänomen

Steht aufgrund der enzephalographischen Befunde auf der einen Seite fest, daß Hypnose, AT und Schlaf nicht identisch sind, wiewohl sie gemeinsame Grenzgebiete haben, so bestehen auf der anderen Seite eine Reihe übereinstimmender Merkmale, die vor allem die Entstehungsbedingungen betreffen.

Einige davon sind, wie bereits ausgeführt wurde, künstlich gezüchtet worden in Anlehnung an bestimmte wissenschaftliche Vorstellungen (z.B. von der Gleichheit der Hypnose und des Schlafes). Andere haben über alle Zeiten und Meinungen hinweg ihren gesicherten Platz behauptet. Ein Blick auf Tabelle 1 macht deutlich, daß vor allem die »fördernden Faktoren« für alle Vorgänge dieselben sind. Anders gesagt: Schlaf und suggestive Vorgänge sind in ihrer Entstehung an dieselben Bedingungen geknüpft. Hierbei sei bereits im voraus vermerkt, daß zu den genannten Vorgängen noch manche Formen meditativer Praxis hinzukommen.

Die wichtigsten Entstehungsbedingungen sind: eine Körperhaltung, die die Entspannung der Muskulatur ermöglicht – das Schließen der Augen (werden während einer EEG-Abteilung die Augen geöffnet, so verändern sich die Hirnströme schlagartig in Richtung eines Wach-EEG, die Alpha-Wellen werden blockiert); Außenreizmangel, rhythmische und monotone Reize folgen als zusätzliche günstige Bedingungen (beim AT für den gut Eingeübten zunehmend entbehrlich).

Die wichtigsten gemeinsamen Veränderungen betreffen den Bewußtseinszustand (ebenfalls aus der obigen Tabelle zu entnehmen): Neigung zum Traumbewußtsein, zur Bewußtseinseinengung, zur Abkehr von der Außenwelt (Introspektion).

Ausgehend von Untersuchungen über die Bedingungen des Normalschlafes[30] zieht Schultz einen Vergleich zu den Bedingungen der echten suggestiven Umschaltung. Er faßt zusammen, »daß unter Einwilligung der Versuchsperson, die genügend Selbstverfügung besitzen muß, in geeigneter Körperhaltung eine Außenreizverarmung, oft unter Mitwirkung von Monotonieeinflüssen, zu einer sammelnden Einengung führt, in der nun teils ›reflektorische Überwältigungen‹, teils Automatismen und Wandlungen des Innenlebens einspringen. Diese Gesichtspunkte gelten für das alte hypnotische Arbeiten und ebensosehr für weite Bereiche der vorbereitenden Erlebnisse des normalen Schlafes.«

Man kann diese verschiedenen Momente auf *eine* Formel bringen: *Schlaf, Hypnose und autogene Umschaltung werden unter ähnlichen Bedingungen erreicht; das Ergebnis ist, was die wesentlichen Punkte angeht, verschieden.* Diese Feststellung kann noch präzisiert werden: Der Vorgang des Einschlafens, des Hypnotisiertwerdens und des AT (als Einzelübung) haben einen gemeinsamen Kern: die *Wach-Schlaf-Umschaltung.*

Es besteht somit eine Identität der Wach-Schlaf-Umschaltung mit der suggestiven Umschaltung (Fremdhypnose) und der konzentrativen Umschaltung (Autohypnose bzw. AT).

Eine zweite Feststellung von Schultz zum Umschaltungsvorgang dürfte ebenso wichtig sein: »Die allgemeine Umschaltung beim Schlaf und bei den suggestiven Erscheinungen engeren Sinnes ist ein Allgemeinphänomen.« Das gleiche gilt für das Autogene Training: »Ich konnte mich«, so schreibt Schultz weiter[31], »in ausgedehnten Massenversuchen an nicht kranken VP überzeugen, daß die in Frage stehende *Umschaltung ein Normalphänomen* darstellt und unter noch näher zu erörternden Bedingungen daher jeder VP zugänglich ist.« Auf die Suggestion als Normalphänomen wird im übernächsten Kapitel eingegangen werden.

b. Gleiche Umschaltung – verschiedene Ergebnisse
Beim Zustandekommen von Schlaf, Hypnose und AT findet derselbe Umschaltungsvorgang statt; Schlaf, Hypnose und AT als Resultat sind etwas Verschiedenes. Der Widerspruch ist nur scheinbar: Die Verschiedenartigkeit der Resultate beruht erstens auf einer verschiedenen Handhabung der Umschaltung und zweitens auf deren Kombination mit anderen Vorgängen oder Grundeinstellungen.

Je nachdem, ob der Umschaltungsvorgang mit einer aktiven oder einer passiven Grundeinstellung zu dieser Umschaltung verbunden ist, stellen sich verschiedene Ergebnisse ein. Läßt ein Mensch die Umschaltung passiv ohne Stellungnahme an sich ablaufen, so kommt es zum Schlaf; läßt er die Umschaltung ebenso passiv von einem anderen Menschen leiten, der die bei der Umschaltung eintretende Bewußtseinsveränderung auf eine intensive Zweier-Beziehung einengt, so handelt es sich um eine Hypnose. Wird dagegen aktiv vorgegangen, d.h. werden bewußt alle Voraussetzungen von der VP für eine Umschaltung bei sich selbst geschaffen, dem Vorgang die volle (entspannte) Aufmerksamkeit zugewendet, dieser dadurch beschleunigt und in die gewünschte Richtung gelenkt, dann handelt es sich um einen autosuggestiven Vorgang bzw. um eine autogen-konzentrative Umschaltung.

Der Schwerpunkt des AT liegt in der bewußten Hinwendung zur eigenen Umschaltung. Sobald diese Hinwendung unterbrochen wird, gleitet die VP besonders beim Beginn des Lernprozesses leicht in den Schlaf oder aber zurück in die Wach-Bewußtseinslage.

Ein Kursteilnehmer verglich spontan den Zustand im AT mit einer Gratwanderung, bei der man dauernd in Gefahr sei, zur einen oder zur anderen Seite, in den Schlaf oder in ein Ab-

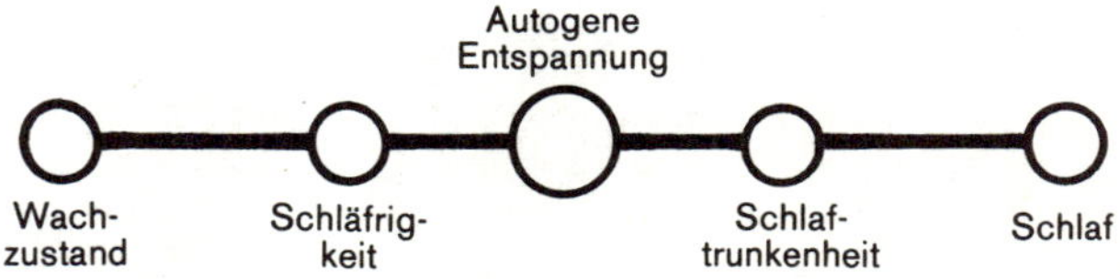

Abb. 6: Darstellung des autogenen Zustandes (nach Jus und Jus)

schweifen der Gedanken, wegzurutschen. Das soeben Gesagte gilt mit einer gewissen Einschränkung: Neuere hirnelektrische Untersuchungen (EEG) zeigen einen Unterschied der Ergebnisse nach den ersten beiden Standardübungen (Schwere und Wärme) im Vergleich zur Durchführung aller Übungen. Beschränkt man sich auf die ersten beiden Übungen und vermeidet bzw. verzögert anschließend das Zurücknehmen und läßt statt dessen den Zustand passiver Annahme eintreten, so führt dies bei den meisten Übenden zum Schlaf (s. Abb. 6). Wurden dagegen alle Standardübungen durchgeführt, schlief keine der VP ein, im Gegenteil: es trat eine aktivere Konzentration mit einem gesteigerten Niveau der Bewußtheit auf (s. Tab. 3)[32].

c. Schnelligkeit der Umschaltung

Die Dauer des Umschaltungsvorganges ist außerordentlich verschieden. Bei der Primitivhypnose, insbes. bei häufiger Wiederholung, z.B. bei Schaustellern auf Jahrmärkten, genügen oft wenige Sekunden, um das Medium in einen Trancezustand (Somnambulstadium) zu bringen. Bei der medizinischen Hypnose geht das Umschalten sehr verschieden schnell vor sich.

Sowohl bei der Serienhypnose als auch beim Autogenen Training ist für die Schnelligkeit der Umschaltung die Wiederholung maßgebend. Trainieren führt nicht nur zu einer tieferen Entspannung, sondern auch zu einer schnelleren Umschaltung und zu einem sicheren Erreichen der erwünschten Bewußtseinsstufe.

6. Kapitel
Aspekte der Umschaltung

1. Die Regression im AT

Das AT als Umschaltungsvorgang ist ohne dessen regressiven Anteil nicht zu verstehen. Faßt man die Entwicklung der Psyche beim Einzelmenschen als einen fortschreitenden Prozeß auf, so bedeutet Regression einen »Rückgriff« auf ein früheres Stadium dieses Prozesses. Regression ist »die Reaktivierung ontogenetisch älterer, frühen Kindheitsphasen entsprechender Verhaltensmuster«[1]. Regression im weiteren Sinne läßt mehrere Formen unterscheiden.

Von der »physiologischen Form« der Regression sei hier nur der Schlaf erwähnt, den man als eine Rückkehr zur Lebensform des Säuglings auffassen kann, der ja sein Leben bis auf wenige Stunden täglich verschläft.

Im engeren Sinne meint Regression die neurotische Form der Regression. Ihre Definition stammt von Freud. Er sagt: »...die primitiven Zustände können immer wieder hergestellt werden; das primitive Seelische ist im vollsten Sinne unvergänglich.«[2] Von einer Regression als Rückkehr zur Vergangenheit bzw. als eines Wiederauflebens vergangener Verhaltensformen in der Gegenwart spricht Freud sowohl bei psychopathologischen Vorgängen (bei neurotischen Symptomen beispielsweise) als auch bei Träumen oder in der Kulturpsychologie.

Zu den Formen der Regression im Alltagsleben, die wir – oft als solche nicht erkannt – herbeiführen oder zulassen, gehören eine ganze Reihe von Gewohnheiten, von »kindlichen« Verhaltensweisen, spielerischen Neigungen (Liebhabereien) u.ä. Die Übergänge zu neurotischen Symptomen oder Verhaltensweisen sind fließend. Zu solchen regressiven Verhaltensweisen gehören auch die »Einschlafrituale«, die für Kinder typisch sind, aber auch von Erwachsenen noch gepflegt werden. Allgemein üblich ist hierbei die Sorge um einen abgedunkelten, geräuscharmen Raum, das Schließen der Augen (bei den Kindern das Nuckeln am Daumen) und das Herbeiführen einer bestimmten, oft ganz genau einzuhaltenden Körperlage. Von diesen Schlafpräliminarien bis hin zu einem ausgestalteten zwangsneurotischen Einschlafzeremoniell gibt es alle Übergänge.

Mit der Schlafvorbereitung wäre erneut eine Parallele von Suggestivverfahren und Schlaf angeschnitten: Schlaf, medizinische Hypnose und AT haben alle drei ein ähnliches Vorbereitungsritual mit den darin enthaltenen fördernden Faktoren (vgl. Tab. 1). Alle drei sind regressive Vorgänge, wenn auch verschiedener Art und Intensität.

Der Begriff Regression wird oft mit einem negativen Akzent verwandt. Das gilt insbesondere für den Begriff im engeren Sinne, wie er in der Neurosenlehre benutzt wird. Hier bedeutet Regression die Rückkehr zu Entwicklungsstufen, die – meist in den ersten Lebensjahren – durchschritten wurden.

Nicht jeder Rückgriff auf frühere Verhaltensweisen muß jedoch ein Rückschritt sein. Ebensowenig hat ein solcher Rückgriff immer etwas mit einem »reaktionären« Verhalten im Sinne eines Sich-Sträubens gegen jeden Fortschritt zu tun. Die positiven Aspekte der Regression, wie sie auch beim AT vorliegen, werden oft als solche nicht erkannt.

Die Regression beim AT ist eine »produktive« Regression, produktiv in mehrfacher Hinsicht. Durch die Eigenart der abendländischen Kultur ist der Mensch in eine extrem extravertierte Einstellung gedrängt worden. Er lebt, nach der Definition von C. G. Jung, von der Außenwelt und für diese, seine Innenwelt verkümmert. »Verstand, Wille und Leistung werden zur Richtschnur für die Bewertung eines Menschen gemacht.« Vielfach sorgt eine einseitige Erziehung dafür, daß Eigenschaften, die jeder von uns als Kind besaß, verkümmern oder unterdrückt werden. Die kindliche Spontaneität wird durch konventionelles Verhalten ersetzt, der Empfindungsreichtum nivelliert, die Phantasie, der Einfallsreichtum durch sterile abstrakte Systeme abgelöst.

In diesen Mißstand greift das AT ein. Es begünstigt die vernachlässigten Funktionen, fördert die menschlichen Entfaltungsmöglichkeiten und schränkt die auf Kosten der menschlichen Integrität gezüchteten Eigenschaften ein.

Regressionsvorgänge, die negativ beurteilt werden, haben etwas Gemeinsames: sie überwältigen den Menschen, sie geschehen an ihm, laufen an dem Betroffenen ab wie ein Naturgesetz, ohne daß der Mensch sich dagegen wehren kann (oder will). Die Situation ist der eines Autofahrers vergleichbar, der bei hoher Geschwindigkeit ins Schleudern kommt und dem dabei das Gesetz des Handelns verlorengeht. Auch bei der Hypnose, besonders bei der Primitivhypnose, läßt sich sagen: Das Was und Wie wird vom Hypnotiseur bestimmt und läuft am Hypnotisierten ab, der lediglich der Schauplatz des Geschehens ist.

Ganz anders beim AT und bei manchen meditativen Praktiken (auch in der Psychoanalyse): Der Mensch bleibt souverän. Er bestimmt, wie tief er regredieren, wie lange er in diesem Zustand verharren will und wozu dieser Zustand dienen soll. Regression ist, so betrachtet, Mittel zum Zweck (wenn auch ein nicht immer ungefährliches), ein Mittel zu einer ungehemmteren, besseren, individuellen Entfaltung.

Balint unterscheidet eine gutartige, benigne Form der Regression, zu der auch die therapeutische Regression gehört, und eine bösartige, maligne Form (s.o.), bei der, psychoanalytisch gesprochen, das Ich von den Trieben überschwemmt und ihnen zunehmend preisgegeben ist (z.B. bei der Sucht)[3].

2. Das Hyponoisch-Hypobulische (Spannungsveränderungen jenseits des Bewußtseins)

Dem Wortsinn nach bedeutet *hyponoisch*: unterhalb des Verstandesmäßigen. Hyponoische Zustände[4] sind entwicklungsgeschichtlich ältere Bewußtseinsstufen, auf die unter besonderen Bedingungen zurückgegriffen wird; ein Verhalten, das dem einer Regression entspricht. Diese Zustände sind gekennzeichnet durch ein traumhaftes, eingeengtes Bewußtsein und von den Affekten dirigierte Denk- und Bildabläufe. Man findet sie im Traum und in der Hypnose, wodurch sie in unmittelbare Nachbarschaft zum AT rücken. Sie finden sich auch bei psychotischen Prozessen (Schizophrenie) und bei dissoziativen Bewußtseinsstörungen (z.B. bei hysterischen Dämmerzuständen).

In diesen Bewußtheitszuständen treten Reaktionsweisen auf, die unterhalb des Bewußt-Willensmäßigen liegen: sie sind *hypobulisch*. Sie bestimmen die Äußerungen der Psychomotorik im Sinne entwicklungsgeschichtlich älterer Reflexe. Auf ungewöhnliche Belastungen meist emotionaler Art verlaufen sie als »Bewegungssturm« oder als »Totstellreflex«.

Der Bewegungssturm äußert sich bei Tieren in Form von planlosen, ungesteuerten, überschießenden Angriffs- und Fluchtbewegungen: z. B. durch wildes Hin- und Herlaufen oder Auffliegen, beim Menschen in der Panik, bei Wutzuständen oder i. S. eines Krankheitssymptomes bei verschiedenen pathologischen Erregungszuständen (Epilepsie, Katatonie).

Der Totstellreflex bei Tieren findet sich als reflektorische »Schreckstarre« bei plötzlich auftretender Gefahr, modifiziert auch als »Demutshaltung« (K. Lorenz); beim Menschen ebenfalls bei plötzlichem Schreck als Lähmungserscheinungen (es verschlägt einem die Sprache), als Immobilisation (man kann sich vor Schreck nicht rühren), als Ohnmacht u. ä.

Durch bestimmte Manipulationen lassen sich Frösche, Schlangen, Krokodile, Vögel, Kaninchen, Katzen, Hunde und andere Tiere in einen Zustand der Bewegungslosigkeit bringen (Katalepsie), in dem sie verharren, bis er durch einen kräftigen Reiz wieder unterbrochen wird. Es hat sich eingebürgert, diese Zustände als Tierhypnose zu bezeichnen. Die Gleichstellung von Tier- und Humanhypnose[5] ist äußerst zweifelhaft, die Gleichstellung mit dem Schlaf sicherlich falsch. Dazu nur ein Beispiel: Ein Frosch, den man mit dem Bauch nach oben in die Handfläche legt, und dessen Bauch man mit der anderen Hand leicht beklopft, wird immobilisiert und erstarrt in dieser Lage[6]; er kann sogar dabei austrocknen und sterben, wenn der Zustand nicht durch einen Gegenreiz behoben wird.

Bereits 1873 hatte W. Preyer in einer Abhandlung ›Über eine Wirkung der Angst bei Tieren‹ sich mit dem »tierischen Hypnotismus« beschäftigt. Die beschriebenen Immobilisationserscheinungen deutete er als Kataplexie = Schrecklähmung. Er näherte sich damit der heute herrschenden Auffassung, die die Erscheinungen der tierischen Hypnose als instinktgebundene Immobilisationszustände sieht, eine Sonderform des biologischen Totstellreflexes[7].

Das Auftreten von hypobulischen Mechanismen beim Menschen wird als ein Zurückschalten auf primitive Stufen der Psychomotilität erklärt[8]. Die Frage stellt sich, inwieweit diese reflektorische Umschaltung auf Entspannung und Bewegungslosigkeit identisch ist mit den Vorgängen beim Einschlafen, beim AT-Ablauf und bei der Hypnose.

- Alle vier Vorgänge sind regressive Umschaltungen.
- Gemeinsam ist der tierischen und der Primitivhypnose die oft blitzartig ablaufende Umschaltung, die beim Einschlafen

nur in Ausnahmezuständen, z. B. bei Übermüdung, auftritt, beim AT nur nach langer Übung erreicht werden kann.

- Weiterhin können alle vier Vorgänge zu hyponoischen Bewußtseinsstufen, z.B. Bewußtseinseinengung, führen (bei der Tierhypnose hypothetisch).
- Es tritt bei tierischer Immobilisation ein Zustand ein, bei dem oft für lange Zeit (viele Stunden) kein Bewegungsbedürfnis besteht. Das gilt beim Schlaf nicht; dagegen besteht es im AT oft beim gut Trainierten und immer in der Hypnose.
- Muskelentspannung findet sich im Schlaf und im AT; bei der Hypnose und bei tierischer Immobilisation kann sie auftreten.
- Endlich die Muskelstarre (Katalepsie), die im Schlaf fehlt, sich bei Hypnose spontan einstellt und beim AT leicht erzeugen läßt.

Wird in der AT-Übung am völlig entspannten Arm die Formel: »der Arm ist steif« vergegenwärtigt, kommt es zu einer »passiven Katalepsie«, also zur »konzentrativen Etablierung eines Widerstandes gegen passive Bewegung«, die nach Schultz »bei Fremdhypnose das sicherste objektive Symptom für echte, auch beginnende ›Umschaltung‹ ist«[9]. Der Nachweis der Katalepsie dient beim AT ebenfalls als Nachweis seiner Wirkung. Diese ist jedoch therapeutisch gesehen ohne Belang.

Spielen beim Zustandekommen des AT hypobulische Mechanismen in einer modifizierten Form (Immobilisierung, Entspannung) unter Rückkehr zu hyponoischen Bewußtseinszuständen eine Rolle, so bleibt beim AT das aktive (eigene) Umgehen mit diesen Schaltmöglichkeiten als wesentliches Unterscheidungsmerkmal bestehen.

Bei den *hypobulischen Schaltmechanismen* unterscheidet Kretschmer eine Wechsel- und eine Nebenschaltung. Die Wechselschaltung meint ein Überwechseln von einer Bewußtseinsschicht in die andere, während die Nebenschaltung nur zu einem teilweisen Wechsel führt, so daß zwei oder mehr Bewußtseinsschichten gleichzeitig, aber jede für sich funktionieren. Man spricht dann von Bewußtseinsspaltung[10] (in der ICD-10 als Dissoziation bezeichnet).

Ausgeprägte Nebenschaltungen finden sich vorwiegend bei krankhaften Zuständen. Als therapeutische Ich-Spaltung (ausführlich Kap. 34) sind sie aber für einige Behandlungsmethoden typisch, bei denen eine Umschaltung auf Introspektion und Traumbewußtsein stattfindet bei gleichzeitig erhaltenem aperzeptivem Denken. Schultz spricht hierbei von einer »partiellen Umschaltung«. Zu diesen Methoden gehören, um nur zwei zu nennen, das AT und die psychoanalytisch orientierten Verfahren. Beim AT (Grundstufe) dient das Wachbewußtsein zur Lenkung des ablaufenden Umschaltens und zur Registrierung des Umschaltungsergebnisses. Bei den psychoanalytischen Verfahren dient diese Zweigleisigkeit der Bewußtheitsgrade der »Materialproduktion« (assoziatives Denken, Wachträume, Einfälle, Imaginieren), das Wachbewußtsein hingegen dem Sammeln, Sichten, Durcharbeiten des Materials.

3. Somatisierung und Introversion

Das Wort *Somatisierung* wird in verschiedenem Sinne gebraucht. Schur (1955) meinte damit eine Abwehrbewegung durch Verschiebung der Beschwerden ins Körperliche. Heute wird bei Somatisierung vor allem an die *Somatisierungsstörungen* gedacht – eine Klasse von symptomreichen Körperbeschwerden ohne organische Basis, die in den neueren Diagnoseglossaren ICD-10 und DSM-III/IV unter dieser Rubrik zusammengefaßt wird.

> Schultz versteht unter Somatisierung eine Zuwendung zu den körperlichen Vorgängen. Wichtig dabei ist, daß die VP »passiv fühlend in ihr Körpererlebnis gleitet«, sich »somatisiert«[11]. Es handelt sich dabei um »eine gefühlhaft wahrnehmende, intensive innere Hinwendung auf die eigene Leiblichkeit«[12]. Weiterhin versichert Schultz, daß beim Umschaltungsvorgang »die bewußte Zuwendung auf das Endosensorische« (Innenwahrnehmung) zweifellos das Entscheidende sei.

Die einzelnen AT-Übungen verhalten sich wie die Stufen einer Treppe, über die man in die Somatisierung – hier und weiterhin im Schultzschen Sinne gebraucht – hineinsinkt. Die Übungen vermitteln in zunehmendem Maße das sinnenhafte, gefühlsmäßige Erleben des Körpers. Schon bei der ersten Stufe (der Schwereübung) werden innerhalb einer Gruppe die vielfältigsten Somatisierungsphänomene geschildert (Klopfen des Pulses, Strömen des Blutes, Anschwellen der Hände, Zerfließen der Gliedmaßenkonturen), die weit über die erwarteten Schwere- und Wärmeempfindungen hinausgehen.

Man kann mehrere Gruppen von Sinnesempfindungen unterscheiden: Die Empfindung der Körperoberfläche (Wärme-, Feuchtigkeits- und Schmerzempfindung); Empfindungen der eigenen Bewegung; der Raumlage (kinästhetische Empfindungen, Lageempfindungen) und die Organempfindungen; die Gesamtheit all dieser Empfindungen führt zu einem leiblichen Zustandsbewußtsein[13]. Räumlich gesehen erfassen wir dieses Körperbewußtsein als ein anschauliches Bild unseres Körpers, als ein Modell, als »Körperschema« (Schilder und Head). Dieses Körperschema ist außerordentlich stabil: Nach einer Beinamputation beispielsweise besteht noch monatelang das Gefühl dieses Beines (Phantomglied); ebenso lange Zeit wird benötigt, um eine Prothese in das Körperschema einzuverleiben.

In den einzelnen AT-Übungen finden sich bei zunehmender Somatisierung allerlei Veränderungen an den verschiedenen Sinnesqualitäten, die die üblichen »physiologischen« Empfindungen überwuchern und eine Reihe bis dahin unbekannter Empfindungen darstellen. Man kann diese Sinneswahrnehmungen als eine ephemere, gleichsam spielerische Form von Halluzinationen auffassen. Sie werden uns im Verlauf des AT noch häufig begegnen. Je nach dem Zweck des AT kann man mit diesen Erscheinungen verschieden umgehen:

- Man kann sie aufnehmen und als Material für eine psychoanalytische Bearbeitung benutzen[14].
- Man kann sie als eine erschwerende Beigabe betrachten (z.B. beim AT als einem Entspannungs- bzw. Erholungsvorgang) und durch Zurücknehmen der Entspannung beseitigen, um dann die Übung erneut anzufangen (Näheres im Kapitel über Schwierigkeiten im AT-Ablauf).
- Ein verändertes Leibempfinden, auch in Form von partiellen Organempfindungsstörungen (Empfindung eines anders arbeitenden Magens, eines schmerzenden Kopfes, eines nicht

richtig funktionierenden Herzens) ist nur im Laufe eines langen, konsequent durchgeführten Trainings zu verändern, handelt es sich ja dabei um eine Veränderung bzw. Umstrukturierung des Körperschemas.

Mit den Veränderungen der Leibempfindungen nahe verwandt ist die *Zönästhesie*[15], womit man Veränderungen in der Wahrnehmung der allgemein körperlichen vitalen Befindlichkeit meint. Man stellt sich vor, daß in den einzelnen Körperorganen entstehende Sinnesempfindungen fortlaufend (meist unbemerkt) von der Psyche registriert werden und sich in den Allgemeinempfindungen widerspiegeln. Gelingt es dem Übenden im Training, Organempfindungen nicht nur zu entdecken, sondern auch (z.B. durch Entspannung der Organmuskeln oder der Organdurchblutung) abzuwandeln, so ergibt sich hieraus ein Zugriff auf die Grundbefindlichkeit des Menschen, auf die Stimmung und, darauf aufbauend, auf das Ich- und Selbstbewußtsein. Es erübrigt sich, darauf hinzuweisen, daß diese Vorgänge wichtige Ansätze bieten für das AT als Mittel der Persönlichkeitsentwicklung.

Somatisierung bedeutet die Erschließung der körperlichen Fühlsphäre durch die Wahrnehmung. Von der Psyche her betrachtet, geschieht eine »Erweiterung des Leib-Ichs«, um mit Schultz zu sprechen[16]. Es geschieht also eine *Psychisierung.* Die VP »fließt in das Erlebnis«. Ähnlich wie beim Tanz, bei der Gymnastik, kommt es dabei zu einer »Körperbeseelung«[17]. Somatisierung und Psychisierung sind die zwei polaren Aspekte desselben Vorganges, je nach dem Standpunkt des Beobachters. Jeder der beiden Aspekte beinhaltet gleichzeitig den anderen[18].

Zum Begriffspaar Somatisierung – Psychisierung gehört eine beiden gemeinsame Grundeinstellung: die Introversion. Der Introvertierte lebt von innen her und nach innen. Diese veränderte Blickrichtung beinhaltet die *Introspektion.* Sie wird meist definiert als die Selbstwahrnehmung, als die Wahrnehmung eigener Erlebnisse. So gesehen ist die Introspektion der allgemeinere Vorgang, in den auch Somatisierung und Psychisierung einbezogen sind.

In der Geschichte der Philosophie ist die Introspektion immer wieder verurteilt worden, weil es sich um völlig subjektive Vorgänge, die außerdem schlecht mitzuteilen seien, handle (Träume z.B. sind sprachlich kaum adäquat wiederzugeben). Kant weist 1798 darauf hin, daß die Selbstbeobachtung bereits ihren Gegenstand verändere: »Will er (der Mensch) auch nur sich selbst erforschen, so kommt er... in eine kritische Lage: Nämlich daß, wenn die Triebfedern in Aktion treten, er sich nicht beobachtet und wenn er sich beobachtet, die Triebfedern ruhen.« Der Behaviourismus lehnt die Introspektion völlig ab. – Trotzdem hat sie alle Zeiten überdauert und ist aus Psychoanalyse und aus den östlichen Meditationssystemen nicht wegzudenken.

In der Praxis muß man sich entscheiden, entweder für ein wissenschaftlich genaues, nachprüfbares, reproduzierbares Verfahren, das aber für das menschliche Selbstverständnis weitgehend belanglos bleibt, oder aber für ein die individuellen Eigenschaften miterfassendes, dafür aber mit Unsicherheiten und Fehlerquellen behaftetes Erfassen der individuellen Psyche. So erschließt das AT mit seinen introspektiven Möglichkeiten dem Menschen neue Wege zu einem in ihm ruhenden, ihm bisher unbekannten Reichtum an Erlebnismöglichkeiten.

Die inneren Objekte der einzelnen Introspektionsverfahren sind mannigfaltig: spontan auftretende Erscheinungen (beispielsweise der Traum, den man dann psychoanalytisch verwerten kann); physiologische, neu »entdeckte« Erscheinungen (wie bei der Somatisierung im AT); individuell geprägte Erleuchtungserlebnisse aufgrund einer Meditation; künstlich durch Drogen hervorgerufene Minderung von Bewußtseinszuständen, um nur einige zu nennen.

4. Die Umschaltung (Entspannungsreaktion), neurophysiologisch gesehen

Früher wurde erwähnt, daß Schultz den Begriff der Umschaltung mit verschiedensten Adjektiven versieht, je nach dem Zusammenhang, in dem er ihn benutzt. Einmal ist die Rede von »trophotroper« Umschaltung[19], einem Ausdruck, der auf vegetative Vorgänge deutet (s.u.). Wie schon früher erwähnt, bezeichnet man heute die Gesamtheit der körperlichen, kognitiven und affektiven Reaktionen bei der Umschaltung und ihre Äußerung im Verhalten eines Menschen als Entspannungsreaktion.

Das gesamte Nervensystem (vgl. Abb. 26) des Menschen läßt sich in zwei Bereiche aufgliedern: Das *Zentralnervensystem* (ZNS), seltener *sensomotorisches System* genannt, vermittelt in der Hauptsache dem Gehirn die Sinneseindrücke (Temperatur, Schmerz, Tastempfindungen u. a.) und den Skelettmuskeln die willkürlichen (bewußten) Bewegungsimpulse. Dieses System wird auch *zerebrospinales System* genannt, weil die Impulse zum Teil von der Peripherie über das Rückenmark zum Gehirn bzw. in umgekehrter Richtung laufen. Es regelt die Beziehungen des Körpers zur Außenwelt.

Das *vegetative Nervensystem* (VNS) steuert die nervöse Regelung der Körperorgane, dient also dem Innenleben. Seine Rolle läßt sich am besten im Schlaf vergegenwärtigen, wenn das Bewußtsein ausgeschaltet ist, die lebenswichtigen Funktionen des Körpers aber weiterlaufen. Da das vegetative System selbständig, vom Bewußtsein unabhängig arbeitet, heißt es auch das autonome Nervensystem. Seine Unabhängigkeit ist aber nur relativ, wie die Wirkung von Emotionen und Stimmungen auf vegetative Funktionen zeigt (Erröten, Schwitzen, Herzklopfen, Durchfälle bei Erregung, Angst, Ärger u. ä.).

Im Unterschied zum ZNS, dessen Aktivität zwischen Tätigkeit (am Tage) und teilweiser Ruhe (in der Nacht) abwechselt, herrscht im vegetativen System niemals völlige Ruhe. Es besteht ein dauernder, wenn auch in der Intensität wechselnder, Spannungszustand (Tonus).

a. Die Umschaltung im peripheren vegetativen System

Ähnlich wie beim sensomotorischen System kann man beim vegetativen auch einen zentralen und einen peripheren Anteil unterscheiden. Das periphere System unterteilt man wiederum in das sympathische und das parasympathische System (Vagus). Ihre Funktionen sind gegensätzlich (antagonistisch) und ergänzen sich gegenseitig. Fast jedes Organ wird von beiden Systemen versorgt, also doppelt innerviert.

Aus der Tabelle geht hervor, daß der Sympathikus alle Funktionen fördert, die für ein aktives Verhalten, für Leistungen notwendig sind. Dementsprechend ist sein Tonus am Tage (im wachen Zustand) höher als in der Nacht. Der Parasympathikus

(Vagus) dagegen regt alle Vorgänge an, die aufbauen und regenerieren. Sein Tonus ist in der Ruhe, insbesondere nachts, im Vergleich zum Tonus des Sympathikus erhöht. Man sollte daher annehmen, daß man im AT eine Erhöhung des Parasympathiko-Tonus (im folgenden Vagotonus genannt) zur besseren Ruhigstellung und Erholung anstreben sollte. Das ist aber nur mit Einschränkungen richtig.

Tabelle 2: Die Funktionen des peripheren vegetativen Systems

	Sympathikus	Parasympathikus (Vagus)
Pupillen	Erweiterung	Verengung
Herzfrequenz	Beschleunigung	Verlangsamung
Darmtätigkeit	Hemmung	Anregung
Magensäure	Verminderung	Erhöhung
Atem	Beschleunigung, Vertiefung	Verlangsamung, Abflachung
Bronchien	Erweiterung	Zusammenziehung
Blutdruck	Erhöhung	Herabsetzung
Blutgefäße	Verengung (im allgemeinen)	Erweiterung
Durchblutung von Skelettmuskulatur	Erhöhung	Verminderung
Durchblutung von Haut und Verdauungsorganen	Verminderung	Erhöhung
Schweißdrüsenaktivität	deutliche Zunahme	–
Muskeltonus	steigernd	herabsetzend
Stoffwechsel	Steigerung (Verbrauch)	Aufbau
Glykogen = Speicherform des Blutzuckers	Mobilisierung von Blutzucker	Speicherung von Glykogen
Cholesterin	Erhöhung	Verminderung

Ausgeprägte *vagotonische Symptome* können ebenso wie ausgeprägte sympathikotone Erscheinungen (sog. vegetative Stigmata) zu beträchtlichen Funktionsstörungen von Organen führen, die ja gerade durch das AT beseitigt werden sollen.

Einige Beispiele für überhöhten Vagotonus einzelner Organe (die teilweise auch aus der Tabelle abzuleiten sind): Verlangsamung des Herzschlages (der, laut Schultz, im AT nie geübt werden sollte)[20]; Senkung des Blutdrucks, oft mit Neigung zu Ohnmacht; Übersäuerung des Magens; Neigung zu Spasmen in Speiseröhre, Magen und Darm; nervöse Durchfälle bzw. spastische Obstipation (Stuhlträgheit); Asthma; vasomotischer Schnupfen; Colitis mucosa; Neigung zu Müdigkeit und Schlafbedürfnis. Bei diesen Erscheinungen handelt es sich wohlverstanden um einzelne überschießende vagotonische Regulationsstörungen.

Eine Sonderrolle beim Zusammenwirken von Sympathikus und Parasympathikus spielen die Schweißdrüsen. Sie werden von adrenergen Fasern des Sympathikus innerviert, der Überträgerstoff des Nervenimpulses an den Schweißdrüsen ist jedoch nicht Adrenalin, wie sonst überall im sympathischen Nervensystem, sondern Acetylcholin, das Überträgerhormon des parasympathischen Nervensystems (s.a. Kap. 8, 2). Dadurch entsteht bei Aktivierung des Sympathikus (z.B. Alarmreaktion) akut durch die nervösen Impulse eine verstärkte Schweißdrüsenaktivität. Aber auch eine längere parasympathische Aktivität wie z.B. der Nachtschlaf oder eine sehr tiefe, verlängerte AT-Übung führen oft – unter anderem durch den Anstieg von Acetylcholin an den Nervenendigungen – zu verstärktem Schwitzen.

Erhöhte Spannungszustände im vegetativen Nervensystem in Form einer isolierten Erregung des gesamten Vagus bzw. des gesamten Sympathikus gibt es praktisch kaum. Die Krankheitsbezeichnungen Vagotonie und Sympathikonie, früher viel benutzt, werden daher heute kaum noch verwendet. Vegetative Funktionsstörungen betreffen immer beide Systeme; an solchen Störungen ist immer eine Kombination aus Symptomen beider Gruppen beteiligt. Dementsprechend benutzte man die heute nicht mehr aktuellen Ausdrücke wie »vegetative Dystonie« oder »vegetative Stigmatisation« (G. v. Bergmann), soweit es sich um Dauerzustände handelte. Vorübergehende Erscheinungen bezeichnet man als »vegetative Regulationsstörungen« o.ä. (s. Kap. 32).

Spricht man von *vegetativem Tonus,* so ist dabei zu bedenken, daß dieser sich nur auf den jeweiligen Augenblick bezieht. Der Gesamttonus paßt sich jeweils den Veränderungen an: dem Wachzustand und dem Schlaf, der Tätigkeit und der Ruhe, der Nahrungsaufnahme und dem Nüchternsein, der emotionalen Erregung und der psychischen Entspannung.

Reagiert ein Mensch im Vegetativen »normal« auf Veränderungen, so sagt man, er reagiere »synton« bzw. »euton«, d.h. angemessen. Das setzt eine ausgewogene Reaktionslage im vegetativen System voraus. Auf der anderen Seite entwickeln sich auf der Grundlage einer vegetativen Dystonie, also einer unausgewogenen vegetativen Lage, überschießende, unangemessene, störende Fehlreaktionen und -regulationen der Organfunktionen (von denen soeben mehrere im Vagusbereich angeführt wurden). *Aufgabe des AT ist es, soll es zu einer dauernden Besserung kommen, den vegetativen Tonus im Sinne einer entspannten Reaktionsgrundlage zu ändern.* Dazu ist ein längeres Training über viele Monate, sogar über viele Jahre erforderlich. Selbstverständlich sind bei einer solchen Überlegung alle Temperamente mit der dazugehörigen vegetativen Grundlage zu berücksichtigen. Angemessenheit der Reaktionen ist nicht mit einer gesamtvegetativen Hemmung zu verwechseln. Es kann nicht der Zweck des AT sein, aus einem Sanguiniker eine lahme Ente zu machen – vorausgesetzt, das wäre überhaupt möglich.

Lieber als vom Vago- oder Sympathikotonus spricht man heute von *trophotroper* und *ergotroper Reaktionslage:* von vegetativer Aufbau- bzw. Leistungsbereitschaft. Mit diesen Ausdrücken werden die physiologischen Vorgänge besser erfaßt. Mit dem eingangs erwähnten Begriff der trophotropen Umschaltung beim AT ist die vegetative Umstellung auf Regenerierung, Aufbau, Speicherung, somit auf die Schaffung körperlicher Reserven (z.B. in Form von Glykogenspeicherung) gemeint. Diese Umstellung wurde auch durch polygraphische Untersuchungen (simultane Aufzeichnung verschiedener in Tab. 2 aufgeführter Funktionssysteme) vor, während und nach der AT-Übung bestätigt. In einer kontrollierten Untersuchung konnte Gallois (1984) die trophotrope Reaktion im AT durch signifikante Abnahme von Herz- und Atemfrequenz, Veränderungen des Wachheitsniveaus und Absinken bestimmter (unter Streß zumeist erhöhter) Hormone (Katecholamine, Cortison und Prolaktin) belegen. Er kommt zu der Feststellung, daß durch AT in den meisten gemessenen Bereichen eine Stabilisierung des vegetativen Nervensystems eintritt, die den Veränderungen, die typischerweise durch Streß bewirkt werden, genau entgegengesetzt ist. Diese Befunde konnten durch spätere Untersuchungen von Krause (1990/1991) jedoch nur zum Teil bestätigt werden; er weist auf eine teilweise hohe Streubreite der Werte hin[21]. Auch in einer umfangreichen österreichischen Untersuchung physiologischer und psychologischer Bezugswerte wurde schon 1983 festgestellt, daß die Ergebnislage darauf hindeutet, daß die Wirksamkeit des AT nicht so sehr im physiologisch meßbaren Bereich liegt, sondern in der »möglichen Einsetzbarkeit der Methode in bestimmten Situationen und in der durch die Einengung des Bewußtseins ermöglichten Steigerung bestimmter Empfindungen bei Dämpfung anderer gleichzeitig bestehender Empfindungen«[22]. Auch Sczesni und Kröner (1985) sowie Dittmann (1988) kamen aufgrund von physiologischen Untersuchungen zu der Überlegung, daß der Effekt des AT möglicherweise weniger von der Intensität der physiologischen Reaktionen als vielmehr von dem wiederholten Erleben der selbstinduzierten physiologischen Funktionsänderungen abhängen könnte (s. 4 b).

Zusammengefaßt gibt es also *erstens* einen vegetativen (Dauer-)Tonus, der seine Grundlage in der Konstitution hat und sich den jeweiligen Erfordernissen (Ruhe und Tätigkeit z.B.) als Ganzes angleicht. An ihm beteiligt sind Parasympathikus und Sympathikus in einem ausgewogenen Verhältnis. Durch unangemessene Tonusverschiebungen kommt es zur vegetativen Dystonie, die oft mit einer emotionalen Labilität einhergeht. Die Dystonie kann nur durch ein »Langzeittraining« in Richtung auf eine Eutonie abgewandelt werden.

Zweitens: Vom vegetativen Dauertonus sind zu unterscheiden: einzelne vegetative Entgleisungen, überschießende oder fehlende vegetative Reaktionen, wie sie im Streß, in der Erschöpfung, bei emotionaler Belastung auftreten. Hier vermag die AT-Einzelübung (beim gut Trainierten), intensiv durchgeführt, oft wesentlich zu helfen. Bei Bedarf sollte sie in kurzen Zeitabständen wiederholt werden. Weitaus den besten Erfolg hat das Üben *vor* einer vorauszusehenden Belastung – so wie O. Vogt seine prophylaktischen Ruhepausen anwandte (vgl. Kap. 4, 2: Autohypnose). Damit werden die vegetativen Regulationsstörungen abgefangen, bevor sie überhaupt entstehen; zumindest laufen sie dann in gemilderter Form ab.

b. Die zentrale vegetative Steuerung

Trophotrope und ergotrope Reaktionen sind allein aufgrund peripher-vegetativer Vorgänge nicht zu verstehen. Es handelt sich bei ihnen um »zielgerichtete Funktionskomplexe«, die von teilweise eng miteinander verknüpften Zentren des Hirnstammes aktiviert werden[23].

Im Hypothalamus an der Hirnbasis ließen sich in Tierversuchen zwei Zentren nachweisen, die den Regulationsmechanismus des *Schlafes* steuern[24]. Es gibt ein Schlafhemmungszentrum und ein den Schlaf förderndes Zentrum. Die Umschaltung von Wachen auf Schlafen (und umgekehrt) wird von diesen Zentren gesteuert. Beim Training kommt es darauf an, diesen Umschaltungsvorgang auf halbem Wege in der Schwebe zu belassen, also die Vorteile einer Einschlafbenommenheit mit noch erhaltenem Bewußtsein zu verbinden.

Für die Grade der Bewußtseinswachheit ist die *Formatio reticularis* von größter Bedeutung. Dieses Gebilde erstreckt sich durch den ganzen Hirnstamm, im Anschluß an die aufsteigenden Bahnen des Rückenmarks bis zum hinteren Ende des Hypothalamus, der die Schlaf-Wach-Regulation steuert[25].

Es ließ sich nachweisen, daß eine Reizung irgendeines Punktes dieser Substanz zu einer intensiven Anregung der Hirnrinde führt; Tiere werden lebhaft, wachsam, behende; daher die Bezeichnung »alerting system«. Es wurde von einem retikulären »Bombardement« der Hirnrinde gesprochen und die ganze Formation als »aszendierendes retikuläres Aktivierungssystem« (ARAS) bezeichnet. Dieses System bezieht seine Impulse von allen hinzuführenden Bahnen: den sensiblen und sensorischen, den Pyramiden- und extrapyramidalen Bahnen, von Groß- und Kleinhirn. Durch Reizung der Formatio werden schlafende Tiere geweckt[26]. Die Aufmerksamkeitsspannung kann bis zur extremen Erregung gesteigert werden, ähnlich wie bei plötzlichem Schreck oder heftiger Angst. Dieser Zustand entspricht der obersten Stufe der Vigilanzskala (s. Tab. 3). Die Erhöhung der Aktivität im retikulären System bewirkt eine Anpassung aller Funktionen, der psychischen (Affekte), der vegetativen und der hormonalen[27] an eine erhöhte Aktivität des Organismus; sie schafft auch eine erhöhte Bewußtseinsklarheit. Das Ganze darf nicht dahin verstanden werden, als handle es sich beim retikulären System um ein Zentrum des Bewußtseins, vielmehr findet hier die Abstimmung der verschiedenen Funktionen aufeinander statt. Es bestehen enge Beziehungen zu der Schlaf-Wach-Steuerung im benachbarten Hypothalamus. Wird ein Tier beispielsweise im Schlaf erschreckt, so ist es aufgrund seines Wecksystems[28] in kürzester Zeit in der Lage zu reagieren, anzugreifen oder zu fliehen.

Im Rahmen des AT sind mehrere Tatbestände bedeutsam:

1. Die Tatsache der *Korrelierung* von Bewußtseinshelligkeit (Vigilanz), Affekten und vegetativen Funktionen (Blutdruck, Muskeltonus, Herz- und Atemfrequenz usw.). Durch Veränderung jeweils einer Komponente beeinflußt man alle anderen mit. Die neurophysiologische Erklärung hierzu: Jeder Nerv im Reticulum hat mehrere Kontaktstellen[29] mit anderen Nerven, auf die Impulse weitergeleitet werden.

2. Die Möglichkeit einer retikulären *Desaktivierung.* Diese wird gefördert durch Ausschaltung von Körper- und Außenreizen (sensiblen und sensorischen Reizen). Hierzu gehören: ein abgedunkeltes Zimmer, ein geringer Geräuschpegel, eine entspannte Körperhaltung, eine Herabsetzung des Muskeltonus, das Vermeiden von Bewegungen u. ä. Eine Desaktivierung bewirken ferner rhythmische und monotone Reize. Bei Wiederholung desselben Reizes wird das retikuläre System nicht mehr aktiviert, auch wenn im Sinnesnerv noch deutliche Impulse nachzuweisen sind. Außenreize verlieren an Informationswert (einer der ersten Erfolge des AT); so stören Straßenlärm, eingeschaltete Radioapparate, das Läuten des Telefons u. ä. den Trainingsablauf nicht mehr. Dies geschieht bei der Einzelübung ähnlich wie beim Einschlafen. Damit verschwindet auch die Bereitschaft zu vegetativen und motorischen Reaktionen; den eben erwähnten überschießenden Einzelreaktionen von Organen wird der Boden entzogen. Lerntheoretisch betrachtet ist eine *Habituation* eingetreten.

Diese retikuläre Reizminderung ist eine Voraussetzung für das Zustandekommen der Wach-Schlaf-Umschaltung; sie gilt für das Einschlafen ebenso wie für das AT. Pawlow hatte schon fünfzig Jahre vor der Entdeckung dieser Zusammenhänge festgestellt, daß »punktförmige« Reize eine Hemmung auf zentralnervöse Funktionen ausüben, ohne allerdings angeben zu können, wo diese Hemmung sich abspielt.

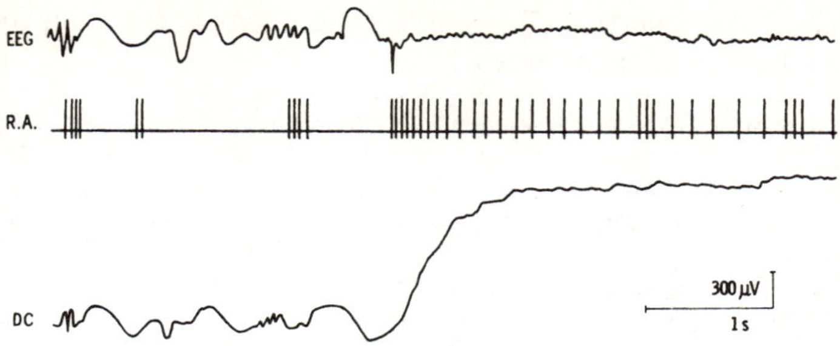

Abb. 7: Bioelektrischer Weckeffekt einer Ratte (nach Caspers)
Obere Kurve: Nach dem Weckreiz werden die Wellen mit großer Amplitude, die im Schlaf-EEG vorherrschen, durch höherfrequente Potentialschwankungen geringerer Amplitude ersetzt.
Untere Kurve: Der DC-Effekt spiegelt eine Erhöhung des Erregungsniveaus der Hirnrinde wider.
Mittlere Kurve: Sie zeigt den sprunghaften Anstieg der Entladungsfrequenz eines einzelnen Neurons in der Formatio reticularis.

3. Für die retikuläre Desaktivierung im Verlauf des AT als Lernprozeß ist die *Ausbildung bedingter Reaktionen* wichtig (vgl. Kap. 3, 3). Ebenso wie das abendliche Einschlafen für die meisten Menschen an bestimmte Gewohnheiten gebunden ist (sie schlafen z.B. in fremden Betten schlechter als im eigenen), so werden in entsprechender Weise die Vorgänge beim Trainingsablauf ritualisiert. Es entsteht hierdurch, wie bei jedem Lernvorgang, eine Verstärkerwirkung. Außerdem führt die Wiederholung zur Automatisierung, d.h. zu einem immer müheloseren, immer mehr »von selbst« ablaufenden Geschehen. Außer dieser positiven Konditionierung wirkt sich auch die negative Konditionierung günstig aus, wenn z.B. die Aufmerksamkeit von Außenreizen auf die emotional entspannte Registrierung von Schwere und Wärme verlagert wird, weg von den teilweise beunruhigenden Außenreizen und den emotional erregenden eigenen Vorstellungen. Das retikuläre System wird damit nicht nur in seiner desaktivierenden Funktion unterstützt, sondern es wird auch seine Rolle als Richtungsweiser der extravertierten Aufmerksamkeit neutralisiert.

4. Außer dieser konditionierten Desaktivierung durch Förderung hemmender und Ausschaltung erregender Außenreize und

innerer Vorstellungen gibt es auch *physiologische Reize,* die *direkt* das Reticulum dämpfen.

Eine Erweiterung der Halsschlagader (und dadurch bewirkte Dehnung des Sinus caroticus) bewirkt eine plötzliche Desaktivierung des retikulären Systems. Auch weiß man, daß von der Hirnrinde von sog. Hemmungsarealen kommende Einflüsse unter bestimmten, noch nicht ganz geklärten Bedingungen desaktivierend wirken. Ferner bestehen intensive Querverbindungen zu den mehrfach erwähnten Hypothalamuskernen, die das Wach-Schlaf-Verhalten regeln und von denen somit auch eine desaktivierende Wirkung ausgehen kann.

5. Aktivität, Erregung, Spannung können schlagartig auftreten; Entaktivierung, Entspannung, Beruhigung brauchen ihre Zeit.

Das Tier auf freier Wildbahn und der Mensch gehorchen denselben physiologischen Gesetzen. Das Tier muß, um überleben zu können, schlagartig aktionsfähig sein, es muß aus dem Schlaf heraus in Sekundenschnelle fähig sein zu fliehen, anzugreifen oder sich zu verteidigen. Das Zur-Ruhe-Kommen, das Einschlafen, braucht seine Zeit, es kann aufgeschoben werden, da hierbei die längere Dauer (von Grenzfällen abgesehen) keine Existenzbedrohung darstellt. Aktivierung geht im Vergleich zur Desaktivierung im Zeitraffertempo vor sich und liefert für den Beobachter, gleichviel ob Verhaltensforscher oder Physiologe, weitaus eindrucksvollere Ergebnisse als die Beobachtung der Entspannung bzw. des Ruhezustandes.

Wenn also immer wieder Aktivierungs- und Erregungsphänomene angeführt werden, so geschieht dies, weil sie oft das beste Mittel darstellen, die entgegengesetzten, aber entsprechenden, dabei weniger auffälligen Entspannungsphänomene zu illustrieren bzw. verständlich zu machen (vgl. Kap. 8, 2).

6. Bei all den genannten Wirkmechanismen der vegetativen Umschaltung darf nicht übersehen werden, daß die *Entspannungsreaktion* nicht in einer maximalen Reduktion physiologischer sympathikotoner Funktionen liegt, sondern in einer *Balancierung des vegetativen Zusammenspiels.* »Es ist eine irrige Meinung anzunehmen, die Güte bzw. Tiefe des Entspannungszustandes ließe sich ablesen an der Anzahl der Schläge, um die die Herzfrequenz gesenkt werden kann, oder um Mikrovolts, um die sich die muskuläre und elektrodermale (elektrische Hautleitfähigkeit) Aktivität verringert hat«[30].

7. Kapitel
Der Bewußtseinszustand im Autogenen Training

1. Das Bewußtsein

Im Lateinischen bedeutet das Wort conscientia ein Wissen (scientia), das unsere Eindrücke *und* unsere Handlungen begleitet: diese Doppelbedeutung von Bewußtsein *und* Gewissen hat das Wort noch heute in allen romanischen Sprachen, ebenso im Englischen. Uns geht es hier zunächst um das Bewußtsein; auf das Gewissen, im Sinne einer Eigenverantwortlichkeit (etwa unserer Gesundheit gegenüber) kommen wir noch zurück.

Es gibt drei Möglichkeiten, das Bewußtsein zu betrachten, wobei es sich um drei Gegensatzpaare handelt:
- Bewußtsein mit den Polen wach/bewußt – bewußtlos (z.B. im Tiefschlaf);
- Bewußtsein als Ausdruck innerpsychischer Vorgänge mit dem Gegensatzpaar bewußt – unbewußt;
- Bewußtsein als Selbstbewußtsein, als Bild, das unsere eigene Anschauung von uns widerspiegelt, im Gegensatz zum Bild, das andere von uns haben (Hofstätter).

Diese drei Aspekte können sich überschneiden; so können beim Abnehmen der Wachheit bis dahin unbewußte Vorstellungen bewußt werden. Uns geht es zunächst um dasjenige Bewußtsein, das »eine Eigenschaft bestimmter Funktionszustände des Organismus« ist, anders formuliert: das die psychische Entsprechung von bestimmten physiologischen Funktionen darstellt.

2. Die Bewußtseinsgrade (Vigilanz)

Die Bewußtseinsgrade, d.h. die Abstufungen der »Bewußtheit«[1] sind identisch mit dem Aufmerksamkeitsgrad, mit dem wir uns unserer Umwelt zuwenden. Es läßt sich eine Skala von

Bewußtseinsgraden aufstellen, in denen bestimmte Verhaltensweisen und bestimmte elektroenzephalographische Befunde (als deren neurophysiologische Aspekte) sich entsprechen[2]. Diese Befunde sind für unsere Zwecke in Tabelle 3 zusammengestellt.

Neben dem EEG werden in neuerer Zeit auch Veränderungen der mittleren hemisphärischen Blutperfusion (MHBP) sowie des regionalen cerebralen Blutflusses (rCBF) als mögliche physiologische Differenzierungkriterien zwischen Bewußtseinszuständen untersucht[3].

3. Der Bereich des AT in der Vigilanzskala

Die Stufen 1 und 7 werden als extreme, bereits pathologische Grade des Bewußtseins hier außer acht gelassen, ebenso die Stufe 6 des tiefen Schlafes, der sich weder in seinem Ablauf noch in der Erinnerung in unserem Bewußtsein widerspiegelt.

Die Vigilanzstufe 2 kann beim AT in den ersten Sitzungen bei der einleitenden rationalen Erfassung des Ablaufes eine Rolle spielen. Die Aufmerksamkeit ist hierbei gelegentlich gesteigert, erwartungsvoll-gespannt, wobei nicht selten Elemente der Stufe 1 (Angst, Unruhe) vorübergehend auftreten.

Die Stufen 2 und 3 entsprechen dem Wachdenken, der größten Bewußtseinsklarheit, die sich auf der Stufe 2 vorwiegend auf die Außenwelt richtet (soziales Denken), auf Stufe 3 vorwiegend auf die individuelle Innenwelt. Das Denken der Stufe 3 unterscheidet sich gegenüber der Stufe 2 durch die Denkrichtung (introspektives Denken), durch die Denkform (anschaulich-bildhaftes Denken) und durch den Vigilanzgrad. Die gespannte Konzentration macht einer gleichschwebenden Aufmerksamkeit Platz (s. Kap. 2). Die (gelungene) AT-Übung spielt sich auf Stufe 3 und 4 ab. Die Stufe 4 entspricht dem Traumdenken (hyponoischer Zustand). Die Außenwelt ist weitgehend abgeschaltet, das Denken ist bestimmt durch Emotionen, Triebe, Bedürfnisse; es besteht eine bildhaft-symbolische Denkform. Es fehlt die rationale Kontrolle. Die Vigilanz ist herabgesetzt.

Auf Stufe 4 findet sich Traumdenken in Form von emotional gesteuerten bildhaften Vorstellungen, Tagträumen, Visualisationen, »katathymem Bilderleben« (Leuner), hypnagogen Bildern u.a. mehr. Der Vigilanzgrad ermöglicht eine bewußte Zuwendung und Beobachtung und teilweise eine rationale Stellungnahme zu den optischen Erscheinungen. Die optischen Erscheinungen der Stufe 4 sind (s. Tab. 4) bildhaftig und besitzen Subjektivitätscharakter; sie werden als eigene Produkte empfunden. Mit zunehmender Trainingserfahrung gewinnt die Stufe 4 an Bedeutung (z.B. bei der Meditation). Auf die Bedeutung der Trainingserfahrung im AT für die Vigilanzsteuerung wurde ausführlich in Kap. 5, 5c eingegangen. Bei Kurzzeittrainierten treten noch starke Schwankungen zwischen wacher Aufmerksamkeit und leichtem Schlaf auf, bei fortschreitender Trainingserfahrung nehmen diese Schwankungen jedoch deutlich ab, was zur Folge hat, daß sich der Übende über lange Zeit hin in einem Zustand zwischen entspannter Wachheit und leichter Schläfrigkeit (Hypnoid nach Barolin) aufhalten kann, ohne auch nur kurzfristig in das Stadium des leichten Schlafes abzugleiten. Für den AT-Erfolg kommt es also weniger auf die Tiefe der Entspannung an, als vielmehr auf die Zeitdauer, die ein Übender in der Lage ist, sich in diesem Zwischenstadium aufzuhalten.

Tabelle 3: Koordinierung von Bewußtseinsgraden (Vigilanz), Verhalten und neurophysiologischer Grundlage (EEG)

Vigilanz-Stufen (Subjektives Erleben)	Verhalten (Objektive Beobachtung)	neurophysiologische Aspekte (EEG) (Instrumentelle Registrierung)
1. *Exzessive Vigilanz,* wie bei heftiger Gefühlserregung; Aufmerksamkeit diffus, kann schlecht fixiert werden; mangelhafte Realanpassung.	Das Verhalten entspricht starken Affekten, es ist wenig kontrolliert, oft wenig sinnvoll.	Desynchronisierte Abläufe von mittlerer bis niedriger Amplitude mit schnellen Frequenzen durchmischt.

Vigilanz-Stufen (Subjektives Erleben)	Verhalten (Objektive Beobachtung)	neurophysiologische Aspekte (EEG) (Instrumentelle Registrierung)
2. Aufmerksam-gespannte Vigilanz, wache Bewußtheit im eigentlichen Sinn; selektive Aufmerksamkeit bei flexibler Anpassungsfähigkeit, Konzentration im landläufigen Sinn.	*»Normale« Wachheit*; Verhalten ist sinnvoll, zielgerichtet, wirkungsvoll; die Reaktionen sind schnell und optimal angepaßt.	Teilweise synchronisierte Abläufe; vorwiegend schnelle Wellen niedriger Amplitude.
3. Nichtangespannte, »flottierende« Aufmerksamkeit; im Denken freie Assoziationen; absinkende Bewußtheit der Außenwelt.	*Schläfrigkeit*; Niveau, in dem einerseits die automatischen Tätigkeiten, andererseits bestimmte Formen des schöpferischen Denkens einzuordnen sind; Meditation.	Synchronisierte Abläufe; optimaler Alpha-Rhythmus.
4. Bewußtheit, wie etwa bei Tagträumereien beobachtet; die Reize der Außenwelt werden nur sehr schwach wahrgenommen; die Bewußtheit beschränkt sich im wesentlichen auf den Gedankenablauf, wobei die Vorstellungen häufig die Form anschaulicher optischer Bilder haben.	*Zustand des Einschlafens*; Verhaltensweisen sind vom Standpunkt der Umweltanpassung allgemein von minderer Qualität; es mangelt an Koordination und zeitlicher Ordnung.	Reduzierung der Alpha-Wellen; gelegentliches Auftreten langsamer Wellen niedriger Amplitude; Theta-Wellen.
5. Fast vollständiger Verlust der Bewußt-	*Leichter Schlaf*	Verschwindende Alpha-Wellen; relativ

Vigilanz-Stufen (Subjektives Erleben)	Verhalten (Objektive Beobachtung)	neurophysiologische Aspekte (EEG) (Instrumentelle Registrierung)
heit der Außenweltreize; der Inhalt des Bewußtseins besteht in Trauminhalten.		schnelle Abläufe von niederer Spannung; REM-Phase; das Auftreten spindelförmiger Abläufe zeigt den Übergang zu einem tieferen Stadium an.
6. Vollständiger Bewußtseinsverlust; an diesen Zustand gibt es keine Erinnerung; motorische Reaktionen auf Reize noch möglich.	*Tiefer Schlaf*	Langsame Delta-Wellen von großer Amplitude.
7. Vom Standpunkt der Bewußtheit kein Unterschied gegenüber Niveau 6; Reaktionen auf Reize spärlich oder völlig fehlend.	*Koma*	Unregelmäßige langsame Wellen mit einer Tendenz zu isoelektrischen Abläufen.

Die Gruppe 5 ist die Traumstufe (REM-Phase) des Schlafes. Der Bewußtseinsgrad reicht nicht aus, zu den Traumerlebnissen Stellung zu nehmen, was nicht ausschließt, daß sich gelegentlich Ansätze zu einer solchen Stellungnahme finden: man träumt, daß man träumt, oder man deutet im Traum die Trauminhalte.

Die Einteilung der Vigilanz in sieben Stufen ist willkürlich. Sie dient lediglich, wie alle Systeme, der besseren gedanklichen Übersicht. Ebenso ist die genaue Abgrenzung der einzelnen Stufen untereinander eine Fiktion. So findet von Stufe 2 nach Stufe 5 hin eine Veränderung des Denkens statt im Sinne einer Abnahme des Zusammenhangdenkens und einer Zunahme des Einfallsdenkens bei gleichzeitiger Abnahme des abstrakten und Zunahme des anschaulichen Denkens, das in ein

»Bildstreifendenken«[4] der Stufe 4 und in die Traumbilder der Stufe 5 einmündet. Es gibt auch kein gleichmäßiges Gefälle in der Zusammensetzung der einzelnen Elemente von einer Stufe zur anderen. Bildelemente können bereits bei Stufe 2 auftreten; so gibt es diskursive Denker, denen eine Fülle von Bildern zur Verfügung steht. Ebenso gibt es Menschen mit reger Phantasie oder lebhaften Nachtträumen, die ihrer eigenen Bildproduktion immer auf der Spur sind, will sagen ihre Bilderlebnisse rational durcharbeiten oder (als Künstler) gestalten.

4. Die qualitativen Änderungen des Bewußtseins

Die Einstufung der Bewußtheit nach Vigilanzgraden geht aus von einer Eigenschaft des »normalen« Seelenlebens, der Wachheit des Tagesbewußtseins. Die Psychopathologie, als die Lehre psychischer Störungen, betrachtet die Abweichungen dieses Wachbewußtseins von der Norm. Hierbei werden unterschieden: die Bewußtseinstrübung (Benommenheit), die Bewußtseinseinengung und das Traum- bzw. traumhafte Bewußtsein.

Die Bewußtseinstrübung ist die einfachste und durchsichtigste Form der Störung. Die Skala der zunehmenden Trübung entspricht genau der Abstufung der abnehmenden Vigilanz wie bei der Wach-Schlaf-Skala. Die Grade zeigen vorwiegend quantitative Abstufungen an. Je stärker die Trübung, um so langsamer laufen Denken und Vorstellungen ab, ihr Fluß neigt zum Versiegen, ihr Zusammenhang bricht auseinander. Zunehmend werden nur Gedankenbruchstücke bewußt. Sie verbinden sich mit anderen, die zu ihnen keine dem Tagdenken erkennbaren Beziehungen haben (Inkohärenz). Einmal aufgetretene Gedanken und Vorstellungen neigen zum Haften. Mit abnehmender Bewußtheitsklarheit wird die Reaktionszeit auf Außenweltreize länger; auftretende Bewußtseinsinhalte werden zunehmend schwerer behalten, beim Aufwachen z.B. sind Träume oft völlig gelöscht. Zusammengefaßt also: eine Erschwerung der Auffassung, der Wahrnehmung, des Denkens und der Merkfähigkeit. Im AT sind diese

Merkmale deutlich beim Übergang von der Vigilanz-Stufe 3 zu 4.

Bei der *Bewußtseinseinengung* wird das Denken und Handeln nur durch eine Gruppe von Vorstellungen, Emotionen und Antrieben gelenkt, während andere Gruppen ausgeschaltet sind. Auch diese Veränderung hinterläßt oft eine Erinnerungslücke. Zeitliche und räumliche Desorientierung resultieren sowohl aus einer Einengung als auch einer Trübung des Bewußtseins, die sich oft vermischen. Eine solche Desorientierung kennt jeder Mensch beim Erwachen aus tiefem Schlaf, bei dem sich gelegentlich das Wissen um Zeit und Ort erst nach einer Weile wieder einstellt. Die Einengung betrifft auch eine Reihe von Grenzzuständen des Bewußtseins wie Hypnose, Meditation, Ekstase – und auch das AT.

Von Bewußtseinseinengung (im Sinne der psychiatrischen Nomenklatur) müßte man schon sprechen beim Übergang vom Vigilanz-Niveau 2 zu 3, wobei vorausgesetzt wird, daß eine wache Zuwendung zur Außenwelt normaler, »gesünder«, zumindest weiter ist als eine entspannte Introspektion. Besser und neutraler sollte man hier von einer Verschiebung der Aufmerksamkeit oder Veränderung der Bewußtseinslage sprechen. In Richtung Innenwelt liegen sicher die noch weitgehend unentdeckten Bereiche im Sinne einer Bewußtseinserweiterung bzw. -bereicherung. Die *eigentliche Domäne des AT ist die vierte Stufe*, die in ihrem vollen Umfang erst nach vielen Monaten des Übens erreicht wird. Es ist die Stufe völliger Entspannung, der »Einengung« auf die Innenwelt, wobei zunächst das Erfassen körperlicher Vorgänge im Vordergrund steht, also das bewußte Aufnehmen (Apperzeption) der Sinnesfunktionen – Tastsinn, Gewichtssinn, Temperatursinn, Lagesinn-, der Organempfindungen, der Veränderungen der Körperfühlsphäre u.a. Diese Zuwendung zu Körperfunktionen bildet beim AT die Brücke zum Bewußtwerden psychischer Vorgänge, die erst im Verlauf der Übungen faßbar werden und dann an Bedeutung gewinnen. Zu diesem Vorgang bemerkt Schultz[5]: »Sehr wesentlich ist ferner das Erlebnis einer inneren Einengung und Sammlung, die begünstigt wird durch eine Hinwendung auf körperhaftes Geschehen, wobei... die VP passiv fühlend in ihr Körpererlebnis gleitet, sich sozusagen ›somatisiert‹..., eine Einstellung, die den allgemeinen Erlebnissen etwa im warmen Bade nahesteht…« Begünstigend kommt hinzu die »physiologische Einengung«[6] durch Wegfall der optischen Reize und der spontanen Motorik, mitsamt den dazugehörigen Stell-, Haltungs- und Abwehrreflexen (Reizdeprivation), womit die hirnphysiologische Aktivität völlig den verbleibenden Funktionen zufließen kann: In der Meditation, nach länger geübtem vertieften AT und in der Hypnose ist eine weitgehende Abschaltung von der Außenwelt möglich. Der Blick meditierender Mönche wirkt vielfach völlig geistesabwesend; hierzu sei die paradoxe Aussage von G. K. Chesterton zitiert: »Nie ist der Mensch mehr (bei sich) anwesend, als wenn er abwesend wirkt.« In diesem Zustand werden zwar Außenweltreize manchmal noch wahrgenommen (perzipiert), aber nicht verarbeitet (apperzipiert). Man hört und hört doch nicht. Jeder Mensch kennt diesen Zustand des leichten Schlafs oder Halbschlafs: Man hört die Hausglokke, die erste Straßenbahn, man träumt, aber erst beim Aufwachen treten diese Vorgänge ins Wachbewußtsein, nachdem sie sich vorher wie in einem Vorraum des Bewußtseins angesammelt hatten.

Eine ausgeprägte Form der Bewußtseinseinengung findet sich in der *Hypnose*. Hierbei ist das Bewußtsein weder getrübt noch traumhaft verändert, immer aber geteilt in Gruppen von Funktionen oder Inhalten, die wach sind, und in andere, die ausgeschaltet sind. Der Vorgang der Fremdsuggestion, ob bei der Hypnose oder als bewußte Hilfestellung bei der Einleitung des AT bringt eine Konzentration der Aufmerksamkeit auf den Suggestor mit sich und damit ein Aufmerksamkeitsdefizit für die Umwelt. »Den echten suggestiven Zuständen und dem Normalschlaf gemeinsam ist das Moment der Außenreizverarmung der ›Abwendung‹ von Außen.«[7] Diese Wendung von außen weg nach innen wird in der Hypnose meist noch durch geeignete Suggestionsinhalte unterstützt. Auf die Aufforderung des Hypnotiseurs: »Sie hören nur noch meine Stimme, sonst hören und sehen Sie nichts mehr von dem, was um Sie herum vorgeht«, versinkt für den Hypnotisierten die Außenwelt ins Nichts, ähnlich wie es mit jedem Menschen beim Einschlafen geschieht. Wie schon erwähnt, ist dieses Vorgehen vom Hypnotiseur suggestiv (also künstlich) dem Schlaf nachgeahmt, so wie er die Aufmerksamkeit in bezug auf Erinnerungsfähigkeit (auf einen Sektor eingeengt also) steigern und lange Vergessenes in die Erinnerung zurückrufen kann (Hypermnesie). Über ähnliche Vorgänge beim AT wird bei den Zielvorstellungen noch zu sprechen sein.

Der österreichische Psychiater Barolin sieht den eigentlichen Wirkfaktor des AT im *Hypnoid* - einem dritten genuinen Bewußtseinszustand zwischen dem Wachbewußtsein und dem Schlaf. Er führt ihn auf die neurophysiologische Wirkung der muskulären Entspannung zurück, weswegen dieser Zustand sich auch bei anderen Entspannungsverfahren (Barolin nennt besonders das respiratorische Feedback) einstellt. Der »Rücknahme« des Hypnoids bei Beendigung des Trainings weist er eine dynamisierende Wirkung von eigenem therapeutischen Wert zu. Unsere eigene Einschätzung hinsichtlich des *Wirkfaktors* des AT divergiert etwas, wie oben (Kap. 3, 11) ausgeführt. Wir haben keinen Zweifel, daß das Hypnoid in der von Barolin konzipierten Form eine gute Basis für die *Generalisierung* des *Entspannungserlebens* darstellt. Für die eigentliche Wirkung des AT betonen wir stärker kognitive und Regelkreisvorgänge mit einem Akzent auf der Wahrnehmung veränderter (verbesserter) Kontrolle über den Körper und das Selbst.

Das *Traumbewußtsein* entspricht der 4. Vigilanzstufe. Die Wachheit bzw. Aufmerksamkeit ist weitgehend herabgesetzt. Das Denken ist nicht nur erschwert, sondern zusammenhanglos, hyponoisch, unkritisch, nimmt nicht Stellung. Vielfach besteht das Gefühl, besonders leicht und schnell zu denken; die Inhalte werden oft als bedeutungsvoll erlebt, halten aber einer späteren Kritik nicht stand. Die Besinnung und das kritische Abstandnehmen stellen sich häufig, ähnlich wie beim Nachttraum, erst hinterher ein. Die Reizschwelle für Wahrnehmungen aus der Außenwelt ist immer erhöht. Wahrnehmungen werden leicht durch die Vorstellung abgeändert (Illusionen).

Das beherrschende Element des Traumbewußtseins ist optischer Art, es sind Bilder und Vorstellungen, die sich oft in verwirrender Fülle einstellen. Sie können äußerst lebhaft sein, insbesondere bei Kindern. Analog dazu sind Träume in der Jugend viel farbiger als die der Erwachsenen, die sich meist nur in Grautönen abspielen, sie ähneln stärker Sinneseindrücken und werden deswegen von der Realität manchmal kaum unterschieden. Die Bilder können sich überstürzen und miteinander vermischen zu neuen phantastischen Gestalten.[8]

Das Standardwerk von Schultz ist voller Protokolle von bildhaften Erlebnissen, die sich auch sonst häufig beim Einschlafen oder schon in der Ruhe einstellen, vorausgesetzt, man wendet ihnen die Aufmerksamkeit zu. Der Introspektion ist es zuzuschreiben, daß bildhafte Phänomene im AT besonders oft beobachtet werden.

5. Die autosymbolischen Erscheinungen

1909 erschien ein Artikel, der von »gewissen symbolischen Halluzinationserscheinungen« handelte[9]. Sie sind für das Verständnis des Überganges vom begrifflichen zum bildhaften Denken sehr aufschlußreich; in ihnen ist der Umschlag vom Wachdenken zum hyponoischen Denken sichtbar. Laut Tabelle 3 (vgl. Kap. 7,3) findet ein Übergang von der 3. zur 4. Vigilanzstufe statt. Es sind spontan auftretende Bilder, die nur schwer willkürlich ausgelöst werden können, sich also zu gezielten Versuchen nicht eignen. Weiß man um diese Phänomene, so werden sie auch häufiger beachtet. Sie sind vielfach recht aufschlußreich und sollen daher als Illustration zu den im AT relativ häufig auftretenden Bildern angeführt werden. Diese »autosymbolischen Erscheinungen« werden beim Übergang vom Wachen zum Schlafen oder in der Entspannung beobachtet. Sie unterscheiden sich von Vorstellungen einerseits durch ihr überraschendes, zumindest unerwartetes Auftreten, während man bei Vorstellungen immer den Eindruck hat, sie selber hervorzurufen. Zum anderen sind sie weitaus anschaulicher. Im Nachhinein stellte Silberer, der »Entdecker« dieser Erscheinungen, fest, daß es sich hierbei um eine Fortsetzung von Vorgängen oder Inhalten des Wachbewußtseins in Form von symbolischen Bildern handelte. Ins Bildhafte übersetzt werden können: der Denkakt oder auch der Denkinhalt oder Emotionen oder komplexe Vorgänge.

Ein Beispiel: Silberer legt sich nachmittags hin, vergleicht in Gedanken die verschiedenen Behandlungen eines philosophischen Problems durch zwei Autoren, wobei ihm das Denken mit zunehmender Schläfrigkeit schwerer fällt. Da taucht ein Bild auf: Er steht an einem Schalter, ein Angestellter auf der anderen Seite schiebt ihm mürrisch einen Haufen Akten zu. Die Deutung: Das zur Stellungnahme gedrängte Ich (als zentrale Instanz des Wachbewußtseins) ist in seinem Ruhebedürfnis gestört und reagiert mißmutig.

Einige AT-Protokolle:

Im AT, bei Müdigkeit geübt, steigt folgendes Bild auf: Vor mir liegt ein Wiesengrund mit grasenden Kühen, dahinter ein dunkler Tannenwald. Nebel ziehen auf, alles wird undeutlich. Deutung: u.a. Ausdruck der Bewußtseinstrübung, der Ruhe, der Schwere (Kühe).

Ein anderes Bild: Beim Beginn des AT schwebe ich in meiner horizontalen (Rücken-)Lage langsam nach unten in einen Brunnenschacht; je tiefer ich sinke, um so mehr verkleinert sich die runde helle Brunnenöffnung. Deutung: symbolischer Ausdruck der Bewußtseinseinengung, der abnehmenden Bewußtseinshelligkeit und der zunehmenden »Versenkung«.

Ein weiteres Bild: Bei der Schwereübung taucht das Bild einer Dorfstraße auf. Vor mir gehen Kühe mit ihrem schweren Gang (s.o.). Bei der Formel »ganz schwer« verwandeln sich die Kühe in Elefanten. Die Herde kommt zur Ruhe vor einer Bahnschranke, hinter der eine Kleinbahn mit viel Geräusch vorbeirattert. Sie fährt in einem großen Bogen um einen Hügel, hinter dem sie verschwindet. Zuletzt besteht tiefe Ruhe und Stille. Deutung: bildhafter Ausdruck der Formeln: schwer (Kühe), ganz schwer (Elefanten), ich bin ganz ruhig (die Herde bleibt stehen). Die Bahn läßt sich erklären als Initialstörung bzw. überschießende Reaktion oder autogene Entladung; diese ebbt ab, es bleiben zurück: Stille, Ruhe und Schwere.

8. Kapitel
Generalisierung und Generalisation

Die Generalisation gehört zu den Lernprozessen. Wir haben in unseren Thesen zu den Lernvorgängen im AT bereits auf sie Bezug genommen (Kap. 3). Wegen ihrer Sonderstellung für das AT wird sie hier in einem eigenen Abschnitt behandelt. Die Rolle der Generalisation in ihrer Auswirkung für das AT ist bisher kaum gewürdigt worden. Es wird hier der Versuch gemacht, einige Hinweise zu geben.

Schultz spricht von »Generalisierung«, einem Begriff, der sich im Deutschen rein sprachlich von Generalisation unterscheidet. In der amerikanischen Lernpsychologie läuft beides unter »Generalization«.

1. Generalisation und Transfer

In der Lehre von den bedingten Reflexen werden zwei Arten von *Generalisation* unterschieden: Wird bei einem Hund (nach Pawlow) ein bedingter Reflex ausgebildet, bei dem auf einen Ton hin Magensaft produziert wird, so kann man durch Wiederholung und Modifizierung des Versuches erreichen, daß eine Sekretion auch nach einem Ton ähnlicher Höhe eintritt (Stimulus-Generalisation). Bei einer Erweiterung bzw. einer Verschiebung, also einer *Verallgemeinerung der Reizquelle* wird dieselbe Reaktion beibehalten.
Die *Generalisierung* (nach Schultz) entspricht einer zweiten Art der Generalisation, nämlich einer spontan sich einstellenden *Erweiterung der Reaktionsbreite* bei gleichem auslösenden Moment (Stimulus-Response-Generalization). Ein Beispiel: Stellt man bei der AT-Übung in einem Arm ein Schwereerlebnis her, so macht es sich auch in anderen Extremitäten geltend. Bei 80 Prozent aller Übenden springt die gleiche Empfindung von einem Arm auf den anderen, bei 10 Prozent auf das Bein

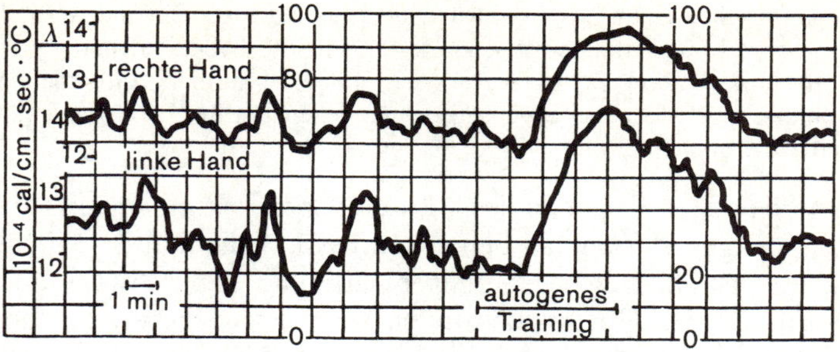

Abb. 8: Symmetrischer Verlauf der Wärmetransportzahl-Kurven trotz einseitigem subjektiven Wärmeerlebnis (nach Khodaie) als Ausdruck der Generalisierung

derselben Seite, bei weiteren 10 Prozent findet sich »ein wechselndes Verhalten«[1] (vgl. Kap. 16, 2).

Im Gegensatz zur Generalisation, die sich auf eine (verallgemeinernde) Abänderung bedingter Reflexe bezieht, spricht man bei einer Übertragung von Verhaltensweisen auf andere Situationen von einem *Transfer.* Schultz verweist auf den Begriff der »Mitübung« aus der älteren Psychologie, dem sein Generalisierungsbegriff entspricht. Er besagt, daß das Üben einer Funktion andere, nicht direkt davon betroffene Funktionen ändert. Identisch mit dieser zweiten Form der Generalisierung nach Schultz ist der »psychologische Transfer«, das automatische Sich-Übertragen von Fertigkeiten bzw. Verhaltensweisen auf andere Situationen. (Im Tierversuch konnten beispielsweise Ratten, die ein Labyrinth fehlerlos durchliefen, ohne erneutes Training dasselbe Labyrinth durchschwimmen.)

Unter Generalisierung versteht Schultz also zwei Vorgänge: eine Ausweitung von AT-Auswirkungen während der Übung und einen Vorgang, der dem allgemein-psychologischen Begriff des Transfer entspricht, eine Verallgemeinerung also, die sich nicht nur auf den direkten AT-Effekt für die Dauer der Übung bezieht, sondern zeitlich von ihm getrennt sein kann.

So berichtet eine Teilnehmerin, sie habe schon eine Woche nach der ersten AT-Sitzung bemerkt, daß sie nicht mehr so verkrampft an ihrem

Schreibtisch sitze und weniger Rückenschmerzen habe. Ein anderer Teilnehmer stellt nach einigen Wochen fest, als zeitliche Generalisierung des Konzentrationseffektes, er könne jetzt mühelos aufmerksam arbeiten, während ihn früher das Sprechen der Kollegen um ihn herum ablenkte und nervös machte.

Bei den ersten Übungen des AT-Lernvorgangs treten häufig Erscheinungen auf, die auf den ersten Blick nichts mit der Übung zu tun haben. Bei der Vergegenwärtigung der Schwere oder Wärme in den Gliedmaßen treten beispielsweise bei manchen Übungsteilnehmern locker-blasige Leibgeräusche auf als Zeichen einer Darmentspannung; bei anderen verschwinden Kopfschmerzen bei der Übung.

Besonders eindrucksvoll ist der Bericht eines Patienten, der an einer sich über Jahre hinziehenden Schrumpfung und Verlederung der Haut litt (Sklerodermie), die zu einer schmerzhaften Zwangshaltung der Gliedmaßen geführt hatte. Nebenbei teilte er mit, daß er sich nur flüssig ernähren könne, da beim Essen ein Krampf der Speiseröhre auftrete. Durch das AT hoffte er, seine Schmerzen vermindern zu können. Nach zwei bis drei Wochen Training, in denen er sich ganz auf die Extremitäten konzentrierte, hatten sich zwar die Schmerzen noch nicht verändert, doch konnte er nun zu seiner Überraschung feste Nahrung ohne Schwierigkeiten schlukken.

Die beschriebenen Erscheinungen sind nur zu verstehen, wenn man annimmt, daß die Entspannung der Armmuskeln (Schwere) sich auch auf völlig andere Körperfunktionen ausgewirkt hat. Es ist eine Generalisierung (Response-Generalization) im weitesten Sinne eingetreten, wobei eine lokal begrenzte Entspannung, die immer zugleich eine vegetative Entspannung ist, auf das gesamte Nervensystem übergreift.

Vorausgreifend sei hier bemerkt, daß nicht nur sämtliche vegetativen Funktionen durch eine einzelne lokalisierte AT-Übung verändert werden können, sondern auch der mit dem Vegetativum eng zusammenhängende Bereich der Affekte: Vegetative Entspannung führt zur »Resonanzdämpfung« der Affekte (vgl. Kap. 29, 2).

Jede gelungene Übung bewirkt eine Veränderung des Verhaltens des Übenden zu sich und zur Umwelt, die sich dann generell auswirkt. Sowohl im Bereich des Körperlichen als auch des Seelischen gibt es keine isolierten Vorgänge: immer sind sie in ein Ganzes eingebettet; sie sind nur ein Element innerhalb eines riesigen Bezugssystems. Den Physikern ist diese Auffassung selbstverständlich: So lautet ein berühmter Satz von Heisenberg: »Wenn ein Kind seine Puppe aus der Wiege wirft, dann wackelt der Sirius.«

Die Generalisierung ist bei Beginn des AT besonders häufig zu beobachten; nach längerer Übungsdauer entsteht in zunehmendem Maße eine *Differenzierung* des Vorganges: so können beim AT Schwere und Wärme, die zu Beginn der Übungen oft zusammen auftreten, später genauer voneinander getrennt werden. Die Übenden berichten dann: »Ich kann jetzt die Erscheinungen in meinem Körper einzeln erfassen.« Oder: »Zuerst waren die Veränderungen verschwommen, nicht recht faßbar, jetzt kann ich sie voneinander trennen, ich spüre nebeneinander die Schwere, die Wärme, den Puls, das geschwollene Gefühl und das Kribbeln.«

War bisher von der Generalisierung die Rede als von einem Vorgang, der im Verlauf der Übung sich einstellt und die AT-Umschaltung fördert, so soll jetzt das Einüben dieses Generalisierungsvorganges, seine *methodische Anwendung* beim AT, besprochen werden.

Am wichtigsten ist es, die Aufmerksamkeit des Trainierenden durch Fragen auf die Tatsache der Generalisierung zu lenken: Tritt beispielsweise bei der ersten Übung ein Schweregefühl im rechten Arm auf und wird der Übende aufgefordert, beide Arme zu vergleichen, so springt oft im Augenblick der Frage die Schwere auch auf den linken Arm über. Diesen Vorgang kann man erklären aufgrund der Aufmerksamkeitsverschiebung, als Resultat der Generalisierung, als Auswirkung einer Suggestion. Sicher ist nicht der eine *oder* der andere Faktor bestimmend, sondern alle zusammen. Ihre Beteiligung läßt sich schwer gegeneinander abwägen; bei der praktischen Übung kommt es darauf auch nicht an. Das Besprechen der Generalisierung vor oder ein Hinweis während der Übung ist auf jeden Fall ein probates Mittel zur Förderung des Generalisationsvorganges. Wurde einmal die Schwere in beiden Armen zugleich gespürt, so wird bei einer Wiederholung der Übung die Schwere sofort den zweiten Arm mit ergreifen.

Zum Zustandekommen des *Generalisationstrainings* sind drei Faktoren von Bedeutung:

- Das Wissen des Übenden um die verschiedenartigen Möglichkeiten einer Generalisierung – als Grundlage des Vorganges;
- die »wiederholte« Hinwendung der Aufmerksamkeit auf diese Möglichkeiten und
- die Erwartung ihrer Realisierung.

Das Zusammentreffen dieser drei Faktoren ist identisch mit dem Training der Generalisierung. Methodisch anwenden kann man diese Trainingsform bei der Vermittlung der Standardformeln und ganz gezielt bei den formelhaften Vorsatzbildungen.

In seinem Hauptwerk[2] berichtet Schultz von einem nicht seltenen Vorkommnis, von der *spontanen Generalisierung:* Manchen Menschen ist es nicht möglich, angestrebte Veränderungen, z.B. Wärme oder Schwere, auf den Übungsarm zu beschränken; sie reagieren sofort im ganzen. Diese Menschen fühlen die Schwere bzw. Wärme, die sich schlagartig einstellt, im ganzen Körper; die Generalisierung verläuft dann ungesteuert und uferlos. Ebenso heftig können gleichzeitig sich einstellende hypobulische Mechanismen sein (s. Kap. 6, 2). Ein möglicher Grund dieser Erscheinung ist in einem erhöhten, oft unbewußten Geltungs- und Demonstrationsbedürfnis zu suchen, das aufgrund seiner verschiedenartigen Äußerungen die Arbeit in einer Gruppe stören kann. Bei diesen Menschen kommt alles darauf an, sie zu einer Einordnung in die Gruppe zu motivieren.

2. Neurophysiologische Entsprechungen der Generalisierung

Alle höher entwickelten Tiere, ebenso der Mensch, imponieren nach außen hin durch ihre *Symmetrie* (von den inneren Organen soll hier abgesehen werden): Beiderseits von einer medianen Ebene, die den Körper in zwei gleiche Hälften teilt, sind

Skelett- und Muskelsystem, ebenso die Sinnesorgane spiegelbildlich einander zugeordnet.

Dieselbe spiegelbildliche Zuordnung gilt auch für die Bewegungen: Läßt man eine VP in jede Hand einen Bleistift nehmen, so ist es ohne Vorübung möglich, beim Schreiben mit der rechten Hand links in Spiegelschrift mitzuschreiben. Umgekehrt ist es schwierig, links etwas anderes zu tun als rechts, z.B. auf der einen Seite einen Kreis zu beschreiben, auf der anderen Seite zu klopfen oder mit einer Hand im Zweiviertel-, mit der anderen Hand im Dreiviertel-Takt zu schlagen.

Große zentralnervöse Bereiche dienen der Koordination der Bewegungen; beide Großhirnhälften sind durch eine Unmenge von Querverbindungen[3] zu diesem Zwecke miteinander verbunden (Rechts-Links-Transfer). Deren Durchtrennung führt zu Störungen der Motorik, die Koordination der Bewegungen von rechts und links ist aufgehoben.[4] Aufgrund der Hirnphysiologie kann man sagen: Alle Fertigkeiten, alle Bewegungsabläufe, die wir auf einer Körperseite erlernen, stehen uns auch auf der anderen Seite zur Verfügung, vorausgesetzt, daß wir sie spiegelbildlich anwenden. Spiegelbildliche Koordination ist besonders deutlich bei *unwillkürlich* ablaufenden Bewegungen, bei der Mimik, der Gestik, der Atmung und beim Gehen (hier ein rhythmisches Abwechseln der Bewegung von rechts und links).

Zu den neurophysiologischen Grundvorgängen der Generalisierung gehört auch der *Carpenter-Effekt* (1873), der besagt, daß bei der Wahrnehmung oder Vorstellung einer Bewegung Bewegungsimpulse entstehen, die sich elektromyographisch nachweisen lassen. Diese Impulse treten nicht nur in denjenigen Muskelgruppen auf, die dem betrachteten oder vorgestellten Vorgang entsprechen, also nicht nur in den Beinen des Zuschauers, wenn er jemanden springen sieht, sondern auch in einer Reihe am Springen direkt nicht beteiligter Muskeln. Es besteht eine Intensitätsskala: Je mehr ein Körpermuskel mit dem vorgestellten Vorgang zu tun hat, um so stärker sind die von ihm ausgehenden Impulse. Sinngemäß gilt dieselbe Intensitätsskala für die Entspannung. Entspannt man eine Muskelgruppe (Formel: »Rechter Arm schwer«), so werden diejenigen Muskeln, auf die sich die Vorstellung der Entspannung am stärksten richtet, sich auch am stärksten entspannen.

Der einfachste *Reflexbogen* besteht, anatomisch gesehen, aus drei Teilen: einem sensiblen, vom Sinnesorgan zum Rückenmark laufenden (afferenten) Nerv, der Schaltstelle im Rückenmark (Synapse) und dem zum Organ laufenden (efferenten) Nerv. Über diese Bahnen laufen die Erregungen, denen elektrische Aktionspotentiale entsprechen. Die sensiblen, afferenten Impulse kommen von der Haut, den Muskeln und von den inneren Organen; die efferenten Impulse laufen zu diesen drei Organeinheiten zurück, wobei jede mit jeder verbunden sein kann.

Anhand der Abbildung (Abb. 9) sollen einige Reflexbögen, die für das Verständnis der Vorgänge beim AT von Belang sind, besprochen werden: Bei 1 handelt es sich um ein sensibles (sympathisches) Neuron, das von einem inneren Organ (Darm) kommt. Die Erregung kann über das Rückenmark zurück (2) zum selben Organ laufen, wo sie auf die sekretorischen und motorischen Funktionen wirkt (viszero-viszeraler Reflex). Der Reiz kann über 1 und zurück über 4 als viszeromotorischer Reflex den Muskeltonus beeinflussen: so kommt es zur Anspannung der Bauchdecke bei Entzündungen und Schmerzen an den Organen des Bauchraumes.

Für das AT von Bedeutung ist der umgekehrte Weg des Einflusses: Völlige Entspannung der Körpermuskeln und damit eine Herabsetzung des Aktionspotentiales in den von den Muskeln zum Rückenmark laufenden Nerven (nicht eingezeichnet) führt zu einer Tonusherabsetzung der glatten Eingeweidemuskeln (2) (musculo-viszeraler Reflex), in der AT-Sprache: zu einer Entspannung der inneren Organe. Bei dem erwähnten Sklerodermie-Kranken wirkte die Entspannung der Armmuskulatur lösend auf die Muskeln der Speiseröhre.

Erregungen, die vom Muskelsinn und Lagesinn der Skelettmuskeln ausgehen bzw. ihr Fehlen, wirken auf die Blutgefäße und bestimmen deren Weite. Beim AT kommt es bei einer Schwereempfindung der Muskeln (Tonusherabsetzung) häufig gleichzeitig zu einem Wärmegefühl. Apparativ läßt sich diese Erweiterung der Blutgefäße immer nachweisen.

Umgekehrt verstärkt eine Entspannung der Blutgefäße diejenige der Muskeln. Diese Wirkung kann durch Wärme von außen (z.B. Bestrahlung, heiße Umschläge), aber auch durch autogen erzeugte Wärme unterstützt werden. Die wechselseitige

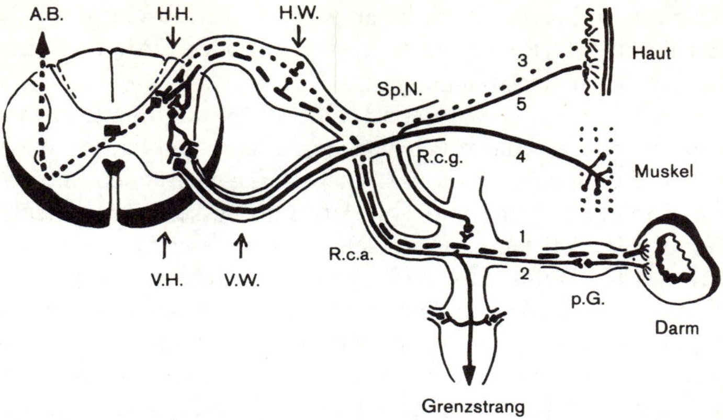

Abb. 9: Schematische Darstellung von verschiedenen Reflexbögen eines Rückenmarksegmentes (modifiziert nach Caspers)
Links das Rückenmark mit Hinterhorn (H. H.), zu dem die hintere Wurzel (H. W.) mit Empfindungsnerven (sensiblen Neuronen) führt. Vom Vorderhorn (V. H.) führen die motorischen Neuronen über die Vorderwurzeln (V. W.) zu den einzelnen Organen. A. B. = aufsteigende Bahnen im Rückenmark. Die Neuronen des Grenzstranges regeln die vegetativen Funktionen. 1 = sensibles Neuron (vegetativ); 2 = vegetatives Motoneuron, versorgt die Drüsen und Muskeln des Darmes; 3 = sensibles Neuron, leitet die Sinnesempfindungen der Haut zum Rückenmark; 4 = motorisches Neuron, regelt die Bewegungen der Skelettmuskeln; 5 = vegetatives Motoneuron, versorgt Drüsen und Muskeln der Haut

Beeinflussung von Entspannung (= Erweiterung) der Blutgefäße und Entspannung der Skelettmuskeln bilden diejenigen Regelkreise, in die man durch das AT am leichtesten eingreifen kann. Schwere und Wärme treten bei der AT-Übung häufig zusammen auf, beide lassen sich aber auch gegenseitig verstärken, wenn man Schwere und Wärme mehrmals abwechselnd hintereinander übt[5].

Es läßt sich auch nachweisen, daß fehlende oder schwache von der Haut kommende Impulse (3) auch die vom Rückenmark zum Muskel laufenden Aktionspotentiale (4) herabsetzen. Wird (z. B. wegen unerträglicher lokalisierter Schmerzen) operativ die hintere Wurzel des Rückenmarks durchtrennt, so sinkt die Grundspannung der Muskeln innerhalb desselben Segmentes stark ab. Die Haut ist also am reflektorischen Tonus der

Skelettmuskeln wesentlich beteiligt. Eine Reizabschirmung der Haut beim AT (Reizdeprivation in Ruhelage) fördert automatisch die Muskelentspannung.

In der Beziehung zwischen Haut und Muskeln bzw. inneren Organen gibt es Hautzonen von besonderer praktischer Wichtigkeit: die *Headschen Zonen.* Die afferenten Bahnen, die von einem inneren Organ und von der Haut desselben Segmentes kommen, enden beide an derselben Ganglienzelle im Hinterhorn des Rückenmarkes, von wo sie zum Gehirn weitergeleitet werden. In den übergeordneten Hirnstrukturen können aber ankommende Reize nicht mehr nach ihrem Ursprungsort getrennt werden. Schmerzreize der inneren Organe werden daher in den dazugehörigen Hautbezirken lokalisiert, den Headschen Zonen (Abb. 10, mit den wichtigsten, zu inneren Organen gehörigen Hautarealen).

Die schmerzenden Hautbezirke spielen in der ärztlichen Diagnostik eine Rolle, da sie einen Rückschluß auf Funktionsstörungen (Entzündungen, Spasmen) innerer Organe gestatten; so treten bei Spasmen der Herzkranzgefäße oft Schmerzen im linken Arm auf.

Für die Behandlung ist der umgekehrte Reflex von Bedeutung, da man mit einer Erwärmung oder Reizung (Akupunktur beispielsweise) von bestimmten Hautarealen eine vermehrte Durchblutung innerer Organe erreichen kann (cuti-viszeraler Reflex). Erweitert man beispielsweise die Adern des linken Armes durch ein warmes (Arm)Bad, so führt das zu einer Erweiterung (= Entspannung) der Herzkranzgefäße. Die Wirkung eines Organes auf die Peripherie und deren Rückwirkung auf ein Organ bezeichnet Schultz als Vitalzirkel[6].

Mit der Wärmeübung des AT, die man bei Bedarf in bestimmten Hautgebieten intensivieren kann, läßt sich die Durchblutung innerer Organe erhöhen in Form einer »gezielten« Generalisierung (s. auch Kap. 20, 5).

Die bisher besprochenen Reflexe bleiben im einfachsten Fall (z.B. beim Muskeldehnungsreflex) auf ein Rückenmarkssegment beschränkt. Sonst aber laufen die meisten Reflexbögen über mehrere Schaltstellen, an denen mehrere Nerven beteiligt sind, manche davon aus auf- bzw. absteigenden Bahnen des Grenzstranges (s. Abb. 9) und Rückenmarkes (Vermaschung).

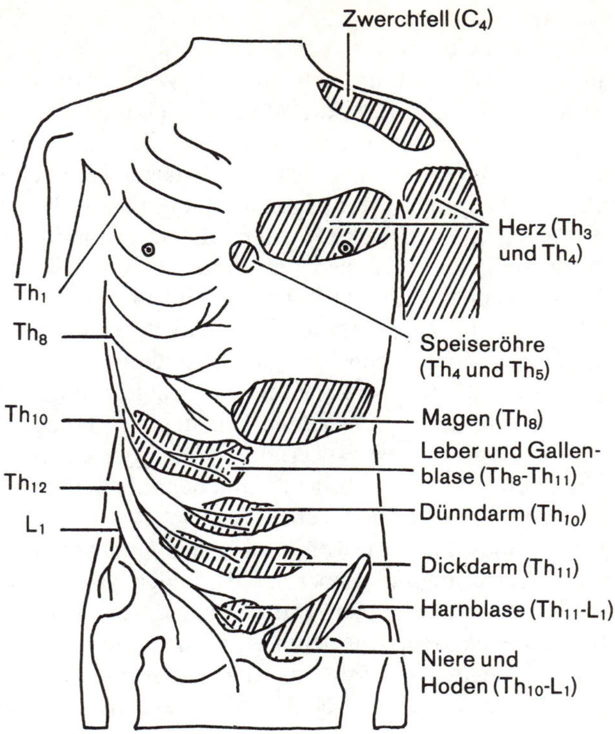

Abb. 10: Übersicht über einige typische Headsche Zonen (schraffiert) (nach Ewald)
Th = Nerven aus Thorakalsegmenten (Brustsegmenten) des Rückenmarks
L = Nerven aus Lumbalsegmenten (Lendensegmenten) des Rückenmarks

Besonders starke Reize in örtlich begrenzten Gebieten greifen (wie schon erwähnt) auf andere Segmente über und können dann auch entfernte Organe beeinflussen. Auf das AT übertragen: Bei der Darstellung der Wärme, etwa im Magen-Darmgebiet (Formel: Sonnengeflecht strömend warm) wird sich diese Entspannung auch an den Brustorganen oder an den Organen des kleinen Beckens generalisieren lassen.

Außer der Möglichkeit der Vermaschung mehrerer Regelkreise findet ein Übergreifen von Erregung auf andere Gebiete auch in den Hirnstrukturen statt, die den vegetativen Zentren des Grenzstranges und des Rückenmarkes übergeordnet sind. Die *Irradiation* von Reizen ist bei der Funktion der Formatio reticularis besonders deutlich (Abb. 11): zu ihr gelangen über verschiedene Neuronen Erregungen, durch die sie selbst erregt wird. Sie ist ein unspezifisches System, das sich von den spezifischen, aufsteigenden Bahnen unterscheidet, die jeweils nur die Impulse einer bestimmten Sinnesqualität weiterleiten. Von der retikulären Substanz werden die (nunmehr unspezifischen) Erregungen zum limbischen System weitergeleitet, in dem vegetative und emotionale Reize aufeinander abgestimmt werden und außerdem in die verschiedenen Rindenareale beider Hirnseiten, deren Erregungsniveau erhöht wird. Man ist also hier berechtigt, von einer diffusen Irradiation der aufsteigenden sensorisch-sensiblen Reize zu sprechen.

Hormone sind Stoffe, die von bestimmten Organen oder Geweben gebildet werden und über das Blut oder über Nerven zu ihrem Wirkungsort gelangen. Die Hormone sind Botenstoffe bzw. Informationsträger, mit deren Hilfe innerhalb des autonomen humoral-vegetativen Systems (und damit im Gesamtorganismus) ein Gleichgewicht, die Homöostase, erhalten werden kann.

Wie bereits besprochen, besteht das *vegetative Nervensystem* aus zwei Teilstrukturen, dem Sympathikus und dem Parasympathikus (Vagus). Beide unterscheiden sich u.a. in der Art ihrer Überträgerstoffe. Diese Substanz an den Kontaktstellen zwischen den Nerven und dem Erfolgsorgan ist beim Sympathikus Noradrenalin und Adrenalin, beim Parasympathikus Acetylcholin. Diese Hormone werden in den Nervenendigungen in Mengen erzeugt, die unter mittleren Lebensbedingungen ausreichen. Bei hoher Belastung werden Adrenalin und Noradrenalin von den Nebennieren in größerer Menge ins Blut ausgeschüttet und verstärken schlagartig die gesamten Sympathikusfunktionen und ermöglichen damit die Anpassung des Körpers an hohe Leistungen bzw. an Streß. Acetylcholin, der »Vagusstoff«, wird im ganzen Körper gebildet, an das Blut abgegeben und führt die Aufbauphase herbei (vgl. Kap. 6, 4a). Durch die

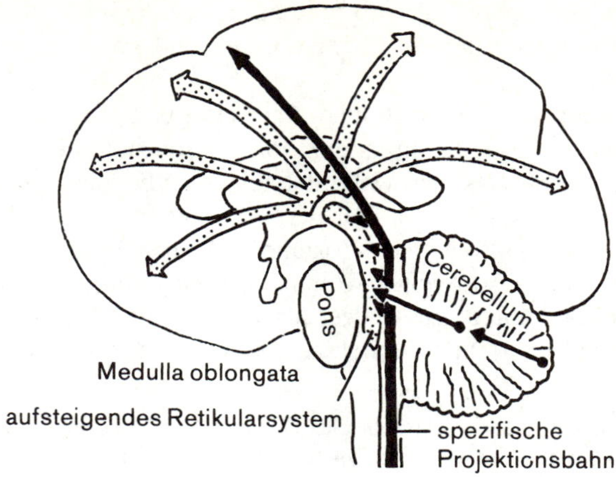

Abb. 11: Zentralnervöse Irradiation
Schema der diffusen Großhirnprojektionen des aufsteigenden Retikularsystems, das durch die Erregungen der spezifischen Projektionsbahnen mitaktiviert wird (nach Caspers)

zusätzliche Ausschüttung der genannten Hormone kommt es zu einer gesamtvegetativen Umstellung und damit zu einer Generalisierung der Wirkung. Die Auswirkungen der Standardformeln des AT entsprechen großenteils *einer Anregung der Parasympathikusfunktion und einer Hemmung der Sympathikusfunktion* (Herstellen der Homöostase).

Bei der Beschreibung der einzelnen neurophysiologischen Entsprechungen einer Generalisation bzw. eines Transfers wurde von Erregungsprozessen ausgegangen. Besprochen wurde die Ausbreitung von Impulsen, von Erregungen, von Systemaktivierungen und aktivierenden Hormonen (Adrenalin, Noradrenalin); die Entspannung, die Desaktivierung, der wichtigste Vorgang beim AT also, wurde nur kurz erwähnt. Das hat mehrere Gründe.

1. Bei den meisten der bisher besprochenen Funktionen handelt es sich um antagonistische Systeme: Aktivierung und Des-

aktivierung bei der Formatio reticularis; Adrenalin- und Acetylcholinwirkungen bei der Sympathikus- und Parasympathikusfunktion.

In diesen polaren Systemen sind Erregung, Erregungssummation, Zunahme der Frequenz von Aktionspotentialen, Aktivierung ganzer Systeme weitaus leichter zu beobachten und zu messen als deren Fehlen oder deren Reduzierung auf Mindestwerte. Daher läßt sich der Zustand der Entspannung, den wir mit Hilfe des AT erreichen wollen, neurophysiologisch vielfach nur als ein Fehlen, zumindest als eine quantitative Herabsetzung von Funktionen verstehen, die sonst zu einer Spannung führen.

Diese gilt für viele physiologische Gebiete. So ist beispielsweise der Mindestverbrauch des Körpers an Sauerstoff (der bei völliger Entspannung im AT eintritt), der Grundumsatz des Organismus, labortechnisch schwerer, zumindest umständlicher zu bestimmen als das Ansteigen des Sauerstoffverbrauches bei körperlicher Tätigkeit, z.B. bei sportlichen Leistungen.

2. Nicht jeder Ruhezustand ist ein Defizit an Aktion. Es gibt Nerven, deren Funktion darin besteht, die Tätigkeit anderer Nerven zu hemmen (inhibitorische Funktion). Um diese Funktion zu erkennen, muß man von der Organaktivität ausgehen. Erregungshemmungen können z.B. dadurch entstehen, daß Aktionspotentiale an ihrem Übertritt von einem Nerv zum anderen (z.B. durch Ganglienblocker) oder am Übertritt von den Nervenendplatten auf die Erfolgsorgane gehindert werden (durch Einwirkungen von Hormonen oder Pharmaka auf die Überträgersubstanzen). Es findet hierbei eine aktive Hemmung statt.

Alles in allem sind Ruhe, Entspannung, Nullwerte, Hemmung schwerer zu bestimmen und deutlich zu machen als die physiologischen Vorgänge bei einer Erhöhung der Organtätigkeit. Daher also die vorherrschende Betrachtung der Organaktivität und das erst nachfolgende Eingehen auf die Ruhephänomene (s. auch Kap. 6, 4b).

9. Kapitel
Die Suggestion

1. Die Rolle der Suggestion beim AT

Das AT erlaubt nach Schultz alle Leistungen, »die den echten suggestiven Zuständen ähnlich sind«[1] (vgl. Kap. 2). Um sie von den »allgemein suggestiven« zu scheiden, werden die »Erscheinungen der spezifischen Umschaltung« als »konzentrativ« bezeichnet. Diese Umbenennung ändert nichts daran, daß suggestive Vorgänge im AT eine ausschlaggebende Rolle spielen, was Schultz auch nie bestritten hat. Heute wird das AT unter »aktiv autosuggestive und entspannende Übungen« eingereiht[2].

Folgende zwei Formen der Suggestion sind für das AT ausschlaggebend: 1. die vom Übungsleiter angewandte, vom AT-Teilnehmer als solche nicht bemerkte Form der Fremdsuggestion, die insbesondere beim Beginn des AT eine Rolle spielen kann, und 2. die Autosuggestion in ihrer vom Übenden bewußt angewandten Form, dem »konzentrativen« Vorgang beim AT.

Bei Schultz ist der Begriff des Konzentrativen identisch mit dem der methodisch angewandten Autosuggestion. Man kann also das AT als »eine praktikable, jedermann verständliche Methode der Autosuggestion« bezeichnen[3]. Die beiden soeben erwähnten Formen der Suggestion entsprechen einer Arbeitsweise bzw. Methode, die in vielen Bereichen – in der Pädagogik, in der Psychotherapie, in der Werbung usw. – anwendbar ist. Hiervon unterscheidet sich 3. die Suggestion als ein Vorgang, der weder beabsichtigt noch vorhergesehen ist und den man nur an seiner Auswirkung rückwirkend erkennen kann. Diese Form ist im zwischenmenschlichen Bereich überall anzutreffen und nahezu unbegrenzt wirksam.

Will man beim AT die Zügel in der Hand behalten, so ist die Kenntnis dieser verschiedenen Formen, deren Vorkommen und deren Auswirkungen unumgänglich.

2. Die Suggestion und damit zusammenhängende Begriffe

Der Begriff der Suggestion ist nicht eindeutig. Mit Suggestion bezeichnet man einerseits den Vorgang, also das Suggerieren als solches, andererseits auch den Inhalt dieses Suggerierens. Die Suggestion geht vom Suggestor bzw. vom Suggerierenden aus, aufgenommen wird sie vom Suggerierten[4]. Die Fähigkeit des Suggestors zur Suggestion ist die Suggestivität; die Empfänglichkeit für Suggestionen bezeichnet man als Suggestibilität, auch als Suggerierbarkeit (von Freud so benannt).

Definitionen der Suggestion: Bernheim, der zusammen mit Liébauldt die Wirkung der Hypnose als eine suggestive erklärt (vgl. Kap. 4, 2), definiert die Suggestion (1884) als »im weitesten Sinne der Vorgang, durch welchen eine Vorstellung in das Gehirn eingeführt und von ihm angenommen wird«. Wie man sieht, steht hier noch rein Anatomisches (Gehirn) gleichgeordnet neben Psychischem (Vorstellung). Baudouin (1951): Suggestion »ist die unbewußte Verwirklichung eines Gedankens«, wobei er betont[6], daß das Wort Gedanke hier gebraucht wird »im weitesten Sinne von Vorstellung ganz allgemein«. Ernst Kretschmer[7]: »Suggestion ist die unbewußt wirkende Beeinflussung einer fremden Person« (im Unterschied zur Überzeugung). Eugen Bleuler betonte (1925) erstmalig die Affektresonanz bei der Suggestion. Zur gleichen Zeit wies E. Straus auf den zwischenmenschlichen Bezug bei der Suggestion hin: Suggestion ist »die Übernahme der Bewußtseinsinhalte eines anderen durch die Wir-Bildung«[8]. Stokvis und Pflanz (1961) fassen diese beiden Auffassungen zusammen zur Definition: »Suggestion ist die affektive Beeinflussung der körperlich-seelischen Ganzheit auf der Grundlage eines zwischenmenschlichen Grundvollzuges: der affektiven Resonanzwirkung.«[9] Es wird hier das gleiche Modell wie in der Physik benutzt: Ein schwingender Körper veranlaßt einen anderen Körper, in gleicher Weise zu schwingen. Schlägt man beispielsweise an einem Klavier die A-Seite an, so fängt in einem zweiten Klavier die A-Seite an mitzuschwingen (Resonanz = Mittönen = Widerhall).

Es kommt dabei wesentlich auf das Aufeinander-Abgestimmtsein an, das die Resonanz ermöglicht. Ein zweites wird in diesen Definitionen deutlich: Bei der Suggestion handelt es sich um einen *zwischenmenschlichen Vorgang*, genauer um einen »zwischenmenschlichen Grundvollzug«, der zu allen Zeiten und an allen Orten zwischen Menschen stattfindet. Bei der Hypnose, der Suggestionstherapie und beim AT handelt es sich nur um den systematischen Ausbau dieses allgemeinen Phänomens zu einer Behandlungsmethode.

3. Kritik des Suggestionsbegriffes

Der Begriff der Suggestion stammt aus der schottischen Psychologie[10]; er wurde zuerst nur auf die Beeinflussung in der Hypnose angewandt. Im Laufe der Zeit machte dieser Begriff eine erhebliche Wandlung durch. Man sprach auch bei der Beeinflussung im Wachzustand von Suggestion (vgl. Kap. 4,2: Weg der Suggestivtherapie), um dann insbesondere in der populären Literatur und Praxis diesen Ausdruck auf jede nicht rationale zwischenmenschliche Beeinflussung auszudehnen.

Die *Inflation des Begriffes* Suggestion forderte die Kritik vieler Autoren heraus, und das hat seine Berechtigung: Je allgemeiner der Begriff und je häufiger er benutzt wurde, um so diffuser, undeutlicher, verschwommener wurde er, um so schwerer konnte er gegen andere zwischenmenschliche Vollzüge abgegrenzt werden. Eine Definition, wenn man diese wörtlich als Abgrenzung auffaßt, wurde unmöglich. Das ist mit wissenschaftlichem Denken unvereinbar.

Hand in Hand mit der Begriffsinflation ging eine allgemeine, ungezielte Anwendung der Suggestion, eine *Therapieinflation.* Um die Jahrhundertwende wurde die Hypnose mit ihrer massiven Suggestionsmöglichkeit zu einer Mode, die teilweise völlig unkritisch angewandt wurde. Ernst Kretschmer trat hier mit dem ganzen Einfluß seiner Persönlichkeit für eine Änderung ein. Er stellte fest: »Es gibt kein Lebensgebiet, wo die Suggestion nicht zu den wichtigsten Faktoren menschlicher Beziehung gehörte«[11] und schlug vor: »was die Psychotherapie betrifft, so sollte man den diffusen Begriff Suggestion auf die unmittelbaren Persönlichkeitswirkungen eingrenzen, die mit jeder

Form der Psychotherapie bzw. der ärztlichen Behandlung überhaupt als nicht unwichtiges Fluidum einhergehen«[12].

Die Suggestion in der speziellen Psychotherapie sollte durch den Ausdruck »verbale Beeinflussung« ersetzt werden[13]. Schultz ersetzte das Wort autosuggestiv durch »konzentrativ« (vgl. Kap. 2, 1). Andere Autoren neigten dazu, spezielle Ausdrücke wie »Hypnose« und »Suggestion« zu umgehen. Man sprach von »hervorgerufenem Schlaf«[14], andere von »Heilschlaf« anstatt von Hypnose; andere wieder von »vertiefter Ruhebehandlung«[15], je nach der Persönlichkeit des Patienten und der Lage, in der das Verfahren angewandt wurde. Das Wort Hypnose könnte Ängste freisetzen, ebenso das Wort Suggestion (= Beeinflussung). Eine sensationsumwitterte Auffassung dieser Worte durch den Patienten kann die Behandlung stören oder eine magisch-mystische Atmosphäre verdichten oder zwischen Arzt und Patient eine störende (submissive) Übertragung fördern.

Freud kannte die erste Schule von Nancy, er hat das Buch von Bernheim über Hypnose ins Deutsche übersetzt, er war also mit dem Begriff der Suggestion eng vertraut. Als er die Hypnose als Behandlungsmethode aufgab, trennte er sich damit auch von der methodisch angewandten Suggestion. Der Ausdruck »Suggestion« wird unter Psychoanalytikern gemieden; in ›Das Vokabular der Psychoanalyse‹ (1972) taucht das Wort Suggestion im Wörterverzeichnis nicht auf. Eine Suggestivtherapie wird abgelehnt, da es sich hierbei um eine »zudeckende Behandlung« handle: man würde mit der suggestiven Beeinflussung eines Symptoms gerade das unterdrücken, was bearbeitet werden müsse; das könne nur zu einem momentanen Erfolg führen. Später sah Freud die Zusammenhänge wieder etwas milder: »Wir werden auch sehr wahrscheinlich genötigt sein, in der Massenanwendung unserer Therapie das reine Gold der Analyse reichlich mit dem Kupfer der direkten Suggestion zu legieren, und auch die hypnotische Beeinflussung könnte dort, wie bei der Behandlung der Kriegsneurotiker, wieder eine Stelle finden.«[16] Durch eine Suggestivtherapie oder ein autosuggestives Verfahren wie das AT wird eine Symptombeseitigung – womit sich auch psychoanalytische Kurztherapie heute zufrieden gibt – oft in viel kürzerer Zeit erreicht als mit einer Analyse (ähnliches gilt ja auch für die Verhaltenstherapie).

Außerdem wird kein Analytiker ernstlich annehmen, daß eine Analyse ohne Suggestion vor sich geht: Clauser[17] spricht von der »suggestiven Macht des schweigenden Analytikers« und F. Schottlaender[18] schreibt: »Wie sollten wir ohne Suggestion, also ohne Einflußnahme jemals auch nur den bescheidensten therapeutischen Erfolg erzielen können? Ohne Bild, ohne Phantasie gibt es keine analytische Arbeit.« Die teilweise unbeabsichtigte und auch unbemerkte Suggestion des Patienten durch den Analytiker läßt sich auch daran ermessen, daß Patienten, die von Jung-Schülern analysiert werden, meist nach kurzer Zeit im Stil Jungscher Traumsymbolik träumen, während von Freud-Schülern behandelte Patienten in ihren Träumen eine Symbolik im Sinne Freuds aufweisen. Freud soll auch einmal geäußert haben: »Sehen Sie, Übertragung ist mein Wort für Suggestion.«[19]

In der Psychoanalyse findet sich also einerseits ein kritisches Bewußtsein gegenüber der Suggestion, andererseits werden die nicht intendierten aber vorhandenen suggestiven Elemente innerhalb der Psychoanalyse selbst entweder unkritisch bagatellisiert oder sogar grundsätzlich bestritten.

Im Zusammenhang mit Suggestion taucht nicht selten auch das Wort *Magie* auf. Es ist von »magischer Medizin« die Rede[20]; bei der älteren Hypnosetradition bestände eine »magische Atmosphäre«, die bewußte oder unausgesprochene Vorstellung eines seelischen »Magnetismus«, eines magischen Fluidums, einer besonderen Seelenkraft, die vom Arzt auf den Patienten überginge[21]. In einem psychologischen Wörterbuch[22] kann man lesen: »Suggestion hat im primitiven Glauben an die Zauberwirkung des mächtigen Medizinmannes seine Wurzel.« Wie lassen sich Suggestion und Magie gegeneinander abgrenzen?

Wie bei der Suggestion steht bei der Magie eine Einflußnahme im Mittelpunkt des Geschehens. Während aber die Suggestion nach innerpsychischen Gesetzen abläuft, greift die Magie auf übernatürliche, zumindest überlegen vorgestellte Kräfte zurück, die in der Natur und im Menschen verborgen sind und aufgrund einer magischen Handlung, eines Zauberaktes oder eines Zaubergegenstandes dienstbar gemacht oder auch abgewehrt werden können: es gibt gute, nützliche Kräfte und schädliche, unheilvolle.

Bis in unser Jahrhundert hinein wurde Ochsenblut bei der »Bleichsucht« junger Mädchen von Ärzten verordnet, denn – magisch gedacht – ist Blut ein besonderer Saft und überträgt die Kraft der Ochsen. Drei Kastanien in der Tasche helfen gegen Rheuma – das finden wir lächerlich. Was hilft aber dem Asthmatiker beim Inhalieren? Die Wirkung des chemischen Mittels, die Suggestion (d.h. die erwartete Wirkung), oder ist es ein magischer Akt? »Natürlich hilft das Mittel«, heißt es, wie ist es aber, wenn man einen falschen Inhalator benutzt und er hilft doch, oder man nimmt anstelle der Schlaftablette oder Kopfschmerztablette eine Abführtablette und schläft darauf bzw. verliert seine Kopfschmerzen? Hier hört die Chemie auf, sicher ist Suggestion im Spiel. Man kann aber auch an die Tabletten, an den Inhalator, an die Kastanien »glauben«, wie der Papua an seinen Fetisch. Dann ist es Magie, »magische Medizin«.

Man braucht nicht zu den letzten Naturvölkern zu gehen, um zu erfahren, was Magie ist, sie findet sich auch in unseren Breiten als Alltagsphänomen. Kaum ein Mensch kann sich magischen Gedankengängen entziehen. Die Volkspsychologie macht von ihnen breiten Gebrauch (»auf Holz klopfen« ... »Schwarze Katz' von rechts bringt Schlecht's«), und als Lebenshilfe wollen viele nicht auf sie verzichten (z.B. Astrologie, Wahrsagen). Eine gewisse Häufung magischen Denkens findet sich bei kleinen Kindern, bei bestimmten Neurosen und Persönlichkeitsstörungen, einigen Formen von Psychosen sowie bei manchen Veränderungen der Bewußtseinslage.

Zur Abgrenzung von Suggestion und Magie mögen folgende Feststellungen dienen:

1. Magie bei den Naturvölkern oder beim Urmenschen ist zu trennen von heutigen magischen Praktiken. Für diese sollte man die Bezeichnung »Pseudomagie« benutzen[23].

2. Echte und Pseudomagie verhalten sich zueinander wie das Verhalten eines Kindes zu demjenigen eines Erwachsenen, bei dem eine Regression auf eine kindliche Stufe besteht, also ein pathologischer Rückgriff auf infantiles Verhalten. Pseudomagie ist eine Form des regressiven Verhaltens, die wegen der Rationalität und des Bewußtseins eines heutigen Kulturmenschen mit echter Magie kaum noch etwas zu tun hat. Pseudomagie bedeutet Rückfall in eine Kümmerform der Magie; Magie verhält sich zur Pseudomagie wie echter Glaube zum Aberglauben.

3. Zwischen Pseudomagie und Suggestion gibt es eine breite Randzone, in der beide Verhaltensweisen sich stark ähneln, so-

gar ineinander übergehen können. Sie sind dann schwer zu trennen. Die Pseudomagie ist nicht selten »Beiwerk« der Suggestion. So neigen Zwangskranke dazu, den AT-Formeln eine magische Wirkung zuzuschreiben und das AT wie ein (pseudo-)magisches Ritual zu benutzen. Ähnlich verhält es sich bei Kindern (vgl. auch Kap. 30 u. 34, 4).

4. Der grundlegende Unterschied zwischen Pseudomagie und Suggestion ist die vorhin erwähnte »affektive Resonanz«, das »Aufeinander-Abgestimmtsein«, das die Voraussetzung jeder Suggestionsbehandlung bildet[24]. Wesentlich für die Suggestion ist der »tragende Kontakt« (Speer), die »Wir-Bildung«[25] und das Gemeinschaftserleben. Suggestion ohne beiderseitige Zuwendung ist nicht möglich. Es besteht ein Interdependenz-Verhältnis zwischen den Beteiligten.

4. Die Formen der Suggestion

Um das Autogene Training steuern zu können, müssen die Vorbedingungen, die Formen und der Ablauf der Suggestion bekannt sein. Es werden vier verschiedene Formen der Suggestion unterschieden[26].

Es gibt absichtliche und unabsichtliche Suggestion (vom Suggestor, also vom Arzt, vom Trainingsleiter aus gesehen) und vorhergesehene und unvorhergesehene Suggestion (vom Suggerendus, dem Patienten, vom Übenden aus gesehen).

Die *absichtliche, vorhergesehene Suggestion* ereignet sich in ihrer reinen Form nur in der psychotherapeutischen Praxis. Der Kranke erscheint mit dem Wunsch, durch eine Suggestionsbehandlung geheilt zu werden, ganz eindeutig beim Wunsch nach einer Hypnose, weniger eindeutig beim Wunsch nach einem AT, bei dem das »Vorhersehen« einer Suggestionsbehandlung von seiten des Patienten nicht ausdrücklich vorliegt. Er muß ja oft erst zum AT motiviert werden.

Die *absichtliche, unvorhergesehene Suggestion,* eine im Alltagsleben weit verbreitete Form: z.B. die Mutter, die dem Kind auf die schmerzende Stelle bläst, oder auch gewisse Methoden der Propaganda und Reklame[27]. Der Suggestor wendet die Suggestion bewußt an, der Empfänger merkt es nicht. Viele Testverfahren zur Prüfung der Suggestibilität (auf die wir noch zurückkommen) gehören in diese Kategorie.

Mit dem AT kann man eine neue Haltung gegenüber der wie ein Dauerregen auf uns herabrieselnden Meinungsmanipulation erzielen. Mit einer Verleugnung der allgemeinen Wirksamkeit von Suggestionen ist es nicht getan. Man kann sie nur dann steuern, wenn man sie anerkennt, sie näher kennenlernt und damit in die Lage versetzt wird, günstig von ungünstig, sinnvoll von sinnlos oder gar schädlich zu trennen. Der Manipulation entgeht man nur, wenn man mit Suggestionen umzugehen weiß, zumindest weiß, was es mit ihnen auf sich hat.

Die *unabsichtliche, vorhergesehene Suggestion* sei nur der Vollständigkeit halber erwähnt. Sie spielt praktisch kaum eine Rolle. Dazu ein konstruiertes Beispiel[28]: Ein Heilpraktiker, der die Suggestionswirkung seines Verfahrens ablehnt, wird von einem Kranken aufgesucht, der von einer Suggestion seine Heilung erwartet. (Werden aber gar »Suggestivkräfte« oder ein »suggestives Fluidum« erwartet, so befindet man sich an der Grenze zur Pseudomagie.)

Die *unabsichtliche, unvorhergesehene Suggestion* ist die weitaus häufigste Suggestionsform im Alltagsleben, bei der weder der Suggestor noch der Empfänger sich eines suggestiven Vorgangs bewußt sind. Meist wird von beiden Seiten gar nicht bemerkt, was zwischen ihnen vor sich geht. Diese Form eignet sich am besten zur Demonstration der Ubiquität der Suggestion: Sie läßt sich überall nachweisen, wo Menschen miteinander leben.

5. Die Suggestion als zwischenmenschliches Phänomen

Ich wiederhole einige vielfach bekannte und oft zitierte Beispiele, zur Illustration der allgemeinen Geltung der Suggestion.

Jedermann weiß, daß Gähnen ansteckend wirkt, ebenso Gelächter, Stimmungen, Müdigkeit bei gemeinsamer Leistung. Kratzt sich jemand, so juckt es bei einem selber. Die Mutter, die ein Kind füttert, schlürft die Suppe mit (als Geste), hat ein Kind Schmerzen, leidet die Mutter mit.

Alles Mit-Leiden, Mit-Fühlen hat eine Suggestion zur Grundlage. Medizinstudenten wird nachgesagt, sie würden immer an der Krankheit leiden, mit der sie sich z.Z. beschäftigen. Anblick von Feuer wärmt, man fühlt die Wärme von einem Wasserkessel, wenn man sie erwartet, bis man nach einiger Zeit feststellt, daß man sich die langsame Erwärmung nur »eingebildet« hatte.

In der *Wissenschaft* kann das Urteil einer Kapazität durch seine Suggestivkraft den ganzen Wissenszweig in seiner Entwicklung fördern oder hemmen. So hat beispielsweise Virchow die Vorgeschichtsforschung in Deutschland jahrzehntelang gehemmt, als er kraft seiner Autorität erklärte, der Schädel des Neandertalmenschen sei der eines kranken Zeitgenossen.

Auch exakt-wissenschaftliche Versuche werden von Erwartungs-Suggestionen nicht verschont. Bekannt sind die Versuche[29], bei denen je die Hälfte einer Anzahl Ratten an zwei Untersuchergruppen verteilt wurden mit der Bemerkung, es handele sich auf der einen Seite um kluge und auf der anderen um dumme Ratten, obwohl es sich um Ratten einheitlicher Herkunft handelte. Das Ergebnis: Die als klug deklarierten Ratten schnitten im Urteil der Untersucher besser ab als die für dumm erklärten. Nach seinem Erstbeschreiber spricht man vom Rosenthal-Phänomen oder Pygmalion-Effekt.

Die Rolle der unbeabsichtigten Suggestion in der *ärztlichen Behandlung* kann gar nicht hoch genug veranschlagt werden. Falsche oder aufgrund eines Mißverständnisses angewandte Arzneimittel entfalten überraschende Wirkungen, dasselbe Medikament kann bei einem Arzt ausgezeichnete Erfolge, beim anderen schlechte haben, je nachdem ob der Arzt von der Wirkung überzeugt ist oder nicht (sog. larvierte Suggestion).

Dasselbe trifft erst recht in der Psychotherapie und dementsprechend erst recht beim AT zu. Es ist also durchaus nicht gleichgültig, wer etwas vermittelt und wie. Bemerkungen eines Arztes wie: »Ihr EKG gefällt mir nicht« oder »Ihre Wirbelsäule ist nicht ganz in Ordnung« vermögen bei ängstlichen Patienten eine Fülle von krankhaften Empfindungen auszulösen. Solche vom Arzt erzeugten *iatrogenen* Erkrankungen sind weitaus häufiger, als angenommen wird. Auf der anderen Seite kann der Glaube an die Gesundheit lebensrettend sein. Stokvis berichtet von einem Schwerkranken, der aus einem ärztlichen Gespräch den Ausdruck »moribundus« (ein Sterbender) aufschnappte, diesen als etwas Günstiges deutete und daraus die Kraft nahm, wieder gesund zu werden. Auffassungen, Erwartungen des Arztes wirken sich bis in das Unbewußte des Patienten aus. Ich erinnere an den Bericht eines Röntgenarztes aus Odense[30], der nach einer Reparatur seines Röntgen-Therapiegerätes mit gutem Erfolg weiterbehandelte. Eine Zeit später erschien ein Vertreter der Röntgenfirma, um die neue Röhre einzubauen: Das Gerät war inzwischen leer gelaufen – ein unfreiwilliger, wenn auch nicht kontrollierter Doppelblindversuch.

6. Die Placeboversuche

Das Wissen um die suggestive Wirkung von Arzneimitteln war bei einzelnen »wachen« Ärzten und behandelten Laien auch in früheren Zeiten vorhanden. Die methodische Nachprüfung des suggestiven Anteils an einer Behandlung stammt aber erst aus neuerer Zeit. Man spricht von Placeboversuchen.

Das Wort Placebo wird in der Medizin in Amerika seit 200 Jahren benutzt (in Deutschland seit 1946). Man bezeichnete damit früher ein Medikament, das mehr dem Patienten zum Gefallen (placebo: ich werde gefallen) als zu dessen Nutzen verordnet wurde. Heute versteht man unter einem Placebo ein Leerpräparat, ein Scheinmedikament, das mit einem zu prüfenden Mittel in Größe, Farbe, Geschmack völlig gleich sein soll. Beide Mittel, das Placebo und das Originalmittel, werden verordnet, um den pharmakodynamischen vom psychodynamischen Anteil eines Medikamentes zu trennen, d.h. um den suggestiven und den chemischen Anteil der Wirkung auseinanderzuhalten. Es handelt sich hierbei um eine absichtliche, für den Patienten dagegen unvorhergesehene Suggestion, daher »Blindversuch« genannt. Solche Versuche wurden schon 1843 zur Widerlegung der Wirksamkeit homöopathischer Mittel durchgeführt[31]. Mit diesem »einfachen« Blindversuch wurden teilweise erstaunliche Placebo-Wirkungen registriert, doch waren diese schwankend in ihrer Intensität. Etwa 30 Prozent aller Menschen reagieren jederzeit auf ein Placebo wie auf ein Arzneimittel. 40 Prozent reagieren ungleichmäßig, 30 Prozent niemals[32]. So wurde der »doppelte Blindversuch« entwickelt, bei dem nicht nur der Patient, sondern auch der Arzt nicht weiß, welches das zu prüfende Medikament und welches das Leerpräparat ist. Auf diese Weise wird außer der Medikamentensuggestion der personale Faktor der Suggestion ausgeschaltet, und das ist notwendig, denn die Vorstellungen und Erwartungen des Arztes, der das Mittel austeilt, wirken über den nichtverbalen Kontakt auf den Patienten. Auch die Untersuchung des Patienten vor und nach dem Versuch, die Beurteilung des Versuchserfolges ist suggestiv beeinflußbar, steckt doch in jeder Fragestellung bereits die Antwort (wenn auch nur auf negative Weise, so daß nur das beantwortet wird, was auch gefragt ist, das übrige dagegen nicht in Erscheinung tritt). So wurde von einigen Autoren hier zusätzlich ein weiterer neutraler Beobachter gefordert (der selbstverständlich auch nicht um die verabreichten Mittel wußte). Bei diesem Vorgehen würde man dann von einem »dreifachen Blindversuch« sprechen.

Man sieht, in der Forschung wird ernsthaft versucht, den Faktor Suggestion auszuschalten. Aus den Blindversuchen verschiedener Steigerung ist, für unsere Zwecke, zweierlei zu ersehen: einmal mehr die Allgegenwart und Allwirksamkeit der Suggestion und zweitens die Unmöglichkeit, ihre Wirksamkeit völlig auszuschalten.

Die Abgrenzung spontan verlaufender Funktionen von solchen, die suggestiv beeinflußt wurden, ist auch für die Beurteilung der Wirksamkeit des AT bedeutsam. Veränderungen vegetativer Körperfunktionen lassen sich durch Messung von Organ-Aktionsströmen, Temperaturschwankungen, Frequenzveränderungen von Puls und Atmung usw. exakt bestimmen. Zur Blütezeit der Suggestionsbehandlung (als Hypnose und auch als Wachsuggestion) gab es diese apparativen Möglichkeiten nur in beschränktem Maße, so daß ein überzeugender Nachweis der Suggestivwirkung in Prozentsätzen noch nicht möglich war. Heute geschieht dies in großem Umfang, und sicherlich haben diese exakt wissenschaftlichen Nachweise viel zur allgemeinen Anerkennung des AT beigetragen. An der Entwicklung des AT hat die Technik einen hohen Anteil.

7. Der Suggestionsablauf

Bei jeder Suggestion kann man drei Stufen ihres Ablaufs unterscheiden[33]:
- die Vorstellung einer Veränderung,
- den Prozeß der Verwirklichung, der für unser augenblickliches Ich unbewußt bleibt, und
- das Hervortreten der Veränderung, die wir gedacht haben.

Ebenfalls drei Stufen unterscheidet die Einteilung in[34]:
- das Stadium der Akzeption – der Annahme,
- das Stadium der Suggestion – des sub-gerere (ein- oder unterschieben),
- das Stadium des Effekts – der Auswirkung.

Diesen drei Stadien kann man noch »das labile Vorstadium« vorwegsetzen, in dem sich die Kontaktaufnahme zwischen Arzt und Patient anbahnt, das Abschätzen des Partners, das fast »unmerkliche« Ringen um die Position des Partners, die eindeutige Klärung der Frage, »in welcher Richtung der Strom der Suggestion« fließen soll[35].

Die *Annahme* spielt sich vorwiegend im Nichtverbalen, im Vorsprachlichen ab: Gemeinsame Erwartung, Kundgabe »sozialer Signale« stehen im Vordergrund bis zur Annahme der Rollenverteilung mit Anerkennung des Partners. Man ist »offen« füreinander, es kommt zur »Wir-Bildung«, einer Kommunikationsmöglichkeit, die wohl schon im Tierreich, beim Menschen bereits im Säuglingsalter vorhanden ist. Man spricht von Empathie[36], auch von »vegetativer Kommunikation«[37]; es ließ sich nämlich nachweisen, daß während der Psychotherapie[38] vegetative Veränderungen nicht nur beim Patienten, sondern auch, korrespondierend, beim Therapeuten auftraten. Diese Art der Kommunikation dürfte kaum intensiver zu gestalten sein als beim AT: Der Trainingsleiter beschreibt vegetative Veränderungen, etwa Schwere und Wärme, worauf diese sich bei ihm automatisch einstellen und in ganz ähnlicher Weise auch von den Übenden erfahren werden. Umgekehrt wird der Gruppenleiter durch die Erfahrungen der Übenden mitgeprägt; es spiegelt sich in ihm die Summe der Erfahrungen all derer wider, die mit ihm zusammen übten.

Wenn auch der Suggestor der aktivere Teil ist, so ist er doch auf die »Mitwirkung« des Partners angewiesen. Suggestion[39] ist ein »gegenseitiges Mitvollziehen«, ein Aneignen von Inhalten, »die der Potenz nach durch die Wir-Bildung schon unsere eigenen geworden sind«. Wichtig ist das gemeinsame Ziel, ohne das es beim Suggerieren nicht zur Aneignung von Inhalten kommt. Dieses Aneignen bedeutet, daß aus der Suggestion eine Autosuggestion wird. Ohne die Übernahme der Suggestion des Übungsleiters beim AT durch den Übenden, besser gesagt, ohne gemeinsamen Mitvollzug, verläuft das Training erfolglos. Die Kunst des Leiters besteht darin, diese Aufnahmebereitschaft des Übenden, dessen Suggestibilität vor Beginn der Übung auf das bestmögliche Maß zu bringen. Eine Trennung von Suggestion und Autosuggestion sollte bei diesem Stand der Übung nicht mehr möglich sein.

Da der Suggestionsvorgang unbewußt abläuft, ist es nicht möglich, ihn zu beschreiben; er entzieht sich unserer Rationalität. Mitteilen kann man nur die Auswirkung, d.h., ob und wie die Suggestion sich realisiert *hat.* Dabei handelt es sich nicht um eine Veränderung zu einem bestimmten Zeitpunkt, sondern um ein dauerndes Hin und Her, ein Oszillieren der Wahrnehmung und Äußerung einer Veränderung zwischen Suggestor und Suggeriertem. Unter der Einwirkung von (Suggestiv-) Fragen des AT-Leiters und den Antworten der Übenden nehmen die vegetativen Veränderungen an Intensität und an Ausdehnung zu (»die Schwere/Wärme wird deutlicher, strömt weiter«).

Ähnlich wie bei der Hypnose – die man experimentell wiederholen und zeitlupenartig auseinanderziehen kann – lassen sich beim AT die Veränderungen verfolgen und registrieren. Jede Veränderung wird nunmehr zu einem Anreiz einer erweiterten Suggestion, die wiederum oszillierend eine Zunahme der Veränderungen herbeiführt. Das Interdependenz-Verhältnis ist hier besonders ausgeprägt; es bezieht sich nicht nur auf die Beziehung AT-Leiter und Übender, sondern auch auf die Mitglieder einer Gruppe untereinander (vgl. Kap. 13, 3).

8. Die Autosuggestion

An den Beispielen zur Demonstration der Allgemeingültigkeit suggestiven Verhaltens beim Menschen läßt sich nachweisen: Wenn eine Suggestion wirksam wird, so deswegen, weil sie vom Suggerierten übernommen wurde, weil sie zur Autosuggestion wurde. Ob ein Kind die Meinung der Erwachsenen, die Wissenschaftler die Idee einer Koryphäe, ein Kranker die Vorstellung des Arztes annimmt – immer wird die Suggestion zur Autosuggestion[40]. Wladimir Bechterew (1893) meinte, der von einem anderen Menschen stammende Gedanke schleicht sich wie ein Dieb in der Nacht unbemerkt ins Haus, um es dann als Hausherr verkleidet wieder zu verlassen. Die Autosuggestion dagegen entsteht, um im Bilde zu bleiben, im eigenen Hause. Das bewußte Ich identifiziert sich hierbei mit einem unbewußten Persönlichkeitsanteil, mit dem Ich-Ideal[41], nach anderer Auffassung mit dem eigenen Selbst[42]. Der treibende Motor sind Wünsche, triebhafte Bedürfnisse, die affektive Autoresonanz – das Gegenstück der affektiven Resonanz zwischen zwei Menschen.

Da bei der Autosuggestion der Suggerierende und der Suggerierte eine Person sind, ergibt sich eine Einteilung der möglichen Formen von selbst: Sie kann

– unabsichtlich – natürlich dann auch unvorhergesehen sein; Baudouin nennt sie unwillkürlich, oder
– absichtlich – dann vorhergesehen, willkürlich sein.

Beim AT haben wir es fast nur mit dieser zweiten Form zu tun. Das AT ist – in der Anwendung, nicht beim Erlernen – die bewußte, gezielte psychotherapeutische Anwendung einer Autosuggestion: konzentrativ ist gleichbedeutend mit autosuggestiv. Die Anstöße zu den Übungen stammen zwar vom Gruppenleiter und sind in den einzelnen Übungsformeln vorgegeben, doch werden diese von den Übenden bewußt übernommen und (autosuggestiv) angewendet. Darin besteht der wesentliche Unterschied *zur unabsichtlichen Form der Autosuggestion.*

Diese erste unabsichtliche Form ist, und darin entspricht sie der unabsichtlichen Form der Heterosuggestion, diejenige Suggestion, die im Alltag am häufigsten vorkommt. Sie ereignet sich überall und dauernd und wird allenfalls vom geschulten Beobachter zur Kenntnis genommen[43]. Sie ist eine Erscheinung unseres normalen Seelenlebens.

In Erwartung eines Besuches hört man die Hausglocke klingeln. Furcht vor dem Stottern oder dem Erröten oder vor dem Schwitzen rufen eben diese hervor. Emotionen geben zu Umdeutungen Anlaß: Ertönen Kirchenglocken, so sind es nach einem Todesfall für die Hinterbliebenen Sterbeglocken, für ein verlobtes Paar Hochzeitsglocken[44]. Kinder und ängstliche Menschen sehen leicht Gespenster. Nicht nur Wahrnehmungen können autosuggestiv verändert werden, sondern praktisch alle Körperfunktionen: die Durchblutung der Gliedmaßen, die Pulsfrequenz, die Tätigkeit der Eingeweide, Muskeln (an Magen, Darm, Blase usw.). Unter Versuchsbedingungen[45] kann die Pulsfrequenz einer Versuchsperson herauf- bzw. heruntergesetzt werden: Der Arzt mißt den Puls, teilt der VP die Frequenz mit. Diese schlägt mit der Hand einen langsameren oder schnelleren Rhythmus auf den Tisch, worauf die Frequenz sich gleichsinnig ändert[45]. Beim AT sollte die Pulsfrequenz nie herabgesetzt werden (vgl. Kap. 20, 1); es können damit Funktionsstörungen entstehen, die ohne medizinische Hilfsmittel (Röntgen, EKG usw.) oft schwer von organischen Veränderungen zu trennen sind. So kann der Wunsch, schwanger zu sein, Veränderungen an den Leiborganen (Verkrampfung des Darmes mit entsprechender lokalisierter Luftansammlung, Aussetzen der Menstruation u.a.) bewirken, die eine Schwangerschaft vortäuschen. Eine bekannte Schilderung einer solchen »hysterischen Schwangerschaft« findet sich bei Axel Munthe (er war Arzt) in seinem Buch ›San Michele‹. Übermittelt ist der Fall eines Mannes, der in einem Kühlwagen eingeschlossen wurde und erfror[47]. Der Tod trat autosuggestiv ein, denn das

Kühlaggregat war gar nicht eingeschaltet. Wenn sich solche Fälle in unseren Breiten relativ selten ereignen, so deshalb, weil die »vital-existenzielle Interessiertheit« (hier besser »Betroffenheit«) selten ein so hohes Maß erreicht[48]. Bei Naturvölkern führt eine hohe Intensität des Selbsterlebens verbunden mit einer starken Verhaftung an die Gruppe (also mit einem sozialen Faktor) nicht selten zum Tode, wenn bestimmte Vorschriften, auf deren Nichtbeachtung der Tod steht, übertreten werden (Voodoo-Tod, Tabu-Tod).

Die erwähnte Scheinschwangerschaft, der Tod im Kühlwagen (oder im Busch) beruhten auf »Einbildung« – sagt man. Der Begriff der Einbildung ist so aufschlußreich, daß hier darauf eingegangen sei.

Die *Einbildung* im vollen Wortsinn entspricht der Autosuggestion: Beide werden leicht gering geschätzt. Früher war nur ein organisch Kranker ein »richtiger« Kranker. Alle sonstigen Störungen (psychogene, funktionelle) standen im Verdacht, »eingebildet« zu sein, d.h. nicht vorhandene Störungen, also Selbsttäuschungen zu sein; Störungen, die »man sich vormacht«. Daher noch heute ein Aufatmen von Arzt und Patient, wenn man im EKG oder an den Wirbelknochen irgendwelche zusätzlichen Zacken findet; dann ist die Störung organisch, echt, nicht »nur« funktionell, oder psychogen oder eingebildet. Psychisch Bedingtes ist komplizierter, nicht so »offensichtlich«, nicht so durchschaubar, es ist schlechter zu begreifen, und man kann schwerer damit umgehen: das alles sind Gründe für seine Abwehr und mithin für seine Abwertung.

Bei Ärzten führen psychogene Störungen der Patienten nicht selten zu der Feststellung, sie seien mit ihrem Latein am Ende. Eine derartige resignierende Einstellung ist erwähnenswert, weil sie sich auf den Erfolg der Psychotherapie, des AT, ungünstig auswirken muß. Man kann ja nicht positive Auswirkungen eines psychischen Prozesses (z.B. einer Suggestion) erwarten, wenn man diesen Prozeß in einem seiner Aspekte abwertet. In der Auseinandersetzung mit den eigenen Affekten, Trieben und unbewußten Wünschen neigen viele Menschen dazu, diese zu verdrängen bzw. zu verleugnen. Kommt nun jemand, der seine Konflikte äußert oder es sich leistet, verdrängte Affekte ins Körperliche zu verwandeln (Konversion/Somatisierung), dann reagieren die anderen darauf wie auf eine persönliche Kränkung oder verleugnen die Realität dieser Störungen.

Diese abwertende Haltung schlägt auch, materiell gesehen, bei der Psychotherapie zu Buch. Die Honorierung der Psychotherapie betrug lange Zeit (gemäß Gebührenordnung für Ärzte) nur einen Bruchteil dessen, was mit apparativen Leistungen in derselben Zeit verdient wurde. Auch heute noch ist die sog. *Sprechende Medizin* insgesamt schlechter honoriert als die naturwissenschaftlich-technische. Dieses Verständnis von Medizin verhindert auch bis heute, daß der *Psychosomatischen Medizin* die Stellung eingeräumt wird, die ihr aufgrund ihrer Bedeutung für die Volksgesundheit eigentlich zukäme.

Ein weiterer Abwertungsgrund ist die Tatsache, daß Funktionsveränderungen aufgrund einer Einbildung fast ausnahmslos im Sinne einer Störung ablaufen. Man befürchtet eine Störung – und prompt realisiert sie sich. Immer werden Teufel an die Wand gemalt, die dann erscheinen – keine Engel. Zufriedenheit, Ausgeglichenheit und Entspannung erhalten unsere normalen Körperfunktionen oder führen sie sogar wieder herbei (das ist ja eine der Aufgaben des AT). Dagegen führen Angst, Aggressionen und Schuldgefühle, die unser ganzes Leben durchwirken, zu Störungen.

Die im AT angewandte bewußte, überlegte Autosuggestion entspricht einer beabsichtigten Einbildung im Sinne eines In-uns-Hineinbildens. Von den vielen (sprachlich ableitbaren) Bedeutungen des Wortes Einbildung sind hier, außer der Auslegung als »Selbsttäuschung« noch zwei weitere von Interesse. Sie hängen zusammen mit dem Begriff des Bildens und des Bildes.

Gewöhnlich heißt einbilden »vor die Vorstellung bringen«[49]. Das dem Lateinischen entlehnte Wort Imagination (imago = Bild) bedeutet Einbildung, auch Einbildungskraft; Phantasie; bildhaft, anschauliches Denken, das sich mit Traumbildern, Phantasiebildern, Erinnerungsbildern beschäftigt oder diese ersinnt. Bild bedeutet hier die psychische Entsprechung von etwas, das durch unsere Sinne (meist optisch) erfahren bzw. erlebt wurde. Bilden heißt gestalten (ein aktives Verhalten also), einbilden heißt »in die Seele hineinbilden« (so bei Rückert), »du bilde deinem Geiste das Urbild selber ein«.

Hier kommt es darauf an, daß am Anfang dieses Einbildungs-Autosuggestionsvorganges das Bild, die Vorstellung steht, das eine Veränderung hervorruft. Das Bild bildet etwas in uns hinein, das dann zum Produkt, nämlich der Einbildung führt. Der ganze Vorgang spielt sich unbewußt ab.

Die Einbildung hat einen Vorläufer (eine erste Äußerungsform?) im Vorgang der Introjektion[50], wobei nach psychoanalytischer Auffassung die

Imagines[51], Abbilder von Personen aus der frühkindlichen Umwelt, zu denen eine emotional-triebhafte Beziehung bestand (am stärksten bei der Vater-, Mutter-, Geschwister-Imago), introjiziert, verinnerlicht werden, um dann unbewußt Entscheidungen und Handlungen, auch noch beim Erwachsenen, stark zu beeinflussen.

Der Vorgang der wertneutralen, bewußten »Einbildung«, den wir hier im gleichen Sinne wie die bewußte Autosuggestion benutzen, ist für die konzentrative Umschaltung des AT bestimmend. Eine Vorstellung, ein Anschauungsbild (Schwere, Wärme) gestaltet, bildet, verändert unsere psychischen und vegetativen Funktionen im Sinne einer Realisierung unserer Vorstellung. Aus dem Bilde wird Realität: Die Muskeln entspannen sich, die Blutgefäße erweitern sich, Spannungen, Ängste verschwinden (für den Skeptiker alles durch apparative Messungen nachweisbar).

Interessanterweise konnten Farne und Corallo (1992) in einer Untersuchung an einer Gruppe von 79 Patienten mit vegetativen Störungen nachweisen, daß sogar schon der von den Patienten gefaßte Entschluß, das AT zu lernen, eine Besserung ihrer Symptomatik erbrachte, noch bevor sie überhaupt die erste Übung durchgeführt hatten. Die ärztliche Empfehlung des AT und die beim Patienten induzierten Erwartungen waren hier suggestiv wirksam.

9. Die Suggestibilität

Die Erhöhung der Suggestibilität, d.h. der Empfänglichkeit eines Menschen für Einwirkungen nicht rationaler Art, ist für die Einleitung des AT ebenso wichtig wie die Autosuggestibilität für das selbständige Üben bestimmend ist. Man könnte definieren: Suggestibilität ist die Bereitschaft, die Geneigtheit, Suggestionen anzunehmen. Es wird darauf hingewiesen, daß von anderen Bereitschaften, Dispositionen wie Psychotherapierbarkeit, Analysierbarkeit, oder von passiven Vorgängen wie Überzeugbarkeit, Betrügbarkeit sehr viel seltener die Rede ist als von der Suggerierbarkeit bzw. Suggestibilität. Dieser kommt also im menschlichen Leben ein besonders hoher Stellenwert zu: Ist die Suggestion ein »menschlicher Grundvollzug«, so muß die Disposition dazu, die Suggestibilität, ebenfalls allgemeinmenschlich sein.[52]

In der älteren Literatur herrscht die Meinung vor, bestimmte Charaktereigenschaften oder Charakterstrukturen seien die Voraussetzung für die Suggestibilität oder würden sie zumindest fördern.

Hierher gehören nach Grassl[53]: geringe seelische Aktivität (Fehlen von Trieben und Strebungen), schwankende und unbeständige Motive, schwache Intelligenz, überwuchernde Erregbarkeit des Stimmungs- und Gefühlslebens. Konstatiert wird auch ein Zurücktreten von Urteilsfähigkeit und Denkleistung, von Selbständigkeit der Zielsetzung und Willenskraft. Weiter heißt es »Persönlichkeitsschwäche, Ichschwächung, Kritikarmut u.ä. mehr«. Wie man sieht, werden hier die verschiedensten Persönlichkeitsanteile zur Erklärung der Suggestibilität herangezogen. Ebenso allgemein wird aber auch festgestellt, daß die Suggestibilität schwanke und der Intensitätsgrad beim selben Menschen zu verschiedenen Zeiten verschieden sei.

Diese Aussagen über die Gründe einer erhöhten Suggestibilität spiegeln erneut die herabsetzende Bewertung alles dessen wider, was mit Suggestion zusammenhängt. Diese negative Bewertung ist aber nicht ganz aus der Luft gegriffen. Sie trifft in manchen Fällen zu, aber eben längst nicht immer, denn es ist ebenso sicher, daß man ihnen ganz andere Erfahrungen entgegensetzen kann.

Eine bemerkenswerte Definition der Suggestibilität lautet: »Suggestibilität ist ein nach Ausgleich drängender Mangel, der sich auf zwischenmenschliche Beziehungen richtet und zur Herbeiführung des Ausgleichs den Weg der Umgehung rationaler Persönlichkeitsanteile zu beschreiben tendiert.«[54]

Veränderungen der Suggestibilität, insbesondere beim Beginn des Trainings, können durch situative Einflüsse bewirkt werden, so durch die Anzahl der AT-Teilnehmer, durch das Äußere des Übungsraumes, die Wartezeiten u.ä. Es handelt sich hier vorwiegend um »atmosphärische Einflüsse«.

Die *Aufnahmebereitschaft* ist mitbestimmt durch dasjenige, was der Übende vom Suggestor erwartet. An »magische« fremde Kräfte, die aktiviert werden, glaubten vor hundert Jahren auch noch manche Hypnotiseure selbst und bezogen hieraus ihre Überzeugungskraft. Heute ist diese Meinung auch bei Laien weitgehend verschwunden. Es werden aber weiterhin auch beim AT vom Gruppenleiter irgendwelche nicht ganz durchschaubare »Beeinflussungen« erwartet. Der AT-Neuling regrediert dann leicht in frühkindliche Einstellungen mit der dazugehörenden Hilflosigkeit, Hingabe und Willfährigkeit[55]. Man erreicht zwar damit schnell bei Beginn der Übung einen guten Start, muß sich allerdings darüber klar sein, daß das Umschalten auf Eigenaktivität dann um so schwieriger werden wird. Meldet sich der Patient aus eigenen Stücken zur AT-Teilnahme, so darf im allgemeinen eine höhere Suggestibilität, eine höhere Bereitschaft zu autosuggestiver Verarbeitung angenommen werden als bei Patienten, denen das AT unbekannt ist und denen es vom Arzt vorgeschlagen wird.

Bei der Erwartungshaltung dem Trainingsleiter gegenüber[56] spielen Gegebenheiten wie Prestige, Autorität und Glaube mit hinein. *Prestige* ist ein sozialer Faktor. Er wird z. B. erhöht durch persönliche Empfehlung durch Menschen, auf deren Urteil man etwas gibt, durch frühere zufriedene Patienten, die das AT mitmachten. Prestige ist keine persönliche Eigenart, ebensowenig wie die *Autorität,* die etwa definiert werden kann als »die Summe aller Eigenschaften, durch die ein persönliches Ja-Sagen zum Anruf des Autoritätsträgers motiviert wird«[57], ohne Zwang und ohne Zustimmung des Verstandes. Die Meinung eines Menschen mit Prestige oder/und Autorität wird leichter übernommen und zur eigenen gemacht (Introjektion), was insbesondere beim Beginn des AT recht günstig ist. *Glaube* ist insofern von Bedeutung, als der Suggestor sowohl an sich selbst als auch an die Wirksamkeit seiner Suggestionen glauben muß. Wenn Jores[58] sagt, die persönliche Überzeugung übertrage sich suggestiv auf den Patienten, so meint er damit eine Auswirkung der Gesamthaltung des Suggestors.

Seine Überzeugung muß der AT-Leiter ganz rational und konkret belegen; die vorliegenden Kapitel über die wirksamen Faktoren im Ablauf des AT sollen den AT-Übungsteilnehmer informieren, ihm diese Vorgänge verständlich und annehmbar machen und ihn damit überzeugen. Die einleitende Besprechung zum AT kann für den ganzen Verlauf bestimmend sein.

Die *indirekte Erhöhung* der Suggestibilität (beispielsweise die Meinung eines Bekannten über das AT) ist meistens wesentlich höher als die direkte ärztliche in der Sprechstunde, weshalb die Empfehlung an den Patienten, sich außerhalb der

Sprechstunde über das AT zu informieren, recht günstig ist (»Entschließen Sie sich nicht gleich, lassen Sie es sich in aller Ruhe durch den Kopf gehen, und sprechen Sie mit Bekannten. Sie werden vielleicht Menschen antreffen, die das AT kennen und daraus Nutzen gezogen haben«). Abgesehen von der indirekten Suggestion, die auch in dieser Formulierung liegt, enthält sie vor allem eine Aufforderung zur Eigenaktivität. Der Patient muß sich umsehen und aus eigenen Stücken wieder melden, zumindest zusagen. Dieser ärztliche Vorschlag hat außerdem auch eine Filterfunktion im Sinne einer Vor-Lese. Derjenige Patient, der, aus welchen Gründen auch immer, sich daraufhin nicht ein zweites Mal meldet, wäre auch bei den Übungen nicht weit gekommen. Erhöht wird die Empfänglichkeit des Übenden (vorwiegend indirekt) durch das Üben in der Gruppe (vgl. Kap. 13, 3).

Von der Technik der Suggestionstherapie erwähnen wir hier nur die für das AT sehr wichtigen *Suggestivfragen.* Man kann vier Möglichkeiten einer Fragestellung unterscheiden[59]: Die suggestionsfreie Frage (»Was führt Sie zum Arzt?«); die alternative Fragestellung (»Haben Sie Schmerzen oder haben Sie keine?«); die passive Suggestivfrage (»Haben Sie Schmerzen?«) und die aktive Suggestivfrage (»Nicht wahr, Sie haben Schmerzen?«).

Die Suggestivfragen spielen bei der Einleitung des AT sicherlich eine Rolle. Hier wird z.B. gesagt: »Registrieren Sie, wo bei Ihnen Schwere/Wärme zu spüren sind« und nicht: »Spüren Sie Schwere/Wärme?« (davon mehr bei den einzelnen Übungen). Es wird mit dieser Aufforderung suggestiv Schwere und Wärme vorausgesetzt, was bei einer Alternativfrage nicht der Fall wäre.

Man kann die Suggestivfragen definieren als »Fragen, die ihrem Wortlaut und ihrem Inhalt nach eine gewisse Antwort nahelegen oder die gewisse Dinge als zweifellos voraussetzen, obwohl sie keineswegs feststehen«[60]; im übrigen gibt es keine suggestionsfreien Fragen. Selbst das wortlos abwartende Verhalten eines Arztes bei einem Patienten, der zum erstenmal in der Sprechstunde erscheint, birgt ja eine Erwartung, also ein suggestives Element in sich.

10. Inhalt der Suggestion

Bei einer Suggestionstherapie soll deren Inhalt[61] Rücksicht nehmen

- auf die besonderen Schwierigkeiten des Behandelten, »auf seine Erwartungen und Befürchtungen, seine heimlichen und offenen Wünsche und seine Bestrebungen«, »auf den Grad der Intelligenz und des Vorstellungsvermögens«,
- auf den »ganzen Lebensstil« des Behandelten,
- auf die ethischen Prinzipien des Behandelten (sie dürfen diesen nicht widersprechen).

Diese Forderungen gelten genauso für das AT: Der Übende übernimmt vom Übungsleiter als Autosuggestion – also nunmehr in eigener Regie – nur diejenigen Inhalte, die den genannten Forderungen entsprechen.

10. Kapitel
Vorstellungen, Emotionen und deren Suggestionswirkung

1. Suggestion und Vorstellung

In den meisten Definitionen der Suggestion spielt der Begriff der Vorstellung, direkt oder indirekt, eine zentrale Rolle. Einige dieser Definitionen seien (teilweise verkürzt) nochmals wiederholt:

Suggestion ist »die Erzeugung einer Vorstellung durch Wort und Gebärde in einem Schlafenden (damals, 1866, wurde der Begriff der Suggestion nur auf die Hypnose angewandt), um die Abwicklung eines körperlichen oder geistigen Vorganges zu veranlassen«[1].

Bernheim (1884): Suggestion ist »im weitesten Sinne der Vorgang, durch welchen eine Vorstellung in das Gehirn eingeführt und von ihm angenommen wird« (»Gehirn« als Ausdruck einer biologischen Denkweise).

Baudouin: Suggestion ist »die Verwirklichung eines Gedankens mittels eines unbewußten Vorganges«[2], wobei der Gedanke[3] »im weitesten Sinne von Vorstellungen ganz allgemein (bildliche Vorstellung, Erinnerung usw.) gebraucht« wird, oder: »die Suggestion verwirklicht eine vorbestehende Vorstellung«[4].

Ideo-Real-Gesetz[5]: »Jeder subjektive Erlebnisinhalt schließt einen Antrieb zu seiner objektiven Verwirklichung mit ein.« (Hellpach)

Schultz: »Im Beginn der Übungen wird der Aufgabeinhalt mit Distanz vollzogen, etwa als ›Vorstellung‹, als ›Wort‹, als ›Gedanke‹, als ›Bedeutung‹.«[6]

Kretschmer: »Unter Suggestion verstehen wir die nicht durch Gründe und Motive, sondern unmittelbar reizmäßig erfolgende Übertragung von Empfindungen, Vorstellungen und besonders Willensantrieben.«[7]

Alle erwähnten Definitionen, auch die Schultzsche Anweisung, basieren auf dem *ideomotorischen Gesetz* nach Carpenter (1873). Unbemerkte Bewegungsimpulse als Begleiterscheinung von Bewegungsvorstellungen hat August Forel als psychische Urreaktion erkannt und als *Ideoplasie* bezeichnet. Auch nach Theodor Lipps neigen alle Vorstellungen dazu, »Wahrnehmung zu werden«.

»Was man sich vorstellt, gewinnt Wirklichkeit«, schreibt Jores[8] und fügt hinzu: »Das ist ja auch das Prinzip des AT.«

2. Die Vorstellung

Auf die Vorstellung kommt es also an, wobei sich sofort Fragen einstellen wie: Was ist eine Vorstellung? Auf welche Faktoren der Vorstellung kommt es an? Wie ist die Effizienz dieser Vorstellungen zu steuern? Coué[9] spricht von »Erziehung der Vorstellungskraft«.

Unter Vorstellen, im hier gemeinten psychologischen Sinn, ist zu verstehen: »Das Sichvergegenwärtigen von Sinnesgegebenheiten, nicht aufgrund unmittelbar einwirkender Sinnesreize, sondern aufgrund der von früheren Wahrnehmungen zurückgebliebenen Spuren.«[10] Es handelt sich also um anschauliche seelische Inhalte: Je nach den Sinnesbereichen, aus denen sie stammen, werden Vorstellungen des Gehörs, des Gesichtes, Tast- und Bewegungsvorstellungen usw. unterschieden. Gemeinsam mit den Wahrnehmungen haben sie einen konkreten, anschaulichen, gegenständlichen Charakter, wenn auch teilweise viel blasser; von den Wahrnehmungen trennt sie das Bewußtsein des Nichtgegenwärtigen: Sie können nur vergegenwärtigt werden – ein von Schultz häufig benutztes Wort.

Den *Unterschied von Wahrnehmung und Vorstellung hat* Jaspers[11] in folgender Tabelle (Tab. 4) zusammengestellt, aus der dieser Unterschied deutlich wird.

Am wichtigsten sind die Punkte 1 und 2. Jaspers postulierte hierbei »absolute Gegensätze, durch die immer Wahrnehmung und Vorstellung, durch einen Abgrund getrennt, übergangslos verschieden sind«. Die Unterschiede sind jedoch nach heutiger Auffassung graduell. So können, um nur ein hierher gehörendes Beispiel zu nennen, die »subjektiven Anschauungsbilder«[12] der Kinder und Eidetiker (Spalte 2) so plastisch und stabil sein, daß sie Wahrnehmungscharakter behalten bzw. bekommen. Sie sind also mit echten Halluzinationen zu vergleichen, gehen jedoch meist nicht mit einer Störung des Realitätsbewußtseins einher. Auch während des AT-Verlaufes verwischt sich nicht selten die Vorstellungs-Wahrnehmungsgrenze. Es tauchen Empfindungen von Wahrnehmungscharakter auf, die erst durch die Kontrolle anderer Sinnesempfindungen als Trugwahrnehmung entlarvt werden. (Häufig ist beispielsweise in der ersten Stunde beim Sitzen mit geschlossenen Augen der durch die Vorstellung »Schwerer Arm« hervorgerufene Eindruck, die rechte Schulter sinke langsam nach unten. Erst beim Öffnen der Augen stellt der Übende fest, daß er noch gerade sitzt.) In der Oberstufe des AT spielen die subjektiven Anschauungsbilder eine wichtige Rolle.

Die zweite Abgrenzung ist herzustellen zwischen *Vorstellen und Denken.* Grundelement des Denkens ist im Gegensatz zur Vorstellung der Begriff[13]. Er ist »ein gedanklicher, d.h. abstraktiv-geistiger Ausdruck« einer »Washeit«, der Begriff »erfaßt einen Gegenstand«, stellt vor, was ist, »ohne noch eine Aussage über ihn zu machen«. Seine Seinsweise erhält er nur durch die Verneinung der Seinsweise des Anschaulichen, Konkreten, Gegenständlichen, die, wie wir sahen, Vorstellung und Wahrnehmung auszeichnet.

Auch zwischen Vorstellung und Denken sind die Übergänge fließend, auch in den Begriffen findet sich noch Anschauliches. Daher Kants bekannter Ausspruch, Begriffe ohne Anschauung seien leer und Anschauungen ohne Begriffe blind.

Sprachlich gesehen ist den meisten Begriffen ihre Herkunft aus der Vorstellung oder Wahrnehmung zu entnehmen. So leitet sich das Wort Begriff aus dem ganz sinnlich verstandenen be-greifen, er-fassen eines Gegenstandes her, bevor es sich vom Konkreten ab-löste, ab-strahierte.

Es wird sich oft schwer unterscheiden lassen, ob man Begriffe einander zuordnet (wie beim logischen Denken) oder ob man Vorstellungen aneinanderreiht (= »assoziatives« Denken = vorstellen, einbilden, bildlich anschaulich machen, ersinnen). Von den Vorstellungen stehen die Erinnerungsvorstellungen näher bei den Wahrnehmungen, es sind ja direkte Reproduktionen früherer Wahrnehmungen. Sie haben am stärksten Bildcharakter, im Gegensatz zu den Phantasievorstellungen, die aus Neukombinationen von Erinnerungsvorstellungen bestehen. Sich etwas vorstellen (analog dem Konkreten: jemandem einen Menschen vorstellen oder eine Vorstellung auf der Bühne) wird gleichbedeutend benutzt mit »sich vergegenwärtigen«. Vorstellen ist ein örtliches Vor-sich-Hinstellen, jedenfalls in der Hauptbedeutung; beim Vergegenwärtigen ist der zeitliche Faktor maßgebend: eine frühere Wahrnehmung wird wieder zur Gegenwart (Erinnerungsvorstellung), genau wie eine Zukunfts-(Phantasie-)Vorstellung vergegenwärtigt wird. Der Ausdruck »vergegenwärtigen« bedeutet aber auch, daß Vorstellungen jederzeit evozierbar, verfügbar sind. Sie können vom Willen hervorgerufen und verändert werden (vgl. Tab. 4).

Sämtliche bisher für die Vorstellung zutreffenden Bedeutungen finden wir beim Begriff »Vorbild«: 1. Vorbild = Vorstellung, 2. Vor-bild = vergangenes (nunmehr vergegenwärtigtes) Bild und 3. Vor-bild im Sinne einer Antizipation eines zukünftigen Geschehens; repraesentatio (lat. und davon abgeleitet in allen romanischen Sprachen): wörtlich eine »Wiedergegenwärtigung«.

Benutzt man *Bild* synonym mit Vorstellung, so meint man damit nicht nur solche im visuellen Bereich, sondern in allen Sinnesbereichen überhaupt. So spricht man von Klangbildern, von Bildern motorischer Abläufe usw. Auch Schwere und Wärme beim AT sind »Bilder«.

Tabelle 4: Der Unterschied von Wahrnehmung und Vorstellung (nach Jaspers); die mittlere Spalte (Anschauungsbilder) ist von E. Jaensch hinzugefügt

Wahrnehmungen	Anschauungsbilder	Vorstellungen
1. sind leibhaftig (besitzen Objektivitätscharakter)	können u. U. leibhaftig sein	sind bildhaft, besitzen Subjektivitätscharakter
2. erscheinen im äußeren objektiven Raum	erscheinen im äußeren objektiven Raum	erscheinen im allgemeinen im inneren subjektiven Raum
3. haben eine bestimmte Zeichnung, stehen vollständig und mit allen Details vor uns	haben eine bestimmte Zeichnung; alle Einzelheiten sind am Objekt vorhanden	haben eine unbestimmte Zeichnung, stehen unvollständig und nur in einzelnen Details vor uns
4. die einzelnen Empfindungselemente haben die volle sinnliche Frische, z. B. Farben leuchten	zeigen oft eine sinnliche Frische und lassen sich oft von Wahrnehmungen nicht unterscheiden	in Vorstellungen sind wohl gelegentlich einzelne Elemente diesen Wahrnehmungselementen adäquat, aber bzgl. der Mehrzahl der Elemente sind die Vorstellungen nicht adäquat; manche Menschen stellen sich optisch sogar alles grau vor
5. sind konstant und können leicht in derselben Weise festgehalten werden	zeichnen sich durch Konstanz aus. AB zeigen durchaus einen festen Charakter und zerfließen nicht	zerflattern und zerfließen und müssen immer von neuem erzeugt werden
6. sind unabhängig vom Willen, können nicht beliebig hervorgerufen und nicht verändert werden	können durch innere Aktivität hervorgerufen werden, treten aber auch passiv auf Vorstellungen	sind abhängig vom Willen, können beliebig hervorgerufen und verändert werden, werden mit dem Gefühl der eigenen, inneren Aktivität produziert

Bilder beinhalten Erfahrungen (Wahrnehmungs- und Bedeutungskomplexe), die man sich »eingeprägt« hat. Sie können für das ganze Leben bestimmend sein, daher die Bedeutung erster Erfahrungen in der Jugend, die als Vor- bzw. Urbilder alle späteren mitbestimmen. So gehört in die ersten Lebensjahre die Entwicklung der Innenwelt[14], die Zeit der Einbildung.

Sind die ersten Eindrücke des Kindes für das ganze spätere Leben bestimmend, so entscheidet auch beim AT die Erfahrung der ersten Stunde oft über den ganzen weiteren Verlauf. Auch das AT ist ja ein Lernprozeß.

Im Anfang war das Bild – müßte es heißen, denn sicher gab es Vorstellungen, Erinnerungsbilder, bevor man sie durch das Wort ausdrücken konnte. Vor der abstrakten Schrift gab es die Bilderschrift, vor gedanklichen Konstruktionen die Sprichwörter, vor Philosophemen die Gleichnisse, vor abstrakten Sachverhalten das Symbol[15].

Lange vor dem Denken hat der Mensch geträumt. Ganze Völker denken noch heute in Bildern. In China heißt es nicht: »Wie kann ich die geistigen Vorgänge in seinem Inneren wahrnehmen?«, sondern: »Bin ich ein Bandwurm in seinem Bauch?«[16] Kinder »denken« in Bildern. Wer drückt das Wesen eines Schmetterlings überzeugender aus, ein entomologischer Artikel, ein ästhetischer Essay oder die Bemerkung eines Vierjährigen: »Nicht wahr, wenn eine Blume fliegt, dann ist es ein Schmetterling.« Die Dichter benutzen eine »blumenreiche«, »bilderreiche« Sprache, nicht nur der Ästhetik wegen.

Bilder kommen besser an als Gedanken. Sie sind nicht nur die Grundlage jeder Abstrahierung, sie sind auch einprägsamer, wirksamer, »suggestiver«. Weiß man etwas ganz sicher, so ist man »im Bilde«.

Auch *äußere Bilder* sind wirkungsträchtig. Mit Bildern wird suggeriert und manipuliert: in den Bild-Zeitungen, in den Illustrierten, in denen das Wort kaum noch Platz hat. Das gleiche geschieht beim Fernsehen (die Klangbilder sind dabei nicht zu vergessen). Fehlt das Gleichgewicht innerer und äußerer Bilder, fehlen innere Bilder als Gegengewicht zur Prägekraft äußerer Bilder, so ist diesen der Mensch in zunehmendem Maße ausgeliefert.

Eine weitere große Gefahr besteht darin, daß ein Dauerangebot an äußeren Bildern die inneren verkümmern läßt. Eines der Ziele des AT ist die Neuerschließung dieser verschütteten inneren Bildwelt.

Die hier aufgezeigte psychische Wirkung der Bilder hat ihre *Beschränkung;* Bilder unterscheiden sich von Begriffen durch ihre Unbestimmtheit und Vieldeutigkeit (natürlich auch durch ihre mangelnde Abstraktionsmöglichkeit). Bilder lassen einen weit größeren Raum für individuelle Ausdeutung als Begriffe. In einer Zeit, als Sprichworterklärungen als Test zur Intelligenzbestimmung herangezogen wurden, konnte man die ganze Spielbreite individueller Auffassungen erleben.

3. Benutzung von Bildern beim AT

Wir stellten fest: suggestive Bilder sind um so wirksamer, je anschaulicher sie sind, doch müssen sie dem individuellen Bedürfnis entgegenkommen. Daher werden bei der Einleitung der Hypnose (beim AT ist es ähnlich) allgemeine (also nicht festgelegte) Bilder angeboten, die jeder Übende in seiner Weise auffaßt und verwertet: gelöster Zustand..., wohlige Entspannung..., vertiefter Ruhezustand..., angenehme Müdigkeit..., Tendenz der Augen, sich zu schließen, u.a.m. Bei der fraktionierten Hypnose unterbricht man nach kurzer Zeit die Hypnose, fragt den Übenden nach seinen Empfindungen, leitet erneut die Hypnose ein und kann nunmehr präziser, individueller »zurückfüttern« – möglichst unter Verwendung der vom Übenden verwendeten Ausdrücke (die dann wirksamer sind). Ebenso sollte sich der Übungsleiter beim AT nach den Empfindungen und Gefühlen des Übenden erkundigen und diese gegebenenfalls mitverwenden, unter Benutzung einer individuell variierten Formel (vor allem wichtig bei den Vorsatzformeln).

Selbstverständlich sollen nur Bilder benutzt werden, deren Inhalt sinnvoll ist. Am besten vermeidet man unphysiologische Vorstellungen. Schultz warnt vor einer Gefährdung der Übung durch »persönlichkeitswidrige Verbilderung«[17]. So stellte sich in einer meiner Gruppen ein Elektriker bei der Formel: »Rechter Arm warm« eine Heizdrahtspirale im Arm vor, die er auf Stufe 1, 2 und 3 schaltete – eine Vorstellung, die bei ihm Erfolg hatte, die sich aber sicher nicht zur allgemeinen Anwendung empfiehlt. Man kann hier auch von »phantastischen Vorstellungen« sprechen[18], deren Suggestivwirkung meist ebenso gering ist wie diejenige logischer Argumente und begrifflicher Abstraktionen[19].

4. Emotion und Bild

Bei der informierenden Beispielsreihe (vgl. Kap. 9, 5) von Wirkungen unvorhergesehener, unbemerkter Autosuggestionen sind die dabei beteiligten Emotionen bzw. Affekte nicht zu übersehen: Erwartung, Trauer, Freude (Verliebtheit) oder Furcht verändern die Sinneswahrnehmung. Befürchtungen stören die Organfunktionen (Stottern), unbewußte Wünsche führen zu einer »hysterischen« Schwangerschaft, Angst – als Vorstellung einer äußersten vital-existentiellen Bedrohung – kann zum Tode führen (Kühlwagenerlebnis). Ähnlich verhält es sich auch beim Tabu-Tod bzw. Voodoo-Tod bei Naturvölkern.

Bilder mit Affekten, Gefühlen und Wünschen, die dem Individuum entsprechen, fördern dessen Suggestibilität.

Wir sprachen schon von den meist larvierten, also »gut verpackten« Suggestionen, mit denen die Reklame arbeitet, indem sie den Wünschen des potentiellen Käufers nach Selbstbestätigung und Prestige (Auto), nach Jugendlichkeit (Kleidung), nach Männlichkeit bzw. Weiblichkeit (Zigaretten, Kosmetik), nach aggressiver Note (Sportwagen, Hunde u. ä.) schmeichelt.

Umgekehrt können Emotionen wie Trotz, Ablehnung, Angst oder Aggression die Realisierung einer Suggestion zunichte machen. Man spricht dann von einer negativen Suggestibilität[20].

Ein eindrucksvolles Beispiel berichtet Freud von seinem Aufenthalt in der Klinik von Bernheim in Nancy[21]: Machte dort ein Patient bei der Suggestionsbehandlung nicht mit, so wurde er angeherrscht: »Vous vous contresuggestionnez« – was ja nur heißen kann, daß dieser weder das gewünschte Bild noch die richtige Emotion vom Suggestor übernahm.

Die *Verschränkung von Vorstellung und Emotion* wird auch bei der Beschreibung der Suggestion/Autosuggestion der verschiedensten Autoren deutlich. Es wird wiederholt von einer die Suggestion verstärkenden Wirkung der Emotion gesprochen, der affektive Reizzustand sei eine Trieb- und Hilfskraft der Suggestiverscheinungen[22]. Unwillkürliche Suggestionen treten am häufigsten auf bei »Tatsachen, von denen es heißt, sie hätten jemanden erschüttert, ihn zutiefst beeindruckt«[23]. Dasselbe gilt, wenn jemand sagt, er sei (wie) fasziniert gewesen vor

Furcht, vor Erwartung oder ähnlichem. Zur Faszination gehört ja das Hingerissen-, Gebannt-, Verzaubert-Sein durch eine Vorstellung, die alle übrigen ausschließt (man denke an den Monoideismus) und die in hohem Maße affektgeladen ist. Es wird sogar die Meinung vertreten, daß die affektive Komponente die spontanen Anschauungsbilder verursacht[24]. Über die zur Suggestion notwendige Verbindung von Bild und Affekt heißt es[25]: »Wir können die Erscheinung der Suggestion überhaupt nur daraus erklären, daß alle emotionalen Beziehungen zwischen Menschen bildlich geladen sind.«

Kommt ein Gemälde, eine Plastik oder das geschriebene Wort beim Betrachter bzw. Leser an, und ist der Eindruck besonders lebhaft, lebendig, überzeugend, so hängt dies von der Anschaulichkeit *und* emotionalen Intensität des »Innenbildes« beim Künstler ab. Flaubert berichtet von sich[26]: »Die Gedanken meiner Einbildungskraft affizieren mich, verfolgen mich, oder vielmehr, ich bin es, der in ihnen lebt. Als ich beschrieb, wie ›Emma Bovary‹ vergiftet wird, hatte ich einen so deutlichen Arsenikgeschmack im Munde, war ich selbst so richtig vergiftet, daß ich hintereinander davon zwei Indigestionen aquirierte, zwei reelle Indigestionen; denn ich habe mein ganzes Diner wieder von mir gebrochen.« Balzac schreibt[27]: »Wenn ich zum Beispiel lebhaft an die Wirkung denke, die die Klinge meines Taschenmessers, die in mein Fleisch eindringt, hervorrufen würde, verspüre ich plötzlich einen heftigen Schmerz, als ob ich mich wirklich geschnitten hätte: dabei nicht das geringste Blut. Aber diese Empfindung stellt sich ein und überrascht mich wie ein plötzlicher Lärm, der eine tiefe Stille bricht.«

Man kann die Beziehung von Bild und Emotion verallgemeinern zur Feststellung: Es gibt keine Vorstellung, die nicht emotional besetzt ist, und keine Emotion, die nicht an ein Bild gebunden ist.

Für unsere Zwecke halten wir fest, daß der Wirkungsgrad einer Suggestion auf der Intensität der Emotion und der Bildqualität beruht, gleichviel, ob es sich um eine Fremd- oder eine Autosuggestion handelt.

Ein Autor schreibt über die »Hypnose als emotionale Antwort«[28], und Schultz stellt fest[29]: »Die Aufgabe, fremdsuggestiv oder konzentrativ eine Umschaltung... zu realisieren..., dieses Erlebnis ist nur möglich, wenn eine intensive Vergegenwärtigung gelingt.« Vergegenwärtigung bedeutet Bild *und* Emotion, daher auch die Wichtigkeit emotionaler Prägung der

Formeln: »wohlig warm«, »angenehm entspannt«, »Kopf kühl und frisch«, bis hin zu den Vorstellungen einer »sonnigen Waldlichtung« oder eines »leise sich wiegenden Bootes« und andere mehr.

Von der Notwendigkeit einer *affektiv gefärbten Grundlage* als Boden jeder Suggestion/Autosuggestion wurde bereits gesprochen. Schultz spricht von »affektiver Tönung« als Grundlage seiner formelhaften Vorsatzbildungen. An die Ausführungen über die »affektive Resonanz«, über den »emotionalen Widerhall« bei beiden Partnern als Voraussetzung jeder suggestiven Beeinflußbarkeit sei hier ebenfalls erinnert. An die Stelle der zwei realen Personen bei der Fremdsuggestion tritt bei der Autosuggestion des AT die »affektive Autoresonanz«, eine Beziehung zwischen dem Ich und dem Selbst[30]. Für diese Autoresonanz gelten dieselben Bedingungen wie für die Fremdsuggestion.

Außer der notwendigen affektiven Grundhaltung und affektiv-anschaulichen Färbung suggestiver Vorstellungen hat die Affektivität eine weitere Wirkung: sie erleichtert den Weg zur »Tiefenperson«, über die mannigfache wirksame Wege des autogenen Trainings laufen. (Vgl. auch das über hyponoisches Denken und über Traumbewußtsein Gesagte.)

11. Kapitel
Die Rolle der Sprache im Autogenen Training

1. Sprache und Entspannung

Der stimmliche Ausdruck

Das gesprochene Wort spielt im AT eine viel geringere Rolle als in der Hypnose, handelt es sich doch beim autogenen Vorgang um eine innere Zwiesprache, die beim gut Eingeübten keines äußeren Anstoßes durch das Wort mehr bedarf. Der

Übungsleiter kann jedoch für den Lernenden auf Erklärungen, Vorsprechen der Formeln, Demonstrieren der Übung nicht verzichten, wenn auch »ein begleitendes Vorsprechen« (Schultz) vermieden werden sollte.

Gestützt auf Untersuchungen (und Tonbandaufnahmen)[1] ist auf den Zusammenhang zwischen dem vegetativen Tonus und dem stimmlichen Ausdruck aufmerksam gemacht worden. Die polaren Extreme dieses Ausdruckes sind die *Schon-* und die *Kraftstimme.* Diesen zwei Typen stimmlicher Äußerung entsprechen die trophotrope und ergotrope vegetative Reaktionslage[2] (vgl. Kap. 6, 4a). Die Schonstimme ist »durch erweichte Einsätze, leichte Schwellklänge, niedrigen muskulären Tonus, gleichmäßig ruhige, wenig frequente Atmung, Vorherrschen des vokalischen Elements und Legatoführung gekennzeichnet; die Kraftstimme dagegen durch verhärtete Einsätze, hohe Muskelspannung, eine mehr stoßweise vor sich gehende Atmung bei kräftiger Beteiligung der Expirationsmuskulatur, Vorherrschaft des Konsonantismus und Staccatoführung«[3].

Im AT wird die Kraftstimme (gemäßigt als »voix mixte«) beim Zurücknehmen und später bei einigen Vorsatzformeln angewendet; die Schonstimme bei der Entspannung und Beruhigung, ebenso bei der freien Verwendung von Formeln zu deren Illustration (= Unterstreichung des anschaulichen Elementes), gleichviel ob diese vom Übenden oder Übungsleiter benutzt wird:

- »Ich bin ruhig, bin gelockert, gelöst, enthemmt. Ganz ruhig. Beide Arme schwer, bleischwer, ganz ruhig und entspannt...«[4]

Hinter jeder sachlichen Mitteilung des Übungsleiters steht dessen Persönlichkeit; hinter jeder seiner Erklärungen und Erläuterungen steht unausgesprochen seine Weltanschauung.

So kann es z. B. nicht gleichgültig sein, ob er Seelisches und Körperliches als zwei Aspekte einer lebendigen Einheit versteht, einer Korrelation also, die nur in der wechselseitigen Beziehung einen Sinn hat und sich auch wechselseitig bedingt (nicht verursacht!), oder aber Seelisches versteht als Ausfluß (als ein Epiphänomen) rein physiologischer Funktionen.

Ein Übungsleiter, der von der Wirkung des AT nicht überzeugt ist (z. B. weil er es nicht an sich selbst erfahren hat), wird auch mit der Sprache kaum Erfolge haben, weil die »*Aussagekraft der Sprache*«[5] und damit deren Wirkkraft zwischen (oder hinter) den Worten fehlt.

Der *sprachliche Ausdruck* des Kursleiters hat Rücksicht zu nehmen auf den Typus des Übenden[6], also den visuellen, den akustischen, den kinästhetischen Typ, um nur die wichtigsten zu nennen. Auch die Vorbildung und sprachliche Differenzierung der Kursteilnehmer muß berücksichtigt werden. Die Sprache soll auch verständlich sein: Bei der Besprechung der Voraussetzungen und der Grundlagen des AT läßt sich allerdings ein Mindestmaß an *Fachausdrücken* nicht vermeiden. Das gilt auch für die hier vorliegende Arbeit; *im praktischen Teil wird jedoch versucht, ganz darauf zu verzichten.* Die einfachsten Formeln sind die wirksamsten. Es werden nur Suggestionen realisiert, die in die vital-existentielle Interessenssphäre des Übenden passen[7]. Ob die Vorstellungen dabei de facto wahr oder unwahr sind, spielt, überspitzt formuliert, keine Rolle; einfach gesagt: nur Formeln, die beim Übenden »ankommen«, sind wirksam.

Wir leben in einer Leistungsgesellschaft und benutzen dementsprechend eine *Leistungssprache.* Will man über das AT zu einer neuen Einstellung zur Umwelt und zu sich selbst kommen, so muß man zu einer Sprache der Entspannung kommen.

Spannung, Leistung, Zielstrebigkeit, Wille einerseits, Entspannung, passives Geschehenlassen, Ruhe als Grundeinstellung andererseits drücken sich im Sprachgebrauch aus. Es ist kein Zufall, daß für den zur Leistung erzogenen Abendländer besonders viele Worte für aktive, extravertierte Tätigkeiten zur Verfügung stehen. Die besinnliche, introspektive Seite des Lebens kommt nicht nur im Alltag zu kurz, sondern auch im Wortschatz. Die richtige Einstellung beim AT spiegelt sich in der dabei benutzten Sprache wider, ebenso wie die richtige Sprache mit den dazugehörigen Vorstellungen die Einstellung zum AT beeinflußt.

Nicht nur für die Übenden ist es schwer, das spärliche Entspannungsvokabular benutzen zu lernen; auch als Übungsleiter ertappt man sich nicht selten bei einem Rückfall in den Leistungsjargon; zahlreiche Belege hierfür finden sich in den Büchern über das Autogene Training.

Man soll sich in der AT-Übung nicht »zur Ruhe zwingen«, sondern seine »Spannungen lösen«, man kann keine Veränderung »anstreben«, bis man sie »erzielt« hat, sondern es nur »geschehen lassen«, »bis es sich einstellt«. Anstatt den »Auftrag«

zu geben, »gut und ruhig zu atmen«[8], sollte man den Übenden sich auf eine ruhige Atmung, noch besser, sich auf seinen eigenen Atemrhythmus einstellen lassen. Die Formel heißt nicht: »Ich atme ruhig«, sondern »es atmet mich«. Binder spricht dementsprechend nicht von der Atem*übung* sondern vom Atem*erlebnis*.

Alle Ausdrücke und Formeln, die mit »es« anfangen, sind denjenigen in der »Ich-Form« vorzuziehen. Das gilt sowohl für die Standardformeln als auch für deren Zusatzformeln und die organspezifischen Formeln. In einer Reihe derartiger Formelvorschläge von Schultz/Luthe[9] taucht kein einziges Mal das Wort »ich« auf. *Es-Formeln* dienen der Passivierung. Willensantriebe werden ausgeschaltet, entaktiviert; gerade sie sind es ja, die vegetative Funktionen stören. Es-Formeln benutzt man überall da, wo es auf einen störungsfreien Ablauf vegetativer Funktionen ankommt: Man überläßt dem autonomen vegetativen Nervensystem die Führung; »es« läuft von selbst ab.

Einige Beispiele: es tut sich etwas; es geschieht; man läßt es geschehen, läßt es atmen, es wachsen, es sich entwickeln oder es sich entfalten – im Sinne eines »gärtnerischen Tuns« (Schultz).

Alle Ausdrücke, die ein Wollen, ein Müssen bezeichnen, sollten bei Formeln, die Organfunktionen beeinflussen, vermieden werden, denn sie enthalten alle einen Zwang und damit Spannung.

Ich-Formeln sind immer der Ausdruck des Menschen als eines »handelnden Wesens«[10]. Sie dienen der Aktivierung. Alle Vorsatzbildungen sind Ausdruck eines bewußten, also vom »Ich« gesteuerten Eingreifens, sie enthalten eine Aufforderung. Ausnahmen sind die Ich-Formeln in Verbindung mit Hilfszeitwörtern: Ich bin ganz ruhig; ich bin entspannt; ich bin gelassen. Diesen Formeln fehlt der Handlungscharakter. Im AT »hat« man nichts, im AT »ist« alles: es *ist* schwer, warm, ruhig, entspannt, frei, locker, weit, leicht – immer ist alles innerer Zustand. (Weiteres am Ende dieses Kapitels.)

Es folgen einige *Vorsatzformeln* (Ich-Formeln) als Beispiele einer bewußten Ausrichtung: Ich rede flüssig; ich arbeite gern; ich erwache um die und die Zeit; ich halte den Vortrag flüssig; ich behalte meinen Traum (im Gegensatz zu: Es träumt mir); ich rauche nicht; ich vertrete mein Recht[11].

Bei der Reihe der geistigen Formeln (»Intentional Formulae«) nach Schultz/Luthe[12] kommt das Wort »ich« in jeder Formel vor, eben als Ausdruck des Vorsatzes. Bei den vier Formeln, die auf Indifferenz abgestimmt sind, fehlt das »Ich«, dafür tritt in ihnen viermal der Ausdruck »gleichgültig« auf. »Es« soll sich die Gleichgültigkeit einstellen; z.B.: Schlucken gleichgültig; Versagen gleichgültig, ich mache das Beste draus; andere trinken, mir ist Alkohol gleichgültig.

Formeln sollen soweit wie möglich *positiv formuliert* werden.

Die Formel

- »Mitmenschen gegenüber bin ich sicher und frei«

ist besser als die Negativ-Formel

- »Ich beherrsche meine Unsicherheit und Angst«.

Das (positiv) Angestrebte, nicht das (negativ) zu Überwindende soll in den Formeln zum Ausdruck kommen. Das läßt sich jedoch nicht immer verwirklichen: Der Gegensatz von Wut läßt sich positiv mit Gelassenheit, Ausgeglichenheit, Gleichmut ausdrücken, der Gegensatz von Schmerz läßt sich nur negativ als schmerzfrei verbalisieren. Für Raucher bzw. Alkoholiker läßt sich die Formel (vgl. Kap. 31, 4d): »Ich rauche nicht« bzw. »ich trinke nicht« kaum vermeiden. Im Gegenteil: Alle Autoren sind sich einig, daß kategorische und imperative Formeln mit Negation angewandt werden sollten, weil sie besonders wirksam sind. Die letzten Formelbeispiele (bei Schmerzen, beim Trinken, beim Rauchen) folgen dieser Regel. Damit können insbesondere plötzliche Emotionen und Belastungen abgefangen werden[13].

Bleibt noch der Hinweis darauf, daß *alle Formeln* des AT *im Präsens* stehen. Sicher ist die Verwendung der Gegenwart bei der Formelbildung kein Zufall: Man kann sie einmal darauf zurückführen, daß die Präsensform eine kurze Ausdrucksweise zuläßt, teilweise unter Verzicht auf ein Tätigkeitswort; wichtig erscheint mir zum anderen die Tatsache, daß die Gegenwartsform bei dem Vorgang angewendet wird, dessen Wirkung in hohem Maße von der Vergegenwärtigung abhängt. Das trifft nicht nur zu für die Standard- und Formeln, die sich in der Gegenwart, d.h. während der Übung realisieren. Dasselbe gilt auch für die Vorsatzformeln, die zukünftiges Verhalten vorwegnehmen, wobei sich diese Vorwegnahme (Antizipation) eben auch in der Gegenwart abspielt. So heißt die Formel bei Bettnässern[14]: »Ich *weiß,* daß ich bestimmt *aufwache,* wenn sich meine Blase plötzlich *regt*«, wo doch die korrekte grammatikalische Aussage zweimal die Zukunft erwarten läßt. Gleichsinnig heißt es[15]: »Zu keiner Zeit, an keinem Ort *trinke* ich Alkohol.« »Im autogenen Training ›wird‹ nichts, es ›ist‹.«[16]

Eine der wenigen Ausnahmen (die möglicherweise von der englischen Original-Ausdrucksweise herstammt)[17]: Ich weiß, daß ich vermeiden *werde,* eine einzige Zigarette... zu rauchen – selbst da ist das »ich weiß«, das Wissen, Gegenwart.

Auf den Verzicht *abstrakter, begrifflicher Inhalte* und aller Denkakte zugunsten anschaulicher Vorstellungen wurde schon bei der Besprechung der Suggestionsinhalte eingegangen: »Mein Arm« ist kein Gedanke, ebensowenig dessen Schwere, sondern eine Vorstellung, Veranschaulichung, ein Bild, eine Vergegenwärtigung.

2. Die sprachliche Beschaffenheit der Formeln

Ausgehend von den Entwicklungsgesetzen der Sprache[18] wurde nachgewiesen, daß die Formeln des AT zur Struktur der Frühstufen der Sprache neigen. Dafür spricht das Auftreten von Wiederholungen, die Neigung zur Rhythmisierung, das Aneinanderreihen von Formeln ohne Unter- bzw. Überordnung, das Bevorzugen von Einwortsätzen, das Benutzen von Befehlsformen und evokativen Behauptungssätzen, der bevorzugte Gebrauch von Ausdrucksmitteln (z.B. Gesten) und die Vorliebe des Konkret-Anschaulichen.

Die Kürze: Die Tendenz, vom Mehrwortsatz zum Einwortsatz zu kommen, ist bei den Formeln unverkennbar. Sie setzt sich auch immer stärker durch, wie man anhand der in den letzten Jahren erschienenen Bücher über das AT feststellen kann. In meinen Gruppen arbeite ich seit zwei Jahrzehnten mit abgekürzten Formeln; z.B. anstatt: Mein rechter Arm ist schwer – rechter Arm schwer. Die wichtigsten und wirksamsten (wahrscheinlich lebensrettenden) Formeln von H. Lindemann beim Durchqueren des Atlantik in einem Faltboot waren: »Kurs West« und »Ich schaffe es«.

Außer der erhöhten Prägnanz und Wirksamkeit kurzer Formeln, ihrer Unterstützung der Regressionsneigung, haben sie einen weiteren Vorteil: Man umgeht ein Sich-Festlegen in der Bedeutung des nunmehr wegfallenden Tätigkeitswortes. Die viel diskutierte Frage, ob man anstelle der Formel:

- »Mein rechter Arm ist schwer«

nicht besser

- »Mein rechter Arm wird schwer«

sagen sollte, erübrigt sich. Die Formel ist zwar durch ihre Abkürzung: »rechter Arm schwer« vieldeutiger geworden, mit dieser Vieldeutigkeit wird aber die individuell wirksamste Auslegung der Formel ermöglicht. Die häufigen Einklammerungen von Worten innerhalb der Formeln (s. Übungsteil) weisen auf solche Verkürzungsmöglichkeiten hin, die vielen Übenden entgegenkommen.

In den letzten Jahren ließ Schultz seine Formeln »etwa sechsmal« wiederholen, während er früher den Übenden eine halbe bis eine Minute bei einer Formel verweilen ließ. Mit der Wiederholung ist immer eine *Rhythmisierung* verbunden und damit eine erhöhte Wirkung. Pawlow hatte festgestellt, daß Hunde, bei denen fortlaufend mit einem bedingten Reflex experimentiert wurde, müde und schläfrig wurden, ja sogar einschliefen. Hiervon ausgehend entdeckte er, daß die häufige *Wiederholung* oder längere Einwirkung eines »punktförmigen Reizes« sich auf die verschiedensten Funktionen hemmend – im Sinne einer Entaktivierung – auswirkt.

Diesen Effekt der *Monotonisierung* benutzte Coué, wenn er seine Formeln häufig wiederholen ließ. Bei seinem berühmt gewordenen: »Ça passe, ça passe…« (es geht vorbei), hatte der Schüler diese Wiederholung so schnell und so häufig vorzunehmen, daß die Worte zu einem einförmigen Murmeln (»sapasapas…«) wurden und zuletzt dem monotonen »Summen einer Biene« zu gleichen hatten. Nach Schultz sollen die Übungsformeln »wie ein monotones Tonband abrollen«[19].

Eine besonders wirksame Form der Rhythmisierung ist das Benutzen von *Reimen,* insbesondere bei den Vorsatzbildungen:

- »Ich sehe mein Ziel unwandelbar
  und erreiche es sicher und klar«

oder:

- »An jedem Ort zu jeder Zeit
  die Ruhe und Gelassenheit«.[20]

Diese Reime sind nicht gerade poetisch, aber sie haben eine eindrückliche Prägekraft. Fast noch wirksamer sind Stabreime. Es wird empfohlen, an Vorsatzformeln den Stabreim:

- »Wórte wírken wéiter«

anzuhängen[21].

Ein Universitätsprofessor konnte die Angst vor einer Antrittsvorlesung und seine starke Sprechhemmung mit folgendem Vers überwinden:

- »Ich hálte den Vórtrag ganz flüssig und fréi.«

Einige weitere Beispiele:

- »Ich erráffe mich früh ganz fröhlich und frísch«

oder:

- »Das Lérnen gelíngt.«

Ein viel benutzter und wirksamer Reim zur Unterstützung der Ruhetönung:

- »Geräusche (sind) ganz gleichgültig.«

Von der Bindung der Formeln an den Herz- und Atemrhythmus wird noch die Rede sein.

Am deutlichsten ist die *Aufforderung* in der Befehlsform beim Zurücknehmen: »Arme fest! Tief atmen! Augen auf!« Auch Vorsatzformeln haben oft Befehlscharakter; es sind »Selbstbefehle«. Sonst herrscht der *Behauptungssatz,* der ebenfalls Suggestivcharakter hat, vor. Er findet sich sowohl bei den meisten Standardformeln als auch bei den Vorsatzbildungen.

Zusammen mit dem konkret-anschaulichen Inhalt der Formeln und deren emotionaler Besetzung, die beide zusammen auch die Wirksamkeit jeder Suggestion bedingen, sind alle bisher aufgezählten sprachlichen Merkmale der Formeln typisch für die Frühstufe der menschlichen Sprachentwicklung. Ihre Anwendung ist identisch mit einer *Regression im sprachlichen Bereich;* diese unterstützt die Tendenz zu einer allgemeinen regressiven Haltung. Die Sprache erweist sich somit als ein wichtiges Vehikel, die autogene Umschaltung herbeizuführen.

Von den Bedingungen, die an eine Formel zu stellen sind, ist eine besonders wichtig: Sie muß *persönlichkeitsgerecht* sein. Das gilt am stärksten für die Formeln, die die Charakterbildung und Persönlichkeitsentwicklung betreffen, also vorwiegend für die Leitsätze. Ähnliches gilt aber auch für alle Formeln zur Behandlung von Verhaltensstörungen, da diese von der Persönlichkeit des Betroffenen mitgeprägt sind. Am entbehrlichsten ist eine individuell gestaltete Formel bei Körperstörungen oder bei den Standardformeln nach Schultz, die bei den meisten Menschen ohne Abänderung anwendbar sind. Doch auch die Körper- und Organempfindungen variieren von einem Menschen zum anderen; jeder Mensch hat ja eine andere Vorstellung von seinem Körper und von seinen Organen. Jeder Körperteil ist zudem auf sehr verschiedene Art und Weise emotional besetzt. Im allgemeinen sind Gesicht und Herz Gebiete intensiver emotionaler Verdichtung; der Rücken und die Füße sind weit indifferenter. Das wechselt aber außerordentlich. Bei einem Fußballspieler zum Beispiel können die Beine die höchste emotionale Besetzung aufweisen. Diesem Umstand muß, insbesondere bei der Bildung von Zusatz- und Vorsatzformeln, immer Rechnung getragen werden.

Eine der vielen Fragen, die in der ersten Übungsstunde auftauchen, ist die nach der Art der *sprachlichen Äußerung* der Übungsformeln. Sollen sie deutlich, laut, leise oder gar nicht gesprochen, d.h. nur gedacht werden. In der 1. Sitzung und bei der Konzentrationsübung (2. Sitzung), bei der die rhythmisierte Anwendung der Formeln besprochen wird, evtl. bei anderen neu hinzutretenden Formeln, kann man die Formeln zunächst leise vorsprechen. Auf diese Weise läßt sich ein präzises Übungsmodell am besten vermitteln, wobei nicht übersehen werden darf, daß damit ein fremdsuggestives Element mit ins Spiel kommt. Die »Schonstimme«, in der die Formeln zunächst gesprochen werden können, geht sehr bald in ein Murmeln über, um dann ganz zu versiegen. Ist diese Vermittlung erfolgt, so sollte nur solange begleitend gesprochen werden, wie es für das autogene Lernen notwendig ist. Nach Schultz ist auch für den Übenden »jedes Sprechen beim Üben eine Aufhebung des autogenen Grundprinzips«[22]. (s.a. Kap. 14, 12)

Ausnahmen von dieser Regel sind aber nicht selten. Das Mithören der eigenen Worte wirkt auf akustisch veranlagte Menschen oft günstig – ähnlich wie die *Leuchtschriftformel* optisch veranlagte Menschen anregt. Der Formelinhalt soll »geistig möglichst lebhaft« (Schultz) vorgestellt werden, wobei unter geistig lebhaft wohl das anschauliche Moment zu verstehen ist, so wie es bei der Besprechung der Suggestionsinhalte erläutert wurde.

Die beste Möglichkeit des Umgangs mit den Formeln ist die *Endophasie,* die sog. Hirnsprache. Sie wird praktiziert von Menschen, die eine lange persönliche Erfahrung im Meditieren besitzen und dabei an eine Jahrhunderte alte Tradition anknüpfen. Ich meine die gläubigen Anhänger aller Weltreligionen, vor allem die Mönche. Einer der üblichen Wege zur Versenkung – die ein Meditieren erst ermöglicht – geht über die Gebetsformeln. Diese werden überall auf ähnliche Weise benutzt: Entweder werden sie in monoton-rhythmischer Sprechweise abgeleiert, abgespult (womit der beste Entspannungseffekt erreicht wird), oder aber die einzelnen Worte werden mit Zunge und Lippen, wie beim lauten Sprechen geformt, bleiben jedoch tonlos[23]. An die Stelle des visuell oder akustisch geprägten Ablaufs tritt der kinästhetische, d.h. der in seinem Bewegungsablauf empfundene Sprechakt als vermittelnder Faktor zwischen Gedanken bzw. Vorstellung und deren Gestaltung. Jede Zungen-Lippen-Formulierung ist eine »Verkörperung«, eine Konkretisierung eines Gedankens oder einer Vorstellung – um mit Schultz zu sprechen: »dessen ›Somatisierung‹«. Nur ein gesprochenes Wort, auch wenn es tonlos gesprochen wird, garantiert das dahinterstehende präzise Denken bzw. Vorstellen; daher im Griechischen der Begriff des logos, der Gedanke *und* Wort (als Ausdruck des Gedankens) zugleich bedeutet.

Diese Überlegungen zur Verbalisierung der Formeln gelten nur für den Trainingsbeginn. Mit zunehmender Verselbständigung des Ablaufes werden sie überflüssig. Sie betreffen nur die erste Stufe eines Weges, der zu einer psychischen Funktionsverschiebung von der »formelgebundenen passiven Konzentration zur formelfreien passiven Akzeptation« führt[24]. Dieser, auch als »carte blanche« bezeichnete Zustand ist gekennzeichnet durch eine innere Leere, die für alle Eindrücke empfänglich ist. Es ist der Zustand, in dem uns am meisten »ein-fällt«, in dem sich Bilder einstellen (autosymbolische Erscheinungen, katathymes Bilderleben, vgl. Oberstufe), in dem Empfindungen und Vorstellungen, vom Verstand ungetrübt, spontan ablaufen; es ist die Basis der Kreativität.

3. Haben oder Sein – fast ein Bekenntnis

Nach einer erneuten Lektüre des Buches ›Haben oder Sein‹ von Erich Fromm erkenne ich – bestürzt, dies nicht früher gesehen zu haben –, daß auch im Autogenen Training eine Haben-Sein-Antinomie besteht. Für Fromm sind Haben oder Sein zwei einander ausschließende Arten der menschlichen Existenz. Das Haben prägt die westliche Industriegesellschaft, eine Gesellschaft, deren beherrschendes Thema der Besitz ist und, damit verbunden, Neid, Habgier, die Gier nach Geld, Ruhm und Macht. In ihrem Gefolge treten aggressive Expansion, Gewalt, Rebellion und Kriege auf. Alles steht im Dienste des Konsums: Der Konsument ist der ewige Säugling, der nach der Flasche schreit[25] und am liebsten die ganze Welt verschlingen möchte.

Im Gegensatz zum Haben, das nur Sachwerte kennt[26], bedeutet das Sein zwischenmenschliche Beziehung, Lebendigkeit und wirkliche Bezogenheit zur Welt[27]. Außerdem steht es im Gegensatz zum trügerischen Schein. Zum Sein gehören Gewissen, Verantwortlichkeit und Ehrfurcht vor der menschlichen Würde. Es wendet sich an die Person, gründet auf Liebe, auf die Lust am Teilen, auf wesentliche, schöpferische Tätigkeit – nicht auf das Ansammeln von Gütern.

Man kann annehmen, daß sich der Schöpfer des Autogenen Trainings, J. H. Schultz, vielleicht ohne sich dessen bewußt zu sein, derselben Existenzform verpflichtet fühlte wie Erich Fromm. Sollten sich im vorliegenden Buch Formeln nach dem Haben-Modus nur ausnahmsweise oder gar nicht finden, so wäre das für mich eine erfreuliche Bestätigung, mit beiden von mir hochverehrten Meistern im Einklang zu sein.

Nur wer sät, kann auch ernten.
Chinesisch

Zweiter Teil
Fragen zum praktischen Verlauf

12. Kapitel
Voraussetzungen zum Autogenen Training

1. Alter

Eine in der Praxis häufig auftretende Frage ist die nach dem Alter. Kann man in höherem Alter noch trainieren? Nach oben hin gibt es keine Grenze, vorausgesetzt, daß die üblichen Vorbedingungen erfüllt sind. Viele Menschen sind bis ins hohe Alter neuen Dingen gegenüber aufgeschlossen. Sie fragen überraschend häufig von sich aus nach einer Trainingsmöglichkeit. Der Hauptanlaß für alte Menschen, am AT teilzunehmen, ist der gestörte Schlaf.

Die älteste Patientin, 82 Jahre alt, meldete sich bei mir mit den Worten: »Ich kenne das AT schon von früher her, aber es wirkt nicht recht, und da wollte ich sehen, ob Sie etwas Neues zu bieten haben.« Kurz nach der zweiten Stunde, in der ich ausschließlich Konzentrationsstörungen besprochen hatte, rief die Patientin an: »Die Übungen gehen jetzt viel besser, ich schlafe damit ein. Mehr wollte ich nicht. Seien Sie also nicht böse, wenn ich jetzt wegbleibe.«

Ein Mindestalter ist schwerer zu bestimmen. Die früheste Altersangabe in der Literatur bezieht sich auf vierjährige Kinder, die allerdings eine modifizierte Form des AT erlernten[1]. Die meisten Kinder machen gern mit, verlangen sogar nach den Übungen. Eine Identifizierung mit anderen Kindern oder mit dem Gruppenleiter dürfte bei Kindern eine ausschlaggebende Rolle spielen (vgl. Kap. 30).

2. Intelligenz

Von Barolin wird über eine AT-Untersuchung an Kindern mit äußerst niedrigem Intelligenzquotienten berichtet. Der Durchschnitts-IQ war 62, ließ also keinen Besuch einer Normalschule mehr zu. Die Anforderung an die Intelligenz bei der Durchführung des AT ist also recht bescheiden, wenn man unter Intelligenz geistige Beweglichkeit, Fähigkeit zur Bildung abstrakter Begriffe, zur Übersicht, Voraussicht und Selbständigkeit des Denkens versteht. Es kommt beim AT auf *ganz andere Qualitäten* an, die sich selbst intelligente Menschen manchmal mühsam erarbeiten müssen. Hierzu gehört u.a. die Vorstellungskraft, die bei vielen Verstandesmenschen zu den »minderwertigen Funktionen« gehört, worunter man mit C. G. Jung eine nicht beachtete, nicht geübte, unbenutzte und dem entsprechend verkümmerte Funktion versteht, die sich oft, wie ein vernachlässigtes oder verwahrlostes Kind, von ihrer schlechtesten Seite zeigt (archaisch-primitives Verhalten).

3. Aufgeschlossenheit – Mitarbeit

In der nun ablaufenden Reihe: Aufgeschlossenheit – Erkenntnis – Überzeugung – Bereitschaft – Vorsatz – Mitarbeit handelt es sich zunächst darum, den AT-Willigen zum Training zu motivieren. Dieser erste Schritt ist bei den meisten Menschen bereits getan, die sich mit dem Wunsch nach einem Training beim Arzt einfinden, durch Freunde oder Arbeitskollegen, die die Methode schon kannten, über Ablauf und Ziele orientiert. Insofern sind die Vorbedingungen für ein AT etwa in einer Volkshochschule und überall dort, wo sich Menschen aus eigenem Antrieb melden, günstig. Natürlich gibt es auch hier »Mitläufer« und solche, die aus Neugierde kommen.

Schlägt man als Arzt das Training vor, so sind die Reaktionen, nach Erklärung des Verfahrens, recht unterschiedlich. Manche finden es zu umständlich, haben keine Zeit, wohnen zu weit weg; andere erklären kurz und bündig: »Tabletten sind mir lieber«, sei es wegen der »Einfachheit«, wegen der bereits bestehenden Gewöhnung, aus Unwillen zu jeder eigenen Leistung oder aus einer neurotischen Widerstandshaltung. Die Reaktion auf den Vorschlag, das AT zu erlernen, ist auch wesentlich durch das Konzept geprägt, das ein Mensch von sich und seiner Störung hat: Jemand, der hinter seinen Kopfschmerzen oder Schlafstörungen eine körperliche Krankheit vermutet, wird weniger aufgeschlossen sein als der, der schon einen Zusammenhang z.B. mit seiner Stressbelastung im Alltag wahrnehmen kann.

In eine ähnliche Kategorie gehören diejenigen, die mit dem Wunsch hypnotisiert zu werden zum Arzt kommen. In diesem Wunsche spiegelt sich meist eine kindliche *Erwartungshaltung.* Auf die Person des Arztes wird die Gestalt des »allmächtigen« Vaters, der Mutter oder älterer Geschwister übertragen. Der Arzt soll »zaubern«, und man geht gesund nach Hause. Im Verdacht, in einer derartigen Haltung befangen zu sein, stehen alle diejenigen, denen das alte Modell der Behandlung vor Augen steht: Der Arzt ist der Aktive. Er untersucht, verordnet, operiert, heilt. Am Patienten geschieht das alles ohne dessen Mitarbeit. Diese Menschen müssen motiviert werden. Sie müssen sich zu eigener Aktivität entschließen, sonst kommen sie nicht weit.

Nicht alle Menschen, die sich beim Arzt melden, meinen es mit einer Behandlung ernst; der Arzt dient nicht selten als Alibi. Es ist eine Beruhigung, für andere oder für sich selbst, festzustellen, daß man etwas unternommen hat. Der Gang zum Arzt dokumentiert nach außen hin den guten Willen zu einer Änderung, obwohl man, bewußt oder unbewußt, gar nicht vorhat, irgend etwas in dieser Richtung zu tun. Auch hierauf wäre beim Gespräch über die Motivierung zu achten.

Die beste Basis für die Entscheidung für das AT ist eine *sachliche Information.* Diese muß zur Überzeugung führen, daß man mit dem AT die Möglichkeit hat, etwas zu erreichen, und daß dieses von der eigenen Bemühung abhängt. Besteht bei Beginn des AT ein bewußter oder unbewußter Zweifel an der Ausführung der Übungen, so kommt es zu einem Mißerfolg. Nach den Worten von Coué: »Je intensiver wir eine Sache betreiben mit dem Gedanken, daß wir sie *nicht* ausführen können, um so mehr tun wir das Gegenteil dessen, was wir wollen.«[2]

Aber selbst bei ehrlicher innerer Bereitschaft zur Mitarbeit läßt nach einigen Stunden der Erfolg manchmal nach. Der Weg zur »Hölle« ist mit guten Vorsätzen gepflastert, lautet eine alte Redensart, nämlich mit solchen, die nicht ausgeführt werden. Für die meisten Menschen bedeutet das AT ja nicht ein Neulernen, sondern ein Umlernen, was bekanntlich viel schwerer ist.

Insgesamt kann man beim AT wie bei allen Psychotherapieverfahren davon ausgehen, daß die Motivation, die sich mit der Erwartungshaltung zum Teil überschneidet, von entscheidendem Einfluß auf die Ergebnisse des AT ist. Mittlerweile gibt es Studien, die die prognostische Rolle der Erwartung an das AT im Hinblick auf seinen Erfolg untersucht haben; die Ergebnisse sind spannend, weil widersprüchlich. So stellte eine Arbeitsgruppe 1995 fest, daß eine höhere Erwartung an das AT bei der 3-Monats-Nachuntersuchung auch zu besseren Ergebnissen führte[3]. Eine frühere Studie hatte genau diesen Zusammenhang nicht bestätigen können[4]. In einer großen Untersuchung an 260 Teilnehmern zeigte sich, daß der Zusammenhang offensichtlich nicht so einfach ist. Nur wenn die Motivation über das Erreichen der unmittelbaren psycho-vegetativen Entspannung hinausgeht, wird das AT weiter geübt, und die Weiterübenden verbessern auch noch ein halbes Jahr nach Kursende ihre Ergebnisse deutlich (hier die Rückbildung psycho-vegetativer Erscheinungen)[5].

Für den Erfolg des AT ist nicht nur die Voreinstellung, sondern auch die *Erfahrung in der ersten Stunde* entscheidend: Je schneller hier eine Symptomrückbildung erlebt wird, desto besser ist die Mitarbeit. So kommt es zu der fast paradox anmutenden Gesetzmäßigkeit, daß schwerer Erkrankte mit höherem Leidensdruck besser beim AT mitarbeiten. Die anfängliche Erwartungshaltung aller Patienten in der Studie, aus der diese Befunde stammen, war vergleichbar hoch[6].

4. Die Abulie (Adynamie; Kraft-, Antriebslosigkeit)

Unfähig, ein AT durchzuführen, sind Menschen, die keinerlei Antrieb haben. Mangel an Antrieb (Abulie) findet sich bei verschiedenen psychischen Erkrankungen, sowohl Psychosen als auch Neurosen. Er kommt auch bei hochgradiger körperlicher Erschöpfung vor. Bei einer Patientin, die im Endstadium eines Krebsleidens seit Wochen im Krankenhaus lag, versuchte ich ein AT durchzuführen in der Form, die Schultz die »Nirwana-Therapie« nennt.[7] Er versteht darunter »die bewußte Hinleitung von Versuchspersonen in völlig unmöglicher innerer und äußerer Lebenssituation zu einer beglückenden Traumwelt« – quasi als Morphium-Ersatz. Das AT gelang bei der Patientin nicht. Sie gab an, zu müde und zu schwach zu sein, um etwas systematisch zu denken oder sich vorzustellen. Den Vorschlag, sich freundlichen, beglückenden Erinnerungsbildern aus ihrem Leben nicht nur zu überlassen, sondern sie in der Form eines Wachtraumes zu pflegen, nahm sie an.

5. Selbstunsicherheit, Kontrollüberzeugungen und andere Persönlichkeitsfaktoren

In der Liste der Kontraindikationen wird auch ein »völliger Mangel an Selbstvertrauen« angeführt, bei dem man eher zu heterosuggestiven Methoden (Hypnose) greifen sollte[8]. Man sollte das AT meiner Meinung nach *gerade bei mangelndem Selbstvertrauen* anwenden. Diesen Menschen wird das Üben in den gemeinsamen Sitzungen (durch die Fremdsuggestion) zunächst viel besser gelingen als allein zuhause, aber im Laufe der Zeit, mit wachsendem Erfolg, besteht die Aussicht, das Selbstvertrauen Schritt um Schritt zu festigen. Hier hat das AT seine schönsten Erfolge aufzuweisen.

Ohm baute auf früheren Untersuchungen von Krampen auf und beschäftigte sich mit der Einstellungshaltung, den sog. Kontrollüberzeugungen. Bei *internaler Kontrollüberzeugung* sieht der Mensch Veränderungsmöglichkeiten in der eigenen Aktivität; bei *externaler Kontrollüberzeugung* überwiegt das Gefühl, daß andere zuständig seien und von ihnen Hilfe ausgehen müßte. Für das AT ist nun belegt[9], daß eine externale Kontrollüberzeugung mit eher geringer Einsicht in die Genese der Störung zu größerem Erfolg führt. Dieser Effekt scheint bei Männern ausgeprägter als bei Frauen, und er wird auch bei den einzelnen Übungen unterschiedlich wirksam[10]. Offensichtlich verhindert das internale, weil zu aktive Kontrollbedürfnis das ausreichende passive Sich-der-Entspannung-Überlassen. Möglicherweise ist aber bei der zunächst erfolgreicheren Gruppe (externale Kontrollüberzeugung) die Bereitschaft zum längeren Üben geringer[11].

Die Beurteilung dieser Fragestellung ist jedoch nicht einheitlich. Eine weitere Untersuchung zeigte zwar eine Übereinstimmung hinsichtlich der positiven Korrelation mit einem schlechten Behandlungserfolg bei hoher Psychogeneseeinsicht oder unrealistischen Erwartungen an das AT; hier waren es jedoch gerade die Patienten mit hoher externaler Kontrollüberzeugung, die nicht profitierten[12].

Möglicherweise hat das Persönlichkeitskonstrukt der »*Absorption*«, das als wichtigste Komponente hypnotischer Empfänglichkeit angesehen wird, eine Beziehung zur externalen Kontrollüberzeugung, die in den eingangs zitierten Studien günstige Erfolge für das AT voraussagte. Bei 530 Kursteilnehmern an Volkshochschulen erwiesen sich hohe Absorptionswerte (gemessen mit der Tellegen-Absorptions-Skala, TAS) als gutes Voraussagemaß für das schnellere Erlernen des AT[13].

Eine weitere Persönlichkeitsvariable wurde von ihren Beschreibern als »*Entspannbarkeit*« bezeichnet. Diese Eigenschaft ist über einen Fragebogen erfaßbar und erlaubt gewissermaßen die Feststellung eines Ausgangswertes vor Beginn des AT, dessen Verbesserung sich später messen läßt[14].

6. Der richtige Augenblick zum Beginn

Wie das Erlernen einer Fremdsprache oder eines neuen Berufes ist das AT ein Langstrecken-Unternehmen. Man benötigt zwar jeweils zum Üben nur wenige Minuten Zeit, doch ist eine intensive innere Zuwendung erforderlich, wenn man etwas erreichen will. Zahlreich sind die Menschen, die am liebsten sofort anfangen möchten, da ihnen eine Prüfung oder ein Lehrgang bevorsteht, weswegen sie aufgeregt, unkonzentriert oder ängstlich sind. Andere kommen, weil sie mitten in einer Situation stehen, die sie belastet und mit der sie nicht zurechtkommen. Das AT wird als eine Notfallbehandlung (»therapie d'urgence«) betrachtet und soll sofort und nachhaltig wirken. Aber wenn man ins Wasser gefallen ist, ist es nicht der richtige Augenblick, schwimmen zu lernen. Um das AT erfolgreich durchzuführen, muß man über sich verfügen können. Viele denken aber erst dann ans AT, wenn es ihnen schlecht geht, wenn sie also nur bedingt über sich verfügen können. Deshalb ist bei den meisten akuten Störungen, insbesondere in Notfällen, das AT nicht am Platze.

Als Krankenhaus-Assistent behandelte ich eine junge, verheiratete Frau, die seit Wochen in zunehmendem Maße an Erbrechen litt und jetzt, völlig erschöpft, nicht mehr fähig war, aufzustehen. Schon am Geruch der Atemluft konnte man feststellen, daß bei ihr infolge des Säureverlustes (aufgrund des Erbrechens) ein bedrohlicher Zustand (Acetonämie) eingetreten war. Eine organische Ursache des Erbrechens konnte ausgeschlossen werden, dagegen ergab sich aus der Vorgeschichte, daß die Patientin mit Ehemann und zwei Kindern mit der Schwiegermutter zusammen wohnte, von der sie tyrannisiert wurde. Das hatte ihr (wörtlich) den Appetit verschlagen. Es war ihr »speiübel«, wenn sie nur an die Schwiegermutter dachte. Noch am Tage der Krankenhausaufnahme wurde eine Hypnose durchgeführt, bei der die Patientin, eine sensible, wenig durchsetzungsfähige Frau, sofort in einen tiefen Hypnosezustand kam, so daß bereits bei dieser ersten Sitzung ein posthypnotischer Auftrag gegeben wurde: Sie würde am nächsten Morgen mit Appetit essen, keine Übelkeit mehr spüren, das Erbrechen sei ein für alle Mal vorbei. So geschah es auch. Es folgten noch zwei Hypnose-Sitzungen, die flacher gehalten wurden und in denen, um Zeit zu sparen, das AT heterosuggestiv eingeleitet wurde. Gleichzeitig wurde mit den Eheleuten, insbesondere dem verständigen Ehemann, die Notwendigkeit einer Änderung der häuslichen Konstellation (Auszug der Schwiegermutter) besprochen. Mit dem AT und frei von der bisherigen Dauerbelastung, hatte sich bei der Patientin, als sie sich nach wenigen Wochen wieder vorstellte, mehr Selbstvertrauen eingestellt. Ihrer vegetativen und emotionalen Labilität war sie weit weniger ausgeliefert als früher.

Am besten ist es, das AT in »gesunden« Tagen zu lernen, um es in »kranken« Tagen zur Verfügung zu haben – AT als Vorsorge.

7. Die Diagnose

Wie schon erwähnt, gibt es bei der Anwendung des AT zweierlei Ziele. Man kann es als ärztliche Behandlungsmethode in den Dienst der Gesundung stellen, man kann es auch als Methode zur Persönlichkeitsentfaltung benutzen. Hat man das erste Ziel vor Augen, so sollte eine genaue Diagnose gestellt sein, bevor das AT zur Beseitigung von Beschwerden ärztlich empfohlen wird. Man kann verschiedenste Störungen, auch solche organischer Art, mit dem AT behandeln, nur muß man wissen, welche Störung vorliegt. *Psychotherapie bedeutet ja nicht Behandlung psychischer Störungen, sondern Behandlung mit psychischen Mitteln.* Ohne Diagnose läuft man Gefahr, Krankheiten zu behandeln, die nur auf andere Weise, etwa durch Operation, zu beheben wären und deren richtiger Zeitpunkt womöglich verpaßt würde.

Es ist eine uralte Weisheit, die jedem Medizin-Studenten eingeprägt wird: »Vor die Therapie haben die Götter die Diagnose gesetzt.« Gegen diese lebenswichtige Erkenntnis verstoßen am leichtesten medizinische Laien. Sorglos war in dieser Beziehung auch Coué, der mit Begriffen wie Krankheit, Heilung, Gesundheit wenig kritisch umging: »*fast ausnahmslos* kann jede Krankheit unter der Einwirkung der Autosuggestion zum Schwinden gebracht werden«, heißt es bei ihm, oder »manchmal ... ist er (der Behandelte) auf der Stelle geheilt«[15]. Praktisch kennt Coué keine Beschränkung seiner Methode: Besonders gefährlich ist es, wenn er sagt, man könne sie anwenden bei »Schmerzen irgendwo im Körper«, denn zunächst stellt der akute Schmerz in den meisten Fällen ein Warnsignal dar, auf das unbedingt einzugehen ist.

Anders ist es hingegen, wenn Menschen aus eigenen Stücken an einem Kurs teilnehmen im Sinne einer »inneren Gymnastik«, als Bestandteil »normaler Gesundheitspflege«[16] oder im Sinne einer Persönlichkeitsentwicklung, wie es bei Volkshochschulkursen meist der Fall ist. Doch auch hier sollte der Leiter auf die Gefahr der Behandlung von Beschwerden hinweisen, deren Ursachen unbekannt sind.

Die Indikation für das AT wird jedoch nicht allein aus der Diagnose gestellt. Zwar gibt es Diagnosen, bei denen der Einsatz des AT besonders erfolgversprechend ist, z.B. Schlafstörungen und erhöhter Blutdruck. Für die Indikation wichtiger sind aber die Erwartungen, Einstellungen und Persönlichkeitszüge des einzelnen, wie sie oben dargestellt wurden.

8. Exkurs: Diagnostische Systeme

Zur besseren diagnostischen Übereinkunft auch im internationalen Rahmen sind seit 1980 sog. operationalisierte Diagnosesysteme erschienen. Darunter versteht man eine ziemlich genaue Zuordnungsmöglichkeit eines Störungsbildes zu einer bestimmten Diagnose durch einen ausführlichen Kommentar, den eine Expertengruppe erarbeitet hat. Wir folgen in diesem Band der 10. Auflage der ›International Diagnostic Classification of Diseases‹ der Weltgesundheitsorganisation WHO. Dieses System wird als *ICD-10* bezeichnet. Dabei haben wir versucht, einen Kompromiß zu finden und nicht alle vertrauten und jahrzehntelang im Gebrauch befindlichen Diagnosen umbenannt. Auch haben wir auf die diagnostischen Zahlen-Codes verzichtet. Der Fachmann weiß ohnehin, was angesprochen ist, und für den Laien sind die Codes ohne Bedeutung. Die Vorteile dieser Diagnosereform überwiegen die Nachteile. Wenn auch der Begriff der psychovegetativen Störung (s. Kap. 32) beispielsweise in Deutschland verbreitet ist, gilt dies nicht für den internationalen Raum. Die neue Bezeichnung – in diesem Fall: somatoforme autonome Funktionsstörung – ist erst einmal unvertraut, aber künftig wird man weltweit mit dieser Diagnose das gleiche Störungsbild beschreiben. Das ist für die wissenschaftliche Verständigung ein ganz erheblicher Vorteil. Ein auffälliger Verlust in der ICD-10 ist das *Fehlen des Neurose-Begriffs*, auf den in diesem Buch häufig Bezug genommen wird. Es wird wohl einige Zeit dauern, bis diese Änderung sich durchsetzt, und über ihre Berechtigung muß die Zukunft entscheiden. In Deutschland ist die ICD-10 in der medizinischen Versorgung seit dem 1. 1. 2000 das verbindliche Bezugssystem.

Das zweite derzeit maßgebliche Diagnosesystem ist das sog. DSM-IV (4. Auflage des ›Diagnostic and Statistical Manual‹) der Amerikanischen Psychiatrischen Vereinigung. Es gleicht über weite Strecken der ICD-10, und wir gehen hier nicht weiter auf die Unterschiede ein.

9. Die Eignung zum AT: Indikation und Kontraindikation

Sucht man im Hauptwerk von Schultz nach seiner Meinung über eine Kontraindikation, so findet man die lapidare Bemerkung: »Es ist mir bis jetzt nicht gelungen, eine solche zu finden.«[17] An derselben Stelle finden sich Hinweise auf eine Indikation, die »ziemlich breit zu stellen« sei. Selbst »wenn a priori die Aussicht auf einen Erfolg nicht allzu groß« erscheine, könne man doch »gewissermaßen eine praktische Auslese« schaffen. Man habe damit nicht viel Zeit verloren und könne dann noch immer tiefergehende, zeitraubende Methoden hinzuziehen. Bei diesem Verhalten handelt es sich um eine Indikation im Nachhinein (ex iuvantibus), die beim Zweifel an der Fähigkeit zur Mitarbeit beim Patienten, bei fraglichem inneren Engagement gerechtfertigt erscheint. Auch wenn über die soeben besprochenen Voraussetzungen keine Sicherheit herrscht, kann man das AT versuchsweise mitmachen lassen. Man erlebt dann – wie überhaupt beim AT – oft Überraschungen, sowohl nach der angenehmen wie nach der enttäuschenden Seite hin.

Aufgrund der sorgfältigen Ergebnisevaluation der Wirkung des AT bei 375 Patienten kommt eine Arbeitsgruppe aus der ehemaligen DDR (Eckert und Mitarb., 1987) zu folgender Rangreihe großer Diagnosegruppen: Patienten mit ausschließlich seelisch verursachten Funktionsstörungen profitieren vom AT mehr als solche mit Neurosen im engeren Sinne. Neurotische Patienten sind jedoch erfolgreicher als psychosomatische (solche mit zusätzlichen Organerkrankungen), und am wenigsten können Menschen mit zusätzlichen Persönlichkeitsstörungen aus dem AT Gewinn ziehen, obwohl auch noch hier eine Indikation besteht!

Auf die Indikation zur Behandlung bei den verschiedenen Störungen wird im Abschnitt über die Anwendung eingegangen. Hier soll zunächst von der *Eignung zum AT* die Rede sein.

Wenig Sinn hat das AT bei Störungen mit *hohem Krankheitsgewinn.* Dieser Gewinn kann ganz vordergründig-materieller Natur sein, er kann auch Ausdruck einer seelischen Störung bedeuten.

Freud schildert einen Fall, bei dem ein Unfall zu einer körperlichen Verunstaltung führte und der Krankheitsgewinn in einer Rente bestand: »Wenn Sie seine (des Patienten) Verunstaltung beheben können, so machen Sie ihn zunächst subsistenzlos.« Ein Motiv, das sich seiner Wiederanpassung entgegenstellte[18]. Es dürfte unmittelbar einleuchten, daß eine Gesundung, die äußere Schwierigkeiten oder materiellen Verzicht mit sich bringt, sehr viel schwerer zu erreichen ist als eine Gesundung mit überwiegenden Vorteilen.

Das ist auch bei einem inneren Verzicht der Fall. Solange beispielsweise ein hysterisch reagierender Mensch durch sein Verhalten sein Geltungsbedürfnis stillt oder es genießt, die Umwelt in Schach zu halten, werden sich diese Störungen kaum behandeln lassen. Die Symptome werden dann dazu neigen, weiterzubestehen und therapieresistent zu sein. Je höher der Krankheitsgewinn, um so geringer ist die Aussicht einer erfolgreichen Psychotherapie, das AT mit eingeschlossen. Bei einem großen Behandlungswiderstand bzw. einer völligen Therapieresistenz ist die dahinterstehende Ursache aufzudecken. Die Feststellung der Persönlichkeitsstruktur und die Diagnose der Neuroseform ist für die Indikation zur Therapie ausschlaggebend.

Jeder Arzt kennt Patienten, die sich zur Behandlung melden mit dem uneingestandenen Wunsch, den Status quo beizubehalten: *Behandlung als Alibi.* Man findet sie besonders häufig unter den Süchtigen (gleichviel, ob es sich dabei um Raucher, Alkoholiker oder andere Süchtige handelt). Es besteht dann ein oft extremes, dem Betroffenen nur teilweise bewußtes Auseinanderklaffen von Streben nach Lustgewinn auf der einen Seite und rationaler Einsicht auf der anderen, der Einsicht in die (»eigentlich«) notwendige Änderung des Verhaltens. Dieses Dilemma wird oft verleugnet.

Es handelt sich bei diesen Patienten um Menschen, die scheinbar behandlungswillig zum Arzt gehen, es aber im Grunde nur tun, um sich eine subjektive Entlastung zu verschaffen: »Ich will ja, aber die Behandlung schlägt nicht an.« Überflüssig darauf hinzuweisen, daß in einem solchen Fall das AT keinen Sinn hat – es sei denn, es wäre vorher ein Wandel der Einstellung, eine Motivierung zur Behandlung durch eine zusätzliche Form der Psychotherapie erreicht worden.

Freud sagte einmal, die Menschheit habe drei Demütigungen durchgemacht. Zuerst durch Kopernikus, der dem Menschen das erhebende Gefühl raubte, Mittelpunkt des Kosmos zu sein, dann durch Darwin, der feststellte, der Mensch gehöre in die Reihe der Säugetiere und befinde sich lediglich auf der obersten Sprosse einer Entwicklungsreihe, und drittens durch Freud, der dem Menschen den Glauben raubte, er könne jederzeit über seine Gedanken und seine Handlungen verfügen: Die eigentlichen Motive hierzu stammten aus dem Unbewußten und seien für den Menschen nur teilweise durchschaubar.[19]

Besonders die letzte Feststellung ist von vielen Menschen auch heute noch nicht akzeptiert worden. Diese vom *Narzißmus* (Eigenliebe) geprägten Menschen sind auf dauernde Selbstbestätigung angewiesen, weswegen sie sich meist nicht zu einer Psychotherapie melden, die ja immer den Menschen (d.h. manche seiner Verhaltensweisen) in Frage stellt. Tun sie es dennoch, so empfinden sie manchmal schon die Wissensvermittlung des Trainingsleiters als »Schulmeisterei«, die Therapie als etwas Unzumutbares, als »narzißtische« Kränkung.

Diesen Menschen ist es unangenehm, sogar unerträglich, fremde Einflüsse (während der Therapie), Vorschläge oder Suggestionen anzunehmen. In diesen Fällen kommt es entscheidend darauf an, den lediglich auslösenden Charakter des gemeinsamen Trainings zu betonen und die *Eigenarbeit des Übenden ganz in den Vordergrund zu stellen*: »Das Gelingen des AT ist zu 99 Prozent Ihr Verdienst.« Nur so ist es möglich, die Betreffenden zum AT zu motivieren.

Menschen, die bewußt oder unbewußt das AT ablehnen, neigen nicht selten zu einer übermäßigen, zwanghaft sich einstellenden Skepsis oder Ablehnung bzw. Abwertung all dessen, was nicht in ihr System, ihre Ideologie paßt oder zu passen scheint. Alles Neue wird abgewehrt; es könnte die bisherige (labile) Ordnung der Dinge stören, und das hieße eine Einbuße an Sicherheit erleiden, was wiederum Ängste auslösen würde. Diese Menschen versuchen die Risiken des Lebens durch eine peinlich genaue Kontrolle aller Lebensabläufe auszuschalten: sie sind ordentlich bis zur Pedanterie, überpünktlich und sparsam, wenn nicht geizig.

Die Motivierung für eine Neuorientierung wird weitgehend davon abhängen, wieweit die charakterliche Zwangsstruktur noch eine Anpassung, d.h. eine Übernahme neuer Verhaltensmuster (wie das AT) zuläßt. Eine Therapiegrenze wird bei den an malignen Zwangssyndromen Leidenden[20] erreicht, die die Übungen sofort zwanghaft ausgestalten.

Sehr vorsichtig sollte man sein mit der Anwendung des AT bei *Hypochondern,* die zu ängstlicher Selbstbeobachtung neigen und immer auf der Suche nach Krankheitserscheinungen am eigenen Körper sind. Meist handelt es sich um Angst vor Geisteskrankheiten, vor tödlichen Erkrankungen (Hirntumoren, Schlaganfällen, Herzschlag) oder vor schleichenden Erkrankungen (Krebs, »Rückenmarksschwindsucht«) – also um Angst vor Verlust geistiger oder körperlicher Integrität. Soll für diese Störungen das AT angewendet werden, so ist vorher zu prüfen, ob der Übende imstande sein wird, anstelle der ängstlichen Selbstbeobachtung Gegenvorstellungen zu entwickeln, die jene verblassen oder im Idealfall verschwinden lassen.

Eine *absolute Kontraindikation* betrifft ausgeprägte Psychosen, insbesondere manche Arten der Schizophrenie. Die beim Üben eintretende Bewußtseinsveränderung und Regression könnte die bei Psychosen bestehenden hyponoischen Funktionsstörungen im ungünstigen Sinne fördern. Die Indikation zum AT kann hier nur durch den behandelnden Psychiater gestellt werden, auf Grund einer gründlichen Kenntnis der betroffenen Persönlichkeit und der Art der Störung. Ist diese Kenntnis gegeben, so kann auch bei Schizophrenen die positive Wirkung der dem AT eigenen »Resonanzdämpfung der Affekte« genutzt werden[21]. Ähnlich verhält es sich mit der Indikation bei schweren Persönlichkeitsstörungen. Insbesondere für Patienten, deren innere Unruhe so groß ist, daß ihnen auch nur kurzes Stillsitzen große Anstrengung bereitet, oder die in Gefahr sind, durch den im AT erlebten Kontrollverlust (Augenschluß) in sie bedrohende Erlebnisweisen hineinzukommen, sollte der Einsatz des AT kritisch abgewogen werden. Dies gilt vornehmlich bei den sog. frühen Persönlichkeitsstörungen (narzißtische Persönlichkeit, Borderline-Störungen, multiple Persönlichkeit).

Depressiv Kranke werden das AT nur dann erlernen können, wenn ihre Symptome nicht allzu ausgeprägt sind, d.h. es dürfen die Antriebshemmung, die Konzentrationsstörung, die innere Unruhe und Grübelsucht einen bestimmten Grad nicht überschreiten. Dies gilt aber in ähnlicher Weise für viele schwerere Krankheitsbilder wie z.B. starke Schmerzsyndrome oder anhaltender Schwindel – hier ist der AT-Therapeut gefordert, der Situation des Patienten angemessene Modifikationen zu entwickeln.

Ein Autor weist auf *Übertragungsphänomene* (konflikthafte Gefühlsentwicklung beim Patienten gegenüber dem Arzt) im Zusammenhang mit der Wärmeübung im kleinen Becken bei Sexualstörungen hin[22]. Wir nehmen an, daß bei Einzelbehandlungen unerwartete Übertragungen sehr viel häufiger auftreten, als berichtet wird. Auf solche Entwicklungen innerhalb von Gruppen (*Gruppendynamik*), z.B. heftige Rivalitäten der Mitglieder untereinander oder Affektentwicklungen gegenüber dem Leiter, geht Kap. 13, 3 ein.

Als Kuriosität sei eine Komplikation des AT erwähnt, über die in der Literatur berichtet wurde: Bei der Wärmeübung erlitt ein Patient, der von einer lange zurückliegenden Bauchoperation innere Narbenstränge (Briden) hatte, einen Darmverschluß[23]. Solche Ereignisse sind natürlich äußerst selten.

13. Kapitel
Einzeltraining oder Gruppentraining?

1. AT im Alleingang?

Die Antwort auf die Frage, ob man das AT im Alleingang, d.h. ohne Lehrer lernen kann, nur gestützt auf sachliche Unterlagen wie Zeitungsartikel, Bücher, Fernsehen, Ton- und Videokassetten sowie Compactdiscs, wie sie heute massenhaft angeboten werden, lautet: Das ist zwar möglich, doch ist ein Erfolg unwahrscheinlich. Für das Mißlingen gibt es mehrere Gründe:

Die Fehler, die sich beim Lernprozeß einschleichen, haben die Eigenschaft, sich zu summieren, so daß man relativ oft in Sackgassen gerät. Werden dem Übenden die Gründe hierfür durchsichtig, so kann er zwar den richtigen Weg wiederfinden, immer aber sind Umwege, Zeitverlust, Enttäuschungen, gelegentlich Resignation damit verbunden.

Als Unikum erlebte ich einen solchen Einzelgänger, der, ohne das AT zu kennen, ein eigenes System zur Beseitigung einer hartnäckigen Schlaflosigkeit suchte. Dieser Patient war klug, introspektiv, kam aber mit seinem System nicht weiter. In den Stunden seiner Schlaflosigkeit hatte er seine verschiedenen Körperempfindungen registriert und dabei festgestellt, daß bei entspannter, völliger Ruhe seine Gliedmaßen »verschwanden« – ein Vorgang, der den meisten Menschen gelegentlich widerfährt. Der Mann überlegte nun folgendes: »Wenn es mir gelingt, mich ganz verschwinden zu lassen, so muß auch mein Bewußtsein schwinden, dann muß ich ja schlafen.« Er trainierte also auf »Verschwindenlassen«, zuerst der Gliedmaßen, dann des Rumpfes, der Atmung (eine sehr gute Leistung!), des Kopfes. Im Kopf blieb aber eine kleine Stelle, in der er dachte, und dieses Denken konnte er nicht abstellen und daher auch nicht schlafen. Bei diesem Mißerfolg spielen mehrere Fehler eine Rolle: die Verwechslung von Bewußtlosigkeit und Schlaf, das Festhalten am intentionalen Denken, die mangelnde Passivierung. Dieser Mißerfolg wäre unter Anleitung zu vermeiden gewesen.

Außer dem Sich-Verirren in Sackgassen, mit Zeitverlust und Enttäuschungen, birgt der Alleingang auch ein höheres Risiko für Zwischenfälle, insbesondere bei der medizinischen Anwendung des AT, die ein Verständnis für physiologische Zusammenhänge voraussetzt. Alles, was bei den Schwierigkeiten im AT-Verlauf besprochen werden wird, gilt für den allein Trainierenden ganz besonders. Jeder, der einige Kurse als AT-Leiter durchgeführt hat, weiß um die vielfältigen neuen Erlebnisse und oftmals banalen Probleme, die von Kursteilnehmern besorgt nach den ersten AT-Übungen berichtet werden, und welche einfachen Empfehlungen und *persönlichen* Hilfestellungen dem Lernenden oft schon unmittelbar in der Übungssitzung helfen können. Jeder kennt auch das Phänomen, daß sich aus harmlosen Erlebnissen während der Übung bei manchen Menschen Blockaden gegen das AT aufbauen, die völlig unnötig sind und anfangs durch einfache individuelle Erklärungen gelöst werden könnten. Werden die Übenden mit ihren Empfindungen alleingelassen, kommt es immer wieder zum vorzeitigen Abbruch und zu einer negativen Voreingenommenheit gegenüber dem AT, die später ein schwer zu überwindendes Hindernis bei einem erneuten Lernversuch darstellt.

Im übrigen ist es für den Alleingänger, der auf eine Direktvermittlung durch einen Fachmann verzichtet und sich statt dessen an indirekte Vermittlungen hält, sehr schwer, die Qualität der angebotenen Systeme zu beurteilen. Bei den meisten AT-Fernkursen muß man sich sowieso entschließen, die Katze im Sack zu kaufen. Bei den Fachbüchern, die ausschließlich dem AT gewidmet sind, ist eine Beurteilung durch den Nichtfachmann noch viel schwerer: Im Klappentext findet man nicht selten Hinweise für das Allein-Erlernen des Trainings, was von den Autoren im selben Buch abgelehnt wird.

Hinderlich ist oft die Scheu vor dem Nervenarzt oder die Befürchtung, durch eine nervenärztliche Behandlung zum »Nervösen« oder gar zum »Nervenkranken« gestempelt zu werden. Ist diese Angst vor einer Stigmatisierung zum psychisch Kranken erst einmal überwunden, lassen sich die anfangs bei der Durchführung des AT noch vorhandenen Zweifel durch den erfahrenen Übungsleiter rasch auflösen.

Alles in allem kann man sagen, daß die Aufgeschlossenheit für medizinisch-psychologische Verfahren heute wesentlich größer ist als in der Vergangenheit, was sicherlich nicht nur eine modische Erscheinung ist, sondern auch auf einem echten Bedürfnis beruht.

2. Die Leitung des AT

In zunehmendem Maße sind heute Patienten selbst daran interessiert und willens, ihren Anteil zu ihrer Gesundung beizutragen. Immer mehr wird daher nach einer Möglichkeit zum AT gesucht. Diese AT-willigen Menschen müssen häufig feststellen, daß es schwer ist, einen Arzt zu finden, der das Training vermittelt. Der Mangel an Fachkräften führt zu Kompromissen, bei denen keinem der Beteiligten ganz wohl ist. In den Volkshochschulkursen für AT sind die Gruppen oft viel zu groß;

Gruppengrößen von mehr als 20 Teilnehmern sind keine Seltenheit. Im Bereich der Reha-Kliniken (Kurkliniken) wird das AT oft an gutwillige, aber unerfahrene Mitarbeiter delegiert. Oder die Vermittlung des AT übernehmen Psychagogen, Physiotherapeuten, Krankengymnasten oder andere Berufsgruppen ohne spezifische Ausbildung. Nicht selten bekommt der Patient das Übungsheft »zu unkontrolliertem Selbstprobieren verabfolgt« mit den Worten »Nun lernen Sie das mal!«[1]. In der ärztlichen Praxis oder beim niedergelassenen Psychotherapeuten erfolgt die Vermittlung des AT notwendigerweise auch in Gruppen, da diese Leistung vom Honorar her unterbewertet ist. Das Einzel-AT in der Praxis wird bisher vom Idealismus des Therapeuten getragen.

Inzwischen gibt es zwar in Deutschland genug im AT qualifizierte Ärzte; deren Aufgabenbereich in Klinik und Praxis läßt jedoch häufig zu wenig Zeit für solche Tätigkeiten. Trotzdem wird von ärztlicher Seite oftmals betont, daß nur Ärzte das AT ausführen dürften, obwohl eine Reihe von Psychologen fähig und willens ist, das AT qualifiziert durchzuführen. Ist denn die Vermittlung des AT wirklich nur vom Arzt zu leisten?

Es wird als selbstverständlich erwartet, daß ein *AT-Leiter* die Methodik selbst beherrscht. Die Beherrschung der Tätigkeit, die man vermittelt, ist die Grundlage eines jeden Lehrberufes.

Die praktische Kenntnis dessen, was bei einer Tätigkeit vor sich geht, ermöglicht die beste Einfühlung, und diese befähigt erst den Theoretiker, sein Wissen zu vermitteln.

Die Sachkenntnisse bei der Unterstufe des AT betreffen in erster Linie physiologische Abläufe. Auf anatomischen und physiologischen Kenntnissen beruht nicht nur die lebendige Vorwegnahme dessen, was geschehen soll, sondern – fast noch wichtiger – das Erkennen und Erklären von Fehlentwicklungen, von unvorhergesehenen Schwierigkeiten und das richtige Verhalten bei überraschenden Zwischenfällen. Bei Besprechung der Gefahren des AT wird davon noch die Rede sein.

Die Kenntnis der psychischen Abläufe, zu deren Erfassung psychologisches bzw. psychodynamisches Wissen gehört, ist bei den AT-Gruppen ebenso nötig, wie das Wissen um die Verhaltensspielregeln unter den Gruppenteilnehmern und die gruppendynamischen Vorgänge.

Das AT kann aus den verschiedensten Gründen geübt werden, u.a. zur Beseitigung von vegetativen, psychischen oder psychosomatischen Störungen; oder aber als »innere Gymnastik«, die »ebenso wie die äußere Bewegungsgymnastik zu einem Bestandteil normaler Gesundheitspflege gemacht werden kann«.[2] Die Oberstufe dient der meditativen Vertiefung der AT-Unterstufe. Für die Vermittlung der Oberstufe ist sicherlich eine psychotherapeutische Kompetenz und Ausbildung notwendig.

Allen Aufgaben und Handlungen des AT-Leiters geht die Auswahl der Trainingsteilnehmer voraus. Man muß wissen, was man mit dem AT behandelt. Wird, wie bei Coué *jede* Art von Schmerz behandelt und das womöglich über längere Zeit, so verstößt dies gegen die Gesetze der ärztlichen Kunst. Vor dem Beginn jeden Trainings muß eine Diagnose gestellt werden. Insofern ist die Forderung von Schultz, das AT gehöre nur in die Hand des Arztes, historisch nachvollziehbar.

Psychotherapeutische Kompetenz ist jedoch beim heutigen Ausbildungsstand in Deutschland nicht mehr von der Berufszugehörigkeit (Arzt oder Psychologe) abhängig. Qualität der Ausbildung, psychotherapeutische Erfahrung und Fähigkeit sind eindeutig wichtigere Variablen als der Ausgangsberuf des Psychotherapeuten. Man muß hier auch berücksichtigen, daß der Ausbildungs- und Erfahrungsstand von Psychologen heute völlig anders aussieht als zu den Zeiten von J. H. Schultz. Auch wurde aufgrund banalen ärztlichen »Futterneides« die Gefährlichkeit des AT in der Hand von Nichtärzten oft stark überbetont.

Einen realen Vorteil der *ärztlichen* Ausbildung für die Durchführung des AT stellen in der Tat die Kenntnisse der physiologischen Funktionen und Dysfunktionen dar. Demgegenüber verfügen *Psychologen* beispielsweise über bessere Kenntnisse der Lerngesetze und Lernsystematik, die, wie ausgeführt (s. Kap. 3), für das AT eine große Bedeutung haben. Daß beim geringsten Verdacht auf psychische und körperliche Störungen eine *medizinische Abklärung,* vor allem im Sinne einer *Differential- und Ausschlußdiagnostik*, zu erfolgen hat, ist auch für Diplom-Psychologen selbstverständlich. Für Patienten ist es ohnehin nicht in erster Linie der ärztliche Berufsstatus, der ein Vertrauensverhältnis begründet, sondern es werden andere Faktoren wirksam.

Befragt nach den drei wichtigsten Eigenschaften ihres Arztes und AT-Leiters antworteten Patienten wie folgt[4]:

1. Ethische Einstellung	66 Prozent
2. Klarheit der Diagnose	62 Prozent
3. Ärztliches Engagement	51 Prozent
4. Sicherheit in den Entscheidungen	35 Prozent
5. Wissenschaftliche Kenntnisse	33 Prozent
6. Bereitschaft, Zeit einzubringen	12 Prozent
7. Offenheit	12 Prozent
8. Uneigennützigkeit	11 Prozent
9. Menschliche Wärme	8 Prozent
10. Autorität	5 Prozent

Die Liste zeigt, wie hoch persönliche Qualitäten bewertet werden.

Jenseits der fachlichen und menschlichen Kompetenzen gibt es heute klare *Kriterien* für die *Qualifikation* zur Durchführung des AT. Diese legen die Grundausbildung, das Ausmaß der theoretischen Kenntnisse, das Ausmaß der praktischen Erfahrung unter Anleitung (Supervision) und die notwendige Selbstreflexion (Balintgruppe) fest. Diese Standards werden von wissenschaftlichen Fachgesellschaften, die auch in der Regel die Ausbildung koordinieren, erarbeitet.

Wie wichtig Fragen der Aus- und Weiterbildung sind, belegt eine Befragung von 16 Kursleitern aus einer südwestdeutschen Region und 530 ihrer ehemaligen Kursteilnehmer (Thielen u. Mitarb., 1993). Die Ergebnisse weisen auf eine relativ große Heterogenität in den Durchführungsmodalitäten der Einführungskurse zur Grundstufe des AT hin.

Ein anderer wichtiger Aspekt zu diesem Thema wurde in einer Arbeit von Krampen (1993) bei Diplom-Psychologen untersucht: Wie wirkt sich die Fortbildung zum Kursleiter für die Unterstufe des AT auf die sonstige berufliche Kompetenz aus? Das fünfstufige Ausbildungskonzept beinhaltet Selbsterfahrung mit der Methode des AT, theoretische Grundlagenarbeit, Anwendungen der Methode, psychologische Interventionstechnik und kritische Bewertung der eigenen Tätigkeit bis hin zu Forschungmethoden. Krampen kam zu der Einschätzung, daß die

Ausbildung in AT als eine Möglichkeit für den Erwerb psychologischer Basiskompetenzen in allen Bereichen der angewandten Psychologie sowohl im Hauptdiplomstudium als auch in der klinischen Fortbildung von Psychologen eingesetzt werden sollte. Dadurch wird auch bestätigt, was in der ärztlich-psychotherapeutischen Ausbildung schon lange realisiert ist: Das AT ist ein Pflichtteil der Weiterbildung.

3. Die therapeutische Gruppe

Das AT wird meist in einer Gruppe erlernt, wobei man unter Gruppe eine Anzahl von Menschen versteht, die sich zur Erreichung eines gemeinsamen Zieles für eine gewisse Zeit zusammenfindet[5]. Ist das Anliegen der Gruppe ein therapeutisches, so spricht man von einer therapeutischen bzw. psychotherapeutischen Gruppe. Die Gruppen-Psychotherapie ist in den zwanziger Jahren dieses Jahrhunderts in Krankenhäusern entstanden, in denen ein Mangel an Psychotherapeuten bestand, der es unmöglich machte, alle Patienten einzeln zu behandeln. Bald stellte man fest, daß die Gruppenbehandlung nicht nur wirtschaftlicher war, sondern auch günstigere Auswirkungen hatte als die Einzelbehandlung. Im besonderen Maße gilt das für das AT. In einem Vortrag[6] berichtete Schultz, »daß, wenn im Einzelleistungsversuch eine gewisse annähernd konstante Höchstleistung erreicht wurde, bei Einführung der VP in eine Leistungsgruppe erhebliche Erhöhungen des Effektes erschienen«. Aufgrund dieser Feststellung sind im Laufe der letzten Jahrzehnte eine große Anzahl gruppentherapeutischer Methoden entwickelt worden.

Bei den Therapiegruppen unterscheidet man zwischen offenen und geschlossenen Gruppen. Charakteristisch für die *geschlossene* Gruppe ist die konstante Anzahl von Mitgliedern, die gemeinsam einem Gruppenziel zustreben. Geschlossen ist auch die AT-Gruppe, was in der Praxis nicht verhindert, daß die Anzahl der Mitglieder im Laufe eines Kurses abnimmt oder gelegentlich durch Teilnehmer, die aus äußeren Gründen (Urlaub, Krankheit) aus anderen Gruppen ausscheiden mußten, ergänzt wird. Die Gruppe bleibt aber in sich geschlossen.

Die *Größe* der AT-Gruppe kann sehr verschieden sein. Schultz hatte (z.B. bei den Lindauer Psychotherapie-Wochen, Anfang der fünfziger Jahre) in seinen Fortbildungsgruppen oft mehrere hundert Teilnehmer. Sehr groß können auch AT-Gruppen im Rahmen von Volkshochschulen werden. Die günstigste Anzahl für eine AT-Therapiegruppe liegt bei zwölf bis fünfzehn Teilnehmern. Bei psychosomatischen Patienten ist eine Gruppengröße von nicht mehr als acht bis zehn Teilnehmern sinnvoll, ähnlich wie in der Gruppenpsychotherapie. Darüber hinaus wird der Kontakt der Gruppenteilnehmer untereinander und zum Gruppenleiter (und umgekehrt) zu dünn: Bei einer AT-Gruppe wird erwartet, daß jeder einzelne Teilnehmer nicht nur über seine eigenen Erfolge und Mißerfolge berichtet, sondern auch den Mitteilungen der anderen Gruppenteilnehmer über deren Erfahrungen aufmerksam folgt.

Die psychotherapeutischen Gruppen sind aufgefächert nach stark voneinander abweichenden Behandlungsmethoden, unter denen die AT-Gruppe ihre Sonderstellung hat. Sie erscheint auf den ersten Blick als reine *Lerngruppe*, es gelten aber auch für sie eine ganze Reihe von Eigenheiten, die sowohl das Verhalten der Einzelmitglieder als auch die ganze Gruppe betreffen.

Zur Illustration der *Gruppendynamik* sei über folgenden Versuch[7] berichtet:

Zwei sich entsprechende Gruppen von Hausfrauen wurden in zwei verschiedene Situationen gebracht. Die erste Gruppe diskutierte über den Wert eines bestimmten Fruchtsaftes für Kinder und gelangte zu dem Schluß, daß er als Kindernahrungsmittel zu empfehlen sei. Die zweite Gruppe hörte einen Vortrag mit überzeugenden Argumenten für den Wert desselben Saftes. In den vier Wochen, die dem Experiment folgten, benutzten 32 Prozent der Frauen der ersten Gruppe im Vergleich zu 3 Prozent der Frauen der zweiten Gruppe diesen Saft.

Aktive Beteiligung der Teilnehmer einer Gruppe macht diese also ungleich effektiver.

Über die Erhöhung des Trainings-Effektes[8] innerhalb der Gruppe macht Schultz »psychologische Sammelfälle« verantwortlich, die sich nicht auf eine Kurzformel bringen lassen.

»Geltungstendenzen, Sicherung durch das Gruppenerlebnis, bewußtes oder unbewußtes Wahrnehmen von besseren Leistungstechniken anderer, Stimmungshebung durch den Zusammenklang gleichgerichteten Tuns.« Das bedeutet: *Die emotionalen Beziehungen der Gruppenteilnehmer untereinander werden gefördert.* Weil der einzelne sich verstanden oder angenommen fühlt, wird er ermutigt, sich zu motivieren. Damit wird eine Imitation gefördert (»suggestives Klima«), die sich zu einer Identifikation der Gruppenteilnehmer untereinander oder mit dem Gruppenleiter steigern kann. Innerhalb der Gruppe wird der Lernprozeß aktiviert. Man wird dazu angeregt, das zu tun, womit andere Erfolg haben oder zu haben scheinen (suggestive Wirkung des Erfolges). (Vgl. auch das über das Beobachtungslernen Gesagte.)

Nach einer kurzen Zeit der Eingewöhnung verhalten sich Teilnehmer in kleinen Gruppen aufmerksamer, lebendiger als bei Einzelübungen. Die Aufnahmebereitschaft (Suggestibilität) ist erhöht. Es kommt zu einer Entfaltungsreaktion[9]. Innerhalb einer Gruppe reagiert der einzelne leichter auf Suggestionen, insbesondere auf sog. Prestige-Suggestionen, d.h.: »Es besteht die Tendenz, das zu glauben oder zu tun, was aus sozialen Motiven naheliegt«,[10] z.B. was die Mehrheit für richtig hält. Der Wirkungsanstieg innerhalb einer Gruppe entsteht auch durch den persönlichen Ehrgeiz innerhalb einer Wettbewerbssituation. Er führt zu einem »sozialen Gewinn«.

Durch Berichte der verschiedenen Teilnehmer über Erfahrungen werden die eigenen Erfolge bestätigt, ebenso wird die Notwendigkeit, eigene Mißerfolge auszuschalten, verdeutlicht. Es kommt zu einer Rückkoppelung, zu einem Feedback-Effekt. (Kybernetisch gesehen handelt es sich bei der Gruppe um einen künstlichen Reglerkreis.) Werden Fehler, die man selber macht, bei anderen Gruppenteilnehmern besprochen, so ist dieses ein größerer Anreiz, den eigenen Fehler zu beseitigen, als wenn man selber auf ihn angesprochen wird. Diese indirekte Beeinflussung ist immer wirksamer als die direkte; es läßt sich eine Parallele ziehen zur größeren Wirksamkeit der unabsichtlichen Suggestion im Vergleich zur absichtlichen.

Aufgrund der erhöhten emotionalen Aufgeschlossenheit kommt es zu einer Steigerung der Aufmerksamkeitsspannung

(Erhöhung der Vigilanz), die die Teilnehmer zu intensiverer und detaillierterer Erfassung der Vorgänge befähigt.

Neben dem gesprochenen Wort (bestimmte Hinweise) und der Vorführung einzelner AT-Abläufe spielen zwischen den einzelnen Gruppenteilnehmern untereinander und diesen und dem Gruppenleiter ein unausgesprochenes Verhalten, »die Resonanz«, die »Empathie«[11], die »Einfühlung«, das »innere Mitmachen«[12] eine große Rolle als averbales Kommunikationsmittel. Zu diesen Einflüssen gehören auch die Auswirkung der Persönlichkeit des AT-Leiters, die Suggestivatmosphäre der Gruppe, die »ansteckende» Wirkung mancher Verhaltensweisen (man denke an das Lachen oder Gähnen). All diese Vorgänge können als Auslöser oder als Verstärker wirken, ohne daß man hierbei genau bestimmen kann, was passiert. Diese Einflüsse sind in der Gruppe besonders wirksam; so wird in der zweiten Stunde recht häufig berichtet: So gut wie in der ersten Stunde (in der Gruppe) sei die Übung zuhause (allein) nicht wieder gelungen.

Die emotionale Beziehung der Gruppenteilnehmer untereinander und zum AT-Leiter ist Teil einer allgemeinen Übertragungstendenz, die in der Gruppe in erhöhtem Maße wirksam wird, wobei unter Übertragung die unbewußte Wiederbelebung kindlich-emotionaler Bindungen (meist an nahestehende Familienmitglieder) im Erwachsenenalter gemeint ist. In der Neurosenbehandlung ist die Übertragung das Medium, in dem in der Kindheit verdrängte Emotionen reaktiviert werden, um dann bearbeitet zu werden. In der psychoanalytischen Gruppe kommt der Übertragung (auf den Einzelteilnehmer, auf den Gruppenleiter, auf die Gesamtgruppe) eine ausschlaggebende Rolle zu, aber auch in einer Arbeitsgruppe darf man deren Bedeutung nicht unterschätzen: In der AT-Gruppe ist der Gruppenleiter immer eine emotional besetzte Figur. Unter dem Schutz der »verstehenden Mutter«, des »wohlwollenden Vaters« nimmt der Gruppenteilnehmer leichter Vorschläge an, fühlt sich verstanden und traut sich mehr zu. Je weniger neurotisch ein Teilnehmer ist, um so weniger neigt er zu heftigen Übertragungen und um so schneller wird eine emotionale Bindung an den Gruppenleiter sich wieder lösen. Das geschieht durch dessen Verinnerlichung (Introjektion): Wohlwollen, Verständnis des Gruppenleiters, verbunden mit seinem methodischen und sachlichen Wissen werden vom Teilnehmer übernommen, interiorisiert, dem Ich integriert. Am Ende des Kurses kommt es dann zu einer Lösung vom Gruppenleiter, womit dieser für den Einzelteilnehmer entbehrlich wird.

Außer der geschilderten positiven Übertragung gibt es auch eine negative, die dazu führt, daß der Teilnehmer unverarbeitete, aus der Kindheit stammende Haß-, Eifersuchts- und Aggressionsgefühle, zwiespältige Einstellung zu den Eltern, nunmehr auf andere Gruppenteilnehmer oder den Gruppenleiter überträgt. Es kommt dann zu Trotzreaktionen, Aggressionen, passivem Widerstand, der die Gruppenarbeit empfindlich stören kann. Ein solches Verhalten sollte (soweit irgend möglich) in parallel laufenden Einzelbehandlungen verarbeitet werden. Schwere Neurosen mit heftigen Übertragungsreaktionen und der Neigung zum Ausleben unbewußter Tendenzen gehören nicht in eine AT-Gruppe, sondern in eine analytische Gruppe. Die Indikation zur Trainingsgruppe oder zur analytischen Gruppe betrifft sehr unterschiedliche Störungen, so daß es, bei vorheriger Diagnosestellung, nur selten vorkommen wird, daß für das AT ungeeignete Menschen an der Gruppe teilnehmen.

Von der Rolle des Gruppenleiters als AT-Spezialist und Informationsvermittler war schon die Rede. Man sollte jedoch nicht übersehen, daß unbewußte Motive beim Gruppenleiter sich genauso auswirken und damit das Klima der Gruppe und die emotionale Beziehung zum einzelnen Teilnehmer beeinflussen. Man spricht hier von *Gruppenübertragung.* Bei allen therapeutischen Gruppen und Arbeitsgruppen kommt es in allererster Linie immer wieder auf die Rapportfähigkeit des Leiters an. Man versteht darunter[13]: »die Möglichkeit des Therapieleiters, sich mit jedem Mitglied der Gruppe, das ihm anvertraut ist, rasch in innere Beziehung setzen zu können«.

Vom Gruppenleiter wird erwartet, daß er einen emotionalen Gleichklang in der Gruppe herstellt, zumindest für gegenseitige Anerkennung oder Wohlwollen sorgt. Auf jeden Fall sollten negative Emotionen des Gruppenleiters gegenüber dem Einzelmitglied (Ungeduld, Aggressivität) ausgeschlossen werden. Das kann nur geschehen, wenn ihm seine eigenen Emotionen durchsichtig sind. Daher fordern die psychoanalytischen Schulen von jedem Arzt, der mit Neurotikern umgeht, eine Lehranalyse[14]. In der Arbeit mit Arztgruppen konnte Balint nachweisen, daß der einzelne Arzt eine ihm bewußte, aber sehr bestimmte Vorstellung vom Patienten hat und daß er auch erwartet, daß der Patient sich dieser Vorstellung entsprechend verhält. Balint unterschied danach u.a. den doktrinären, den schützenden und den mahnenden Arzt.

Im Zusammenhang mit dem AT ist der Unterschied zwischen *autoritärer* und *demokratischer* Führung einer Gruppe bedeutsam[15]. Der autoritäre Führer trifft alle Entscheidungen selber und erwartet deren Übernahme durch die Einzelteilnehmer; der demokratische Führer geht auf die einzelnen Diskussionsbemerkungen in der Gruppe ein und paßt sich ihnen in seinen Entscheidungen an. In bezug auf die Wirksamkeit leistet die autoritäre Gruppe am meisten, doch bleiben die Gruppenteilnehmer, da die Fremdbestimmung und Fremdsuggestion vorherrscht, unselbständig. Die demokratischen Gruppen dagegen sind zufriedener, sie behalten ihre Aktivität auch in Abwesenheit des Gruppenleiters bei.

> Selbstbestimmung und Selbstverfügung der Einzelmitglieder als Ziel des AT schließen demnach – im Gegensatz zur Hypnose – eine autoritäre Führung aus.

Das Dilemma der Gruppenführung beruht darauf, daß, insbesondere zu Beginn, beim AT eine gewisse Führung nötig ist, auf der anderen Seite das Gruppenmitglied gerade durch das AT selbständig werden soll.

Die bisher besprochenen Gruppengesetzmäßigkeiten: Verstärkerwirkung der Gruppe auf Gefühle (Battegay), die verstärkte »multiple« Übertragungsneigung, die höhere Effizienz der Lernvorgänge werden unter dem Begriff der Gruppendynamik zusammengefaßt. Auf einige weitere Vorgänge, die ebenfalls unter diesen Begriff fallen, soll noch eingegangen werden.

Die *Motive zur Gruppenarbeit* werden durch die Gruppenmajorität festgelegt. Vom Gruppenleiter veranlaßt, werden sie durch die Gruppe akzeptiert, diskutiert und auf diese Weise wirksamer. Es entsteht eine *Gruppennorm* mit stark motivierender Wirkung auf die Einzelteilnehmer. Diese zunehmende Wirksamkeit läßt sich experimentell nachweisen: Läßt man die Teilnehmer einer Gruppe nacheinander den Pendelversuch ausführen, so gelingt der Versuch immer besser. Ob man hierbei von »Ansteckung« oder »Verstärkerwirkung«[16] oder von einer Prestigesuggestion oder von einer Majorisierung der Gruppenmotivation durch die zunehmende Anzahl erfolgreicher Teilnehmer spricht, spielt keine Rolle.

Unter *Konvergenz der Standpunkte* ist die Neigung innerhalb einer Gruppe zu verstehen, die Meinungen der Einzelteilnehmer einander anzugleichen. Dieser Konvergenzvorgang nimmt mit der Dauer des Bestehens der Gruppe zu. Anders gesagt: Die individuelle Streuungsbreite der Ansichten nimmt während einer Gruppendiskussion ab, es besteht die Neigung, sich gemeinsam auf einen Standpunkt festzulegen, an dem allerdings der AT-Leiter aufgrund seiner Erfahrung maßgeblich beteiligt ist. Dieses Entstehen einer Gruppennorm fördert die Gruppenarbeit im Sinne einer einheitlichen Ausrichtung erheblich. Man spricht auch von *Sollwerteinstellung.*

Unter dem Schutz des einigenden Bandes der Gruppe, das in ihrer Zielvorstellung besteht, und aufgrund einer sich entwikkelnden normativen Funktion treten individuelle Wünsche zurück, der Einzelteilnehmer paßt sich an. Diese Anpassung durchläuft mehrere Stufen: die Gruppe als Leidensgemeinschaft (»die haben doch alle ihre Schwierigkeiten, sonst wären sie nicht hier…, wir sitzen ja alle im selben Boot«) – das Erlebnis des Angenommenwerdens – das Erlebnis der Unterstützung durch die anderen – der Mut zur Motivierung (die von der Gruppe gemeinsam gefunden und unterstützt wird) – die Aktivierung (»ich mache mit«).

Zu Beginn eines AT-Kurses treffen zwölf bis fünfzehn Menschen zusammen – es entsteht eine Gruppe. Durch den gemeinsamen Wunsch, das Training zu erlernen, bekommt diese Gruppe ein Gesicht, eine geordnete, variable Strukturierung, eine Rangordnung entsteht, in der die Teilnehmer eine bestimmte *Rolle* einnehmen, die sich aus einem anfänglich »unstabilen, plastisch noch nicht voll fixierten Verhalten« entwickelt.

In der Bezeichnung der Rollen folgen wir (im wesentlichen) A. Friedemann[17]. Die Einzelrollen (Positionen) werden mit griechischen Buchstaben bezeichnet:

α-Position: die Kernfigur, der Führer, der Repräsentant der Gruppe; er agiert, anstatt zu argumentieren;

β-Position: der Fachmann, der Könner, der Sachverständige;

γ-Position: die »anonymen Gruppenmitglieder«, unterteilt in den Anhänger, Indifferenten und Mitläufer;

ω-Position: der Prügelknabe bzw. das Mauerblümchen.

Hinzu kommt der Gegenpart, der Gegenspieler zum Gruppenführer, der Teilnehmer, auf den die Gruppe ihre Aggressionen ablädt.

Es gibt noch weitere Rollen, z.B. den »Feind«, der leicht gereizt reagiert und in der Opposition ist.

Es ist Aufgabe des Gruppenleiters, dafür zu sorgen, daß die einzelnen Rollen nicht zu intensiv werden und nicht zu lang beibehalten werden oder sich festfahren und damit die Gruppenarbeit gefährden. »Der Therapeut muß Brücken bauen.«

Die Rollenkonstellation ist in jeder Gruppe verschieden. Beim AT wird der Leiter bedacht sein, den Führer und den Könner zu einer produktiven Gruppenarbeit anzuregen und sie zu Co-Therapeuten zu machen. Das Mauerblümchen sollte bald aus seiner Rolle erlöst werden und Anerkennung finden. Die Kritik vom Gegenpart, vom »Geist, der stets verneint«, läßt sich oft in konstruktive Überlegungen des Leiters einbauen.

Zu Beginn dieses Abschnittes wurde erwähnt, daß Schultz das Gruppentraining für wesentlich effektiver hält als das Einzeltraining. Inzwischen ist deutlich geworden, woran das liegt.

> Im AT-Gruppentraining verstärken sich die Wirkungen des AT und der Gruppe gegenseitig; vieles am AT kommt erst in und durch die Gruppe zu voller Entfaltung.
>
> Das Einzeltraining ist im Sinne einer psychotherapeutischen Behandlungssituation für Patienten notwendig, die eine schwerere Störung haben und darüber hinaus nicht oder nur bedingt gruppenfähig sind.

Bezüglich des *Kursablaufes* finden sich in der Literatur vielfältige, teilweise gut begründete Varianten.

In Mainz wurde Anfang der achtziger Jahre von einer Arbeitsgruppe (Derra, Reuter, Sikorski, Stephan) folgender Ablauf für die Vermittlung des AT in Kursform (Praxis des niedergelassenen Arztes oder Psychologen, Kurs bei der Volkshochschule oder Krankenkasse u.ä.) entwickelt:

Gesamtdauer des Kurses: zehn Wochenstunden à 60 Minuten (dadurch werden die Übenden über eine Lernphase von ca. drei Monaten begleitet).

1. Einführung / Schwereübung rechter Arm
2. Austausch über auftretende Probleme / Hilfestellungen Schwereübung Arme und Beine
3. Ausführliche Darstellung der physiologischen Grundlagen des AT / Wärmeübung rechter Arm
4. Wärmeübung Arme und Beine / Austausch über Umsetzung der Übungen in Alltagssituationen
5. Kurzformel Ruhe-Schwere-Wärme / Anwendungsmöglichkeiten des AT bezogen auf konkrete Probleme der einzelnen Teilnehmer
6. Atemübung
7. Leibübung
8. Herzübung
9. Nacken-Kopf-Stirnübung
10. Formelhafte Vorsatzbildung

In Ergänzung zu dem sonst üblichen Vorgehen kündigt der Kursleiter schon in der ersten Stunde an, daß er im Verlauf der Sitzungen immer wieder kurze (fünf- bis zehnminütige) *Informationseinheiten* zu Themen wie Streß, Schlafstörungen, AT und Sport, AT und Ernährung, Sucht, Angst u.ä. präsentieren wird; dadurch wird die Motivation zur regelmäßigen Teilnahme erhöht und die Abbruchrate vermindert. Darüber hinaus erhalten die Teilnehmer vielfältige Anregungen zur kritischen Betrachtung der eigenen Lebensweise. Diese Informationseinheiten werden sehr strukturiert vorbereitet und flexibel – je nach Gruppenablauf – an passender Stelle eingefügt. Ansonsten orientiert sich der Kursverlauf überwiegend an den individuellen Bedürfnissen der Teilnehmer, und ein Austausch der Teilnehmer untereinander wird immer wieder gefördert.

Binder (1993) schlägt gemäß der durch die Psychotherapierichtlinien vorgegebenen Bemessungsgrenze von zwölf Sitzungen, die Aufteilung des AT in einen Grundkurs (sieben Stunden) und einen Aufbaukurs (fünf Stunden) vor.

Grundkurs: 1. Schwereübung 2. Wärmeübung 3. Atemerlebnis 4. Herzerlebnis 5. Leibwärmeübung 6. Kopf-Stirn-Übung 7. Wiederholung aller Kursinhalte.

Aufbaukurs: 1. Wiederholung von Schwere-, Wärme- und Atemerlebnis 2. Wiederholung von Herz-, Leib- und Kopfübung; Schulter-Nackenübung 3. Konzentrationshilfen; Umgang mit Schmerzen und Schlaflosigkeit 4. Vorsatzbildung 5. Weitere Arbeit an den Vorsatzbildungen.

Der Aufbaukurs ist gekennzeichnet durch zunehmend längere Übungszeiten (zehn bis fünfzehn Minuten) während der Gruppensitzungen. Zwischen den beiden Kursen kann durchaus ein Zeitraum von einigen Wochen liegen.

14. Kapitel
Wo, wann, wie wird geübt ?

Alles, was nachstehend über Räumlichkeit, zeitlichen Ablauf und Körperhaltung beim AT gesagt wird, gilt mit gewissen Einschränkungen. Die Hinweise betreffen einen »durchschnittlichen« Verlauf, wobei es sich nach Schultz »um den störungsfreien Verlauf des Trainings bei VP handelt, die frei sind von irgendwelchen gröberen Erscheinungen krankhafter Art«[1]. Auftretende Schwierigkeiten beim Ablauf des AT werden in einem besonderen Kapitel besprochen.

Alle Hinweise sind nur allgemeine Vorschläge; *die* beste Haltung, *die* beste Zeit zum Üben gibt es nicht, sie variiert von einem Menschen zum anderen. Ein kurzes Üben, ein kurzes »Abschalten« wird meist im Sitzen durchgeführt, auch von Menschen, die sonst am liebsten im Liegen üben. Es werden teilweise widersprechende Vorschläge gemacht; so empfiehlt der eine, nach dem Essen zu üben, der andere warnt davor. Die beste Körperhaltung, die beste Zeit, ist in jedem Fall diejenige, die dem Übenden am meisten zusagt, in der er am besten entspannen kann. Hat der Übende *seine* beste Übungszeit und Körperhaltung gefunden, dann sollte er sich daran halten. Starre, festgelegte Abläufe, die Gesetzen gehorchen, kommen nur in den »exakten Naturwissenschaften« vor; in der Biologie und Psychologie gelten Regeln (keine Gesetze), also Abläufe, die Schwankungen individueller oder situationsbedingter Art unterliegen.

Außerdem sind alle Regeln nur als vorläufige Verhaltensmuster anzusehen, die dem AT-Unerfahrenen angeboten werden.

Jeder Übende sollte sich zunächst an die übernommene Methode halten; mit zunehmender Beherrschung stellen sich auch individuelle Variationen ein: manches wird hinzugefügt, häufiger einiges weggelassen oder vereinfacht – es entsteht »die persönliche Handschrift«.

Im allgemeinen hält sich der Anfänger verständlicherweise genau an die Regeln. Er muß sich bewußt sein, daß eine ganze Reihe von Vorschlägen nur dem »Einfädeln« des ganzen Lernvorgangs dient. Später ist man nicht mehr auf diese Regeln angewiesen. Die Forderung nach »optimalen Versuchsbedingungen«[2] sind vor allem für Anfänger wichtig. Die Bewältigung von ungünstigen Umweltbedingungen, die, wenn man will, erschwerten Versuchsbedingungen entsprechen, ist ja erst das Ziel des AT und gehört nicht an seinen Anfang.

1. Die Räumlichkeit

Die folgenden Überlegungen betreffen vorzugsweise eine übende Gruppe. Der Raum soll so groß sein, daß sich die Übenden nicht beengt, eingeengt fühlen. Ein überfüllter Raum stört die Entspannung. Das Zimmer soll außerdem gut gelüftet, mittelhell, mittelwarm, möglichst geräuscharm sein. Gut geeignet ist etwa ein großer Kellerraum, an der der Straße abgewandten Seite des Hauses. Das Zimmer soll eine sachliche Atmosphäre vermitteln – ein nüchterner Laborraum ist ebenso ungeeignet wie ein Wohnzimmer mit ausgesprochen persönlicher Note des Übungsleiters (die die Übenden nur ablenkt). Am besten sitzen die Teilnehmer zusammen mit dem Übungsleiter in einem Kreis: Es soll sich keiner vordrängen, keiner verkriechen können, jeder soll sich gleich angenommen fühlen. Sitzt eine größere Anzahl von Menschen hintereinander in Reihen, dann ist die Eigenart der Gruppe mit ihren vielen Vorteilen kaum noch vorhanden. Man kann Neulinge im Liegen eintrainieren[3] (auf einer Decke oder auf Liegestühlen), was ideal, aber räumlich nicht immer zu lösen ist.

Die Gruppe soll gegen Störungen (Ablenkung) möglichst geschützt sein. Erfahrungsgemäß wirken »unpersönliche« Geräusche wie Straßenlärm oder technische Haushaltsgeräusche weit weniger ablenkend als überraschende Störungen, etwa verursacht durch zu spät ankommende Teilnehmer; daher sollte eine Gruppensitzung nicht gleich mit einer Übung beginnen. Der Leiter hat einerseits eine wichtige Vorbildfunktion, er sollte daher z.B. nicht unpünktlich sein; andererseits ist er für das Entstehen einer emotional warmen und sicheren Gruppenatmosphäre (s. Kap. 13, 3) zuständig. Er legt den Rahmen für die Zusammenarbeit fest, und dazu gehört auch der Schutz gegenüber Störungen. Diese können durch ein Hinweisschild an der Tür des Gruppenraums »Autogenes Training – Bitte Ruhe« wesentlich reduziert werden. Einen plötzlich während einer AT-Übung in den Raum eintretenden Hausmeister muß er ebenso schnell und, ohne die Übungsteilnehmer unnötig zu stören, vor die Tür bringen, wie er auch dafür sorgen muß, daß er in der Zeit der Sitzung nicht abgerufen wird (Telefon und Funkruf sollten abgeschaltet sein).

Das gleiche gilt übertragen auf Störungen während des täglichen »Trainierens« zuhause. Mitglieder der häuslichen Gemeinschaft sollten angehalten werden, die wenige Minuten anhaltende Isolierung des Übenden zu respektieren, das Telefon läßt sich abstellen, sonstige potentielle Störungsmöglichkeiten lassen sich auf ein Mindestmaß reduzieren. Die Beunruhigung eines Ehepartners über das ihn fremd anmutende Verhalten des Übenden läßt sich am besten dadurch vermeiden, daß Eheleute gemeinsam an einem AT-Kurs teilnehmen, was häufig schon im vorhinein als Wunsch geäußert wird. Das gegenseitige Verständnis innerhalb dieses neuen Erfahrungsbereiches ist einer der Vorteile, die für ein Ehepaar daraus erwachsen.

2. Der Zeitpunkt

Das AT wird täglich mindestens zweimal, besser dreimal geübt. Dieses soll nicht geschehen, »wenn man mal gerade Zeit hat«, sondern zu einer bestimmten Zeit; hierüber sind sich alle Fachleute einig. »Der häufigste und schwerste Fehler ist zweifellos das unsystematische Üben.«[4] Systematisches Üben gehört mit zum AT; es darf jedoch nicht den Beigeschmack von sturem Üben bekommen und nicht als »Exerzierreglement« mißverstanden werden[5]. Dagegen soll das Üben ritualisiert werden, d.h. seinen festen Platz im Tagesablauf haben, ähnlich wie die Mahlzeiten. Damit kommt es auch zu einer Rhythmisierung der Übungszeiten, die sich auf den Erfolg günstig auswirkt. Das Üben soll zur Gewohnheit werden und damit, wie alle Gewohnheiten, im Lauf der Zeit zum Bedürfnis. Das Entstehen dieser Gewohnheit wird durch das Protokollieren der Übungen unterstützt. Berufstätige üben am besten morgens nach dem Aufwachen (wobei nicht selten die Gefahr des Wiedereinschlafens besteht) oder nach der Morgentoilette, nach der man sich noch einmal kurz hinlegt. Das zweite Mal nach der Rückkehr aus dem Beruf, nachdem man zur Ruhe gekommen ist, auf »Entspannung« umgeschaltet hat, z.B. nach dem Abendessen. Das dritte Mal beim Zubettgehen, als letzte Handlung des Tages. Hausfrauen werden üben, wenn alle morgens aus dem

Hause sind bzw. bevor Mann und Kinder wieder eintreffen. Ein Höchstmaß an äußerer und innerer Ruhe ist die beste Voraussetzung für das Gelingen der Übung. Auch im turbulentesten Arbeitstag läßt sich an irgendeiner Stelle das Üben einfügen. Gelegenheiten finden sich immer, wenn man danach Ausschau hält.

So meinte ein kaufmännischer Vertreter: »Wenn ich einen Parkplatz ergattert habe, übe ich vor dem Aussteigen schnell die Kurzform.« Ein anderer, der über Land fuhr, übte auf Autobahnparkplätzen. Ein weiterer, ebenfalls Fortgeschrittener, machte eine Kurzübung im Auto bei jeder Ampel, die auf rot stand – wobei aber sehr kräftig »zurückgenommen« werden muß. Ein vierter meinte: »Ich übe immer in der Hochbahn. Morgens schlafen die Leute noch immer und abends schon wieder, da fällt das Üben gar nicht auf.« Notfalls bleibt eine Gelegenheit zu jeder Zeit und überall: die Toilette. Selbst in einem hektischen Betrieb wird dieser »unauffällige, nicht der Nachweispflicht unterliegende Eigenverbrauch an Zeit«[6] möglich sein. Möglicherweise stellen Toiletten den verschwiegensten, aber meist genutzten »Übungsraum« für das AT dar !

Mehr als zwei- bis dreimal täglich zu üben zahlt sich in der Lernphase allerdings nicht aus. Lieber nicht häufiger üben, dafür aber regelmäßig und konsequent.

3. Die Dauer

Die Dauer der Einzelübungen wird von allen Autoren übereinstimmend mit einer bis drei Minuten sehr kurz angesetzt[7].

Diese sehr restriktive Zeitangabe beruht auf einem Trick von J. H. Schultz, den Thomas als Herausgeber des Übungsheftes in einer Fußnote aufgedeckt hat:

»Unklarheit ist entstanden, da J. H. Schultz in seinen Büchern, auch in diesem Übungsheft, nachdrücklich betonte: ›Keinesfalls länger als eine halbe bis höchstens eine Minute lang üben!‹ In jedem seiner Kurse aber sagte er wörtlich: ›Sehen Sie, jeder kann sich doch in einer Buchhandlung meine Bücher über Autogenes Training kaufen. Dann fangen die Leute an, ohne ärztliche Anleitung zu üben, und dann erleben sie Kopfschmerzen und andere, auch ernste gesundheitliche Schäden. Das kann ich doch nicht verantworten. Darum schreibe ich immer: Nicht länger als eine Minute üben! Dann lernen es die Leute nämlich nicht, und dann können sie auch keinen Schaden davontragen. Hier aber sind Sie in einem ärztlich geleiteten Kursus, und da sage ich Ihnen: Üben Sie jedesmal vier Minuten!‹«[8]

Weshalb *in der Lernphase* nur so kurz geübt werden sollte, wird spätestens bei der Besprechung in der zweiten Sitzung deutlich und da auch diskutiert: Zu Beginn des AT-Lernvorganges können die meisten Menschen nur für kurze Zeit aufmerksam bei der Übung bleiben.

Als scheinbares Gegenbeispiel gab ein Teilnehmer an, er brauche eine halbe Stunde zum Üben. In dieser Zeit sei er »ganz bei der Sache«, schweife nicht ab; dann erst stelle sich der volle Erfolg ein. Als ich darauf bemerkte, daß dieses Verhalten meinen bisherigen Erfahrungen widerspräche, berichtete er in der nächsten Sitzung: »Während des Übens zuhause habe er ein Tonband laufen lassen, und das habe folgendes aufgenommen: Zuerst kamen zwei bis drei Formeln, dann Stille, dann Schnarchen, dann wieder ein bis zwei Formeln, erneut Stille, Schnarchen usw.« Zweifellos hatte er im Anschluß an die kurzen Schlafperioden wieder den Faden da angeknüpft, wo er unterbrochen worden war, so daß der Eindruck entstand, die dreißig Minuten seien ein zusammenhängendes Ganzes gewesen. (Ähnliches trifft ja bei »Nichtschläfern« zu, die berichten, sie hätten die ganze Nacht nicht geschlafen, eben weil sie die Schlafperioden nicht bemerkt haben.)

Manch einer möchte länger üben: Man könne sich so tief entspannen dabei oder so schön erholen oder so gut seinen Gedanken nachhängen. Das ist alles richtig und sollte auch gepflegt werden, doch darf man eine Regel nicht außer acht lassen: Man muß im Zusammenhang üben (»disziplinierter Übungsablauf«); dann erst, nach abgeschlossener Übung, sollen Erholung, Selbstbesinnung usw. an die Reihe kommen. Beachtet man diese Regel nicht, so fällt die Übung zu leicht auseinander, insbesondere wenn im Lauf der Zeit immer mehr Formeln hinzukommen. Man soll im Gegenteil, sobald ein deutlicher Erfolg da ist, die Übung (zumindest die Wiederholungsübung) abkürzen, sein Augenmerk auf eine Verdichtung (Verkürzung) der Übung richten; auf diese Weise erreicht man am schnellsten eine Automatisierung des Geschehens und hat viel Zeit für die neu hinzukommenden Übungen. Eine wesentliche und grundlegende Selbstumschaltung ist nach Schultz erreicht, wenn die selbsttätige Darstellung der Schwere und Wärme in »Bruchteilen von Sekunden« gelingt[9]. Dazu ist allerdings eine virtuose Beherrschung der Umschaltungstechnik erforderlich; m.E. tun es einige wenige Sekunden auch; aber auch diese sind oft erst nach mehreren Monaten zu erreichen.

Gelegentlich wird die Frage gestellt, ob man nicht die drei Übungen zusammenlegen kann. Das soll man nur im Notfall machen, denn drei einzelne Übungen mit dem dazugehörigen Anlauf haben eine wesentlich höhere Effizienz. Verteiltes Lernen, Lernen in kleinen Schritten, ist immer günstiger als zeitlich zusammengeballtes. Auch ist es gerade am Anfang wichtig, möglichst oft den Wechsel zwischen Anspannung und Entspannung zu erleben, um eine bessere und differenziertere Wahrnehmung für die Körperveränderungen im AT zu bekommen.

Für die Zeiteinteilung im AT gilt die Regel: Kein starres System, aber auch kein Auseinanderfallen des Übungsablaufes und der Übungszeiten. Man halte sich an *seine* besten Zeiten. Nach Schultz[10] kann man bei störungsfreiem Verlauf nach zwei Wochen bis zu einer halben Stunde, nach einem Vierteljahr bis zu einer Stunde und länger in der Versenkung verweilen.

Wir stehen heute diesen Empfehlungen eher zurückhaltend gegenüber: *Das AT ist Lebenshilfe, aber nicht Lebenszweck!* Hier liegt einer seiner Hauptunterschiede zu den verschiedenen Formen der Meditation und des Yoga, die für die Übenden meist ideologisch besetzt sind.

4. Die Körperhaltung

Die Übungen kann man im Liegen, im Sitzen, Teilübungen sogar im Stehen ausführen. Während der Übung achte man auf einen lockeren Sitz der Kleidung: zu stramme Gürtel bzw. Bund lockern, Kragenknöpfe lösen (sonst ist beim hängenden Kopf die Atmung erschwert). Ich erlebte es gelegentlich, daß Japaner und Araber zur Übung spontan ihre Schuhe auszogen – ein guter Beitrag zur Entspannung, zumal der unmittelbare Kontakt zwischen Teppich und Fußsohlen ein verstärktes Sicherheitsgefühl gibt.

Das *Üben im Liegen:* Man übt zuerst in Rückenlage, die Arme leicht angewinkelt (nicht unter einem rechten Winkel), die Beine leicht gespreizt, die Fußspitzen fallen dabei zur Seite (übrigens ein guter Test, ob jemand entspannt liegt: gespannte Menschen halten beide Fußspitzen nach oben). Strammes Liegen bezeichnete Schultz als die »preußische Krankheit«. Vorangehendes Durchstrecken erleichtert das Auffinden einer entspannten Lage. Der Kopf liegt je nach Bedarf höher oder tiefer (ein, zwei oder gar kein Kopfkissen).

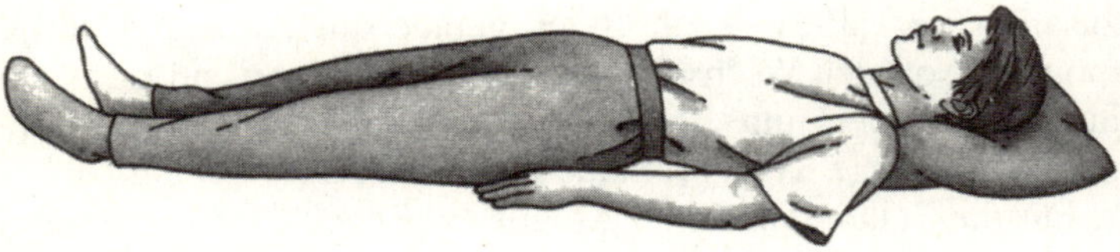

Abb. 12: Das Üben im Liegen

Die Rückenlage hat zwei Vorteile, derentwegen man sie als Neuling bevorzugen sollte: Erstens entspannt man sich im Liegen am besten. Hat man sich so bequem hingelegt und zurechtgerückt, daß man meint, man könne es in dieser Lage gut eine viertel oder halbe Stunde aushalten oder in dieser Lage einschlafen, dann ist die Entspannung beinahe garantiert. Zweitens wird in Rückenlage dem Übenden die Lage des ganzen Körpers und auch der einzelnen Körperteile am deutlichsten bewußt. Man fühlt dann mit sämtlichen Sinnen seinen Körper, sieht sich mit dem »inneren Auge« liegen. In Rückenlage ist unser Körperschema (Schilder), das schematische Raumbild unseres Körpers, am deutlichsten und übersichtlichsten. Das hängt mit der Symmetrieebene zusammen, die unseren Körper in dieser Lage in zwei gleiche Hälften teilt, die sich äußerlich bis ins einzelne spiegelbildlich entsprechen. Diese Seitenentsprechung erleichtert auch die Generalisierung der Entspannungserscheinungen, z.B. deren Übergreifen auf die andere Seite. Bei der letzten Übung des Tages, nach Auslöschen des Lichtes, bietet sich die Liegelage von selbst an. Nach der abendlichen Übung wird die Entspannung nicht zurückgenommen (siehe unten), man dreht sich dann nur in die Schlaflage, je nach Bedürfnis auf

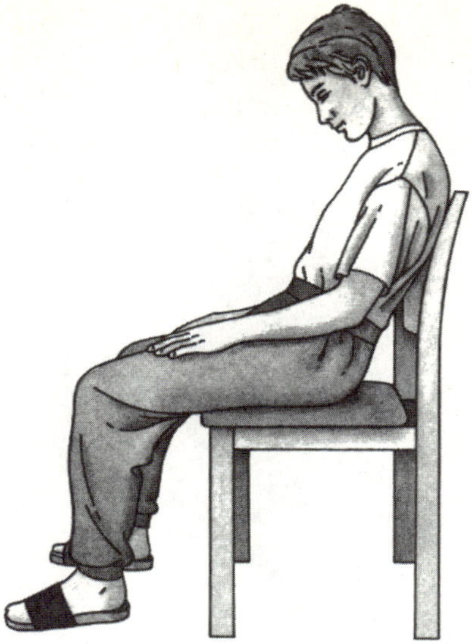

Abb. 13: Angelehntes Sitzen

die Seite mit angezogenen Beinen (Embryonallage) oder auf den Bauch oder sonstwie. Haben sich die ersten Erfolge eingestellt, kann natürlich in jeder Liegelage geübt werden.

Das *Üben im Sitzen:* Es gibt verschiedene Sitzhaltungen. Man soll als Anfänger (s. Abb. 13 und 14) diejenige bevorzugen, die auch einen kurzen Schlaf (bzw. ein »Einnicken«) erlaubt.

Das *angelehnte Sitzen* ermöglicht zweifellos von allen Sitzhaltungen die größte Entspannung. Man übt am besten im »Ohrensessel«, im Lehnsessel oder in dessen neuzeitlicher Abwandlung, dem Fernsehsessel, der es teilweise erlaubt, die Füße etwas hochzulagern, also eine halbe Liegehaltung einzunehmen. Sonst sollen die Füße (bei der Sitzhaltung) gut auf der ganzen Sohle ruhen, die Unterarme auf der Armlehne liegen. In Ermangelung eines Sessels kann man einen Stuhl nehmen, den man bis auf wenige Zentimeter an die Wand schiebt, so daß der Kopf leicht nach hinten weiter gebeugt an die Wand gelehnt ist. Rutscht man auf der Sitzfläche weiter zurück, steht somit der Rumpf steiler, so fällt der Kopf entspannt nach vorn.

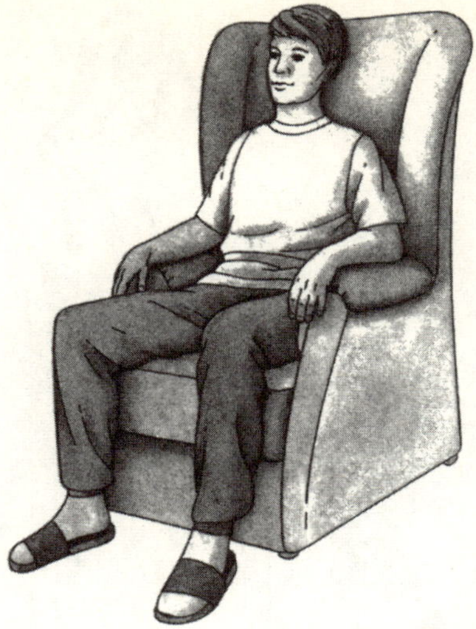

Abb. 14: Angelehntes Sitzen mit Kopf- und Armlehne

Die Hände liegen locker auf den Oberschenkeln. In den bisher beschriebenen Liege- und Sitzvariationen kann man (was besonders für den Anfänger wichtig ist) am besten entspannen. Es gibt untrügliche Zeichen dafür: völlige Bequemlichkeit, sowie die Fähigkeit, in jeder dieser Haltungen einzuschlafen.

Das ist bei den nun zu beschreibenden Haltungen nicht möglich, was ebenfalls ein Vorteil sein kann für Menschen, die sehr leicht beim AT einschlafen. Wer im Kutschersitz einschläft, fällt unweigerlich um.

Beim *freien (nicht angelehnten) Sitzen* ist am bekanntesten die von Schultz als *Droschkenkutschersitz* (s. Abb. 15 und 16) beschriebene Haltung. Menschen mit Berufen, zu denen häufiges Warten gehört, finden im Laufe der Zeit unfehlbar die beste Körperhaltung, um sich zu entspannen. So geht die Kutscherhaltung auf das Beispiel der Berliner Droschkenkutscher zurück, die es zur Entstehungszeit des AT Mitte der zwanziger Jahre noch gab. Der AT-Übende sitzt hierbei auf der vorderen Hälfte eines Stuhles oder Schemels wie auf einem schmalen Kutscherbock: wichtig ist das volle Aufstützen der Beine auf den Fußsohlen, Kniewinkel ca. 90 Grad, Oberschenkel leicht

Abb. 15: Der Droschkenkutscher

geöffnet. Sind die Füße zu weit vorn, so spannen sich die Fußheber an, sind sie zu weit hinten, so ist der Wadenmuskel gedehnt. Um die richtige Lage für den Rumpf zu finden, verfährt man wie folgt: Man läßt die Arme seitlich am Körper herunterhängen, holt tief Luft und streckt dabei Oberkörper und Nak-ken, dann läßt man sich in sich zusammenfallen (wobei man auch die Luft ausströmen läßt), so daß Oberkörper und der nach vorn hängende Kopf über dem Schwerpunkt des Rumpfes schweben. Rumpf und Kopf befinden sich dann im labilen Gleichgewicht (nicht im indifferenten, wie man es gelegentlich hört). Kopf und Körper werden wie eine senkrecht auf einem Finger balancierte Stange in der Schwebe gehalten. Dieser Schwebepunkt läßt sich leicht herausfinden, wenn man den in sich zusammengefallenen Körper (die Arme hängen noch immer seitlich herunter) abwechselnd etwas nach vorn, dann nach hinten fallen läßt, und dann in einem mittleren Schwebezu-

Abb. 16: Droschkenkutschersitz

stand verbleibt. Dieses Probierverfahren entspricht dem Scharfeinstellen bei optischen Geräten, bei denen auch zunächst nach beiden Seiten bis zur Unschärfe gedreht wird, oder dem Einstellen des deutlichsten Tones beim Radio oder Bildes beim Fernsehapparat. Erst dann werden die Hände locker auf die Oberschenkel gelegt. In dieser Haltung ist die Wirbelsäule im Nacken-, Rücken- und Lendenteil entspannt; Kopf, Schultern und Rücken hängen im Bandapparat, der passiv gedehnt (also nicht aktiv gespannt) wird.

Vorteile des Kutschersitzes: Man ist von Sessel und Stuhl unabhängig, man kann auf einem Hocker, einer Treppenstufe, einem Koffer oder auf einem Stein sitzend üben. Die Kutscherhaltung ist oftmals die einzig mögliche bei Kursen mit zahlreichen Beteiligten und womöglich eingeengten Sitzmöglichkeiten, in Hörsälen, auf Kongressen u. ä. Bei den vielen AT-Lehrgängen, die Schultz für Ärzte abhielt, waren (z. B. bei den jährlichen Psychotherapiekongressen in Lindau) oft mehrere hundert Menschen in einem Saal anwesend. Wie mir scheint, wurde hierbei aus der Not der Situation eine Tugend für das AT in Form der Droschkenkutscherhaltung gefunden.

Nachteile des Kutschersitzes gegenüber anderen Haltungen: Ein Rest von Spannung im Kreuz läßt sich nicht vermeiden, sonst verliert man das Gleichgewicht. Diese Spannung entsteht insbesondere auch dadurch, daß das Becken nach hinten gekippt wird und somit die physiologische (Lordose-)Haltung der Lendenwirbelsäule in eine vermehrte (unphysiologische) Steilstellung übergeht. In den Rückenschulen zur Prophylaxe von Wirbelsäulen-Beschwerden wird heute genau das Gegenteil gelehrt. Gut für die Wirbelsäule ist danach die aufrechte Haltung mit nach vorne gekipptem Becken – viele vertreten dies sehr dogmatisch und lehnen die Kutscherhaltung aus diesem Grund ab. Häufig wird man daher inzwischen auch von verunsicherten AT-Teilnehmern mit der Frage konfrontiert, was denn richtig sei. Nach den Ergebnissen von arbeitsmedizinischen Untersuchungen in Ulm (1999) kann man hier am ehesten eine liberale Haltung empfehlen (im doppelten Wortsinn!). Es scheint so zu sein, daß weniger das Eintrainieren einer bestimmten Körperhaltung als vielmehr die Erhaltung einer optimalen Beweglichkeit der Wirbelsäule mit entsprechendem Ausgleichstraining der wesentliche Aspekt bei der Vermeidung von Wirbelsäulenschäden ist. Somit haben sowohl aufrechte Rükkenschulhaltung wie auch Droschkenkutschersitz ihre Berechtigung – im Alltag am besten im Wechsel.

Bei der Abweichung von der Schwebelage (meist nach vorn oder hinten) treten zusätzliche Spannungen in den Streckern bzw. Beugern der Beine auf, teilweise auch in den Bauch- und Rückenmuskeln, die die Schwereübung der Beine empfindlich stören können.

Bei den Teilnehmern, die wegen psychomotorischer Spannungszustände das AT üben, finden sich häufig Verhärtungen (Myogelosen) in der Schulter- und Nackenmuskulatur (ca. bei jedem fünften bis sechsten Teilnehmer). Durch das Hängenlassen des Kopfes im Kutschersitz werden diese Muskeln (zusammen mit den Verhärtungen) passiv gedehnt, wobei starke Schmerzen auftreten, so daß der Übende unwillkürlich eine Schonhaltung (mit halbgebeugtem Nacken) einnimmt. Das aber bedeutet, daß das Nacken-Schulterfeld weiterhin gespannt bleibt. Diese Schwierigkeiten treten besonders bei asthenischen, langhalsigen Frauen auf (Modigliani-Typ), die das AT daher am besten mit angelehntem Kopf (noch besser im Liegen) lernen sollten.

Beim Kutschersitz schleichen sich häufig folgende Fehler ein: Der Rumpf hängt zu weit nach vorn (nach hinten nur selten). Um sich einen Halt zu geben, stützt sich der Übende leicht mit den Händen (die dabei womöglich die Oberschenkel umgreifen) ab, wobei zusätzlich die Ellbogen vom Körper abgewinkelt werden. So erreicht man keine Entspannung. Erst recht ist es falsch, sich mit den Ellenbogen auf den Schenkeln aufzustützen (wie erstaunlicherweise auch in einigen renommierten AT-Anleitungsbüchern dargestellt): das bedeutet eine Verspannung des ganzen Rückens einschließlich der Schultern und der Oberarme. Dieses Abstützen läßt sich vermeiden: man läßt die Hände locker mit der Kleinfingerkante auf den Schenkeln liegen; bei dieser Handhaltung kommt niemand darauf, sich ab- bzw. aufzustützen. Die Unterarme ruhen dann »völlig frei, passiv« (Schultz) auf dem Oberschenkel.

Bei der Entspannung der inneren Organe (Herz und Bauchorgane) werden diese in der extremen Beugelage des Körpers zusammengestaucht, zusätzlich zum Druck durch Gürtel, Bund, Büstenhalter, Kragen u. ä. Der Rumpf bewegt sich beim Atmen dann wie ein Blasebalg, der Magen wird gedrückt.

Es gibt eine ideale Sitzhaltung (ohne Lehne): den *Lotossitz*, die Meditationshaltung des fernen Ostens. Diese Haltung hat nur einen Nachteil, der allerdings schwerwiegend ist: Sie ist für Abendländer im Erwachsenenalter kaum zu lernen, ja sie birgt sogar, wenn man sie erzwingen will, erhebliche Gefahren in sich: Gelenk- und Wirbelsäulenveränderungen, die sogar zu Lähmungen führen können (Spondylolisthesis), wie ich es einmal bei der »Vorführdame« eines Yogi erlebte. Wenn diese Haltung trotzdem hier erwähnt wird, so deshalb, weil man einen Teil davon beim AT übernehmen kann.

Beim Lotossitz (auch Buddhasitz genannt) werden die Füße so an den Körper gezogen, daß *beide* Füße auf die Oberschenkel zu liegen kommen, wobei die Fußsohlen nach oben gerichtet sind. Das Kreuz und die Lendenwirbelsäule werden durch diese Haltung passiv – mechanisch nach vorne geschoben; der Brustkorb, die Schultern und der Kopf (mit geradeaus gerichteten Augen) schweben darüber. Auch hier handelt es sich um ein labiles Gleichgewicht: Es ähnelt demjenigen eines Menschen, der eine Last auf dem Kopf trägt; je genauer er diese über dem Körperschwerpunkt im Gleichgewicht hält, um so mehr kann sich der Träger trotz der Last entspannen. Im Lotossitz ist das Kreuz fest im Sockel der gekreuzten Beine verankert, darüber ruht der Körper aufrecht in sich selber, der Blick in die Weite bzw. »nach innen« gerichtet.

Die inneren Organe der Brust und des Leibes sind frei (weder gedrückt noch verzogen). Bei dieser Haltung entspannen sich die großen Blutgefäße und Nerven, die an der Beugeseite der Beine verlaufen, in optimaler Weise. Ähnliches gilt auch für die Arme. Der Lotossitz ist die Haltung der tiefen Versenkung: dabei ruhen beide Hände, aufeinandergelegt, die Handflächen nach oben gerichtet, im Schoß (Dhyani Mudra). Auch in dieser Haltung geht es ganz ohne Restspannung nicht ab, bei längerer Versenkung wird ein »Meditationsband« benutzt, ein zusammengenähtes Band, das auf der einen Seite um ein Knie, auf der anderen Seite um den Nacken oder Körper läuft, um damit dem Körper Halt zu geben. Der Lotossitz kann auch modifiziert werden, dabei kommt der eine Fuß nicht auf den Oberschenkel, sondern unter das Gesäß (evtl. mit Sitzkissen). Für das AT läßt sich beim Sitzen (auf einem Stuhl mit Lehne) die Schulter-Kopfhaltung vom Lotossitz übernehmen.

Das Üben *im Stehen* ist, zumindest bei manchen Teilübungen, ebenfalls möglich, so bei der Schulterübung (auf die wir später zurückkommen).

5. Die Ruhetönung

Befindet sich der Übende in einer völlig entspannten »immobilisierten« Körperhaltung, so soll er sich auf eine möglichst eindrückliche Vergegenwärtigung sowohl einer körperlichen als auch einer psychischen Ruhigstellung einstellen: die »Ruhetönung«. Diese Ruhigstellung soll nicht als Ruheübung aufgefaßt werden, sondern als »Ruheerlebnis«, als Vorbereitung der seelischen Bühne für die ab jetzt ablaufenden Übungen. Der Terminus Ruheerlebnis besagt, daß diese Ruhe nicht hergestellt werden soll; der Übende soll im Gegenteil abwarten, daß sich diese Ruhe von selber einstellt.

Die Formel »Ich bin ganz ruhig«[11] hatte Schultz ursprünglich an den Anfang des AT gesetzt. Seit Mitte der fünfziger Jahre wurde diese Formel »als Zielrichtung der ganzen Arbeit« jeweils ans Ende der Einzelübung gesetzt. Viele Übende haben damals diese Umstellung bedauert. Auch Langen wies in der Überarbeitung des Übungsheftes für das AT von J. H. Schultz[12] kritisch darauf hin, daß der unmittelbare Beginn mit der Schwereübung dem für die Entspannung wichtigen »Gesetz der Monotonie« nicht optimal Rechnung trägt. Günstiger sei es, wenn der Übende mit der Ruheeinstellung beginne und bis zur Generalisation des Schwere- und Wärmeerlebnisses die Formel »Ich bin ganz ruhig« in wiederholender Konzentration immer wieder einstreue. Langen behielt jedoch die Schultzsche Reihenfolge noch bei. Erst in der Überarbeitung des Übungsheftes von Thomas wird die *Ruheformel wieder konsequent an den Anfang der Übung gestellt*[13].

Dies ist auch nach unserer Ansicht und praktischen Erfahrung am sinnvollsten, zumal sich das Vorgehen aus lerntheoretischen Überlegungen logisch ableiten läßt: Um das Erlernen der *Entspannungsreaktion* zu begünstigen, wird ein prominenter *Signalreiz* (»Ich bin ganz ruhig«) an den Anfang gestellt, der später nach erfolgreicher Verknüpfung von Reiz und Reaktion durch regelmäßiges Üben die Entspannung *unmittelbar* einleitet.

Solange sich die Ruhe des Beginns nicht selbsttätig einstellt, was zunächst für viele Lernende zutrifft, sollte man *die äußeren Voraussetzungen* für deren Eintreten schaffen. Dem galt die Besprechung der Raum- und Zeitfragen. Jeder Mensch benötigt eine (individuell schwankende) Zeit, um sich »auf Ruhe« umzustellen. Es gehört zu den Aufgaben des AT, diese Umstellung im Laufe der Zeit immer schneller zu vollziehen, doch der Anfänger (das sei hier wiederholt) sollte alle begünstigenden Umstände einer solchen Vorbereitung wahrnehmen: Störungen sind fernzuhalten. Zwischen intensiver Arbeit, Aufregung u.ä. und der beabsichtigten Übung soll eine Pause eingelegt werden: evtl. nach dem Essen üben, nach dem Anhören eines Musikstückes[14] oder sonstiger »Grundentspannung«, während der man sich bereits innerlich auf die Übung einstellt.

Das Wesentliche an der Ruhetönung liegt im Atmosphärischen, auf das man sich einstimmen soll. Gegenüber der aktiven Arbeitseinstellung sollte sich eine andere »Fühligkeit« ergeben. Lebendige Beispiele hierfür findet man bei den verschiedensten kultischen Handlungen, an deren Anfang eine atmosphärische Umstimmung steht; erst darauf baut sich das Ritual auf. Schultz spricht von »innerer Sammlung« zu Beginn der AT-Übung[15].

Zum Üben sollte man *frisch und ausgeruht* sein. Das gilt für das AT wie für jeden anderen Lernvorgang. Auch danach sollte man die Übungszeiten im Tagesverlauf aussuchen. Die Vorstellung, man wolle ja gerade durch das AT frisch werden und es anwenden, wenn man müde ist, gilt nicht für die Zeit, in der man das Training erlernt.

Die Ruhetönung mit dem entspannten, bewegungslosen Liegen oder Sitzen, dem Abschalten der Umwelteinflüsse (der optischen und akustischen Reize) ist ein *Regressionsvorgang* im psychoanalytischen Sinn, also eine Rückkehr zu einer früheren Entwicklungsstufe, in der (wie beim Säugling) die äußere Objektwelt eine geringe Rolle spielt und der eigene Körper das eigentliche Objekt darstellt. Etwas Verwandtes geschieht ja auch im Schlaf oder in der Hypnose. In der Psychoanalyse benutzt man die Regression (des auf der Couch liegenden Analysanden), um frühere Erlebnisse, Denkformen und -inhalte zu aktivieren, zu denen (genauer: zu deren affektivem Gehalt als dem ausschlaggebenden Faktor) man dann mit dem bewußten Tagdenken Stellung nimmt und die man zum seelischen Gesamtgeschehen in Beziehung setzt und darin einordnet.

Dieser Vorgang der Selbstbeobachtung und gleichzeitigen Stellungnahme zum Beobachteten setzt eine Spaltung voraus, und zwar in ein beobachtend-registrierendes Subjekt und ein beobachtetes Objekt. Dieser Vorgang ist für jede aktive Psychotherapie, im Sinne einer an sich selbst erfahrenen, auf Eigenbeobachtung beruhenden Selbsterkenntnis unerläßlich; man spricht hierbei von *therapeutischer Ich-Spaltung.* Beim AT geschieht ähnliches: Wir lösen unter Zuhilfenahme eines regredierten Zustandes, der die Introspektion erleichtert und die Suggestibilität erhöht (durch Abschalten einer klaren Vigilanz), Körpervorgänge aus, die wir beobachten, registrieren und als Grundlage neuer autosuggestiver Veränderungen benutzen. Der

AT-Übende arbeitet also ebenfalls mit einem passiv fühlenden und aktiv handelnden Anteil seines Ichs. Eine modifizierte Form der Ich-Spaltung findet man bei jedem Lernvorgang: Das Sich-bewußt-Werden von Gedächtnisinhalten bzw. Ausfällen und die Stellungnahme dazu wechseln miteinander ab.

Diese Gedanken fanden auch Eingang in einen ganzheitlich-dynamischen Grundstufenansatz des AT (sog. Bochumer Modell, 1994), bei dem als wesentliche Prinzipien innere Ausgeglichenheit, gelassene Wahrnehmung des momentanen Zustandes, Bedeutung von Vorstellungen und der innere Dialog durch die gedankliche Anwendung von Formeln postuliert wurden[16].

6. Der Augenschluß

Während des Übens bleiben die Augen geschlossen. Für den gut Eingeübten ist zwar das AT auch mit offenen Augen möglich, zunächst aber ist das Offenhalten der Augen gleichbedeutend mit einer Zuwendung zur Umwelt oder zumindest eine Ablenkung durch sie. Die Introspektion, das Nach-innen-Sehen, wird durch das Schließen der Augen erheblich erleichtert.

Auch beim konzentrierten Nachdenken werden, als Schutz vor Ablenkung durch die Umwelt, die Augen gern geschlossen und diese noch zusätzlich durch die Hand, als Ausdruck der Abschirmung nach außen, bedeckt. Ebenso wie die Augen ist auch – besonders deutlich bei der Kutscherhaltung – die Gesamthaltung in sich geschlossen. (Plastisch dargestellt im »Denker« von Auguste Rodin.)

Nach den Erfahrungen der kybernetischen Information werden die Signale besser eingeprägt, wenn bei der Übermittlung keine störenden Geräusche vorhanden sind[17]. Von geräuscharmen Räumen beim Erlernen des AT war oben die Rede. Ein besseres Einprägen wird auch durch Ausschaltung optischer Reize (Augenschluß) gefördert. So läßt ein Öffnen der Augen beim Ableiten eines EEG die Alpha-Wellen verschwinden, die der Ausdruck geistiger Entspannung sind.

Das Ausschalten der optischen »Reizüberflutung« befähigt manche Menschen erst zur Konzentration auf die AT-Formeln. Auf die dann verbleibenden Möglichkeiten einer Störung durch optische Erscheinungen, die bei geschlossenen Augen auftreten (entoptische Erscheinungen) wird bei Besprechung des Auges und der Kopfübung die Rede sein.

Bei sehr zwanghaften und ängstlichen Menschen kann es sinnvoll sein, die ersten Übungen mit offenen Augen zu beginnen, um eine vegetative Aktivierung durch die aufkommende Angst vor Kontrollverlust zu vermeiden. Die Teilnehmer fixieren dann einen Punkt oder Gegenstand auf dem Boden vor sich, um eine gewisse konzentrative Einengung zu erreichen; vielen fallen die Augen dann von selber zu (s. a. Kap. 17; Schwierigkeiten im Übungsablauf).

Visuell veranlagte Menschen können sich die Formeln in Leuchtschrift, wie eine Leuchtreklame oder wie eine weiße Schrift auf einer schwarzen Wandtafel im dunklen Gesichtsfeld anschaulich darstellen. Die Vorstellung, daß man eine Formel schreibt, scheint nur für ausgesprochen motorische Typen vorteilhaft, da es dabei zu einer Anspannung der Armmuskeln kommt (Carpenter-Effekt). Auch wenn die optische Veranlagung nicht ausgeprägt ist, kann man das Formelsehen entwickeln. Die visuelle bzw. eidetische Veranlagung nimmt zwar im Laufe des Lebens ab, doch läßt sie sich üben und kultivieren, ähnlich wie das Gedächtnis. Ohne diese erneute Aktivierung früherer eidetischer Möglichkeiten ist die Oberstufe des AT nicht zu denken.

7. Starthilfen

Die »Hilfen« behandeln die zusätzlichen Möglichkeiten, mit denen man beim AT-Beginn bestehende Schwierigkeiten leichter beseitigen kann.

Es soll hier nicht eingegangen werden auf die Notwendigkeit eines guten Einvernehmens zwischen AT-Leiter und Übenden. Jeder Lernvorgang wird dadurch erleichtert, manchmal erst ermöglicht. Genauso wichtig ist die *Überzeugung* von der Wirksamkeit des AT als eines durchdachten, vernünftigen und praktisch erprobten Verfahrens, einer Überzeugung, die der AT-Leiter als allererstes vermitteln soll. Diese Überzeugung ist um so wichtiger, als es sich beim AT um Vorgänge handelt, die für die meisten Menschen völliges Neuland sind. Entspannung, Introspektion, vegetative Steuerung sind für viele Menschen neue Vokabeln, und der Weg dahin widerspricht sogar in vieler Hinsicht den Prinzipien, mit denen man erzogen wurde – so die einseitig leistungsmäßige, willensmäßige oder verstandesmäßige Erfassung und Bewältigung des Lebens.

Viele Menschen, die ein AT anfangen, nehmen *Medikamente* ein: Entspannungs-, Beruhigungs-, Schlafmittel u.ä. Diese Mittel sollen durch das AT überflüssig werden, aber das kann nicht sofort und schlagartig vor sich gehen. Genau wie der Erfolg des AT sich stufenweise einstellt, so muß das Medikament stufenweise abgebaut werden. Diesbezügliche Forderungen, die Angst auslösen, z.B. ultimative Fristen, wären da falsch am Platz. Besser ist ein Hinweis (mit eingeschlossener Suggestion) für den Übenden: »Sobald das AT anschlägt, werden Sie das Einnehmen Ihrer Tabletten immer häufiger vergessen.«

Welche Medikamente reduziert werden können und wie schnell das geschehen darf, ist unbedingt in Zusammenarbeit mit einem Arzt zu entscheiden. Aufgrund der Wirkung auf vegetative Organfunktionen ist bei verschiedenen Erkrankungen Besserung durch AT möglich (s. a. Kap. 33; Anwendungen), so daß Medikamente gegen hohen Blutdruck, Asthmamittel, Magen-Darm-Präparate, Schmerzmittel u.a. gegebenenfalls reduziert werden können.

Durch die Einnahme von bestimmten Medikamenten können verschiedene Komponenten der Entspannungsreaktion pharmakologisch herbeigeführt werden. So kann man z.B. die Vigilanz, den Muskeltonus und andere vegetative Parameter (z.B. Blutdruck, Herzfrequenz, Durchblutung) sowie emotionale Prozesse medikamentös verändern. Es handelt sich hierbei um Medikamente, die gegen Schlafstörungen, Angst- und Unruhezustände, schmerzhafte Muskelverkrampfungen, depressive Störungen, Schmerzen u.ä. eingesetzt werden. Sie können wie jede Körperbehandlung auch »als Einstieg in die Psychotherapie« benutzt werden[18].

Wir empfehlen heute eher eine generelle Zurückhaltung beim Einsatz von medikamentösen Hilfen beim Erlernen des AT. Es erscheint uns sinnvoller, bei den genannten Schwierigkeiten Einzelsitzungen mit dem Patienten durchzuführen und ge-

gebenfalls durch heterosuggestive Unterstützung ein Entspannungserlebnis im eindeutig psychotherapeutischen Rahmen herbeizuführen. Bei Patienten mit starkem Leidensdruck und ausgeprägter Symptomatik (z.B. Angst, Schmerz) sollte eher nach klinischen Erwägungen medikamentös *behandelt* werden.

Körperlich arbeitenden Menschen gelingt das AT zu Beginn oft besser als solchen, die den ganzen Tag am Schreibtisch sitzen. Bei körperlichen Tätigkeiten findet ja eine Dauergymnastik der Muskeln und Blutgefäße statt (»Kreislaufmassage«). *Kräftige Bewegungen,* z.B. Freiübungen mit entsprechender anschließender, nicht zu kurzer Pause und dann folgendem AT erleichtern die Entspannung. Eine zusätzliche Entspannungstechnik[20] kann bei Menschen, die sich nur schwer entspannen können, zum »Einfädeln« mitverwendet werden. Ebenso physikalische Hilfsmaßnahmen, beispielsweise warme Armbäder vor der Wärmeübung; sie werden bei den einzelnen Übungen besprochen werden.

Auf *visuelle Hilfsvorstellungen* wird in den Kap. 10, 3; 15, 1 und 16, 2b eingegangen.

8. Apparative Hilfen

a. Biofeedbackgeräte

Es gibt eine Reihe von Apparaten, die das Erlernen der autogenen Umschaltung erleichtern können: Dazu gehören die *Biofeedbackgeräte.* Ihr Prinzip beruht auf der Verwandlung bestimmter neurovegetativer Körperfunktionen in elektronisch gesteuerte, optische oder akustische Signale, wodurch der Funktionsablauf für den Übenden kontrollierbar und steuerungsfähig gemacht wird. Beim AT erfolgt eine Rückmeldung (wörtlich »Rückfütterung«) des erreichten Entspannungsgrades, so daß der Patient dauernd über den Stand der Umschaltung unterrichtet wird. Eine dieser Methoden basiert auf der *Veränderung der Hirnströme* (ablesbar am EEG). Beim Entspannungsvorgang (vgl. Kap. 5, 3 und 5, 4) nehmen Elektroden, die am Kopf befestigt werden, *Alpha-Signale* des Gehirns auf und melden sie als akustisches Signal über das Ohr zurück[21]. Der Alpha-Rhythmus tritt bei völliger körperlicher und psychischer Entspannung auf, er findet sich also auch bei einer gelungenen autogenen Umschaltung. Mit dem Apparat werden die Alpha-Wellen bewußt erlebt, der Übende bekommt die Bestätigung, daß seine Übung erfolgreich verläuft.

Eine zweite Möglichkeit beruht auf dem *Atem-Feedback*. Hier wird der Atemrhythmus (wieder über eine elektronische Anlage) an den Übenden zurückgemeldet, z.B. in der Form eines an- und abschwellenden Tones und gleichzeitig einer heller und schwächer leuchtenden Lampe[22].

Ein weiteres Gerät[23] verwendet den *psychogalvanischen Reflex*[24], der besagt, daß die elektrische Leitfähigkeit der Haut bei emotionaler Entspannung abnimmt. Bei zunehmender Umschaltung im AT sinkt ein Ton durch den ansteigenden elektrischen Widerstand zwischen zwei Fingerelektroden ab, um in tiefer Entspannung völlig zu verschwinden. (Auf demselben Prinzip beruht der »Lügendetektor«, der Emotionen, die beim »Lügen« auftreten, auf Grund des dann absinkenden Hautwiderstandes hörbar bzw. sichtbar macht.) Dieses Gerät ist auch vom Patienten zu Hause besonders leicht zu handhaben und kostet nur einen Bruchteil der anderen hier erwähnten Apparate, die für die ärztliche Praxis bestimmt sind. Eine deutliche Differenzierung zwischen vegetativer Aktivierung einerseits und Entspannung durch das AT andererseits wurde durch kontrollierte Studien belegt[25].

In neuerer Zeit wird vermehrt das Muskel-(EMG) und das Hauttemperatur-Biofeedback eingesetzt. Durch die heute übliche Computersteuerung ist es möglich, neben einer unmittelbaren visuellen oder akustischen Rückmeldung auch den gesamten Verlauf einer Biofeedback-Sitzung aufzuzeichen, am Ende in Form einer Kurve auf einem Bildschirm sichtbar zu machen und mit dem Übenden zu besprechen.

Zum Vergleich der Wirkung von AT und den verschiedenen Formen des Biofeedbacks gibt es einige Untersuchungen. Barolin (1988) faßt die Ergebnisse mit dem Slogan zusammen: »BF (Biofeedback) goes quicker, AT goes deeper«. Insgesamt scheint der Erwerb der Entspannungsfähigkeit durch BF erleichtert, durch das AT aber besser gehalten zu werden. Eine Übersichtsstudie[26] zum Vergleich der Effekte beider Verfahren ergab, daß das EMG-Biofeedback stärker auf die Muskelentspannung und muskulär bedingte Störungen (z.B. Spannungskopfschmerz) wirkt, während autonome Fehlregulationen (z.B. Migräne, Bluthochdruck) vom AT selektiver erreicht zu werden scheinen[27]. Weitere Untersuchungen sind sicher notwendig.

Die Wirkung der Biofeedback-Verfahren auf den AT-Übenden liegt auf der Hand: In allen Fällen kommt es zu einem Erfolgserlebnis mit seiner günstigen Auswirkung auf den Lernprozeß. Dies ist experimentell gut belegt (s. Kap. 34, 3d). Da es aber problemlos möglich ist, ein Entspannungsverfahren auch ohne Biofeedback zu erlernen, wird dieses in der Praxis zur Vermittlung und Steuerung eines Entspannungserlebnisses nur ausnahmsweise eingesetzt.

b. Tonbänder, Videokassetten und Compactdiscs (CDs) – ein Widerspruch

Zu den apparativen Hilfen müssen auch CDs und Tonbänder gerechnet werden. Die Kritik[28] an dieser Methode, wenn sie beispielsweise zur Entspannung bei der Verhaltenstherapie (Desensibilisierung) angewendet wird, läßt sich ohne weiteres auf das AT übertragen: Tonband bzw. CD oder auch Videokassette führen zu einem standardisierten Ablauf der Instruktionen. Bei jeder Wiederholung bleiben die Tonbandformeln die gleichen, in bezug auf Rhythmus, Atemrhythmus, Sprechrhythmus, Dauer der Formeln, Dauer der Formelabstände. Der Einzelübende braucht aber für jede Übung, für jede Formelrealisierung, verschiedene Zeiten; manche Formeln realisieren sich schneller, andere langsamer. All diesen Faktoren trägt die Konserve keine Rechnung.

Eine Untersuchung[29] über die Muskelentspannung ebenfalls bei der Verhaltenstherapie verglich das Verhalten zweier Gruppen, einer mit Tonband-Entspannung und einer »normal« entspannten Kontrollgruppe: es ließen sich keine Unterschiede nachweisen, d.h. das Tonband war, was das Resultat der Entspannung und damit der Verhaltensmodifikation angeht, völlig wirkungslos.

Kassetten und CDs mögen angezeigt sein bei starken Konzentrationsschwierigkeiten zu Beginn des Trainings, z.B. bei ungewöhnlich starker Ablenkbarkeit, oder wenn eine nur sehr kurze Zeit zur Vermittlung der Übungen zur Verfügung steht, etwa bei Kursen von nur wenigen Wochen Dauer, oder wenn Übungsteilnehmer nur unregelmäßig zu den gemeinsamen Sitzungen erscheinen können. Wertet man diese apparative Hilfe als Erleichterung zum Start, zum »Einsteigen«, zur Überbrükkung von Ausbildungslücken, so mag sie eine gewisse Aufgabe erfüllen.

Viele Benutzer von audiovisuellen Hilfen lassen sich aber dazu verführen, diese zum Dauergebrauch zu benutzen. Diese Art der Verwendung mag bequem sein, doch ist sie eines nicht – nämlich autogen. Der Begriff der »Ablationshypnose«, der für dieses Vorgehen geprägt wurde[30], trägt dieser Tatsache Rechnung. Die Abhängigkeit vom Apparat, die häufiger ist als man denkt, ist ein bedenkliches Unterfangen. Sie führt nämlich geradewegs zurück zum Medizinmann. Die Abhängigkeit, die das AT beseitigen sollte, schleicht sich auf diese Weise durch ein Hintertürchen wieder ein. Die ursprüngliche Abhängigkeit von einem Menschen findet sich, einige Niveaustufen tiefer, in der Abhängigkeit vom Apparat wieder.

Die regelmäßige Benutzung von Schallplatten und Tonbändern beim AT, das eine aktive Übung ist, ist ein Widerspruch in sich selbst.

Trotzdem werden diese apparativen Hilfen in großen Mengen auf einem nicht einmal mehr »schwarzen Markt«[31] des AT angeboten.

9. Dauer des Gesamttrainings

Der Abstand der gemeinsamen Kontroll- und Übungsstunden beträgt üblicherweise eine Woche. Gruppen, die alle vierzehn Tage zusammentreffen, machen »die schnellsten Fortschritte im Erwerb des Verfahrens und seiner Auswirkung«[32]. Auch Schultz befürwortet ein Intervall von vierzehn Tagen[33]. Wird in jeder dieser Stunden eine neue Grundübung besprochen, und schließt man noch ein bis zwei Stunden für Teil-, Zusatz- und Vorsatzformeln an, so kommt man mit Verschiebung durch Urlaub, Festtage usw. auf eine Kursdauer von fünf bis sechs Monaten. Diese Zeit sollte auch nach meinen Erfahrungen nicht unterschritten werden.

Von dieser Norm weichen aber, meist notgedrungen, viele Kurse ab. Ihre Länge muß sich nach der Dauer eines Semesters richten oder eines Aufenthaltes in einer Rehabilitationsklinik oder, wenn es sich um die früher übliche Ausbildung von Trainingsleitern handelte, nach der Dauer eines Kongresses. Schultz hat den meisten Ärzten das AT auf den Lindauer Psychotherapietagungen oder in Kursen von zwei Wochen Dauer vermittelt. Auch Ärzte mit guter theoretischer Vorbildung hatten anschließend mehrere Monate (auf sich selbst gestellt) zu tun, um das auf diese Weise erlernte AT so zu verarbeiten, daß sie es weiter vermitteln konnten.

Auch in der Dauer einer vierwöchigen Heilbehandlung (Rehabilitation) kann ein AT nicht erlernt werden; das wissen die in Sanatorien und Reha-Kliniken tätigen Ärzte auch. Der Patient bringt von einer Heilbehandlung nur das Wissen um die Grundvorgänge und Grundwirksamkeit des AT mit. Ist es schon für den Fachmann schwierig, sich das in wenigen Tagen vermittelte AT anschließend anzueignen, so ist es für den Patienten nicht selten unmöglich, das AT selbständig aufzuarbeiten. Bei einem Schnellehrgang des AT ist die dabei »erfolgende Fremdbeeinflussung erforderlich, weil es so schnell nicht gelingt, selbständig die Übungen zu erwerben«[34]. Man kann zugespitzt sagen: *Je kürzer ein Kurs, um so stärker die Fremdbeeinflussung*. Diejenigen Patienten, die im Heimatort, anschließend an eine Heilbehandlung, die Initiative ergreifen und sich erneut zu einem AT-Kurs melden, gehören dann meist zu den selbständigsten und erfolgreichsten Mitgliedern einer Übungsgruppe. Davon zu unterscheiden ist die Situation in psychosomatischen Rehabilitationskliniken, in denen das Erlernen des AT oder eines anderen Entspannungsverfahrens integraler Bestandteil der psychotherapeutischen Behandlung ist und die längere Therapiedauer (acht Wochen und mehr) auch eine gute Basis für eine Aneignung von Entspannungskompetenz ermöglicht.

Schultz unterscheidet beim Erlernen des AT drei Stadien[35]: das Anfängerstadium, »das mit gewissen Bemühungen verbunden ist«, das mittlere Übungsstadium, in dem die Übungen »ohne größeren Aufwand, aber auch ohne merkbaren positiven Allgemeineffekt« verlaufen, und das dritte Stadium, in dem aus der Anfangsübung eine »Schulung« wird. Es ist sinnvoll, noch ein viertes Stadium anzuführen, in dem, nach Erlernen der Standardübungen, die Anpassung des AT an die individuellen Bedürfnisse mit entsprechendem Umbau der Übungen (Hinzufügen von Teil- und Vorsatzformeln) erfolgt.

Diese aus jahrzehntelanger Erfahrung abgeleiteten Konzepte blieben nicht unwidersprochen bzw. konnten durch Studien differenziert werden: Danach scheinen sich AT-Kurse im Verlauf zunächst auf eine Verbesserung des körperlichen Wohlbefindens auszuwirken, während positive Effekte im seelischen Bereich erst später auftreten. Kröner und Mitarbeiter stellten 1980 fest, daß ein AT-Kurs zur Stabilisierung psychischer Effekte wenigstens eine Anzahl von 13 Sitzungen umfassen sollte. Dies deckt sich mit Ergebnissen von Rittmannsberger (1990) und Krampen (1991), der eine Verkürzung der Kurse mit gleichbleibendem Effekt nur über zusätzliche Hilfen erreichte (Protokoll, s.u.). Eine modifizierte Form eines VHS-Kurses, bei der von Anfang an alle Übungen trainiert wurden, zeigte im Vergleich zum klassischen Vorgehen eine deutliche Verbesserung in verschiedenen Persönlichkeitsdimensionen (Nervosität, Aggressivität, Depressivität, Erregbarkeit, emotionale Labilität, gemessen mit dem Freiburger Persönlichkeitsinventar [Persönlichkeitsfragebogen]). Auch war die Abbruchrate in diesen Kursen geringer[36].

10. Das Üben nach Kursabschluß

Das AT wird durch erworbene Reaktionen bestimmt, und diese bedürfen, im Gegensatz zu den angeborenen Verhaltensweisen, den Instinkten, zu ihrer Aufrechterhaltung einer »periodischen Wiederverstärkung«[37]. Darin stimmt das AT mit allen Lernprozessen überein. Nach längeren Pausen im Vorgang des Wiederholens muß es erneut eingeübt werden, wobei dieses neue Einüben von der Länge der Pausen und von der Intensität des vorangegangenen Einübens abhängt. Selbst das Sprechen in der

Muttersprache, die man einige Jahre nicht benutzt, erfordert eine Zeit der Wiedereinübung, bis man sie wieder fließend spricht. Ähnliches gilt für Fähigkeiten wie Schwimmen, Radfahren, Autofahren, mit denen man einige Zeit aussetzte. Will man also autogen »in Form« bleiben, so muß man das AT in den Tagesplan einbauen wie schlafen und essen. Eine Übung täglich dürfte dabei – als »Erhaltungsdosis« – genügen.

Mit einem zu Ende geführten AT-Kurs ist nur das Fundament gegeben, auf dem jeder Teilnehmer seine »persönlichen« Zusatz- und Vorsatzformeln aufbauen kann. Bei einer therapeutischen Gruppe muß, wenn das AT einen Dauererfolg haben soll, für jeden Teilnehmer die Möglichkeit bestehen, mit dem Übungsleiter diesen individuellen Ausbau des AT zu besprechen. Dieser Ausbau, der gleichzeitig ein Aufbau sein sollte, erfordert oft mehr Zeit als das Erlernen der Grundübungen. Der bisherige Gruppenteilnehmer muß inzwischen so viel gelernt haben, daß er nunmehr das AT in eigener Regie übernehmen kann. Sieht man nach einigen Monaten solche »mündigen« Patienten wieder, so kann man nicht selten erstaunt und bewundernd feststellen, was alles aus und mit dem AT gemacht worden ist.

Kontrollierte Studien zeigen jedoch, daß es leider nur eine Minderheit der Kursteilnehmer ist, die diese Chance nutzt. Von 531 ehemaligen Teilnehmern aus VHS-Kursen führte nach zwei Jahren nur noch ein Drittel das AT durch und dies auch nur »mehrmals im Monat«[38]. Eine Untersuchung mit 128 Teilnehmern aus VHS-Kursen ergab, daß drei Monate nach Kursende die Grundübungen den meisten Teilnehmern im Gegensatz zu den Organübungen keine besonderen Schwierigkeiten bereiteten. Die Qualität der Übungen war vor allem von der Übungshäufigkeit abhängig. Die Häufigkeit wiederum korrelierte mit dem Alter der Teilnehmer (je älter die Teilnehmer, desto häufiger übten sie) und nahm in der Gesamtgruppe schon zum Ende des Kurses hin deutlich ab[39]. Günstigere Ergebnisse kommen aus dem klinischen Bereich: Von 375 Patienten des Instituts für Psychotherapie in der ehemaligen DDR, die das AT erlernten, brachen 25 Prozent die Übungen schon während des Kurses ab; nach drei Monaten übten noch 62 Prozent (die Zahl der Erfolgreichen überwog deutlich); die Zahl derer, die alle

Übungen beherrschten, war aber jetzt von 25 auf 45 Prozent gestiegen. Die Übungshäufigkeit bei Kursabschluß lag bei 80 Prozent bei zwei- bis dreimal am Tag, drei Monate später waren es immerhin noch 51 Prozent, die so häufig übten[40].

11. Das Protokoll

Der Trainingsleiter sollte sich dauernd über die Fortschritte des Übenden orientieren, der mündlich oder schriftlich (als Protokoll) berichten kann. Beide Verfahren haben ihre Vor- und Nachteile. Wenn jeder einzelne in der Gruppe zu seinen Erfahrungen bei den häuslichen Übungen befragt wird, so wird meist spontaner berichtet, als dies in einer schriftlichen Festlegung geschieht. Der Gruppenleiter kann sofort dazu Stellung nehmen, das Für und Wider kann erörtert werden. Vor allem: Jedes Gruppenmitglied lernt von den Erfahrungen der anderen. Nachteil: In Gruppen von über 20 Teilnehmern läßt sich dieses Verfahren kaum noch durchführen. In größeren Gruppen kommt es meist nur zu einzelnen Wortmeldungen; diejenigen, bei denen Fragen auftauchen, melden sich nicht immer.

Die schriftliche Protokollierung der häuslichen Erfahrungen sollte auf jeden Fall geschehen, am besten nach jeder Übung, wenigstens einmal täglich. Dabei ist es wichtig, alle Einzelheiten zu erfassen, vor allem in den ersten Tagen. *Vorteile der schriftlichen Fixierung:*

1. Das Verbalisieren, gleichviel ob mündlich oder schriftlich, setzt genaues Denken und Beobachten voraus. Die Absicht, einen AT-Ablauf zu protokollieren, erhöht vorsorgend die Aufmerksamkeit und das Registrieren dessen, was während der Übung erlebt wird.

2. Das anschließend an die Übungen erfolgende miteingeplante Protokoll motiviert zum Üben; wenn hinterher etwas schriftlich fixiert werden soll, übt man regelmäßiger. Dies wurde durch eine kontrollierte Studie von Krampen (1991) bestätigt, der die Protokolle im Sinne einer Selbstkontrolltechnik einsetzen ließ und dadurch für die Grundübungen des AT eine Verkürzung der normalen Kursdauer erreichte[41].

3. In den »Krisenzeiten« des Gesamtlernvorganges, wenn man glaubt, nicht weiterzukommen, ist es günstig, in den schriftlichen Notizen zu blättern und sich die vielen Fortschritte, die man inzwischen als selbstverständlich ansieht, vor Augen zu führen. Dies ist einer der Gründe, weshalb man die Notizen zusammenhängend in einem Heftchen oder Notizbuch eintragen sollte und nicht auf lose Blätter.

4. Das »Trainingstagebuch« ermöglicht es dem Gruppenleiter bei Einzelbesprechungen auch, sich in kürzester Zeit über den Stand der Entwicklung zu unterrichten.

5. Die Vorteile eines Protokollierens gelten nicht nur für die Dauer eines AT-Kurses. In den Wochen und Monaten nach Kursabschluß, in der Zeit eines selbständigen Übens, wenn die individuellen Zusatzformeln erarbeitet werden, ist ein Protokollheft besonders wichtig; es ergänzt und erhält den sonst leicht nachlassenden Eigenantrieb.

6. Außerdem bedeutet ein regelmäßig durchgeführtes Protokoll eine Selbstbestätigung; es erfüllt für jeden Menschen seine Aufgabe im Dienste einer Formung, einer Strukturierung der Persönlichkeit. Dienen Tagebücher (soweit es sich dabei nicht um eine literarische Kunstform handelt) dazu, dem Schreiber sich über sich selbst und seine Entwicklung Rechenschaft zu geben, so kann das fortlaufende AT-Protokoll als ein Tagebuch im Dienste einer speziellen Aufgabe aufgefaßt werden.

12. Zur Rolle von Suggestion und Beziehung in der Lernphase des AT

Die bisherigen Ausführungen (s. a. Kap. 9) belegen, daß die Dimension Auto-Heterosuggestion ein wesentliches Element der *Beziehungsgestaltung zwischen Übungsleiter und Übendem* ist. Gerade in der Lernphase hat diese Dimension eine wichtige Bedeutung, die oft unterschätzt wird. Unserer Erfahrung nach werden hier von Seiten des AT-Trainers oft grundlegende Fehler gemacht. Diese betreffen das Ausmaß der heterosuggestiven Unterstützung und Beeinflussung des Lernenden. Anstatt den Übenden konsequent auf die eigene Aktivität, das Autogene, hinzulenken, werden zu lange und zu viele heterosuggestive und regressionsfördernde situative Elemente (Stimme des Trainers, Musik, Geräusche, Duftstoffe u.ä.) verwendet. Immer wieder entnehmen wir den Berichten von Patienten, die vom AT enttäuscht waren und subjektiv keinen Erfolg hatten, daß mit ihnen nur oder vorwiegend im Liegen geübt wurde. Es wurde nicht auf kurze Übungen (drei bis fünf Minuten) geachtet, sondern schon in der Lernphase einschläfernde 20 bis 30 Minuten geübt. Man legte nicht konsequent auf das eigene Üben und den Transfer in den Alltag Wert, sondern auf möglichst tiefe situative Entspannung an der Nabelschnur zum Trainer. Entsprechend wurde das heterosuggestive Element des Begleitsprechens nicht im Lernverlauf zurückgenommen, sondern von manchen AT-Leitern (beispielsweise bei den Organübungen und Vorsatzbildungen) sogar noch ausgebaut. Besonders ungünstig ist diese Vorgehensweise, wenn sie auf einen Übungsteilnehmer mit starken regressiven Bedürfnissen und passiver Entspannungserwartung trifft. Hier muß der Trainer ganz besonders auf eine schrittweise Verselbständigung achten, damit der Übende nicht in einer heterosuggestiven Abhängigkeit zu ihm bleibt. Sehr kritisch äußerten sich in diesem Zusammenhang auch Krapf (1985), der sogar betont, daß die konzentrative Selbstentspannung in völligem Stillschweigen, also auch ohne begleitendes Vorsprechen des AT-Leiters, durchzuführen ist, und Schäfgen (1990), der in jeglichem heterosuggestiven Einstieg in das AT eine Unterbrechung des Prozesses der individuellen Erfahrung sieht. Dies entspricht der Schultzschen Tradition. Wir vertreten diesbezüglich einen etwas milderen Standpunkt: Sofern ein AT-Trainer die oben genannten Punkte kritisch berücksichtigt, erscheint das Begleitsprechen weniger problematisch. Es ist in vielen Fällen eine wertvolle Hilfe für den Lernenden.

Es ist jedoch auch aus lerntheoretischen Erwägungen besonders wichtig, das Autogene in der Lernphase zu betonen, damit die Entspannung an einen autosuggestiven Vorgang und nicht an einen heterosuggestiven oder situativen Reiz (Gruppenraum, Stimme oder Ausstrahlung des Trainers, Walkman mit Entspannungskassette u.ä.) gekoppelt (konditioniert) wird. Andererseits können heterosuggestive Elemente durchaus im weiteren Verlauf eine Bereicherung darstellen, wenn die autogene

Entspannung gründlich gelernt wurde und der Alltagstransfer gut etabliert ist.

Obwohl das AT eine psychotherapeutische Methode ist, wird der Beziehungsgestaltung zwischen AT-Trainer und Übendem zu wenig Beachtung geschenkt. Um im Einzelfall die Interaktion so zu gestalten, daß für den Übenden eine individuelle und ausgewogene Unterstützung durch Heterosuggestion einerseits und Möglichkeiten des autosuggestiven Lernens andererseits entwickelt werden können, muß der AT-Trainer entsprechend qualifiziert sein und die nötige Beziehungskompetenz haben. Dies schließt auch die Notwendigkeit einer regelmäßigen Supervision, z.B. in Form einer Balintgruppe, ein.

15. Kapitel Tests im Autogenen Training

1. Einleitende Versuche

Es gibt eine ganze Reihe von Verfahren, durch die sich die Veränderungen der Motorik und auch der Wahrnehmung aufgrund von Suggestionen nachweisen lassen. An dieser Stelle seien nur einige wenige Versuche erwähnt, die üblicherweise zum Testen der Suggestibilität (z.B. vor Beginn einer Hypnose) benutzt werden. Ihre Bedeutung für das AT besteht darin, daß sich mit ihnen die Auswirkung der Suggestion/Autosuggestion für den Übenden demonstrieren läßt; außerdem läßt sich durch diese Versuche die Suggestibilität steigern. Für jeden neuen AT-Teilnehmer erhöht sich dadurch das Vertrauen in die Wirkung der Autosuggestion.

Der Fallversuch (Body-Sway-Test): Einer aufrechtstehenden Versuchsperson wird die Hand leicht auf die Stirn (oder den Hinterkopf oder die Schulter) gelegt; gleichzeitig wird sie aufgefordert, sich lebhaft vorzustellen, daß sie nach hinten falle.

(Um Angst bei der Versuchsperson zu vermeiden, steht der Versuchsleiter am besten hinter ihr.) Nach einigem Wiederholen realisiert sich die Fallneigung nach hinten (oder auch, nach entsprechender Suggestion, nach vorne), auch ohne Auflegen der Hand.

Der Wärme-Illusions-Test: Der Versuchsperson wird ein Draht in die Hand gegeben, der elektrisch erwärmt werden kann. Die hierzu nötige Apparatur mit Kontrollampen, Drehwiderstand usw. kann von der Versuchsperson beobachtet werden. Schaltet man nach einigen Wiederholungen den Strom zum Testdraht ab, wobei jedoch Kontrollampen und Meßgeräte wie vorher funktionieren, so kommt es bei der Versuchsperson erneut zu einer Wärmeempfindung im Sinne eines autosuggestiven Effektes. Der Versuch ist eindrucksvoll, benötigt aber eine entsprechende Apparatur.

Die Zitronenübung: Es handelt sich hierbei um eine Visualisierungsübung, mit der die Fähigkeit zur Aufnahme von visuellen Suggestionen getestet werden kann und außerdem dem Probanden die Umsetzung von Vorstellungen in physiologische Körperreaktionen eindrucksvoll demonstriert wird. Er wird gebeten, die Augen zu schließen und sich in der Phantasie auszumalen, daß vor ihm auf einem Tisch eine wunderschöne, saftige, gelbe Zitrone liegt. Diese solle er nun in der Vorstellung mit einem Messer in zwei Hälften schneiden und ein Stück an das Gesicht heranführen, es betrachten, daran riechen, mit den Lippen und der Zunge berühren und zunächst vorsichtig, dann fest hineinbeißen. So wie der Leser, der diese Vorgehensweise nun gerade ebenfalls in der Vorstellung nachvollzogen hat, wird auch der Proband eine verstärkte Speichelproduktion bemerken und zumeist auch unwillkürlich den Mund etwas zusammenziehen. Bei manchen ist die Reaktion so, daß sie das ganze Gesicht verziehen.

Der Pendelversuch: Er wird dem Marquis de Chevreul (1812) zugeschrieben[1]. Beim Pendelversuch handelt es sich um das alte »siderische« Pendel, das für okkulte Zwecke benutzt wurde und bei dessen Ausführung heute noch manche Laien an das Auspendeln von kranken Organen, Schwangerschaft u.a. mehr denken. Der Versuch ist sehr einfach und läßt sehr verschiedenartige und wichtige Schlüsse zu; Schultz maß ihm eine hohe Bedeutung bei.

Empfehlenswert ist eine Vorführung durch den Versuchsleiter. Jeder Teilnehmer am AT sollte aber diesen Versuch – in der Gruppe oder zumindest zuhause – wiederholen: Ein Pendel, ein Faden von ca. 15 cm Länge, an dem ein Ring hängt (eine dünne Kette derselben Länge tut es auch) wird locker zwischen den Fingern, bei angehobenem, im Ellenbogen gebeugten, völlig entspannten Arm gehalten. Bei der Vorstellung, das Pendel fange an von links nach rechts oder von vorn nach hinten zu schwingen, tritt diese Pendelbewegung nach meist überraschend kurzer Zeit ein; bei der Vorstellung: kreisende Bewegung (im Uhrzeigersinn oder umgekehrt) verändert sich die Bewegung im vorgestellten Sinn; bei der Vorstellung: das Pendel steht still, verringert sich der Ausschlag wieder bis zum Stillstand.

Man kann auch ein Kreuz mit Kreis auf den Tisch malen, worauf das Pendel diesen Linien folgt; dies macht die Demonstration eindrucksvoller, lenkt jedoch von der Hauptsache ab. Schultz beschreibt ein Pendelgerät (nach Berkow), bei dem das Pendel an einem flexiblen Drahtbügel hängt, in den die Hand hineingeschoben wird. Das Pendel besteht aus einem 20 cm langen Faden mit Bleikugel von 40 g Gewicht. Der Bügel ermöglicht eine völlige Entspannung der Hand, außerdem wird der Hebelarm (bis zum Aufhängepunkt des Pendels) vergrößert, wodurch sich die minimalen Bewegungsimpulse der Hand verstärken.

Vermeiden soll man das Aufstützen des Ellenbogens oder gar der Hand, da hierdurch die Bewegungsimpulse erheblich reduziert werden. Die optimale Pendellänge und das optimale Gewicht sind von einem Menschen zum anderen verschieden; sie hängen möglicherweise von der Frequenz und Amplitude der Feinstimpulse ab; das muß man ausprobieren. Am Berkowschen Pendel ist das Gewicht reichlich bemessen, so daß die Bewegung langsamer in Gang kommt als beim Pendel mit Ring (der 4–5 g wiegt). Je schwerer das Pendel, um so leichter gelingt der Versuch auch mit geschlossenen Augen, da die Pendelausschläge dann über das Tastgefühl wahrgenommen und reguliert werden. Nach meiner Erfahrung ist das Üben mit offenen Augen einfacher – das geht auch aus den Protokollen von Schultz hervor[2].

Aus meinen Protokollen von Pendelversuchen seien hier zwei angeführt:

Ein 40jähriger Arzt: »Beim Pendelversuch konstatierte ich mit Überraschung, daß kurze Zeit nach Einstellung auf eine Bewegungsrichtung das Pendel deutliche Ausschläge in diese Richtung vollführte und daß es beinahe unmittelbar nach Umstellung auf eine andere Bewegungsrichtung seine Bewegung verzögerte, um alsbald die neue Richtung einzuschlagen. Körperliche Empfindungen, die mir zur Erklärung der Bewegung des Pendels dienen könnten, habe ich nicht gehabt.«

Ein 30jähriger Kaufmann: »Pendelversuch. Gelang bei mir überraschend deutlich, Erstaunen der Umstehenden, aber auch Bemerkungen, ich hätte die Hand mitbewegt. Dies geschah sicherlich unbewußt, denn ein Selbstbetrug wäre ja doch für mich ganz sinnlos.«

Der Pendelversuch eignet sich, wie schon erwähnt, in besonderem Maße zur Demonstration verschiedener Vorgänge:
– zur Veranschaulichung des Carpenter-Effekts bzw. der Ideoplasie von Forel, wonach die Vorstellung einer Bewegung zu dieser Bewegung führt[3];
– zur Erfahrung autosuggestiver Auswirkung beim einzelnen Übenden (Das Schwingen des Pendels wird beim Eigenversuch oft mit großer Überraschung wahrgenommen, wodurch die suggestive Wirkung noch zunimmt.);
– zum Nachweis einer Erhöhung der Suggestibilität in der Gruppe (Führen nacheinander die einzelnen Teilnehmer einer Gruppe den Pendelversuch durch, so gelingt er immer besser[4].);
– zur Demonstration des Monoideismus (Charles Richet), wonach der suggestionauslösende Gedanke von den übrigen Vorstellungen »losgelöst« sein muß, »ein Gedanke, der sozusagen in einer geistigen Leere erschallt und infolgedessen sehr bedeutend wird, wie ein einzelner Laut in absoluter Stille«[5]. »Jeder Gedanke, der einzig und allein von unserem Geist Besitz ergriffen hat, wird wahr für uns und hat das Bestreben, zur Tat zu werden.«[6]

Dazu eine persönliche Erfahrung: Bei meiner Vorführung des Pendelversuches in der Gruppe fielen Anlaufzeit und Schwingungsgröße zunächst sehr verschieden aus, eine Tatsache, die ich auf die verschiedenen, oft improvisierten Pendel (Halskette) zurückführte. Dann aber wurde mir deutlich, daß zwei Vorstellungen wirksam waren: 1. das schwingende Pendel, 2. die Vorstellung: die Anwesenden sehen dir auf die Finger, also die Vorstellung: »Halte die Hand ruhig, sonst verliert der Versuch die ganze Überzeugungskraft.« Diese zwei Vorstellungen hatten sich gegenseitig gestört. Jedenfalls verlief seit dieser Erkenntnis (Monoideismus) der Versuch ungestört.

Läßt die Pendelbewegung nach einiger Zeit nach oder fängt es gar nicht erst an zu schwingen, so liegt das oft am Gesetz von der das Gegenteil bewirkenden Anstrengung[7].

Der Versuch zeigt den Gegensatz von einer Willenshandlung (ich bringe das Pendel bewußt zum Schwingen) und einem unbewußt-unwillkürlich sich vollziehenden Ablauf des Geschehens (ich stelle mir die Bewegung vor und warte dann, bis das Pendel schwingt). Es kommt »ohne jedes aktive Ich-Erlebnis« zustande[8]. Anders ausgedrückt: »Das Gesetz von der Finalität des Unbewußten lehrt uns, daß bei aller Suggestion, in der das Ziel bereits feststeht, das Unterbewußtsein bemüht ist, Mittel zur Verwirklichung zu finden, und in der Wahl dieser Mittel erweist es eine große Geschicklichkeit.«[9] Es stellt sich beim Pendelversuch ein sofortiges Erfolgserlebnis ein. Es gilt hier, was bereits beim Lernen am Erfolg gesagt worden ist.

Wichtig ist, daß alle aufgezählten Momente bei vollem Wachbewußtsein geprüft bzw. erfahren werden können.

2. Nachweis der Muskelentspannung

Die Stärke einer Muskelspannung läßt sich leicht nachweisen. Auf jedem Jahrmarkt stehen »Dynamometer«, auf deren Skala man die Stärke beispielsweise eines Händedrucks ablesen kann. Es gibt eine Fülle solcher – auch wissenschaftlicher – Apparate. Hingegen ist es schwerer nachzuweisen, inwieweit sich Muskeln bei einem ruhenden Menschen noch weiter *ent*spannen lassen. Die Herabsetzung des Muskeltonus (der Ruhespannung) läßt sich am einfachsten durch den Kniesehnenreflex erkennen: ein Schlag mit dem Reflexhammer auf die Sehne unterhalb der Kniescheibe dehnt die Oberschenkelmuskulatur (Muskeldehnungsreflex), sie zieht sich kurz zusammen und läßt den Unterschenkel nach vorne schwingen. Je höher der Muskeltonus, desto stärker der Ausschlag des Unterschenkels. Dieser Ausschlag ist während der AT-Übung viel geringer (beträgt teilweise nur ein Achtel des sonstigen Wertes): der Muskeltonus ist stark herabgesetzt[10].

Durch sinnvolle Instrumentierung kann dieser Versuch erheblich verfeinert werden[11]. So lassen sich auch die Fortschritte z.B. bei schwer entspannbaren Menschen gut nachweisen; ebenso die besseren Resultate nach vorangegangener Ruheentspannung.

3. Nachweis der veränderten Durchblutung

Auf diesen Nachweis, der sich viel leichter als der Entspannungsnachweis führen läßt – am deutlichsten, wenn man gleichzeitig mit Kältesuggestion arbeitet[12] –, wird im 19. Kapitel näher eingegangen (Wärmeübung).

4. Psychologische Testverfahren

Es wurden eine ganze Reihe von Fragebögen und psychometrischen Testverfahren entwickelt, um einerseits die Eignung einer Person zum Erlernen des AT genauer erfassen zu können, andererseits um Aussagen zum Lernverlauf und -erfolg machen zu können.

Einzelne Verfahren werden in den entsprechenden Kapiteln dieses Buches erwähnt, so z.B. die Tellegen-Absorptions-Skala (s. Kap. 12, 5).

Ein sehr umfangreiches und differenziertes psychodiagnostisches Verfahren entwickelte die Trierer Arbeitsgruppe um Krampen, die sich intensiv mit dieser Thematik beschäftigte. Das »Diagnostische und Evaluative Instrumentarium zum Autogenen Training« (AT-EVA) ist ein standardisiertes Verfahren mit mehreren Komponenten. Es ermöglicht eine Eingangsdiagnostik und Einschätzung der Indikation, Evaluation des Lernverlaufes sowie direkte und indirekte Veränderungsmessungen während und nach dem AT-Kurs[13].

Die Götter verkaufen das Ungewöhnliche
nicht zu Schleuderpreisen.
Sören Kierkegaard

Dritter Teil
Die praktischen Übungen der Unterstufe

16. Kapitel
Darstellung der Schwere

Die erste Übungsstunde wird, wie schon ausgeführt wurde, wohl ausnahmslos von allen Trainingsleitern mit einer kurzen Einführung über die Voraussetzungen und die Wirkungen des AT eingeleitet.

Die beste Gewähr für das Gelingen der Übungen liegt im Verständnis für die seelisch-körperlichen Vorgänge, die sich beim AT abspielen. Hinweise auf den Carpenter-Effekt, die Ideoplasie Forels, sind wichtig. Die Vorführung des Pendelversuchs sollte nie fehlen; auch sollte er zuhause von jedem Übenden nachvollzogen werden; er ist von allen Tests am leichtesten auszuführen und überzeugt am meisten. Räumlichkeit und Gruppengröße sind ideal, wenn der Trainingsleiter jede einzelne Körperhaltung nachprüfen und jeder Teilnehmer über Erfolge und Mißerfolge berichten kann. In Gruppen bis zu 20 Teilnehmern ist dies gegeben. Alle lernen dabei voneinander.

Es gibt die verschiedensten Methoden, um sich ganz zu entspannen; eine der einfachsten ist das AT. Es geht aus von einer Entspannung der Skelettmuskeln, über die der Mensch am besten verfügt. Wie seelische Entspannung eine Muskelentspannung herbeiführt, so geht umgekehrt – im Falle des AT – eine Entspannung der Muskeln mit psychischer Entspannung einher. Eines ist an das andere gebunden. Der Mensch bildet eine leibseelische Einheit. Kein Teil dieser Einheit kann sich verändern, ohne das Ganze mitzuverändern.

Über die verschiedenen Körperhaltungen, in denen man sich am besten entspannt, ist ausführlich berichtet worden. Nur eine Körperhaltung (im Sitzen oder im Liegen), in der man jederzeit einschlafen könnte, garantiert die beste Entspannung. Vor den Trainingsübungen ist eine körperliche Lockerung sehr zu empfehlen[1]: Beine durch Schütteln lockern (ähnlich wie beim Sport); »sich im Becken rütteln«, um das oft verspannte oder »verschränkte« Kreuz zu lockern; die Schultern fallen lassen, nachdem man sie vorher aktiv hochgezogen hat; im Liegen den

Kopf locker hin und herrollen lassen. Vielfach wird durch eine derartige Vorübung überraschend erfahren, wie viel Spannung man doch loswerden kann.

Zusammen mit einer vor störenden Geräuschen und überraschenden Ereignissen sicheren Umgebung wären die Bedingungen für eine entspannte Ausgangsbasis der »Ruhetönung« gegeben.

Manche Übungsleiter stellen vor den Beginn der ersten gemeinsamen AT-Übung eine kurze Körperfühlübung oder »Reise durch den Körper«. Dies gewöhnt die Teilnehmer daran, mit geschlossenen Augen im Raum zu sitzen (oder zu liegen) und lenkt die Aufmerksamkeit ohne besondere Vorbedingungen auf den eigenen Körper und nach innen – was ja für viele Menschen im ersten Moment recht ungewohnt ist. Auch kommt nicht gleich der »Leistungsdruck«, unbedingt einen schweren Arm haben zu wollen. Oftmals berichten Teilnehmer bei dieser Vorübung spontan über Gefühle von Schwere oder Wärme, die dann bei der ersten eigentlichen AT-Übung (obwohl intendiert) nicht mehr auftreten – vermutlich ein Effekt, der u. a. von der Erwartungsspannung abhängt.

1. Die Übung

a. Was ist Schwere?

Die Formeln der ersten Übung lauten nach dem Übungsheft[2] von Schultz (in der Überarbeitung von Thomas):

- Ich bin ganz ruhig
- Der rechte Arm ist schwer

Die erste Formel ist Zielrichtung der ganzen Arbeit. Die Übung als Ganzes wird dann wiederholt. Auf die Frage, ob die Ruheformel an den Anfang oder das Ende der Übung gestellt wird, geht Kap. 14, 5 ein. Im Gegensatz zum Autor (B. H.) tendieren die Bearbeiter aus lerntheoretischen Überlegungen zur (ursprünglichen) Anfangsstellung der Ruheformel.

Die Muskelentspannung wird als Schwere empfunden. Tritt Schwere in den Gliedmaßen auf, so weiß man, daß diese entspannt sind. Diese Schwere wird im AT durch die Vorstellung ausgelöst; beim Pendelversuch bringt die Vorstellung eines schwingenden Pendels dieses zum Schwingen. Die Vorstellung einer guten Mahlzeit bringt bei einem hungrigen Menschen Speichelfluß (es läuft einem das Wasser im Munde zusammen), Magensaftabsonderung und Verdauungsbewegungen hervor (der Magen fängt an zu knurren). Ob man sich also das Essen »nur« vorstellt, oder ob man es wirklich ißt, ob man sich den Arm warm vorstellt, oder ob man ihn in warmes Wasser taucht, in beiden Fällen reagiert der Körper gleich. Es handelt sich hierbei um einen der zentralen Vorgänge beim AT, nämlich um die Auswirkung des ideomotorischen Gesetzes des englischen Physiologen W. H. Carpenter (1873), nach dem jede Wahrnehmung oder Vorstellung einer Bewegung einen Antrieb zum Vollzug der betreffenden Bewegung hervorruft. Dieses Gesetz wurde (von Auguste Forel) zum Gesetz der Ideoplasie (wörtlich: Formung durch die Idee) erweitert, wonach die »Idee«, die Vorstellung, nicht nur Bewegung, sondern alle vegetativen Funktionen auslösen kann.

Die Schwereformel beinhaltet zwei Vorstellungen: die des Armes und die der Schwere. Der Arm läßt sich leicht vergegenwärtigen: mit dem Tastsinn, der uns die Auflagefläche vermittelt; dem Lagesinn, mit dem wir die Beugung im Ellenbogen, die leichte Biegung im Handgelenk und in den Fingern erfahren; dem Gewichtssinn, der uns das Gewicht des Armes vermittelt; dem Temperatursinn, mit dem wir die Wärme des Oberschenkels spüren. Man spürt den Arm; mit dem inneren »geistigen« Auge sieht man den rechten Arm auf dem Oberschenkel liegen. Das wichtigste an dieser Vorstellung ist, daß die Schwere gleichbedeutend mit der *Entspannung der Muskeln* ist. Man stellt sich »geistig möglichst lebhaft«[3] die Schwere im Arm vor, das »Eigengewicht« des Armes (das immerhin mehrere Pfund beträgt); man registriert die Gefühle des schweren, entspannten Aufliegens, des Auflastens auf dem Oberschenkel. Jeder Mensch hat irgendwann Erfahrungen gemacht, bei denen die Identität von Schwere und Entspannung deutlich wurde: es passiert gelegentlich, daß man nachts aufwacht, verkehrt gelegen hat, so daß ein Arm »eingeschlafen« ist. Er ist dann entweder ganz taub oder nicht mehr zu spüren – nicht mehr vorhanden. Mit der anderen Hand sucht man dann nach diesem Arm, bringt ihn in eine günstige Lage und stellt hierbei fest, daß dieses taube, leblose, fremde Gebilde sich überraschend schwer anfühlt. Heben Menschen einen fremden Säugling hoch, so sind sie oft über dessen Schwere erstaunt. Weshalb? Weil die Säuglinge entspannt sind. Eine junge Mutter sagt ihrem Kleinkind, das sie auf den Arm hebt: »Mach dich nicht so schwer!« Schlafende Kinder sind »schwer« zu tragen. Eine völlige Entspannung findet man auch bei Menschen, die ohnmächtig wurden; sie sind so »schwer«, daß zwei oder mehr Menschen helfen müssen, um sie hochzuheben oder sie wegzutragen. Entspannung wird bei anderen oder bei sich selber als subjektives Gefühl der Schwere erlebt.

Diese Schwere ist hier beim AT gemeint. Läßt man während der Übung einen anderen Menschen die Hand des Übenden heben, um sie dann fallen zu lassen, so fällt der Arm entspannt, mit seinem ganzen Eigengewicht, »wie leblos« wieder auf die Unterlage bzw. den Oberschenkel herab; mit demselben Gewicht lastet er dann dort. Beim Betasten der Muskeln (am deutlichsten beim Bizeps) fühlen sich diese weich und locker an. Beides, der lockere Muskel und das entspannte Fallen des Armes, sind für den Übungsleiter objektive Hinweise für eine Entspannung.

Neurophysiologisch wird als Entsprechung der Schwere eine muskuläre Tonusminderung angenommen, die vermutlich durch folgende Abläufe bewirkt wird:

1. Durch die entspannte Übungshaltung werden die afferenten (zum Gehirn strömenden) Impulse aus der Skelettmuskulatur vermindert und somit die Aktivitätsrückmeldung an das Gehirn reduziert.

2. Die Aktivität des sog. alpha- und gammamotorischen Anteils des Nervensystems sinkt, wodurch die Sensibilität der Muskelspindeln verändert wird. Letztere sind komplizierte Sensoren für die Grundspannung der Muskulatur und regulieren den Grundtonus und die Auslösbarkeit der Muskeleigenreflexe, die im AT erwiesenermaßen vermindert ist.

b. Die Realisierung der Schwere

Nach dem inneren Aussprechen der Formel (vgl. Kap. 11, 2) registriert der Übende in aller Ruhe, wo sich ein Schweregefühl im

Arm einstellt und wo es am deutlichsten zu spüren ist. Mit der ebenfalls entspannten Aufmerksamkeit wenden wir uns den einzelnen Teilen des Armes zu und registrieren, wo der »Schwerpunkt« zu finden ist. Der Ort des ersten Auftretens von Schwere ist außerordentlich verschieden. Es kann sein in den Fingerspitzen, in der Innenhand, im Daumenballen, im Kleinfingerballen, im Handgelenk, in der Auflagefläche, im Unterarm, und zwar in dessen unterem, mittleren und oberen Teil, im Ellenbogen, im Oberarm oder in der Schulter. Das Schweregefühl tritt manchmal bei der ersten Übung bereits deutlich, manchmal nur andeutungsweise auf.

Nach Schultz tritt Schwere zu 60 Prozent erstmalig in der Unterarm-Ellenbogengegend auf, was ich für die Übung im Liegen bestätigen kann; im Sitzen tritt nach meinen Erfahrungen die Schwere zuerst im Unterarm oder in der Hand, seltener im Oberarm oder in der Schulter auf. Die Hand-Unterarm-Gegend ist uns »am bewußtesten«[4], am Ich-nächsten.

Man kann vom neurophysiologischen Standpunkt aus von einer »umfangreicheren kortikalen Repräsentation« der Hände und des Gesichtes sprechen[5]: Die Ausdehnung der Sinnesreizpunkte in den dazugehörigen Hirnwindungen beträgt in Millimetern: beim Fuß 5, Bein 13, Rumpf 11, Arm 29,5, Hand 58,5, Gesicht 24,5, Lippen 34, Zunge 49,5, Kiefer und Zähne 28. Der zur Hand gehörige Hirnrindenanteil ist also etwa zwölfmal so dicht mit Reizpunkten besetzt wie der zum Fuß gehörige.

Von jedem zehnten Teilnehmer etwa wird berichtet, er habe das Gefühl, als ob er schief säße, als ob die Schulter durch den Arm heruntergezogen würde. Werden nach dem Üben die Augen aufgemacht, so stellen diese Teilnehmer mit Erstaunen fest, daß sie ganz gerade sitzen: eine echte Sinnestäuschung also, eine Erscheinung, die uns bereits bei der ersten Übung zeigen kann, wie weit die Wirkungen der Übungen gehen.

Für eine Reihe von Übenden empfiehlt es sich, die oben erwähnte Formel in zwei Teile zu teilen. Diese würden lauten:

- Rechter Arm (ist) schwer
- Rechter Arm (ist) ganz schwer

Bei der Vergegenwärtigung von »ganz schwer« kann man weiterhin zweierlei unterscheiden: 1. Bei deutlichem weiteren Hinfühlen, Hinhorchen in den rechten Arm stellt man fest, daß die Schwere intensiver wird; das Schweregefühl wird deutlicher; das Erlebnis vom »Eigengewicht« des Armes wird immer überzeugender. 2. Weiter neigt die Schwere dazu, sich auszubreiten; sie greift auf andere Bereiche des Armes über, das Schweregefühl kommt ins Strömen oder es treten neue Schwerebezirke, neue Schwereherde auf, die zunächst mit den früheren nicht in Verbindung stehen. So kann man Schwere im Daumen oder im Handgelenk haben und unabhängig davon im Ellenbogen.

(Man kann die Schwerevorstellung noch weiter zu entwikkeln versuchen und sich den Arm nunmehr »bleischwer« vorstellen. Hierauf wird nicht selten ein vermehrter Schwereeffekt beobachtet[6]. Auch von Schultz wird die Bleischwere erwähnt.) Zwischen der Schweredarstellung kommt dann immer wieder die Formel:

- Ich bin ganz ruhig (nur einmal),

um dann mit der Schwere erneut anzufangen. Die Ruheformel stellt keine eigene Aufgabe dar, sondern ist ein Zielerlebnis, »dessen Darstellung erst durch die Entspannung erreicht werden soll«[7].

c. Zusätzliche Entspannungserscheinungen

Gemeinsam mit der Schwere tritt bei einem Drittel der Übenden Wärme auf[8] (Abb. 17), ein Hinweis dafür, daß auch die Muskeln der Blutgefäße entspannt werden, die Blutgefäße sich erweitern und mehr Blut durch den Arm strömt: Manchmal klopft der Puls oder es besteht ein »Kreislaufgefühl« (Luthe), oder die Finger fühlen sich geschwollen oder prall an, von einem Übenden als »Wurstfinger« bezeichnet, ein Erlebnis vermehrter Blutfülle. Es können ferner auftreten: Kribbeln, »Sengeln«, »Ameisen-Laufen«, ein Gefühl, das jedem vertraut ist, der einmal durchfrorene Hände hatte und in einen warmen Raum kam. Weiterhin: kloßig und undeutlich werdende Hände, gelegentlich auch »Verschwinden« der Hände.

Relativ häufig kommt es in der ersten Zeit des AT zu einem Gefühl des Schwebens. Das Gefühl, auf dem Rücken im Wasser zu liegen oder wie Kork auf dem Wasser zu schwimmen, ähnelt diesem Zustand. Er tritt nicht selten zusammen mit Schwere auf: Gefühle kennen keine Logik. Schweben und Schwere können zwei Aspekte desselben Zustandes sein: Ein

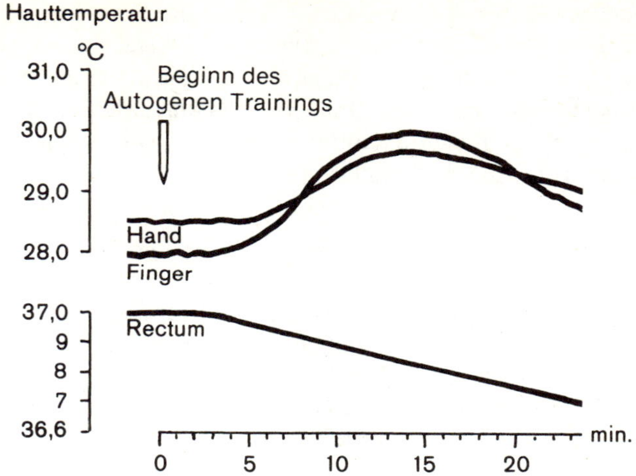

Abb. 17: Anschauliche Darstellung des Verlaufs der Rektal- und Hauttemperatur an Handrücken (obere Kurve) und Finger (mittlere Kurve) während der Schwereübung des Autogenen Trainings bei mitteltiefer Versenkung. Der Pfeil zeigt den Beginn der Übung. Absinken der Rektaltemperatur bedeutet eine Abnahme der Körperkerntemperatur (nach P. Polzien)

schwerer Baumstamm kann ja auch im Wasser schweben (auf die Verwandtschaft der Schwereempfindung zu Schwebe- bzw. Flugträumen oder zum Schweben in der Ekstase, das als »Levitation« bei zahlreichen Heiligen im Mittelalter beschrieben wurde, kann hier nur hingewiesen werden). Schultz führt Levitationsgefühle auf eine »charakteristische Mischung teilweiser Entspannung mit Spannungsresten« zurück[9]. Eine andere Erklärung liefern kybernetische Sichtweisen im Sinne von Rückkopplungsmechanismen: Der Übende nimmt Veränderungen am rechten Arm wahr, die für seine bisherigen Empfindungsschemata relativ neu sind und für die im Gehirn vielleicht zunächst keine vertrauten Vergleiche möglich sind. Je nachdem, welche Vorerfahrungen der einzelne Mensch hat, ist er in der Lage, diese Empfindungen weiter in Richtung einer Schwere zu entwickeln, oder er greift zunächst automatisch auf ihm schon bekannte, mit Entspannung assoziierte Schemata zurück, z.B. das Gefühl des Schwebens.

Alle beschriebenen Erscheinungen sind Entspannungsphänomene, von denen wir aber zunächst nur die Schwere im Auge behalten. Bei diesen Vorgängen mag es sich teilweise um »autogene Entladungen«[10] handeln. Da diese ebenso wie die Formelwirkung zur Entspannung führen, außerdem nach kurzer Zeit wegbleiben, ist die deutliche Trennung beider Vorgänge in der Praxis nicht erforderlich.

d. Das Zurücknehmen

Ist einige Minuten geübt worden, so erfolgt das Zurücknehmen, das »immer in folgender Weise geschehen sollte«[11]:

1. der Arm wird ein paarmal mit energischem, »militärischem« Ruck gebeugt und gestreckt,
2. es wird tief ein- und ausgeatmet,
3. die Augen werden geöffnet.

Dazugehöriges kurzes Formelkommando:

1. Arme fest!
2. Tief atmen!
3. Augen auf!

Es kann sich eine zuverlässige Technik nur entwickeln, wenn »exakt zurückgenommen« wird.

Beim AT gilt dasselbe wie bei einer sorgfältigen Hypnosetechnik: Die Augen sollten im Verlaufe der Rücknahme unbedingt geöffnet werden, da sonst das anschließende Allgemeinbefinden darunter leiden kann[12]. (Nach einer plötzlich und unsachgemäß abgebrochenen Hypnose können beispielsweise stunden- oder auch tagelang anhaltende Kopfschmerzen auftreten.) Das unvollkommene Zurücknehmen führt »zu oft sehr störenden nachträglichen Schwereempfindungen«[13]. So kommt es nicht selten zu Unfällen: Sturz auf einer Treppe, Überfahren roter Ampeln, »Hindurchgehen« durch eine Glastür[14]. Man kann diese Schwereempfindungen durch erneutes gründliches Strekken zum Abklingen bringen. Damit beseitigt man auch Müdigkeit, die bei manchen Menschen nach der Übung besteht. Man sollte dann zum Ende der jeweiligen Übung hin die Formel

- Ich bin ganz ruhig und frisch (erfrischt)

benutzen.

Mit diesem »Zurücknehmen der Entspannung«, wie Schultz es bezeichnet, tut man dasselbe wie morgens, wenn man sich beim Aufwachen streckt. Je erholsamer, entspannender der

Schlaf war, desto größer ist das Bedürfnis beim Aufwachen, sich zu strecken. Diesem Wunsch sollte man sowohl nach dem Training als auch beim morgendlichen Erwachen intensiv nachkommen. Der Psychiater Barolin schreibt der Rücknahme des im AT veränderten Bewußtseinszustandes (Hypnoid) eine besondere dynamisierende Wirkung zu (s. Kap. 7, 4).

Es wird auch empfohlen, die Arme mit geballten Fäusten zehnmal durchzustrecken[15]. Das Wesentliche beim Strecken ist: ausgiebig und mit Genuß! Wir befinden uns hierbei in bester Gesellschaft mit Hunden, Katzen und kleinen Kindern, die sowohl eine tiefe Entspannung im Schlaf als auch das anschließende intensive Strecken noch nicht verlernt haben. Mit zunehmender Übungserfahrung empfehlen wir unseren Patienten, eigene, auch in sozialen Situationen unauffälligere Formen der Rücknahme zu entwickeln. Das oben genannte Armstreckmanöver nach dem Kurz-AT im Linienbus führt unweigerlich zu verschiedensten Reaktionen bei Mitfahrenden.

Mit dem »Zurücknehmen« schalten wir um auf aktive Tätigkeit. Dazu gehört es auch, den im Schlaf oder in der Entspannung abgesunkenen Blutdruck wieder auf mittlere Höhe zu bringen. Jeder Mensch kennt das Auftreten von Schwindel oder Taumeln bei plötzlichem unvorbereiteten Aufspringen; das soll bei der autogenen Übung vermieden werden. Auch ein plötzliches Öffnen der Augen während der Übung oder zu früh am Beginn der Rücknahme führt oft zu Schwindelgefühlen u.ä. Nur nebenbei sei hier bemerkt, daß das Absinken des Blutdrucks in den ersten AT-Sitzungen gelegentlich dazu führt, daß es bei Menschen, die vegetativ sehr labil sind oder übermüdet oder sich in einem Erschöpfungszustand befinden, zu einem Kreislaufkollaps, also zu einer Ohnmacht kommen kann: einer der Gründe, weshalb das AT nicht ohne Anleitung bzw. ärztliche Aufsicht geübt werden sollte. Diese Kollapsgefahr ist bei gesunden Menschen recht selten; beim Üben im Liegen habe ich sie noch nie beobachtet – ein Grund mehr für den Anfänger, diese Lage zunächst zu benutzen.

Wegen der aktivierenden Wirkung sollte bei der abendlichen Übung des AT – wenn sie denn zu Ende gebracht wird! – die Rücknahme entfallen. Wie in Kap. 14, 4 ausgeführt, ist das Einschlafen *abends im Bett* im Verlauf der Übung erwünscht.

2. Die Hilfen

a. Hilfs- und Zusatzformeln

Nach wenigen Tagen wird das Schweregefühl im Arm immer deutlicher und macht sich auch in den anderen Gliedmaßen bemerkbar, zu 80 Prozent im zweiten Arm[16]. Das geschieht spontan, »ohne bewußtes Zutun« des Übenden[17]. Ein Übergreifen der Schwere (auch der Wärme) auf andere Körperbereiche ist der Ausdruck des bereits in Kap. 8 besprochenen Generalisationsvorgangs. Auch das Auftreten von Wärme bei der Schwereübung (vgl. Abb. 17) spricht für eine Generalisierung; wenn dabei die Kerntemperatur im Körper absinkt, so ist daran zu ermessen, wie tief bereits die erste Übung ins Körpergeschehen eingreift: es ist der Beginn einer »organismischen« Umschaltung. Wird dieser Vorgang in der ersten Übungsstunde erwähnt, so wirkt sich das Wissen darum suggestiv aus, d.h., weiß man von der früher oder später eintretenden Generalisierung der Schwere, so wird diese erwartet. Damit wird auch das andeutungsweise Auftreten von Schwere in den anderen Gliedmaßen sofort registriert, womit die Erwartung bestätigt und, rückwirkend, der weitere Generalisationsprozeß wieder von neuem gefördert wird. Viele Vorgänge im AT verlaufen in solchen Zirkelbildungen. Alles, was wir mit dem rechten Arm lernen, lernen wir potentiell links, spiegelbildlich, mit; es war schon die Rede davon, daß man mit der linken Hand in Spiegelschrift mitschreiben kann.

Leonardo da Vinci, der als geschickter Linkshänder Beidhänder war, pflegte in seinen Tagebüchern die Zeichnungen mit der rechten Hand (der eingeübten Hand), die schriftlichen Erklärungen dazu mit der linken Hand (der anlagemäßig geschickten) in Spiegelschrift zu schreiben.

Manchmal springt die Schwere bereits in der ersten Sitzung auf den linken Arm über. Nicht selten reagiert der linke Arm schneller und besser als der rechte; der Grund liegt vielleicht darin, daß der rechte Arm der aktive, der linke der passive ist. Bei vielen Verrichtungen, die rechts und links ein unterschiedliches Verhalten erfordern, ist der rechte Arm der Funktionsarm, der linke der Halte- oder Stützarm. Es dürfte einleuchten, daß bei aktiv gespannter Grundeinstellung der passive Arm sich leichter entspannt und damit auch schneller ein Schweregefühl aufweist.

Bietet im weiteren durchschnittlichen Verlauf der zweite Arm ein »ebenso subjektives Schwereerlebnis«, so empfiehlt Schultz die konzentrative Einstellung[18]:

- Die Arme sind schwer

oder weiter:

- Beide Arme (sind) schwer.

Über die Durchgangsformel (oft erst nach 2–3 Monaten):

- Arme, Beine (sind) schwer

(frühestens nach 2 bis 3 Monaten) kommt es dann zur endgültigen konzentrativen Vergegenwärtigung:

- Körper schwer

oder besser nur

- Schwere.

Bei der erwähnten Übung beider Arme ist es wichtig, sich nicht zwei einzelne Arme vorzustellen, sondern ein zusammenhängendes einheitliches (hufeisenförmiges) Gebilde, dessen beide Enden den Händen und dessen neutrale Mitte dem Nacken entsprechen. Ein Teilnehmer berichtet: »Meine Arme und die sich berührenden Hände bilden einen Kreis, einen Reifen, der durch seine Schwere nach vorne überkippt.« Ein anderer: »Ich stelle mir einen hufeisenförmig gebogenen Magneten vor, dessen Enden von einem anderen Magneten nach unten gezogen werden.« (Gefahr »persönlichkeitsfremder Verbilderung«.)

Die erwähnten Formeln nach Schultz betreffen den Normalverlauf. Dabei wird etwas deutlich, was im Kapitel über die sprachliche Fassung der Formeln erörtert wurde, nämlich die zunehmende Verkürzung und Verdichtung der Formeln (durch Fortlassen von Fürwörtern, von Verben, von Seitenbezeichnungen u.a. mehr). Es ist auch vorgeschlagen worden[19], das AT gleich mit beiden Armen beginnen zu lassen, da eine Reihe Übender damit bessere Resultate hatte. Wer so besser zurechtkommt, sollte die verkürzte Formel ruhig benutzen; im allgemeinen jedoch kann sich der Anfänger auf einen kleineren Körperbezirk besser konzentrieren[20]. Wiederholt berichteten Übende, daß auch ein »ganzer Arm« viel zu groß wäre, und fangen mit der Formel an:

- Rechte Hand schwer;

erst nach dem eingetretenen Erfolg wenden sie sich dem Unterarm und dem Oberarm zu. Nach ein bis zwei Wochen sind diese anfänglichen Durchgangsformeln überflüssig geworden. Aufgrund der schon erwähnten besonderen kortikalen Repräsentation der Hand wurde eine Sonderformel vorgeschlagen[21]:

- Beide Hände sind ganz schwer.

Eine »Hilfsformulierung«[22] lautet:

- Eine bleierne Schwere strömt in den rechten Arm bis in die Fingerspitzen

(auch Schultz verwendet die Vorstellung des Strömens gern); oder:

- Schwer liegen die Arme (die Beine) auf.

b. Hilfsvorstellungen

Beim Erstversuch läßt sich zu 60 Prozent die Schwere von den Übenden feststellen[23], oft nur angedeutet. Für die übrigen 40 Prozent sind vielfach die folgenden Vorstellungen nützlich: In allen Sitzhaltungen ruhen die Arme mit ihren 3 bis 4 kg Eigengewicht entspannt und schwer auf den Oberschenkeln. Es addiert sich zum Beingewicht, das wohl doppelt so schwer ist wie das der Arme und das auf der Fußsohle lastet. Von diesen beiden deutlich wahrnehmbaren »Schwerpunkten« (Auflagefläche und Fußsohlen) kann man bei der Schwererealisierung ausgehen. Deutlich vorstellen sollte man sich auch die großen Muskelpakete an der Wade und insbesondere am Oberschenkel, die in entspanntem Zustande locker am Knochengerüst hängen und nach unten ziehen. Bei der Übung im Liegen ist zwar das Eigengewicht des Beines auf Ferse, Wade, Oberschenkel verteilt, doch ist das Tast- und Gewichtsempfinden an diesen Stellen sehr viel entwickelter als an der Fußsohle. Hilfreich ist auch die Vorstellung, daß die beim Ausströmen der Atemluft entstehende Entspannung im Brustkorb nunmehr in die Arme strömt, wo sie als Schwere zu spüren ist; Schultz nennt sie »Ausatmungsverstärkung«[24]. Diese Vorstellung führt zu Schwere, die manchmal im Rhythmus der Atmung wellenweise ab- und zunimmt. Dies kann dadurch behoben werden, daß man sich das Auftreten der Schwere stufenweise vorstellt: Beim Ausatmen (Atmung nicht steuern, sondern laufen lassen) kommt jedesmal eine Portion Schwere im Arm dazu. Dasselbe gilt für die Beine.

Oder: die Vorstellung, der Arm liege waagerecht auf einer Waagschale, die langsam mit zunehmendem Gewicht des Armes nach unten sinkt; eine Volumenzunahme des Armes läßt sich auch objektiv nachweisen; es bestehen Gewichtszunahmen des Armes bis zu 100 g[25], die vom Gewichtssinn als Zunahme deutlich registriert werden. Zur Vergegenwärtigung der Armschwere: Man hat einen schweren Koffer getragen (»Koffergefühl«) und liegt nun auf der Couch und registriert die weiterhin verbliebene Schwere. Zur Vergegenwärtigung der Beinschwere denke man an einen Ausflug, der viel länger wurde als man annahm, und erinnere sich, wie schwer die Beine sich bei einer Rast im Liegen anfühlten; genauso nach einem Bergabstieg, oder nach langem Radfahren, Reiten, Schwimmen – hier sich nicht das An-Land-Steigen mit bleischweren Beinen vorstellen, sondern das anschließende Liegen im warmen Sand, wenn die Schwere der Beine weiterbesteht, kein Muskelkater. Ein Übender, in dessen Beinen das Schweregefühl nicht auftrat, stellte sich vor, beide Füße würden auf einem lehmig-schlammigen Boden stehen, in den sie nun – wegen ihrer Schwere – langsam hineinsänken. Die Schwere der Beine sollte man (für den Anfang) nur in angelehnter Sitzhaltung oder im Liegen üben, wegen der Restspannungen in den Beinen, die bei der Kutscherhaltung kaum zu vermeiden sind.

Die Schwere der Beine ist nicht selten schlechter zu realisieren als die Schwere der Arme. »Die Beine sind so weit ab«, meinte ein AT-Teilnehmer auf gut hamburgisch. Mit dieser Äußerung ist die schwache »kortikale Repräsentierung« der Füße genau getroffen; man braucht aus diesem Grunde etwas mehr Zeit zur Schweredarstellung der Beine. Läßt diese Schwere aber auf sich warten, so kommt es leicht zu einem negativen Trainingseffekt: man übt in der Erwartung, daß die Beine nicht mitmachen. Man kann diese negative Suggestion ausschalten mit der Formel: Rechte (später: linke) Seite schwer, wobei die »Seite« die zwei seitlichen (rechten oder linken) Gliedmaßen von der Schulter bis zu den Zehen meint. Man umgeht damit die unbemerkte Erwartung: Arme gut – Beine schlecht.

Gelegentlich benutzen die Übenden Vorstellungen, die unphysiologisch sind: Arme und Beine sind aus Blei (richtig wäre: bleischwer), oder: eine Marmorstatue, oder: ein mit Sand gefüllter Sack, oder: sie werden durch einen Magneten nach unten gezogen; oder bei der Atemübung: die Atmung erfolgt »in einer eisernen Lunge«[26]. Bei sehr sachbezogenen Menschen wirken diese Vorstellungen manchmal überraschend gut, im allgemeinen sollte man sie aber vermeiden. Schultz spricht von einer »Gefährdung der Übenden durch persönlichkeitswidrige Verbilderung«[27]. Erinnert wird an das Auftreten von »autosymbolischen« Bildern, die von den Übenden als ausgezeichnete Hilfsvorstellungen verwendet werden können. Sie entstammen dem eigenen hyponoischen Bereich und sind daher im vollen Sinn persönlichkeitsgerecht.

c. Vorversuche als Hilfen

Die bisherigen Vorschläge überfordern die Vorstellungskraft mancher Menschen, daher seien noch einige physiologisch vermittelnde Vorversuche angeführt. Man schwenkt den Übungsarm einige Male im Kreise herum, setzt sich hin und registriert (mit geschlossenen Augen) den Unterschied im Schweregefühl: Die soeben bewegte Hand fühlt sich sackartig verdickt und schwer an im Vergleich zur anderen. Vielfach reicht es, wenn man einen Arm in Sitz-Übehaltung seitlich hängen läßt, bis der Unterschied zu dem auf dem Bein liegenden anderen Arm deutlich wird. Oder: der Arm (das Bein) wird im Liegen um ein weniges über die Auflagefläche gehoben und in dieser Lage gehalten. Nach spätestens 1 bis $1^1/_2$ Minuten stellt sich eine bleierne Schwere ein, die nach dem Fallenlassen des Armes (Beines) auf die Unterlage weiterwirkt. Noch deutlicher kann man sich die Schwere des Beines anschaulich machen, wenn man im warmen Vollbad liegend das Bein (das im Wasser ca. 90 Prozent seines Gewichtes verliert, also fast »schwerelos« ist) langsam, gestreckt aus dem Wasser hebt[28]. Eine ebenso intensive Schwere tritt auf, wenn man entspannt im Bade liegend das Wasser ablaufen läßt[29]. Bei diesen Badewannenversuchen spielt die entspannende Wärme des Wassers eine nicht zu unterschätzende Rolle. (Kraepelin führte um 1880 die Dauerbäder für unruhige psychiatrische Kranke in die Behandlung ein.) Um das Entspannungs- bzw. Schwereerlebnis zu vermitteln, eignen sich auch die Übungen nach dem Prinzip der »progressiven Relaxation«[30](s. Kap. 34, 1a). Bei den Übungen werden zuerst einzelne Muskelgruppen gespannt, um dann anschließend entspannt zu werden.

Mit diesen Vorversuchen erlebt der Übende, was mit Schwere bzw. Entspannung gemeint ist, wie sich diese bemerkbar macht. Es entsteht ein Anschauungsbild, ein Erinnerungsbild der Schwere, das, in einer am besten sofort anschließenden Übung, frisch vorhanden ist und dementsprechend die Vergegenwärtigung der Schwere und Entspannung außerordentlich begünstigt.

d. Dem AT vorangehendes Abreagieren
Bei Menschen, die viel Sport treiben oder eine körperliche Tätigkeit ausüben, läuft der körperliche Anteil der Reaktion auf Formeln »eingeölter«. Viel benutzte Muskeln und Blutgefäße reagieren leichter. So liegt es nahe, vor einer Übung, mit entsprechender Zwischenpause, gymnastische Übungen zu machen. Dieses Verfahren eignet sich für gespannte wie auch für verspannte Menschen, also sowohl bei vorübergehenden als auch bei Dauerspannungen; es eignet sich ebenso für körperliche als auch für psychische Spannungen. Ist jemand wütend oder erregt, so sollte er vor dem AT »Dampf ablassen«, seine angestauten Affekte abreagieren, wobei je nach den gegebenen Möglichkeiten ein Dauerlauf, eine Viertelstunde Holzhacken (wer kann das noch!?) oder die Übung an einem Trimmgerät gute Dienste tun. Auch die einfache Aussprache über den Spannungszustand entlastet erst einmal. Allen diesen Möglichkeiten ist eines gemeinsam: Durch körperliche und/oder seelische Spannungsabfuhr kommt es zu einer *Basisentspannung,* auf der sich das AT leichter – immer nach entsprechender Zwischenpause – aufbauen läßt. Der zweite Schritt besteht im Herbeiführen der Ruhetönung, der sich das eigentliche Training anschließt.

Wichtig: Alle im Absatz »Hilfen« angeführten Zusatz- und Hilfsformeln, Vorstellungen und Übungen dienen nur dem »Einfädeln« des AT. Sie werden bald entbehrlich. Erst recht gilt das von den Vorübungen, die eben in bezug auf das AT nur vorläufig sind.

Die meisten Übenden entdecken sehr schnell, welche Formel, welche Vorstellung bei ihnen am wirksamsten ist. Ist das geschehen, so sollte man dabei bleiben und nicht mehr variieren. Wechselnde Bilder und Formeln verwirren nur.

e. Weitere Hinweise

In der ersten Stunde wird häufig die Frage gestellt: »Ich weiß nicht, ob mein Arm schwer (warm) ist, oder ob ich es mir nur einbilde.« Antwort: Jede Einbildung, d.h. Vorstellung, führt, wenn sie nur lebhaft vergegenwärtigt wird, automatisch zu einer physiologischen Veränderung. Zwischen der Vorstellung und der Funktionsänderung gibt es nur graduelle Unterschiede. Verstärkt wird der ganze Prozeß durch das Training, durch die Wiederholung. Zwischen der »objektiven Entspannung« und der »subjektiven Entspannung« (Schwereerlebnis) können nach Schultz »Ungleichmäßigkeiten bestehen, ohne daß dadurch der durchschnittliche Verlauf gestört würde«[31].

Beim Normalverlauf tritt gleichzeitig mit dem objektiven Weichwerden der Muskeln und ihrer fortbestehenden Entspannung beim Hebeversuch (heben und fallen lassen durch einen anderen Menschen) subjektive Schwere auf. Als Abweichung von dieser Regel findet man Übende, die trotz entspannter Muskulatur kein Schwereerlebnis haben; ferner solche, die subjektiv Schwere spüren bei wenig entspannten Muskeln. Auch kann sowohl die objektive als auch die subjektive Erscheinung der Entspannung fehlen. Diese *»Ungleichmäßigkeiten«* können verschiedenste Ursachen haben: zu heftige Intention, neurotische Abwehr etwa, oder sie sind in der allgemeinen Muskelkonstitution zu suchen[32]. Eine allgemeine Muskelschlaffheit würde das Fehlen der Schwereempfindung bei guter Entspannung erklären. Die weitaus häufigste Ursache von Verkrampfungen, bei denen weder die Muskeln objektiv entspannt werden noch eine subjektive Schwere besteht, sind in der erhöhten emotionalen Spannung zu Beginn des AT zu suchen (Erwartung, Unruhe, zu viel Bemühung), die bald (bei den Übungen zuhause) abklingt, womit dann auch das Schwereerlebnis sich einstellt.

Die Unfähigkeit sich zu entspannen, besteht bei manchen Menschen als Dauerzustand. Bewegt man bei ihnen (am besten im Vorversuch) die Gliedmaßen passiv, so lassen sie sich gegen einen mäßigen Widerstand bewegen, ähnlich wie weiches

Wachs sich biegen läßt (flexibilitas cerea); läßt man sie los, so verharren sie in derselben Lage wie bei einer Gliederpuppe. Dieses Phänomen, sonst ein Krankheitssymptom, soll auch als Konstitutionsvariante vorkommen. Ist der Zustand nicht ausgeprägt, so kann man eine Entspannung auf folgende Weise erreichen: Man läßt den Übenden sich in Rückenlage hinlegen, hebt dessen Bein (an der Ferse und in der Kniekehle unterstützt) hoch. Läßt der »Trainer« nunmehr die Ferse los, so muß bei Entspannung das Bein (Fuß und Unterschenkel) fallen. Dies geschieht bei »plastischen« Muskeln nicht: das Bein bleibt gestreckt oder wird – absichtlich – gesenkt. Diesen Vorgang läßt man am besten mit einer Hilfsperson zuhause ausführen. Vielfach tritt ein Erfolg erst nach Dutzenden von Wiederholungen ein, oft erst, wenn der Übende abgelenkt wurde. Dieser ist dann vom Erfolg häufig völlig überrascht. Wichtig ist, daß ihm damit gezeigt wurde, daß er sich überhaupt entspannen kann. Man sollte auch das Mißlingen dieser Übung nicht zu hoch bewerten: Menschen, die nicht zu einem Schwereerlebnis kommen, können in der nächsten Übung die Wärme sehr gut darstellen. Ein Fehlen des subjektiven Schweregefühls schließt ein befriedigendes Resultat des Gesamttrainings nicht aus[33].

Bei normal ablaufenden Übungen berichten im Anschluß an das Zurücknehmen eine Reihe von Übungsteilnehmern, daß die Schwere weiter anhält (»Koffergefühl«). Diese Erscheinung tritt nach den ersten Übungen am häufigsten und am deutlichsten auf; sie läßt meist im Laufe weniger Tage nach.

Erinnert sei noch einmal an die Schulter-Nacken-Schmerzen, die beim Kutschersitz auftreten können. Sie können so stark sein, daß die Betroffenen auf nichts anderes mehr zu achten imstande sind – oder aber sie behalten weiterhin eine Schonstellung des Kopfes bei (in halbgespannter Lage). Diese Menschen sollten zunächst nur im Liegen oder im Sitzen (angelehnt) üben und somit die schmerzenden Muskeln bei den Übungen aussparen, bis sich die Nacken-Schultermuskelverhärtungen lösen lassen; Wochen, sogar Monate können darüber vergehen (Ausführliches darüber bei der Schulterübung).

17. Kapitel
Schwierigkeiten im Übungsverlauf und deren Beseitigung

1. Initialunruhe und autogene Entladungserscheinungen

Viele Menschen, die sich erstmalig zum Gruppentraining einfinden, betreten den Übungsraum mit einer Mischung aus Neugier, Erwartungsspannung, Unruhe und Ängstlichkeit, mit *Lampenfieber*. Schultz spricht von einer »Initialunruhe«[1], die sowohl beim Beginn der Einzelübung als auch beim Trainingsanfang in den ersten Übungswochen auftritt. Die Beunruhigung manchmal schon tagelang angestaut, kann beträchtlich sein. Man kann sie oft indirekt an den begleitenden vegetativen Erscheinungen wahrnehmen: an den weiten Pupillen, dem Schwitzen, der Blässe, der gespannten Körperhaltung (dem Ansichhalten). Nicht wenige Teilnehmer leiden an Kontaktschwierigkeiten, Ängsten und Zwängen, sie argwöhnen verschiedenartigste Belastungen, die auf sie zukommen könnten, fühlen sich exponiert oder der Ansammlung fremder Menschen ausgeliefert.

Man sollte die einleitende Erklärung nicht zu kurz machen. Sie dient nicht nur der Überzeugung der Teilnehmer, die die Grundlage eines erfolgreich verlaufenden Trainings ist, sondern – und darauf kommt es in der ersten Stunde besonders an – der Entschärfung der gespannten Grundhaltung.

Eine gespannte Grundhaltung bedeutet, auch wenn der einzelne Übende sie nicht genau verbalisieren kann, emotionale Gespanntheit, und diese geht immer mit einem veränderten vegetativen Tonus einher. Entspannt sich der Mensch innerhalb einer derartigen emotional-vegetativen Gewitterstimmung, so kommt es leicht zu *vegetativen Fehlregulationen.* Es wird auch von »paradoxen« vegetativen Reaktionen gesprochen[2]. Nach der ersten Übung wird berichtet über Schwindel, Ohrensausen, Benommenheit, Schweißausbrüche oder das Gefühl umzufallen. Manche Übungsteilnehmer teilen (manchmal vertraulich nach der Übung) verschiedenartigste Organmißempfindungen mit: »Mein Magen zog sich zusammen und wurde hart wie ein Stein«; »Ich bekam heftiges Herzklopfen«; einige Male erlebte ich, daß bei Teilnehmern während oder nach dem AT Erbrechen auftrat; doch das sind Ausnahmen. Nicht selten kommt es aufgrund der Entspannung, nach anfänglicher Übererregung, zu einer überschießenden Blutdrucksenkung. Ein Kollaps wird oft nur durch die Sitzhaltung verhindert. Regelrechte Ohnmachten sind nach meiner Erfahrung selten; man sollte aber, um sie zu vermeiden, die ersten Übungen kurz gestalten: nicht mehr als 1 bis 2 Minuten. Im übrigen gehört ein Absinken des Blutdruckes zur AT-Übung, ebenso wie es zum Schlaf gehört; es ist Ausdruck der allgemeinen Entspannung. Durch das an die Übung anschließende Strecken kommt der Blutdruck wieder auf »Normalhöhe«. Bei niedrigem Blutdruck sollte man seine Übung die ersten Tage möglichst im Liegen machen.

Alle überschießenden Reaktionen nehmen mit der Zeit ab; ist man gut eintrainiert, so sind sie meist verschwunden, stören zumindest nicht mehr.

Andere Fehlregulationen sind die Störungen, die sich *nach dem Training* einstellen. Im Anschluß, insbesondere an die ersten Übungen, fühlen sich manche Übende zerschlagen, müde; sie klagen über Kopfschmerzen, auch über ein Fortbestehen von Schwere; diese wird manchmal sehr störend empfunden (»Koffergefühl«). Die Beschwerden verschwinden im Laufe von wenigen Tagen; man kann sie durch energisches Zurücknehmen am besten vermeiden.

Schwer zu erklären ist eine nach dem AT sich einstellende starke Wachheit und Lebhaftigkeit, die sich selbst dann einstellt, wenn die Übenden vorher müde und schläfrig waren. Menschen, die auf diese Weise reagieren, sollten die Übung abends zunächst vermeiden. Am Tage kann eine solche Reaktion erwünscht sein und als Erholung empfunden werden.

Man muß sich darüber klar sein, daß auch Menschen mit Spannungen und psychovegetativen Fehlhaltungen sich in einem vegetativen Gleichgewichtszustand befinden können, wenn dieses Gleichgewicht auch labil ist. Durch das AT wird dieser Zustand gestört, und es kommt zu den beschriebenen Erscheinungen. Im Laufe der Zeit wird aber durch das AT dieses labile Gleichgewicht in ein neues, entspanntes stabiles Gleichgewicht überführt. Das ist auch der Grund, weshalb die Beschwerden nach einiger Zeit des Übens nachlassen.

Bei Narkosen zu operativen Zwecken wird ein Zustand völliger Muskelentspannung und Schmerzlosigkeit herbeigeführt; er ist die Vorbedingung für sicheres und schnelles Operieren (die gleichzeitig auftretende Bewußtlosigkeit ist für den Operationsvorgang als solchen unwichtig, für den Patienten natürlich bedeutsam).

Der *Entspannungsablauf* ist bei (den früher üblichen) Inhalationsnarkosen besonders gut zu beobachten. Er beginnt mit einer allgemeinen Wärme- und Schwereempfindung, Prickeln in Händen und Füßen, einer zunehmenden Bewußtseinstrübung mit wechselnden Traumbildern und Halluzinationen. Dann folgt ein Stadium völliger Bewußtlosigkeit verbunden mit dranghafter Unruhe, unkoordinierten Bewegungen, unartikulierten Lauten und ungelenken Versuchen aufzustehen. Dieses Stadium wird als »Exzitationszustand« bezeichnet, obwohl regelrechte Erregungszustände die Ausnahme bilden. Das Wort wurde wegen seiner Einprägsamkeit von den Chirurgen übernommen, wir verwenden es ebenfalls, aber in Anführungsstrichen. Erst nach dem Exzitationsstadium kommt es zu dem für die Operation notwendigen »Toleranzstadium«, d.h. zu einer völligen Entspannung.

Ein ähnlicher Verlauf, wenn auch weit weniger ausgeprägt, läßt sich bei allen Entspannungsvorgängen beobachten. Auch beim AT kommt es leicht zu Unruhe: An Erscheinungen werden beschrieben: Unruhe in Armen und Beinen (»restless legs«), Herzklopfen, Zittern, Vibrieren, Schwitzen, Jucken – Symptome, die unerträglich werden können.

Schultz verweist auf das von der Hypnose her bekannte Phänomen der Initialunruhe[3]; auch bei der Hypnose treten »störende vasomotorische Erscheinungen« auf[4]: schneller Puls, Blässe, schnelle Augenbewegungen können geradezu als ein Zeichen einer eingetretenen Hypnose gewertet werden. Ähnliche Vorgänge werden nicht selten auch beim Einschlafen beobachtet: Zucken in einzelnen Gliedmaßen oder im ganzen Körper (»mich hat's geschmissen«), das »Fallen« (»wie in einen Abgrund«), Streck- und Tretbewegungen der Beine, Greifbewegungen der Hände – Vorgänge, die teilweise vom Einschlafenden nicht mehr wahrgenommen werden. Bei sog. Einschlafmitteln, d.h. Medikamenten, die sofort, aber nur kurze Zeit wirken, werden Reizerscheinungen in vermehrtem Maße beobachtet: Herzklopfen (»ich weiß, es dauert nur ganz kurz, dann schlafe ich«; »zuerst hatte es mir Angst eingejagt«), Spannungen im Kopf, ängstliche Unruhe u.ä.

Alle beschriebenen Erscheinungen treten, ob nun toxisch (wie in der Narkose oder beim Alkohol) bedingt oder nicht, im Augenblick einer allgemeinen Muskelentspannung ein, wie man sie beim Einschlafen und bei der Übung deutlich beobachten kann.

Neurophysiologisch hängt diese Unruhe mit einer ungleichmäßigen Desaktivierung der verschiedenen Hirnstrukturen zusammen. Möglicherweise werden hemmende Impulse zuerst ausgeschaltet, so daß es zu einer vorübergehenden unkoordinierten Aktivierung einiger Hirnareale kommt.

Ausgehend von Erfahrungen bei Epileptikern wurde der Begriff der *autogenen Entladung* geprägt. Läßt man Menschen, die zu epileptischen Anfällen neigen, autogen trainieren, so treten während der Übung im EEG häufiger als sonst Krampfpotentiale auf, ohne daß äußerlich gesehen der Entspannungsvorgang gestört wird. Der Ausdruck der »Entladung« wurde gewählt aufgrund der »Ähnlichkeit zwischen gewissen formelfremden Trainingssymptomen und den bei epileptischen Patienten zur Beobachtung kommenden Entladungen«. Es wird dabei angenommen, »daß der autogene Versenkungszustand die Arbeit eines selbstregulatorischen (autogenen) Entladungsmechanismus fördert und es so zu spontaner Entladung und entsprechender Entlastung zu hoch aufgeladener Hirnbereiche kommt«[5].

In einer sehr ausführlichen Arbeit hat W. Luthe die Ergebnisse von Protokollen über *Entladungserscheinungen* bekanntgegeben[6]. Die Symptome wurden von den Trainierenden bei jeder einzelnen Übung (Schwere, Wärme und einzelne Organe) notiert; die Ergebnisse wurden in siebzehn Tabellen zusammengefaßt. Die folgende Zusammenstellung umfaßt nur die Ergebnisse der ersten Übung (Schwere) und soll nur der allgemeinen Orientierung dienen; sie betreffen die recht häufigen motorischen und sensiblen Entladungen des Zentralnervensystems, also die Tätigkeit der Skelettmuskulatur und der Körperempfindungen, nicht aber die Vorgänge an den inneren Organen.

Die Gesamtheit der Entladungsvorgänge umfaßt sämtliche »formelfremden« Symptome während des Trainingsablaufes, also alles, was nicht direkt dem Sinn der Formel entspricht. Die

Frage stellt sich, ob man alle formelfremden Erscheinungen mit einer Entladung, also mit einer Abfuhr von Irritationen erklären kann, und wie sich diese Vorgänge von den vorher besprochenen unterscheiden.

Viele *formelfremde Erscheinungen* haben zweifellos Entladungscharakter, sie sind Ausdruck eines Abflusses von überschüssigen angestauten Spannungen und haben große Ähnlichkeit mit den oben erwähnten Reizerscheinungen bei der Narkose, im Alkoholrausch, beim Einschlafen und beim AT. Es bestehen m.E. keine Bedenken, beide als identisch anzunehmen. Auch die neurophysiologischen Vorstellungen ähneln sich in beiden Fällen.

Für diejenigen Funktionen, die sich im AT nicht langsam *lösen,* gibt es diesen *zweiten Entspannungsmodus,* die Entladung. Überall, wo reguliert wird, gibt es Grenzen, bei deren Überschreitung der Regulationsmechanismus überschnell oder überstark reagiert. Derartige überschießende Reaktionen werden um so häufiger eintreten, je schneller und je ungewohnter die autogene Umschaltung für den Organismus erfolgt und je höher der Spannungszustand beim Eintritt der Umschaltung ist. Die überschießenden Reaktionen sind der Versuch des Organismus, mit einer schwierigen neuen Situation fertigzuwerden. Dafür spricht die Tatsache, daß diese Vorgänge am häufigsten in der ersten Übungsstunde auftreten, also bei erhöhter affektiver Beteiligung der Teilnehmer.

Terminologisch könnte man anstelle von »überschießender Reaktion« auch von »überschießender Entladung« sprechen.

Eine Reihe von formelfremden Erscheinungen, die recht häufig auftreten, lassen sich als *gleichgerichtete, entspannende physiologische Begleiterscheinungen* bei der Formelrealisierung deuten. Bei der Wärmeübung (= Erweiterung der Blutgefäße): Klopfen des Pulses in den Händen, Anschwellen der Finger bis zur Spannung, zerfließende Hände. Auch eine dauernde Veränderung der Schwere und Wärme gehört hierher, ebenso deren »Strömen« oder Auftreten »in Wellen«; bei der Leibwärme (Sonnengeflecht) Auftreten von blasigen Darmgeräuschen (als Ausdruck gelockerter Darmperistaltik), Entspannungs- und Lockerungsgefühl im Leib u.a. Diese Erscheinungen bei der Sonnengeflechtübung kommen zustande durch das

Überspringen der Entspannung von den Blutgefäßen des Leibes auf die Organmuskeln von Magen, Darm und angrenzenden Organen. Es handelt sich um eine vegetative Form der Generalisierung.

Tabelle 5: Entladungen bei der Schwereübung (autogenic discharges) (in Prozenten, nach W. Luthe)

Somatomotorische Entladungen bei der Schwereübung		Somatosensorische Entladungen und Begleiterscheinungen bei der Schwereübung	
1. Muskelzucken	75	Kribbeln	54
Kopfbereich	34	Kreislaufempfindungen	63
Arme	49	Schmerzhafte Empfindungen	73
Rumpf	19	Taubheitsgefühl	63
Beine	54	Spannungsgefühl	63
2. Zittern (gesamt)	29	Druckempfindungen	46
3. Unwillkürliche Bewegungen (gesamt)	32	Kälteempfindungen	42
		Elektrische Empfindungen	26
		Steifheits-Unbeweglichkeitsempfindungen	24
		Brennen	19
		Schwellgefühl	34
		Jucken	49
		Bewegungsbedürfnis	7
		Unangenehme Gefühle (unspez.)	19
		Abtrennungsgefühl von Körperteilen	28
		Lageveränderungsgefühl	32
		Körperschemaveränderungen	19

Bei einer Reihe von Entladungen liegt *eine neurotische Beteiligung* am Geschehen vor. So treten (nach Luthe) motorische Entladungen oder formelfremde Erscheinungen besonders häufig auf, wenn die betroffenen Körperbereiche an traumatischen Ereignissen beteiligt waren (Verkehrsunfälle, Ertrinken, Stürze u. ä.), Organe also, bei denen eine emotional gefärbte Zuwendung besteht. Bei 86 Prozent der Patienten mit unangenehmen Herzempfindungen ist »Herz-Angst-Material« in der Vorgeschichte vorhanden. Bei Mißempfindungen und formelfremden Reaktionen im Urogenitalbereich (Schmerzen, Jucken, Kribbeln) 84 Prozent; bei Zuckungen, Erektionen (30 Prozent), Harnlassen, Orgasmus (beides selten) läßt sich eine oft schon lang bestehende »stark ablehnende konflikt- und angstbesetzte Einstellung im Genitalbereich« feststellen (»ekklesiogene Neurosen«).

Eine ganze Reihe von Erscheinungen haben häufig einen neurotischen Charakter.

Nicht-still-sitzen-Können, Beinewippen oder andere Bewegungsimpulse, ticartige Unruhe, Umherblicken während der Übung, Lachen, häufiges Hüsteln oder Husten (gelegentlich durch zu tiefe Kopflage mit Druck auf den Kehlkopf bedingt), regelmäßiges Einschlafen während der Übung, häufiges Vergessen oder Verstümmeln von Formeln, Gefühle von Brennen oder Jucken, alle »paradoxen« Vorgänge wie Frieren bei der Wärmeformel, völlige Unfähigkeit, sich die Arme/Beine oder Schwere/Wärme vorstellen zu können, zuhause mehrere Tage keine Zeit zum Üben finden, völlige Unkonzentriertheit u. ä. mehr.

Psychoanalytisch gesehen stellen solche Symptome meist einen Widerstand gegen die Behandlung dar. Spricht man diese Erscheinungen an, so nimmt oft ihr für den Übenden lästiger Charakter ab. Die Patienten fühlen sich mit ihren »Fehlern« angenommen. Auch läßt sich nicht selten durch einige Fragen ein besseres Verständnis des Übenden (Deutung) für sein abweichendes Verhalten finden.

Einige Beispiele: Eine Übende, die dauernd auf einem Stuhl hin und her rutscht, wird gefragt, ob dies bei ihr häufig vorkomme. Antwort: Sie sei als Kind von den Eltern immer zum Stillsitzen ermahnt worden, insbesondere wenn Besuch da war. Seitdem trete diese Unruhe auf, sobald sie in einer Gruppe fremder Menschen glaube stillsitzen zu müssen. Nach zwei bis drei Übungsstunden hört ihr Bewegungsdrang auf.

Nach der ersten gemeinsamen Übung berichtet eine 30jährige Teilnehmerin:[7] »Merkwürdig, ich habe mich dauernd versprochen. Statt ›ich bin ganz ruhig‹ habe ich ständig gedacht ›ich bin ganz allein‹.«

Darauf ich: »Sind Sie allein?«

Teilnehmerin: »Ich bin gar nicht allein! Ich bin verheiratet, habe einen Mann und zwei Kinder.«

Ich frage: »Vielleicht waren Sie einmal allein?«

Teilnehmerin (nach kurzem Nachdenken): »Ja, als ich vier Jahre alt war, ließen sich meine Eltern scheiden, und ich mußte zu meiner Großmutter ziehen. Da ich dauernd mit anderen Kindern raufte, pflegte mich meine Großmutter mit gefesselten Händen auf die Straße zu stellen. Da war ich sehr allein.« Ein Versprecher während der Übung hatte eine kindliche belastende Situation aufgedeckt. An diesem Beispiel zeigt sich auch, wie das AT einen produktiven Einstieg in eine Psychotherapie i. e. S. darstellen kann.

Hierher gehören auch eine ganze Reihe von *formelfremden Begleiterscheinungen,* denen der Entladungscharakter fehlt. Einige Beispiele aus den Tabellen von Luthe (bei der Schwereübung): Herz ruhig, genitales Entspannungsgefühl, Wärmegefühl der Magen- und Herzgegend, einschlafen, schweben, Hören von Summgeräuschen oder Musik, Euphorie. Die Liste, die sich beliebig verlängern ließe, betrifft Empfindungen, die subjektiv als angenehm, positiv erlebt werden. Sie werden als Begleiterscheinungen eines bereits entspannten Zustandes empfunden. Sie können als Ausdruck einer vegetativ-emotionalen Generalisierung gedeutet werden.

Die *praktischen Konsequenzen* für das AT: hier ist die Frage am wichtigsten, wie sich die initialen Schwierigkeiten beseitigen oder umgehen lassen. Einige Möglichkeiten wurden bereits besprochen.

Mit einer Vorbesprechung wird das AT von allem magischen und numinosen Beiwerk entkleidet. Damit wird die emotionale Unruhe zu Beginn der ersten Übung gedämpft und vegetativen Störungen der Boden entzogen.

Läßt man außerdem die ersten Übungen nur kurz durchführen, so vermindert man die Wahrscheinlichkeit von heftigen Reaktionen weiterhin. Treten diese in der ersten Zeit trotzdem auf, so soll man sofort die Übung unterbrechen und erneut anfangen. Am besten verhält sich der Übende wie die Katze, die um den heißen Brei geht und immer wieder probiert – irgendwann wird er genießbar. Günstig sind Übungszeiten, in denen man ohnehin gut entspannt ist (initiale Grundentspannung).

Das Auftreten von Reiz-, Unruhe- und Spannungszuständen allgemeiner oder auch lokalisierter Art, ihr Auftreten bei jeder Art von Entspannungsvorgängen, gleichviel ob diese beim Einschlafen, bei der AT-Umschaltung, bei der Hypnose, bei der Narkose oder unter Drogenwirkung auftreten, ihr Abfließen im Sinne einer plötzlichen Abfuhr bzw. Entlastung spricht für einen allgemeinen physiologischen Vorgang, der bei jeder Entspannung auftreten kann.

Viele neurotische Erscheinungen lassen sich durch Fragen oder kurze Hinweise deuten oder klären.

2. Schwierigkeiten im weiteren Trainingsverlauf

Wenn im folgenden von Störungen im weiteren Verlauf der Übungen gesprochen wird, so heißt das nicht, daß diese nicht auch zu Beginn der Übungen auftreten können. Sie können sich jederzeit einstellen.

In einer Tierfabel fragt eine Kröte, die einem Tausendfüßler übel will, diesen, wie er denn mit seinen tausend Füßen zurechtkäme. Er solle ihr genau erklären, was er mit den linken Füßen mache, wenn er die rechten bewege. Von Stund an konnte der Tausendfüßler nicht mehr gehen.

Die Absicht zu gehen stört das Gehen. Die *Intention* (lat.: die Absicht, das Hingerichtetsein auf etwas, die gespannte Aufmerksamkeit, die Anstrengung) stört den Vorgang, den sie anstrebt, den sie intendiert.

Jaspers sagt einmal: »Was zum Gegenstand gemacht wird, geht gerade dadurch verloren; was zum absichtlichen Zweck gemacht wird, wird gerade dadurch nicht erreicht.« Jeder an Schlaflosigkeit Leidende weiß das. Je mehr man sich um den Schlaf bemüht, um so mehr verscheucht man ihn. Weitere Beispiele: Das Suchen nach einem Wort, das man erst findet, wenn man sich nicht mehr krampfhaft darum bemüht; oder beim Erlernen des Radfahrens steuert man gerade auf das Hindernis zu, das man ängstlich zu umfahren bemüht ist; Erröten, Schwitzen, Stottern wird gefördert oder sogar ausgelöst dadurch, daß man es unter allen Umständen vermeiden will. Vielfach kann man bei einer neurologischen Untersuchung einfachste Reflexe nicht auslösen, wenn der Patient seine ganze Aufmerksamkeit darauf richtet. Die Auslösung gelingt erst nach Ablenkung[8].

In der zweiten Schule von Nancy sprach man vom Gesetz der das Gegenteil bewirkenden Anstrengung[9]. Mit dem Willen, etwas Bestimmtes zu erreichen, wird das Erreichen dieses Zieles unmöglich. Besonders bemüht Übende, die ihren »ganzen Willen« einsetzen, oder solche, die glauben, man könne »alles mit dem Willen erreichen«, versagen. Man kann Spannung, Verkrampfung (und die damit einhergehenden Erscheinungen) nicht mit dem Willen beseitigen (»lösen« schon gar nicht), denn Wille ist Spannung. Der Teufel läßt sich nicht mit Beelzebub austreiben. Für die Ängstlichkeit, Unruhe mit der dazugehörigen Spannung gilt dasselbe wie für das oben über das Lampenfieber Gesagte. Es kann zu einer völligen Blockierung kommen – erschöpft, mit Schweiß auf der Stirn, gibt der Übende auf. Das ist sicherlich ein Extrem, das beim AT-Lernen unter richtiger Anleitung kaum vorkommen dürfte.

Absicht, Hinwendung stört. Beides braucht man aber beim AT, das ja den Zweck verfolgt, einiges an unseren Körperfunktionen oder unserem Verhalten zu verändern. Ohne Zielvorstellung geht es beim Lernen nicht; man sollte aber beim AT möglichst bald den Vorsatz, das »um zu«, vergessen und sich dem Ablauf der Entspannung überlassen, genauso wie man zwar ins Bett geht, um zu schlafen, sich aber dann absichtslos dem Ablauf des Einschlafens überläßt. Schultz sagt, man solle sich in die Entspannung »gleiten lassen«. Es wurde auch empfohlen, möglichst bald alle Formeln wieder zu vergessen. Das alles gelingt allerdings erst nach längerem Wiederholen der Übungen: Der Übungslauf verselbständigt sich dann. »Ich brauch mich nur hinzusetzen, dann stellen sich Schwere und Wärme ein, ohne daß ich überhaupt daran denke«, berichtet ein Teilnehmer.

Natürlich »denkt« der Betreffende daran, aber nicht mehr gezielt, bewußt, ausdrücklich. »Jedes spannende Wollen geistig denkerischer oder motorischer Art hebt das Training in sich selbst auf.«[10] Schultz spricht auch von »denkerischer Verkrampfung«, wenn ein »absichtliches Nichtdenken-Wollen« (also Intention in reinster Form) vorliegt. Aussicht auf Erfolg besteht nur bei »passiver, schauender Vergegenwärtigung«; das AT darf nie als »Aufgabe« empfunden werden. Will man die Entspannung erzwingen, so kommt es »zu diffusen Erregungen im Cortex« (Hirnrinde), die den Suggestionen entgegenwirken[11]. Vorschlag: Die Übenden »mögen die genau vergegenwärtigten Formulierungen wirken lassen« und »alles geschehen lassen«. Das dürfte sich mit der Meinung von Schultz decken. Der weitere Vorschlag, daraufhin das »gesamte Übungsprogramm« umzuformulieren, schießt m.E. über das Ziel hinaus.

Die hier beschriebene nichtintentionale Einstellung, auf eine geistige Ebene transportiert, hat der spanische Mystiker Johannes vom Kreuz[12] in einem paradoxen Ausspruch formuliert: »Verzichte auf alle Deine Wünsche und Du wirst haben, was dein Herz begehrt.«

Für das AT gilt es, Zielvorstellungen und zu heftige Motivierung[13], ebenso zu hohe Forderungen zu vermeiden. Jeder muß sich eine individuelle Anlaufzeit zubilligen.

Im Abschnitt über das Training war die Rede von der Bajonettkurve, die durch einen ausgeprägten *»toten Punkt«* entsteht. Dieser Punkt ist die Stelle, an der ein Teil der Teilnehmer aufgibt, der andere Teil sich eines Besseren besinnt und weitermacht. Alle Entwicklungen haben solche kritischen Punkte; ohne Krisen geht es nicht, bedeutet doch Entwicklung eine Wandlung, ein Verlassen des Bisherigen zugunsten von etwas Neuem, etwas Besserem; ein Prozeß, bei dem sich die verschiedensten (äußeren und inneren) Widerstände einstellen, die überwunden werden müssen.

Auch das Gesetz der Trägheit wirkt sich bei den Übungen des AT aus.

In amerikanischen Polikliniken melden sich fast zwei Drittel der dort behandelten Zuckerkranken nach einiger Zeit nicht wieder (60 Prozent no show rate)[14], obwohl die Betroffenen über die Gefahren eines unbehandelten Diabetes orientiert sind. Alte, liebe, wenn auch falsche Gewohnheiten (in diesem Falle das Essen betreffend) werden ungern aufgegeben. Man sträubt sich gegen eine Änderung, die ja immer eine innere Umstellung erfordert (die acedia, die Trägheit, ist nach Thomas von Aquin die Mutter aller Sünden, das vitium capitale). Bei Sprachkursen, die »nur aus Interesse« besucht werden, rechnet man mit 80 Prozent Ausfall.

Gruppenstatistisch belegt[15] wird das AT vor Ablauf eines Vierteljahres in gut einem Drittel der Fälle abgebrochen, wenn die Patienten aufgrund ihrer Beschwerden und der Untersuchungsergebnisse, aber ohne vorangehende »Eignungsprüfung«, in die Gruppenarbeit eingewiesen wurden.

Von diesen Ausgeschiedenen gaben 6 Prozent der Männer und 9 Prozent der Frauen eine »Heilung« der Störungen an, womit ihr Interesse an einer Fortführung des AT erlosch. Andere (5 Prozent der Männer, 4 Prozent der Frauen) mußten das AT wegen »organischer Manifestation oder Komplikation des Leidens« aufgeben. Wieder andere wurden zum Abbruch gezwungen aus beruflichen oder privaten Gründen (Umzug, Schichtwechsel). Außerdem gibt es eine Reihe von Menschen, für die (nach Schultz) die Trainingsziele einfach nicht realisierbar sind.

Mancher Übungsteilnehmer, der ausgeschieden ist, meldet sich nach einigen Jahren wieder: Nunmehr sei er für das Training, er habe inzwischen eingesehen, wieviel sich daraus machen ließe. Nicht selten melden sich Teilnehmer gleich nach einem Kurs zur Wiederholung: Sie hätten in einigen Sitzungen gefehlt, teils aus äußeren Gründen, teils verbummelt, nun »würden sie es besser machen«. (Über Verlaufserfolge und -schwierigkeiten berichten Eckert und Mitarbeiter 1987 in einer sehr sorgfältigen Studie mit 375 Patienten; sie wird in den Kapiteln 14, 10 und 32, 3 referiert.)

Ob jemand das AT zu Ende führt oder aufgibt, hängt im wesentlichen von der *Motivation* ab, und diese wieder ist vorwiegend durch den Leidensdruck bedingt. »Interesse«, Neugier oder Sensationslust führen nicht sehr weit. In kindlicher Weise wird oft ein sofortiges Eintreten von Veränderungen, von Wunscherfüllungen erwartet. In der zweiten Übungsstunde heißt es beispielsweise: »Ich kann aber immer noch nicht einschlafen«.

Hinter diesen ungeduldig-passiven Erwartungen, die an solche von Kindern erinnern, steckt dieselbe neurotische *Haltung* wie beim Wunsch nach Hypnose, der überraschend oft in der Sprechstunde vorgebracht wird. Von der Hypnose besteht die weitverbreitete Vorstellung: »Ich werde eingeschläfert, und wenn ich aufwache, ist alles wieder in Ordnung.« Diesem Bilde des Allmächtigen Vaters kommt der Chirurg in hohem Maße entgegen: In der Narkose macht er sein (unmündiges) Kind wieder »wie durch ein Wunder« gesund. Besteht eine ausgeprägte innere Einstellung im eben beschriebenen Sinne, so wird das AT oft schon in der zweiten Stunde aufgegeben – oder aber es siegt das Realitätsprinzip (Freud), wobei ein Stück kindlich-illusionärer Wunschwelt zugunsten reifer Anpassungsfähigkeit abgebaut wird. Bei diesem Prozeß kann die Gruppe mit ihren Vorbildern, Identifizierungsmöglichkeiten, dem feedback, kurz der ganzen Gruppendynamik, entscheidend helfen.

Schwierigkeiten haben auch Menschen mit zwangsneurotischer Struktur, die oft eine magische Vorstellung von der Wirkung des Arztes und dem Glauben an die Allmacht des Wortes mit sich bringt. Diese Menschen realisieren die Formeln in der Gruppe unter Anleitung ausgezeichnet, zuhause oft viel schwerer. Außerdem neigen sie zu einem starren Festhalten an Formeln und zur Ritualisierung des AT-Ablaufes, der ja immer beweglich und später situationsangepaßt bleiben muß.

Man unterscheidet aktive und passive autosuggestive entspannende Übungen[16]. Bei der aktiven Form, zu der auch das Autogene Training gehört, richtet der Übende seine Aufmerksamkeit auf den Formelinhalt, den er lebhaft vergegenwärtigt. Bei der *passiven* Form, die besonders deutlich bei Coué zu finden ist, wird die Formel immer erneut wiederholt: »Die Formel selbst ist das technische Hilfsmittel, das Objekt, der Inhalt der Autosuggestion.«[17] Der Patient bleibt passiv, die Formel wird »gedankenlos« dahergesagt, eingetrichtert; so die bekannteste Formel von Coué: »Jeden Tag, in jeder Hinsicht, geht es mir besser und besser.« Wenn auch der *Leerlauf der Formel* bei den passiv autosuggestiven Übungen häufiger vorkommt, so ist das AT nicht davon verschont. Unter Leerwerden der Formeln versteht Schultz[18] »ein unwiderstehliches Abgleiten von den Formeln, bald verbunden mit einem ausgesprochenen Widerwillen, bald angeblich gedankenlos und ohne weitere Gefühlsbeteiligung«. Als Hilfe empfiehlt Schultz das Neuaufnehmen des AT von der ersten Übung an bei kürzesten Übungszeiten: dadurch kommt Leben und Bewegung in das bisher mechanisch-automatische Üben.

Wie es bei richtiger Anwendung, aber am falschen Ort, zu unerwünschten Wirkungen des AT kommen kann, geht aus dem Bericht über einen Spitzensportler hervor:

»Ein alpiner Skirennläufer kam mit bitteren Vorwürfen und sehr drastischen Klagen zu uns, weil ihm das Autogene Training beim Wettkampf sehr geschadet habe. Erst die genaue Exploration ergab dann, daß er zu dem (nicht seltenen) Typ von Menschen gehörte, welche es morgens immer eilig haben, und er daher in der Frühe nie zum Üben des autogenen Trainings kam. Er machte es hingegen regelmäßig abends zum Einschlafen und begrüßte die davon auftretende Einschlafhilfe. Nur in der Wettkampfsituation kam ihm vor dem Start das autogene Training in den Sinn, und er machte es dann auch noch rasch. Natürlich trat dabei der konditionierte, schlaffördernde und entspannende Effekt ein, da er es ja nie im Hinblick auf Dynamisierung und Leistungssteigerung gemacht hatte. Der scheinbare Mißerfolg des autogenen Trainings erklärte sich somit sehr leicht als Folge eines fehlerhaften Übens.«[19]

Solches »Fehlüben« läßt sich dadurch vermeiden, daß man am Tage das AT mit der Formel abschließt: »Ich bin ruhig und frisch«, am Abend aber, vor dem Einschlafen, die Ruheformel ohne »frisch« benutzt.

Das Sichselbständigmachen, das *Davonlaufen der Entspannung* und der Umschaltung zeigt sich am häufigsten in einem spontanen Einschlafen oder in der Spontangeneralisierung. Beide wurden bereits beschrieben. Zum *spontanen Einschlafen* während der Übung wäre noch einiges hinzuzufügen: Handelte es sich bei der Erwähnung des Einschlafens um eine mangelnde Übung im Weichenstellen bei der Wach-Schlaf-Umschaltung, so ist nunmehr die Rede von Menschen, die bei jedem Versuch, ein Training durchzuführen, gar nicht erst dazu kommen, weil sie sofort einschlafen. Sie sind oft identisch mit jenen Menschen, die zu jeder Tages- und Nachtzeit schlafen können, im Schlaf völlig abschalten, sich an keine Träume erinnern oder angeben, nie welche gehabt zu haben. Bei den meisten der hier beschriebenen Menschen besteht eine neurotische Fehlhaltung, die den Schlaf als einen Abwehrmechanismus benutzt; es besteht eine Flucht in den Schlaf. Mit der Flucht in den Schlaf werden meist Ängste abgewehrt, die aus einer nicht bewältigten Realität stammen. Bei diesen Patienten wird der Umgang mit sich selbst, mit dem eigenen Körper, erst recht eine introspektive Einstellung, als Gefährdung angesehen, und Ängste werden ausgelöst. Schlaf als neurotisches Symptom kann sich auch für eine kurze Frist einstellen (z.B. bei Examensvorbereitungen). Bei hartnäckiger Neigung zum Einschlafen, besonders wenn diese mit einem Erschöpfungszustand kombiniert ist, muß man an organische Leiden denken: Von einer harmlosen Anämie bis zu einem Folgezustand nach Encephalitis (mit organischer Schädigung der Schlafzentren) können die verschiedensten Störungen vorliegen. Erst nach einer somatomedizinischen Untersuchung kann man über ein AT reden. (Bei Erschöpfungszuständen kann das AT durchaus angebracht sein, aber dosiert und in den relativ frischen Tagesstunden, als vorbeugende Erholung.)

EEG-Studien während des AT zufolge bestehen bei Anfängern in den ersten beiden Übungen (Schwere und Wärme) Schwierigkeiten, die Wachheit zu halten, d.h. sie weisen ein Absinken des Bewußtheitsgrades auf. Man sollte also anfangs nur üben, wenn man frisch ist. Auf jeden Fall sollte man ein Schlafdefizit vermeiden.[20] Das Spontaneinschlafen wird sich dann auch beim Ungeübten viel seltener einstellen.

Die *Unfähigkeit sich zu konzentrieren* ist die am häufigsten auftretende und zugleich die wichtigste Störung im AT-Ablauf: ohne Konzentration kein AT. Über die Möglichkeiten, Störungen der Aufmerksamkeit zu vermeiden oder zu beseitigen, wird in Kap. 18 gesprochen.

Bei der Vermittlung des AT kann man nicht oft genug wiederholen, daß das AT kein Verfahren ist, das schnell Früchte trägt.

Das gilt für die Übenden ohne Durchhaltevermögen, für die Ungeduldigen und auch für diejenigen, die es gewohnt sind, mit dem Willen alles schnell zu schaffen. Gerade diese letzte Gruppe überträgt ihre Einstellung auch auf das Training, um mit dessen Hilfe etwas zu erreichen: So versucht der bisher Schlaflose beispielsweise, mit dem AT schnell einzuschlafen, was notwendigerweise scheitert. Für das AT gilt der paradoxe Satz: Erst wenn man auf Eile verzichtet, tritt der Erfolg ein; dabei ist Eile nur ein Sonderfall einer intentionalen Einstellung.

Ist erst innerlich ein echter Verzicht auf schnelle AT-Erfolge eingetreten, dann gibt es immer wieder überraschende Besserungen, manchmal schon nach Tagen. Mit diesen Ausnahmen darf aber nicht geliebäugelt werden. Der Erfolg des AT stellt sich meist nebenbei, »kollateral« ein – er gehorcht demselben Mechanismus wie beim Suchen nach einem vergessenen Wort, das einem spontan einfällt und nicht, wenn man gezielt nachdenkt.

Das AT kann bei einem Menschen nicht mehr zutage fördern als in ihm liegt. Das kann sehr viel sein; manches ist nur verschüttet und kann wieder erworben werden. Der Übende sollte aber nicht in völliger Verkennung eigener Möglichkeiten Ziele anstreben, deren Verwirklichung unmöglich ist. Zu diesem *Zu-*

vielwollen gehört auch die eben erwähnte Neigung zu vorzeitiger *Nutzanwendung.* Dies stellt eine Überforderung dar und führt zur Enttäuschung. Nach dem Doppelsinn des Wortes führt Enttäuschung entweder zu Resignation und damit zum Abbruch des AT, oder aber der Übende erfährt eine Enttäuschung, eine Befreiung von seinen Illusionen, eine Befreiung von dem, was er sich vortäuschte, von dem, was er sich über sich selbst vormachte. Mit einer bewußt erlebten und verarbeiteten Desillusionierung wird eine höhere Stufe erreicht, die eine erneute, andere Motivierung des AT erlaubt, mit viel mehr Aussicht auf dessen Verwirklichung.

In der Praxis des AT können *Schwierigkeiten der verschiedensten Art* auftreten, bei jeder neuen Übung in vielfacher Form. Da nicht alle diese Störungen sich in ein System zwingen lassen und auch teilweise keine Allgemeingültigkeit haben, sondern sich jeweils auf eine bestimmte Schwierigkeit beziehen, werden sie bei jeder Übung einzeln besprochen: Wesentlich ist es, sie zu erkennen; nur dann kann man sie beseitigen bzw. vermeiden.

Eine weitere, allgemeine Störung sei aber hier noch kurz erwähnt: Selbstunsichere Menschen, die sich zu wenig zutrauen, kommen beim AT bald in eine Krise. Gerade diese Menschen haben aber nach einer Zeit des Zweifels (ebenfalls ein toter Punkt), wenn sie sich und ihre Resultate angenommen haben, auf die Dauer sehr gute Erfolge.

3. Die autogene Neutralisation (nach W. Luthe)[21]

Das AT wird durch die Lehre der autogenen Neutralisation nach W. Luthe erweitert. Hierzu gehören:

a. Die autogene Abreaktion, die die im vorigen Abschnitt besprochenen Entladungserscheinungen umfaßt. Der Übende weiß, daß diese Entladungen Ausdruck hirngesteuerter, physiologischer Vorgänge sind, die auf dem Prinzip des biologischen Ausgleichs (Homöostase) und der Selbstnormalisierung beruhen. Zum »Psychisch-Autogenen«, das Spannungen löst, kommt als ergänzender Vorgang das »Biologisch-Autogene« hinzu, das über einen Entladungsvorgang zu einer Herabsetzung und zunehmenden Beseitigung funktioneller Störungen führt. Bei lang andauernden oder/und sich wiederholenden Entladungserscheinungen gehört zum Neutralisationsvorgang:

b. Die autogene Verbalisation. Der Übende beschreibt während der Übung (am besten auf Tonband) fortlaufend alle realisierten Formelinhalte, ebenso alle begleitenden Sinnesempfindungen, Gedanken, Gefühle und körperlichen Erscheinungen (Schwitzen, Herzklopfen, Schwindel u.a.). Sowohl der Übende als auch der Übungsleiter nehmen diese Äußerungen an, respektieren sie und betrachten diese individuellen Vorgänge als einen Teil des Neutralisationsprozesses. Die aktive Teilnahme des Übenden an seiner Behandlung schließt eine anschließende Auseinandersetzung mit dem Erlebten ein. Der Inhalt des Tonbandes wird schriftlich fixiert und laut gelesen, womit das Erlebte erneut im Wachzustand ausgedrückt wird. Hierzu gehört auch das Verfassen eines Kommentares, mit dem Bemühen, verschiedene Schwerpunkte und Aspekte des Erlebten herauszuarbeiten. Die Ergebnisse werden, am besten in Einzelsitzungen, mit dem Übungsleiter besprochen. Relativ wenig Zeit wird dabei einer psychoanalytisch orientierten Arbeit gewidmet. Hingegen kann die Katharsis als eine »nichtautogene aber nahe verwandte Methode«[22] angesehen werden, da mit ihr verdrängtes Material mobilisiert und abreagiert wird.

Das beschriebene Umgehen mit den Ereignissen während einer Übung hat seine besondere Bedeutung zu Beginn des Trainings, wenn Entladungserscheinungen oder sonstige Schwierigkeiten noch besonders häufig auftreten.

18. Kapitel
Die Konzentration

1. Die Konzentrationsschwierigkeiten

Treffen die Übungsteilnehmer nach ein bis zwei Wochen wieder zusammen, so wird über außerordentlich verschiedene Resultate berichtet. Fast allen gemeinsam ist aber eine Beobachtung: Wenn es auch im Laufe der Tage bzw. Wochen zu einem deutlichen Schwereerlebnis kommt, so schwankt dieses von einer Übung zur anderen und auch an verschiedenen Tagen außerordentlich. Geht man dem Grund dieser so schwankenden Resultate nach, so läßt sich folgendes feststellen: Kann sich der Übende gut konzentrieren, ist er »ganz dabei«, so verläuft die Übung nach Wunsch; ist er dagegen abgelenkt, unkonzentriert, zerstreut, so ist das Resultat schlecht. Da von zehn Teilnehmern etwa acht über solche Konzentrationsstörungen klagen, soll die zweite Stunde insbesondere dazu verwendet werden, einige Hinweise zur Erleichterung der Aufmerksamkeit zu geben.

Die Störung der Aufmerksamkeit kann sowohl äußere als auch innere Ursachen haben. *Äußere Gründe:* Straßenlärm; das Klingeln der Hausglocke; ein laufendes Radio im Nebenzimmer, wobei die Musik meist viel weniger stört als das gesprochene Wort; die Unterhaltung zwischen zwei Menschen; spielende Kinder; oder das Lauern auf das mögliche Klingeln des Telefons. *Innere Gründe:* Der Gedanke, es könnte jemand ins Zimmer kommen und stören, woraufhin man wieder auf die entsprechenden Umweltgeräusche lauert, oder die Gedanken schweifen ab: Man findet sich bei einem beruflichen Problem wieder oder bei einem Ärger oder bei Plänen, die man für den nächsten Tag hat. Durch solche abschweifenden Gedanken bzw. Vorstellungen wird die Übung am häufigsten und auch nachhaltig erschwert.

Störungen des Ablaufs und Erlernens werden vorwiegend durch innere Gründe verursacht. Oft werden äußere Gründe benannt (in der Regel guten Glaubens), wenn innere der Entspannung entgegenstehen. Das häufigste innere Hindernis ist die unbewußte Angst, sich einem passiv-entspannten Zustand zu überlassen.

2. Konzentrationshilfen

Liegt man in entspannter Haltung – etwa abends im Bett –, so fallen einem während des Trainings oft wichtige Dinge ein; sie mögen den Alltag, den Beruf oder sonst einen Bereich betreffen. Betrifft der Einfall etwas, was man am Tage zu tun vergaß oder am nächsten Tag zu tun beabsichtigt, so wird man diesen Gedanken oft nicht mehr los, meist aus Angst, ihn zu vergessen. In solchen Fällen sollte man auf die Empfehlung von Joh. Chr. Lichtenberg[1] zurückkommen, der schon vor 200 Jahren empfahl, *Papier und Bleistift* neben das Bett zu legen. Haben wir unseren Gedanken schwarz auf weiß notiert, so fällt die Angst, ihn zu vergessen, weg und er stört nicht mehr.

Es wäre falsch zu glauben, man könne durch eine Verlängerung des Trainings das erreichen, was man in ein bis zwei Minuten wegen der mangelnden Konzentration nicht erreicht hat: Je länger die Übung, um so leichter schweifen die Gedanken ab, um so schwerer kann man sich konzentrieren. Das einzig Richtige in einem solchen Fall ist, die Übung *abzukürzen,* auf die Hälfte oder ein Viertel der Zeit, in der man zwar keinen vollen »Schwereerfolg« im Arm erreicht, dafür aber – und das ist das weitaus Wichtigere – vom Anfang bis zum Ende der Übung bei der Sache, in diesem Fall bei seinem Arm bleibt. Unterläßt man die Wiederholung der Formel oder auch die Wiederholung der Übung, so kann man auf eine Übungszeit von einer halben Minute oder sogar weniger kommen. Für diese Zeit dürfte es auch einem sehr ablenkbaren Menschen möglich sein, »aufmerksam« zu bleiben.

Stellt man während der Übung fest, daß man trotz mehrfacher Bemühung nicht mehr »dabei« ist, so sollte man die Übung unterbrechen und sie *neu beginnen:* wie gesagt, in abgekürzter Form. Die Unterbrechung und Verkürzung der Übung bei Konzentrationsschwierigkeiten ist eine sehr hilfreiche Vorgehensweise, die auch bei vielen anderen Problemen und Störungen in der Lernphase des AT ein geeignetes Mittel für deren Behebung ist.

Die Ursache der Konzentrationsstörung: ob innere Unruhe, Vorbesetztheit durch andere Gedanken oder äußere Störungen spielt dabei keine Rolle. Man muß hier das Prinzip des wiederholten Anfangens anwenden, bis es einmal, früher oder später, zum Erfolg führt. Wir brauchen hier die Geduld der Ameise, die immer wieder probiert, bis einmal das Hindernis überwunden ist.

Man kann zwei ganz unterschiedliche Arten der Aufmerksamkeit unterscheiden:

Einmal die *aktive,* gespannte, zielgerichtete Konzentration. Sie ist um die Erreichung eines Zieles bemüht, auf ein Objekt bzw. Problem gerichtet, sie ist intentional, also absichtlich und vom Verstand gesteuert. Sie ist leistungsbetont, willensmäßig, wird willensmäßig eingesetzt und ist daher streßanfällig. Vegetativ gesehen ist die aktive Aufmerksamkeit ergotrop.

Die zweite Form der Aufmerksamkeit ist *passiv,* freischwebend (nach Freud »gleichschwebend«), flottierend, sie ist betrachtend, registrierend, sie ist die Aufmerksamkeit des Zuschauers. Sie wird auch als Konzentration ohne Anstrengung (»concentration without effort«) bezeichnet[2]. (Vgl. Kap. 2, 2.)

Die beiden Arten der Aufmerksamkeit sind oft mit dem Verhalten des Lichts verglichen worden: Die aktive Form entspricht einem Strahlenbündel, das durch eine Sammellinse auf einen Brennpunkt konzentriert wird oder auch dem Licht eines Punktscheinwerfers, der ein nach allen Seiten strahlendes Licht zu einem Bündel zusammenfaßt und auf einen Punkt richtet, wobei die Umgebung im Schatten (unseres Bewußtseins) bleibt.

Der passiven Aufmerksamkeit dagegen entspricht das Licht einer Neonröhre oder eines bedeckten Himmels oder eines Flutlichtes, das diffus, ohne deutliche Schatten und Konturen in seinem Bereich alles gleichmäßig erhellt.

Auch bei Tieren findet man diese beiden Formen der Aufmerksamkeit:

Die erste Form kann man bei den Raubtieren beobachten, etwa bei einer Katze, die stundenlang auf eine Maus gewartet hat, auf die sie nunmehr zum Sprung ansetzt. Alles an ihr ist dann gespannte Aufmerksamkeit. Im Gegensatz dazu findet man bei den Herdentieren häufig die freischwebende Aufmerksamkeit; man denke beispielsweise an ein äsendes Reh, das mit einem Büschel Gras im Maule den Kopf aufrichtet und nunmehr gelassen Eindrücke passiv aufnehmend weiterkaut; auch diesem Tier entgeht nichts an Veränderung in der Umgebung.

Beim AT sollte man nur die »gleichschwebende« Form der Aufmerksamkeit verwenden. In aller Ruhe und Gelassenheit registrieren, wo, wann und wie sich z.B. das Schwereerlebnis im rechten Arm einstellt.

Einige Übende versuchen beim Auftreten von Ablenkungen *aktiv* gegen diese anzugehen. Sie wollen sie verdrängen, »vom Tisch fegen«, »reinen Tisch machen«, um dann anschließend in aller Ruhe ihre Übung machen zu können. Gegen etwas angehen, es bekämpfen oder es verdrängen wollen bedeutet, diesem »etwas« die ganze Aufmerksamkeit zuwenden, gleichviel ob es sich um eine körperliche Auseinandersetzung mit einem Gegner handelt, oder ob man gegen einen bellenden Hund angeht, oder ob man unerwünschte und daher störende Einfälle im AT beseitigen will. Versucht man diese Gedanken oder Vorstellungen zu verdrängen, so ist das das beste Mittel, sie *nicht* loszuwerden. Hier wirkt das Gesetz von der Anstrengung, die das Gegenteil bewirkt (Baudouin). Anders gesagt: Vieles, das wir zielstrebig erreichen wollen, entzieht sich uns gerade wegen dieser Bemühung. Im 16. Kapitel wurde bereits über die Auswirkung einer derartigen intentionalen Einstellung gesprochen.

Manche Übungsteilnehmer berichten, sie hätten in solchen Situationen versucht, die Störungen gezielt abzustellen. Radioapparate werden abgestellt, spielende Kinder aus dem Hause geschickt, Straßenlärm durch Verstopfen der Ohren ausgeschaltet u.ä. mehr. Das sind ungeeignete Mittel, jedenfalls beim AT. Es gibt eine psychologische Forderung, die lautet: Wenn wir die Umstände nicht ändern können, müssen wir unsere Einstellung zu den Umständen ändern; wir müssen es lernen, mit Störungen umzugehen bzw. mit ihnen auszukommen. Eine weitere Regel, die hier weiterhilft, besagt: Man wird eine Störung nur los, indem man sie (zunächst) *annimmt.* Eine scheinbar paradoxe Wahrheit: Man verdrängt die Störung nicht, man geht erst recht nicht gegen sie an, sondern man läßt sie auf sich beruhen, läßt sie links liegen. *Man nimmt also die Störung an, ohne auf sie einzugehen.* Für die Distanzierung von störenden Einflüssen und von Gedanken (die sich meist auf Tagesereignisse beziehen) wird die Hilfsformulierung empfohlen: »Gedanken kommen, steigen auf und ziehen dahin wie Wolken am dunklen Abendhimmel«[3].

Um eine Störung loszuwerden, muß man die *Aufmerksamkeit teilen.* Unbewußt verteilen wir unsere Aufmerksamkeit dauernd auf verschiedene Objekte. Man denke an einen Autofahrer, der auf die verschiedensten Vorgänge im Straßenverkehr achtet und gleichzeitig ein Gespräch führen kann. Treten Störungen beim AT auf, so überläßt man den einen Teil seiner Aufmerksamkeit bewußt diesen Störungen, von denen man nicht loskommt – aber eben nur einen Teil. Der Rest wendet sich z. B. dem rechten Arm zu. Wichtig bei dieser Aufmerksamkeitsteilung ist es, mit diesem Rest zu arbeiten, zunächst vielleicht nur für eine ganz kurze Zeit. Gelingt dies nicht, so unterbricht man die Übung und fängt erneut an.

Der Inhalt der letzten drei Absätze muß gleichzeitig berücksichtigt werden: der Verzicht auf aktive Beseitigung der Störung, das Annehmen der Störungen (wobei man sie gleichzeitig links liegen läßt) und die Teilung der Aufmerksamkeit. Im Laufe der Zeit nimmt das Gewicht der störenden Vorstellungen ab, und die Zuwendung zum Arm geschieht immer müheloser. Bei Anwendung dieses Verhaltens wird man eines Tages rückblikkend verwundert feststellen, daß man die Übung zu Ende führte und die Störung inzwischen verschwunden war.

Der *Wirksamkeit von Vorstellungen* ist ein ganzes (das 10.) Kapitel gewidmet, wobei wir zu dem Schluß kamen, daß anschauliche, emotional getragene Vorstellungen sich am stärksten auswirken. Im normalen Seelenleben ist dies bei den *Erinnerungsvorstellungen* am stärksten ausgeprägt, d.h. bei denjenigen Vorstellungen, die auf einer Wahrnehmung beruhen. Das gilt insbesondere für nüchterne, »realistische« Menschen, die nicht selten an einem Mangel an Vorstellungskraft leiden; im Gegensatz zu Kindern und phantasiebegabten Erwachsenen sind diese Menschen oft auf Erinnerungsvorstellungen angewiesen. Diese Vorstellungen stehen den Wahrnehmungen am nächsten (vgl. Tab. 4) und setzen sich daher auch am leichtesten in Wahrnehmungen um (Carpenter-Effekt) – ein Vorgang, der beim AT dauernd stattfindet. Mit ihnen läuft man auch nicht Gefahr, die Phantasie überzustrapazieren. Bei der Beschreibung der einzelnen AT-Übungen wird daher diesem Vorstellungstyp ein großer Raum zugebilligt. Man kann sagen: je lebhafter die Vorstellung, um so stärker fesselt sie unsere Aufmerksamkeit; je blasser, je diffuser sie ist, um so leichter schweift der Übende ab.

Die Erinnerungsvorstellungen haben einen zweiten Vorteil: Man kann sie jederzeit erzeugen, und zwar durch Wahrnehmung, durch Erfahrung. Auch darauf wird – soweit physiologisch überhaupt möglich – bei den einzelnen Organen Rücksicht genommen: So kann man die Armwärmeübung auf einem warmen Handbad kurz vor der Übung aufbauen, die Stirnkühleübung auf einer kalt angefeuchteten Haut. Die unmittelbar vor der Übung erfahrene Wasserwärme gibt die lebhafteste Wärmevorstellung ab, und diese wiederum bindet unsere Aufmerksamkeit am leichtesten und verhindert damit deren Abschweifen.

Die bisher beschriebenen Konzentrationshilfen betreffen das Verhalten des Übenden. Auch der Übungsleiter kann dem Übenden die Konzentration wesentlich erleichtern. Viele Übende empfinden es als eine große Hilfe, wenn die Formeln vom Trainingsleiter in den ersten Übungsstunden *vorgesprochen* werden. Man weicht damit zwar vom rein autogenen Wege ab, doch erleichtert man damit vielen den sonst schwierigen Start und verschafft ihnen ein (Erinnerungs-)Hör-Bild, das sie zu Hause leichter autogen wieder aufnehmen können. Die Vorteile dieses Vorgehens sollten über prinzipielle Bedenken hinweghelfen, zumal es nur als Starthilfe gedacht ist. Im übrigen verfahren viele Übungsleiter in dieser Weise. (s. a. Kap. 14, 12)

Eine weitere Konzentrationshilfe besteht darin, die Aufgabeworte bei jeder Übung *optisch* im dunklen Augenraum zu gestalten. Der Übende stellt sich die Formel in Leuchtbuchstaben geschrieben im dunklen Gesichtsfeld vor. Der Anfänger kann zunächst nur einzelne Buchstaben lesen, er buchstabiert; sodann sieht er einzelne Silben, dann Worte. Im allgemeinen genügen zwei bis drei Wochen Übungszeit, bis eine Formel als

Ganzes sich leuchtend hell vor dem dunklen Hintergrund abhebt und mühelos zu lesen ist.

Diese Übung führt nicht nur zur besseren Konzentrationsfähigkeit, sie wirkt sich zusätzlich auf eine schnellere Verwirklichung des Formelinhaltes aus: so führt die optische Darstellung der Formel »Rechter Arm schwer« zu einer Zunahme des Schweregefühles.

Die Aufmerksamkeit kann schließlich dadurch gefördert werden, daß der Ablauf jeder Übung anschließend schriftlich fixiert wird. Im Unterschied zum bloßen Feststellen erfordert das Beschreiben eines Übungsablaufs eine präzise Formulierung. Der Vorsatz einer *Niederschrift* der vorangegangenen Vorgänge erhöht die Aufmerksamkeit und die Ausdauer bei ihrer Beobachtung. Auf keinen Fall darf aber eine nachträgliche Protokollierung zu einer gespannt-zielgerichteten, leistungsbetonten Einstellung führen, da diese jede autogene Umschaltung unmöglich macht.

3. Die Rhythmisierung der Formeln

Die zur Durchführung der Übungen erforderliche Aufmerksamkeit kann wesentlich erleichtert werden, wenn man das (lautlose innere) Sprechen oder Denken der Formeln mit einem Rhythmus verbindet. Hierzu bieten sich zwei biologische Rhythmen an: der Herzschlag und die Atmung. Schultz hebt hervor, »daß auch bei der Bildung von Vergegenwärtigungsformeln in der Arbeit sehr häufig rhythmische Momente vorteilhaft sein können; die stärkere und leichtere Einprägsamkeit rhythmisch-organischer Wortgebilde ist ja eine in der allgemeinen und angewandten Psychologie bekannte und viel bearbeitete Tatsache«[4].

a. Formeln im Herzrhythmus

Schultz erwähnt in diesem Zusammenhang ein Protokoll, dessen Verfasser die Formeln an die Herztätigkeit anpaßte, »so daß jede Silbe mit einem Herzschlag zusammenfällt oder auch so, daß nur das letzte (bedeutendste) Wort gleichzeitig mit einem Herzschlag gedacht und dadurch besonders betont wird«.

- Mein – rechter – Arm – ist – schwer.

Auf verschiedene Rhythmisierungsmöglichkeiten verweist ein anderes Protokoll[5]:

»Formel innerlich vorgesungen auf Melodie eines Bachschen Chorales, dann eines Preludiums. In anderen Fällen innerlich so vorgesprochen, daß jeweils auf den Beginn des Ein- oder Ausatmens der Beginn eines Wortes oder einer Silbe fällt, das dann durch die zwischen Anfang und Schluß des Ein- bzw. Ausatmens liegenden Herzschläge gewissermaßen zerhackt und zerdehnt wird«:

Einatmen	Ausatmen
• gá-á-ánz	• schwé-é-ér
Herzschläge	Herzschläge

Bei diesem Beispiel wird das Ein- bzw. Ausatmen willkürlich dem Herzrhythmus angepaßt. Der Versuch, die sich überlagernden natürlichen Rhythmen von Herz und Atmung aufeinander abzustimmen und in ein bestimmtes Verhältnis zueinander zu bringen, kann diese Rhythmen allerdings stören.

Ein Teilnehmer am AT berichtete, es sei ihm zunächst schwergefallen, beide Rhythmen voneinander unabhängig laufen zu lassen, bis ihm – in der Entspannung – ein Erinnerungsbild aus seiner Jugend zu Hilfe kam: Bei einer sommerlichen Fahrt mit einer Barkasse lag er dösend auf dem Rücken und hatte vergeblich versucht, das Schwanken des Schiffes mit dem monotonen Auspuffgeräusch des langsam arbeitenden Motors in Einklang zu bringen. Dann hatte er – mit einem vegetativen Genuß - den sich überlagernden Doppelrhythmus angenommen und sich dessen entspannender Wirkung hingegeben. Diese Erinnerung verhalf ihm dazu, auch den Herz- und Atemrhythmus voneinander ungestört, jeden für sich ablaufen zu lassen.

Man sollte sich bei der praktischen Durchführung der AT-Übung möglichst für den einen oder anderen Rhythmus entscheiden. Das innere Sprechen von Meditations- oder Gebetsformeln im Rhythmus des Herzschlages wird in der Ostkirche geübt; es besteht eine jahrhundertealte Tradition, dieses »Herzensgebet« zu üben.

b. Formeln im Atemrhythmus

Die Verbindung des inneren Sprechens der Formel mit dem Atemrhythmus bietet sich aus mehreren Gründen an: Vor allem wirkt die Atmung als rhythmischer Vorgang entspannend; das gilt um so mehr, als dieser Rhythmus ausgewogen und langsam ist. Man denke an das Einwiegen der Säuglinge, an die einschläfernde Wirkung von Wiegenliedern, an die entspannende Wirkung rhythmischer Musik überhaupt. Auf diesem entspannenden Effekt beruht auch die Anwendung der Musik als »Kulisse« zur Förderung eines gleichmäßigen Arbeitsablaufes in Montagehallen, teilweise auch bei geistigen Lernvorgängen. Selbst Rhythmen wie beispielsweise das harte, metallische Geräusch der Schienenfugen in der Eisenbahn wirken auf die Dauer doch entspannend und sogar einschläfernd.

Gegen diese Erfahrung spricht die Auswirkung von Pop- und Rockmusik nicht, bei der die Kombination von Musik mit extremer Lautstärke und gleichzeitiger Körperbewegung, alles über längere Zeit (oft mehrere Stunden), zu einem Zustand führt, der der Trance von tanzenden Derwischen ähnlich ist.

Es ist sicherlich kein Zufall, daß die Atmung beim Herbeiführen von entspannten Versenkungs- und Meditationszuständen (Yoga) eine große Rolle spielt. Fügt man die Formel in den Atemrhythmus ein, so wählt man dazu am besten kurze bzw. abgekürzte Formeln; so erhalten die einzelnen Wortvorstellungen mehr Gewicht.

Der Atemrhythmus kann mit den Formeln in verschiedener Weise *kombiniert* werden: Entweder man bleibt beim klassischen Schema und wiederholt die Formel etwa sechsmal[6], wobei man sie sich jeweils einmal beim Ausatmen vergegenwärtigt: ausatmen = rechter Arm schwer; einatmen = Pause; sechsmal wiederholen. Dann einmal: »Ich bin ganz ruhig«, und anschließend die Übung von vorne beginnen. Die graphische Darstellung verdeutlicht den Vorgang (Abb. 18).

Oder aber man teilt die Formel auf drei Atemzüge auf, d.h. auf jedes Ausatmen kommt bei dieser Version nur ein Wort. In der graphischen Darstellung würden anstelle der Formel nunmehr einzelne Worte treten. Die Übung verliefe dann wie folgt (wobei die Schrägstriche dem Einatmen entsprechen):

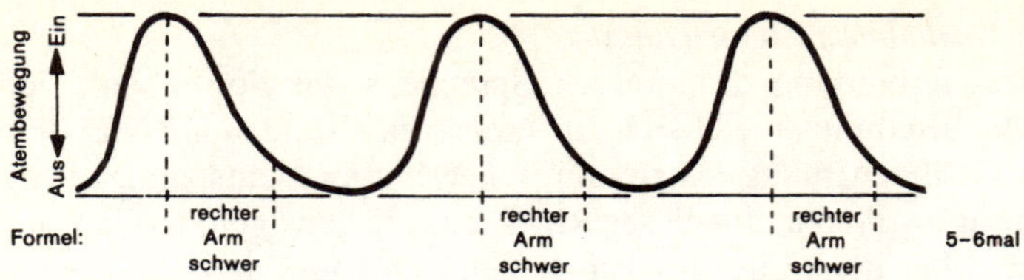

Abb. 18: Erste Möglichkeit. Vergegenwärtigung der Gesamtformel bei jedem einzelnen Atemzug

- Rechter/Arm/schwer/(mit Wiederholung),
- Rechter/Arm/ganz schwer/(mit Wiederholung),
- Ich bin/ganz/ruhig/(einmal).

Graphisch dargestellt ist die Übung in Abbildung 19. Die ganze Übung wird nunmehr von neuem angefangen und als Ganzes zwei- bis dreimal wiederholt. Zum Schluß nimmt man die Entspannung zurück (von der Dreier-Einteilung wird noch die Rede sein).

Vorteil der ersten Möglichkeit: die Formel läuft leichter. Nachteil: man kommt leicht ins Zählen, womit die Gefahr eines »Leerlaufens« der Formel und der Ablenkung gegeben ist.

Die Formel (Version 1) bzw. das Wort (Version 2) sollten nur beim Ausatmen vergegenwärtigt werden. Genauso wie man nur beim Ausatmen sprechen kann, sollte das innere Sprechen beim Ausströmen der Luft vor sich gehen. Man denke auch an die *Ausatmungsverstärkung.* Das Ausströmenlassen der Luft bringt eine Entspannung sämtlicher Muskeln des Brustkorbes und des Zwerchfells mit sich; nur zum Einatmen wird Muskelkraft benötigt, beim Ausatmen zieht sich die Lunge aufgrund ihrer Elastizität zusammen: Die Luft strömt »von selbst« aus. Somit unterstützen sich Muskelentspannung und Formelwirkung gegenseitig im Vorgang des Ausatmens.

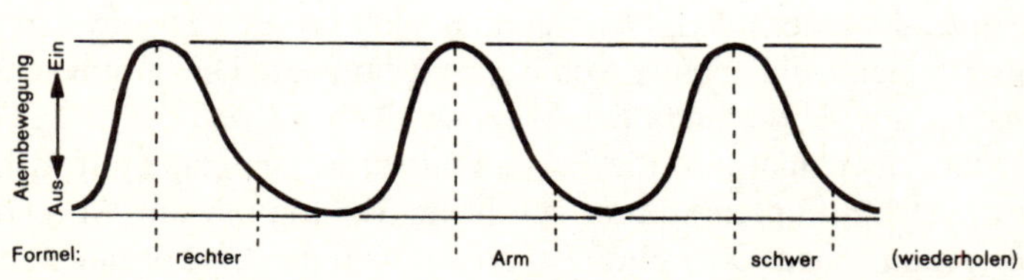

Abb. 19: Zweite Möglichkeit. Auf jeden Atemzug kommt ein Wort (Vorteil: ein zusätzlich sich bildender Formelrhythmus; vgl. Kap. 18, 5)

Mit Schultz möchte ich Ignatius von Loyola zitieren: »Die dritte Gebetsweise besteht darin, daß man zu jedem Atemzuge oder Atemholen innerlich betet, während man ein Wort des Vaterunsers spricht oder eines anderen Gebetes, das gerade verrichtet wird, so daß zwischen dem einen oder anderen Atemzuge nur ein Wort gesprochen wird, in der Zwischenzeit aber, von einem Atemholen zum anderen, die Aufmerksamkeit hauptsächlich auf die Bedeutung dieses Wortes gelenkt wird oder auf die Person, zu der man betet.« Es wird weiter erwähnt, daß »Loyola den Atem nur als Signal für eine erwünschte Konzentration benützt«[7].

4. Abgrenzung zum Sprechrhythmus

Beim zusammenhängenden Sprechen wird der Atemrhythmus unserem Sprechrhythmus angepaßt, d.h. zugunsten des Sprechrhythmus' holt man Luft bei Komma und Punkt oder an einer Stelle, an der sich der Satz unterbrechen läßt: der Atemrhythmus wird dem Sprechrhythmus untergeordnet. Ganz ähnlich verhält es sich beim Singen, bei dem das Atmen dem musikalischen Satz unter- bzw. eingeordnet wird. Beim AT ist es gerade umgekehrt: Man läßt die Atmung laufen, beeinflußt den Atemrhythmus in keiner Weise, atmet also ebenso flach oder tief oder schnell oder langsam wie bisher. Man läßt die Luft ein- und ausströmen und fügt, wenn die Luft auszuströmen beginnt, das fällige Wort oder die fällige Formel ein, stoppt das Ausatmen nicht, sondern läßt es zu Ende laufen. Dann läßt man die Luft erneut einströmen, um beim erneuten Ausströmen das nächste Wort zu sprechen. Wir fügen also die einzelnen Formeln (Version 1) bzw. Worte (Version 2) der Atmung ein. Dieser Hinweis läßt sich schon aus den obigen graphischen Kurven entnehmen; wenn er hier noch einmal betont wird, so deshalb, weil er häufig nicht beachtet wird.

5. Der Formelrhythmus

Die Übung, wie sie in der Version 2 beschrieben wurde, wirkt nicht nur durch den Rhythmus der einzelnen Atemzüge bzw. Worte. Die Übung besteht, so wie wir sie jetzt üben, aus mehreren Formeln von je drei Worten (= Atemzügen). So wie sich die Atemzüge wiederholen, wiederholen sich auch die Formeln; dabei ist der Formelrhythmus dem Atemrhythmus überlagert. Beide rhythmischen Vorgänge stören sich nicht; im Gegenteil, sie ergänzen einander und erhöhen die entspannende Wirkung. Der Formelrhythmus ist eines der wirksamsten Mittel, um über die Entspannung einen Versenkungszustand zu erreichen. Mönche, die einen solchen Zustand anstreben, in dem sie meditieren können, üben die Wiederholung von »Kurzgebeten«; zur Erleichterung der Konzentration werden von Gläubigen vieler Weltreligionen *Gebetsschnüre* benutzt. Man läßt dabei die kleinen Perlen eine nach der anderen durch die Finger gleiten und spricht zu jeder Perle eine Kurzformel. Stößt der Finger an eine größere Perle, so wird innerlich auf das nächste Bild der Meditation umgeschaltet. Die Kurzformeln werden sehr oft »geleiert« bzw. gemurmelt, oder als »Lippengebet« tonlos gesprochen – also im gleichen Sinne wie die AT-Formeln. Psychologisch kommt es auch gar nicht auf den Inhalt dieser Kurzgebete an, sondern auf deren entspannende Wirkung, womit der Meditierende seine Gedanken und seine Phantasie frei hat und sie um eine religiöse Vorstellung kreisen lassen kann. Darin besteht ja das Wesen der Meditation. In der Tradition und in der Schulung zur Meditation sind uns die östlichen Völker sicher überlegen: Die Vorschrift einer buddhistischen Sekte, eine Formel dreißigtausendmal am Tage zu wiederholen, wäre für einen Europäer unmöglich.

Zur Erhöhung der Aufmerksamkeit gab Coué seinen Anhängern eine Schnur mit Knoten, gleichsam einen verweltlichten Rosenkranz; jedem Knoten entsprach die Wiederholung einer Formel. Mit der Besserung der Aufmerksamkeit wurden der Schnur Knoten hinzugefügt.

Anstelle dieser Hilfsmittel bedienen wir uns unserer Atmung, indem wir die einzelnen Atemzüge wie die Perlen einer Kette aneinanderreihen. Zu jedem Atemzug gehört dann ein

Wort bzw. eine Formel. Für viele Übungsteilnehmer ist ein sechsmaliges Wiederholen der Formel, wie es Schultz in den letzten Jahren empfohlen hat, eine große Hilfe. Andere Übende können den Impuls zum Mitzählen der Formel nicht unterdrükken (diese Zähl- bzw. Ordnungszwänge sind recht häufig verbreitet). Zählen erfordert Aufmerksamkeit, die hierdurch dem Vorstellungsinhalt der Formel entzogen wird: es wird bewußt gezählt, die Formel dagegen läuft leer.

Bei solchen Schwierigkeiten bewährt es sich, das unter Version 2 beschriebene Verfahren zu benutzen: jede Formel auf drei Atemzüge zu verteilen und dann diese Formeln ein- bis zweimal zu wiederholen. Da die ganze Übung recht kurz ist, sollte man diese ebenfalls zwei- bis dreimal nacheinander wiederholen. Eine ein- bzw. zweimalige Wiederholung von Formeln bzw. Übungen läßt sich ohne Zählen registrieren. Praktisch fängt die Pluralität und damit das Zählen erst bei vier an.

Die Einbeziehung der Formeln in den ungestörten Atemrhythmus führt zu deren *Rhythmisierung* und aufgrund des »erworbenen Vollzugszwanges« zu einer beharrlicheren *Wiederholung* und damit auch zur *Monotonisierung*. Diese drei Faktoren sind die beste Grundlage für eine Entspannung und für das Eintreten der autogenen Umschaltung.

Schweift man bei der Ausführung der Übungen mit seinen Gedanken ab, oder läßt man sich durch eine äußere Störung ablenken, so tritt anstelle des nächsten Wortes bzw. der nächsten Formel eine Pause ein – der Rhythmus wird unterbrochen. Auf derartige *Rhythmusstörungen* reagiert der Mensch sehr empfindlich: ein rhythmisches Geräusch, das ausbleibt, eine Pendeluhr, die stehenbleibt, ein Rhythmuswechsel in der Musik lassen uns aufhorchen: Wir werden dadurch innerlich angestoßen. Durch das Ausbleiben eines Wortes beim Üben (immer innerlich gesprochen) halten wir inne, besinnen uns, unterbrechen unsere abschweifenden Gedanken und kehren wieder zur Übung zurück.

Ein weiterer Vorteil des Formelrhythmus: Wird dem AT-Anfänger die Anweisung gegeben, etwa ein bis zwei Minuten zu üben, so taucht nicht selten während der Übung die Frage auf: Wie lange übe ich schon, sind zwei Minuten vorbei? Soll man auf die Uhr sehen? Wie kann ich mich orientieren? Das bedeutet wieder eine Ablenkung. Eine Übung im Rhythmus der Atmung läßt sich zwar auf Sekunden nicht festlegen; sie schwankt von Mensch zu Mensch und auch beim einzelnen Menschen ist sie von körperlichen und seelischen Vorgängen abhängig; sie entspricht aber einer biologischen Zeit. Wie lang diese Zeit (mit der Uhr gemessen) ist, wird unwichtig; wichtig ist das Wissen, daß die Übung nach den benötigten Atemzügen bzw. Formeln zu Ende ist. Wenn man davon ausgeht, daß beim Menschen 15 bis 20 Atemzüge eine Minute Zeit beanspruchen, so läßt sich leicht auch die Übungszeit mit dem Ablauf der Uhrzeit vergleichen; während der Übung aber werden Gedanken über den Zeitablauf vermieden.

Scheinbar unüberwindliche Schwierigkeiten beim Herbeiführen einer konzentrativ-entspannten inneren Sammlung lassen sich gegebenenfalls durch heterosuggestive Unterstützung oder durch apparative Hilfen, z.B. über ein Biofeedback-Verfahren, beheben. (Vgl. Kap. 14, 8).

19. Kapitel
Die Wärmeübung

1. Ablauf der Übung

Bei der Wärmeübung der Gliedmaßen wird im gleichen Sinne verfahren wie bei der Schwereübung. Zu der bisherigen Übung kommt neu hinzu die Formel:

- Rechter/Arm/warm (mit Wiederholung).

Beendet wird die Übung wie immer durch das Zurücknehmen der Entspannung.

Wie bei der Schwereübung, so tritt auch bei der Wärmeübung eine Generalisierung auf: die Wärme teilt sich auch dem linken Arm mit (vgl. Abb. 8). Es ist dann vorteilhaft, die bisherige Wärmeformel (rechter Arm warm) zu ersetzen durch

- Beide/Arme/warm,
- Beide/Arme/ganz warm (beide wiederholen).

Durch weitere Generalisierung greift, meist im Verlauf von ein bis zwei Wochen, die Wärme auch auf die Beine über. Zusätzliche Formel:

- Beide/Beine/warm (ganz warm).

Aufgrund der Vorstellung von Wärme im rechten Arm verhalten sich die Blutgefäße so, als ob der Arm bereits warm wäre, d.h. die ringförmigen Muskeln der Blutgefäße entspannen sich, die Adern erweitern sich, es strömt mehr Blut in den Arm, es tritt ein Wärmegefühl auf: die Vorstellung der Wärme verwirklicht sich. Wieder hängt alles davon ab, wie präzise und lebhaft die Wärmevorstellung ist.

2. Hilfsvorstellungen

Folgende Vorstellungen sind oft hilfreich: Man achte darauf, wie jeweils beim Ausatmen (Entspannen des Brustkorbs) eine warme Welle in den Arm hineinfließt und so der Arm schubweise erwärmt wird[1]. Oder man stelle sich vor, bequem neben einem Waschbecken zu sitzen, das mit warmem Wasser gefüllt ist, der rechte Arm im warmen Wasser, die Temperatur noch eben gut verträglich, das Wasser bis zum Ellenbogen oder Oberarm. Und nun ausmalen: Es tritt zuerst Gänsehaut auf; die Wärme dringt in den Arm ein; die Haut wird langsam rot, samtartig geschwollen, gedunsen; auch die Finger schwellen an und lassen sich in den kleinen Fingergelenken schlecht bewegen; auf dem Handrücken treten die Adern deutlich hervor; die Wärme dringt immer tiefer in den Arm ein.

Oder andere Erinnerungsbilder: Man liegt wie an einem warmen Sommerurlaubs- oder Wochenendurlaubstag im heißen Sand am Strand, in einer Waldlichtung oder in der Heide in brütender Wärme, auf den warmen Holzplanken einer Badeanstalt, im Liegestuhl, in einer Badewanne oder vor einem Kamin. Wichtig ist nur die lebhafte Vergegenwärtigung eines früher erlebten Zustandes.

Oder man mache sich folgenden physiologischen Vorgang deutlich: Von der ganzen Körperoberfläche strahlt bzw. strömt Wärme aus. Bei der Sitzlage, bei der die Hände auf den Oberschenkeln locker liegen, berühren sich die Finger bzw. liegen dicht nebeneinander. Sie wärmen einander auch (daher bleiben auch in Fausthandschuhen die Finger wärmer als in Fingerhandschuhen). Von den Fingern, dem Daumen und Daumenballen, der Handinnenfläche und vom Oberschenkel aus strömt Wärme in den Hohlraum der Innenhand und füllt sie mit Wärme. Weiter: Ist der Arm mit einem Ärmel, gleichviel aus welchem Stoff, bekleidet, so kann hier die Wärme nicht abströmen, sondern es bildet sich zwischen Ärmel und Haut eine warme Lufthülle. Diese Wärme im Ärmel (ca. 30 Grad) wird besonders deutlich, wenn man sich auszieht und die umgebende Zimmerluft (ca. 20 Grad) als kühl empfindet. Genauso wie wir dann die plötzlich auftretende Kühle spüren, spüren wir in der Übung die bestehende Wärme.

Dasselbe gilt auch für die Abendübung, bei der wir zugedeckt im Bett üben. Auch hier staut sich die Wärme an der Haut – die Decke wird als warm empfunden.

Beim Bein sind die wärmeauslösenden Vorstellungen ähnlich. Am besten geht man auch hier von physiologischen Gegebenheiten aus: In der Sitzhaltung ist die Wärme der Hand, die auf dem Oberschenkel liegt, zu spüren, auch durch mehrere Stofflagen hindurch. Wer unbekleidet mit übergeschlagenen Beinen sitzt, ist oft überrascht von der Rötung der Hautbezirke, die einander berührten. Ähnlich kann man sich die Erweiterung der Blutgefäße durch die Auswirkung der Handwärme am Oberschenkel vorstellen.

Auch am Bein kann die ausstrahlende Wärme der Haut durch Hosenbeine, Strümpfe, Kleider nicht abströmen. Das ist besonders deutlich an der Sitzfläche und noch mehr am Fuß, wo der Schuh (Leder und Gummi sind starke Wärmeisolatoren) einen Wärmestau innerhalb des Schuhs bedingt.

3. Physiologische Starthilfen

Sollte all das nicht zufriedenstellend anschlagen, so kann man als Schrittmacher gut warmes Wasser in einem Handbecken benutzen – nunmehr nicht in der Vorstellung, sondern ganz real –, in das man seinen rechten Arm so weit wie möglich eintaucht. Dann kurz abtrocknen und üben mit frischem Erinnerungsbild.

Oder man macht ein Wechselbad: Den Arm abwechselnd in kaltes und warmes Wasser tauchen. Mit kalt anfangen, mit kalt aufhören; ins kalte Wasser jeweils ganz kurz, einige Sekunden, eintauchen, in das warme Wasser eine Minute. Das ganze zwei- bis dreimal wiederholen: Man verschafft sich auf diese Weise ein Erinnerungsbild; außerdem läßt sich mit einem durch die Wärme geröteten Arm, d.h. mit entspannten Blutgefäßen, die Wärmeempfindung sehr viel leichter steigern. Hierzu ein Bericht:

»Mit der Wärme klappte es bei mir nicht recht. Ich wußte nicht, war der Arm schon lau, oder bildete ich es mir nur ein. Da fuhr ich in den Urlaub an die See. Am ersten sonnenreichen Tag holte ich mir einen Sonnenbrand. Abends, als ich meine Übung machte, schoß mir bei der Formel ›Rechter-Arm-warm‹ eine fast schmerzhaft heiße Welle in den Arm hinein. Sicher spielte Suggestion keine Rolle dabei, denn ich hatte nicht mehr als sonst erwartet.«

Durch die erweiterten Blutgefäße (Rötung der Haut) wird der Durchströmungswiderstand stark herabgesetzt. Nunmehr genügt eine geringe suggestionsbedingte Gefäßerweiterung (Formel), um die plötzlich auftretende stärkere Durchblutung deutlich zu spüren, wogegen die Suggestionswirkung davor unterschwellig geblieben war. Aufgrund einer veränderten »Testbedingung« wurde sie sehr deutlich. Fazit aus dieser Erfahrung: Selbst wenn man beim Üben zunächst nicht viel spürt, geschieht doch einiges. Vielfach kann man eine Temperaturerhöhung noch nicht spüren, die Wahrnehmungsschwelle ist noch nicht erreicht, und doch kann man mit einem Haut-Spezialthermometer die Temperaturerhöhung messen.

Natürlich kann man als Vorbereitung, wie bei den Armen, die Füße in warmes Wasser stecken oder im Anschluß an ein warmes Vollbad üben, das sich dann auf dreifache Weise auswirkt: Warme Vollbäder entspannen und beruhigen; ferner wirkt sich das Bad bei Armen und Beinen als eine Vorbereitung der Wärmeübung durch Entspannen der Blutgefäße aus, und schließlich schaffen wir uns mit dem Bad eine frische Erinnerungsvorstellung, die um so intensiver ist, je deutlicher wir beim Bade die vielfältigen Körperempfindungen bewußt registriert haben.

4. Physiologische Veränderungen

Der Mensch neigt dazu, für alles sichtbare Beweise zu fordern. Er traut oft Apparaten mehr zu als seiner eigenen Wahrnehmung. Tatsächlich können Apparate oft weitaus exakter und feiner messen als unsere Sinnesorgane.

Durch Experimente konnten die Befunde, die beim AT auftreten, objektiviert werden. Die Steigerung der Hauttemperatur wurde thermoelektrisch registriert und teils mit Wärmegraden, teils mit Wärmetransportzahlen gemessen[2]. Dabei kommt es durch eine Verringerung des Sympathikotonus zu einer Erweiterung der Blutgefäße der Haut, so daß mehr Blut aus der Muskulatur in die Haut fließt. Das von vielen Übenden berichtete Kribbeln und Prickeln, z.B. in den Händen, ist ein Zeichen für die beginnende Gefäßerweiterung und Mehrdurchblutung.

Wie aus Abb. 20 ersichtlich, fallen nach Beginn des AT die Werte zunächst ab, um nach diesem Initialabfall bei der Hauptreaktion deutlich anzusteigen. Nach Beendigung des Trainings kommt es zu einer »Schlußzacke« und schließlich zu einer »Nachreaktion«, die nach etwa 15 Minuten zum Ruheausgangswert zurückkehrt. Gemessen wurde die Temperatur an den Fingerkuppen. Die Reaktion läßt sich bereits in der ersten Übungswoche nachweisen und nimmt dann bis zur fünften Woche dauernd zu[3]. Dieser Vorgang läuft jedoch nicht überall gleich ab: die Wärmetransportzahlen sind beispielsweise in den Fingern immer höher als in den Zehen. Auch dauert es länger, bis in den Zehen die maximalen Wärmetransportzahlen erreicht werden (Diehl, 1987). Nach Khodaie könnten Ursache hierfür

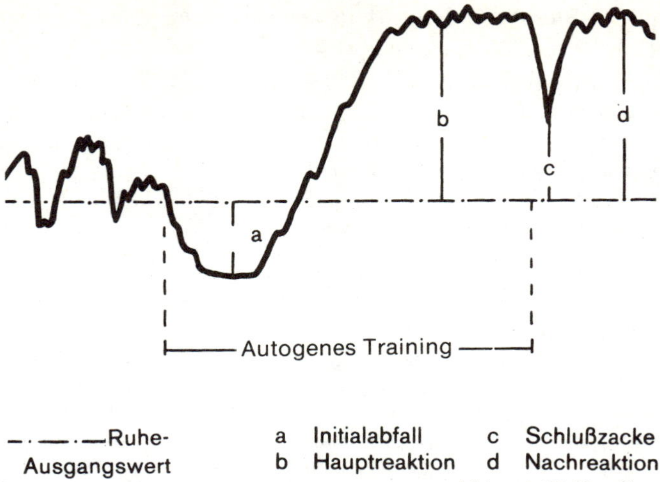

Abb. 20: Typischer Verlauf der Wärmetransportzahl (nach W. Vogel)

die unterschiedliche Hautkapillarisierung, die stärkere Verhornung der Zehen und die umfangreichere kortikale Repräsentation der Hand im Vergleich zum Fuß sein. Motorik und Sensibilität sind in der Hirnrinde (Kortex) lokalisiert. Die kortikale Repräsentation bezeichnet die jeweilige Anzahl der Nervenzellen in der Hirnrinde, die einem bestimmten Organ/Glied in der bestimmten Funktion zugeordnet werden können.

Stetter (1985) konnte in einer kontrollierten Studie zum durch AT bewirkten Temperaturanstieg feststellen, daß nur eine schwache Korrelation zwischen dem subjektiven Wärmeerlebnis und dem gemessenen Temperaturanstieg bestand. Die Annahme, daß die subjektive Wahrnehmung wesentlich zur Intensität des Wärmeerlebnisses beiträgt, wird auch durch Längsschnittuntersuchungen gestützt. Demnach treten die wesentlichen Durchblutungsveränderungen schon im Rahmen der Schwereübung auf, und die Wärmeübung selbst führt zumeist zu keiner nennenswerten Steigerung der Gefäßerweiterung mehr (Diehl, 1987).

Eine »willkürliche Veränderung der Körpertemperatur durch Autosuggestion« läßt sich andererseits jedoch belegen, wenn man zu den Wärmesuggestionen Kältesuggestionen hinzunimmt.

Tabelle 6: Willkürliche Veränderung der Körpertemperatur durch Autosuggestion

Stellung und Handlung der Versuchsperson	Körpertemperatur in °C rechter Arm	linker Arm
1. Ausgangsstellung ruhig sitzen	31,7	31,9
2. Autosuggestion der Wärme im rechten, der Kälte im linken Arm	34,1	30,5
3. Autosuggestion der Kälte im rechten, der Wärme im linken Arm	30,7	34,0
4. Ausgangsstellung ruhig sitzen, an nichts denken	31,8	31,9

Nicht nur einzelne Körperteile reagierten auf Autosuggestion; es ließ sich auch die Gesamtkörpertemperatur mit der Suggestion »mir ist kalt«, »mir ist heiß« binnen 30 Sekunden bis 1,5 Minuten um 1 bis 1,5 °C erhöhen bzw. senken[4]. Es ist aus Raummangel leider nicht möglich, auf die zu den Temperaturveränderungen parallellaufenden Hochfrequenzströme einzugehen, die sich fotografisch darstellen lassen (»Elektrobiolumineszenz«)[5].

Die Wärme tritt bereits bei der Schwereübung auf, teilweise bereits beim Einnehmen der Übungshaltung: Die Immobilisierung und die Entspannung der Körpermuskulatur lösen den Gesamtvorgang bereits reflektorisch aus. Leidet der Übende an Rheuma, Neuralgien oder Entzündungen an den Gliedmaßen, so fangen diese an zu schmerzen, ähnlich wie sie es bei äußerer Erwärmung tun.

Die Versuche beweisen das Eintreten einer Gefäßentspannung bei den Grundübungen des AT: sie ist deren physiologisches Korrelat, Teil »der organismischen Gesamtumschaltung«[6].

Zu dieser Gesamtumschaltung gehört auch der Abfall der Kerntemperatur, d.h. der Körperinnentemperatur beim Ansteigen der Oberflächentemperatur (vgl. Abb. 17). Auch diese Veränderungen treten bereits bei der Schwereübung auf. Bei einem Ansteigen der Hauttemperatur an den Fingerkuppen um durchschnittlich 2,34 Grad sank die Rektaltemperatur maximal um 0,8 Grad, beides innerhalb einer Stunde gemessen. Bei der Wärmeübung steigt die Hauttemperatur bis zu 7,5 Grad an (Abb. 21).

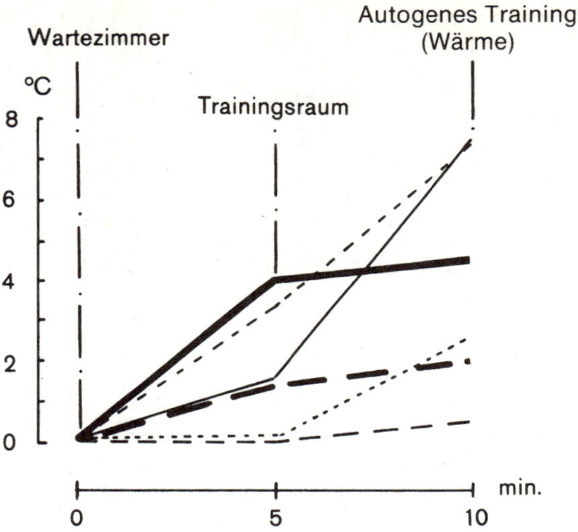

Abb. 21: Änderung der Hauttemperatur bei 6 Versuchspersonen im Autogenen Training. Meßpunkt: unterer Handrücken 2cm proximal der Grundgelenke des 2. und 3. Fingers (nach H. Kleinsorge und G. Klumbies)

Die angeführten Experimente werfen ein neues Licht auf die vielen, schon vor Jahren angeführten Protokolle im Standardwerk von Schultz.

Nach einem Jahr konsequenten Trainings protokolliert eine 34jährige Bürovorsteherin: »Einmal schützte mich die Nutzanwendung der Technik vor dem Erfrieren der Füße; mit ganz leichten Schuhen mußte ich im Winter 1½ Stunden durch etwa 5 cm hohen Schnee laufen. Ich ließ das Blut in die Füße spazieren und hörte nicht auf, während des ganzen Marsches dieses Experiment zu wiederholen; der Erfolg waren total durchnäßte Schuhe und Strümpfe, aber warme Füße.«[7] Ein Paradebeispiel von Schultz[8]: Drei Skiläufer werden von einer Lawine verschüttet. Einer von ihnen ist autogen eintrainiert und benutzt die Zeit bis zu seiner Bergung, um alle kaltwerdenden Körperteile (Nase, Ohren, Finger etc.) autogen zu wärmen. Er ist der einzige, der bei diesem Abenteuer keine Erfrierungen davonträgt.

Ein Verfasser[9] berichtet von einem Selbstversuch, der ihm nach insgesamt sieben Jahren systematischen Trainings zu einer praktisch völligen Unabhängigkeit von der Außentemperatur verhalf, so daß er »nach vielmonatigem Aufenthalt in extrem heißen und kalten Klimagebieten der Erde ohne jede zusätzliche Oberbekleidung und in den Tropen ohne Be-

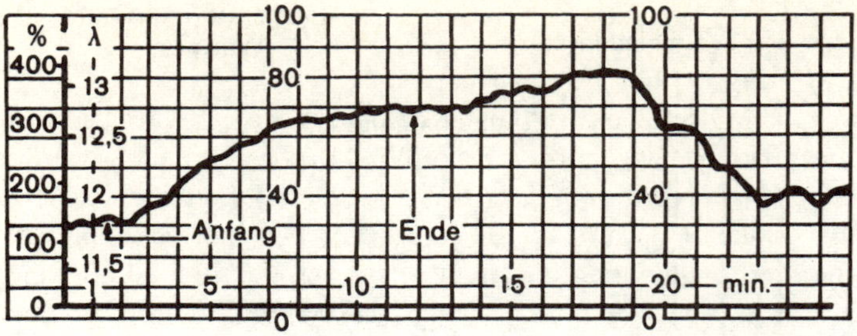

Abb. 22: Verlauf der Wärmetransportzahl beim Autogenen Training bei niedriger Raumtemperatur (nach »Aktivhypnose«)

lästigung durch feuchte Hitze selbst plötzlich extremen Klimawechsel beschwerdefrei erlebte« (bei tropisch-feuchter Hitze leistet die Formel: »die Haut bleibt trocken und kühl« gute Dienste – davon später).

Eine Tibetologin, die jahrelange Reisen in Tibet unternommen hat, berichtet von der dortigen Tumo-Methode, die Mönche und Einsiedler befähigt, in der winterlichen Kälte des Hochgebirges monatelang ohne Feuer und warme Kleidung zu leben; sie sind entweder nackt oder tragen leichte Kleidung – vom Volk daher die »Baumwollenen« genannt. Die Autorin berichtet: »Am Anfang der Ausbildung dauert die Zunahme oder die Empfindung der Wärme nur so lange, wie die Übung selbst... Hat man sich aber erst jahrelang geschult, so erzeugt sich bei sinkender Temperatur die Wärme ohne weiteres von selbst... Ich selbst habe bei meinen schüchternen Anfängen im Tumo-Studium auffallend gute Erfolge gehabt.«[10]

5. Die Wärmeübung unter erschwerten Bedingungen

Häufig wundern sich Kursteilnehmer darüber, daß kalte Hände und Füße auf die Übungen nicht so schnell ansprechen, wo doch der Temperaturunterschied zwischen Ausgangslage und eintrainiertem Wärmezustand ganz besonders deutlich zu spüren sein müßte. Hierzu eine eigene Erfahrung:

Zu Beginn des Zweiten Weltkrieges wurde ich gelegentlich als Begleiter von Kindertransporten nach Süddeutschland eingesetzt. Auf einer Rückfahrt übernachtete ich allein in einem Bahnhofshotel. Es war eisig kalt draußen, in den Räumen, im Bett, das noch dazu klamm war. Ich machte das Autogene Training zu wiederholten Malen, immer auf die Wärme der Füße hinzielend; nichts geschah. Resignierend gab ich zunächst auf, doch kurze Zeit später stellte ich erstaunt fest, daß die Füße inzwischen ganz warm geworden waren.

Was war geschehen? Unter Kälteeinwirkung ziehen sich die Muskeln der Blutgefäße zusammen, die Gliedmaßen werden blaß, die Durchblutung der Haut wird erheblich herabgesetzt. (Nur kurz vor dem Erfrieren kommt es zu einer Lähmung der Blutgefäße, die dann nicht mehr reagieren und den Gliedmaßen eine blaurote Farbe verleihen.) Verkrampfte Muskeln, auch Eingeweidemuskeln (zu denen die Blutgefäßmuskeln zählen), gehorchen einer Eigengesetzlichkeit, die schwer zu durchbrechen ist. Es bedarf hierzu eines intensiveren und längeren Trainings (Abb. 22). Außerdem ist mit der Entspannung der Blutgefäße der Fuß noch nicht warm. Auch wenn man kalte Hände oder Füße in warmes Wasser taucht, dauert es eine ganze Zeit, bis die Wärme des Wassers die Gliedmaßen ganz »aufgetaut« hat. Beim Training dauert es ebenfalls länger, bis das warme Blut die Extremitäten durchströmt und das kalte Blut abtransportiert ist. Möglicherweise wird ein plötzliches Zurückfließen kalten Blutes und damit eine Unterkühlung der Gesamttemperatur des Körpers durch das vegetative Reglersystem verhindert. Jede Abänderung einer speziellen Organfunktion geschieht in einem gesunden Körper nur insoweit, als dieser als Ganzes dadurch nicht gestört wird. Der Gesamtkörper strebt immer nach einem allgemeinen Gleichgewicht (Homöostase).

Bei Menschen, die zu Hand- bzw. Fußschweiß neigen, wird dieser bei der Wärmeübung nicht selten verstärkt. Die Wärmeformel sollte dann ergänzt werden

- Hände (Füße)/warm/und trocken.

Hilfreich ist dabei die Vorstellung, die Handflächen seien trocken wie Pergament, oder man habe soeben mit Schnee hantiert. Zum verstärkten Schwitzen *während* der AT-Übung s. a. Kap. 6, 4a.

20. Kapitel
Die Herzregulierung

Vorbemerkung: Dieses Buch läßt die »Organübungen« mit der Herzübung beginnen und folgt auch sonst der Originalreihenfolge von J. H. Schultz. Einige Autoren haben diese *Reihenfolge* gut begründet variiert. Die folgende Übersicht verdeutlicht dies:

Originalreihenfolge (J. H. Schultz, K. Thomas)	Herz	Atem	Leib	Kopf
H. Binder (I), G. Krapf, G. Krampen	Atem	Herz	Leib	Kopf
K. Binder	Leib	Atem	Herz	Kopf
H. Binder (II)	Atem	Leib	Herz	Kopf
D. Langen	nur Atemübung		-	-

Einigkeit besteht offensichtlich in bezug auf die Endstellung der Kopfübung wegen des (wieder) aktivierenden Elementes der Stirnkühle. Nachdrücklich möchten wir eine späte Einführung der Herzübung vertreten. Dies geschieht aufgrund der auch in der Literatur erwähnten Häufung von Problemen mit dieser Übung (s. Abschnitt 2 und 4 dieses Kap.). Hat man erst einmal andere Organübungen gelernt, fällt auch die Herzübung leichter.

Ob die Atem- oder die Leibübung besser an die erste Stelle tritt, halten wir für eine zweitrangige Frage, deren Entscheidung viel mit persönlichen Vorlieben und Erfahrungen zusammenhängt. Autor und Bearbeiter tendieren eher zu folgender Reihenfolge: *Atem – Leib – Herz – Kopf*, worauf unten eingegangen wird.

1. Der Standardablauf

Die von Schultz[1] angegebenen Herzformeln lauten:

- (Das) Herz / schlägt / ganz ruhig

oder

- (Das) Herz / schlägt ruhig / und kräftig.

Auf keinen Fall darf man das Herz langsamer schlagen lassen, da dies, regelmäßig geübt, zu Schädigungen führen kann[2]. Wir raten allgemein von Experimenten mit dem *Rhythmus* der Herztätigkeit ab. Viel wichtiger ist es, sich dem Rhythmus, dem gleichmäßigen automatischen Pulsieren passiv zu überlassen und dadurch das Gefühl der Entspannung zu verstärken.

Die spezifischen *physiologischen* Effekte der Herzübung sind gering. Nachgewiesen wurde eine Abnahme des Herzschlagvolumens; die im Rahmen der Umschaltung schon während der Schwereübung auftretende Verlangsamung der Herzrate wird jedoch kaum mehr beeinflußt.

Die Herzübung gehört zu den problematischen Übungen. Eine Hinwendung zum schlagenden Herzen setzt voraus, daß man dieses Herzschlagen spürt. »Für die Hälfte durchschnittlicher Versuchspersonen ist die Aufgabe, sich das eigene Herz vorzustellen, das eigene Herz zu ›fühlen‹, zunächst unlösbar.«[3] Nach meinen eigenen Beobachtungen liegt diese Zahl höher: man kann davon ausgehen, daß ein gesunder, seelisch ausgeglichener Mensch sein Herz nicht schlagen spürt, auch wenn er hinhorcht.

Die Hilfsmittel, die vom Übenden angewandt werden können, um sich den Herzschlag zu verdeutlichen, sind, im Vergleich zu den Gliedmaßenübungen, dürftig. Schultz schreibt: »...da aber nur eine gewisse Zahl durchschnittlicher Menschen von ihrem Herzerlebnis weiß, stellt die Aufgabe, fremdsuggestiv oder konzentrativ eine Umschaltung der Pulsfrequenz zu realisieren, eine rein technische Unmöglichkeit dar. Wir werden daher in völliger Analogie zum funktionsentdeckenden Zappelstadium des Säuglings solche Versuchspersonen zunächst einmal zur Entdeckung ihres Herzerlebnisses führen müssen.« Eine gute Hilfe bedeutet es (weiter nach Schultz), wenn sich der Übende die rechte Hand auf die Herzgegend legt, unter den Ellenbogen ein Kissen, um dem rechten Arm eine entspannte

Lage zu ermöglichen. Der äußere Druckreiz der Herzgegend unterstützt am besten die konzentrative Hinwendung auf die Herztätigkeit. Auch die Vibrationen der Brustwand, der Herzspitzenstoß vermitteln manchmal das Erspüren des Herzschlags. Nicht selten ist der Puls als ein diffuses Klopfen am ganzen Körper oder umschrieben in den Fingerspitzen zu spüren. Die Wahrnehmung ist hier besonders ausgeprägt wegen der hohen Dichte von sensiblen Nervenendigungen. Fördern kann man dieses Gefühl einer allgemein wahrnehmbaren Körperpulsation durch körperliche Anstrengung (Kniebeugen), die direkt vor dem AT stattfindet; ein Vorgehen, das allerdings nur der Entdeckung des Herzschlags nützlich ist. Es ist auch empfohlen worden, sich den Puls am Handgelenk oder an der Halsschlagader zu fühlen, um sich damit den Herzschlag zu erschließen. Übende Ärzte nehmen mit gutem Erfolg das Stethoskop zu Hilfe, um über das Abhören der eigenen Herztöne sich den Herzrhythmus zu vergegenwärtigen. Schultz berichtet von einem Kollegen[4], dem der Zufall weiterhalf, als er wegen einer Fingerverletzung einen Fingerling trug und damit das Pulsieren entdeckte.

Aufschlußreich ist der Bericht jenes schon erwähnten russischen Mönches[5]: »... so machte ich mich denn vorerst daran, die Stelle des Herzens aufzufinden... Ich schloß die Augen, blickte mit dem Geist, d.h. mit der Einbildung, ins Herz und wünschte mir, es mir vorzustellen, wie es da in der linken Brust eingebettet liegt und horchte aufmerksam auf sein Schlagen. Hiermit befaßte ich mich erst je eine halbe Stunde etliche Male im Verlaufe des Tages; anfangs merkte ich nichts als Dunkelheit; alsdann stellte sich mir das Herz sehr bald dar und desgleichen die Bewegungen, die darin vorgingen... Etwa nach drei Wochen begann ich einen Schmerz im Herzen zu spüren, alsdann eine überaus angenehme Wärme, Freude und Ruhe in selbigem.«

2. Schwierigkeiten bei der Realisierung der Herzformel

Bisher war die Rede von Übenden, die ihr Herz nicht spüren und es erst entdecken müssen. Von ihnen unterscheidet sich eine zweite Gruppe von Teilnehmern: sie spüren ihr Herz

»spontan«, sobald sie sich ihm zuwenden, oder sie entdecken es nach kurzer Zeit, d.h. schon im Verlauf der ersten Übungen. Einer großen Anzahl von Menschen, die sehr schnell auf ihr Herz ansprechen, ist dieses Herzerlebnis unangenehm (»nervöses« Herz).

Zu jenen gehören diejenigen Menschen, die zu stärkeren, überschießenden Reaktionen oder zu »autogenen Entladungen« neigen, wie sie sich bei jedem im Laufe des AT neu angesprochenen Organ einstellen können (s. Kap. 17, 1). Beim Herzen sind diese Reaktionen jedoch viel häufiger, sie sind stärker ausgeprägt und beunruhigen den Übenden mehr als jede andere Organreaktion. Das hat seinen Grund in der besonderen emotionalen Ansprechbarkeit des Herzens. Oft gehören diese Menschen in die Gruppe der nervösen, vegetativ labilen und emotional leicht erregbaren Menschen, die auch sonst zu psychovegetativen Beschwerden (vgl. Kap. 32, 1) neigen.

Am ausgeprägtesten finden sich unerwartete Herzreaktionen bei denjenigen, die ohnehin zu einer verstärkten Herzwahrnehmung neigen: Sie klagen oft über Herzbeklemmungen, Herzstolpern, Herzjagen, Unruhe in der Herzgegend; in der Vorgeschichte findet sich oft »Herzangstmaterial«. Wir werden diesen Erscheinungen bei der Besprechung des psychovegetativen Herzsyndroms wieder begegnen (vgl. Kap. 33, 2a). Nach Luthe berichtet ungefähr die Hälfte der AT-Lernenden über unangenehme Empfindungen verschiedenster Art während der Herzübung.

3. Die Sonderstellung des Herzens

Unzweifelhaft spiegeln sich am Herzen emotionale Vorgänge am häufigsten und am intensivsten wider. »Die Abhängigkeit seiner Tätigkeiten von psychischen Momenten ist eine Selbstverständlichkeit und ebenso die psychologische Wertigkeit von Funktionsänderungen des Herzens«, sagt Schultz[6]. Die außerordentliche Breite und Wertigkeit emotionaler Vorgänge am Herzen geben die vielen auf das Herz bezogenen Ausdrücke der Alltagssprache wieder: Man solle nicht nur Kopf (Verstand, Vernunft), sondern auch Herz haben, sagt der Volksmund. Das

Herz ist der Sitz des Gemütes, für viele »Sitz der Seele«; wie sich durch eine Umfrage (in Gruppen) leicht nachweisen läßt. Von denjenigen, denen eine Lokalisierung ihrer Seele möglich ist, wird diese von Männern eher in den Kopf, von Frauen eher ins Herz verlegt.

Für den griechischen Philosophen Aristoteles hatte der Mensch drei Seelen:
eine *Geist*seele, die über Verstand und Vernunft verfügte – im Kopf;
eine *animalische* Seele, mit Gefühlen und Empfindungen – im Zwerchfell (= Herz), und
eine *vegetative* Seele, die Wachstum und Fortpflanzung regelte – im Leib.

Diese Aufteilung der Seele (die nichts mit der christlichen Seele zu tun hat) beeinflußt noch heute das Denken in der Medizin und in der Psychologie.

Für kein anderes Organ findet sich eine auch nur annähernd so große Fülle von Ausdrücken, die seelischen Vorgängen entsprechen. Nicht nur Emotionen und Charaktereigenschaften werden mit dem Herzen in Zusammenhang gebracht; darüber hinaus verkörpert das Herz wesentliche Anteile der Gesamtpersönlichkeit: deren »menschlichen« Anteil, wie Gemüt, Gesinnung, zwischenmenschliche Grundeinstellung – um diese alten Vokabeln zu benutzen.

Das Herz ist das gefühls- und empfindungsreichste Organ. Diese Tatsache bringt es mit sich, daß bei Konflikten – es gibt keine, die frei von Emotionen wären – das Herz mitleidet, in Mit-Leidenschaft gezogen wird. Physiologisch ausgedrückt: Emotionen und dazugehörige vegetative Veränderungen sind an keinem Organ so ausgeprägt wie am Herzen, und hiervon sind wiederum die durch Konflikte verursachten am häufigsten und eindrucksvollsten.

Ein Teil der Ausdrücke in der Alltagssprache betreffen den Herzschlag: das Herz kann vor Angst im Halse schlagen, es kann vor Freude höher schlagen usw. Der weitaus größere Teil bezieht sich aber nicht auf das schlagende Herz, sondern auf das Organ als solches: es wird uns warm, oder schwer, oder leicht ums Herz. (Auf die Konsequenzen dieser letzten Feststellungen kommen wir im Abschnitt 5 dieses Kap. zurück.)

4. Abhilfe von Schwierigkeiten

Viele Autoren haben nach Möglichkeiten gesucht, die erhöhte Ansprechbarkeit des Herzens und dessen heftige vegetative und emotionale Reaktion auf die AT-Übung zu dämpfen oder auszuschalten. Es wurden verschiedene Wege eingeschlagen:

Der radikalste Weg: man läßt die Herzübung ausfallen. Es wird vor der Herzübung bei Hypochondrie gewarnt. Die Übung könne hypochondrisieren[7]; es ist auch die Rede von »hypochondrisch gefärbter Aufmerksamkeitslenkung« auf das Herz[8]. Man hat im Verlauf verschiedener Kurse öfter wahrnehmen können, daß – wenn nicht rechtzeitig eingegriffen wird – Gefahr für das Auftreten neurotischer Erscheinungen am Herzen besteht[9]. Bei Herzneurosen ist die Herzübung kontraindiziert, lautet ein anderer Standpunkt[10].

Eine Vollständigkeit der Übungen ist ja nicht unbedingt anzustreben. Bei den »gezielten Organübungen«[11] werden nur einzelne Organe ausgewählt; nicht wegen Bewältigungsschwierigkeiten, sondern um sich speziellen Körperbereichen ausschließlich zuzuwenden, und zwar denjenigen, deren Funktion gestört ist oder deren Übung den größten Erfolg erwarten läßt.

Eine weitere Möglichkeit besteht darin, nach der Schwere- und Wärmeübung sämtliche Organübungen wegzulassen und (wie sonst beim Beginn der Oberstufe des AT üblich) auf die Augenfixierübung überzugehen. Auf diese Weise wird bei der gestuften Aktivhypnose vorgegangen (vgl. Kap. 34, 3a).

Man kann die Herzübung auf eine spätere Zeit verschieben und beispielsweise die Atem- und Sonnengeflechtsübung vorwegnehmen; mit der erreichten tieferen Entspannung und intensiveren Umschaltung kann man dann auf die Herzübung zurückkommen[12]. Dieses Vorgehen bewährt sich bei sämtlichen Übungen, die Schwierigkeiten machen. Man läßt die Übung aus oder geht, indem man sie verkürzt, darüber hinweg, um am Ende der Übung darauf zurückzugreifen. Schultz empfiehlt: »Bei allen eskalierten, etwa strukturell örtlich gebundenen Leiden (z. B. Herzinfarkt) wird die entsprechende Übung als letzte angesetzt.«[13]

Man kann also eine Übung vorwegnehmen, die allgemein als

leichter empfunden wird, wobei von der Mehrzahl der Übungsteilnehmer die Atemübung bevorzugt wird. Manche Übungsleiter lassen vor Beginn der Übung »in leichter Bauchatmung entspannen«.

Der Eingeübte benutzt nach Schultz am besten ohnehin eine »beliebige, spontane Reihenfolge. Die Übungen ›melden sich selbst‹, man kann in den Übungen ›spazieren gehen‹.«[14]

Oder es heißt: »Oft betonen wir die Atemeinstellung, die uns bei Herz-Kreislaufstörungen ganz besonders wichtig erscheint, mehr«; eine Feststellung, die das Vorwegnehmen der Atemübung voraussetzt[15]. In einem Vergleich von Autogenem Training und Zen kommt der Japaner A. Onda[16] zu folgender Überzeugung: »Die Regulierung der Atmung wird in der Zen-Meditation als sehr wertvoll eingeschätzt, dagegen weniger im autogenen Training. Ich würde vorschlagen, daß es besser ist, die Atemübung vor der Herzregulierungsübung in den autogenen Standardübungen zu üben.«

Nach Patientenberichten wird von Kollegen, die das AT während einer Kur vermitteln, die Atemübung nicht selten als erste Organübung gelehrt. Einem Übungsbüchlein ist folgende Begründung entnommen: »Wegen der zentralen Stellung der Atmung zwischen bewußter und automatischer Körperfunktion stellen wir die Atemkonzentration vor die Herzformeln.«[17] Diesem Vorschlag kann ich mich nach jahrelanger Erfahrung mit verschiedenen Möglichkeiten der Reihenfolge nur anschließen. Wenn es nach dem Schwierigkeitsgrad geht – gemessen an der *durchschnittlichen Realisierungsmöglichkeit* der einzelnen Organübungen – so würde die Reihenfolge lauten: *Atemübung, Sonnengeflechtsübung, Herzübung*. Wir halten uns jedoch im Folgenden an das klassische Schema.

Man kann ferner – und dabei greift man am wenigsten in den Standardablauf des AT ein – die Herzformeln variieren: Bei betontem Herzschlag empfiehlt Schultz[18] die Formel:

- Herz schlägt ruhig, regelmäßig

und bei »hypotonen« Menschen die Formel:

- Herz schlägt ruhig, kräftig.

Nicht selten führt die Formel »Herz schlägt kräftig« zu einer Verschlimmerung bestehender Herzbeschwerden; dann ist die Formel:

- Herz schlägt ruhig und leicht – ganz leicht[19]

oder

- Herz schlägt locker – und zufrieden

im Sinne einer Herzberuhigung zu empfehlen.
Bei Herzrhythmusstörungen ohne krankhafte Bedeutung bietet sich folgende Formel an:

- Herz schlägt ruhig und gleichmäßig.

Eine Indifferenzformel für das Herz[20] würde lauten:

- Herz (oder Herzschlag) in jeder Situation gleichgültig,
- Herz (oder Herzschlag) gleichgültig.

Damit geht man über ein Aussparen der Herzübung hinaus und schaltet das Herzerlebnis zunächst vollends aus.

5. Zusätzliche Herzübungen

Schultz betrachtet das Autogene Training auch »als eine Umkehrung des Ausdrucksgesetzes, in dem Funktionen, die sonst unter dem Einfluß affektiver Erregungen sich verändern, nunmehr selbst gesetzte Veränderungen gewissermaßen einen rückwirkenden Einfluß ausüben«[21]. In diesem Sinne wird die »selbsttätige Regulierung des Herzens gleichfalls zum Träger einer Selbstberuhigung gemacht«[22].

Sollte eine Entdeckung des Herzschlages nicht gelingen oder beunruhigend wirken, so daß die Gefahr besteht, daß sich Störungen einfahren, dann sollte eine andere Umschaltungsmöglichkeit erwogen werden. Immer sind beides, affektive Erregung und vegetative Veränderung, Äußerungen ein- und desselben »organismischen« Geschehens. Gelingt dem Übenden der Zugang zum Herzschlag als einem vorwiegend vegetativen Vorgang am Herzen nicht, so sollte man auf Vorstellungen zurückgreifen, die das Herz als Ganzes betreffen (siehe oben).

Die vorgeschlagene Übung fängt an mit der Formel:

- Warm wird das Herz durchströmt[23]

oder

- Herz / ganz / warm

oder

- Es wird / mir warm / ums Herz.

Diese Formel umfaßt den psychophysischen Doppelaspekt des Vorganges. Zunächst die körperliche Seite: körperliche Wärme, wie in den Gliedmaßen. Das Herz wird von *Wärme,* von warmem Blut durchströmt, es steigt etwas warm auf im Herzen, es ist von Wärme umhüllt.

Die Vorstellung von Wärme in der Herzgegend empfiehlt Schultz zu Beginn der Übung[24]: Nachdem die rechte Hand auf die Brust gelegt wurde, heißt es: »...nun werden Schwere, Wärme, Ruhe eingestellt und in Gedanken dorthin in der Brust konzentriert, wo die Hand außen aufliegt.« (Die in diesem Hinweis mit Wärme und Ruhe gekoppelte Vorstellung der Schwere ist im Sinne der damit verbundenen Selbstentspannung zu denken – auf keinen Fall im Sinne eines »schweren Herzens«.)

Eine stärkere Durchblutung des linken Armes fördert die Durchblutung des Herzens durch eine reflektorische Erweiterung der Herzkranzgefäße. Das wird therapeutisch mit aufsteigenden Hauffschen Armbädern durchgeführt (siehe Abschnitt über Headsche Zonen). Bereitet die Darstellung der Herzwärme zunächst Schwierigkeiten, so schaltet man die Wärmeübung des linken Armes ein und läßt von dort aus die Wärme ins Herz strömen. Formelvorschläge[25]:

- Der linke Arm ist warm durchströmt.
- Es weiten sich die Blutgefäße des linken Armes.
- Wohlige Wärme strömt vom linken Arm in die linke Brustseite.
- Warm wird das Herz durchströmt.

Die körperliche Wärmeempfindung geht einher mit einem Gefühl der Entspannung, Zufriedenheit und Geborgenheit. Dieses, wie »ein Vogel im Nest«, warm und weich umhüllte Herz wird durch die Wärme, wie so viele Körper, weicher und *größer.* Formel:

- Herz / ganz / weit

oder

- Es wird / mir weit / ums Herz.

Die dazugehörigen Emotionen finden sich in den Ausdrücken: »Das Herz schwillt vor Freude«, »es quillt über vor Glück«. Ein Übender berichtet: »Mein Herz weitete sich und öffnete sich nach unten, wie eine hängende Blüte.« Das Herz kann den ganzen Brustraum ausfüllen oder noch größer sein, bis zur einzigartigen Empfindung eines Übenden: »Mein Herz ist so groß wie das Weltall.«

Je größer das Herz wird, um so *leichter* wird es im Vergleich zum übrigen Körper. Formel:

- Herz / ganz / leicht

oder

- Es wird / mir leicht / ums Herz.

Das Herz »löst sich« oder es »schwebt wie ein Ball auf dem Wasser«. Das leichte Herz läßt sich manchmal schlagartig durch einen Stoßseufzer (»Ausatmungsverstärkung«) darstellen, der dann fühlbar die Brust erleichtert. Viele Menschen empfinden auch die Formel:

- Herz / ganz / weich

oder

- Es wird / mir weich / ums Herz

stark entspannend; nicht im Sinne einer tränennahen Stimmung, sondern als eine Auflockerung durch Wärme und Weite. In der Rehabilitation von Herzkranken bevorzugt man die Formel:

- Brustraum weit und frei.

Nach Ludwig Klages[26] kann man diesen »lösenden« Merkmalen ihre Gegensätze gegenüberstellen: ein Mensch habe ein kaltes und hartes Herz, er sei engherzig und habe ein schweres Herz. Dadurch wird die entspannende und beruhigende Auswirkung der Formeln besonders deutlich.

Ein Übender berichtet: »Ich fühle (sehe) mein Herz wie einen Dunstball in der Brust schweben, so wie eine leicht wolkenverhüllte rote Sonne über dem Horizont schwebt.« In diesem Bilde ist alles vereinigt: die Wärme der roten Sonne, das Schwebend-Leichte der Wolken und der Sonne, das Gelockert-Weiche des Dunstballes, die Weite des Raumes (= Brustkorb), das beginnende Versenkungserlebnis (untergehende Sonne).

Das Gegenstück zu diesem kosmisch anmutenden Bild, das ebenfalls alle vier angestrebten Herzmerkmale: warm, weich, weit, leicht enthält, fand ein älterer Übender: das Bild des Hefeteiges. (Zu Großmutters Zeiten kam Hefeteig in eine große Schüssel auf den noch warmen Küchenherd, ging auf, wurde zu einem großen, oft überquellenden, warmen, weichen, leichten Gebilde.) Sicher kein »persönlichkeitsgerechtes« Bild, doch es half schon manchem Übenden; vielleicht trägt auch die Erinnerung an die glückliche Atmosphäre mancher Stunden aus der Kinderzeit dazu bei.

Über diese letzten Formeln gelingt es besser, ein widerstrebendes oder ängstlich oder gespannt reagierendes Herz zu beruhigen; nicht zuletzt deswegen, weil der beunruhigende Herz*schlag* zunächst aus dem Spiel gelassen wurde. Ist erst eine

Entspannung eingetreten, so kann nach einer gewissen Zeit (am besten nicht vor sechs bis acht Wochen) auch die Übung des *schlagenden* Herzens hinzugenommen werden.

21. Kapitel
Die Atemeinstellung

1. Die passive Einstellung zur Atmung

Die Atemformel lautet:

- Atmung / ganz / ruhig (und gleichmäßig)

oder noch besser[1]:

- Es / atmet / mich

oder:

- Es atmet / ganz ruhig / in mir.

Diese Formeln haben mit Atemgymnastik im Sinne einer Steuerung oder einer Gestaltung der Atmung nichts zu tun. Es soll kein »Auftrag« gegeben werden, man soll nichts von der Atmung erwarten; nicht zwischen »richtiger« und »falscher« Atmung unterscheiden. Es ist zunächst gleich, ob die Atmung flach oder tief, schnell oder langsam, regelmäßig oder unregelmäßig, Brust- oder Bauchatmung ist. Man soll sich der Atmung gegenüber passiv verhalten. Die Formel »Ich – atme – ruhig« wäre falsch, da dieses »ich atme« leicht als aktives Eingreifen, als bewußte Handlung, aufgefaßt werden könnte. Man soll sich der Atmung hingeben, sich von ihr tragen lassen (wie die Vögel bei Tennessee Williams, »die auf dem Winde schlafen«). »›Es atmet mich!‹ Wenn die Regulationsmechanismen *ungestört* steuern können, steuern sie – so meinen wir – optimal.«[2] Binder spricht deswegen auch nicht von der Atemübung, sondern vom Atemerlebnis.

Physiologisch kommt es durch die Atemübung zu einer Verlangsamung der Atemfrequenz mit einer Verlängerung der

Ein- und Ausatmungsphasen sowie Pausen zwischen Ein- und Ausatmung (s. Abb. 23). Die Bauchatmung überwiegt gegenüber der Brustatmung.

Eine Verbindung der Kurzformel Ruhe-Schwere-Wärme mit der Atemübung ist möglich:

- Ich atme Ruhe
- Ich atme Schwere
- Ich atme Wärme.

2. Vorbelastungen

Natürlich gibt es entspannte und verkrampfte Atmung. Je weniger man aber die Atmung beeinflußt, je weniger man erwartet (an richtiger Atmung), um so schneller stellt sich die Atmung auf ihren entspannten Grundrhythmus ein.

Menschen, die vor dem AT irgendwann Atemübungen bzw. -gymnastik oder Yogaübungen gemacht haben, also ihre Atmung in irgendeiner Weise bewußt beeinflußt haben, sind »vorbelastet«. Das gilt auch für Menschen, die unter Atemstörungen (Asthma) leiden und versucht haben, diese Störung mit dem Willen durch Veränderung der Atmung abzustellen. Mit Vorbelastung ist der Verlust der Unbefangenheit gegenüber der eigenen Atmung gemeint; um deren Neuerwerb geht es bei der AT-Atemübung. Das »es« der Formel steht im Sinne von »es geschieht, es läuft an mir oder in mir ab«, im Sinne eines absichtslosen Gewährenlassens: »Es atmet mich.«

3. Einleitende Vorstellungen

Die Atmung wird stark vom Atmosphärischen beeinflußt. Hier einige *Bilder* dazu: Das gleichmäßige Geräusch der auslaufenden Wellen am Strand, »leicht im Winde schwankende Baumwipfel«[2]. Viele Übende fanden von selbst das Bild vom »Boot«:

»Ich liege auf dem Rücken in einem Boot, Arme und Beine sind schwer, die Sonne durchwärmt mich, das Boot liegt in der Dünung, es hebt und senkt sich (im Rhythmus der Atmung), ein dauerndes Auf und Ab, das mich einlullt, mich einwiegt. Über mir im Blau des Himmels kleine Wölkchen, die vorbeiziehen und sich auflösen. Ein Raubvogel zieht große ruhige Kreise. Stille um mich her, nur fern am Ufer, undeutlich, menschliche Stimmen. Das Boot hebt und senkt sich, kleine Wellen plätschern am Bootskörper, dolce far niente.«

Die Vorstellungen laufen doppelgleisig: Ein Teil meines Ichs ist im Urlaub oder in der Ausgeglichenheit eines Wochenendes auf dem Wasser, mit Stunden oder Tagen der Muße vor mir. Mein anderes Teil-Ich weiß genau: in zwei bis drei Minuten ist dieses Urlaubserlebnis vorbei, aber ich nehme die Stimmung mit in den Alltag.

Vermeiden sollte man die Vorstellung heranbrausender Meereswellen oder sich im Sturm wiegender Baumwipfel – wie man in AT-Anweisungen lesen kann. Damit löst man, wenn nicht Angst, so doch sicher keine beruhigende Wirkung auf die Atmung aus.

Protokolle: »Ich treibe wie ein Korkstück auf dem Wasser, langsam von den Wellen bewegt.« »Ich schwebe wie ein Stück Holz im Wasser, aus dem ich in rhythmischen Abständen (Atmung) auftauche.« »Der Atem durchströmt mich.« »Die Bewegung beim Ausatmen läuft weiter in den Leib, um im kleinen Becken zu verebben.« Die auftretende Gefühlstönung wird oft als glückhaft und »kosmisch« empfunden: »Ich schwebe, wie der Mond durch die Wolken zieht«, »der Atem weht wie Äther in rhythmischen Wellen durch mich hindurch.« Oder: »Ich hatte das Gefühl von etwas Großem, fast Unendlichem, geatmet zu werden, von dem ich nur eine Durchgangssituation war. Auch atmete ich nicht durch die Nase, sondern die Luft strömte in mich ein, als ob ich durchlässig wäre.«[4]

Protokolle autosymbolischer Erscheinungen: »Das Bild eines Seitenschiffes in einer Kirche taucht auf, in dem ich in der Längsachse auf dem Rücken liege. Während ich das Bild betrachte und mich wundere, daß ich nicht mehr atme, fängt das gesamte Gewölbe an, sich rhythmisch zu dehnen und zusammenzuziehen; dabei überlege ich: Das Ganze ist wie ein Riesenbrustkorb, in dessen Innerem ich liege; am Gewölbe sind Rippen zu sehen. Wie sie kam, verschwindet die Erscheinung. Meine Stimmung ist ausgeglichen, ich bin nur erstaunt über das unerwartete Auftreten des Bildes.« Ein typisches Beispiel für einen Projektionsvorgang: Der Originalvorgang verschwindet (»ich wundere mich, daß ich nicht mehr atme«), dafür atmet nun das Projektionsbild. Projiziert sind das Bild des Brustkorbes und die rhythmische Funktion des Atmens. Hinzu kommt der veränderte Standort (hier Liegeort) des Beobachters: er befindet sich innerhalb seines Atems, er hat sich verinnerlicht.

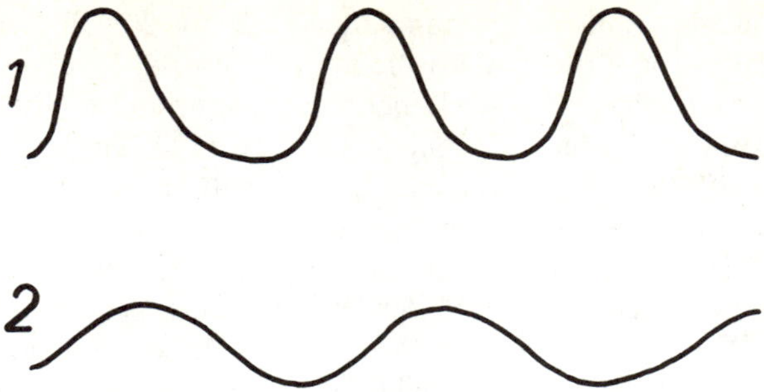

Abb. 23: Typus der Tagatmung (1) und der Nachtatmung (2). Der Nachttyp ist langsamer, flacher und verläuft als gleichmäßige (Sinus)-Kurve. Der Tagtyp ist schneller, die Amplitude größer und verläuft eher im Dreier-Rhythmus (ein – aus – Pause)

»Ein anderes Mal sehe ich vor mir ein Faß, das sich rhythmisch weitet und verengt.« Auch hier die Reifen, die den Rippen entsprechen. Oder: »Ich sehe vor mir einen schlafenden Hund, dessen Flanken sich atmend bewegen.« Eine jener altnordischen Kenningar (poetische Wortbildung) umschreibt die Brust als »Atemhaus«. Ein anderer Übender sieht beim Ausatmen die ausströmende Luft wie einen Fluß aus der Vogelperspektive, der ins Meer einmündet und sich darin auflöst. »Alle Spannung strömt aus meiner Brust nach außen und löst sich vor mir im Raume auf.« Anstatt von Ein- und Ausatmen (Gefahr aktiven Mitmachens) sollte man besser von Ein- und Ausströmenlassen der Luft sprechen.

4. Die Auswirkung der Atmung

Durch die bisher beschriebene neue Einstellung zum Atmen wird bei gelungener Übung dreierlei erfüllt: 1. eine zunehmende *Entspannung,* 2. der sich von selbst ergebende eigene *Atemrhythmus* und 3. die *Herabsetzung der Störbarkeit* des Atems als einem autonomen Geschehen.

1. Beim Atmen lösen Spannung und Entspannung einander in rhythmischem Wechsel ab. Beim Einatmen sorgen die Muskeln des Zwerchfells und einige Hilfsmuskeln am Brustkorb dafür, daß die Lungen ausgedehnt werden. Das Einatmen ist ein aktiver Vorgang; das Ausatmen geschieht völlig passiv. Beim Ausatmen sind alle Muskeln entspannt, auf jeden Fall beim

selbständig ablaufenden Atemvorgang, der in drei Phasen verläuft: Einströmen und Ausströmen der Luft und anschließende Pause bzw. langsames Ausklingen des Ausströmens (Abb. 23). Die Atmung verläuft also nicht wie eine Sinuskurve, sondern etwa in einem Dreivierteltakt. Für die Entspannung am wichtigsten ist die Ruhezeit der Muskeln im zweiten und dritten Teil. Häufig ist mit dieser Entspannung in Brustkorb und Zwerchfell auch eine solche der Gliedmaßen gegeben, in denen dann Wärme bzw. Schwere auftreten. Dieser Vorgang, die »Ausatmungsverstärkung«, läßt sich unterstützend für die betreffende Übung auswerten. Bei gelungener Übung wird die Atmung langsamer; es verlängern sich die Atemzüge, sie werden flacher, Ein- und Ausatmung gleich lang. Es findet eine Angleichung an die Schlafatmung statt.

Von einem Ehepaar, das zusammen das AT mitmachte, berichtete die Frau: »Wenn wir abends im Bett liegen, merke ich immer, wenn mein Mann das AT macht. Er kriegt dann seine Schlafatmung.« Die Atemübung bewirkt auch eine starke Generalisierung der Entspannung. Sind die Gruppen bei der Atemübung angelangt, so geschieht anschließend das Zurücknehmen mit sehr viel mehr Intensität. Es wird gestreckt, gedehnt, es werden die Augen gerieben, bei vielen Teilnehmern dauert es eine ganze Zeit, bis sie wieder voll »da« sind. Die Parallele zum »Aufwachen« aus einer Hypnose oder aus dem Schlaf ist deutlich.

2. Bei den »atemrhythmisierenden« Entspannungsübungen, die den hier beschriebenen AT-Atemübungen ähneln, wird die Atmung nicht in den Dienst der Entspannung gestellt, sondern es wird um des eigenen Atemrhythmus' willen »entspannt«[5]. Dieses Erleben des »Atem-Eigenrhythmus« führt dazu, daß »unterschwellig sich etwas ordnet«. Der »gesammelte Zustand« der Ausatmung wird abgelöst von der spannungsvollen Umkehr zum Einatmen, zur »Selbstentfaltung«. »Erst wenn der Patient selbst Erfahrungen im Üben gesammelt hat, haben verstehende psychagogisch geführte Gespräche einen Sinn.« Diese werden also durch einen störungsfreien Atemrhythmus vorbereitet. Viktor von Weizsäcker hat schon 1950 zum Erfolg dieser Therapie gemeint: »Wir in der Psychoanalyse haben immer gemeint, aus ›es‹ müsse ›ich‹ werden. Ich glaube, es ist ebenso wichtig, daß aus ›ich‹ wieder ›es‹ wird.«

Betrachtet man das Gemeinsame an der Atemrhythmisierung und der AT-Atemübung, so führt die Atmung, sobald der Eigenrhythmus sich eingestellt hat, zu einem Zustand vertiefter Entspannung und »vegetativer Ordnung«, von dem aus ein Ausgleichen und Ordnen innerhalb emotionaler und rationaler Bereiche (z.B. beim Lösen einer Konfliktsituation) viel leichter vor sich gehen kann.

3. Bei den Übungen der Ruhe, Schwere und Wärme handelt es sich darum, bestimmte Funktionen unseres Körpers unserer Vorstellung anzupassen. Die Muskeln der Gliedmaßen wurden im Sinne einer Entspannungsvorstellung (Schwere), die Blutgefäße im Sinne einer Erweiterung (Wärme) verändert.

Nun gibt es eine ganze Reihe von Funktionen, die man nicht abändern sollte, weil sie ungestört ablaufen. Dabei kann es sich sowohl um angeborene Reflexe als auch um erworbene Automatismen handeln. Der weitaus größte Teil unseres Verhaltens im Alltag läuft schematisch, von derartigen Mechanismen gelenkt, ab. Wir bemerken diese Funktionen normalerweise nicht, es sei denn, wir wenden ihnen unsere Aufmerksamkeit zu. Eine bewußte Hinwendung zu diesen Funktionen bzw. Verhaltensweisen führt erfahrungsgemäß oft zu deren Störung.

Erinnert sei an die Geschichte von der Kröte und dem Tausendfüßler. Ein bekanntes Beispiel ist das Einschlafen: Richtet man seine Aufmerksamkeit auf diesen Vorgang, so wird er gestört, erst wenn man nicht mehr ans Einschlafen denkt, schläft man ein. Es gibt Menschen, die nicht urinieren können, solange jemand neben ihnen steht. Auch der sog. Schreibkrampf, der meist dann auftritt, wenn beim Schreiben jemand anwesend ist, gehört hierher.

Ausgelöst werden derartige Störungen durch Erfahrungen, die mit Affekten einhergehen, die entweder sehr heftig sind oder sich häufiger wiederholen. Meistens handelt es sich hierbei um Ängste, und zwar um wieder mobilisierte kindliche Ängste. Hier hätte eine analytische Behandlung anzusetzen.

Das Autogene Training setzt beim zweiten Teil des Vorgangs an, nämlich bei jenem Zirkel, der sich im Anschluß an den auslösenden Affekt bildet. Der betroffene Mensch ist durch die Störung verunsichert. Er wendet der einmal gestörten Funktion mehr Aufmerksamkeit zu, rechnet mit einem erneuten Auftreten derselben, malt »den Teufel an die Wand« und löst dadurch eine

Wiederholung der Störung aus. Es entsteht ein »Teufelskreis«. Er pflegt seine krankheitserzeugende Vorstellung, bis sie sich realisiert. Man kann hier von einem *Negativ-Training* sprechen.

Störungen der *Atmung* durch eine Aufmerksamkeitshinwendung beobachtet man häufig bei der medizinischen Grundumsatzbestimmung, die heute zu diagnostischen Zwecken kaum noch angewendet wird, die sich aber als Modellbeispiel gut eignet.

Der Patient, der schon eine Zeitlang vorher völlig ruhig und entspannt gelegen haben soll, wird dabei an eine Apparatur angeschlossen, die den Sauerstoffverbrauch des Körpers mißt und dabei die einzelnen Atemzüge in ihrer Amplitude und in ihrer zeitlichen Abfolge mitschreibt. Geatmet wird in einen kurzen Verbindungsschlauch zur Apparatur, der am Munde luftdicht abschließt. Auch die Nase wird abgeklemmt. In dieser Situation wendet sich der zu Untersuchende voll dem Atemablauf zu. Das Gefühl des Ungewohnten, Unangenehmen führt teilweise zu Angst: Angst, sich nicht sprachlich melden zu können, zu wenig Luft zu bekommen, ja sogar »ersticken« zu müssen. Häufig muß die Untersuchung abgebrochen und nach einer Pause, in der sich der zu Untersuchende beruhigt hat, neu begonnen werden.

Eine ganze Reihe von Menschen empfinden die Untersuchung als erhebliche psychische Belastung. Eine Spur dessen, was hier fast dramatisch abläuft, kann man bei vielen Menschen beobachten, wenn sie, entspannt auf der Couch liegend, die Aufforderung bekommen, ganz ruhig weiterzuatmen und mit einem kurzen Anhalten des Atemzuges, zumindest mit einem Zögern im Atmungsverlauf, reagieren.

Mit der AT-Atemübung erwirbt der Übende die Fähigkeit, sich seiner Atmung zuzuwenden, sie passiv mitzuvollziehen, ohne sie dabei zu verändern. Man lernt, sich beim Atmen zuzusehen, ohne den Atemvorgang zu stören. Man kann dieses Verhaltensmodell auf andere Funktionen übertragen. Es sind dann entsprechende Formeln zu bilden:
- Es läuft von selbst (z.B. bei funktionellen Beschwerden, Wasser zu lassen)
- Es schreibt von selbst (bei einem Schreibkrampf) oder
- Es schreibt ohne mein Zutun.

Als Modell eignet sich die Atmung deswegen, weil sie zu den Funktionen gehört, die auf der einen Seite vegetativ gesteuert sind, d.h. automatisch ablaufen, auf der anderen Seite aber durch unseren Willen weitgehend beeinflußt werden können. Gerade bei solchen Abläufen neigt der Mensch dazu, aktiv einzugreifen, wenn er sie gestört glaubt: in allen beschriebenen Fällen zu Ungunsten der Funktion. Mit dem AT werden wir wieder instandgesetzt, das meist von der Angst diktierte Eingreifen abzustellen und der vegetativen Atmungsautomatik zuzusehen; die Übenden verhalten sich wie ein Zuschauer im Theater, der die Vorgänge auf der Bühne verfolgt, ohne auf den Gedanken zu kommen, dort einzugreifen. Schwierig kann diese Einstellung zur Atmung, wie bereits erwähnt, bei solchen Menschen werden, die sich in der Vergangenheit viel mit ihrer Atmung beschäftigten und bemüht waren, etwas daran zu ändern. Man sollte dann die Atemübung an den Schluß der Übungen setzen, gegebenenfalls (aber nur selten) bei Angst oder Unruhe eine Indifferenzformel einsetzen:

- Atmung gleichgültig.

Schwere Störungen des Respirationssystems stellen eine Kontraindikation für die Atemübungen dar[6].

22. Kapitel
Die Regulierung der Bauchorgane

1. Das Sonnengeflecht (Plexus solaris)

Medizinisch, anatomisch versteht man unter »Leib« den Raum unterhalb des Zwerchfells, jener muskulösen, zusammenhängenden Kuppel, die etwa in Höhe der untersten Rippe ansetzt, um sich nach oben zu wölben. Sie trennt den Bauchraum, den Leib, vom Brustraum. Funktionsmittelpunkt des Leibes ist das Ganglion coeliacum, ein Nervenknoten, von dem sich geflechtartig miteinander verbindende (anastomisierende) Äste in immer dünnerer Verzweigung in alle Organe hinein verästeln. Man könnte dieses Geflecht auch mit einem Wurzelwerk vergleichen oder mit einer Sonne, die nach allen Seiten ausstrahlt; daher der Name: plexus solaris, Sonnengeflecht. Die Funktion des Ganglion coeliacum entspricht dem eines kybernetischen Zentrums. Von den geregelten Funktionen sind uns einige hundert bekannt, und es werden dauernd neue entdeckt. Von hier aus werden die Funktionen sämtlicher Bauchorgane gesteuert. Dazu gehört der Magen, der gesamte Dünn- und teilweise der Dickdarm, die Leber, die Bauchspeicheldrüse, die Milz, die Nieren und Nebennieren sowie die Geschlechtsorgane. (Abb. 24)

2. Das Auffinden des Sonnengeflechts

In der Mitte des Oberbauches, zwischen Magen und Wirbelsäule, liegen mehrere, ineinander übergehende Nervenknoten, Ganglien: die Ganglia coeliaca. Legt man im Liegen die rechte Hand auf den Leib, so daß die Kleinfingerkante am Nabel und der Daumen etwa am tiefsten spürbaren Teil des Brustbeines (Schwertfortsatz) liegt, so befindet sich darunter, »tief drinnen«, das Zentrum des Sonnengeflechtes (Abb. 25). Ruht die rechte Hand von der Herzübung her noch auf der Herzgegend, so kann man die linke Hand in derselben Weise auf die Magengrube legen, so daß beide Hände nunmehr sich berührend schräg untereinander liegen. Unter beide Ellenbogen gehören, wie früher bereits besprochen, ein kleines Kissen oder eine zusammengerollte Decke. Die klassische Leibformel lautet:

- Sonnengeflecht / strömend / warm.
- Leib / strömend / warm.

Es gilt jetzt, dieses Sonnengeflecht zu entdecken. Nur wenige Nichtmediziner wissen, daß es überhaupt ein Sonnengeflecht gibt, noch wenigere kennen seine Funktionen. Ein strömend-warmes Sonnengeflecht ist von der Physiologie her nicht bekannt. Da kommt uns die Nachbarschaft des Magens zu Hilfe, der uns sehr viel vertrauter ist. Viele Übende ziehen daher die Formel vor:

- Im Bauch / wird es / warm (Stokvis) oder
- Magen / strömend / warm.

Die Empfindungen, die vom Magen ausgehen, sind wie alle Leibempfindungen unbestimmt, undeutlich, verschieden von den Empfindungen unserer Extremitäten; sie sind daher auch sprachlich schwer zu beschreiben.

Am besten spürt man seinen Magen in gesunden Tagen kurz vor bzw. nach der Mahlzeit. Bei starkem Hunger besteht ein ziehendes, leeres Gefühl, das sich bis zu einer Schmerzempfindung steigern kann. Der Magen »krümmt« sich oder »knurrt« vor Hunger, macht also Verdauungsbewegungen, wobei durch die mitbewegten Luftblasen Geräusche entstehen. Nach dem Essen, insbesondere nach einer reichlichen Mahlzeit, spürt man den Magen als einen gefüllten, schweren, prallen Körper. Es gibt demnach durchaus ein »Magengefühl«. Man übt also beim Erlernen dieser Übung am besten direkt vor oder nach dem Essen. Ein Umstand kommt uns dabei zu Hilfe: Während und nach den Mahlzeiten, also während der Verdauungsarbeit, besteht eine erhebliche Blutfülle in den Verdauungsorganen (die Leistung des Körpers beim Verdauen entspricht einer Schwerarbeit). Das zur Verdauungsarbeit benötigte Blut wird anderen Organen entzogen, so dem Kopf und der Körpermuskulatur. Daher die »Verdauungsträgheit«, die Schwere in Armen und Beinen, wenn wir nach einer reichlichen Mahlzeit plötzlich arbeiten sollen; daher der volle Magen, der »nicht gern studiert«. Das Üben nach der Mahlzeit (bei nicht zu vollem Magen) als anfängliche Hilfe, entspricht dem Herstellen der Wärmeempfindung in der Hand nach einem vorangegangenen warmen Handbad.

Menschen, die zu Magen-Darmstörungen neigen, die einen »schwachen« Magen haben, z.B. manche Speisen nicht vertragen, oder denen leicht etwas »auf den Magen schlägt«, haben eine sehr viel intensivere, wenn auch gestörte Beziehung zu ihrem Magen. Bei ihnen kann die Leibübung viel besser gelingen, wenn es sich nicht um eine neurotisch verankerte psychosomatische Störung, sondern um vorübergehende Störungen handelt, aufgrund des damit einhergehenden sehr deutlichen »Magengefühls« oder aufgrund einer deutlich »faßbaren« Kolik.

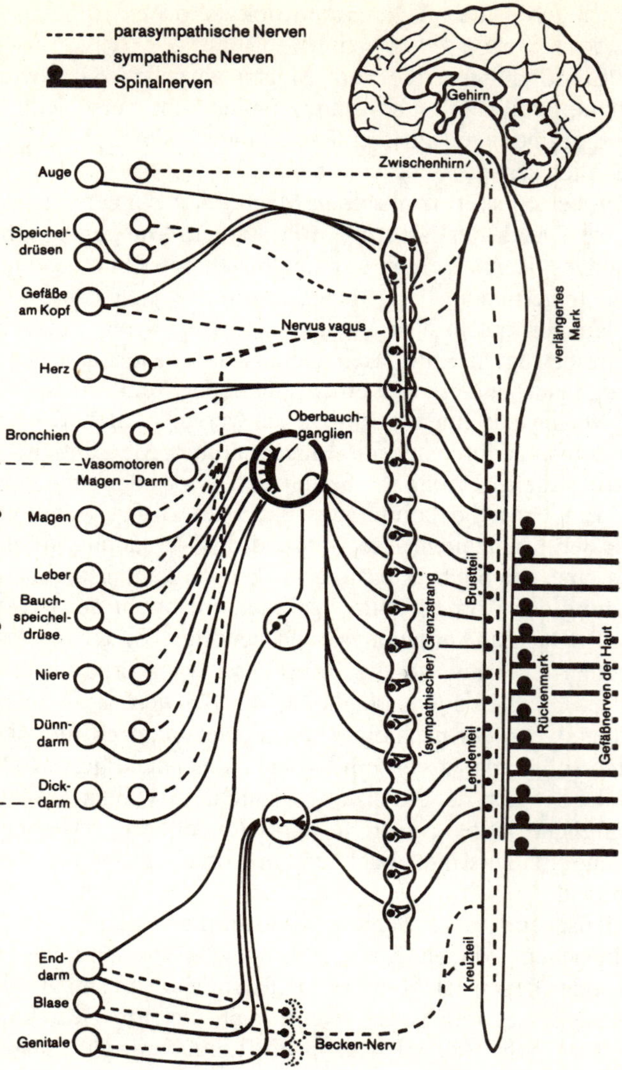
parasympathische Nerven
sympathische Nerven
Spinalnerven
Gehirn
Zwischenhirn
Auge
Speichel-
drüsen
Gefäße
am Kopf
Nervus vagus
verlängertes
Mark
Herz
Bronchien
Oberbauch-
ganglien
Vasomotoren
Magen – Darm
Über das Sonnengeflecht versorgt
Magen
Leber
Bauch-
speichel-
drüse
Niere
Dünn-
darm
Dick-
darm
Brustteil
(sympathischer) Grenzstrang
Rückenmark
Gefäßnerven der Haut
Lendenteil
Kreuzteil
End-
darm
Blase
Genitale
Becken-Nerv

Hier ein Protokoll aus der Zeit nach dem Zweiten Weltkrieg: Ein Patient, der das AT seit Monaten übte, klagte darüber, daß ihm das Sonnengeflecht nicht warm, sondern höchstens »lau« würde. Nach einem Abendessen, bei dem es Bratkartoffeln in Paraffinöl gebraten gab, bekam er (bei seinem schwachen Magen) nachts Koliken. Bei dem sofort angewandten AT stellte er sich vor, daß die schmerzhaft sich zusammenziehenden Knoten im Oberbauch mit zunehmendem Schmerz auch zunehmend warm würden, wobei die Wärme den Krampf löse. Fast schlagartig wurde daraufhin, von einer Kolik zur anderen, der krampfende Schmerz geringer und verschwand bald ganz. Dieses Erlebnis bedeutete für ihn einen Durchbruch: Die Wirkung des AT war unter erschwerenden Umständen – wahrscheinlich gerade wegen der damit verbundenen Verdeutlichung der Empfindung – auch im Magen-Darm-Bereich eingetreten. Von da ab lief die Übung glatt vonstatten.

3. Hilfen beim Üben

Man legt die linke Hand wie oben besprochen auf den Leib. An der Bauchhaut ist Wärme zu spüren, die aus der Hand hinüberströmt; wir lassen sie (im Liegen) weitersickern bis zum Sonnengeflecht. Man kann auch die Wärme, die im Rücken an der Auflagefläche immer recht deutlich ist, nach oben steigen lassen (erwärmte Flüssigkeiten und gasförmige Körper steigen immer nach oben). Oder man legt einen Wärmebeutel oder ein Heizkissen auf den Leib. All das kann man zu Beginn dieser neuen Übung einige Male ausführen und dann in der Vorstellung die Erinnerungsbilder, die noch besonders deutlich und wirksam sind, verwenden.

Abb. 24: Vegetatives Nervensystem (modifiziert nach W. R. Hess)
Im Grenzstrang sammeln sich die aus dem Rückenmark stammenden sympathischen Nervenfasern. Er besteht aus einer Kette von Ganglien (Nervenknoten) zu beiden Seiten der Wirbelsäule, die untereinander verknüpft sind und Äste an die Brust-, Bauch- und Beckenganglien entsenden. Von den oberen Bauchganglien (Ganglia coeliaca) ziehen Äste, die geflechtartig untereinander verbunden sind (Sonnengeflecht), zu den verschiedenen Organen des Oberbauches. In das Sonnengeflecht münden auch die sich aufteilenden Äste des Vagus, des Hauptnerven mit parasympathischen Nervenfasern.

Der wirksamste Schrittmacher aber sind heiße Getränke oder ein Schluck hochprozentigen Alkohols, am besten auf nüchternen Magen. Man nimmt ihn kurz vor der Übung und horcht bzw. fühlt in sich hinein. Man spürt dann erstens, wo der Magen sitzt; zweitens, wie sich ein warmer Magen anfühlt; drittens die lösende, entspannende Wirkung des Alkohols, am deutlichsten bei Druckgefühl oder anderen Mißempfindungen am Magen; viertens neigt dieser warme Fleck dazu, sich auszubreiten; da gleichzeitig die Wärmewirkung nachläßt, sollte man hier intensiv mit dem AT eingreifen (vgl. die nächste Formel), um das Ausströmen und Ausstrahlen zu fördern; fünftens entspannt Alkohol ganz allgemein und unterstützt so das Training; sechstens schaffen wir uns ein Erinnerungsbild, das wir anschließend verwenden.

Andere anregende Vorstellungen zu erfinden, bleibt jedem einzelnen überlassen; so berichtete ein Übender, dessen Magen mit Kurzwellen bestrahlt worden war, er greife in der Vorstellung darauf zurück. Ein Elektriker erzielte gute Resultate, wenn er sich vorstellte, er habe eine kleine Glühbirne verschluckt, was natürlich nicht jedermanns Sache sein dürfte (persönlichkeitsfremde Verbilderung).

4. Zusätzliche Formeln

Um eine weitgehende Entspannung und Durchblutung des ganzen Leibes zu erreichen, kann man die Standardformel vervollständigen:

- Sonnengeflecht / strömend / warm
- Sonnengeflecht / strömt / Wärme aus
- Leib / warm / und weich.

Wir lassen dabei vom Wärmezentrum (wie bei der Alkoholwirkung) die Wärme nach allen Seiten strömen, in alle Buchten und Nischen des Leibes. Das Wort Sonnengeflecht, das schwer von den Lippen geht, kann ersetzt werden durch das lateinische Plexus:

- Plexus / strömend / warm[1]

oder

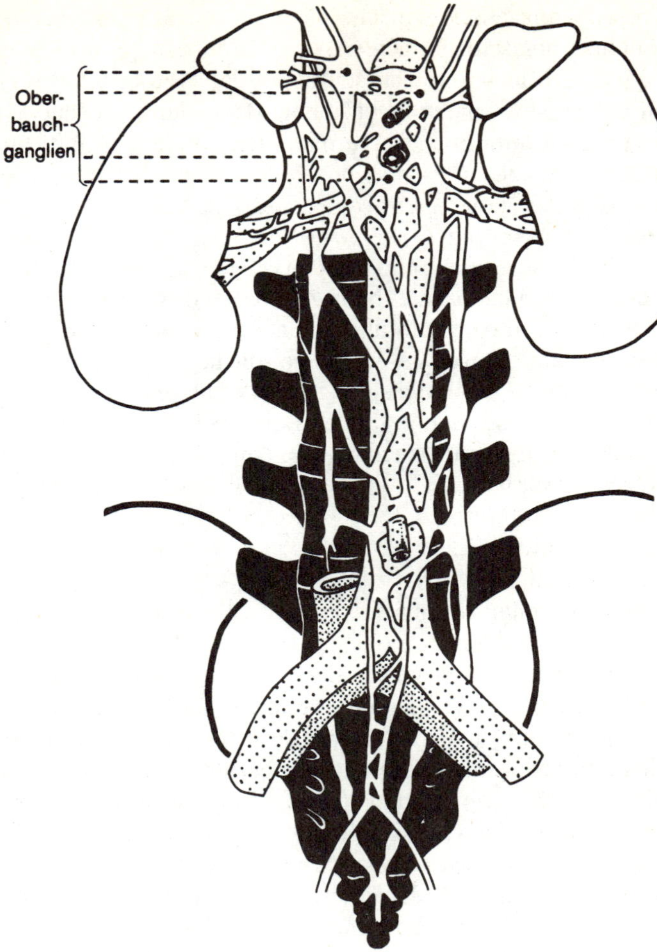

Abb. 25: Grenzstrang mit Oberbauchganglien (nach W. Kahle, dtv-Atlas der Anatomie)
Das Bild zeigt im Hintergrund die Lendenwirbel mit davor verlaufender Körperschlagader (Aorta), die im oberen Bauchraum Arterien an beide Nieren und die übrigen Bauchorgane abgibt (die letzteren gekappt). In derselben Höhe bildet der Grenzstrang die Gruppe der Oberbauchganglien (Ganglia coeliaca), die über das Sonnengeflecht, zusammen mit dem Vagus, die Bauchorgane versorgen. (Siehe Text und Abb. 24).

• Magen / strömend / warm

wie bereits vorgeschlagen. Oder:

• (Der) Oberbauch / (ist) angenehm warm / durchströmt[2].

Wenn alle diese Formeln nicht helfen, da sie keine genaue Lokalisierung vermitteln, verlasse man sich auf sein Gefühl und nehme die Formel:

• Da / wo ich Mitte bin, / tief in mir
• Plexus / strömend / warm[3].

Oder man benutzt die schon oft erwähnte »Ausatmungsverstärkung«[4]: Man beobachtet beim Ausatmen das Abwärtslaufen der Atemwelle in den Leib und deren Aus- bzw. Auflaufen im kleinen Becken – wo sie wie eine flache Meereswoge am Strand ausläuft. Die Entspannung des Ausatmens greift dabei oft überraschend auf den gesamten Leib über. Es wird auch die Vorstellung »des Aushauchens heißen Atems durch das Zwerchfell« empfohlen[5].

5. Auswirkung der Übung

In den dreißiger Jahren wurde der Einfluß von Vorstellungen auf den Ablauf von Verdauungsvorgängen nachgewiesen[6]: Einem magengesunden Patienten wurde in Hypnose eine dünne Sonde in den Magen eingeführt, der Leerinhalt abgesaugt, eine Viertelstunde gewartet, und als (auf eine Suggestion hin) kaum Magensaft floß, der Genuß einer wohlschmeckenden reichlichen Mahlzeit suggeriert. Nach wenigen Minuten stellte sich reichlich Magensaft ein, der über eine Stunde lang floß. In der dann folgenden Untersuchungsserie wurde festgestellt, daß die Zusammensetzung des Magensaftes verschieden war, je nachdem, ob die Vorstellung von Bouillon, Milch oder Brot suggeriert wurde. Auf unangenehme Vorstellungen reagierte der Magen »sauer«, die Magensaftproduktion blieb aus. Ebenso ließen sich die Bewegungen von Magen und Darm beeinflussen: bei suggestiver Verstärkung von geklagten Beschwerden stand der Magen bei der Röntgendurchleuchtung tiefer (Magensenkung) und zeigte schlechte Peristaltik. Auch die weitere Verdauung wurde verzögert: in einem solchen Fall mußte der Darminhalt nach 72 Stunden durch einen Einlauf entleert werden, nachdem der Kontrastbrei ohne Appetit geschluckt worden war. War mit Appetit gegessen, stand der Magen höher, er hatte mehr Tonus, die Peristaltik von Magen und Darm führte in der halben Zeit zur Entleerung. Soweit die Auswirkung bei der Vorstellung in Hypnose auf die Magensekretion und Magen-Darmperistaltik.

Bei kinematographischen Röntgenfilm-Aufnahmen des Magens und Darms[7], die vor und nach Erlernen des AT bei demselben Menschen vorgenommen wurden, konnte nachgewiesen werden, daß eine vor der Behandlung gestörte und reizanfällige Peristaltik nunmehr einen glatten, ungestörten Verlauf in der Speiseröhre und im Darm zeigte. Zwei empfindliche Teile des Verdauungskanals, der Mageneingang und -ausgang (Kardia und Pylorus), öffneten sich weit und zeigten ebenfalls eine ohne Verzögerung oder »Gähnen« verlaufende Schließfunktion.

Ein japanisches Ärzteteam[8] konnte bei einem Patienten bei passiver Konzentration eine gesteigerte Magenwanddurchblutung und Aktivierung der Magenbewegungen feststellen. Bei weiteren fünf Patienten konnte eine Durchblutungssteigerung im Oberbauch gemessen werden.

Eine *örtliche Auswirkung* ist die Erweiterung der Blutgefäße im Oberbauch und damit eine Blutverteilung im Körper wie nach dem Essen; ferner eine Tonussteigerung der glatten Muskulatur in den inneren Organen, insbesondere an Magen und Darm, mit schnellen, kräftigen aber unregelmäßigen Kontraktionen (Luthe). Außerdem steigt während der Bauchübung die Säureproduktion im Magen an, es kommt zu deutlich vermehrter Schleimhautdurchblutung und Erwärmung des Magens. Ähnliche Veränderungen mit vermehrter Peristaltik (Darmbewegungen) ließen sich auch am Dickdarm nachweisen. Krampfzustände der Magen-Darm-Muskulatur (Koliken), wie sie nach Magenverstimmungen, Aufregungen usw. auftreten, reagieren gut auf Wärmevorstellungen; man denke an die feuchtwarmen Leibwickel bei Kindern. Kullernde, glucksende, lockere, blasige Geräusche (die nicht zu verwechseln sind mit dem Knurren des gespannt-hungrigen Magens) zeigen eine Entspannung von Magen und Darm an. Diese Geräusche treten gelegentlich schon zu Beginn des Trainings auf und veranschaulichen die Auswirkung der Generalisierung (immer vorausgesetzt, daß sich jeweils etwas Luft in den Därmen befindet). Die Wirkungen des AT auf das kleine Becken beschreibt Kap. 32, 4.

Außer der für alle Übungen geltenden Generalisierung besteht bei der Magenübung eine besondere *Fernwirkung:* die Entlastung des Kopfes durch die Ableitung des Blutes in den Leib (Splanchnicusgebiet). Nach dem AT wird man, ähnlich wie nach dem Essen, ruhiger und friedlicher. Auch das Schlafen wird durch die Leibübung gefördert. Sie wirkt hier im gleichen Sinne wie das alte Hausmittel, ein Glas warmes Zuckerwasser zu trinken, worauf der Körper sich automatisch auf Verdauung umstellt, mit der eben erwähnten Blutumverteilung.

6. Der Oberbauch als emotionales Feld

Wir kommen auf die Tatsache zurück, daß jede Gefühlsäußerung einer vegetativen Veränderung entspricht. Werden die Gefühle nicht geäußert, werden sie, aus welchen Gründen auch immer, verdrängt, verleugnet oder bewußt unterdrückt, so sind die dazugehörigen vegetativ-funktionalen Vorgänge meist gestört.

So spiegeln sich auch im oberen Teil des Verdauungsapparates eine Reihe von Emotionen. Es gibt eine ganze Anzahl von Ausdrücken, die diese Verschränkung von Emotion und vegetativem Geschehen beschreiben; meist handelt es sich um eine Störung sonst normal verlaufender Vorgänge:

Es heißt: es bleibt einem die Spucke weg (damit auch meist der Magensaft, was sich leicht nachweisen läßt); man reagiert »sauer«; es verschlägt einem den Appetit; man kann etwas (Unzumutbares) nicht schlucken; der Bissen bleibt einem im Halse stecken – es schlägt einem etwas auf den Magen; es liegt (wenn man es geschluckt hat) schwer im Magen oder wie ein Stein auf dem Magen; man kann dieses oder jenes nicht verdauen; es dreht sich einem der Magen um; es ist zum Brechen (zum Kotzen), was dann auch gelegentlich geschieht (z.B. aus Ekel, aus Aggression, bei Kindern nicht selten aus Angst).

Verändert man mit dem AT die vegetativen Funktionen der vom Sonnengeflecht gesteuerten Organe im Sinne einer Behebung der Störung, so beeinflußt man die verschiedenen dazugehörigen emotionalen Störungen ebenfalls im selben Sinn.

23. Kapitel
Entspannung des Schulter-Nackenfeldes

1. Einbau der Schulterübung ins Gesamttraining

Die Entspannung der Schulter und des Nackens wird von Schultz als Teilentspannung empfohlen; immerhin ist sie so wichtig, daß sie im kleinen Übungsheft als einzige Teilübung angeführt ist. Vorausgesetzt, daß der Übende die Gesamtentspannung beherrscht, »so führt dieses Teilerlebnis die Gesamtentspannung mit allen ihren Vorteilen herauf«[1]. Die hohe Wirksamkeit der Schulterentspannung entspricht einer allgemeinen Erfahrung. Deswegen wird sie in diesem Buch in den üblichen Trainingsablauf aufgenommen. Der Autor Bernt Hoffmann hat diese Übungsform über Jahrzehnte erfolgreich praktiziert.

Was Schultz bewogen hat, die Schultern im Gesamttraining auszusparen, ist nicht ersichtlich. Vielleicht, weil nach den Übungen mit den inneren Organen ein Rückgriff auf die Skelettmuskulatur geschieht, deren Entspannung ja zunächst mit der Schwere und Wärme der Arme und Beine abgeschlossen worden war. Doch das wäre wohl ein allzu formaler Gesichtspunkt: auch bei der Atem- und der Stirnübung greifen autonome und willkürliche Muskelfunktionen ineinander über; scharf abgrenzen, schon alleine aufgrund des Generalisationseffektes, lassen sich die AT-Übungen nie.

Für den jetzt erfolgenden Einbau der Schulterübung in die Gesamtübung spricht erstens ihr hoher Wirkungsgrad, zweitens läßt sie sich zwanglos beim Übergang vom Rumpf zum Kopf in den Übungsablauf einfügen, und drittens entspricht der jetzige

Zeitpunkt im Übungsablauf dem zu bewältigenden Schwierigkeitsgrad der Schulterentspannung, hatten doch die Schultern und der Nacken zu Beginn des AT durch Spannung und Schmerzen den Trainingsablauf oft erheblich behindert.

2. Sonderstellung des Schulter-Nackenfeldes

Im Standardwerk von Schultz werden verschiedene Hinweise auf die Sonderstellung von Nacken und Schulter gegeben: Wird an einer beliebigen Hautstelle ein Kältereiz gesetzt, etwa durch Auflegen von Eisstückchen, so tritt eine örtliche Reaktion auf die Kälte ein; verfährt man in gleicher Weise an der Schulter, so stellt sich an der gesamten entsprechenden Körperhälfte »Gänsehaut« ein[2]. Haut-Sinnesreize der Schultergegend neigen demnach in hohem Maße zur Generalisierung. Man denke auch an die emotionale Allgemeinwirkung des Nackenkraulens – nicht nur bei Tieren. Die vom Nacken ausgehenden Wirkungen zeigen sich auch in der alten Erfahrung von Tierzüchtern, nach der sich viele Jungtiere am besten am Nackenfell tragen lassen, wie auch das Muttertier sie trägt. Die Tiere hängen dann in ihrem Fell wie in einem Sack, sind völlig entspannt und immobilisiert. Man kann von einem »Getragenwerden-Reflex« sprechen[3]. Es liegt nahe, hier eine Parallele zur allgemeinen Entspannungswirkung der Schulterübung beim AT zu sehen. Auch die Beobachtung gehört hierher[4], daß bei einschlafenden Tieren zuerst die Nacken-Rumpfmuskeln erschlaffen, denen dann erst die Beinstrecker folgen. (Vgl. Abb. 28–30).

Als sich im Laufe seiner *Stammesentwicklung* das tierische Wesen, das dann Mensch werden sollte, aufrichtete, war der Grund zu seiner einzigartigen Weiterentwicklung gelegt. Alle seine tierischen Vettern hatten die fünfstrahligen Ur-Gliedmaßen aufgegeben zugunsten von Flügeln, Flossen und Laufwerkzeugen verschiedenster Art (Pfoten, Hufe etc.). Nur der Mensch behielt seine urtümliche Hand bei aufgrund seiner aufrechten Körperhaltung. Wichtig ist, daß der Mensch damit von der Spezialisierung seiner Hand (zu einer Hangel- bzw. Kletterhand wie beim Affen) verschont blieb und eine Greifhand (mit langem, opponierbarem Daumen) entwickelte. Die tierische Schnauze, die zum Fressen, Greifen und als Waffe diente, wurde überflüssig – der Mensch bekam ein Gesicht (im doppelten Sinne des Wortes), mit Augen, die, vom Boden losgelöst, ein weites Gebiet überblicken konnten, und einem Mund, der die Sprachentwicklung ermöglichte. Der Fortfall der Schnauze ermöglichte weiter ein Wachstum des Gehirnschädels: Der Mensch wurde Gehirnspezialist. Geist, Hand und Gesicht gehören zusammen: Nur mit ihnen konnte der Mensch aus einem greifenden zu einem begreifenden Wesen, das etwas erfassen konnte, werden und zu Handlungen befähigt werden, die seinen Greifraum weit überschritten[5]. Vielleicht hat die Ablösung vom Boden, die ihm den Überblick einbrachte, auch etwas mit seiner Abstraktionsfähigkeit (abstrahere = wegziehen) zu tun.

Der Mensch besitzt als einziges Lebewesen Schultern mit Armen und Händen und einen auf Schultern und Nacken ruhenden Kopf mit Gesicht und einzigartigem Gehirn.

Kreuze als Zeichen für den Menschen finden sich seit der Zeit, als der Mensch sich zuerst darstellte, also seit mindestens zwanzigtausend Jahren, in den Kulthöhlen Südfrankreichs und Nordspaniens: teils unter Ausführung einzelner Körperteile, teils abstrakt, wobei beide Beine geschlossen in einem Strich dargestellt werden und die Arme ausgebreitet sind. Die Kreuzform als Symbol des Menschen ist ubiquitär (als Cortez im Anfang des sechzehnten Jahrhunderts nach Mexiko kam, fand er in den dortigen Tempeln das Kreuz. Da er das »wahre Kreuz« brachte, nannte er den Ort Veracruz). Das Kreuz ist die Vereinigung von Vertikalem und Horizontalem. Es ist Sinnbild des aufgerichteten Wesens. Der senkrechte Balken wird gedeutet als das Männliche, dem Lebensbaum Gleichende, das nach oben drängt, ins Unendliche strebt, Grund jeder Evolution; der waagerechte Balken ist das Weibliche, Bewahrende (Konservative im Gegensatz zum Evolutiven), Beharrende, alles Geschehen Tragende, auch die Welt materiell Be- und Umgreifende. (Die Horizontale verhindert »den schöpferischen Wahnsinn der vertikalen Männlichkeit« [A. Rosenberg], der ungehemmt zur Zerstörung der Welt führen würde. Umgekehrt würde die weibliche Horizontale, auf sich allein gestellt, das Ende jeder Entwicklung, eine ewige Stase, bedeuten.) Im Kreuzzeichen findet sich die Polarität wieder, der der Mensch unterworfen ist, die Vierung, die Quaternität (C. G. Jung) seiner psychischen Funktionen, das »psychologische Kreuz«; in seinem Knotenpunkt (der Schulter) halten sich die Gegensätze die Waage, die jede Entwicklung bestimmen. Vierung bedeutet auch die durch den Menschen in die Welt hineingetragene Ordnung: Vierung des Raumes (Himmelsrichtungen) und Vierung der Zeit (vier Höhe- bzw. Tiefpunkte des Tages, des Jahres).

Der Knotenpunkt, Verbindungspunkt, der die Einheit »Mensch« herstellt und in der Waage hält, ist das Schulter-Nackenfeld. Er ist daher als »oberes Kreuz« bezeichnet worden.[6] Es ist das eigentliche menschliche Kreuz und macht dem Menschen viel zu schaffen. Im oberen Kreuz überschneiden sich zwei wirksame und oft sich widersprechende Prinzipien, die soeben erwähnte vertikale und die horizontale Spannungslinie. In der Schulter wird für ihren Ausgleich gesorgt. Jedes Mißverhältnis bei der Grundeinstellung führt zu Störungen im Nacken-Schulterfeld. Meistens handelt es sich dabei um ein – oft erzwungenes – Überwiegen der menschlichen (männlichen) Aktivität, das sich in einer Verkrampfung der Schulter-Nackenmuskulatur und in einem Verlust der Elastizität der Wirbelsäule äußert.

Das üblicherweise als Kreuz benannte Kreuzbein ist in seinem Aussehen und in seiner Funktion viel weniger kreuzhaft: es dient dazu, die Stützfunktion beider Beine, wie ein Waagebalken auf eine einzige Stütze, die Wirbelsäule, zu übertragen.

3. Physiognomische Betrachtung der Schulter

Es ist das Verdienst von Ludwig Klages, die Lehre der Physiognomie zu neuem Leben erweckt zu haben. Die physiognomische Betrachtungsweise beschäftigt sich mit dem Ausdrucksgehalt des menschlichen Körpers und seiner Bewegungen. Mimik und Gestik vermitteln ihn am unmittelbarsten und deutlichsten. Aber auch unsere Körperhaltungen haben Ausdrucksgehalt. Die Beobachtung des Ausdrucks ist der schnellste und allgemeinste Weg von außen nach innen, von einem äußerlich wahrnehmbaren Körpervorgang bzw. Zustand zu dem ihm entsprechenden intrapsychischen Geschehen. Zur Beschreibung von Ausdruckserscheinungen bietet die Sprache eine Fülle von Möglichkeiten, von »Ausdrücken«.

Für die Schulter reicht die Palette sprachlicher Beschreibung vom »Halsstarrigen«, von dem eigensinnig auf seinem (oft nur vermeintlichen) Recht bestehenden, der »den Nacken nicht beugen kann«, der keine Demut kennt, auf die Gefahr hin, daß ihm der »Nacken gebrochen« wird, bis hin zum »geknickten« Menschen, der den »Kopf hängen läßt«. Wird dem Menschen »etwas auf den Hals geladen« oder reicht ihm »das Wasser bis zum Hals« oder sitzt ihm »etwas im Nacken«, dann soll er »den Nacken steifmachen«, »hartnäckig« Widerstand leisten. Mit »Kopf hoch« wird man ermuntert, »den Kopf oben zu behalten«, »den Nacken steifzuhalten«. »Haltung annehmen« heißt (nicht nur beim Militär) die Gesamtwirbelsäule und damit auch den Nacken strecken, um etwas durchzustehen. Der unter einer Last Gebeugte muß »sich aufrichten«.

Mit dieser Palette von körperlichem Bewegungsverhalten und körperlichen Haltungen wird gleichzeitig ein psychischer Sachverhalt erfaßt. Sucht man nach einem Gesamtnenner, so ergibt sich, daß die Ausdrücke die Art der Selbstdurchsetzung des Menschen, sein Durchstehvermögen und seine Gesinnung (innere Haltung) betreffen: ob ein Mensch in diesem Verhalten stur (hartnäckig) ist, stetig und ausdauernd (den Nacken steifhält), ob er gespannt, gelassen, aufrichtig (aufrechte Haltung) ist, ob er sich etwas aufschultern läßt oder mit der Achsel zuckt und es auf die leichte Schulter nimmt: alle diese Ausdrücke betreffen die Einstellung zu einer Aufgabe – sowohl einer Aufgabe, die man sich selbst stellt, als auch einer, die von anderen gestellt wird.

Die Haltung und der Spannungsgrad der Schulter-Nackenmuskulatur entspricht dem Ausdruck der psychischen Einstellung. Beide – die äußere und »innere« Haltung – gehorchen dem Gesetz der psychophysischen Korrelation, beide sind nur verschiedene Aspekte ein- und desselben Vorganges. Verändert man Haltung und Spannungsgrad des Schulterbereiches – und das ist die Aufgabe der AT-Schulterübung –, so verändert sich gleichzeitig die psychische Einstellung. Nach Schultz entspricht diese Auswirkung des AT einer Umkehrung des Ausdrucksgesetzes[7].

4. Die Praxis der Schulterübung

Die Praxis der Schulterübung ist einfach: sie entspricht dem Vorgehen beim Herstellen der Schwere und Wärme in den Extremitäten. Bei diesen ersten Übungen war ja die Schulter ausgespart worden, eben wegen ihrer häufigen und intensiven Verspannung. Besteht diese beim gegenwärtigen Stand der Übung noch immer, so benutzt man die Formeln:

- Schultern-Nacken / warm / und weich (locker)

evtl. zusätzlich

- Schultern-Nacken / ganz warm / ganz weich

oder

- Schultern-Nacken strömend warm.

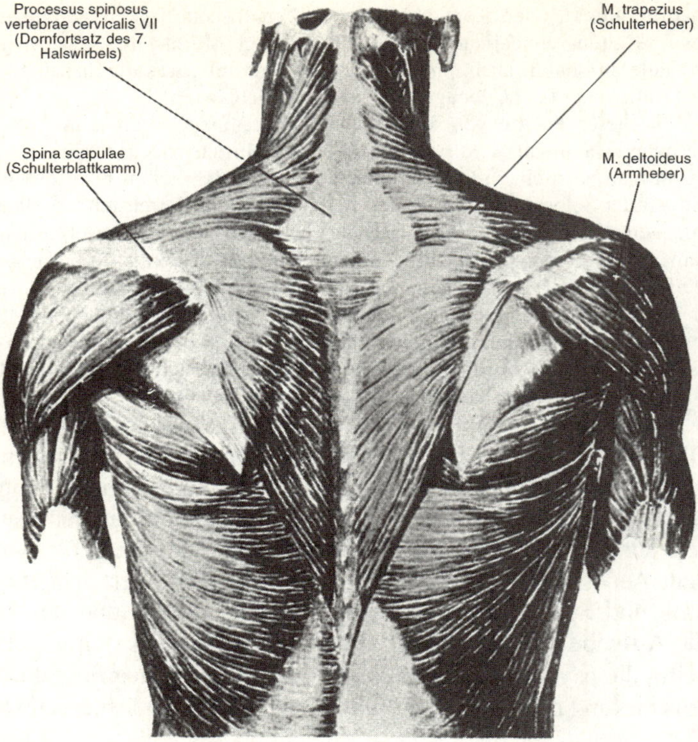

Abb. 26: Das Schulter-Nackenfeld
Deutlich zu sehen ist die rautenförmige Gestalt der von den Schulterblättern zur Wirbelsäule ziehenden Muskeln. Die Wirbelsäule und die Verbindungslinie zwischen beiden Schulterblättern bilden das obere Kreuz. Besonders anfällig für Verhärtungen (mit Schmerzen) sind die Muskeln zwischen Schulterblättern und Nacken – Hinterkopf (M. trapezius)

Man übt *zunächst im Liegen*; an den Auflageflächen, also an der Schulter und im Nacken stellt sich sehr bald die physiologische Wärme, die »Bettwärme« ein, die nunmehr autogen verstärkt wird. Dabei die Vorstellung von einer die Muskeln durchströmenden Wärme, welche die darin liegenden spindelförmigen Muskelverhärtungen, meist am oberen Rande des Schulterblattes, im Trapeziusmuskel, durchwärmt, auflockert, aufweicht und im Laufe der Zeit völlig auflöst. Die wesentlichen Muskeln, um die es sich handelt, ziehen von beiden Schulterblättern hinauf zum Hinterkopf und fächerförmig zu den einzelnen Wirbeln bis hinunter in den unteren Teil der Brustwirbelsäule. Beide Seiten zusammengefaßt ergeben ein rautenförmiges Feld, in dessen oberem Teil der Schwerpunkt dieser Übungen liegt. Die Diagonalen dieses Rhombus' entsprechen dem oberen Kreuz (Abb. 26). Ist der Nacken beim Üben sehr verspannt, so kann man ihn unterstützen durch eine weiche Rolle (als Schlummerrolle, »Leseknochen« u.ä. bekannt). Die Japaner benutzen zum Schlafen (die Frauen angeblich, um ihre sehr komplizierten Frisuren zu schonen) eine hölzerne Nackenstütze, die einen völlig entspannten Nacken garantiert, vorausgesetzt, daß sie den ganzen Kopf in der Schwebe hält, so daß weder der Kopf nach hinten wegsinkt, noch das Kinn auf die Brust fällt und die Atmung behindert.

Mit einer harten Nackenrolle (zur Not mit einer Flasche, die mit einem Handtuch umwickelt ist) läßt sich der Grad der Nackenspannung – Entspannung prüfen. Mit ihrer Hilfe entdeckt man in kurzer Zeit auch Reste von Spannungen, da diese sich bei dieser Versuchsanordnung viel stärker bemerkbar machen. Erst wenn der Kopf über der Nackenstütze »schwebt«, d.h. durch eine kleine Auflagefläche in der Schwebe gehalten wird, ist eine Entspannung aller Muskeln des Schulter-Nackenfeldes garantiert. Wie schon erwähnt, ist die Schulterübung auch außerordentlich wirksam, wenn man sie als Teilübung ausführt (vgl. Kap. 25, 2).

24. Kapitel
Der Kopf

1. Die Stirnkühlung

Die Reihe der Standardformeln wird durch die Kopfformel abgeschlossen. Sie lautet:

- Stirn / angenehm / kühl.

Nach dem »Sitz« des Denkvorgangs gefragt, wurde von den Teilnehmern vieler AT-Kurse ausnahmslos die Stirn (deren Mittellinie) angegeben, »hinter der Mittelfalte« oder »innen drin«, angefangen an einer Stelle zwei Querfinger oberhalb der Augenbrauen bis zur Nasenwurzel. Die Stirn wird als Funktionsmittelpunkt des Kopfes empfunden. Eine Lokalisation des »Ich« in der Kopfmitte[1], wie sie durch ähnliche Umfragen ermittelt wurde, entspricht danach dem Sitz des Denkens. In der Stirn treten auch die üblichen Kopfschmerzen auf; sie ist uns auch aus diesem Grunde gegenwärtiger als andere Gebiete des Kopfes, das Gesicht ausgenommen.

Als Modell der Einstellung im AT diente Schultz das Beruhigungsbad (nach Kraepelin). Die Wirkung der Bäder wird verstärkt, wenn dabei »eine kühle (nicht kalte) Kompresse auf der Stirn liegt«[2].

Der Sprachgebrauch bestätigt diese Erfahrung: Es heißt, man solle ein warmes Herz, aber einen kühlen Kopf haben; man solle kein Hitzkopf sein; weiter gilt die alte Bauernweisheit: »Den Kopf halt kalt, die Füße warm, das macht den besten Doktor arm.«

Von alters her gilt die Kühlung der Stirn als ein Heilfaktor: Bei Unbehagen oder bei drohender Ohnmacht in überfüllten Räumen, bei »verbrauchter Luft« (die immer warm ist) fächelt man sich Luft zu (die kühler ist) oder läßt frische Luft (die ebenfalls kühl ist) in den Raum. Bei Kopfschmerzen wird die Stirn mit Kölnisch Wasser gekühlt; früher benutzte man Migränestifte, die Menthol enthielten und kühlend wirkten. Ein Hausmittel bei Ohnmacht ist das Kühlen der Stirn mit einem kalten Umschlag. Physiologisch untermauert wird diese uralte Erfahrung durch unser heutiges Wissen über die Ursache der Kopfschmerzen.

Ein Großteil aller Kopfschmerzen beruht auf lokalen Gefäßregulationsstörungen[3]. Den zweiten wichtigen Faktor stellen die muskulären Verspannungen (Spannungskopfschmerz) dar. Beide Ursachen überschneiden sich vielfältig. Die Migräne und ebenfalls die meisten vasomotorischen Kopfschmerzen hängen zusammen mit einer Veränderung des Dehnungszustandes der Gefäßwände durch die Kräfte des Blutstromes und lokale Faktoren[4]. Die betreffenden bzw. die betroffenen Blutgefäße liegen innerhalb und außerhalb der Schädelkalotte. Gleichzeitig mit diesen Arterien werden auch die außerhalb des Schädels und in der Bindehaut liegenden Adern beeinflußt. Alles, was diese Adern verengt oder erweitert, wirkt auch auf die Gefäße im Innern des Schädels und modifiziert damit die Schmerzen. Diese Auffassung steht im Einklang mit der Erfahrung des AT. Bis Anfang der achtziger Jahre ging man davon aus, daß konzentrative Darstellung der Kühle an der Stirn die Gefäße verengt. Mittlerweile ist belegt, daß in Wirklichkeit eine Erweiterung der Stirngefäße und damit ein Ansteigen der objektiven Hauttemperatur auftritt[5]. Das Kühlegefühl entsteht vermutlich aus einer Differenzwahrnehmung zur noch höheren Wangentemperatur. Möglicherweise wird auch die (meßbar) vermehrte Wärmeabstrahlung durch die Gefäßerweiterung an der Stirne vom Übenden aufgrund früherer Erfahrungen als Kühle wahrgenommen. Der wiederholte Hinweis von Schultz, man solle auf jeden Fall die Formeln: »Stirne kalt« oder gar »eiskalt« unterlassen, weil damit ein Migräneanfall ausgelöst werden könne, spricht ebenfalls für eine Wirkung des AT auf die intracraniellen Blutgefäße.

Angespanntes, »scharfes« Nachdenken, bei dem die Gedanken nur mit Mühe brennpunktartig, konzentriert zusammengefaßt werden können, führt auch zu äußerlich sichtbaren Spannungen. Die Stirnmuskeln (die »Denkermuskeln« der alten Anatomen) ziehen sich nach der Nasenwurzel hin zusammen und bilden die Denkerfalte. Dieses angestrengte Denken soll bei der AT-Übung (und auch sonst) vermieden werden, zugunsten einer gleichschwebenden Aufmerksamkeit (vgl. 2. Übungsstunde Kap. 18, 2). Es liegt daher nahe, durch eine

Entspannung der Stirn auch eine Entspannung des Denkvorganges oder auch spannungshaft empfundener Kopfschmerzen herbeizuführen. Die Formel würde dann lauten:

- Stirne / (glatt) entspannt / angenehm kühl.

Weist das Wort »angenehm« schon auf eine mittlere, ausgeglichene Empfindung der Kühle hin, so unterstreicht der Ausdruck »glatt« die zusätzliche Entspannung. (Falten sind das Ergebnis einer Muskelanspannung; fällt diese weg, so »glätten« sich die Gesichtszüge.) Es wurden auch Streichbewegungen empfohlen und dieses Vorgehen[6] als »Entwölken der Stirn« bezeichnet. Streichbewegungen führen aber leicht in eine hypnotische Situation und sind daher zu vermeiden; dagegen hilft die Vorstellung des Entwölkens oft gut weiter.

Als *Vorübung* zum Erwerb eines wirksamen Erinnerungsbildes kann man einen Stirnguß (auf Kneippsche Weise) mit Leitungswasser anwenden, aber nur, wenn die Nachwirkung als angenehm, als erquickende, belebende Kühle empfunden wird. Einfacher ist das Befeuchten der Stirn durch einen mit Wasser benetzten Finger, was an der Haut (durch Entziehung der Verdunstungswärme) Kühle hervorruft[8].

Anregende *Vorstellungen* beziehen sich fast alle auf einen kühlen Lufthauch: ein Luftzug von einem offenen Fenster; oder besser im Rahmen einer entspannten Situation: »Kälte – Hauch – Gefühl, etwa wie in der vordersten Reihe im Theater.«[9] Oder: Man liegt in einer Badewanne, die feuchte Stirn in der kühlen Badezimmerluft, oder: Man liegt im flachen, sonnendurchwärmten Wasser nahe am Ufer, eine Brise weht kühl über die Stirn oder: man liegt in einem Boot (vgl. Atemübung) oder in der warmen Sonne, die feuchte Stirn von einem kühlen Lufthauch umweht. Empfohlen wird weiter die Vorstellung einer sommerlichen Wanderung um die Mittagszeit, die Sonne im Gesicht – und dann das Hinübertreten in den Schatten der gegenüberliegenden Straßenseite[10]. Solche Bilder müssen vom Übenden liebevoll ausgemalt werden, dann wirken sie.

Hilfsformeln:

- (Der) Kopf (ist) klar / frisch / (und) entspannt
- (Der) Kopf (ist) gelöst / entspannt / (und) frei[11]
- Kopf / ganz / frei (klar und geordnet)
- Kopfdruck (oder Kopfleere) wie weggeblasen[12].

Bei manchen Menschen führt eine kühle Stirn zu Kopfschmerzen; dann sollte man es mit der noch schwächer dosierten vorsichtigen Formulierung versuchen:

- Die Stirn ist ein wenig kühl[13].

Bei besonders starker Überempfindlichkeit gegen Kälte und in Fällen, bei denen Wärme ausgesprochen lösend und wohltuend wirkt, kann nach dem Vorschlag von Schultz die Formel:

- Stirn / angenehm / warm

benutzt werden.

Die Formel der entspannten kühlen Stirn führt zu einer Veränderung der Kopfdurchblutung. Der Übende erlebt sinnenhaft einen kühlen Kopf, der über dem »schwer-warmen« Körper schwebt, ähnlich einem schneebedeckten Berggipfel (Fujijama) über der warm-feuchten Vegetation in der Ebene oder das Bild einer »sommerlichen Mondnacht«[14], das ein ähnliches Erlebnis vermittelt. (Anm. d. Hrsg: Auch wenn es sich hier um ein attraktives Bild handelt, ist festzuhalten, daß die physiologischen Vorgänge bei der Stirnkühleübung noch nicht endgültig geklärt sind – siehe dazu Mann u. Mitarb., 1989.)

2. Die Entspannung des Gesichts

Unter den Ausdrucksorganen steht das Gesicht an oberster Stelle. In ihm spiegeln sich Gefühle, Stimmungen, Wünsche am deutlichsten wider. Mit einem *gespannten* Gesichtsausdruck gehen einher: Unruhe, Gereiztheit, Ärger, Zorn, Gier, Angst, Ängstlichkeit, Unsicherheit, Scheu (Zurückhaltung), Unentschlossenheit, Verlegenheit, Besorgtheit. Auf der anderen Seite kommt es zu einer Gesichts*entspannung* bei Ruhe, Ausgeglichenheit, Freundlichkeit, Heiterkeit, Zuwendung, Sicherheit, Wohlwollen, Behagen. Diese Liste ließe sich um ein vielfaches verlängern.

Am Gesicht kann man ablesen, ob es jemand so meint, wie er es sagt; das Gesicht ist der »Spiegel der Seele«; man setzt oft eine »Maske« auf, die die eigentlichen Gefühle und Gedanken nicht durchläßt, bei harmlosen Anlässen spricht man von »Pokergesicht«; nicht durchschaubare Menschen haben ein »undurchdringliches« Gesicht; oft läuft man Gefahr, sein

»Gesicht zu verlieren«; man kann oder muß »gute Miene zum bösen Spiel« machen; man erwartet von seinen Mitmenschen, daß sie nicht bei jeder Gelegenheit eine »saure Miene« aufsetzen, ein »sauertöpfiges Gesicht« machen, einen »verbissenen« oder »verkniffenen« Gesichtsausdruck zeigen.

Der Weg zu uns selber führt über den Abbau der beschriebenen *Rollen* bzw. *Masken.* In den kurzen Augenblicken des AT lernen wir es, unser Gesicht zu entspannen und damit unser »eigenes Gesicht« zu finden. Eine Patientin erlebte die Gesichtsübungen als ein überwältigendes Erlebnis: »Zum ersten Mal im Leben hatte ich das Gefühl, ein lebendiges Gesicht zu haben, als ob es bisher aus Holz gewesen wäre.« Deutlicher kann die Wandlung einer unbeweglichen Rollenmaske in ein bewegtes lebendiges Ausdrucksorgan kaum verbalisiert werden. Derartig intensive Gefühle bei der ersten Gesichtsübung gehören zu den Ausnahmen; es könnte aber für jeden Menschen mit starker Rollenabhängigkeit zu einer Zielvorstellung werden.

Manche Menschen haben Angst vor einem entspannten Gesicht: Man könnte unintelligent, einfältig oder »unmännlich« wirken. Sie fürchten, ihr Gesicht zu verlieren, wobei sie mit »Gesicht« dann ihre Rollenmaske meinen. Auch Menschen, die sich ganz der Herrschaft des Verstandes und des Willens verschrieben haben, sträuben sich gegen eine Gesichtsentspannung: dann käme (wie z.B. im Schlaf) der von ihnen abgewehrte Bereich des Gemütes und der Gefühle zur Geltung.

Sieht man von Grenzzuständen wie Ohnmacht oder Narkose ab, bei denen es sich genaugenommen um Erschlaffungszustände handelt (weshalb das Wort »schlaff« im Sinne von »entspannt« in diesem Buch vermieden wird), so gibt es zwei wesentliche Entspannungsformen: die Entspannung im Schlaf und die Entspannung bei erhaltenem, wenn auch verändertem Bewußtsein, wie im AT und in der Meditation. Das höchst Eindrucksvolle vieler Buddha-Gesichter beruht auf dem Ausdruck vertiefter Geistigkeit bei gleichzeitig gelösten Gesichtszügen und einer Verinnerlichung, die durch kein Ereignis der Umwelt gestört werden kann.

Formelvorschlag von Schultz[15]:

- Kiefer hängt schwer

oder

- Gesicht (hängt) angenehm schwer.

Zum Einleiten der Gesichtsentspannung lassen sich folgende, miteinander zusammenhängende Formeln verwenden:

- Lippen leicht geöffnet
- Zunge liegt locker im Mund
- Wangen und Schläfen entspannt.

Auf diese Weise entspannt man die Lippen (Lächeln bedeutet immer Entspannung), die Zunge, die bei Spannung oft an den Gaumen gedrückt wird und dort wie ein Saugnapf hängenbleibt; sie löst sich und liegt dann locker im Mund. In den Wangen und Schläfen wird die Kaumuskulatur entspannt, womit der Unterkiefer nach unten sinkt.

Der völlig entspannte Unterkiefer sinkt weit nach unten wie im tiefen Schlaf (beim Schnarchen), oder beim Schlafen im Sitzen. Von Zahnärzten wird bestätigt, daß sich die Zähne beim »normal« entspannten Kiefer nicht berühren, aber nur wenige Millimeter voneinander entfernt sind. Mehr ist auch beim AT nicht nötig.

Die beste mir bekannte Formel lautet[16]:

- Gesichtszüge / ganz glatt / (und) gelöst.

Oder noch kürzer:

- Gesicht ganz gelöst.

Weitere Zusatz- bzw. Vorsatzformeln:

- (Der) Kopf (ist) klar, frisch (und) entspannt[17]
- Kopf bleibt leicht und frei[18].

Die besondere Wichtigkeit und Wirksamkeit der Gesichtsübung beruht auf der hohen kortikalen Repräsentation der Lippen, der Zunge und des Gesichts.

Beispiele für heftige Gesichtsverkrampfungen sind das nächtliche Zähneknirschen und die Tics, die sich meist im Gesicht oder in Gesichtsnähe abspielen. Wir kommen darauf zurück.

3. Die Augen

Zweifellos gehören die Augen zu den Organen, die durch unser technisiertes Leben am stärksten belastet werden. Nicht nur übersteigen die grellen Farben und Lichter dauernd die Toleranzgrenze der Augen, es wird dem Auge auch eine zunehmende Intensität des Sehvorganges abverlangt, da es – man denke nur an das Autofahren oder an das Ablesen von Apparaturen – eine immer größer werdende Präzision der Wahrnehmung in einer immer kürzer werdenden Zeitspanne zu leisten hat.

Ein eindrucksvolles Beispiel für die Überforderung der optischen Wahrnehmung und deren Verarbeitung ist das Fernsehen. Das kann mit Zahlen belegt werden: Der Normverbrauch von Vitamin B 12, der beim Sehen benötigt wird, steigt beim Fernsehen auf das Zehn- bis Zwölffache. Außerdem kommt es durch die mangelnde Bewegung der Augen und des Kopfes (Nacken) bei dem relativ kleinen Bild zu Verkrampfungszuständen der Nacken- u. Augenmuskeln.

Außer einer Entspannung des Schulter-Nackenfeldes ist auch eine *Entspannung der Augen* wichtig:

- (Die) Augäpfel (sind) weich
- (Sie) ruhen locker in den Augenhöhlen
- (Sie) befinden sich in Ruhestellung.

Diese Formeln wurden zusammen mit einem Patienten entwickelt, der an einem erhöhten Augendruck (grüner Star) litt. Die Entspannung der Augen gehört an sich zu den spezifischen Organübungen; ihrer allgemeinen Anwendbarkeit wegen sei sie aber hier vorweggenommen.

Bei der ersten Anwendung der Augenformeln kommt es gelegentlich zu einer Unruhe der Augäpfel, die dem Exzitationszustand bzw. einer autogenen Entladung entspricht: »Meine Augäpfel huschen hin und her«, wird berichtet; oder: »Meine Augen sind unruhig, ich kann die Ruhestellung nicht finden« – das letztere Erlebnis wohl als Ausdruck einer zu starken Bemühung einer intentionalen Spannung. Die Unruhe pflegt nach wenigen Übungen, spätestens nach wenigen Tagen nachzulassen und in eine wohltuende Entspannung überzugehen.

Der konzentrative Blick: Wendet man den Blick etwas nach innen oben auf einen Punkt, der 25 bis 30 cm vor der Stirn liegt, und fixiert ihn einige Zeit, so kann man damit die konzentrative Umschaltung erheblich fördern. Es bringt »die Anleitung zur Innen-Oben-Stellung der Augäpfel bei sonst versenkt entspanntem Zustand, eine vielfach ruckhaft einsetzende ›überwältigende‹ Vertiefung der Selbstumschaltung«[19]. Diese Augenstellung wird seit uralter Zeit benutzt, um schneller und nachhaltiger einen Versenkungszustand herzustellen, wenn auch (nach Schultz) »echte Trancierungen« dabei nicht zustande kommen. Auch bei der Fixationsmethode der Hypnose bedient man sich der Wirkung der beschriebenen Augenstellung durch das Fixierenlassen eines kleinen, meist glänzenden Gegenstandes, den man in geeigneter Entfernung und Höhe vor das Auge hält. Schultz empfiehlt die Innen-Oben-Stellung der Augäpfel, die »sehr deutliche Erleichterungen und Verstärkungen vieler Leistungsmöglichkeiten des Trainings« mit sich bringt. Sie ist als Verstärkungsmaßnahme beim AT gedacht, aber nur bei Aufgaben von beschränkter Dauer, z.B. zum Schmerzabstellen bei chirurgischen Eingriffen (Zahnarzt) oder bei Versuchszwecken oder »als erster Schritt zur gehobenen Stufe des Trainings«[20]. Nach unserer Erfahrung läßt die Innenrotation der Augäpfel, die laut alter Hypnosesprache den »Blick nach der Stirnmitte« ermöglicht, nach erreichter Versenkung im AT wieder nach, ebenso wie sie in der Hypnose meist nur bei der Einleitung besteht. Die Augäpfel gehen, oft nach einem Stadium unruhiger Bewegungen, die denen des REM-Schlafes gleichen, wieder in den Ruhestand über.

Die Wirkung der Formeln der Unterstufe beruht auf einem autosuggestiven, also konzentrativen Vorgang, der mit einer neurophysiologischen Umschaltung verbunden ist. Im Gegensatz zu diesem konzentrativen Vorgang löst die Innen-Oben-Stellung der Augäpfel direkt einen physiologischen Schaltmechanismus im Gehirn aus. Für eine direkte Verbindung zwischen Augenbewegungen und bestimmten Hirnzentren sprechen unter anderem die bei organischen Hirnstörungen (postencephalitische Zustände) auftretenden Blickkrämpfe.

Einen eindeutigen Hinweis für einen neurophysiologischen Schaltmechanismus bei der Augen-Innen-Oben-Stellung läßt sich durch Tierversuche erbringen. Erstmals wissenschaftlich verwertet wurde dieser Wirkungsmechanismus durch den (frü-

Abb. 27: Fixationsvorgang bei einem Hund (nach J. Braid, 1841)

her schon erwähnten) englischen Bergwerksarzt und Augenchirurg James Braid.

Anläßlich der Vorführung eines französischen Bühnenartisten namens La Fontaine in Manchester (1841) beobachtete Braid bei dem Medium ein Zucken der Augenlider, der Augapfel drehte sich nach oben, worauf ein »magnetischer Schlaf« eintrat. Diesen Zustand, den Braid als erster Hypnose nannte, führte er auch bei Tieren durch »Ermüdung« des Auges herbei; später sprach er von »Ermüdung des seelischen Auges«, in Vorausahnung nervöser Schaltmechanismen. Er ließ einen Hund einen kleinen glänzenden Gegenstand fixieren (Abb. 27), worauf der Hund langsam in sich zusammensank und einschlief.

Der Vorgang beruht also auf einem »angeborenen«, »unbedingten« Reflex und steht damit im Gegensatz zu den erworbenen, bedingten Reflexen bzw. Verhaltensweisen, die im AT eingeübt werden.

Die Versuche Braids wurden 1938[21] mit verbesserten technischen Möglichkeiten erneut durchgeführt. Daher stammen auch die folgenden drei Abbildungen, die mehr Überzeugungskraft haben dürften als lange Beschreibungen (Abb. 28–30).

Das Geschehen auf den drei Bildern wird beschrieben als: »Hypnose der siamesischen Katze des Budapester Tiergartens mittels einer an ihrem Kopf befestigten kleinen Lampe mit Reflektor. Das überaus empfindliche, nervöse und ängstliche Tier erstarrt infolge des unerwarteten Aufblitzens der kleinen elektrischen Birne; alsbald beginnen die Augen zu tränen, sodann erschlaffen nach und nach die Muskeln, und schließlich fällt es im Zustand der hypnotischen ›Reaktionshemmung‹ in sich zusammen.«

Abb. 28–30: Die Budapester Katze. Drei aufeinanderfolgende Stadien der Entspannung und Immobilisation im Anschluß an die Innen-Oben-Drehung der Augäpfel

Tonusverlust, Immobilisierung und Minderung des Bewußtheitsgrades folgen reflektorisch auf die Innen-Oben-Drehung der Augäpfel, gleichviel ob es sich um eine »Tierhypnose«, um eine Fixationshypnose beim Menschen oder eine verstärkte Umschaltung beim AT handelt. Daraus zu schließen, daß in allen drei Fällen der erreichte Zustand derselbe ist, weil er aufgrund desselben Schaltmechanismus herbeigeführt wurde, ist unzulässig. Diese Frage wurde im Kapitel über die Umschaltung ausführlich behandelt. (Kap. 5, 5)

Die angeführten Versuche mit Hund und Katze zeigen besonders deutlich das Nachlassen des Muskeltonus, insbesondere an den Extremitäten, die Immobilisierung und die Reaktionshemmung sind identisch mit der Entspannung (Schwere), der Ruhe und der Herabsetzung des Bewußtseinszustandes beim AT. Durch die Oben-Innen-Stellung der Augen werden dieselben psychovegetativen Vorgänge in Gang gesetzt wie durch die autogene Umschaltung.

Wendet man die Konvergenzstellung der Augen und das AT gleichzeitig an, so addiert sich deren Wirkung. Durch den »konzentrativen Blick« wird die Umschaltung wesentlich erleichtert und vertieft; daher die gemeinsame Anwendung zu Beginn der Imaginationsstufe. Auch die »gestufte Aktivhypnose«[22] bedient sich dieser Verstärkung (vgl. Kap. 34, 3a). Man sollte von dieser Möglichkeit viel mehr Gebrauch machen, vornehmlich wenn die konzentrative Umschaltung Mühe macht oder wenn die gestellten Aufgaben sich schwer verwirklichen lassen.

Nachbemerkung: Bei Kurzsichtigkeit (Myopie) ist die Innen-Oben-Rotation der Augäpfel im AT ungeeignet; sie führt zu Mißempfindungen, Spannungen oder Schmerzen. Besonders geeignet sollen die Übersichtigen sein (Hypermetropie)[23].

4. Die optischen Erscheinungen

Lenkt man die Aufmerksamkeit eines Übenden auf sein Gesichtsfeld, so fällt dessen Schilderung sehr verschieden aus. Das Gesichtsfeld wird als flächig oder als räumlich empfunden; man sieht es von einem Punkte aus, der dem Tagsehen entspricht (»ich bin in einem Turm und blicke durch ein sich nach außen erweiterndes Fenster«), oder Gesichtsfeld und Kopfinneres gehen ineinander über: das »innere Auge« kann dann nicht lokalisiert werden, das Raumgefühl ist unbestimmt und schlecht zu begrenzen. Der Sehraum erscheint meist in einem dämmerigen Grau (von milchig bis dunkelgrau), manchmal mit Farbbeimengungen (grünlich, gelblich u.ä.). Im Gesichtsfeld tauchen oft Gebilde auf, die man als *optische Elementarerscheinungen* oder als Phospheme bezeichnet: Kreise, Sterne (helle und dunkle), geometrische Figuren, auch gegenständliche Dinge (ein Kopf, ein Baum, ein Felsblock) sind zu sehen; häufig sind sie bewegt: ziehende Wolken, verschieden getönte Flächen, die sich übereinander schieben, platzende Sterne. An diffuser Bewegung findet sich: ein allgemeines Zittern, Vibrieren, Flimmern kleinster Punkte, »wie im Sandsturm«, wie das Schneien auf dem Fernsehschirm oder wie bei der Braunschen Molekularbewegung, ein Flirren, Auftreten von Schlieren, eine wabernde Unruhe, wolkige Gebilde, konzentrische Kreise, die kleiner werden, um in einem Punkte zu verschwinden oder größer, wie die Wellen, nachdem ein Stein ins Wasser fiel, u. ä. mehr.

Das *Verhalten des Übenden* zu diesen optischen Erscheinungen ist je nach dem Ziel, das er verfolgt, verschieden: Man kann sich diesen Gebilden zuwenden, ihnen nachgehen, sie passiv annehmen, womit eine introspektive Einstellung gefördert wird. Es pflegen sich dann oft Bilder zu entwickeln: bunte, bewegte Gegenstände, szenische Abläufe (Bildstreifendenken)[24] oder ein »buntes Cinerama mit aktiver Selbstbeteiligung«[25]. Auch die autosymbolischen Erscheinungen gehören hierher (vgl. Kap. 7, 5). Diese Bilder können als Material für eine psychoanalytische oder kathartische Bearbeitung benutzt werden.

Die zweite Möglichkeit: Man kann versuchen, all diese optischen Erscheinungen und die damit verbundene Unruhe auszuschalten, wenn man als Ziel eine völlige Ruhe und Entspannung des ganzen Kopfes anstrebt.

Als *Formeln* eignen sich:

- (Der) Kopf (ist) gelöst / entspannt / und frei[26]

oder

- Im Kopf / (und/oder Gesichtsfeld) entspanntes / Dämmern (entspannte Dunkelheit).

Kopf *und* Gesichtsfeld für diejenigen, bei denen beides nicht ineinander übergeht.

Mit dem Wort »entspannt« soll der Vorgang vertieft werden, der bereits durch die Formel: »Stirn glatt – entspannt« in Gang gesetzt worden war. Die Entspannung im Kopf (»wie das Öffnen einer geballten Faust«) löst die Reste von angespanntem Denken (auch Grübeln) und von Aufmerksamkeitsspannung.

Die vielfachen Bedeutungen des Wortes »dämmern« entsprechen alle einer Entspannung und kommen damit den verschiedenen Entspannungsvorstellungen der Übenden entgegen:

1. Dämmern als Dämmerlicht: schattenloses, ausgewogenes Zwielicht, das die scharfen Kontraste und grellen Farben des Tageslichtes aufhebt.

Ähnliches geschieht, wenn man im Nebel von einem Fahrzeug zurückblickt: Alles, Häuser, Bäume usw., wird undeutlich, Konturen und Strukturen verschwimmen, verschwinden, alles wird zu einem gleichförmigen Grau in Grau, zu bewegungsloser, gestaltloser, gleichförmiger Ruhe und Entspannung.

Nebel und Dämmerlicht sind entspannte und unbewegte Medien; Nebel und Windstille sind (meist) eins.

2. Dämmern als Dämmerung: abendliches Abnehmen des Lichtes und der Unruhe des Tages. (Erinnerungsbild: auf einer Bank mit Blick auf Tal und Höhen; Sitzen im gemütlichen Zimmer bei zunehmender Dämmerung).

Ähnlich wie der Nebel läßt die Abenddämmerung die Umrisse verschwinden, die Gegenstände werden flach, undeutlich, strukturlos, fließen ineinander über. Die zunehmende Dunkelheit verschluckt alles.

3. Dämmern im Sinne von dösen, dahindösen, ohne eigenen Gedanken nachzugehen oder ohne auf optische Erscheinungen zu achten. Ruhig = unbewegt; man stellt sich darauf ein, daß alle Unruhe, alles Flimmern, alle Bewegung zur Ruhe kommt, so wie sich nach einem Sturm die Wogen auf dem Meer langsam glätten, bis die Wasseroberfläche ruhig wie ein Spiegel ist. Formeln hierzu:

- Im Kopf (und/oder Gesichtsfeld) entspanntes Dämmern
- Im Kopf (und/oder Gesichtsfeld) gleichförmiges Dämmern
- Im Kopf (und/oder Gesichtsfeld) ruhiges (unbewegtes) Dämmern.

Das *Ziel der Übung* ist das Ausbleiben von optischen Erscheinungen *und* von Gedanken. Mit den Phosphemen bleiben auch die Gedanken aus, das Grübeln, das Sich-im-Kreise-Bewegen von Gedanken oder Vorstellungen, das Auftreten von Gedankenfetzen. Die Vigilanz nimmt ab. All das kommt nach geistiger Anregung oft nur langsam zustande. Bei gut eingeübten Menschen kommt es zu der bereits erwähnten Verschiebung von der »formelgebundenen passiven Konzentration« zu einer »formelfreien passiven Akzeptation«, zu einer psychischen Einstellung, die W. Luthe als »carte blanche« bezeichnet[27]; sie entspricht der spiegelglatten Wasserfläche, die von keinem Lufthauch berührt wird.

Wesentliches Ziel dieser Übung ist das »Abschalten«: Abschalten beruflicher Gedanken und Vorstellungen, um beim Nachhausekommen für die Familie da zu sein; bei Ärger und Aufregung abschalten, um wieder sachlich denken zu können; bei Überlastung abschalten, als Grundlage für eine vorsorgende Ruhepause; bei beunruhigender Vorbesetztheit durch kommende Aufgaben abschalten, um sie klar und ruhig durchdenken zu können; bei Alltagsdenken abschalten zugunsten einer introspektiven Schau; oder abschalten, um die Voraussetzungen für das Einschlafen zu schaffen.

Am Ende dieses Kapitels, mit dem die Besprechung der Grundübungen abgeschlossen ist, lasse ich eine *tabellarische Zusammenstellung der sechs Standardformeln nach Schultz*[28] folgen. Der Übende erhält damit die Möglichkeit, die bisherigen Ausführungen mit der *klassischen Form des AT* zu vergleichen:

I. »Der rechte (linke) Arm ist (ganz) schwer!« (5 bis 6mal monoton wie ein Tonband)... »Ich bin ganz ruhig!« (nur 1mal!), monoton automatisch ebenso weiter. Andere Innenerlebnisse ignorieren, nicht krampfhaft wegdrängen!

II. = I., dann »Der rechte (linke) Arm ist (ganz) warm!« (5 bis 6mal!)... »Ich bin ganz ruhig!« (nur 1mal!), dann wieder I., dann wieder II., und so monoton automatisch weiter.

III. = I., II., dann »Herz ruhig, kräftig, regelmäßig!« (5 bis 6mal!)... »Ich bin ganz ruhig!« (nur 1mal!), dann wieder I. oder II. oder III. und so monoton automatisch weiter.

IV. = I., II., III., dann »Atmung ganz ruhig!« (5 bis 6mal!)... »Ich bin ganz ruhig!« (nur 1mal!), dann wieder I., II., III., IV. usw.

V. = I., II., III., IV., dann »Sonnengeflecht strömend warm!« (5 bis 6mal!)... »Ich bin ganz ruhig!« (nur 1mal!), dann I., II., III., IV., V. usw.

VI. = I., II., III., IV., V., dann »Stirn ein wenig kühl!« (2 bis 6mal!)... »Ich bin ganz ruhig!« (nur 1mal!), dann I., II., III., IV., V., VI. usw.

25. Kapitel
Kurz- und Teilübungen, Zusatzformeln

1. Die Kurzübung

Trainieren bedeutet nicht nur das Herbeiführen der bestmöglichen Entspannung, sondern auch deren Erreichen unter erschwerenden äußeren oder inneren Bedingungen, also trotz äußerer Ablenkungen, innerer Unruhe u. ä.

Trainieren bedeutet weiterhin eine zunehmende Verkürzung der Zeit, in der sich die Umschaltung vollzieht.

Daher der Hinweis, vom Beginn der Übungen an immer mehr Formeln zusammenzufassen, was ja einer Verkürzung gleichkommt. Begonnen wird mit der Zusammenfassung der Formel »Ich bin ganz ruhig« zu dem Wort »Ruhe«. Nach Schultz sollen die Schwere- und Wärmeformeln der Arme und Beine im Lauf der Zeit auf zwei Worte reduziert werden, nämlich: »Schwere« und »Wärme«.

Wir folgen bei der Kurzübung diesem Vorschlag, wobei wir auch diese Vorstellungen im Atemrhythmus ablaufen lassen.

- Ruhe – Schwere – Wärme

Vierte Formel (= vierter Atemzug):

- Leib (Sonnengeflecht, Bauch) warm, Herz ruhig.

Je nach individuellem Bedürfnis kann man die Formel abändern, z.B. anstatt »warm« »entspannt« oder »weich« benutzen. Damit erfaßt man den Bereich unserer animalischen Seele (Aristoteles), unseres Gemütes.

Fünfte Formel:

- Kopf kühl, entspannt, klar.

Eine Zusammenfassung der letzten drei Übungen mit einer Entspannung von Stirn, Gesicht und dem Inneren des Kopfes.

Die Atemübung, die nicht ausdrücklich erwähnt wird, ist durch die Verbindung der Formel mit dem Atemrhythmus auch in diese Übung einbezogen.

In dieser Kurzübung sind die wesentlichen Elemente des AT vorhanden: die Herabsetzung vom Tonus der Muskeln (Schwere) und der Blutgefäße (Wärme); der körperliche Bereich (Herz- und Sonnengeflecht), der am intensivsten unsere Emotionen widerspiegelt; der Kopf mit seinen zwei Bereichen: dem Gesicht als »Tor zur Außenwelt« und dem Gehirn als dem »Sitz« unseres Bewußtseins; das Ganze eingebettet in den lebendigen Rhythmus unserer Atmung.

Die *Kurzübung* umfaßt demnach drei Atemzüge:
- Ruhe – Schwere – Wärme

oder sechs Atemzüge
- Ruhe – Schwere – Wärme
- Leib warm – Herz ruhig – Kopf kühl entspannt

Die Wirksamkeit der ersten Formel (Ruhe) kann erheblich gesteigert werden, wenn man sie mit einem *Stoßseufzer* verbindet.

Der Seufzer wirkt erleichternd, entspannend. Im Alltagsleben stellt er sich ein, wenn man sich bedrückt, belastet, überfordert fühlt. Durch einen Seufzer befreit man sich vom inneren Druck, von Sorge, von Anspannung; sie strömen mit der Atemluft aus, in der Brust stellt sich Ruhe und Entspannung ein. Diese Erleichterung hält oft nur kurz an; bei Dauerbelastung wiederholt sich der Seufzer von Zeit zu Zeit, es kommt zu einer »Seufzeratmung« (Christian).

Das Wirksame am Seufzer ist das Ausatmen, die Entspannung. Voraussetzung hierfür ist tiefes Luftholen, das wie jedes Einatmen ein aktiver, mit Muskelanspannung einhergehender Vorgang ist. Beim absichtlich eingesetzten Seufzer, dem Stoßseufzer, holt man Luft, so tief es geht, um dann beim Ausströmenlassen (nicht hinausstoßen!) der Luft in eine Entspannung von sonst nicht erreichter Tiefe hineinzugleiten. Der so erreichte Zustand hat außer der ausgeprägten Ruhe noch einen zweiten Vorteil: Man kann einige Zeit darin verweilen, bevor sich das Bedürfnis nach einem neuen Atemzug wieder einstellt. Diese kompensatorische Atempause ist ein physiologischer Ausgleich der vorangegangenen tiefen Einatmung, die das Blut in stärkerem Maße mit Sauerstoff anreichert (genauer gesagt: den Kohlensäuregehalt des Blutes absinken läßt) und damit den Atemvorgang für die Zeit von zwei bis drei Atemzügen unterbricht. Man kann diese Pause (natürlich nur begrenzt) willkürlich etwas verlängern, um die Dauer der völligen Entspannung zu erhöhen. Als Abschluß der Kurzübung *nimmt* man die Entspannung *genauso zurück wie nach der Vollübung*.

Nochmals zur Verdeutlichung: der tiefe Atemzug beim Seufzen und beim Zurücknehmen der Übung hat zwei gegensätzliche Aufgaben: Das tiefe Luftholen leitet das Seufzen nur ein. Es kommt auf die Entspannung der Atemmuskulatur beim Ausströmenlassen der Luft an, mit ihrer starken beruhigenden Wirkung (Ausatmungsverstärkung der Entspannung). Beim Zurücknehmen dagegen holt man unter Anspannung der Atemmuskeln Luft, hält sie, und damit die Spannung, an, die man zusätzlich durch ein Anspannen der gesamten Körpermuskulatur verstärkt; damit wird die Entspannung der Übung teilweise »zurückgenommen«.

Der *Nachteil* der Kurzübung liegt auf der Hand: Man erzielt mit ihr einen geringeren Effekt als mit einer ungekürzten Übung. Trotzdem ist die Kurzübung mehrerer *Vorteile* wegen in der Trainingspraxis unersetzlich.

Der Wirkungsgrad ist sehr hoch, z.B. wenn man in einem Zehntel der Zeit einer Vollübung ein Drittel an Wirkung erreicht – ein durchaus übliches Ergebnis.

Die Effizienz zeigt sich auch darin, daß man die Kurzübung bei vielen Gelegenheiten anwenden kann, bei denen die Vollübung (schon allein wegen der Dauer) nicht möglich ist.

Die Kurzübung eignet sich wegen ihrer vielfältigen Anwendungsmöglichkeit besonders zu vorsorgender Entspannung, im Sinne der prophylaktischen Ruhepause nach Vogt-Brodmann. Bei der vorbeugenden Anwendung beträgt der Aufwand einen Bruchteil der Zeit und Aufmerksamkeit, die man aufwenden müßte, um einen bereits eingetretenen Spannungszustand wieder zu beheben.

Die noch zu besprechenden Reihenübungen sind mit Kurzformeln gut, ohne solche dagegen kaum durchzuführen.

Man erlernt die Kurzformel am besten, indem man sie an eine Vollübung anhängt. Es ist auch möglich, die Vollübung zuerst zurückzunehmen und dann unmittelbar eine Kurzübung anzuhängen. Die Gesamtzeit des Übens wird dadurch nur unwesentlich verlängert. Erst zwei bis drei Wochen später führt man die Kurzübung für sich allein durch; gezielt anwenden sollte man sie, wie alle Übungen, erst nach längerem Training. Nach Schultz schließen »sich die Einzelübungen mehr und mehr zu einem unauflöslichen Ganzen«[1], nach fünf bis sechs Monaten zeigt »ein allgemeines Fühlen: Schwere – Wärme – Atmung – Herz ruhig – Sonnengeflecht warm – Stirn kühl – Ruhe« den Eintritt der Umschaltung an. (Wie in Kap. 16 und 20 ausgeführt und begründet empfehlen wir mit anderen Autoren, die Ruheübung an den Anfang zu stellen und die Sonnengeflechtübung der Herzübung voranzustellen.)

2. Die Teilformeln

Einzelne Formeln außerhalb des Übungszusammenhanges lohnen sich bei *wirksamen Teilübungen,* die für den Übenden besonders wichtig sind. Geht beispielsweise die Plexusübung (Sonnengeflecht) gut, so wird sie derjenige anwenden, dem leicht etwas auf den Magen schlägt. Dieselbe Übung begünstigt das Einschlafen. Wieder andere schlafen nach einer Kopfübung prompt ein, wenn mit dem »ruhigen Dämmern« auch die schweifenden Gedanken ausbleiben. Leidet jemand an kalten Füßen, so wird er sie am besten nicht erst kalt werden lassen, sondern sich im Rhythmus seiner Schritte das warme wellenweise Durchströmtwerden seiner Füße vorstellen. Besonders wirksam zur Erholung ist die Atemübung mit den dazugehörigen Bildern.

Organübungen, die zunächst nicht ansprechen, wiederholt man am besten ein zweites Mal zum Abschluß der Gesamtübung (vor dem Zurücknehmen). Ist erst der ganze Organismus entspannt und die Umschaltung vollzogen, werden sich Restspannungen in einem Einzelorgan durch Generalisierung leichter lösen lassen.

Gegenseitige Verstärkerwirkung besteht bei vielen Einzelübungen[2]: »Schwere und Atem, abwechselnd ein paarmal eingestellt«, verstärken beispielsweise das Schwereerlebnis; die Kombination von Atem und Plexuseinstellung führt zum Erlebnis des gesamten Rumpfes als einer geschlossenen Einheit; Wärme, vom Leibe ausgehend, unterstützt die generelle Wärme; kühler Kopf und warme Füße fördern physiologische Wärmepolarisierung, den »biologischen Nord-Süd-Kontrast«.

Die wichtigste Teilübung ist zweifellos die Schulterübung, die nach Schultz »bei genügender Übung das Gesamterlebnis der Ruhigstellung vermitteln kann«[3]. Wie wir bereits sahen, übt der Lernende die Schulterübung am besten zunächst *im Liegen* mit der Formel

- Schulter – Nacken / warm / und weich.

Die Schulterübung im Sitzen eignet sich nach Schultz besonders zum Auffangen von »Affektstößen«, die unvorhergesehen eintreten. Formelvorschläge

- Schultern / hängen / angenehm schwer.
- Schulter / schwer. / Ich bin ganz ruhig.

Schultz bemerkt hierzu[4], man solle nach vorangehendem Hochziehen der Schulter »den Schultergürtel passiv schwer am Brustkorb so langsam wie möglich niedergleiten« lassen, woraufhin sich »ein außerordentlich intensives fließendes Entspannungsgefühl« am Schulter-Nackenfeld einstellt. Außer ihrer Wirksamkeit hat die Schulterübung den Vorteil, daß sie *im Sitzen und Stehen* ausgeführt werden kann, sogar während eines Gespräches, ohne daß sie von den Anwesenden wahrgenommen wird. In den Atemrhythmus eingebaut, braucht ihre Länge die Dauer eines eventuell etwas verlängerten Ausatmens nicht zu überschreiten.

Über die Wirkung, die eine häufig wiederholte Schulterübung im Ablauf des Alltages vermittelt, berichtet ein aufschlußreiches Protokoll nach Schultz[5]:

»Ich habe die Übungen seit zwei Jahren auch *in mein ganzes übriges Leben hineintrainiert* – und halte das für wichtiger als ihre losgelöste Behandlung. So versuche ich, mir eine Haltung zu geben, die – soweit dies in Gesellschaft möglich ist – Grundlage für die Entspannung ist: es genügt dazu, *wenn ich die Schulterblätter lockere* und mich bequem setze. Ich erwarte dauernd Ruhe, in der mir quasi nichts passieren kann. Es gelingt mir damit, Dinge und Menschen in genügender Ferne zu halten, mich einigermaßen abzusperren gegen ihr Anspringen und mich nicht tangieren zu lassen durch das, was sie sagen, vor allem meine eigene allzu bereite Aktivität zu dämpfen. Für die sog. Geselligkeit habe ich diese Ökonomie für mich nötig, notwendig und förderlich empfunden. Ich bin mir klar, damit weniger witzig und rasch in Replik zu sein, mich aber sehr zu schonen und mich nachher besser zu erhalten.«

3. Die Zusatzformeln

Zusatzformeln gibt es zu Hunderten, insbesondere wenn man alle Abweichungen von den wenigen Grundformeln mitzählt. Diese Variationen gehören zu jedem individuell gestalteten AT; sie weichen von der Grundformel ebenso ab wie jede individuelle Schrift vom normalen Schriftmodell. Man kann auch sagen: »So variiert jeder die Methode schon dadurch, daß er sie anwendet.«[6] Schultz drückte es auch so aus, daß Herr Müller beim AT zunächst das Schultzen lerne, um später das Müllern hinzuzunehmen.

Außer den *Variationen* gibt es noch eine Reihe »echter« Zusatzformeln. Im Standard-AT finden sich beispielsweise keine Formeln zur Entspannung des Unterleibes, der Harnblase, der Geschlechtsorgane, des Dickdarms (bei chronischer Stuhlträgheit), der Bronchien (bei Asthma), der Rückenmuskeln (bei statischen Beschwerden) u.a. mehr. Bei der Besprechung der einzelnen Organstörungen kommen wir darauf zurück. Das Hinzufügen von speziellen Organübungen setzt nicht selten dem AT (*nach* der allgemeinen Umschaltung) erst das i-Tüpfelchen auf.

Besonderen Wert scheint mir eine Zusatzübung[7], nämlich *die Entdeckung der Haut,* zu haben. Sie wird am besten im warmen Wasser, im Hallenbad in Rückenlage bei festgestellten Zehen (Leitersprosse, Stange) oder in einer vollen Badewanne entdeckt. Dabei wird nicht nur die Atmung am sich hebenden und senkenden Körper sinnfällig erlebt, sondern es wird deutlich, daß man ein »Fell« hat, eine Haut, in der man sich wohlfühlt. Rosas Formelvorschlag:

- Hülle warm / meine Grenzen / ruhig.

Am besten im warmen Zimmer oder unter einer warmen Decke geübt. Bei Hautreizungen, Juckreiz, Nesselfieber, Ekzem u.ä. läßt sich diese Formel auch in

- Hülle (Haut) angenehm kühl

abändern.

26. Kapitel
Antizipierende Übungen

1. Die Antizipation

Die Antizipation als Vorwegnahme des Zukünftigen findet sich schon im biologischen Bereich.

Wenn beispielsweise eine Schlupfwespe eine Raupe durch einen Stich lähmt, diese zu einer vorher gegrabenen Erdhöhle schleppt, darin einschließt, nachdem sie vorher Eier in den bewegungsunfähigen Raupenkörper gelegt hat, von dem sich dann die ausschlüpfenden Larven nähren, so vollzieht die Wespe aufgrund angeborener »blinder« Instinkte eine Reihe von Verhaltensabläufen, die alle auf die Zukunft (im Dienste der Erhaltung der Art) hinweisen. Die Wespe verhält sich so, daß in der Zukunft alles nach einem bestimmten Plan abläuft. Die Entwicklung der Wespe ist genetisch programmiert.

Die Antizipation im Sinne einer *bewußten* Voraussicht ist allein dem Menschen vorbehalten. Mit den antizipierenden Übungen steht uns eine wirksame Möglichkeit zur gezielten Vorentscheidung zur Verfügung, während wir sonst, von uns oft unbemerkt, durch unsere Wünsche, Emotionen und Triebe gesteuert werden. Damit sind zwei Möglichkeiten menschlicher Grundeinstellung angesprochen, die ihren mythisch-dichterischen Ausdruck im altgriechischen Brüderpaar des Epimetheus und Prometheus gefunden hat.

Prometheus, der »Vorbedenker«, rettet das Menschengeschlecht, das zum Untergang bestimmt war, indem er ihm Feuer (und damit antizipierendes Denken, denn Feuer ist ohne vorsorgendes Sammeln von Brennholz nicht möglich) und Kultur bringt (nach Äschylos). Über den Diebstahl des Feuers durch Prometheus ergrimmt, sendet Zeus daraufhin den Menschen die Pandora, die erste Frau. *Epimetheus,* der »Nachbedenker«, kann der Versuchung nicht widerstehen, die Büchse der Pandora, »der Allgeberin«, zu öffnen, aus der alle Übel entfliehen. Nur die Hoffnung bleibt darin, als er den Deckel wieder schließt.

Man muß *zwei Arten des Vorwegnehmens* des Zukünftigen unterscheiden. Sie sind zwar in der Praxis nicht zu trennen, ihre Begrenzung ist aber für den erfolgreichen Einsatz im AT wichtig. Es ist auf der einen Seite die rationale Planung der Zukunft, ohne bildhaften Gehalt, ohne emotionale Beteiligung, etwa wie in einem Eisenbahnfahrplan. Auf der anderen Seite ist es die anschauliche Vorstellung, die Voraussicht, Vorausschau, wobei Vorstellen, Voraussehen, Vorausschauen sich vor unserem inneren Auge abspielen. Gemeint ist der Gegensatz von Verstand und Phantasie, die sich gegenseitig durchdringen – man denke an Kants Aussage über den anschaulichen Gehalt der Begriffe. Im AT pflegen wir die Bildhaftigkeit der Vorausschau, die in ihrer Auswirkung dem Denken weit überlegen ist.

Denken, so heißt es, sei *probehandeln;* aber sich etwas vorstellen, sich die Zukunft anschaulich machen, sie sich vergegenwärtigen, ist erst recht probehandeln. Das meinte Ludwig Klages auch, wenn er sagte, wir würden nichts tun, was nicht vorher in unserer Phantasie gewesen sei. Zugespitzt formuliert: Wir wiederholen in der realen Handlung nur das, was wir mit unserer Einbildungskraft vorentschieden haben.

Diese *Vorentscheidung geht unter dem Schutz der Entspannung* sehr viel leichter vor sich. Wichtige Dinge werden nicht in der Hast, in der Unruhe zwischen Tür und Angel entschieden, sondern in der Ruhe.

In der Entspannung, die eine Abschirmung gegen die Überflutung durch Außenreize, gegen die sich aufdrängenden Bilder der Außenwelt mit sich bringt, können sich *innere Bilder* entfalten. Mit zunehmender Ruhe melden sich auch Inhalte, die im Wirbel des Alltags nie auftauchen würden. Die Qualität der Vorstellungen ist dann eine ungleich bessere, d.h. sie betreffen unsere persönlichen Belange, unsere individuelle Entwicklung, unsere Probleme in viel höherem Maße als das Wachdenken. In der Entspannung ist der Mensch produktiv: Viele bahnbrechende Vorstellungen von Philosophen und Erfindern wurden in gelöst-ruhigem Zustand der Bewußtheit geboren; ihre gedankliche Ausarbeitung erfolgte erst nachträglich. *Geistesblitze* »fallen uns ein«, sie werden nicht ausgetüftelt. Gauß, der berühmte Mathematiker, sagte einmal: »Meine Resultate habe ich längst, ich weiß nur noch nicht, wie ich zu ihnen gelangen soll.«[1] Auf diese Quelle der Produktivität kommen wir noch zurück.

Mit der Antizipation befinden wir uns auf dem Wege zur *bewußten Vorentscheidung* (Prometheus). In der inneren Sammlung greifen wir die »Einfälle« auf, gehen ihnen nach und verarbeiten sie. »Neurose ist gestörte Erlebnisverarbeitung«[2]; in der entspannten Besinnung läßt sich ein Teil dieser Fehlverarbeitung vermeiden bzw. manches wieder richtigstellen. Die »Arbeit« des Patienten auf der Couch des Analytikers hat diese sichtende, stellungnehmende und damit zukunftsträchtige Einstellung zur Grundlage.

Eine solche produktive Tätigkeit setzt einen *Abstand* voraus, und dieser ist in der Entspannung gegeben: Abstand zur Umwelt und Abstand zu sich selber – was im wesentlichen einen Abstand zu den eigenen Emotionen bedeutet. Dieser Abstand wird ermöglicht, weil in der Entspannung des AT die Affekte gedämpft sind. Außerdem werden sie wie in einem Spiegel, also reflektiert betrachtet. Dieser Abstand ist auch die Vorbedingung für eine *sachlich orientierte Vorentscheidung;* einer Vorentscheidung also, die von kleinlich-persönlicher Empfindlichkeit frei ist.

Einer der Grundsätze der Medizin, der sich allerdings erst spät durchsetzte, besagt, daß Vorbeugen besser sei als Heilen. Heute steht diese Auffassung im Mittelpunkt des Interesses, auch bei den Patienten; man denke an die Vorsorgeuntersuchungen. Als eine Vorsorge muß auch die *Reihenübung* verstanden werden. Nicht nur wegen der Vorentscheidung oder wegen der produktiven Problemlösungen, mit der Reihenübung wird eine ganze Menge von Störungen verhindert: schnelle Ermüdung, schlechte Konzentration, überflüssiges affektives Engagement, um nur einige zu nennen.

2. Das fortlaufende Üben (Reihenübung)

Hatte sich das Augenmerk des Übenden bisher auf die Entspannung gerichtet, die im Verlauf der Übung eintritt, so geht es bei der Reihenübung darum, diese Entspannung zu verlängern und – nach Bedarf – über längere Zeit anhalten zu lassen. Zunächst sei das Muster einer Reihenübung (Kettenübung) beschrieben.

Die Übung gelingt im allgemeinen am besten am Morgen. Tagesanfang und Übungsanfang fallen dann zusammen; durch diese Zuordnung beider werden der Ansatz und die Durchführung der Übung erleichtert. Beim Aufstehen erfolgt die erste AT-Übung als Kurzübung. Wer leicht wieder einschläft, übt sitzend auf der Bettkante. Im entspannten Zustand *nach* der Übung (aber *vor* dem Zurücknehmen) läßt der Übende alles das, was er in der nächsten Zeit, im weiterhin entspannten Zustand tun wird, vor seinem geistigen Auge ablaufen, bevor er es dann ausführt: waschen, anziehen, frühstücken usw. Abschlußformel der ersten Übungen:

- Ich bin / entspannt / und ruhig
- (Die) Ruhe / hält / an.

Die in der Vorstellung vorweggenommenen Tätigkeiten werden dann ausgeführt, und vor dem Verlassen der Wohnung wird eine zweite Kurzübung eingeschaltet. In den anschließenden Entspannungszustand die Vorstellung vom Verlassen der Wohnung; dreimal um die Ecke gehen, zur nächsten Haltestelle. Ausführen der Vorstellung. An der Haltestelle erfolgt die nächste Übung (am geeignetsten die Schulterteilübung mit offenen Augen; Blick auf Schaukasten, Landschaft, Tunnel gerichtet oder auf etwas, was nicht ablenkt). Vorstellung: »Was mache ich während der Fahrt?« Menschen ansehen (überlegen, wohin sie gehören); Zeitung lesen (während der Fahrzeit lese ich diagonal und merke mir das Wesentliche) oder ein Problem überdenken. Dann Ausführung der Vorstellung. Nächste Übung beim Eintreffen am Arbeitsplatz (Teilübung): »Was kommt auf mich zu?« »Womit fange ich an?« »Nichts bringt mich aus der Ruhe.«

Diese Reihenübung sollte, zunächst als reines Training, erst langsam auf ein bis zwei Stunden ausgedehnt werden, auch wenn es sich um alltägliche, selbstverständliche Abläufe handelt, die man vorsieht. Die einzelnen Übungseinheiten sollten nicht mit der Uhr gemessen werden, sondern sich nach organischen Abschnitten, z.B. beim Aufnehmen einer neuen Tätigkeit, richten. Vergißt man das Wiederanknüpfen an die letzte Übung, so war die Übungsdauer noch zu lang.

Bei dieser Reihen- bzw. Kettenübung (bei der eine Übung auf die andere folgt) lernt man das anschauende bzw. anschauliche Vorwegnehmen dessen, was auf einen zukommt. Genau wie man etwas im voraus durchdenken kann, läßt sich etwas vorstellen. Man kann dieses Üben vergleichen mit dem Lernvorgang beim optischen Sich-Vorstellen einer Formel in Leuchtbuchstaben im dunklen Gesichtsfeld, von dem wir anläßlich der ersten Übungsstunde feststellten, daß es nicht ohne Übung gelänge: Zuerst lassen sich von einer Formel oder einem Wort nur die einzelnen Buchstaben sehen, dann liest man Silben, dann Worte, dann Formeln. Dasselbe gilt für die Voraus-Schau. Erst nach einer entsprechenden Übungszeit folgt ein Bild dem anderen, ohne Pause, ohne Stocken, mit allen Einzelheiten, läuft flüssig ab, wie ein Film.

Erster Einwand: Wozu diese tägliche Übung, noch dazu nach dem Aufstehen, zu einer Zeit also, wo alles stereotyp verläuft, wo sich kaum ein Tag vom anderen unterscheidet? Dieses Vorgehen dient – das sei wiederholt – zunächst nur Übungszwekken: dem Einüben des anschaulichen Vorwegnehmens; auf jeden Fall an den Wochentagen mit ihrem gleichförmigen, von der Gewohnheit her geprägten Beginn. Ganz anders ist es, wenn man eine Reihenübung am Feierabend macht, am Wochenende oder in den Ferien. Ganz anders deswegen, weil wir in »freien« Stunden und Tagen auf unseren *eigenen Antrieb* angewiesen sind, während an den Wochentagen im Beruf eingefahrene Verhaltensweisen und *Fremdantrieb* (also äußere Ursachen) unser Tun in stärkerem Maße bestimmen; Fremdantrieb insofern, als der größte Teil der Arbeit eben »anfällt« und erledigt werden muß. Alle freien Tage und Stunden dagegen, alle »Freizeit« ist bei vielen Menschen in Gefahr, planlos, unstrukturiert abzulaufen. Der Mensch kann über sie bestimmen, tut es aber oft nicht – er hat es im Trott des Alltags verlernt[3].

Zweiter Einwand: Besagte der erste Einwand, daß wir im voraus wüßten, was auf uns zukäme, daß das doch täglich dasselbe sei und eine Vorwegnahme daher überflüssig, so lautet der zweite Einwand genau entgegengesetzt: Was auch immer wir an Zukunft vorwegnehmen, es kommt doch immer anders, als man denkt: Ein Telefonanruf, ein technischer Defekt, und der ganze Tagesablauf ist umgeworfen.

Natürlich stimmt das, doch ändert es nichts an der Tatsache, daß das »Vorbedenken« eine seelische Grundhaltung ist, ohne die der Mensch nicht auskommt, solange er in seinem Leben irgend etwas anstrebt. Die Voraussicht soll – ausdrücklich miteinbezogen oder nicht – immer ein Bündel an Möglichkeiten mit einschließen, auf die man sich umstellen kann. Das oben angeführte tägliche Üben einer optischen Vergegenwärtigung muß, nachdem der erste Schritt einer inneren Anschauungsübung vollzogen ist, so elastisch gehandhabt werden, daß in Sekundenschnelle ein neues Objekt an die Stelle des alten treten kann, anders gesagt: daß wir die plötzlich eintretende Änderung sofort aktiv mitvollziehen, einschließlich der notwendig gewordenen neuen Voraus-Schau.

Außerdem ist aufgeschoben nicht aufgehoben, die früher vorweggenommene Tätigkeit kommt eben später, nach Stunden oder Tagen, an die Reihe. Aufgrund der einmal erfolgten Vorwegnahme bleibt sie immer präsent, bleibt auf Abruf vorhanden, womit auch die Gefahr, in Vergessenheit zu geraten, verringert wird. Dieses Umdisponieren verglich ein Übungsteilnehmer mit dem Verhalten bei einer Umleitung im Straßenverkehr, bei der man sich – nach kürzerer oder längerer Zeit – wieder auf dem anfangs eingeschlagenen Wege befindet.

Die Reihenübung führt zu allen *Vorteilen,* die eine *Dauerentspannung* mit sich bringt. Diese ist natürlich nur relativ, bewirkt aber, daß nicht mehr an Spannung im Tagesablauf aufgewendet wird, als erforderlich ist. Sie gleicht darin den Medikamenten, die in ihrer Depot- bzw. Retardform nicht sehr intensiv, dafür aber lange wirken. Mit der Dauerentspannung wird erreicht, daß negative Emotionen (Gereiztheit, Unruhe, Ängstlichkeit, Hemmungen usw.) gar nicht erst auftreten.

Die Reihenübung wirkt im selben Sinne wie die »vorsorgende Erholung«, nur daß eine gleichmäßige Entspannung auf die Dauer viel wirkungsvoller ist. Ermüdungserscheinungen treten erst nach längerer Zeit auf, die Konzentration wird verbessert, in den Tagesablauf eingestreute Einzelübungen und die damit zusammenhängenden Erscheinungen wirken sich besser aus.

Viele Menschen neigen zum Trödeln. Bei ihnen wirkt sich die Reihenübung in einer *Zeitersparnis* aus. Mit freischwebender Aufmerksamkeit, mit dem Abstand zur augenblicklichen und zu der auf uns zukommenden Tätigkeit verrichtet man nicht nur bessere Arbeit, sondern spart auch Zeit, die dann für eigene Zwecke zur Verfügung steht. Die Reihenübungen dienen dem Wunsch des Menschen nach *Gestaltung seiner Zeit.* Sie sollen ihn davor bewahren, gedankenlos und vorstellungslos auf dem Strom der Zeit dahinzutreiben.

Zeitgestaltung führt, konsequent angewendet, zu einer Strukturierung des Gesamtlebensablaufes. Dieser Vorgang gehorcht dem Generalisierungsprinzip. Erforderlich hierfür ist eine Zielsetzung und der zu deren Verwirklichung benötigte Antrieb. Wenn auch der überwiegende Teil des Antriebes nicht dem Verstand und der Vernunft entstammt, so lassen sich doch durch sie die einzelnen Quellen des Antriebes (Instinkte, Triebe, Emotionen und die verschiedensten sozialen Motivierungen) in ihrem Stellenwert abwandeln. Ebenso lernt man es, die Ziele durch die tägliche Wiederholung der Voraus-Schau deutlicher abzustecken, die dann rückwirkend den Antrieb verstärken (Lernen am Erfolg). Der *Schwach*motivierte verstärkt aufgrund dieser Zirkelbildung im Laufe der Zeit die Beweggründe für sein Handeln, der *Falsch*motivierte lernt es, seine Verhaltensweisen zu modifizieren. Ebenso kann der *Depressive,* dem es an Antrieb fehlt, die Wirkung seiner Vorentscheidungen erheblich verstärken, indem er sie aufschreibt. Abends, wenn der Schwachmotivierte Zeit zur Besinnung hat, und der Depressive seine aktiveren Tagesstunden erlebt, werden die einzelnen Tätigkeiten des nächsten Tages – viele Ruhepausen mit eingerechnet – schriftlich in Form von Leitsätzen fixiert, um dann am nächsten Morgen, nunmehr als Fremdantrieb, den Tagesablauf müheloser zu bestimmen.

Vorsichtig sollte man mit der Anwendung der Reihenübung *bei zwanghaften Menschen* sein. Neigt der durch Zwänge geprägte Mensch ohnehin dazu, aus dem AT ein Zwangszeremoniell zu machen, so gilt das in erhöhtem Maße für die Reihenübung. In vielen Fällen wird man sich deshalb damit abfinden müssen, daß man nur ein Zwangssystem durch ein anderes, wenn auch besseres, nützlicheres, ersetzt. Sonst wird man beim Bestehen von Zwängen immer die antizipierende Aufmerksamkeit auf die Möglichkeit einer Verhaltensmodifikation lenken, im Sinne des eben erwähnten spontanen, aktiven Mitvollziehens jeder notwendig werdenden Verhaltensänderung. Hilfreich beim Neutralisieren störender Zwänge sind die noch zu besprechenden Indifferenzformeln sowie die paradoxen Intentionen (vgl. Kap. 26, 3c).

Abschließend sei nochmals darauf hingewiesen, daß sich für die Reihenübung Kurz- und Teilübungen am besten eignen.

3. Die formelhafte Vorsatzbildung (Leitsätze)

a. Der posthypnotische Auftrag als Vorläufer

Im somnambulen (schlafwandlerischen) Zustand der Hypnose lassen sich, wie der Mesmer-Schüler Marquis de Puységur (1784) feststellte, Aufträge erteilen, die im darauffolgenden Wachzustand zu einer genau festgelegten Zeit ausgeführt werden. Diese Tatsache, die man heute als posthypnotischen Auftrag bezeichnet, hatte aus verschiedenen Gründen besonderes Interesse erregt:

1. Die Aufträge werden noch nach Wochen und Monaten ausgeführt.

2. Bei den Ausführenden besteht in der Zwischenzeit kein bewußter Vorsatz für eine bestimmte Handlung.

3. Auch unsinnige Handlungen werden ausgeführt (z.B. dem Hypnotiseur auf die Schulter klopfen, sich die Schuhe ausziehen oder ein Taschentuch zum Fenster hinauswerfen), die nachher eine Scheinmotivation (Rationalisierung) erfahren (siehe jedoch auch Kap. 4, 1).

Das Aufsehenerregende an diesem Verhalten betrifft weniger die Hypnose als den Hypnotiseur: Da der Zustand des Hypnotisierten laut früherer Auffassung der Hypnoselehre (teilweise heute noch) dem eines Schlafwandlers entspricht, muß er sich ebenso verhalten wie dieser; es muß also ein Erinnerungsverlust eintreten, der vom Hypnotiseur, unbemerkt oder ausdrücklich, suggeriert wird. Auch für das Sinnlose bzw. Sinnvolle der Aufträge zeichnet der Hypnotiseur verantwortlich. Sinnlose Suggestionen waren wohl deswegen beliebt, weil sie die Wirkung der Hypnose, richtiger gesagt das Können des Hypnotiseurs um so ausdrücklicher widerspiegelten. Neuere Untersuchungen haben ergeben, daß der Hypnotisierte viel mehr von den Aufträgen weiß, als man früher vermutete. Außerdem hat das Unsinnige der Suggestion seine Grenzen in der Persönlichkeit des Hypnotisierten. Ein Verstoß gegen die Würde und die Wertvorstellungen (Moral) eines Menschen ist nur dann möglich, wenn dies auch im »Wachzustand« bei ihm möglich wäre. Vom posthypnotischen Auftrag bleibt als wesentliches Moment übrig: die (zeitlich fast unbegrenzt wirksame) Vorstellung, die ohne Vorsatz unbemerkt zu ihrer Realisierung neigt. Was hier geschieht, ist nicht mehr und nicht weniger als die Auswirkung des Carpenter-Effekts oder der Ideoplasie von Forel, nur mit zeitlicher Verzögerung. Sind in der Autohypnose und im AT der Hypnotiseur und der Hypnotisierte ein und dieselbe Person, so spricht man von autohypnotischen Aufträgen, von Selbsthypnose (Thomas) oder (mit Schultz) von »Vorsatzbildung«. In der Nomenklatur der Suggestionslehre kann man diese Vorsätze als antizipierende Autosuggestionen bezeichnen.

b. Die Leitsätze

In den letzten Sätzen scheint ein Widerspruch zu liegen: Es ist die Rede von einer Vorsatzbildung, die dem posthypnotischen Auftrag entspricht, der *ohne* Vorsatz zu seiner Realisierung neigt.

Gemeint ist folgendes: Der Vorsatz des AT ist natürlich »vorsätzlich«, sein Inhalt und seine Form müssen gesucht, in Worte gekleidet werden; eine Formel muß für ihn gefunden werden, die bei ihrer Anwendung eingeübt wird, gleichviel ob sie dabei wörtlich ausgesprochen, nur gedacht oder nur gemeint wird. Sowohl das Auffinden der Formel, ihr »Zurechtbasteln« durch den Benutzer, als auch ihre Anwendung sind also Vorsatz. Die Auswirkung der Formel sollte sich dagegen wie beim posthypnotischen Auftrag *ohne* Vorsatz »von selbst« einstellen. Im Grunde geschieht bei diesem Vorgang nichts anderes als bei allen Formeln des AT: intensives Vorstellen eines Formelinhaltes mit anschließendem nicht-vorsätzlichem Geschehenlassen der Formelauswirkung.

Ein weiterer Widerspruch scheint in der Tatsache zu liegen, daß schlafnahe Zustände das Vergessen (auch das Vergessen von Vorsätzen) fördern. Kurz vor dem Einschlafen Gelesenes, Gespräche, die man beim Einschlafen führte, Träume, die man nachts beim Aufwachen registrierte, sind oft am nächsten Tag vergessen.

Die Schlafnähe des AT hat nichts mit Schläfrigkeit zu tun. Abgesehen von jenen Fällen, in denen durch ein AT der Schlaf herbeigeführt werden soll, schließen beide Zustände einander aus. Es handelt sich beim AT um eine Bewußtseinseinengung mit besonderer Zuwendung zu bestimmten seelischen Inhalten; auf diesen eingeengten Sektor des Bewußtseins kommt es an und nicht auf die gleichzeitig vorhandene Vigilanzherabsetzung für alles außerhalb dieses Sektors Liegende. Erinnert sei an das Bild des Scheinwerfers (C. G. Jung), dessen Lichtkegel als Wahrnehmungsfeld zwar eingeengt ist, dafür aber die darin vorhandenen Inhalte um so deutlicher erscheinen läßt. Dasselbe gilt für die konzentrative Hinwendung.

Wirksame Vorsatzbildung in einem versenkten Zustand beruht sicher nicht nur auf der gelenkten Aufmerksamkeit, sondern auch auf dem »Anschaulichwerden psychischer Vorgänge«[4]. Man empfiehlt für die Vorsatzbildung eine »Visualisation«, Schultz eine »bildhafte Vergegenwärtigung« der Formelinhalte. Die erhöhte oder ausschließliche, auf jeden Fall bewußtseinseingeengte und gleichzeitig anschauliche Vergegenwärtigung zukünftiger Abläufe dürfte das Geheimnis erfolgreicher Antizipation erklären, gleichviel ob es sich um posthypnotische Aufträge oder autogene Vorsatzbildung handelt.

Als Beispiel für die Wirksamkeit formelhafter Vorsatzbildung empfiehlt Schultz als Demonstrationsversuch das *Terminerwachen.* Die Leistung der »unbewußten Kopfuhr« ist vielen Menschen aus eigener Erfahrung bekannt, auch ohne jemals darauf aufmerksam gemacht worden zu sein[5].

Im Rahmen der Vorsatzbildungen interessiert diese Art der Zeitregistrierung insofern, als bereits nach vier bis fünf

Wochen Training in 50 Prozent positive Resultate erzielt werden, die sich durch weiteres Üben auf 76 Prozent steigern lassen[6].

Ein »Spontanerfolg« geht aus dem Bericht eines Patienten hervor, der einen Wecker gekauft hatte, jedoch sehr ungern vom Wecker geweckt wurde, ihn aber sicherheitshalber jeden Abend einstellte. Nach wenigen Tagen wachte er kurz vor dem Läuten des Weckers auf, um ihn dann sofort abzustellen; nach zwei bis drei Wochen stellte er fest, daß das tickende Geräusch beim Einrasten der Klingel nur wenige Sekunden nach dem Abstellen eintrat. Der Wunsch, nicht durch das Klingeln des Weckers geweckt zu werden, wirkte als – unausgesprochene – Vorsatzbildung, die zusammen mit dem Übungseffekt zu einer auf wenige Sekunden genauen Zeitregistrierung im Schlaf führte.

Zur Vorsatzbildung sollte man sich Zeit nehmen, am besten täglich im Anschluß an eine AT-Übung, in der eingetretenen Entspannung vor dem Zurücknehmen. War das Ziel der Reihenübung die durchgehende Entspannung und Übersicht in einem größeren Zeitabschnitt, so gelten die Vorsatzformeln vorwiegend Einzelvorgängen. Natürlich gibt es fließende Grenzen zwischen diesen beiden Bereichen. Die verschiedensten Schwierigkeiten, Verhaltensstörungen, Dysregulationen, die es zu ändern gilt, wiederholen sich, manchmal oft am selben Tag; sie sind von einem seelischen bzw. körperlichen Dauerzustand häufig schlecht zu trennen. So ist beispielsweise ein mehrfach sich wiederholender aggressiver Akt von einer aggressiv-gereizten (Dauer-) Einstellung schwer abzugrenzen. Man muß jeder Vorsatzbildung eine gewisse Anlaufzeit zubilligen. Diese Zeit der »Inkubation« beträgt nach Schultz zwei Tage; es kann aber auch wesentlich länger dauern.

> Die Reihenübung wendet sich an den Gesamtzeitablauf, diesem oft als Strom vorgestellten Geschehen, in dem wir schwimmen; die Vorsatzformel greift *punktuell* Situationen aus diesem Geschehen heraus.

In der Ruhe nach der Entspannung ruft man sich eine Schwierigkeit, eine Störung aus dem Alltag ins Gedächtnis. Dabei ist es gleichgültig, ob diese Störung nur subjektiv empfunden wird (z.B. als Unsicherheit im Umgang mit bestimmten Menschen), oder ob sie objektiv faßbar ist (Asthma, aggressives Verhalten). Günstig ist es, sich die zuletzt erlebte Störung zu vergegenwärtigen: Man stellt sich den Vorgang mit allen Details vor, aber abgewandelt, korrigiert im Sinne eines befriedigenden Ablaufes. Das Bild, das entwickelt wird, betrifft also *das Geschehen, wie es ablaufen soll.* Wichtig ist, daß das neue Bild sich »von selbst« einstellt. Der neue Ablauf sollte auftauchen wie ein neuer Einfall. Die Zukunft ist in dieser Vergegenwärtigung mit enthalten, die Erwartungsvorstellung einbezogen: so läuft das nächste Mal das Geschehen ab.

Vorsatzformeln für krankhafte Regulationsstörungen und vegetative Dysfunktionen werden in einem eigenen Kapitel besprochen. Weitaus komplexer sind Verhaltensstörungen oder Störungen in der psychischen Grundeinstellung gegenüber der Umwelt. Ihre Abänderung erfordert längere Übungszeiten; auch sind an deren Gelingen eine Reihe von Bedingungen geknüpft. Ein Beispiel:

Einem Patienten, der am Vormittag einen Streit (einen unter vielen) mit einem Kollegen hatte, wird vorgeschlagen, sich in der Entspannung nach dem AT vorzustellen, der Kollege käme, genau wie am Vormittag, erneut mit derselben unzumutbaren Forderung auf ihn zu. Der Übende führt nunmehr das Gespräch, durch die Entspannung abgeschirmt, in der Vorstellung weiter, ohne persönlich-gereizte Reaktion, mit Gelassenheit und Abstand, mit sachlichen Argumenten und in der Erwartungsvorstellung: Morgen früh verläuft real das Gespräch mit dem Kollegen ebenso abgewandelt wie jetzt. Hilfreich bei einer Neigung zu persönlich-empfindlichem Reagieren ist die Überlegung: Weshalb greift der andere mich an? Hat er schlecht geschlafen, mit seiner Frau Streit gehabt oder mit dem Chef? Seine schlechte Laune meint ja nicht mich, ich bin nur der zufällige Blitzableiter (oder ein geeigneter Blitzableiter, mit dem man jederzeit Streit anfangen kann!). Alles das zusammengefaßt in der Formel:

- Ich / bewahre / Abstand

oder

- Ich bleibe /gelassen / und ruhig.

Mit einer einmaligen Übung ist es allerdings nie getan. Bleibt man aber bei der täglichen Vorwegnahme eines dauernd sich abwandelnden Verhaltens, so hat man nach zwei bis drei Monaten meist sämtliche Variationsmöglichkeiten zum selben Thema durchgeübt und sieht ihnen immer gelassener entgegen. Bei dem Patienten, an den ich bei diesen Ausführungen denke, machte der ihn störende Kollege nach einigen Wochen die aufschlußreiche Bemerkung: »Was ist mit Ihnen los in letzter Zeit, es macht gar keinen Spaß mehr, Sie zu ärgern.«

Gerade bei Verhaltensstörungen eignet sich das beschriebene Vorgehen: das tägliche Verarbeiten und Vorwegnehmen einer Situation, das tägliche Abwandeln und Eingehen auf jede jeweilige Variation, das tägliche Sich-Rechenschaft-Geben über den Anteil von Erfolg und Mißerfolg, wobei die wichtigste Frage lautet: Was hat sich bereits geändert, und was ist als nächstes zu ändern? (Am besten mit täglichem Protokoll.)

Zum Ziel führt nur der *Weg der kleinen Schritte.* Das gilt nicht nur für das Erwerben der Standardformeln, es gilt erst recht für die antizipierenden Übungen. Man wird an die alte Pfadfinderregel erinnert, täglich ein gutes Werk zu tun, oder an Geschichten aus ›Reader's Digest‹, die das Prinzip »Seid nett zueinander« oder »Es gibt ja nur gute Menschen« demonstrieren. Das einfachste ist nicht selten seit jeher bekannt, man hält sich nur nicht daran. Richtig an diesen Beispielen ist, daß man sich nicht durch Programme, plötzliche Entschlüsse oder Ideen ändert, obwohl diese nicht fehlen dürfen, sondern durch tägliche kleine Schritte. Das Gesamtverhalten eines Menschen ist nur über die immer wiederholte Änderung des Einzelverhaltens zu beeinflussen[7]. An die Stelle »seelenbewegender Erlebnisse« tritt »die mühselige Kleinarbeit, in der ihm (dem Übenden) aufgegeben ist, sich Organ um Organ zu erarbeiten«[8]. Die Realisierung einer schwierigen Zielvorstellung wird erleichtert, wenn man die Formeln für die Einzeletappen variiert. Formelsammlungen[9] bieten Anregungen und erleichtern die Arbeit. Auf keinen Fall aber darf die Einzelformel mißverstanden werden als eine »Formel-Tablette«[10], die vor jeder Übung eingenommen wird und dann »automatisch« wirkt.

Zwei Dinge sind noch zu bedenken:
1. Man sollte nie mehrere Vorsätze gleichzeitig einüben. Wendet sich jemand mehreren Aufgaben gleichzeitig zu, so zersplittert er sich, die Ergebnisse bleiben unbefriedigend. Mehrere Ziele gleichzeitig anzustreben führt meist zu einer

seelischen Überforderung und damit zum Streß und letzten Endes zum Versagen.
2. Am besten ist es, mit den leichteren Aufgaben zu beginnen, also nur an Aufgaben zu gehen, deren Lösung man sich ohne weiteres zutraut. Dann erst folgen eine nach der anderen die schwierigeren Aufgaben, die mit der Lösung der leichteren einen Teil ihrer zunächst unlösbar scheinenden Problematik verlieren.

Sämtliche Lernvorgänge orientieren sich an diesem Prinzip. Der Übende muß sich bewußt sein, daß mit der Lösung eines kleinen Problems bereits eine Teillösung einer größeren Aufgabe erreicht wurde, zumindest bessere Bedingungen für das Lösen dieser schwierigeren Aufgabe geschaffen sind.

Aus den formelhaften Vorsatzbildungen des AT wurden die *wandspruchartigen Leitsätze* (Langen), die in der gestuften Aktivhypnose angewendet werden, weiterentwickelt. Sie sind auf die Gesetze der hyponoisch-hypobulischen Schichten abgestimmt und enthalten »verschiedene selbsttätige psychologische Heiltendenzen: Herausheben des Wesentlichen, Formvereinfachung und Formwiederholung«[11]. Sie wurden systematischer als die Vorsatzformeln durchgebildet und stilisiert. Durch das Herausarbeiten des Wesentlichen wirken sie um so stärker, auch affektiv stärker. Sie sollen zunächst einen Abstand zu störenden Faktoren herbeiführen, die dadurch zu einer Indifferenz gebracht werden. Daraufhin werden Charaktereigenschaften angesprochen, die der Patient aus eigener Kraft nicht mobilisieren kann.

Diese Forderungen an die wandspruchartigen Leitsätze sollten auch Geltung für die Vorsatzbildung haben. Einige davon sind bereits im Kapitel über die Rolle der Sprache im AT besprochen worden: Wendet man die Dreiheit von Kürze, Wiederholung und wesentlichem Inhalt auf die formelhaften Vorsatzbildungen an, so werden auch diese um so wirksamer sein. Zwei weitere Faktoren scheinen mir für die hohe Effizienz der Leitsätze bedeutsam zu sein. Zum einen das Herstellen eines tieferen Grades des hypnoiden Zustandes, der in der gestuften Aktivhypnose durch Fremdsuggestion unterstützt wird. Zum anderen die hohe suggestive Wirkung des »Wandspruchartigen« bei den

Leitsätzen. Sie geht sicher nicht zuletzt von den beeindruckenden Ausmaßen einer Wand oder gar einer Hauswand aus, der optischen Größe und Wucht der Schrift, der Nachbarschaft zu überdimensionalen Werbetexten, Leuchtreklamen u.ä., die ihre Wirkung auf den Beschauer nicht verfehlen.

Legt man Wert auf eine Ich-nahe Realisierung der Vorsatzformeln, auf eine Realisierung also, die der Mensch bewußt anwendet, so darf das Hypnoide nicht zu ausgeprägt sein. Der optimale Zustand läßt sich auch im AT, wenn auch meist erst nach längerer Zeit, erreichen. Dafür ist er von Anfang an autogen. Die hohe Effizienz des »Wandspruchartigen« läßt sich, schon allein durch eine optische Überdimensionierung der Wortvorstellungen, auch im AT verwerten. Ebenfalls ließe sich der Ausdruck der »Vorsatzbildung« in den geglückten und allgemeiner gültigen Begriff des Leitsatzes, in Analogie zum Leitbild, einbeziehen. Der Ausdruck »Leitsatz« wird daher im folgenden bevorzugt angewendet.

Einer der geistreichsten und wirksamsten mir bekannten Leitsätze findet sich im folgenden Bericht[12]: »Beispielhaft sei in diesem Zusammenhang ein alpiner Skiläufer, bei welchem sich die persönliche Psychodynamik einer etwas grüblerischen, zurückhaltenden Persönlichkeit mit einer typischen sportspezifischen Problematik insofern verband, als er nämlich bei den alpinen Torlauf- und Riesentorlaufwettbewerben immer erst nach dem ersten Drittel des Laufes »in Schwung kam« und dadurch bei sonst ausgezeichneter Technik und besonders gutem Körpergefühl sehr häufig unter seinem eigentlichen Wert abschnitt. Es wurden mit ihm mehrere Formeln versucht, welche auf Dynamik und Elastizität hinarbeiteten, doch kam man mit nichts richtig weiter. Im Gespräch über die häuslichen Verhältnisse kamen wir dann einmal auf den Kraftwerkbau in der Nähe seines Wohnortes, mit dem er sehr vertraut schien. Ich schlug ihm dann die bildhaft einprägsame Formel »Schleusen auf beim Start« vor. Dies wurde angenommen und in späteren Gesprächen als hochwirksam bezeichnet. Eine Woche später gewann er erstmals den nationalen Meistertitel.«

c. Indifferenzformeln, paradoxe Intention und Humor

Schultz betont die Wichtigkeit der *Indifferenzformel*. Sie dient der emotionalen Entleerung und damit der Neutralisierung von obsedierenden, d.h. zwanghaft sich aufdrängenden oder angstbesetzten Inhalten. Der Wortlaut der Indifferenzformel wird sehr uniform verwandt:

- ... (ist) gleichgültig.
- Nachbar gleichgültig – bei Dauerstreit.
- Beobachtetwerden gleichgültig – bei Selbstunsicherheit.
- Schmerz gleichgültig.
- Alkohol (Rauchen) gleichgültig – bei Sucht.
- Schlaf gleichgültig – bei Schlafstörungen.

(Die Anwendung wird an den jeweils angeführten Stellen besprochen).

Den Indifferenzformeln liegt eine Dereflektion zugrunde[13], also das Bestreben, einen möglichst unreflektierten Aktvollzug wiederherzustellen. Im Gegensatz dazu wird bei der *paradoxen Intention* eine reflektierende Einstellung beibehalten. Über die Störungen, die ein intentionales Denken und Handeln mit sich bringen kann, wurde schon gesprochen (vgl. Kap. 17, 2). Absicht stört – je intensiver sie ist, um so mehr – das Erreichen des Gewünschten. Der paradoxe Vorsatz stellt den Vorgang auf den Kopf: Man muß – je intensiver, um so besser – das nicht erwünschte oder befürchtete Ziel zu erreichen trachten; dann wird, laut Gesetz von der Anstrengung, die den erstrebten Erfolg verhindert, dieses befürchtete und zugleich angestrebte Ziel gerade *nicht* erreicht.

Die Auswirkung paradoxer Vorsätze ist wohl auf keinem Gebiet so überzeugend wie bei der Behandlung von Schlafstörungen. Nimmt sich der Nichtschläfer ernsthaft vor, eine Nacht *nicht* schlafen zu wollen, so ist damit zumeist die beste Gewähr gegeben, daß er einschläft (vgl. Kap. 31, 5).

Mit Erfolg lassen sich paradoxe Vorsätze auch bei Zwängen anwenden. Befürchtet beispielsweise jemand mit einem Waschzwang, die Hände seien schon wieder »schmutzig«, so könnte die Formulierung benutzt werden: Die Hände müssen noch viel schmutziger werden. Ich *will,* daß die Hände noch schmutziger werden.

Für Erwartungsängste, Phobien, lassen sich ähnliche Vorsätze bilden. Wir möchten an dieser Stelle die Begriffe Indifferenz*formel* und paradoxer *Vorsatz* vorschlagen, um eine Unterscheidung zwischen dem zielgerichteten Üben und dem paradoxen Vorgehen machen zu können.

Alle paradoxen Leitsätze sollten mit *Humor* angewandt werden. Das gibt ihnen überhaupt erst die richtige Wirkkraft. Humor entspannt, er schafft Abstand und hilft beim Versachlichen von Beschwerden; Humor hilft den tierischen Ernst der Zwangskranken überwinden, ebenso die Neigung des Angstkranken zum Dramatisieren, Katastrophisieren oder zum Selbstmitleid. Bringt man den Patienten dazu, über seine Beschwerden zu lächeln, dann ist bereits das Eis der Erstarrung gebrochen. *Es gibt einen Humor des Paradoxen; seine Wirkung ist unverkennbar.* Das Anspruchsniveau wird gesenkt: der Zwangskranke lernt es, seinen Anspruch auf Perfektionismus (im obigen Beispiel: saubere Hände) zu belächeln, der Angstkranke gibt seinen Anspruch auf ein angstfreies Leben auf. Damit ist der erste Schritt zur Selbstannahme getan. Außerdem ist das paradoxe Agieren eines neurotischen Symptoms der Beginn seiner Entschärfung.

Abschließend sei noch darauf hingewiesen, daß posthypnotische Aufträge, die nicht ausgeführt werden, zu vegetativen Störungen bzw. psychosomatischen Beschwerden führen können (ein Beweis für ihre außerordentliche Wirkungsintensität). Deshalb sollte man auch mit autogenen Leitsätzen nicht sorglos umgehen, sondern ihre Formulierung und Anwendung gründlich vorbereiten.

Zusammenfassend seien noch einmal die wesentlichen *Regeln zum Bilden von Leitsätzen* (Derra, 1998) aufgelistet:

1. Sie sollten kurz und klar sein (ähnlich wie die Kurzformeln)
2. Sie sollten positiv formuliert sein (möglichst keine Verneinungen)
3. Sie sollten persönlichkeitsnah sein, d.h. der persönlichen Umgangssprache (ggf. Dialekt oder Muttersprache) entsprechen
4. Sie sollten wahr sein (keine unrealistischen Ziele)
5. Sie sollten in möglichst einfacher und konkreter Sprache formuliert sein (keine nichtssagenden, abstrakten Begriffe)
6. Sinnvoll sind Formeln, in denen das zu verändernde Problem zunehmend gelassen gesehen werden kann (Formulierung in zwei Teilen, wobei der erste Teil einen Abstand

zum Problem herstellt, der zweite eine positive Alternative aufbaut, z.B. Schlafen gleichgültig – Ruhe wichtig)

7. Die Anwendung sollte erst dann erfolgen, wenn die psychovegetative Umschaltung prompt und zuverlässig herbeigeführt werden kann
8. Eine zu frühe Anwendung von Leitsätzen kann zur Enttäuschung und zu negativen Effekten führen.

27. Kapitel
Die psychoanalytische Annäherung an die Entspannung (nach M. Sapir und Co-Autoren)

Diese Bezeichnung steht für eine Behandlungsart, die seit Anfang der sechziger Jahre von einer Gruppe französischer Autoren entwickelt wurde. Es soll hier versucht werden, die Grundgedanken dieses Verfahrens darzustellen und ihre Herkunft aus dem Autogenen Training aufzuzeigen.

Die Behandlung (in diesem Kapitel als »Relaxation« bezeichnet) wird, ähnlich wie das AT, in Gruppen durchgeführt. Die Behandlungsdauer beträgt acht bis fünfzehn Monate, bei einer Stunde pro Woche. Die Freizügigkeit des Übenden ist in jeder Beziehung sehr viel größer als beim AT[1]. Es wird im Liegen geübt, die Matratzen werden je nach Einfall der Gruppe aufgestellt, meist in zwei Reihen, in deren Mittelgang zwei Übungsleiter sitzen. Man liegt auf dem Rücken, auf dem Bauch, in Seitenlage oder sitzt, an die Wand gelehnt, auch »rauchend«. »Hausaufgaben« gibt es nicht, man kann aber zuhause üben. Die Äußerungen, das Verhalten, die Beziehung zu den anderen Übenden und den Übungsleitern werden psychoanalytisch von den Gruppenleitern gedeutet und teilweise auch mit der Gruppe besprochen. Die beiden Gruppenleiter sind immer verschiedenen Geschlechts, sie spielen die Rolle eines

»phantasierten Elternpaares«[2], der Einzelübende ist das Kind, das zwischen den thronenden Eltern am Boden liegt: Aus der Sicht der klassischen Psychoanalyse eine ödipale Konstellation, die die Regression ungemein verstärkt.

Bei den Übungen wird von den Formeln von J. H. Schultz ausgegangen. Ihre Reihenfolge ist etwas verändert: Die Atemübung wird vor die Herzübung gesetzt, was ja von vielen Autoren befürwortet wird. Es wird auch vom »autogenen Zustand«[3] und von »Umschaltung«[4] gesprochen. Wie im vorliegenden Handbuch besteht die Tendenz, die klassischen Formeln durch sinngemäß ähnliche, aber anders lautende Formulierungen, die besser »ankommen«, zu variieren, womit versucht wird, »die rituellen Akte von Schultz von Zwängen zu befreien«[5]. Die Anfangssuggestionen (inductions) der beiden Gruppenleiter sind »lang, friedlich, sanft, geschickt, mit vielen Pausen angebracht. Man ist weit... von den lapidaren Formeln des autogenen Trainings entfernt.«[6] (Die Bezeichnung der Relaxation als »*Antimethode*«[7] hat hier ihre Wurzeln.)

Als Beispiel diene die Wärmesuggestion[8]: »Mir ist warm... eine angenehme Wärme... die Wärme meines strömenden Blutes... mir ist warm in meiner ganzen Haut ... ich spüre die Wärme in meinem Fleisch... eine wohltuende Wärme, die von meinen Händen in meine Arme aufsteigt... eine Wärme, die meine Schultern, meinen Nacken einhüllt... eine Wärme, die meinen Rücken entlang zu meinem Gesäß strömt... Wärme, die meine Brust entlang bis zu meinem Leib gleitet... bis zu meinen Geschlechtsorganen, bis zu meinem Schamberg... Wärme, die meine Schenkel einhüllt und meine Waden weich macht und entspannt... die meine Füße erwärmt... ich spüre jetzt die Freude, mich fallen zu lassen... mir ist angenehm warm...«

Im Gegensatz zur Psychoanalyse, bei der die *Berührung des Patienten* (le toucher) vom Therapeuten konsequent vermieden wird, wird in der Relaxation reichlich davon Gebrauch gemacht. Das AT nimmt da eine Mittelstellung ein: Eine Berührung des Übenden durch den Leiter dient nur der Kontrolle des Entspannungsgrades der einzelnen Muskeln. In der Relaxation hat das Berühren eine ebenso wichtige Funktion wie das gesprochene Wort: Durch ein Auflegen der Hand, das zugleich »neutral und wohlwollend« zu verstehen ist[9], werden gespannte, harte Muskeln gelockert; die Atmung wird durch Auflegen der Hand auf den Leib rhythmisiert; Schultern und Nacken werden durch Bewegung mobilisiert u.a. mehr. So wird die biologisch urtümlichste Beziehung zwischen Lebewesen wieder hergestellt: der Hautkontakt. Er fördert die Regression in das erste Lebensjahr des Kindes, in dem das Hautorgan in der Beziehung zur Umwelt, vor allem zur Mutter, eine ausschlaggebende Rolle spielt. Die mütterliche Nähe, ihre Zuwendung, die Berührungen, die Hautwärme, das Gestreicheltwerden, der Rhythmus des Getragenwerdens bzw. des Eingewiegtwerdens, der intensive Kontakt beim Genährtwerden bilden die Grundlagen des menschlichen »Urvertrauens« (Erikson). Die Regression in diesen frühen hyponoischen Bereich (in die orale Phase, laut analytischer Nomenklatur) ist beim Übenden mit einer starken Zwiespältigkeit der Gefühle verbunden (Ambivalenz): Der beim Kleinkind noch uneingeschränkt lustvoll (libidinös) erlebte Hautkontakt wird beim Erwachsenen durch vielfältige Tabus eingeschränkt, deren Bewußtwerden innere Widerstände und Angst hervorruft.

In der Relaxation wird der Mensch schrittweise über die erweiterten Stufen des AT dazu gebracht, seinen Körper anzunehmen, ihn ohne das Auftreten von Schuldgefühlen lustvoll zu erleben[10], womit das Selbstgefühl und die Selbstverfügbarkeit (Autonomie) gefördert werden. Eine der Hauptaufgaben bei der Relaxation ist die Entschärfung bzw. die Auflösung der Widerstände und Ängste gegen die eigene Körperannahme mit Hilfe der Gruppenleiter als dem phantasierten Elternpaar: dem Psychiater-Vater und der nährenden Mutter »mit den spendenden Brüsten«[11], die beide gegenüber dem Übenden (Kleinkind) eine zugewandte, beruhigende, gewährende, lustvermittelnde Haltung einnehmen. Die Berührung des Übenden, das Handauflegen, fördert die Aussöhnung mit dem eigenen Körper[12]; es kommt zur Erfahrung des »erlebten Körpers« (corps vécu), die eine große Rolle bei der Relaxation spielt. Es soll der »Körper in die Person… die Person in den Körper reintegriert werden«[13].

Diese Vorgänge stehen in naher Beziehung zu Veränderungen im AT: Zur Somatisierung und Psychisierung der Wahrnehmung, d.h. zu deren Verkörperlichung und Beseelung, zur autogenen Umschaltung und damit zum Erlebnis der »körperlichen vitalen Befindlichkeit«, Vorgänge, die mit einer Veränderung der Blickrichtung von außen nach innen (Introspektion) einhergehen. Führt die Autosuggestivformel des AT zur Entspannung und damit zum Organ- und Körpererlebnis, so wird dieser Prozeß in der Relaxation durch aktive Berührung, durch den Hautkontakt vom Übungsleiter zum Übenden, wesentlich beschleunigt und intensiviert. Der Körper wird so – außer der Sprache – zum Ort des Austausches[14], zum Medium der Beziehung zwischen Leiter und Übendem.

Jede mit Emotionen ablaufende Veränderung, also auch jede Psychotherapie, stößt zunächst auf *Widerstände* und Angst. Solche Veränderungen sind: Neue Einsichten und damit die Über- bzw. Annahme neuer Motivationen, die Änderung der Intentionen, die Annahme von Formeln und Suggestionen, das Üben in einer Gruppe, das Abschalten, das Sich-Konzentrieren auf bestimmte Vorgänge, die Regression, die als Abhängigkeit empfunden wird u.a.m. (Schwierigkeiten, insbesondere beim Beginn des AT, sind vielfach auf solche innerpsychischen Widerstände zurückzuführen.)

Bei der Relaxation sind die Widerstände meist noch deutlicher als beim AT, schon allein deswegen, weil auf sie eingegangen wird. Eindrucksvoll zeigt sich die Angst vor einer Veränderung des mühsam aufrechterhaltenen, labilen Gleichgewichts beim Neurotiker, die als Destruktion, als Zerstörung erlebt wird, mit dem Gefühl einer »Zerstückelung« des Körpers[15]: »als abgetrennte, abgeschnittene oder in jedem Sinn verstümmelte Glieder«. Man kann dies als »Kastrationsangst« verstehen oder als Folge des Vorgehens der Übungsleiter, die den Körper (wie beim AT) Stück für Stück suggerieren, bevor sie ihn zu einem Ganzen machen. Zu den Widerständen gehört auch (ebenfalls ähnlich wie beim AT) die Flucht in den Schlaf oder das Auftreten entgegengesetzter Empfindungen, z.B. das Auftreten von Kälte im ganzen Körper bei der Wärmeformel.

Besonders häufig ist die *Abwehr* von Berührungen als solchen:

»Ich ertrage es nicht, daß man mich in der Höhe des Zwerchfells berührt, es ist, als ob man die Integrität meines Lebens berühren würde. Sie haben Ihre Hand zurückgezogen im Augenblick, als es unerträglich wurde.« –

»Sie konnten den Arm berühren, aber der Rest, das war zu intim, und ich hatte anfangs starke Schluckbeschwerden.«[16]

Das klassische AT ist eine *stützende Therapie.* Es sorgt für ein besseres Haushalten innerhalb der psychischen Funktionen auf Grund einer Resonanzdämpfung, einer Intensivierung oder Änderung der Körperwahrnehmung, einer berichtigenden, umerziehenden und anpassenden Behandlung. Die Relaxation kann ebenfalls so vorgehen, sie versteht sich aber ganz vorwiegend als *aufdeckende Therapie,* d.h. »sie läßt gleichzeitig Angst und Freude in einem Körper entstehen, dem man die Ausdrucksmöglichkeit (parole) wiedergegeben hat und dessen Sprache man entziffert hat«[17]. Ist im orthodoxen AT das Augenmerk auf eine intensive Entspannung gerichtet, so wird in der Relaxation auf alle individuellen Schwierigkeiten beim Entspannungsvorgang eingegangen, und ihre Ursachen werden zu ergründen versucht. Aufschlußreich ist die Bemerkung eines Schweizer Kollegen: »Störungen im Übungsverlauf sind für mich *erwünscht,* denn ich betrachte sie als Ausdruck der seelischen Lage und Problematik. Sie geben mir immer wichtige Hinweise zum Einstieg in die Konfliktlage des Patienten... Autogenes Training ist für mich nicht ›Technik‹, sondern ganz wesentlich ›seelischer Zugang zur Persönlichkeit des Kranken‹.«[18]

Dieses therapeutische Vorgehen ist aber ein analytischer Vorgang (siehe den Titel dieses Kapitels). So gesehen wird das AT als ein Raster angesehen, über den »der Wind der Analyse« hinwegweht[19]. In den Relaxationsgruppen wird die Regression die »Verbündete« des Analytikers, eine echte therapeutische Regression nach den Worten von Balint[20]. Um es noch einmal zu wiederholen: Erweiterte AT-Suggestionen, Entspannung, Entdeckung des Körpers mit Widerständen und Lustempfindungen führen in eine Regression, in der verschüttetes, verdrängtes Material wieder auftaucht und bearbeitet werden kann.

Dazu die Bemerkung von zwei Übenden: P.: »Ich war wütend über die Stimme von Frau C., ich mußte an meine Mutter denken, die dauernd sprach, ich, ich antwortete nicht.« P. bei der Leibübung: »Ein Ausdruck hat mich gestört, der des erlebten Leibes. Ich sah eine schwangere Frau«[21]; derselbe in der nächsten Sitzung: »Für mich, die Magengrube, das ist mein Vater, der immer Magenschmerzen hatte und Arznei schluckte...«[22]. – B., ein Hals-, Nasen-, Ohrenarzt, bei der Atemübung:

»Eine Störung im Hals... Sie (der Leiter) ließen mich an einen intimen Bereich denken, der für mich sehr Persönliches bedeutet... Schwierigkeiten beim Schlucken...«.[23] Einige Stunden später: »Man hatte mir gesagt, daß das Entfernen der Mandeln eine Kastration ist, darüber konnte ich nur lachen, und dann hatte ich eine Patientin, die mich für ihren Sohn fragte, ob er nach der Operation sexuelle Beziehungen haben könnte.«[24]

Auch im deutschsprachigen Raum hat man versucht (Rossmanith u. Bartl, 1993), das AT an die Theorie der neueren Psychoanalyse anzunähern (sog. Objektbeziehungstheorie). In diesem Verständnis wird das AT zu einem tiefenpsychologischen Verfahren – was es sicher nicht ist –, aber die Änderung der Praxis ist auch nicht annähernd so radikal wie bei dem dargestellten französischen Ansatz. In die gleiche Richtung hatten schon andere Autoren argumentiert, die das AT als »tiefenpsychologisch fundiert«[25] auffassen oder mit einer »tiefenpsychologischen Aussprachegruppe« (Müller-Hegemann)[26] kombinierten. Der letztgenannte Autor unterscheidet allerdings prinzipiell zwischen dem »retrospektiven« Charakter der Psychoanalyse und dem »prospektiven« des AT[27]. Während uns die Charakterisierung der Psychoanalyse nicht falsch scheint, haben wir Bedenken gegenüber dem zukunftsorientierten Wesen des AT. Erst einmal ist das AT gegenwartsorientiert (»Ich bin ganz ruhig«). Man kann es natürlich zukunftsorientiert akzentuieren. Wallnöfer berichtet 1990 über eine Öffnung der Oberstufe des AT für das analytische Verständnis, wobei er die erleichterte Auflösung des Symbolcharakters, etwa von Träumen, betont. Er kombiniert auch die Oberstufe mit einem nachfolgenden Gespräch. Sowohl bei Müller-Hegemann wie bei Wallnöfer findet also eine Kombination verschiedener Therapieelemente statt; im zweiten Fall geht sie weiter (»mehrdimensional«) als im ersten. In allen neueren zitierten Fällen des erweiterten AT-Verständnisses wird die Psychoanalyse allerdings regelhaft auf ein Verfahren zur Eröffnung unbewußter Perspektiven verkürzt und ihr dynamischer Gehalt als eine Konflikttheorie vernachlässigt (s. a. Kap. 39).

Die Herrschaft über den Augenblick
bedeutet die Herrschaft über das Leben.
Marie von Ebner-Eschenbach

Vierter Teil
Die Anwendung des Autogenen Trainings

28. Kapitel
Kontrollierte Studien zur Wirksamkeit des AT

Wer das AT selbst gründlich erlernt hat und regelmäßig anwendet, ist zumeist rasch von dessen Wirkungen überzeugt. Wer sich in der ärztlichen oder psychologisch-psychotherapeutischen Praxis oder in entsprechenden Kliniken die Zeit nimmt, seine Patienten sorgfältig im AT zu unterweisen, wird in vielen Fällen durch die positiven Rückmeldungen der Patienten und die sichtbaren Veränderungen (Symptomreduktion, Befindlichkeitsverbesserung) von der Wirksamkeit des AT überzeugt. In der inzwischen fast achtzig Jahre währenden praktischen Anwendung des AT sind auf diesem Wege unzählige Erfahrungen gesammelt und der interessierten (Fach-) Öffentlichkeit mitgeteilt worden. In den folgenden Kapiteln dieses Handbuches wird ein diesbezüglicher Einblick vermittelt und sehr konkrete, praxiserprobte Vorgehensweisen bei verschiedenen Patientengruppen in verschiedenen Situationen vermittelt. Dieses gesammelte Erfahrungswissen ist durch nichts zu ersetzen.

Nach den gegenwärtig gültigen wissenschaftlichen Auffassungen muß ein solches Erfahrungswissen um Beweise ergänzt werden, die aus geplanten Untersuchungen stammen. Das Ideal dieser von Wissenschaftlern geforderten Form der Untersuchung ist das »Experiment«, in dem möglichst alle Rahmenbedingungen und die Ergebnis-Maße festgelegt sind und nur das systematisch variiert wird, was unmittelbar der Beantwortung der gestellten Forschungsfrage dient. Obgleich mehrere Generationen von Forschern und praktisch psychotherapeutisch tätigen Fachleuten von der grundsätzlichen Wirksamkeit des AT bei Gesunden wie bei Patienten überzeugt waren und die ihrer Zeit gemäßen Beweise für diese Annahme gefunden hatten, muß sich jedes Therapieverfahren der Frage danach, ob und inwiefern es wirksam ist, immer wieder neu stellen, um dem Fortschritt der Wissenschaft Rechnung zu tragen.

Diese grundsätzliche Frage nach der klinischen Wirksamkeit psychotherapeutischer Verfahren wurde in einem Forschungsgutachten (Meyer u. Mitarbeiter 1991) vor dem Hintergrund einer von K. Grawe verantworteten Meta-Analyse kontrollierter Wirksamkeitsstudien u.a. auch zum AT mit Nachdruck neu gestellt[1]. Ein heute in der Wissenschaft akzeptierter Beweis für die grundsätzliche Wirksamkeit eines Therapieverfahrens muß in sogenannten kontrollierten Studien erbracht werden: Je die Hälfte einer möglichst gut definierten Patientengruppe wird unter ansonsten (völlig) identischen Bedingungen entweder mit dem Verfahren behandelt, dessen Wirksamkeit belegt werden soll, oder einer Warteliste bzw. einer »Placebo-Behandlung« zugeführt. Ist letzteres (z.B. aus ethischen Gründen) nicht möglich, wird die zweite Gruppe (Kontrollgruppe) mit einem alternativen Verfahren behandelt, dessen Wirksamkeit bereits belegt ist. Die Zuteilung zu einer der beiden Gruppen sollte zufällig erfolgen (Randomisierung). Die Gruppen sollten groß genug sein, um statistisch zu soliden Ergebnissen kommen zu können und die Erfolgsmaße sollten einerseits klinisch sinnvoll (z.B. Abbildung einer Veränderung der Zielsymptomatik) und andererseits gut meßbar sein. Das Therapieverfahren muß adäquat und überprüfbar angewendet werden. Diese (unvollständige) Aufzählung methodischer Forderungen an gute kontrollierte, klinische Studien macht deutlich, wie aufwendig es ist, solche Untersuchungen zu planen, durchzuführen und auszuwerten. Sich ganz am Ideal eines physikalischen Experimentes zu orientieren, ist für unser Themengebiet auch durchaus kritikwürdig. Je höher die methodischen Standards für eine Studie angesetzt werden, desto weiter entfernt sie sich in ihrer Durchführung in der Regel von der Wirklichkeit der Patientenbehandlung in Praxis und Klinik. Meist werden deshalb Kompromisse eingegangen. Im Falle des AT finden sich z.B. einige kontrollierte Studien, die einer praktischen Patientenversorgung sehr nahe kommen, dafür aber methodisch kritikwürdig sind. Andere Studien sind methodisch hochwertig, weisen aber mangelhafte Durchführungen des AT auf: In einigen Studien wurden z.B. bei den therapeutisch geleiteten Sitzungen die AT-Formeln bzw. simple Ruheanweisungen (Placebo-Bedingung) von einem zuvor besprochenen Tonband abgespielt, um damit dem Problem der Varianz zwischen mehreren Therapeuten und/oder forschungsökonomischen Notwendigkeiten Rechnung zu tragen. Aus der Forschungsperspektive mag dies sinnvoll sein, der praktisch erfahrene AT-Experte weiß indes, welche Wirkungspotentiale des AT damit aufgegeben werden. Trotz dieser kritischen und einschränkenden Bemerkungen ist es bedeutsam, zu prüfen, ob und für welche Krankheitsbilder derartige wissenschaftlich heute akzeptablen Belege der Wirksamkeit des AT vorliegen.

In der oben bereits erwähnten Meta-Analyse (systematische Zusammenfassung der Ergebnisse mehrerer vergleichbarer Studien) fanden Grawe u. Mitarbeiter (1994) 14 kontrollierte klinische AT-Studien, die bis 1983/84 veröffentlicht worden waren[2]. Die Wirksamkeit des AT war nach dieser Analyse weniger gut belegt als die anderer Entspannungsverfahren (insbesondere der progressiven Relaxation). Dies war ein Ergebnis, das auch die Autoren selbst überraschte und das nicht unwidersprochen stehen bleiben konnte. Bereits 1992 wiesen Stetter und Mann in einer Entgegnung auf Unzulänglichkeiten der Meta-Analyse hin und führten 18 kontrollierte Studien an, die bei der Auswertung unberücksichtigt geblieben waren. Wenig später publizierte der Kanadier W. Linden (1994) eine Übersicht, bei der 24 kontrollierte AT-Studien, die bis 1991/92 veröffentlicht worden waren, in einer neuen quantitativen Meta-Analyse berücksichtigt werden konnten. Es zeigte sich im Gegensatz zu der früheren Analyse von Grawe u. Mitarbeitern (1994) nun eine vergleichbar gute klinische Wirksamkeit, wie sie auch mit anderen Entspannungsverfahren erreicht wird, bei einem großen Spektrum psychosomatischer Störungen. In einer erweiterten Übersicht kontrollierter, klinischer AT-Studien wurden – anhand ähnlicher Kriterien wie Grawe u. Mitarbeiter (1994) und Linden (1994) sie verwandten – 64 veröffentlichte AT-Studien (Stetter und Kupper 1998) analysiert. Die durchaus positiven Ergebnisse von Linden wurden bestätigt. Bis zum Anfang des Jahres 2000 konnten 75 kontrollierte, klinische AT-Studien gefunden werden. Die methodisch aufwendigen Auswertungen dauern noch an (Stetter und Kupper in Vorbereitung). Als gegenwärtiger Zwischenstand kann mitgeteilt werden, daß mehr als 40 dieser Untersuchungen ein randomisiertes Studiendesign aufweisen. 4/5 der Prä-post- oder Prä-Katamnese-Vergleiche verweisen auf signifikante Symptomreduktionen in den mit AT behandelten Gruppen. Von fast 50 durchgeführten Vergleichen mit Placebo- oder anderen echten Kontrollgruppen ohne spezifische Psychotherapie belegen ca. 75% die Wirksamkeit des AT. Ein erster Überblick dieser Studien und der gegenwärtige – allerdings noch vorläufige – Stand der Auswertungen ist in Tabelle 7 wiedergegeben.

Die Wirksamkeit des AT ist in mehreren Studien und u.a. durch positive Vergleiche mit echten Kontrollgruppen bei folgenden *psychosomatischen Störungen* bzw. in folgenden klinisch relevanten Situationen belegt:
- milde bis mäßige essentielle Hypertonie
- koronare Herzkrankheit und Sekundärprävention des Herzinfarkts
- Asthma bronchiale
- Neurasthenie, »vegetative Dystonie«
- funktionelle Darmerkrankungen
- Geburtsvorbereitung.

Vergleichbares gilt auch für den Spannungskopfschmerz und die Migräne sowie für die Raynaud'sche Erkrankung, wobei hier andere Entspannungsverfahren (Progressive Relaxation, Biofeedback) möglicherweise überlegen sind.

Wirksamkeitsnachweise aus je einer Studie – eine Wiederholungsbestätigung der Ergebnisse steht noch aus – ergeben sich für
- Neurodermitis
- Infertilität
- Epilepsie.

In je einer Studie fanden sich positive Prä-Post-Effekte für das AT beim Glaukom und der Lebensqualität älterer Krebspatienten, wobei sich aber eine Überlegenheit gegenüber einer Kontrollgruppe nicht absichern ließ. Eine eher geringe Wirksamkeit des AT und die Überlegenheit von Hypnose bzw. Selbstkontrolltraining zeigte sich in zwei Studien bei der Fibromyalgie. Bei diesen psychosomatischen Störungen wurde das AT – ebenso wie die anderen ggfs. angewandten psychotherapeutischen Verfahren – in der Regel zusätzlich zu einer medizinischen Basistherapie eingesetzt. Bei den wenigen direkten Vergleichen mit medikamentöser Therapie (Hypertonie, M. Raynaud) zeigten sich keine Unterschiede oder eine Unterlegenheit der Therapie mit AT. Bei den spärlichen Vergleichen mit systematischer Krankengymnastik ergaben sich keine Unterschiede bei der Verminderung kardiovaskulärer Risikofaktoren, wobei das AT eher psychische und vegetative, das körperliche Training eher Stoffwechsel-Variablen positiv beeinflußte.

Im Bereich *psychischer/psychiatrischer Störungen* finden sich positive Wirksamkeitsnachweise aus je mindestens drei Studien für

- leichte bis mittelschwere Depression und Dysthymie
- funktionelle Schlafstörungen
- Angst-Störungen-Syndrome (incl. Prüfungsangst und Dysstress-Coping).

Eine kontrollierte Studie belegt, daß durch AT, das zusätzlich zu einem üblichen Therapieprogramm appliziert wurde, die alkoholkonsumbezogenen »Selbstwirksamkeitserwartungen«, die mit dem wirklichen späteren Trinkverhalten korrelieren, signifikant erhöht wurden (Sharp u. Mitarbeiter 1997). In einer Studie bei Stotterern zeigte sich, daß in der AT-behandelten Gruppe kurzfristig zwar nicht die Sprachflüssigkeit in entsprechenden Aufgaben positiv beeinflußt wurde, eine Bewertung der Sprechfähigkeit im Alltag durch die Angehörigen ergab jedoch eindeutig positive Ergebnisse in der AT-Gruppe (Alarcia u. Mitarbeiter 1982).

Aus den Ergebnissen dieser Übersicht lassen sich zum einen wissenschaftlich abgesicherte Indikationen für eine Therapie mit AT ableiten. Sie verweisen aber auch auf die »Kurzlebigkeit« mancher wissenschaftlicher Ergebnisse, die indes von Grawe u. Mitarbeitern (1994) bezogen auf ihre überraschend mäßigen Ergebnisse für das AT bereits als möglich angesehen worden war. Dies sollte aber auch zu mehr Vorsicht anregen, nicht sofort und unmittelbar nach jeder neuen »Meta-Analyse« klinisch über Jahrzehnte hinweg bewährte Verfahren abzuwerten oder gar aus dem therapeutischen Repertoire zu streichen. »Evidence-based-medicine« (an wissenschaftlichen Beweisen orientierte Therapie) würde zur Farce, wenn sie sich *nur* noch auf die jeweils aktuellste Meta-Analyse randomisierter und kontrollierter Studien stützen würde. Praxiserprobtes Erfahrungswissen, wie dies in den folgenden Kapiteln vorgestellt wird, muß diese »wissenschaftlichen« Beweise ergänzen, um dem jeweiligen Patienten in seiner individuellen Lebens- und Leidenssituation wirklich gerecht zu werden.

Tabelle 7: Überblick der kontrollierten klinischen Studien zur Wirksamkeit des AT. Wirkungen bezogen auf die klinische Hauptsymptomatik oder hiermit direkt zusammenhängender Variablen: Legende für die Prä-Post/Prä-Katamnese-Ergebnisse der AT-Gruppen: "+" Verbesserung; "~" keine bedeutsame Veränderung; "-" Verschlechterung. Legende für alle anderen Ergebnis-Darstellungen: "+" AT überlegen; "~" keine bedeutsamen Unterschiede oder bei mehreren Vergleichen: keine eindeutige Tendenz zugunsten oder zuungunsten des AT; "-" AT unterlegen

Krankheit/ Störung	Anzahl der Studien	Größe der Stichprobe zu Beginn der Therapie Gesamt (AT)	Prä-Post/ Katamnese Ergebnis AT-Gruppe +/~/-	AT vs. Placebo/ keine Psychotherapie +/~/-	AT vs. andere Psychotherapie +/~/-	AT vs. medizinische Therapie +/~/-
Hypertonie	11	1001 (484)	10/1/0	7/1/0	1/1/0	0/1/1
KHK/Herzinfarkt-Sekundärprävention	6	441 (286)	5/0/0	4/1/0	0/0/0	0/0/0
Asthma bronchiale	5	224 (96)	4/0/0	2/1/0	1/1/0	0/0/0
Vegetative Dystonie/Neurasthenie	6	633 (344)	5/0/0	3/0/0	0/0/1	0/2/0
Funktionelle Darmerkrankungen	2	114 (57)	2/0/0	2/0/0	0/0/0	0/0/0
Geburtsvorbereitung	3	466 (132)	0/0/0	2/0/0	1/0/0	0/0/0
Spannungskopfschmerz/Migräne	12	1799 (313)	8/3/0	4/1/0	0/5/4	0/0/0
M. Raynaud	6	131 (64)	3/3/0	2/2/0	0/1/2	0/1/0

Krankheit/ Störung	Anzahl der Studien	Größe der Stichprobe zu Beginn der Therapie Gesamt (AT)	Prä-Post/ Katamnese Ergebnis AT-Gruppe +/~/-	AT vs. Placebo/ keine Psychotherapie +/~/-	AT vs. andere Psychotherapie +/~/-	AT vs. medizinische Therapie +/~/-
Neurodermitis	1	137 (28)	1/0/0	1/0/0	0/1/0	0/0/0
Infertilität	1	23 Paare (13)	1/0/0	1/0/0	0/0/0	0/0/0
Epilepsie	2	74 (53)	2/0/0	1/0/0	0/0/0	0/0/0
Glaukom	1	23 (11)	1/0/0	0/1/0	0/0/0	0/0/0
Lebensqualität bei Krebspatienten	1	72 (24)	1/0/0	0/1/0	0/0/0	0/0/0
HIV-Infektion (Stress-Coping)	1	19 (6)	1/0/0	0/1/0	0/1/0	0/0/0
Fibromyalgie	2	85 (24)	1/1/0	0/0/0	0/0/2	0/0/0
Schlafstörungen	3	87 (21)	3/0/0	0/1/0	0/2/0	0/0/0
Depression/ Dysthymie	3	105 (34)	3/0/0	1/1/0	1/2/0	0/0/0
Angst-Störungen/ -Syndrome, Stress-Coping	7	363 (193)	6/1/0	3/2/0	0/3/1	0/0/0
Alkoholismus	1	25 (12)	1/0/0	1/0/0	0/0/0	0/0/0
Stottern	1	48 (12)	1/0/0	1/0/0	0/1/0	0/0/0
Summe	**75**	**5870 (2218)**	**59/9/0**	**35/13/0**	**4/18/10**	**0/4/1**

29. Kapitel
Allgemeine Anwendung

Mit dem AT kann grundsätzlich alles erreicht werden, »was Entspannung und Versenkung leisten können«[1]. Schultz versteht darunter:

1. Erholung
2. Ruhigstellung (Resonanzdämpfung der Affekte)
3. Selbstregulierung sonst »unwillkürlicher« Körperfunktionen
4. Leistungssteigerung
5. Schmerzabstellung
6. Selbstbestimmung
7. Selbstkritik und Selbstkontrolle durch Innenschau.

Aufgrund dieses breiten Anwendungsspektrums sprechen Binder (1993) und andere Autoren von dem AT als einem *»Basispsychotherapeutikum«*. Uns scheint die Einführung dieses Begriffs sinnvoll. Er beschreibt sowohl die *Breite der Einsatzmöglichkeiten* als auch die *vielfältige Kombinierbarkeit* mit anderen Verfahren (s. Kap. 34).

In diesem Kapitel werden die Punkte 1, 2 und 4 besprochen, da zunächst von der allgemeinen Anwendung die Rede ist.

1. Entspannung als Erholung

Schon in den ersten ein bis zwei Wochen eines AT-Kurses berichten viele Teilnehmer, daß sie sich nach der Übung frisch und erholt fühlen, daß sie mit einer AT-Übung eine momentane Müdigkeit, z.B. um die Tagesmitte, überwinden oder ein bis zwei Stunden Schlaf »ersetzen« können. (Ein echter Ersatz von Schlaf ist nach heutigen Anschauungen noch ein ungelöstes Problem, dagegen sind Erfrischung und erhöhtes Wohlbefinden nach der Übung unzweifelhaft.)

Einige Bedingungen sollte man allerdings berücksichtigen: Bei Übermüdung, z.B. beim Bestehen eines hohen Schlafdefizits, schläft man bei der Übung leicht ein oder man kommt nach der Übung schlecht wieder zu sich; es kann dann eine bleierne Müdigkeit weiterbestehen. Das AT wirkt weitaus am besten, wenn man noch frisch ist. Man sollte also üben, bevor man müde ist.

Das *vorsorgliche* Üben hatte bereits O. Vogt in die Hypnose bzw. Autohypnose eingeführt und als »prophylaktische Ruhepause« bezeichnet. Noch besser als die Hypnose eignet sich hierfür das AT. Bei einer anstrengenden, lange andauernden Tätigkeit kommt es oft zu einer stetigen Spannungszunahme. Von einem bestimmten Augenblick an läßt sie sich nur noch schwer steuern: es heißt dann, man sei überdreht, man könne nicht mehr abschalten (s. a. Streß, Kap. 31, 3; Abb. 32). Durch *eingestreute Ruhepausen* wird dafür gesorgt, daß die Spannungskurve in einem mittleren Bereich verbleibt.

Ähnliches gilt für Menschen, die zu einem zu niedrigen Blutdruck neigen (Vagotoniker), der bei Daueranstrengungen weiter sinkt und zu Erschöpfungszuständen führt. Bei diesen Menschen wirkt sich die Ruhe als Erholungspause aus; so wird ein stärkeres Absinken des Blutdrucks vermieden.

Ein weiteres Anwendungsgebiet der Ruhepausen sind berufliche *Dauerüberlastungen* mit dem dahinterstehenden emotionalen Streß. Mit den entspannenden Ruhepausen allein ist es jedoch nicht getan. Bei einer beruflichen Überforderung, die meist auch eine Selbstüberforderung darstellt, wird alles davon abhängen, ob die Betroffenen die Ruhepausen dazu benutzen, noch mehr und noch Besseres zu leisten, oder ob sie durch das AT erfahren, daß es auch noch andere Werte gibt als Arbeit, Verdienst, Sozialprestige u. ä. mehr.

Günstige Auswirkungen ließen sich auch bei Studenten mit Examensängsten und Arbeitsstörungen nachweisen[2]. Auf weitere wissenschaftlich untersuchte Anwendungsbeispiele gehen in diesem Zusammenhang Kap. 30 und 31 ein.

2. Die Selbstruhigstellung (Resonanzdämpfung)

Die Erwähnung von Angstzuständen und deren Beseitigung leitet bereits zur Resonanzdämpfung der Affekte, zur Selbstruhigstellung über. Diesem Dämpfungsvorgang entspricht die Formel: »Ich bin ganz ruhig«, bei der eine allgemeine ausgeglichene Stimmung vergegenwärtigt werden soll.

Es gibt in der Psychotherapie *mehrere Wege,* um dem Patienten ein Umgehen mit störenden Affekten zu ermöglichen:

a. Man kann (durch eine *Psychoanalyse*) die Quelle und die Dynamik dieser Affekte, die in ihrer störenden Form sehr oft ins Unbewußte verdrängt sind, ins Bewußtsein heben, sie durchsichtig machen und entschärfen.

b. Eine zweite Möglichkeit besteht darin, ein Abreagieren von Affekten absichtlich herbeizuführen *(Psychokatharsis),* wodurch sie, wenigstens eine Zeitlang, ihre Energiebesetzung verlieren.

c. Eine weitere Möglichkeit der Beseitigung von Affekten ist die *Desensibilisierung* (nach J. Wolpe, 1962), die sich besonders bei der Auflösung von Ängsten bewährt hat. Aus einer Stufenleiter von angsterregenden Situationen wird der Patient stufenweise mit Ängsten konfrontiert, bis er auch mit den stärksten Ängsten umgehen kann.

d. Schließlich lassen sich Affekte durch das *Autogene* Training dämpfen: der einfachste Weg.

Die Wirkung des AT bei der Dämpfung der Affekte hängt damit zusammen, daß bestimmte Organfunktionen und Affekte Teile eines Gesamtgeschehens sind, dessen Entsprechungen sie darstellen. Genau wie Affekte mit einer Spannung von Skelett-, Eingeweide- und Blutgefäßmuskeln einhergehen, so führt die Entspannung dieser verschiedenen Muskeln und eine Ruhigstellung von Herztätigkeit und Atmung sowie Harmonisierung der Verdauung zur Ruhigstellung, d.h. zur »Resonanzdämpfung der Affekte«[3]. In der durch die AT-Übung herbeigeführten Entspannung sind die Affekte weniger heftig; die Reaktionen auf äußere Ereignisse verlaufen gedämpfter; Vernunft und Verstand werden von den Affekten nicht mehr überschwemmt und womöglich aktionsunfähig gemacht. Die Wirkung der Affekte wird soweit gedämpft, daß der von ihnen Betroffene Stellung zu ihnen beziehen kann und Abstand zu ihnen gewinnt.

Ebenso wichtig ist die zweite Möglichkeit, nämlich die vorsorgende Hemmung affektiver Reaktionen, die Veränderung von unerwünschten Verhaltensweisen durch die vorwegnehmende Vorstellung, durch die Vorsatzbildung (vgl. Kap. 26, 3 b).

Zur Resonanzdämpfung von heftigen Affekten, zur Beherrschung von triebhaften Einstellungen (Versuchungssituationen), zum Abbau einer Sucht (Nikotin, Alkohol, Medikamente) eignen sich *Indifferenzformeln* (Schultz) in besonderem Maße (vgl. Kap. 26, 3c).

Derartige Indifferenzformeln, die zu einer Gleichgültigkeit, Teilnahmslosigkeit oder Interesselosigkeit gegenüber bestimmten Situationen oder Menschen führen, sollten nie auf zwischenmenschliche Spannungen mit nahestehenden Personen, z.B. Familienmitglieder, angewendet werden[4], um nicht schwerste Probleme im sozialen Bereich heraufzubeschwören. Am besten benutzt man diese Formeln nur bei bestimmten belastenden Situationen und ausgeprägtem Fehlverhalten.

- Was auch geschieht, ich bleibe gelassen (ruhig),

wobei man sich immer etwas Konkretes, einen bestimmten Menschen, eine bestimmte Situation vorstellen sollte, um die Formel wirksamer zu gestalten.

Die Dämpfung der Affekte darf nicht als eine Verflachung oder Verarmung an Gefühls- und Gemütswerten mißverstanden werden, im Gegenteil: die Dämpfung dient der Ausschaltung oder *Herabsetzung übermäßiger und heftiger Affekte,* die in Form von Affektstößen[5] »die Gesamtheit der übrigen Affekte vorübergehend zum Schweigen bringen können«. Gedämpft werden sollen nur diejenigen heftigen Affektschwankungen, die das Befinden oder den Einsatz der Gesamtpersönlichkeit stören. Fallen diese Störungen weg, so tauchen eine Menge verfeinerter und vertiefter Gefühle auf, die vorher im Sturm der überschäumenden Affekte untergegangen waren. Wieder einmal zeigt sich ein Paradox beim AT: Das emotionale Erleben des Menschen wird dadurch gefördert, daß man (intensive) Emotionen verhindert. Eine Untersuchung bei 61 AT-Teilnehmern im Rahmen der Erwachsenenbildung konnte signifikante positive Effekte des Kursbesuches und der kontinuierlichen AT-Anwendung auf Emotionen und Kontrollüberzeugungen (s. Kap. 12, 5) sowie Bemühungen, die eigene Entwicklung selbstregulativ zu beeinflussen, feststellen. Die Ergebnisse waren über einen Nachbeobachtungszeitraum von sechs Monaten nach Kursende stabil, sofern weiter AT geübt wurde[6].

3. Die Leistungserhöhung

a. Steigerung körperlicher Leistung (Sport)

Zur Demonstration der körperlichen Leistung eignet sich der Sport am besten: Er ist in viel höherem Maße lustbetont als Arbeit; in ihm kommen Selbstdarstellung, Selbstbestätigung, die Freude an der Bewegung (Funktionslust), der Kampfgeist (als sozial gebilligte Aggression) zu ihrem Recht. Es kann beim Sport ein sonst nie erreichtes Ausmaß an Leistungssteigerung erreicht werden.

Über die Leistungsfähigkeit, d.h. die Anpassung des Menschen an ungewöhnliche körperliche Belastungen, liegen die meisten Untersuchungen beim Sport vor. Wir beziehen uns hier auf die Erfahrungen von Lindemann[7] und Barolin, die beide Medizin und Sport studierten und selbst Hochleistungssportler waren. Lindemann überquerte 1956 in einem Serienfaltboot in 72 Tagen den Atlantik; den erfolgreichen Abschluß dieses Abenteuers, das vor ihm über 100 Menschen mit dem Leben bezahlen mußten, schreibt Lindemann dem AT zu. Er hat auch die Rolle des AT für den Sport, dessen Erfolge man bis vor wenigen Jahrzehnten ausschließlich dem körperlichen Training zuschrieb, untersucht. Hier einige Hinweise, die wir seinem Buch entnehmen:

Die verschiedenen Möglichkeiten einer Leistungssteigerung wurden getestet. Die Versuchspersonen mußten die Beugearmmuskulatur (Bizeps) des rechten Armes maximal anspannen: Die Leistungssteigerung betrug nach Alkohol 3,7 Pfund, nach Adrenalin 4,7 Pfund, nach einem Aufputschmittel (Amphetamin) 9,5 Pfund, nach Hypnose 18,3 und nach posthypnotischen Aufträgen 15,3 Pfund[8]. Es ergab sich also eine eindeutige Überlegenheit psychischer Mittel gegenüber Medikamenten. Ganze Mannschaften wurden vor den Wettkämpfen hypnotisiert und zeichneten sich dann durch Siegesserien aus. Es stellt sich also die Frage, ob das AT »als erlaubtes und *natürliches psychisches Dopingmittel*« Leistungsverbesserungen herbeiführen kann. Daß dem so ist, zeigte[9] eine im AT unterwiesene Skimannschaft, die mehrere Gold-, Silber- und Bronze-Medaillen errang.

Worauf beruhen solche Erfolge? Es ließ sich nachweisen, daß die chemischen Dopingmittel keine größeren Erfolge erreichen lassen, als wenn Sportler durch »eine echte Motivation die psychische Leistungssperre« durchbrachen[10] (das Doping durch sog. Anabolika, die die Muskelmasse real vergrößern, sei hier ausgelassen). Nach Lindemann kann man mit dem AT mehr erreichen, weil dessen Angriffspunkte sehr vielfältiger Art sind. So trugen zum Erfolg seiner Ozean-Überquerung bei: Das Vermeiden von Sitz- und Salzwassergeschwüren (bei immerhin 72 sitzend verbrachten Tagen und Nächten) durch Aufwärmen der Sitzfläche. Weiter »Wer sich autogen entspannt, spart Kraft und Kalorien; er lebt ökonomischer als der verkrampfte Mensch. Tiefstes Entspannen führt zu Wohlbehagen. Wer sich richtig entspannen kann, vergißt seine naturgegebene Angst. Das Schlafbedürfnis nimmt ab, die Sitzunruhe läßt nach, man sitzt so entspannt, daß es nicht so schnell zu Sitzbeschwerden kommt.« Hinzu kommt erstens der Ausgleich von erheblichen Schlafeinschränkungen[11] mit autogenen Ruhepausen (lt. Pressemeldungen auch bei russischen Astronauten); zweitens das automatisch gewordene Bedienen der Ruderkabel mit den Füßen – auch im Schlaf; drittens das Durchbrechen von Halluzinationen, wie sie sich nach unerträglichem Schlafdefizit im tagelangen Sturm einstellten. All das war nur zu bewältigen aufgrund monatelangen Einübens der Vorsatzvorstellungen: »Kurs West« und »ich schaffe es«[12], die zu einem »kosmischen Sicherheitsgefühl« führten. Dadurch war es auch möglich, eine lange Sturmnacht auf dem gekenterten, glitschigen Boot liegend durchzuhalten.

Faßt man Lindemanns Folgerungen aus seinem sportlichen Bravourstück zusammen, so spielen dabei Überlegungen eines rein körperlichen Trainings im Zusammenhang mit der AT-Anwendung kaum eine Rolle. Das gilt auch für ein Kapitel über »bessere Leistungen im Sport«, in dem ebenfalls ausschließlich psychologische Hilfen besprochen werden: Bestleistungen im Schießen durch entspannte Konzentration; Erwerbung von »Reife und Kaltblütigkeit«, mit denen man sich eine »Startneurose«, Lampenfieber, Einschüchterung durch Imponiergehabe von Gegnern u.ä. abgewöhnt.

Zusammenfassend heißt es: »...die Leistungsverbesserung im Sport ist ein Hauptanwendungsgebiet des AT.« Nach ihm sind die Indikationen auf dem Sportsektor folgende: Startfieber und Startverkrampfung; Verkrampfung bei Minderwertigkeitskomplexen und Erwartungseinstellungen; die Unfähigkeit, alles aus sich herauszuholen, die man bei sogenannten konträren Typen antrifft; das Unvermögen, sich leicht und locker zu bewegen; Konzentrationsschwäche bei Beurteilung der Situation, so daß einem selbst ein sicherer Sieg noch verlorengeht; allgemeine Nervosität, verbunden mit Schlaflosigkeit, vor dem Sportereignis und sogenanntes Wettkampffieber[13].

Die Untersuchung vieler internationaler Spitzensportler führte zur Feststellung, daß »Übermotivation die Hauptursache des Wettkampfversagens« sei, die zu einem »ergotrop überhöhten Reizzustand« führte[14]. Anstelle eines »abputschenden« Dopings (mit Psychopharmaka), das verboten ist, wird für den Wettkampf labiler Athleten das AT empfohlen, das in regelmäßigen Sitzungen geübt und dann, kurz vor dem Auftritt bzw. Start, in stark abgekürzter Form durchgeführt wird. »Die erstaunliche Zuverlässigkeit des Wettkampfverhaltens« ist allein dem AT zuzuschreiben, denn bei Einhaltung von Ruhe *ohne* AT tritt dieses Verhalten »in nicht annähernd gleicher Intensität in Erscheinung«. In einer Untersuchung von italienischen Baseballspielern des Nationalteams fand sich eine signifikante Reduktion der Angstspannung außerhalb des Wettkampfes; im Wettkampf selbst war diese jedoch nicht erniedrigt, dafür zeigte sich eine entscheidende Reduzierung der psychophysiologischen Aktivierung (gemessen an hormonellen Ausscheidungsprodukten) sowie eine Leistungssteigerung um 23 Prozent gegenüber der Kontrollgruppe[15]. Bei deutschen Sportstudenten zeigte sich unter AT eine nachhaltige Entspannung von Muskulatur und Atmung; auch hier war die physiologische Aktivierbarkeit herabgesetzt, was sich im Gegensatz zur italienischen Studie in einer sportlichen Leistungsminderung niederschlug. Vielleicht sind die Unterschiede auf die unterschiedlichen Anforderungen der Sportarten (Ballspieler vs. Mittelstreckenläufer) zurückzuführen[16]. Belegt erscheint uns, daß das AT die psychophysiologische Aktivierung beim Sport reduziert, was aber nicht in jedem Fall den sportlichen Erfolg fördern muß.

Beeindruckend sind die Resultate *antizipierender Übungen:* Eine Gruppe von Sportstudenten mußte 14 Tage lang täglich zehn mal zehn Minuten *in der Vorstellung* Hürdenlauf trainieren. Es kam dadurch zu einer Verbesserung der Zeit im 110 Meter-Hürdenlauf um 0,57 Sekunden. Im Vergleich zu einer Kontrollgruppe betrug die Leistungssteigerung rund 100 Prozent. Dabei handelte es sich »nur« um mentales Training ohne autogene Versenkung; von der Kombination beider wird später die Rede sein[17].

Abschließend noch einige Vorsatzformeln (u.a. nach Lindemann), um nachlassende sportliche Trainingsfreude, Motivation und Leistungsbereitschaft zu wecken:

- Training (Leistung) macht frei und froh
- Training bringt Spaß, ich trainiere konsequent
- Ich trainiere mit Lust und Liebe
- Ich laufe ganz flüssig, frei und locker
- Ich starte schnell und flüssig
- Ich stoße (werfe) ganz flüssig und kraftvoll
- Ich springe frei und hoch und locker (flüssig)
- Ich konzentriere meine Kraft
- Ich halte durch.

Wenn ein Konkurrent aufkommt, lassen sich Verkrampfungen vermeiden mit der Formel:

- Gegner gleichgültig, ich bleibe im Rhythmus
- Ich laufe locker und gebe alles.

b. Die Leistungen im Beruf

Ähnlich wie beim Sport treten auch bei beruflicher Hochleistung die meisten Störungen auf, und ähnlich wie beim Sport führt auch im Beruf die Arbeit als solche meist nicht zu Störungen, sondern die Begleitumstände, genauer: die psychische Einstellung zur Leistung oder zu den Mitarbeitern.

Am bekanntesten ist die *»Managerkrankheit«*, eine Bezeichnung, die man besser durch den Ausdruck »Managersyndrom« ersetzen sollte[18]. Im weiteren Sinne werden darunter alle psychischen und körperlichen Symptome verstanden, die als Folge von Störungen der zwischenmenschlichen Beziehungen im Beruf auftreten, soweit diese durch eine aggressive Charakterstruktur oder durch ein Konkurrenzbedürfnis gegenüber Mitarbeitern verursacht wird (nach W. P. J. Viëtor). Das sog. *Typ-A-Verhalten* (Rosenman), das verstärkt zur coronaren Herzkrankheit führt, entspricht weitgehend dem gleichen Persönlichkeitstyp. Von 3000 poliklinisch untersuchten Menschen wurde eine Gruppe von 31 Kranken mit derartigen beruflichen Konflikten ausgesucht: sie waren durchschnittlich 36 bis 45 Jahre alt, alle verheiratet und klagten über allgemeine, vorwiegend psychische Beschwerden. Nicht eingeschlossen darin waren die Folgezustände nach beruflichem Streß, wie Magen- und Duodenalgeschwüre, Herzstörungen und ähnliches.

Bei den geäußerten Beschwerden fanden sich: Herzängste (15mal), Depressionen (11mal), Spannungskopfschmerzen (7mal), Angst vor einem baldigen Tod (2mal), Bluthochdruck (2mal), Magenbeschwerden (2mal). Behandelt wurde: mit Medikamenten (Tranquilizer), mit Entspannung (Autogenes Training) und mit verbaler Psychotherapie – im Sinne einer Einsicht in die berufliche Problematik.

Die Umstellung von Medikamenten auf AT war oft schwierig, da die meisten Patienten sehr schlecht entspannen konnten; teilweise waren sie verzweifelt, daß sie mit einer so offenkundig leichten Aufgabe nicht fertig wurden. Manche verblieben, nachdem sie sich die Medikamente abgewöhnt hatten, mit gutem Erfolg in diesem Stadium der Entspannungsbehandlung, also beim AT; eine Motivierung zu einer konfliktbezogenen Psychotherapie konnte vielfach nicht erreicht werden. Nur ein Teil der Betroffenen war fähig, die Konfliktsituationen in ihre Gesamtpersönlichkeit einzuordnen. Die Gründe für die mangelnde Fähigkeit zur Selbsteinsicht beim Managersyndrom sind offensichtlich:

1. Körperliche Symptome werden gern in Kauf genommen, wenn sie als Abfallprodukt einer erfolgreichen beruflichen Karriere gewertet werden; sie werden nicht als Leiden empfunden und sind daher selten Grund zu einer ärztlichen Untersuchung. Daher auch die so häufig völlig unerwarteten Todesfälle (meist Herzinfarkte) inmitten einer glänzenden beruflichen Laufbahn.

Selbsteinsicht ohne einen dahinterstehenden Leidensdruck gehört zu den großen Ausnahmen; das kann jeder Psychotherapeut bestätigen.

2. Die Motivierung zu einer konfliktorientierten Psychotherapie bei einem aggressiven und erfolgreich gegen Konkurrenten sich durchsetzenden Menschen würde bedeuten, daß er auf die Mittel zu seinem Erfolg verzichtet oder sie zumindest in Frage stellt. Die Konflikte, die er bearbeiten müßte, belasten überdies nicht ihn, sondern gehen zu Lasten der »Mitarbeiter« oder der Konkurrenten.

3. Die Ablehnung betrifft nicht das AT. Hat der Manager erst den Erholungswert und die leistungssteigernden Möglichkeiten des AT begriffen, so wird er es nicht mehr missen wollen und »mit gutem Erfolg« für seine Zwecke einsetzen; die körperlichen Krankheitssyndrome werden gebessert oder verschwinden, die psychische Grundeinstellung bleibt. Die Vertreter dieser Gruppe gehören während des AT zu den aufgeschlossensten, einfallsreichsten Kursteilnehmern. Im Anschluß an den Kurs entziehen sie sich jedem verbindlichen Gespräch, man sieht sie selten wieder. Sie handhaben das AT zu ihrem Nutzen, »autogen«.

Ist beim Manager die Aggressivität gegen Mitarbeiter, die Selbstdurchsetzung um jeden Preis (der Freund von heute kann der Feind von morgen sein) und der Ehrgeiz (wörtlich: die Gier nach Wertschätzung) eine wesentliche Quelle der Störungen, so spielt beim beruflich Abhängigen die Schüchternheit, die Unsicherheit, das mangelnde Selbstbewußtsein eine ebenso wichtige Rolle. Ist das Managersyndrom durch die Aggressivität geprägt, so ist beim *Abhängigensyndrom* meist die Angst bestimmend: Angst, entlassen zu werden, nicht beachtet oder zu gering eingeschätzt zu werden; Angst vor dem Chef, vor dem Konkurrenten oder vor Terminen. Bei dieser Gruppe werden auf der Basis einer AT-Entspannung Vorsatzformeln wichtig sein, die die eigene Selbstsicherheit erhöhen und die Belastungen durch die Umgebung abbauen.

Eine 47jährige Sekretärin berichtet: »Auf einer der ersten Seiten meiner Personalakten steht die Eintragung: ›Nahezu unbegrenzt belastungsfähig‹. Darauf führe ich es zurück, daß mich mein Chef immer ausgenutzt hat. Zusätzlich zu meiner laufenden Arbeit wurden mir häufig Aufgaben übertragen, die kein anderer bewältigen konnte bzw. wollte. Ob ich

Überstunden machen mußte, kümmerte ihn wenig. Er war wenig respektvoll und gebrauchte in meiner Gegenwart, besonders bei Besuchern, gerne Kraftausdrücke. Ich war oft nahe am Verzweifeln, als ich vom Autogenen Training hörte. Ich machte einen Kursus mit. Die Übungen lernte ich schnell. Ich benutzte dann die formelhafte Vorsatzbildung: ›Der Chef ist gleichgültig, nur die Arbeit ist wichtig.‹ Ich benutzte diese Formel zusammen mit der Schulterentspannung mehrmals am Tage. Bereits nach einigen Wochen wurde mein Chef viel höflicher, er fragte vorher, ob ich über die übliche Zeit hinaus arbeiten könne. Er veranlaßte eine Gehaltserhöhung und meinte dazu: ›Sie haben sich in letzter Zeit sehr zu Ihren Gunsten verändert‹, worauf ich ihm unbefangen antworten konnte: ›Ich habe den Eindruck, daß das auf uns beide zutrifft.‹«

In diesem Fall führte das AT allein zum Ziel. Mit ihm war es gelungen, eine seit Jahren zunehmende Zirkelbildung zu unterbrechen und zum Besseren zu wenden; das AT wurde zum Anlaß, das Berufsleben (und nicht nur dieses) neu zu gestalten. Ermöglicht wurde dieser Umschwung durch den Eigenantrieb, der nur verschüttet gewesen war und durch das AT neu angeregt wurde; ferner durch die selbstkritische Einstellung und gute Realitätsanpassung, genauer: durch ein der beruflichen Stellung angemessenes Anspruchsverhalten.

Während es bei der Gruppe der Manager meist bei einer Behandlung mit dem AT sein Bewenden hat, wird bei Berufsschwierigkeiten der »Abhängigen« oft eine zusätzliche Psychotherapie erforderlich sein: steht ein Konflikt im Mittelpunkt des Geschehens, so wird man eine konfliktorientierte Gesprächstherapie hinzunehmen (Kap. 34, 3b).

Sehr gut läßt sich das AT mit einer Verhaltenstherapie kombinieren; zur Korrektur von Fehlverhaltensweisen lassen sich Vorsatzformeln des AT verwenden. Bei schwersten neurotischen Formen des Fehlverhaltens käme nur eine Psychotherapie im engeren Sinne in Frage, z. B. eine analytische Gruppenarbeit.

Abschließend noch eine Bemerkung zu den hier beschriebenen Typen und ihrem Verhalten im Beruf:

Es ist selbstverständlich, daß sie in dieser Form nicht »rein« vorkommen. Auch der arrivierte Manager ist nie völlig unabhängig; er muß sich nach einem Aufsichtsrat, einer kontrollierenden Bank u. ä. richten. Andererseits findet man Führungseigenschaften auch bei »Abhängigen«. Bei den beiden Typen wird es sich in der Praxis also lediglich um ein Vorwiegen dieser oder jener Charakterstruktur handeln.

Es folgen einige *Formelvorschläge* (zum Teil rhythmisch oder in Stabreimen), die im Beruf gut anzuwenden sind:

- Ich dénke und hándle ganz sícher und klár
- Was ándere dénken, läßt mich kált[19].

Wichtig sind Indifferenzformeln (ähnlich wie im letzten Protokoll), z.B.:

- Beobachtetwerden gänzlich gleichgültig.

Es gibt im Berufsleben eine ganze Reihe weiterer Störungen und Beschwerden, auf die hier nicht eingegangen werden kann. Anhand der zwei beschriebenen Gruppen sollte deutlich gemacht werden, daß die meisten Schwierigkeiten auf einem Fehlverhalten beruhen, das mit dem AT modifiziert werden kann.

Zum Schluß noch einige Formeln bei Arbeitsüberlastung, Terminarbeiten u.ä.:

- Gut Ding will Weile haben (Sprichwort)
- Arbeit läuft mühelos
- Eine Sache nach der andern
- Die Arbeit fließt ruhig und gleichmäßig
- Wer langsam geht (ruhig arbeitet), kommt grad soweit (Sprichwort).

Weitere Formelvorschläge[20]:

- Lernen gelingt leicht
- Arbeiten fällt leicht
- Erst arbeiten, dann vergnügen
- Ich schreibe ganz ruhig und frei
- Ich halte durch (ich schaffe es).

Schultz führt im Protokoll eines Redakteurs mit Arbeitshemmungen (unerledigte Arbeiten) die Formeln an[21]:

- Es wird aufgeräumt! Passivität wird überwunden!
- Ich bleibe konsequent!

Bei Examensvorbereitungen und Lernstörungen:

- Ich behalte mühelos
- Alles prägt sich von selbst ein
- Egal wie es läuft, ich bleibe cool (ruhig)
- Tief durchatmen und Gedanken fließen lassen.

c. Verbesserung der künstlerischen Gestaltung

Auch künstlerische Leistungen können durch das AT mit Leitsätzen verbessert werden.

Dafür sprechen die *Hypnoseerfahrungen* eines Psychiaters und Theaterarztes am Königlichen Theater in Stockholm mit einer Gruppe von 30 Künstlern. Sie bestand aus sieben Schauspielern (die Gedichte vortrugen), fünf Sängern, acht Musikern und zehn Malern. Die Künstler wurden einzeln hypnotisiert, wobei sie den posthypnotischen Auftrag einer besseren Leistung erhielten. Anschließend wiederholten sie ihren Beitrag (auf Band gesprochen, gesungen oder als Zeichnung). Die Ergebnisse wurden von anderen Künstlern beurteilt, diese stellten eine Verbesserung der Ergebnisse bei 22 von 30 Künstlern fest[22].

Zwei Folgerungen aus diesem Bericht scheinen wichtig: Bei der ähnlichen Wirkung von posthypnotischen Aufträgen und autogenen Vorsätzen ist zu erwarten, daß sich das AT insgesamt in ähnlicher Weise wie eine Hypnose auswirken kann.

Zu der Gruppe, die ihre Leistungen verbessern konnte, gehörten 14 Personen, die wegen Unruhe, Angst und Unsicherheit zum Arzt gekommen waren. Die »Verbesserung der Leistungen« waren also nicht durch einen Leistungszuwachs, sondern durch einen *Abbau störender Affekte* zustandegekommen. Leistungsverbesserung, das gilt auf sämtlichen Gebieten, kann immer nur erreicht werden durch Beseitigung von Störfaktoren und nicht durch eine Erhöhung bzw. Verbesserung dessen, was ein Mensch zu geben vermag. Mehr als »sein Bestes« kann man weder in der Hypnose noch im AT vom Menschen erwarten.

Einige *Formelvorschläge:*

- Ich síngе ganz sícher
- Públikum Músik und ích sind éins
- (Die) Kritiker sind gleichgültig
- Ich spíele ganz rúhig, sícher und fréi
- Ich bléibe ganz rúhig, die Kúnst nur ist wíchtig[23].

Eine Illustration zu dieser letzten Formel ist der Bericht einer französischsprachigen Pianistin, die ihr Lampenfieber verlor durch die Vorstellung, der Komponist, den sie gerade interpretierte, stünde neben ihr, wobei sich beide in völliger Übereinstimmung befänden. Das franz. »interpréter« bedeutet sowohl dolmetschen als auch etwas auslegen, deuten oder darstellen. Die Sache, der Inhalt des Dargestellten, die Kunst steht damit im Vordergrund, das »Ich« wurde zurückgenommen.

Dieses *Zurücknehmen des Ich* und die Hinwendung der Aufmerksamkeit auf die Darstellung hat für alle wiedergebenden Künstler (im wesentlichen Musiker und Schauspieler) zwei Vorteile:
– das auf Bühne oder Podium stark exponierte Ich verliert an Bedeutung, womit die Angst zurücktritt;
– die Art der Darstellung gewinnt an Objektivität. In solchen Fällen soll man (nach Schultz) die Formel
• Ich bin in Kunst
benutzen. In vielen Fällen bedeutet der Ausdruck »Ich« zu Beginn einer Formel eine Handlung, eine Leistung und, damit verbunden, Angst. Man sollte dann dieses »Ich« umgehen: Einem Opernsänger, der mich wegen starken Lampenfiebers konsultierte, gab ich die Formel:
• Es singt in mir
mit auf den Weg. Zwei Monate später erhielt ich eine Postkarte: es sei ihm mit Hilfe der Formel gelungen, seine Angst loszuwerden.

d. Grundregeln jeglicher Leistungssteigerung

Die Rolle des AT bei der Leistungssteigerung läßt sich zusammenfassen:

Jede Leistungssteigerung ist begrenzt. Der Sinn des körperlichen Trainings (Sport) betrifft die Mobilisierung von Reserven. Aber auch diese hat eine Grenze: Wie nichts wahrer sein kann als wahr, nichts gesünder als gesund, so hat jeder Mensch seine Bestleistung, sein Optimum, das nicht überschritten werden kann. Der Begriff einer maximalen Leistung, die ein reiner Menschenbegriff ist, sollte vermieden werden; ebenso sollte man anstatt von einer *Maximierung* lieber von einer *Optimierung* der Leistung sprechen. Im Sport fallen beide Begriffe sicher nicht selten zusammen; hat man sich in irgendeinem Bereich eine Aufgabe gestellt, so sollte man die Formel benutzen:
• Ich gebe mein Bestes.

Alfred Cortot, der französische Pianist, empfahl seinen Schülern, bewußt auf eine maximale Leistung zu verzichten. Er selbst pflegte die Stücke, die er vortragen wollte, in den letzten drei Tagen vor einem Konzert nicht mehr zu üben: er verzichtete damit auf ein Maximum an technischer Brillanz zugunsten einer persönlichen Bestleistung, ohne den Versuch, sie erzwingen zu wollen und unter Verzicht auf die letzte Routine, die die Gefahr eines schablonenhaften Verhaltens mit sich bringt.

Psychische Faktoren sind bei *allen* Leistungen wichtiger, als man bisher annahm; selbst im Sport, der auf den ersten Blick hin ein rein körperlicher Vorgang ist. Setzt man ein optimales körperliches Training voraus, so wird das Psychische, die innere Einstellung zur Leistung, ausschlaggebend. So ist heute im Sport viel davon die Rede, daß man »*mental*« nicht »voll da war« oder »gut drauf« war – je nachdem wie es lief. Dieser englische Modebegriff trifft fraglos einen entscheidenden Zusammenhang für den Erfolg.

Die leistungssteigernde Wirkung des AT beruht nicht auf einer zusätzlichen Leistungserhöhung, sondern auf der Ausschaltung von Fehlern und Störungen, die die Leistung beeinträchtigen.

Schultz hat immer wieder darauf aufmerksam gemacht, daß »die verschiedenen technischen Maßnahmen vom Zentralpunkt des Ruheerlebnisses aus ineinandergreifen, so daß es bei klinischer Verwendung schwer oder gar nicht zu entscheiden ist, ob die klinisch festgestellte Leistung mehr dem allgemeinen Ruheerlebnis oder mehr speziellen Seiten des Verfahrens . . . zuzuschreiben ist«[24]. Wie bei jeder Handlung, so schaffen wir auch im Autogenen Training, bemerkt oder unbemerkt, eine Fülle von Bedingungen, deren Ineinandergreifen und Zusammenwirken zu einer Leistungserhöhung führt.

4. Die Intensivierung geistiger Funktionen

In einem der Eingangskapitel (Kap. 2, 2) wurde über die *Konzentration* als eine der Grundlagen des AT gesprochen. In der zweiten Übung des praktischen Teils (Kap. 18, 2) handelte es sich darum, die Konzentration in Form einer freischwebenden Aufmerksamkeit möglichst störungsfrei zu gestalten. Im vorliegenden Abschnitt geht es um die Auswirkung erhöhter Konzentration.

Der heutige Mensch leidet unter den Folgen einer Reizüberflutung. An eine Menge von Dauerreizen hat er sich angepaßt; er nimmt sie nicht mehr wahr, zumindest stören sie ihn nicht mehr. Anders steht es mit dauernd wechselnden, aufdringlichen Geräuschen und Farben. Affekterregende Bilder, die die größte prägende Wirkung haben, werden in steigendem Maße überall eingesetzt. Dadurch werden wir uns selbst zunehmend entfremdet.

Eines der uns zur Verfügung stehenden Mittel gegen diese Zerstreuung – in des Wortes doppelter Bedeutung –, man könnte sagen deren Gegenpol, ist die Konzentration. Sie ermöglicht es uns, unsere auseinanderfallenden, nach außen gerichteten Gedanken und Vorstellungen zu sammeln und damit zu einer inneren Sammlung zu kommen. Bereits mit der ersten Übung im AT, mit der Darstellung der Schwere im rechten Arm, verschiebt sich das Kräfteverhältnis: weg von der Zerstreuung nach außen und hin zur Sammlung nach innen. Für diesen Prozeß brauchen manche Menschen Wochen, sogar Monate; mit dem ersten gelungenen Schritt im AT ist aber der Bann der Kräfte gebrochen, die den Menschen von seiner Selbstbestimmung fernhalten. Er kann dann zunehmend freier über sich verfügen und seine Möglichkeiten, wie er es für richtig hält, einsetzen: er kann sein Verhalten zur Umwelt korrigieren (neue Leitsätze), Fehler ausschalten, seine Leistungen steigern; er kann die konzentrative Selbstentspannung auch als ein Werkzeug benutzen, das es ihm ermöglicht, seinen Innenraum (die cella interna der mittelalterlichen Mystiker) wiederzuentdekken.

Eine der Wirkungen der Hypnose ist die Möglichkeit außerordentlicher *Gedächtnisleistungen.*

Ein beeindruckendes Beispiel hierfür waren in den Nachkriegsjahren die Umstände, unter denen es einem ehemaligen deutschen Offizier gelang, seine ausführlichen, in russischer Kriegsgefangenschaft aufgezeichneten und dann abhandengekommenen Notizen in Hypnose wieder (teilweise wörtlich) zu erinnern und zu diktieren[25].

Schultz konnte auch in der AT-Entspannung eine deutliche Zunahme der Wiedergabefähigkeit vergessenen Materials unter Versuchsbedingungen nachweisen. Er ließ Versuchspersonen früher, teilweise in der Schulzeit, gelernte Gedichte aufsagen, wobei er ihnen eine Frist von zwei Minuten zum Auffinden vergessener Stellen einräumte; in der nun folgenden autogenen Entspannung konnten in 60 Prozent der Fälle die Gedichte schlagartig lückenlos reproduziert werden[26].

Man muß annehmen, daß sowohl in der Hypnose als auch im AT die Einengung des Bewußtseins, das Ausschalten ablenkender Gedanken oder Außenweltreize, die Erhöhung des Einfallsreichtums, d.h. das unwillkürliche Sich-Einstellen von Erinnerungsmaterial in völliger Entspannung bei diesen überraschenden Gedächtnisleistungen eine wesentliche Rolle spielen.

Das Gedächtnis kann aber auch, und das dürfte das Wichtigere sein, autogen eintrainiert werden, und zwar durch bewußtes Einüben der *Merkfähigkeit.*

Eine asthenische, schnell ermüdbare, schwerlebige, sehr verantwortungsbewußte Patientin, Frau eines Arztes, war nach dessen Tod wieder in ihrem alten Beruf als Krankenschwester tätig geworden. Drei Monate später suchte sie mich auf: trotz aller Bemühungen würde sie vieles von dem vergessen, was ärztlich bei den Patienten angeordnet worden war; sie müßte sich alles aufschreiben, könne sich vor allem keine Namen merken. Ein Berufswechsel stand zur Frage. Bevor sie sich dazu entschied, machte sie auf meinen Vorschlag einen AT-Kurs mit, in dessen Verlauf sie sich (aus eigenen Stücken) nach jeder Übung die Namen und Verordnungen der Neuaufnahmen auf der Station vergegenwärtigte. Nach einem halben Jahr beherrschte sie die Situation mühelos; sie stieg später beruflich auf.

In der Betrachtung über *Kreativität* wird davon ausgegangen, daß jeder Mensch zu bestimmten Zeiten, unter bestimmten Bedingungen eigenschöpferisch sein kann. Auf jeden Fall gilt das für jedes (Durchschnitts-)Kind, und es fragt sich, wieweit man durch das AT die Voraussetzungen schaffen kann, diese kindlichen Fähigkeiten zu neuem Leben zu erwecken.

Zu Beginn des Kapitels über die praktischen Konzentrationshilfen (Kap. 18) wurde bereits erwähnt, daß sich in der Ruhe, in der Entspannung vielfach für den Übenden wichtige Vorstellungen und Gedanken einstellen, die in der Geschäftigkeit des Alltagslebens untergegangen waren.

Ein Hamburger Nervenarzt[27] schickte 1933 »kreativen« Zeitgenossen (Schriftstellern, Malern, Wissenschaftlern) einen Fragebogen, dessen eine Frage lautete: »Spielen Träume beim schöpferischen Prozeß eine Rolle?« Diese Frage wurde vielfach bejaht, ebenso oft gingen die Beantworter (ohne danach gefragt worden zu sein) auf Wachträume ein. Es folgen einige Antworten:

Manfred Hausmann: »Träume spielen bei mir keine Rolle, dagegen habe ich gefunden, daß sich in den Dämmerzuständen vor dem Einschlafen und kurz nach dem Aufwachen besonders gerne produktive Gedanken einstellen.«

Hans Grimm: »Die meisten ersten Einfälle habe ich beim Schlafen in der Nacht gehabt... oder sonst beim Hören von guter Musik.«

Hans Leip: »Schlafträume weniger. Wachträume nicht in bewußt festzulegender Form, nicht so, daß sie dem Bewußtsein als von außerhalb hereindringend erschienen.«

Oscar E. Ulmer: »Tiefträume wohl nicht, aber Überlegungen und Kombinationen im Halbschlaf.«

Walter Gättke: »Beachtenswert bleibt aber auch hier, daß der Schaffensvorgang stets ganz plötzlich einsetzte, d.h. ohne vorher geplant zu sein.«

Emil Abderhalden, Physiologe und Nobelpreisträger: »Spaziere ich z.B. in den Bergen herum, dann bin ich immer wieder überrascht davon, daß nun vergessen Geglaubtes lebhaft zu Tage tritt. Es ist die gesamte Umgebung, die Erinnerungskomplexe zur Hebung bringt, genauso, wie man oft ein Buch in die Hand nimmt, um etwas nachzusehen. Man blättert und weiß ohne nachzusehen das, was man aufsuchen wollte . . . Sie (Träume) spielen keine Rolle bei meinem geistigen Schaffen, wohl aber habe ich während des Einschlafens nicht selten Einfälle, die verwertbar sind. In der Hast der Arbeit ist oft keine Zeit zu Überlegungen.«

Karl Friedrich Gauß (1777–1855), mit 22 Jahren der berühmteste Mathematiker seiner Zeit, schreibt, ihm seien die besten Gedanken morgens vor dem Aufstehen im Bett gekommen.

Robert Mayer (1814–1878) entdeckte das Prinzip von der Erhaltung der Energie, als er als Schiffsarzt, von der Tropenhitze ermattet (in Surabaya) in seiner Koje lag.

Descartes (1596–1650) fand seinen wichtigsten philosophischen Satz (»ich denke, daher bin ich«), als er als Feldscher irgendeiner Armee in Ulm im Winterquartier vor dem Kaminfeuer saß[28].

August Kekulé (1829–1896), der Begründer der organischen Chemie, machte seine Entdeckungen ebenfalls vor dem Kaminfeuer (eine andere in der Mittagshitze auf dem Dach eines zweistöckigen Autobusses in London). Die chemischen Formeln, mit denen er sich beschäftigte, sah er als eine Reihe von kleinen Männchen, die sich an der Hand hielten; als das erste und letzte Männchen der Reihe aufeinander zugingen und sich ebenfalls die Hand gaben, hatte Kekulé die Ringformel entdeckt.

Der Wiener Schneider J. Madersperger, ein Miterfinder der Nähmaschine, kam 1830 auf den Gedanken, das Öhr in die Nadelspitze zu verlegen, nachdem er einen Ulanen sah, der mit waagerecht gehaltener Lanze an ihm vorbeigaloppierte; durch deren durchbohrte Spitze (Öhr) war ein buntes Band gezogen, das im Winde flatterte.

Allen diesen Beispielen gemeinsam sind einige Momente, die mit den Vorgängen beim AT identisch sind. Es sind:
– Die Grundeinstellung der *Entspannung und Ruhe;* beim Einschlafen, beim Aufwachen, beim Anhören von Musik, am Kamin dösend (zweimal), bei großer Hitze (zweimal); in keinem Fall bestand aktives Nachdenken oder Handeln.
– Die *Anschaulichkeit* der Erscheinungen: häufig werden die Vorgänge als Wachträume bezeichnet, womit sowohl die Entspannung beim Zustandekommen als auch die Anschaulichkeit der Inhalte gekennzeichnet ist: Männchen, eine Schlange, »Gesichte«, Gedanken nehmen in Worten »Gestalt« an.
– Die *Absichtslosigkeit:* »Es fiel mir ein«, »es geschah vor meinem (inneren) Auge.« Das könnten alle Befragten geäußert haben. Dieses nicht bewußt auf ein Ziel Ausgerichtete, das Nicht-Intentionale wird im Bericht von E. Abderhalden deutlich ausgesprochen.

»Ich habe mich noch nie auf eine Vorlesung oder einen Vortrag vorbereitet – höchstens gehe ich in Gedanken das vorzutragende Gebiet durch.

Merke ich mir bei einem besonders wichtigen Vortrag einleitende Worte oder bestimmte Stellen, dann leidet der Vortrag und jedermann merkt, daß ich unter Hemmungen stehe. ›Ich sage auf‹. Gewöhnlich handle ich deshalb, durch Erfahrungen gewitzigt, nach dem Rezept von Gabriel Anton, der zu sagen pflegte: (bei Tischreden) ›Ich weiß nicht, wohin es mich reden wird.‹«; an anderer Stelle: »Es entstand die vierbändige Physiologie in knapp zwei Jahren. Ich schrieb ohne jede Unterlagen, ohne jede vorgefaßte Disposition. Ich hatte oft die Empfindung, daß ich mit ›Unterbewußtsein‹ schrieb. Die Feder oder die Schreibmaschinen arbeiteten viel zu langsam! Niemand wußte, daß ich das Werk schrieb. Es standen mir nur die Abendstunden und der Sonntag zur Verfügung.«

Bei ähnlichen Vorbedingungen wie den eben geschilderten treten im Alltagsleben (meist viel zu wenig beachtet) *autosymbolische Erscheinungen* auf, die nicht selten »kreative« Antworten auf Probleme des täglichen Lebens geben oder das wesentliche an den Problemen anschaulich darstellen.

30. Kapitel
Das Autogene Training bei besonderen Altersgruppen

1. Das AT bei Kindern

Kinder können schon ab vier Jahren das AT erlernen[1], dies sogar unabhängig von ihrer Intelligenz. Dennoch verlangt das AT bei Kindern eine besondere Berücksichtigung bestimmter entwicklungspsychologischer Gegebenheiten.

Das menschliche Kind nimmt in seinen ersten Lebensjahren eine *biologische und psychologische Sonderstellung* ein. Im Vergleich zu den Tieren wird es zu früh geboren (Portmann), es ist mehrere Monate lang völlig hilflos und bleibt viele Jahre ganz auf den Schutz der Beziehungspersonen seiner Umgebung angewiesen. Geborgenheit und intensiver emotionaler Kontakt zu diesen Menschen lassen beim Kind das Urvertrauen (Erikson) entstehen. Eine Identifizierung mit den älteren Familienmitgliedern führt beim Kleinkind in zunehmendem Maße zur Übernahme sozialer Verhaltensweisen. Während der Schulzeit, während des Lebensabschnittes also, in dem ein AT angewandt werden kann, steht das Kind in einer polaren Gegensatzspannung: Einerseits ist es eingebettet in eine soziale Ordnung, die es im Lauf der Jahre erwarb und sich zu eigen machte (Einordnung in die Familie, Schule, Spielgruppe usw.). Diese Ordnung bietet ihm Schutz und Sicherheit. Auf der anderen Seite steht der Drang des Kindes nach Freiheit, Unabhängigkeit und individueller Selbständigkeit (Autonomie). Das Sich-Überschneiden dieser beiden gegensätzlichen Bereiche kann sowohl zu funktionellen Dauerstörungen führen als auch zu krisenhaften Auseinandersetzungen mit der Umwelt. Danach unterscheidet man psychosomatische Erkrankungen und Verhaltensstörungen.

Das Kind ist bei dem Prozeß des Sich-Lösens aus der jeweiligen Stufe seiner Entwicklung und beim Erstreben größerer Selbständigkeit immer auf die *Hilfe der Erwachsenen* angewiesen. Das gilt erst recht für den Fall, daß Störungen auftreten. Jede der hier besprochenen Störungen beim Kind ist immer ein Spiegelbild seiner gestörten Umwelt. Der Arzt muß daher nicht nur mit dem Kind, sondern auch mit der Mutter, besser mit den Eltern (oder deren Ersatzpersonen) vor Einleitung einer Psychotherapie, also auch vor dem AT, ein oder mehrere Gespräche führen. Das mindeste, was dabei zu erreichen ist, besteht in einem Verständnis der Eltern für die Störungen des Kindes und in einer wohlwollend-fördernden Einstellung zu dessen Bemühungen. Darüber hinaus muß es zu einer Änderung des Verhaltens der Eltern kommen. Außer einer Erziehungsberatung wird diesen daher oft ebenfalls ein AT vorgeschlagen (Müttergruppe). Gar nicht so selten wird durch eine Verhaltensmodifikation der Mutter bzw. der Eltern eine Behandlung des Kindes überflüssig.

Eine Autorin aus den USA[2] – dem Lande pragmatischer Lösungen – berichtet über eine kombinierte Behandlung von Kindern mit Selbsthypnose; hierbei sind eingeschlossen: 1. »progressive Relaxation«, 2. »gesteuerte Phantasie« (Phantasiereisen unter Wasser, Schatzsuche u.ä.), 3. »erhöhte Sinnesvorstellungen« (»du schwimmst in einem Swimmingpool mit Eiswürfeln, du bleibst kühl«), 4. »positive Leitvorstellungen« (»du arbeitest im Klassenzimmer«), 5. »positive Verstärkungen« (durch Anerkennung, Lob, Belohnungen), 6. »Interventionen« (»du kannst deine Umgebung nicht ändern. Du kannst nur dich selbst ändern«). Eltern und Lehrer nehmen an den Sitzungen teil, um die kindlichen Aufgaben kennen- und unterstützen zu lernen.

Die häufigste *Indikation zum AT* sind kindliche psychosomatische und Verhaltensstörungen. Solange sich diese noch nicht zu regelrechten neurotischen Störungen entwickelt haben, im vorneurotischen Stadium also, ist eine Behandlung mit dem AT besonders erfolgversprechend; sicherlich nicht zuletzt deswegen, weil das AT die Eigengesetzlichkeit des Kindes fördert und ihm seine Einordnung in die soziale Umwelt erleichtert.

Die kindlichen *psychosomatischen Störungen* ähneln in ihren Symptomen vielfach denen der Erwachsenen. Es finden sich: Asthma, Spasmen des Magen-Darmtraktes, Herzängste und Rhythmusstörungen, Erkrankungen der Haut (Ekzeme) und Allergien. Untersuchungen beispielsweise zur Behandlung des kindlichen Asthmas[3] und der kindlichen Migräne[4] belegen eine gute Wirkweise des AT. Bei Kindern läßt sich die Ursache dieser Störungen aber meist sehr viel leichter deuten als bei Erwachsenen. Ausschlaggebend ist oft die Familienkonstellation, worunter man die Stellung des Erkrankten zu den Familienmitgliedern und deren Einfluß untereinander versteht. Hierher gehören die Einzelkind-Situationen, die überängstliche bzw. überbeschützende Mutter (overprotection), bei Schulkindern der ehrgeizige Vater, um nur einige zu nennen. Bei starker Mutter-Kind-Bindung findet sich häufig eine »Symptomtradition«, d.h. das Kind übernimmt das Symptom der Mutter (z.B. Schlafstörungen, Asthma). Schulängste und Schulunlust spielen häufig eine Rolle; sie führen z.B. zu Leibschmerzen, Erbrechen oder »Schulkopfschmerz«.

Die wichtigste Indikation zum AT sind zweifellos die *einfachen Verhaltensstörungen,* die sich (nach v. Harnack) zu irgendeinem Zeitpunkt bei zwei Dritteln aller Kinder finden. Bettnässen, Schlafstörungen, Nägelkauen, nächtliches Zähneknirschen, Schulschwierigkeiten und die oft sich dahinter verbergenden körperlichen Beschwerden (s.o.) sind in der Tat der häufigste Anlaß zur Teilnahme am AT. So erwies sich das AT auch bei durchgängig hyperaktiven Kindern als hilfreich[5] und der sog. Neurotizismus wurde bei einer Gruppe von 40 Kindern gegenüber der Kontrollgruppe signifikant reduziert[6]. Hatten neurotische Kinder Konzentrationsstörungen, so fiel die Besserung bei den stärker gestörten noch deutlicher als bei den weniger gestörten Kindern aus[7]. Schulkinder mit allgemein erhöhten Angstwerten zeigten in einer Belastungssituation (Mathematikarbeit) sowohl eine Angstreduktion als auch eine Leistungsverbesserung[8].

Auch bei gesunden Kindern (400 Hauptschüler) lassen sich Verbesserungen bestimmter schulischer Leistungen (Diktat) belegen[9], was wahrscheinlich auf die gestiegene Konzentrationsfähigkeit zurückzuführen ist. Für diese Annahme spricht die Leistungsverbesserung von Grundschülern in Konzentrationstests[10].

Das AT hat Rücksicht zu nehmen auf die *psychische Eigenart des Kindes.* Daraus ergeben sich einige Modifikationen bei der Anwendung des AT. Mehr als die Erwachsenen leben Kinder in einer Welt lebhafter Vorstellungen, ihre Einbildungskraft ist noch nicht verkümmert. Sie eignen sich also für das AT in hohem Maße, sie lernen es schnell. Allerdings bieten ihre leichte Ablenkbarkeit und die mangelnde Konsequenz in der Wiederholung der Übungen häufig Schwierigkeiten beim Training. Die Abhängigkeit von Stimmungen, von Lust und Laune bei der Ausführung der jeweiligen Übung, die Einstellung zur Vermittlungsperson spielt beim Kind eine viel größere Rolle als beim Erwachsenen. Kinder sind daher in der ersten Zeit (manchmal dauernd) auf einen Erwachsenen angewiesen, der konsequent aber unaufdringlich auf das Einhalten der häuslichen Übungen achtet. Sinnvoll wird das AT erst, wenn das Kind begreift, daß es sich dadurch das Leben erleichtert, daß es beispielsweise seine Asthma-Anfälle oder sein Bettnässen loswird. Der treibende Motor wird dabei nie allein diese Einsicht, sondern in hohem Maße die affektive Befriedigung sein, die durch die *Zuwendung und Anerkennung durch die Eltern oder den AT-Leiter* herbeigeführt wird.

Einige allgemeinverbindliche *Spielregeln für das AT bei Kindern* sollten bei der Vermittlung beachtet werden:

- Eine Schulsituation muß vermieden werden (besonders wichtig bei Schulschwierigkeiten), deshalb sollte auf jeden Fall auch auf das Protokollieren der Übungen (Schulaufgabe) verzichtet werden[11].
- Der beste Erfolg stellt sich ein bei einer gelöst-lockeren, lustbetonten Einstellung zu den Übungen. Diese kann auf vielfache Weise erreicht werden: Durch reichlichen Gebrauch von Phantasiebildern, die der kindlichen Vorstellungswelt entsprechen; durch das Mitmachen des Therapeuten, mit dem sich die Kinder dann besser identifizieren können; durch vorangehendes Spielen[12] oder durch die Einbettung der Übung in ein Märchengeschehen[13] (insbesondere bei kleineren Kindern günstig).
- Die Übungsstunden sollten häufiger stattfinden als beim Erwachsenen, am besten zweimal die Woche.
- Die besten Erfolge werden sich dann einstellen, wenn das Kind (Greenson) als vollwertiger Partner eines »Arbeitsbündnisses« betrachtet wird und nicht »nur als Kind«.

- Eltern sollten davon Abstand nehmen, ihren Kindern das AT zu vermitteln; dazu gehört auch, daß das Kind beim Üben alleingelassen wird.
- Die Anwendung der Oberstufe des AT bei Kindern ist vorsichtig zu handhaben. Läßt man beispielsweise ein Kind imaginieren – eine Aufgabe, die Kinder meist spielend ausführen –, so bedarf dieser Vorgang immer einer Aufsicht durch einen anwesenden Therapeuten.

Die meisten Kinder sind stolz darauf, alleine arbeiten zu können oder lernen es bald in der Gruppe. Sie beachten auch *Vorsatzformeln,* die – oft ohne Hilfe des Therapeuten – von der Gruppe vorgeschlagen und beraten werden. Günstig ist es, die Formeln mit verschiedenen Buntstiften auf »Formelkarten« aufschreiben zu lassen. »Nach dem Essen tu ich fein, meine (Zahn)Klammer wieder rein«, »Blase leer, brauch nicht mehr«. Vielfach werden diese Karten als »Geheimnis« vor den Eltern gehütet; sie sind dann wohl – wie alle Geheimnisse – besonders wirksam[14]. Die Wichtigkeit von formelhaften Vorsätzen für das AT bei Kindern wird auch in neuerer Zeit betont[15].
Zahlreiche Modifikationen des AT für bestimmte Altersgruppen und Störungsfelder sind beschrieben worden. So wurde vorgeschlagen, die Übungen für Kleinkinder mit Märchenerzählungen zu kombinieren[16]. Andere Veränderungen des AT galten der Anpassung an geistige Behinderung[17], Sprachbehinderung[18] und Verhaltensstörungen[19].

2. Das AT bei Älteren

Bei der Beurteilung eines Gruppenprogramms zur Gesundheitsförderung kommt Krampen (1994, 1996) aufgrund einer exemplarischen Interventionsstudie zu einer ausgesprochen positiven Beurteilung des AT bei älteren Menschen. Eine Reihe von im Alter erschwerten Anpassungsleistungen verändert sich positiv. Bei einem Vergleich jüngerer (18 – 55 Jahre) und älterer (58 – 83 Jahre) Erwachsener zeigte sich, daß die älteren

Menschen das AT ebensogut erlernten wie die jüngeren. Darüber hinaus nahmen sie es ernster, waren eher bereit als jüngere, das AT als Lebenshilfe einzusetzen, und profitierten von den zwischenmenschlichen Kontakten durch das Üben in der Gruppe[20].

Eine Untersuchung über die Eignung des AT für gerontopsychiatrische Patienten (alte Menschen mit psychischen Störungen) betont die günstige Auswirkung des Leistungsanspruchs und Kompetenzerwerbs (»Fördern durch Fordern«)[21]. Bei zwei Drittel ihrer ebenfalls gerontopsychiatrischen Patienten konnten Stetter und Mitarbeiter (1987) befriedigende Erfolge, vor allem die positive Beeinflussung von Schlafstörungen und Unruhezuständen bewirken.

Die besonderen Anforderungen der Gruppenpsychotherapie mit integriertem AT bei Älteren wie die Gesprächsinhalte, die Bildung von »Nachgruppen«, die typischen Probleme des Alterns und die Zusammensetzung der Gruppen sind in der Fachliteratur inzwischen gut bearbeitet[22].

Aus unserer Sicht sind Alterspatienten in mehrfacher Hinsicht dankbare Patienten für das AT. Sie lernen nicht nur, ihre organischen Beschwerden besser zu verarbeiten, sondern profitieren auch in sozialer Hinsicht erheblich. Es ist wichtig, daß die in der Regel jüngeren Gruppenleiter und AT-Trainer die speziellen Anforderungen älterer Menschen berücksichtigen.

31. Kapitel
Das AT bei ausgewählten Störungen

1. Angstkrankheiten / Angststörungen

a. Äußerungen der Angst

Angst ist, ebenso wie Schmerz, ein allgemeines, menschliches Phänomen. Ihr kommt für die Arterhaltung (Evolution) eine wichtige Bedeutung zu. Als krankhaft kann man das »zuwenig« und das »zuviel« von Angst bezeichnen, wobei nur das Übermaß von Angst klinische Bedeutung hat. Es gibt keinen Menschen, der nicht zu irgendeiner Zeit unter Angst gelitten hätte. Diese Erfahrung ist in unserem Zeitalter des Despotismus, des Terrorismus, der angstbesetzten Erziehung und der Manipulation der Jugend sicher besonders ausgeprägt. Man denke nur an den Numerus clausus der Hochschulen und die schon Jahre im voraus bei den Schülern ausgelöste Angst, mit ihren beträchtlichen Folgen, wie reinem Leistungs- und Zweckdenken, Zerstörung der sozialen Bezüge und anderem mehr.

Weit häufiger als diese *Realängste,* die durch objektive Bedrohungen hervorgerufen werden, sind Ängste, die auf psychischen Störungen beruhen. Sie finden sich vor allem bei Depressionen und Neurosen. Bei Neurosen spricht man von Angstneurosen bzw. Phobien, wenn die Ängste ausgeprägt sind. Die ICD-10 klassifiziert *Angststörungen,* bei denen einerseits Angstanfälle (sog. *Panikattacken*) und die *generalisierte Angststörung* unterschieden werden. Diesen ungerichteten Ängsten stehen die gerichteten als Phobien gegenüber. Von einer noch als »normal« empfundenen Ängstlichkeit bis zu schwersten Angstzuständen bestehen fließende Übergänge.

Bei den *Phobien* ist die Angst gebunden, d.h. es besteht eine übermäßige Furcht vor bestimmten Personen, Tieren, Gegenständen, Räumlichkeiten oder Situationen. Früher existierten zahlreiche Aufzählungen von Phobien, die je nach dem auslösenden Reiz klassifiziert wurden. Heute unterscheidet man die

Agoraphobie als wichtigste Form (ca. 70 Prozent) von den sozialen und den spezifischen Phobien. Zur Agoraphobie gehören Ängste, das Haus zu verlassen, beim Schlangestehen (fälschlich Platzangst genannt), in Fahrstühlen und Verkehrsmitteln. Soziale Phobien sind solche zu erröten, öffentlich zu essen, zu schreiben oder zu reden. Spezifische Phobien sind isolierte Ängste z.B. vor Feuer, Gewitter oder Tieren. Dieser gesamten Gruppe mit »äußeren« Angstauslösern stehen solche mit »inneren« Angstauslösern (Krankheitsphobien) gegenüber.

Viele gerichtete Ängste (z.B. Spinnen-, Mäuse- oder Turmangst) bedürfen keiner Behandlung, es sei denn jemand wartet ängstlich auf das Auftreten von angstauslösenden Reizen (Angst vor der Angst).

Die Angst wird von körperlichen Symptomen begleitet, die denen des Schmerzes ähneln: Herzklopfen, Zittern, kalter Schweiß, Blässe (Verkrampfung der Blutgefäße), Erhöhung des Blutdrucks, beschleunigte Atmung. Diese Erscheinungen werden durch *Rückkopplung mit Zirkelbildung* verstärkt und unterhalten[1].

b. Entstehung und Behandlung der Angst

Bei der Behandlung der Phobien kommt uns eine Form der Psychotherapie zu Hilfe, die vieles mit dem AT gemeinsam hat: die Verhaltenstherapie. Diese faßt die Phobien als eine *Fehlkonditionierung* auf, also als ein unter bestimmten Bedingungen zustande gekommenes Fehlverhalten. Dieser Auffassung liegt die Lerntheorie zugrunde, wonach die Phobien durch meist sich wiederholende Einwirkungen ausgelöst und dann verstärkt, also gelernt werden. Erschrickt beispielsweise ein Kind einigemale vor einem Stoffhäschen (gleichviel aus welchem Grund), so überträgt sich die Schreck-Angst auf das Tier. Das Kind fängt an zu weinen, sobald es das Tier erblickt. Es entsteht ein bedingter Reflex (s. Kap. 3, 3). Die Verhaltensmodifikation arbeitet mit »positiven Verstärkern«, d.h. es wird dem Kind das Häschen – zuerst von ferne, dann näher – zusammen mit positiven Reizen (bevorzugter Nahrung, vertrautem Spielzeug, Zärtlichkeiten) angeboten, wobei es zu einem schrittweisen Abbau der Angst kommt und diese sich schließlich verliert.

Die systematische Desensibilisierung kann – wie bei dem Kind – »in vivo«, also unter realen Bedingungen vorgenommen werden; meist wird aber mit vorgestellten Angstreizen gearbeitet. Die Verbindung von Vorstellung und Entspannung ist der therapeutisch ausschlaggebende Faktor[2]. (Wir vernachlässigen hier, daß in der Verhaltenstherapie heute die direkte Reizkonfrontation mit voller Angstexposition dominiert).

c. AT und Angst

Mehrere gemeinsame Merkmale von AT und Desensibilisierung sind augenfällig:

1. Beide benutzen als Basis die Entspannung; bei der Desensibilisierung in Form der »progressiven Relaxation« (s. Kap. 34, 1 a.), die ebenfalls von der Entspannung der Muskeln ausgeht. Sie wurde schon, als Hilfsmaßnahme, bei der Schwereübung erwähnt. Die Auswirkung der Entspannung ist bei beiden Methoden die gleiche: eine Dämpfung oder Aufhebung der Angst.

2. Dieses Ziel wird in kleinen Schritten erreicht: beim AT durch ein Zurücknehmen und Neubeginnen der Übung, bei der Desensibilisierung – wie bei einer Springprozession – zwei Schritte vorwärts, (bei Bedarf) einer zurück.

3. Je konkreter, eingeschränkter der Angstreiz ist, je deutlicher der Gegenstand ist, an den der Affekt (hier die Angst) gebunden ist, um so eher gelingt seine Abwandlung. Beim AT kommt es auf eine möglichst konkrete Zielvorstellung bei der Vorsatzbildung an.

Schlecht therapierbar, im Vergleich zu Phobien, sind gegenstandslose, unbegründbare, freiflottierende Dauerängste, wie z.B. diffuse Gewissensängste. Ihre Behandlung bleibt den psychoanalytischen Verfahren vorbehalten. Dagegen sind larvierte bzw. somatisierte Ängste, die sich als Organfunktionsstörungen, nicht selten ganz ohne Angstgefühle, etwa als Atemstörungen, Heißhunger u.ä. darstellen, mit dem AT zu beeinflussen. Doch hängt der Erfolg von der Schwere der zugrundeliegenden Neurose ab.

Unerwünscht ist den Betroffenen die Beeinflussung derjenigen Angst, die mit einem Lustgefühl einhergeht. Diese *Angstlust* bestimmt das Leben mancher Menschen, der *Philobaten* (Balint), die immer wieder gefährliche Situationen aufsuchen oder schaffen. Hierher gehören manche Flieger (vom Segelflieger bis zum Weltraumfahrer), Bergsteiger, Taucher etc. Die Angstlust (thrill) findet sich aber nicht nur bei den verschiedensten Sportarten. Viele empfinden und genießen sie z.B. beim Achterbahnfahren, ferner beim Lesen und Fernsehen von Krimis, bei denen man sich, einen Schauer im Rücken, sowohl mit dem Verfolger als auch mit dem Verfolgten identifizieren kann.

Soweit die Ängste bei neurotischen Störungen. Die Möglichkeit, die Erscheinungen einer *Depression,* die zum großen Teil mit Angst einhergehen, mit dem AT zu mildern, hängt auch hier wieder vor allem von der Intensität der Symptome ab. Erschwert wird die Behandlung bei vielen Depressionen infolge der – meist unbewußten – Abwehr einer Änderung, also auch einer Besserung. Je besser aber jemand das AT beherrscht, desto besser wird er auch mit den Auswirkungen einer Depression fertig werden. Insbesondere bei einer abklingenden Depression kann die Dämpfung der Angst und die Aktivierung des Depressiven durch Vorsatzbildungen eine große Hilfe bedeuten. Der positive Einfluß des AT auf die Grundstimmung (Hebung) und die Depressivität (Abnahme) konnte wiederholt belegt werden[3]. Selbst bei Schizophrenien, bei denen das AT meist als kontraindiziert gilt, lassen sich *Ängste* mit den Standardformeln um ein Drittel, mit meditativen Übungen (Oberstufe) in 16 Wochen um 50 Prozent verringern.

Als Formeln sind also in besonderer Weise die Formulierungen der Basisübungen Ruhe – Schwere – Wärme geeignet.

Darüber hinaus halten wir folgende Formeln für erfolgversprechend:

- Was auch geschieht, ich bleibe gelassen
- Ich darf ängstlich sein
- Ich bin ausgeglichen und stabil
- Ich schaff' das schon

Die Entängstigung sollte berücksichtigen:

1. Die Angst soll nicht »beherrscht«, mit »allen Mitteln unterdrückt«, »erfolgreich abgewehrt« oder in einem Kraftakt beseitigt werden. (s. Kap. 11)

2 . Vor dem Umgehen mit der Angst, vor ihrer Lösung, steht die »angstbereite Offenheit« (Heidegger), die Bereitschaft zur Annahme der Angst. Ein Hochspielen, ein Dramatisieren der Angst führt zum gegenteiligen Resultat, im Extremfall zur Panik.

3. Zur Entschärfung der Angst dient wesentlich der Humor. Man denke an den Hinweis von Jores: »Da bist du ja wieder, meine liebe Angst.« Bei einer derartigen Grundhaltung wirkt sich die autogene Entspannung und als Folge die Auflösung der Angst am nachhaltigsten aus.

In einer neueren Studie erwies sich das AT für die Behandlung von ambulanten Angstpatienten (überwiegend Panikattakken) als wirksam und auch bei der 3-Monats-Nachuntersuchung im Erfolg stabil (Stetter und Mitarb., 1994)[4]. Wahrscheinlich werden die Möglichkeiten des Einsatzes des AT bei Angstpatienten aufgrund der Wirksamkeit verhaltenstherapeutischer Verfahren unterschätzt. Der Erfolg des AT zur Reduktion von Prüfungsangst muß ebenfalls als gut belegt angesehen werden[5] (s.a. Kap. 28).

Bei *depressiven Störungen* gilt das AT traditionell als kontraindiziert. Dabei wurde vor allem an die Gefahr des depressiven Grübelns, der Regressionsneigung und der ängstlichen Selbstbeobachtung gedacht. In einer eindrucksvollen Studie mit Nachuntersuchung im Dreijahreszeitraum gelang es Krampen (1997) nachzuweisen, daß bei »adaptiver Indikation« (kurze Übungszeiten, exakte zeitliche und situative Plazierung der Übungen, Intensivierung der Autosuggestionen) sehr wohl das AT in Kombination mit Einzelpsychotherapie effektiv ist und sogar als protektiver Faktor wirkt. In der Vorphase einer Einzelpsychotherapie erwies sich das AT im Sinne eines *Basispsychotherapeutikums* als wirksamer als die reine Wartezeit.

2. Der Schmerz und die Schmerzkrankheit (somatoforme Schmerzstörung u.a.)

Der Schmerz darf auf keinen Fall als eine Störung aufgefaßt werden, die es um jeden Preis zu beseitigen gilt. Der *akute Schmerz* ist vielmehr ein biologisches Signal: Wenn es irgendwo wehtut, dann liegt dort eine Störung vor; ein gesunder Mensch hat keine Schmerzen, wenn man von Wachstumsschmerzen und Schmerzen bei der Geburt absieht. Wie der Angst kommt somit auch dem Schmerz eine Bedeutung

(Schutzfunktion) innerhalb der Evolution zu. Diese Schutzfunktion entfällt in der Regel beim *chronischen Schmerz*, der ohne eine hinreichend erklärende organische Basis ist, und die eigentliche *Schmerzkrankheit* (somatoforme Schmerzstörung) begründet; ein Beispiel hierfür sind viele Kopfschmerzformen. Mit dem AT kann man eine ganze Reihe von Schmerzen beeinflussen; dabei wirkt es auf sehr unterschiedliche Weise.

a. Örtliche Schmerzbeseitigung durch Kühlung oder Erwärmung

In seinen Versuchen zur Schmerzabstellung ging Schultz von der Erfahrung aus, daß unterkühltes Gewebe weniger schmerzempfindlich ist[6]: Es lassen sich beispielsweise mit einer »Vereisung« durch Chloräthylspray kleinere chirurgische Eingriffe (ähnlich wie in der Lokalanästhesie) durchführen. Läßt man in der autogenen Versenkung eine Versuchsperson bei einer Hand umschalten auf die Formel:

- Handrücken ist schmerzfrei

oder

- Kein Schmerz am kühlen Handrücken (Schultz)

oder

- »Eishauch« macht Handrücken kalt und schmerzfrei

(die andere Hand bleibt warm), und werden dann in jeden Handrücken mit einer Nadel möglichst gleichmäßig einige Stiche angebracht, so wird bereits beim ersten Versuch zu 50 Prozent berichtet, daß die Schmerzempfindungen sich an der kalten Hand geändert haben, im Sinne einer Herabsetzung, eines Matter- und Dumpferwerdens; der Stich wird empfunden »wie durch eine schützende Hülle«, teilweise als eine völlig schmerzfreie, stumpfe, undeutliche Berührung[7].

Protokoll: »Auf der einen Hand spürte ich einen spitzen, stechenden Schmerz, auf der anderen (kalten) Hand ein Tupfen, wie mit einem schlecht angespitzten Bleistift.«

Es ist also eine Sinnestäuschung eingetreten: Das ist keine Überraschung, wenn man sich deutlich macht, daß bereits in der ersten Übungsstunde derartige Veränderungen festgestellt werden können. Das Gefühl, durch eine nach unten ziehende Schulter schief zu sitzen (bei unveränderter Sitzhaltung), sowie eine Reihe autogener Entladungen gehören hierher. Letzten Endes beruht das ganze AT darauf, daß man bewußt durch die Vorstellungen einen Wandel der Sinnesqualität herbeiführt, der mit vegetativen Veränderungen einhergeht.

Sehr günstig wirkt sich eine *Kältevorstellung* auf Schmerzen oder lästige Empfindungen (z.B. Jucken) an den Schleimhäuten aus, gleichviel ob es sich dabei um die Schleimhaut der Anal- oder Genitalgegend handelt, um den Mund- oder den Nasenrachenraum (Hustenreiz) oder um die (Augen-)Bindehaut (vgl. Kap. 33, 3). Eine besonders dankbare Aufgabe des AT ist die Herabsetzung bzw. Aufhebung der Schmerzen bei zahnärztlicher Behandlung. Es wurde die Vorstellung empfohlen, das Kinn sei in Schnee getaucht[8]; oder die Formel:

- Rechter (linker) Unter-(Ober-)kiefer ganz angenehm kühl und frei[9].

Bei der Kältevorstellung kommt es zu einer Verengung der Blutgefäße und damit zu einer Herabsetzung der Blutungsneigung, die sich bei operativen Eingriffen (Zahnziehen) zusätzlich günstig auswirkt. Diese verringerte Blutungsneigung läßt sich überzeugend darstellen bei dem eben erwähnten Versuch der Schmerzherabsetzung am Handrücken. Die Nadelstiche am warmen Handrücken bluten; es bilden sich rote Höfe, die den Versuch oft um mehrere Minuten überdauern. Die Nadelstiche am kalten Handrücken bluten dagegen weniger oder gar nicht - ein Beweis für die »objektive Differenz der vasomotorischen Stichreaktionen«[10].

Die Schmerzherabsetzung durch Kälte bedarf gewisser Einschränkungen: manche Menschen reagieren besser auf Wärmevorstellungen, wenn nicht allgemein, so doch bei einzelnen Organübungen: »Stirn angenehm warm« bei Kopfschmerzen beispielsweise. Bei rheumatischen Schmerzen, bei Neuralgien wird man immer zuerst Wärmevorstellungen anwenden; praktisch bei allen Störungen, die man physikalisch mit Wärme behandelt, gleichviel ob es sich um Kurzwellen-, Langwellen- oder Infrarottherapien handelt. Durch Muskelentspannung läßt sich ebenfalls Schmerzfreiheit erreichen oder fördern[11]. Man sollte daher im AT zur Kälteanwendung auch immer die Schwereformel hinzunehmen.

b. Bewußtseinseinengung und Schmerz

Zum AT gehört die Bewußtseinseinengung. Richtet man die Aufmerksamkeit nach innen (Introspektion) und lenkt sie auf die Körpervorgänge (Somatisierung), so verliert die Außenwelt an Bedeutung; die Außenvorgänge stören nicht mehr oder werden überhaupt nicht mehr wahrgenommen. Ebenso lassen sich ganze Gebiete der inneren Sinneswahrnehmung durch konzentrative Hinwendung verstärken, wodurch andere Gebiete wieder schwächer wahrgenommen bzw. völlig ausgeschaltet werden. Ich erinnere an den Scheinwerfer als Bild der konzentrativen Zuwendung, bei dem außerhalb des angeleuchteten Gegenstandes alles im Schatten oder in der Dunkelheit liegt. Auf diese Weise läßt sich auch am selben Organ eine bestimmte Sinnesqualität (z.B. Schmerz) dadurch abstellen, daß man sich einer anderen Qualität intensiv zuwendet (z.B. Kälte/Entspannung).

Die Möglichkeit hochgradiger Bewußtseinseinengung in der Hypnose macht es verständlich, daß sie eine sichere und völlige Schmerzabstellung erlaubt, so daß in Hypnose auch größere Operationen ohne jegliches Betäubungsmittel durchgeführt werden können.

Neurophysiologisch ließ sich nachweisen[12], daß Veränderungen der Hirnstromkurve (EEG), die bei Schmerzen auftreten, während einer Hypnose bei der Suggestion der Schmerzfreiheit wegfallen. Damit wäre die Zirkelbildung Schmerz-Spannung-Schmerz unterbrochen. Hinzu kommt die Möglichkeit einer hypnotischen Regulierung von Blutungen im Verlaufe der Operation, die die Operationszeit verkürzt und die Operationstechnik vereinfacht[13] (vgl. auch Abs. 2a dieses Kapitels).

Grundsätzlich läßt sich das gleiche über eine Autohypnose erreichen, jedoch sind die Auswirkungen nur nach langem Üben und nur ausnahmsweise so intensiv wie in einer Fremdhypnose.

c. Schmerzbeeinflussung über das vegetative Nervensystem

Mit jedem Schmerz gehen vegetative Veränderungen einher. Auffällig sind: schnelle Atmung, tiefere Atemzüge, schnellerer Herzschlag, Erhöhung des Blutdrucks, Blässe, Schweißausbrüche, Anstieg des Muskeltonus; Selye, der die Symptome beim Streß zuerst beschrieb, bezeichnet diese Erscheinungen als »Alarm-Reaktion«. Es kommt zu einer Erhöhung des vegetativen Tonus, der über den Ort der schädigenden Einwirkung hinaus das gesamte vegetative Nervensystem in einen Zustand gesteigerter Erregung versetzt (vgl. auch Kap. 8, 2).

Der Anstieg des Sympathikotonus in den beschriebenen Erscheinungen läßt sich durch das AT wieder rückgängig machen. Mit der Senkung des Muskeltonus, des Blutdrucks und der Entspannung der Blutgefäße wird dem Schmerz die vegetative Grundlage entzogen. Die schon geschilderten Möglichkeiten einer Schmerzdämpfung treffen für den »animalen« Schmerz zu, d.h. für den über das animale Nervensystem (Rückenmark) verlaufenden Schmerz. Erst recht gilt es für den »vegetativen« Schmerz, der über sympathische (vegetative) Fasern verläuft. Vegetative Schmerzen sind schlecht zu lokalisieren, sie entstehen langsam, halten meist lang an und werden nachhaltig durch Affekte und Sinneseindrücke verstärkt. Die AT-Behandlung des vegetativen Schmerzes ist besonders bedeutsam, da dieser auf die üblichen Schmerzmittel häufig gar nicht anspricht.

d. Schmerz und Emotion

Schmerz ist nicht nur eine Sinnesempfindung, sondern auch ein Gefühl, so daß er als »Gefühlsempfindung« (Stumpf, Wundt) bezeichnet wurde. Eng mit dem Gefühl des Schmerzes gehen die Affekte der Angst und der Furcht einher, die deswegen als die »grauen Schwestern des Schmerzes« bezeichnet worden sind[14]. Die Angst in Form der Erwartungsangst führt zu verstärkter Selbstbeobachtung, diese wieder zu gesteigerter Schmerzempfindung. Die so entstehende »Schmerzspirale«[15] kann durch die Resonanzdämpfung (nach Schultz) geschwächt oder unterbrochen werden, wobei sowohl das Schmerzgefühl als auch die sekundär entstehende Angst »gedämpft« werden.

Als Beispiel für die bisher angeführten Arten der Schmerzherabsetzung sei das Verhalten bei der zahnärztlichen Behandlung angeführt: In der halben Liegelage läßt sich vom gut Eintrainierten mühelos die Gesamtschwere und die Entspannung der Gesichts- und Kiefernmuskeln herstellen. Die Konzentration auf die Atmung führt, begünstigt durch die Rhythmisierung, zu einer Verschiebung der Aufmerksamkeit: weg vom Zahn. Die Konvergenzstellung der Augen, die man hinzunehmen kann, vertieft die autohypnotische Umschaltung, in der die oben erwähnten Formeln bzw. Vorstellungen besonders wirksam werden. Eine Lokalanästhesie wirkt nicht nur als solche, sondern zusätzlich als »larvierte Suggestion«: auto-

und fremdsuggestiv; wie überhaupt das Verhalten des Zahnarztes (fremdsuggestiv) viel zur Schmerzverringerung beitragen kann[16].

e. Der Schmerz als Produkt der Umwelt

Die Schmerzempfindung ist individuell sehr verschieden; ob eine schädigende Einwirkung als schmerzhaft erlebt wird oder nicht, wird mitbestimmt durch die Begleitumstände beim Zustandekommen des Schmerzes. Der zivilisierte Mensch neigt zu einer Überbewertung des Schmerzes. Er lebt in einer weitgehend schmerzfreien Atmosphäre[17], in der die Schmerzschwelle immer tiefer sinkt und schon bei kleinsten Anlässen überschritten wird. Der Mensch ist nicht mehr willens, auch nur kleine Unpäßlichkeiten, die er als Schmerz empfindet, zu ertragen.

Weiter spielt eine Rolle, daß Schmerzentstehung und -verarbeitung durch die heutigen Lebensgewohnheiten ungünstig beeinflußt werden: Die Reizüberflutung, insbesondere die dauernde Lärmeinwirkung, das Außerachtlassen der biologischen Rhythmen (bei Schichtarbeit beispielsweise), die Zeitverschiebung und der Klimawechsel bei Urlaubsreisen – all das sind Umstände, die eine erhebliche vegetative Labilisierung mit sich bringen.

Hinzu kommen berufliche chronische Überforderung im Zusammenspiel mit allgemeiner Lebensangst, seelischen Belastungen und Konflikten, von denen die chronisch schwelenden, wühlenden und nagenden Affektbelastungen Angst und Schmerz besonders fördern[18]. Der heutige Mensch ist in einem höheren Maße als früher schmerzanfällig, und er sorgt durch seine Lebensgewohnheiten dafür, daß die Voraussetzungen für diese Anfälligkeit nicht nur unterhalten, sondern auch weiterhin erzeugt werden.

Diese, die Schmerzentstehung und -unterhaltung fördernden Gewohnheiten, sowie die zeitbedingte Einstellung zum Schmerz stellen einen Lernvorgang dar, der sich am Menschen – meist von ihm unbemerkt – abspielt. Der Schmerz ist zu einem guten Teil durch die Umwelt geprägt, das Schmerzverhalten wird übernommen. Die Bewertung des Schmerzes ist keine angeborene Funktion, sondern wird erst im Laufe der individuellen Entwicklung erlernt[19].

Diese Erkenntnis wird hier deswegen unterstrichen, weil sie auch die Möglichkeit in sich birgt, den Schmerz bewußt zu beeinflussen: alles Gelernte läßt sich umlernen. Damit ist ein weiterer Ansatzpunkt für eine Psychotherapie des Schmerzes gegeben. Das AT, selber ein eindeutiger Lernvorgang, kann mit seinen Vorsatzübungen vor allem antizipierend unser Verhalten gegenüber dem Schmerz korrigieren. Formeln:

- Der nächste Schmerzanfall findet mich gelassen
- Kein Schmerz bringt mich aus der Ruhe
- Schmerz gleichgültig.

Oder die Feststellung einer Patientin mit chronischen Schmerzen, die ausgezeichnet als Formel zur Schmerzdistanzierung zu benutzen ist:

- Der Schmerz ist da, aber ich spüre ihn nicht mehr.

Weitere Formeln:

- Spannung löst sich mehr und mehr
- Atem läßt den Schmerz fließen
- Gelenke locker und beweglich
- Bewegung bringt Veränderung.

f. Persönlichkeit und Schmerzbehandlung

Die Bedeutung, die dem Schmerz beigemessen wird, ist immer von der Persönlichkeit des Betroffenen geprägt. Die subjektive Einstellung zu den eigenen Schmerzen schwankt außerordentlich, sie reicht von größter Wehleidigkeit bis zum heroischen Aushalten von Schmerzen, von subtiler Schmerzwahrnehmung bis zu völliger Stumpfheit. Es ist eine Frage der Persönlichkeit, ob und inwieweit sie für den Schmerz zugänglich ist, ihn gestaltet, verarbeitet oder ihm erliegt.

Damit ist auch ausgesagt, daß es eine Behandlung des Schmerzes ohne dessen Einbettung in die Gesamtpersönlichkeit nicht gibt, auch in Fällen, in denen wegen der Schwere des Schmerzes Opiate (Morphium) oder andere stark wirkende Mittel gegeben werden müssen. Das Verabreichen einer Morphiumspritze ist keine kausale Schmerzbehandlung, sondern führt bestenfalls zur vorübergehenden Beseitigung des Schmerzes als eines Symptoms. Es heißt, Morphium führe zu einer »Seelenblindheit« für den Schmerz[20]. Diese »Kehrseite« der medikamentösen Schmerzbehandlung mit Opiaten wird bei den heutigen Empfehlungen, auch chronische Schmerzen großzügig mit solchen Präparaten zu behandeln, oft übersehen. Andererseits ist es eine ethische Pflicht des Arztes, Schmerzen zu lindern, und es ist in unserem Lande leider nach wie vor traurige Realität, daß z.B. Krebskranke oftmals nicht ausreichend mit Opiaten versorgt werden. Gerade diese Präparate führen jedoch zu verschiedenen psychischen Veränderungen, die nach unseren Erfahrungen die Aufgeschlossenheit des Schmerzpatienten gegenüber psychotherapeutischen Maßnahmen erheblich vermindern. Entsprechend wird auch der gerade bei chronischen Schmerzen sehr sinnvolle Einsatz des AT in diesen Fällen weniger akzeptiert[21].

Demgegenüber führen Psychopharmaka zu einer »Entpersönlichung des Schmerzes« (Bente). Dieser Zustand wird wie folgt beschrieben[22]: »Empfindung und Lokalisation des Schmerzes erfahren keine wesentliche Änderung. Die Patienten gewinnen jedoch eine andere Einstellung zu ihrem Schmerz; er wird ihnen weniger bewußt, leichter verarbeitet, gleichsam der subjektiven Erlebnissphäre entrückt. Das quälende Schmerzerlebnis bleibt aus.«

Mit ähnlichen Worten könnte man auch die Ergebnisse des AT charakterisieren; einige Unterschiede sind jedoch deutlich:
– Eine ganze Reihe von »Alltagsschmerzen«, vor allem Funktionsstörungen (Kopfschmerzen, Rücken-, Schulter-Nackenschmerzen, Verdauungsstörungen mit Koliken) können autogen oft mühelos abgestellt werden.
– Stärkere, insbesondere chronische Schmerzen, die man zunächst mit dem AT *allein* nicht abstellen kann, können mit kleineren Dosen an Medikamenten behandelt werden, die man viel gezielter einsetzen kann. Die medikamentöse Unterstützung erleichtert dann das Erlernen und die Anwendung des AT.
– Die durch das AT erworbene neue Einstellung zu den Körpervorgängen wird einen souveränen Umgang auch mit stark wirkenden Schmerzmitteln ermöglichen, wenn diese benötigt werden (eine Nieren- oder Gallensteinkolik autogen abzustellen, dürfte nur selten zu realisieren sein).

Den persönlichkeitsgerechten Umgang mit dem Schmerz hat der Dichter R. M. Rilke vor seinem Tode 1926 vorgelebt, als er in den letzten Tagen seiner Krankheit, zu schwach zum Sprechen, dem Arzt durch einen verabredeten Händedruck die Höhe der Morphiumdosis angab, die die ärgsten Schmerzen beseitigte, ohne sein Bewußtsein auszulöschen.

Das Idealziel einer Schmerzbehandlung (auch mit dem AT) ließe den Schmerz ganz verschwinden. In den meisten Fällen ist jedoch bereits eine Veränderung in der Qualität, der Intensität oder der Häufigkeit ein wichtiger Erfolg. Das realistischere Ziel ist somit eine veränderte Einstellung, eine Verarbeitung, ein neuer Umgang mit dem Schmerzreiz, was erhebliche Kräfte freisetzt und die Lebensqualität verbessert. Nicht auf die »Entpersönlichung« des Schmerzes kommt es an, sondern auf dessen Einbeziehung und Integrierung in die Gesamtpersönlichkeit.

Die empirischen Erfolgskontrollen beim Einsatz des AT in der Schmerzbehandlung sind besonders bei Kopfschmerzpatienten durchgeführt worden. In einer holländischen Studie[23] erwies sich das AT bei der *Migräne* sowohl hinsichtlich der Anfallsfrequenz als auch der Schmerzintensität als ausgesprochen wirksam (gleiche Belege erbrachten auch andere Arbeiten[24]). Sehr viel öfter wurde die Wirksamkeit des AT jedoch beim Spannungskopfschmerz untersucht (u. a. Hutchings, 1976, Kröner u. Heiß, 1982, Van Dyck, 1991). Eine Arbeitsgruppe aus dem gleichen Forschungszentrum in Leiden, Holland, konnte für chronischen Kopfschmerz signifikante Veränderungen im Vergleich zu einer Kontrollgruppe, die auch bei einer Nachuntersuchung stabil blieben, nachweisen. In dieser Studie profitierten die stärker suggestiblen Patienten eindeutig mehr[25]. Man muß diese sorgfältige Untersuchung im Zusammenhang mit einer Reihe von vorausgegangenen verschiedener Autoren sehen, die sehr einheitlich die gute Wirksamkeit des AT bei *Spannungskopfschmerz* belegen[26]. Die neuen Ergebnisse unterstützen noch einmal die Position, daß mit dem AT gegenüber den allgegenwärtigen Schmerzmitteln eine effizientere, gesündere und kostengünstigere Therapieform für Kopfschmerzpatienten zur Verfügung steht. Mehrere der angeführten Studien waren als Vergleich von Hypnose, PMR und AT durchgeführt worden, die sich im Ergebnis meist als ähnlich wirksam bei Kopfschmerz erwiesen. Bei gemischtem Kopfschmerz war das AT sogar noch effektiver als die PMR[27] (s. Kap. 34, 1a).

Auch für andere chronische Schmerzsyndrome sind zum Teil recht differenzierte Effektivitätsstudien (Übersicht s. Kap. 28) für das AT durchgeführt worden. So ergab beispielsweise eine Untersuchung von Perini und Mitarbeitern zur Wirksamkeit des AT bei der Fibromyalgie (generalisierter Weichteilrheumatismus), daß Patientinnen mit akutem Krankheitsbeginn, geringen prämenstruellen Beschwerden und einer positiv beschriebenen Partnerschaft am meisten davon profitieren. Patientinnen ohne Erfolg im AT litten häufiger an Dysmenorrhöe, hatten eher eine mittelmäßige Beziehung zum Partner und schilderten sich selbst als aggressiver und depressiver[28].

3. Die Bewältigung von Streß

Der Begriff Streß wurde von Cannon 1914 in die Diskussion eingeführt; am bekanntesten wurde er durch die Arbeiten von Hans Selye, der die Reaktion von Körper und Psyche auf Streß untersuchte.

> Mit Streß wird die Summe von starken, neuen, anhaltenden und widersprüchlichen Reizen bezeichnet, die auf den Menschen sowohl von außen (Streß i.e.S.) als auch von innen – z.B. Spannungen, Konflikte (Strain) – einwirken. Es besteht heute Übereinkunft, *daß Streßreize nicht objektive, sondern im entscheidenden Maße subjektive Belastungen (Einstellungen) darstellen.*

Eine Person wird durch Popmusik hochgradig stimuliert (Eustreß), eine andere durch den gleichen Reiz »an den Rand des Wahnsinns« gebracht (Dysstreß). Der auch psychophysiologisch unterschiedliche Ablauf von *Eustreß* und *Dysstreß* wird durch die Abb. 31 und 32 anschaulich dargestellt.

Die erzeugenden Faktoren (Stressoren) können sehr unterschiedlicher Art sein: Infektionen, Intoxikationen, sehr hohe oder sehr niedrige Temperaturen, traumatische und Schockeinwirkungen, langzeitige Überbelastung, Daueraffekte wie Frustrationen, Ärger, Kummer, Kränkungen. Die Reaktion auf diese

Stressoren wurde von Selye[29] als Adaptationssyndrom beschrieben. Der Organismus paßt sich den Belastungen an und versucht, die Homöostase, das Gleichgewicht seiner Funktionen, zu erhalten bzw. wiederherzustellen. Der Adaptationsvorgang verläuft in drei Stufen: 1. Die Alarmreaktion, 2. Die Gegenregulation (Resistenzstadium) und, wenn diese nicht gelingt, 3. Die Erschöpfung, in der die Adaptation zusammenbricht und – unter anderem – zu psychosomatischen Erkrankungen führt.

Ein gut Teil der soeben angeführten Stressoren sind durch seelische Faktoren bestimmt. Die auslösenden Ursachen können im Menschen selbst liegen (Ehrgeiz, Machtwille, Profitstreben – oft als Ausdruck einer überkompensierten Angst bzw. als Angstabwehr); sie können auch in der Art des Berufes, in der Konstellation von Vorgesetzten, Mitarbeitern etc. liegen, wobei allerdings die meisten Menschen die »äußeren« Umstände selbst mitbedingen (in der Wahl des Berufs, beim Antreten einer neuen Stellung u.ä.). 80 Prozent aller Personen, die in leitender Stellung arbeiten und bei denen meist Dauerstreß besteht, leiden an mehr oder minder manifesten Beschwerden: Angstzustände, Schlaflosigkeit, ängstliche Körperempfindungen wie Herzklopfen, Atemstörungen, Hauterscheinungen; bei 30 Prozent von ihnen findet sich in der Vorgeschichte ein Herzinfarkt[30].

Wie man seit einiger Zeit weiß, kann die Streßtoleranz und -resistenz gegenüber psychischen Einflüssen durch Lernvorgänge erhöht werden. Hierdurch ergeben sich neue Möglichkeiten für die Vorbeugung und Behandlung von psychosomatischen Erkrankungen.

Bei der *Streßvorbeugung* fallen dem AT mehrere Aufgaben zu:

1. Eine Resonanzdämpfung der als Stressoren wirkenden Affekte, insbesondere der Daueraffekte, und damit die Vermeidung psychischer Fehlverhaltensweisen.
2. Eine vorbeugende Entspannung und Erholung bei langzeitigen Überbelastungen.
3. Die vegetative Ruhigstellung zur Erhaltung der Homöostase des Organismus.

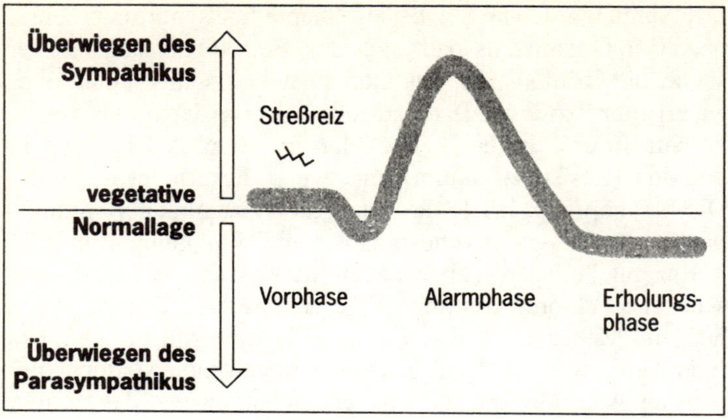

Abb. 31: Schema eines gesundheitlich günstigen Streß-Ablaufes (Eustreß), nach Ohm, 1990

4. Eine allgemeine Entlastung durch Überdenken, Ordnen und Bewerten der Vorgänge. Sie ist in tiefer Entspannung, ungestört durch äußere Einwirkungen (z. B. Stressoren) und Affekte, weitaus eher zu erreichen.
5. In der AT-Entspannung werden die gefaßten Vorsätze, wenn man sie in Leitsätze einbaut, konsequenter in die Tat umgesetzt.

Die Vermeidung von Streß kann gar nicht hoch genug veranschlagt werden. Ermittlungen der Weltgesundheitsorganisation ergaben, daß eine »akute oder länger dauernde Streßsituation«, zusammen mit familiärer Desintegration und Vereinsamung und Isolierung des heutigen Menschen, die häufigsten gesellschaftlichen Ursachen der Depressionen sind. Streßbewältigungsprogramme wurden zuerst in Industrie und Leistungssport systematisch eingeführt. Eberhard nennt als Effekte gesteigerte Produktivität und Reduktion der Belastung in institutionellen Hierarchien[31]. Weiter ließ sich belegen, daß Lern- und Prüfungsstreß unter AT absinkt[32]; gleiches gilt für Ängstlichkeit und Erregtheit[33] – die Konzentrationsleistung steigt an[34]. Eine häufige Ursache von Streß ist die Einwirkung widersprüchlicher Informationen (kognitive Dissonanz); hier konnte das AT

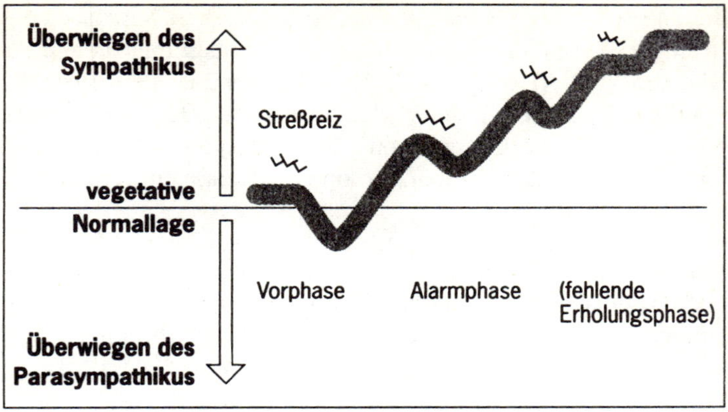

Abb. 32: Schema eines gesundheitlich gefährdenden Streß-Ablaufes (Dysstreß), nach Ohm, 1990

Abb. 31 und 32 mit freundlicher Genehmigung des Trias-Verlags, Stuttgart.

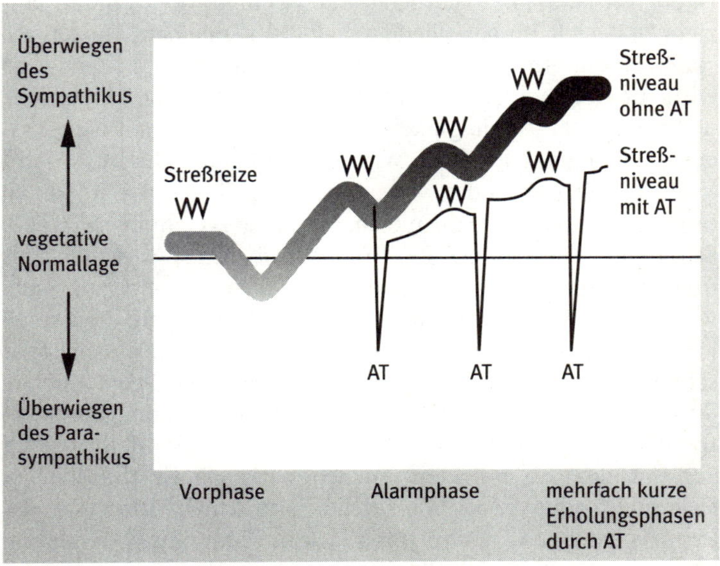

Abb. 33: Streßbewältigung durch Autogenes Training

die entsprechenden Belastungswerte kontrolliert herabsetzen[35]. In einem Vergleich einer Schweizer Arbeitsgruppe von Beta-Blockern und AT erwies sich das AT gegenüber dem Rezeptorenblocker als mindestens gleichwertig[36]. (Beta-Rezeptorenblocker sind eine Gruppe von Medikamenten mit ausgeprägter Hemmung der sympathikotonen vegetativen Reaktionen, s. Kap. 6, 4).

Die Auswirkung des regelmäßig angewendeten AT auf das Streßniveau verdeutlich Abb. 33. Diese Abbildung aus Derra (1998) illustriert anschaulich, warum erst das vorsorgende Üben des AT zu einer nennenswerten Streßreduktion führt.

4. Abhängigkeit (Sucht)

a. Die Sucht als Zirkelbildung

Süchtiges Verhalten ist eine grundlegende Möglichkeit menschlicher Reaktionen auf innere Spannung und Unlust. Es ist ein Verhalten, das sich mehr oder weniger der Vernunft entzieht und sich immer wieder nach dem gleichen Muster abspielt. Es entfernt sich dadurch mehr und mehr vom Genuß und wird zur Abhängigkeit. Sucht als Krankheit ist eine körperliche und psychische Abhängigkeit von einer Substanz mit dämpfender oder euphorisierender Wirkung (Alkohol, Nikotin, Medikamente, Drogen) oder von alltäglichen äußeren Tätigkeiten (z.B. Einkaufen, Essen, Spielen, Fernsehen, Computer, Arbeit, Sexualität, Autofahren). Im Grunde kann jedes Verhalten, das irgendwie zur Lösung von inneren Spannungen führt, zur Sucht werden. Anfänge und leichte Formen von Suchtverhalten kennt jeder von uns. Wir erleben innere Spannungen, äußere Einschränkungen, Konflikte und jeder hat seine persönlichen Strategien entwickelt, Unlust zu beseitigen, Spannungen zu lösen und Lustgewinn zu erzielen. Ist uns der unmittelbare Weg zur Entspannung blockiert, suchen wir nach Ersatzlösungen. Das Suchtverhalten ist eine solche Form der Ersatzlösung, der Ersatzbefriedigung. Es verstärkt sich in Form eines Suchtkreislaufes immer wieder selbst, wobei auch Schuldgefühle eine wichtige Rolle spielen.

b. Merkmale der Sucht

Bei der zunehmenden Bedeutung der Sucht in unserer Zeit ist es wichtig, diese gegen Verhaltensweisen abzugrenzen, die die Vorstufen der Sucht sind: Zur Sucht gehört die *Gewöhnung:* Sie ist ein rein physiologischer Vorgang, nämlich »die Eigenart des Organismus, auf immer größere Zeitquanten fortschreitend weniger zu reagieren«[37]. Der Körper gewöhnt sich an Medikamente, an Genußmittel (Kaffee, Alkolhol, Nikotin) ebenso wie an Umweltbedingungen (Klima, Lärm u.ä.).

Folgende Entwicklungsreihe ist typisch:

Gebrauch(Genuß)>Mißbrauch>Gewöhnung>Abhängigkeit

Im Gegensatz dazu ist die *Gewohnheitsbildung* (engl. habitforming), die zur *Gewohnheit* (habit) führt, ein psychischer Vorgang. Die wiederholte Anwendung eines Reizes, der ein Wohlbefinden hervorruft, führt zum Wunsch, diesen Reiz zu wiederholen. Das menschliche Leben wird geprägt von Gewohnheiten: je lustbetonter diese sind, je länger sie bestehen, um so mehr Widerstand setzen sie einer Änderung entgegen.

Der Gewöhnung und der Gewohnheit übergeordnet ist die *Abhängigkeit* (dependence), die sowohl körperliche als auch psychische Abhängigkeit meint. Da beide Vorgänge in der Praxis oft schwer zu trennen sind, da sie sich meist überschneiden, hat sich der allgemeine Begriff der Abhängigkeit zunehmend eingebürgert und wird meist gleichbedeutend mit dem Begriff der Sucht verwendet.

Steigert sich die Abhängigkeit zu einem Zwang, ein bestimmtes Mittel einzunehmen, so spricht man von *Sucht* im engeren Sinne.

Die Merkmale der Sucht sind: die zunehmende Abhängigkeit von einem Mittel, der übermächtig werdende Wunsch, sich die Suchtmittel zu beschaffen, die Neigung, die Dosis zu erhöhen, das Auftreten von Entziehungserscheinungen beim Absetzen des Mittels und die zunehmende seelische und körperliche Schädigung des Süchtigen (das Wort Sucht ist sprachlich verwandt mit Siechen, nicht mit Suchen). Spricht man von Sucht, so ist folgendes zu beachten:

Gewöhnung, Gewohnheit, Abhängigkeit und Sucht gehen ineinander über, sie unterscheiden sich nur dem Grade nach: Es heißt, körperliches Übergewicht sei das Resultat falscher Eßgewohnheiten; man kann es auch als Ergebnis eines süchtigen Verhaltens bezeichnen, sobald das Essen ein bestimmtes Maß überschreitet[38]. Die *Fettsucht,* die (von seltenen organischen Fällen abgesehen) immer auch eine *Freßsucht* ist, kann ebenfalls durch das AT – vorausgesetzt, es besteht ein gewisser »Leidensdruck« – auf dem Wege über eine geregelte Essensaufnahme und Herabsetzung des Hungergefühls besser und ungefährlicher abgestellt werden, als durch Abmagerungspillen.

Formelvorschläge:

- Essen ganz gleichgültig

oder

- bis x Uhr bin ich ganz satt.

Da Fettsüchtige, die sich zur Behandlung melden, bereits oft mit eigenen Versuchen zur Abmagerung gescheitert sind, empfiehlt sich zu Beginn der Behandlung[39] eine »indirekte« Hypnose, d.h. eine nicht als solche benannte Fremdbeeinflussung, die mit einer Aufklärung kombiniert wird und dann in eine umkonditionierende Selbsthypnose (= AT) übergeleitet wird.

Sucht betrifft nicht nur den Mißbrauch von Medikamenten oder Drogen, sondern auch den von Genußmitteln (Alkohol-, Nikotinsucht) und im erweiterten Sinne den maßlosen Gebrauch und die Abhängigkeit von Verhaltensweisen, die uns Genuß verschaffen, gleichviel worin beim einzelnen dieser Genuß besteht: so spricht man auch von Schlafsucht, von Vergnügungssucht, von Putzsucht usw. Fernsehen (vom Dienstschluß bis zum Programmschluß) kann durchaus eine Sucht sein.

Sucht ist immer Eigensucht. Alles, gleichviel ob Drogen, Alkohol oder Fernsehen, hat einen Zug gemeinsam: das Süchtige, das immer eine Form von ausschließlicher »Selbstbefriedigung« ist. Die Folge ist eine zunehmende Verkümmerung zwischenmenschlicher Beziehungen, ein Abnehmen von Kontaktfähigkeit und Rücksichtnahme.

Unterscheidet man zwischen den Süchtigen, die nur sich selbst schädigen, und solchen, die eine schädliche Auswirkung auf die Gesellschaft haben (Verwahrlosung, Kriminalität), so gibt es zwischen beiden doch nur graduelle Unterschiede. Dementsprechend wird bei den nun folgenden Ausführungen der Ausdruck »süchtig« im Sinne einer erhöhten Abhängigkeit benutzt.

c. Einsatz des AT und seine Voraussetzungen

In den vielen Schriften über das AT werden immer wieder Formeln angeboten, mit denen man sich süchtiges Verhalten abgewöhnen könne, gleichviel ob es sich dabei um Alkohol, um Rauchen oder nur um »störende Gewohnheiten«[40] handelt.

Mit dem AT und den speziellen Suchtformeln allein ist es nicht getan; sich bei der Suchtbehandlung ausschließlich auf das AT stützen, hieße die Dinge in unzulässiger Weise vereinfachen und damit die Behandlungserfolge in Frage stellen. Andererseits ist jedes süchtige Verhalten durch Gewöhnung entstanden; es ist das Produkt eines Lernvorganges. Das AT muß also für eine Umkonditionierung ein geeignetes Mittel sein. Was sind die Voraussetzungen, um das AT wirksam einsetzen zu können?

Es kann hier nicht auf die Behandlung *schwerer* Rauschmittelsucht oder Alkoholabhängigkeit eingegangen werden. Entziehung kann, auf jeden Fall in der ersten Zeit, wegen der oft lebensgefährlichen Entziehungserscheinungen nur durch eine stationäre Behandlung erfolgen.

Jeder Sucht liegt eine psychische Fehlentwicklung zugrunde, die wie alle eingefahrenen Fehlhaltungen jeder Veränderung Widerstand entgegensetzt. Änderung im Psychischen, die das Wesen jeder Suchtbehandlung ausmacht, bedeutet Anstrengung. Widerstand dagegen ist oft unbewußt, aber er mobilisiert den Verstand im Sinne von Scheinargumenten und Ausflüchten, die gegen eine Behandlung sprechen (Rationalisierung als Abwehrmechanismus). Erst wenn eine echte Einsicht in die Behandlungsnotwendigkeit vorhanden ist, hat es Sinn, das AT vorzuschlagen. Das gilt für die Sucht genauso wie für neurotische Störungen, nur ist bei der Sucht der Widerstand besonders offenkundig. Bei Menschen, die sich aus eigenem Antrieb zum AT melden, darf man voraussetzen, daß eine gewisse Einsicht in ihr Fehlverhalten vorliegt und sie gewillt sind, es zu ändern.

Als weiterer Schritt müssen, zusätzlich zum AT, in ärztlichen Gesprächen die Motive des süchtigen Verhaltens (meist handelt es sich um ganze Motivketten oder -komplexe) geklärt werden. Die Aussichten sind günstig, wenn die Fehlhaltung nicht lange bestand und wenn *äußere Motive* mit im Spiele sind.

Mit der Änderung dieser äußeren Bedingungen steht und fällt oft der ganze Behandlungserfolg: Wechsel des Berufs, der Stellung; für jüngere Menschen Ausziehen aus der elterlichen Wohnung, Umzug in eine gleichgesinnte Wohngemeinschaft; Meiden bisheriger verführender Freunde; Konsolidierung der Ehe, Abschluß einer (neuen) Ehe – alles Maßnahmen, die anstelle einer Flucht aus der Realität in die Sucht eine Neugestaltung des Lebens anstreben[41].

Reichen die Wurzeln der Motive bis in die frühen Lebensjahre zurück und sind innere Motive für die Fehlentwicklung ausschlaggebend, so dürfte das AT kaum zum Ziel führen. Die Behandlung müßte dann tiefenpsychologisch ausgerichtet sein. Als Faustregel kann man sagen: Je stärker die Fehlentwicklung durch äußere Faktoren bedingt und je später sie entstanden ist, um so eher wird sie für eine reine AT-Behandlung geeignet sein.

d. Die Wirkung des AT

Jede Sucht dient dazu, eine Leere im Menschen zu verdecken bzw. dem Schein nach auszufüllen. Wird der Süchtige daran gehindert, so wird er unruhig. Diese *Unruhe* ist bei einer Entziehung bzw. Umgewöhnung besonders groß; sie ist aber immer vorhanden. Hier ist der erste Ansatzpunkt des AT, der mit seiner Entspannung und seiner Dämpfung des süchtigen Verlangens die Unruhe reduziert und die Umgewöhnung erleichtert.

- Ich genieße das Nachlassen der inneren Spannung
- Ich ruhe in meinem Zentrum
- Kopf klar und frei.

Zur Umgewöhnung ist *Aktivität* nötig, die der Süchtige verlernt hat. Er läßt sich treiben. Der Fernsehsüchtige kann mit sich selbst nichts anfangen; abends vor der »Röhre« verhält er sich völlig passiv und läßt sich stundenlang optisch füttern. Die besondere Aktivität, die zur Bewältigung eigener Konflikte erforderlich ist, der Eigenantrieb verkümmert. Mit dem AT lernt man es, diesen Antrieb schrittweise wieder zu entwickeln, da das AT eine »aktive Übungsbehandlung« ist.

Selbstkontrolle statt Abhängigkeit

- Ich bin aktiv und gestalte meinen Alltag
- Ich finde neue Wege
- Kontakt mit Menschen statt mit Suchtmitteln

Erhöhung der Frustrationstoleranz: Der Süchtige lebt vergleichbar dem Kleinkind nach dem »Lustprinzip« (Freud): Das Kleinkind will ohne Anstrengung, ohne Einschränkung und sofort seine Wünsche realisiert sehen; seine Fähigkeit zum Verzicht auf seine Wünsche, zu ihrer Einschränkung oder zu deren zeitlichem Aufschub (Frustration) entsteht erst langsam im Laufe der individuellen Entwicklung. Diese Entwicklung hin zur Anpassung an die Umwelt (Realitätsprinzip nach Freud) hat der Süchtige nur mangelhaft vollzogen, oder sie ging wieder verloren (Regression). In beiden Fällen muß sie neu erworben werden. Im AT erfährt der Süchtige, daß unerträglich scheinende Spannungen abgebaut werden können, bei Verzicht auf sofortige Wunscherfüllung. Im AT wird damit ein Stück versäumter Entwicklung nachgeholt; anders gesagt: die Frustrationstoleranz wird erhöht; die Gefahr einer Verführung durch die verschiedenen Suchtmittel oder Gewohnheiten sinkt.

- Ich genieße statt zu süchteln
- Mein Erfolg stärkt mich

Die *antizipierenden Formeln:* Nicht zuletzt bietet das AT durch die methodisch angewandte Antizipation von Verhaltensweisen eine wirksame Hilfe bei der Umgewöhnung. Eine Reihe von Formeln sind von Übungsteilnehmern geprägt und von verschiedenen Verfassern mitgeteilt worden.

Bei Drogen:

- Mein Ziel ist klar, unwandelbar,
  zu jeder Zeit Gelassenheit[42]
- Ich bestimme mein Leben zu jeder Zeit.

Bei Alkohol:

- Ich weiß, daß ich vermeiden werde, einen einzigen Tropfen Alkohol in irgendeiner Form zu irgendeiner Zeit, unter irgendwelchen Umständen, in irgendeiner Situation zu mir zu nehmen. Andere trinken, mir ist Alkohol gleichgültig[43].

- Ich trinke keinen Alkohol, zu keiner Zeit, an keinem Ort, bei keiner Gelegenheit[44].
- Ich bleibe abstinent, und zwar ganz konsequent.

Oder einfacher, dafür aber rhythmischer:

- Kon-se-quent ab-sti-nent[45].

Für »gesellige« Trinker:

- Wirtshäuser sind gleichgültig.
- Ich weiß, daß ich nicht mehr trinke[46].

Nach Schultz haben sich bei Süchtigen insbesondere die Indifferenz- und Negationsformeln[47] gut bewährt:

- Alkohol (Rauchen) gleichgültig.

Oder Aversionsformeln, relativ selten benutzt, aber sehr wirksam:

- Beim Trinken wird mir übel.
- Betrunken bin ich ekelerregend.

oder

- Betrunken bin ich mir ein Greuel.

oder

- Betrunken bin ich nicht ich selbst.

Die Wirkung dieser Formeln kann noch erheblich gesteigert werden durch Abspielen eines Tonbandes, das in betrunkenem Zustand aufgenommen wurde zur »Vergegenwärtigung« im nüchternen Zustand. Dieses Vorgehen ist nur sinnvoll, wenn der Trinkende damit einverstanden ist, da sonst schwerste Aggressionen mobilisiert werden können und der therapeutische Effekt damit zunichte gemacht wird.

Bei schwerem Alkoholmißbrauch und allen stärkeren Suchtmitteln gelten zwei Regeln:

– Die Entwöhnung muß plötzlich, zumindest so schnell es die Entziehungserscheinungen erlauben, vor sich gehen; daher die meist notwendig werdende stationäre Entziehungskur. Nur bei der Raucherentwöhnung kann man anders verfahren.

– Die Abstinenz muß total sein; es darf nichts mehr eingenommen werden. Eine Mäßigung im Verbrauch ist erfahrungsgemäß bei wirklich Abhängigen nicht möglich.

e. Die Entwöhnung vom Rauchen

»Aufhören zu rauchen ist kinderleicht, das habe ich schon mindestens zwanzigmal gemacht« lautet die witzige Bemerkung eines Rauchers zu einem erneuten Versuch. Rauchen ist typisches Suchtverhalten, es ist oft mit Pausemachen verbunden, die Zigarette dient der Spannungslösung, Die äußerst gesundheitsschädlichen Auswirkungen sind jedem bekannt. Raucherentwöhnung und damit auch das AT ist nur bei entsprechend motivierten Menschen wirksam und erfolgversprechend.

Raucherentwöhnungsbehandlungen gehen davon aus, daß Rauchen ein erlerntes Verhalten ist, das man umlernen bzw. verlernen kann. Nur ein Teil der Raucher haben eine Nikotinabhängigkeit. Der Einsatz des AT muß daher in der Regel mit verhaltenstherapeutischen Elementen kombiniert werden. Für sich betrachtet hilft AT bei der Entwöhnung und bei der längerfristigen Abstinenz.

Der Umlernvorgang[48] verläuft z.B. in folgenden Einzeletappen: zunächst wird eine Einsicht in den Zusammenhang von Leiden (Beschwerden) und Rauchen angestrebt. Der Proband muß eine Liste aufstellen für die Gründe, weshalb er das Rauchen aufgeben will. Zwei Wochen lang darf er soviel rauchen, wie er will, aber unter erschwerenden Bedingungen: so muß jede Zigarette einzeln in Papier gewickelt werden, alle zusammen in ein Paket. Es erfolgt eine fortlaufende Protokollierung: bei jeder gerauchten Zigarette wird die Tageszeit, jeweilige Beschäftigung, ebenso die genaue Empfindung beim Rauchen aufgeschrieben. Jede gerauchte Zigarette erhält eine Note (1 = größter Genuß; 5 = »nur so dahingeraucht«). Nach vierzehn Tagen führt man keine Zigarette mehr bei sich, sondern muß sie einzeln bei einer Vertrauensperson holen.

Bei diesem Verfahren lassen sich die verschiedensten AT-Leitsätze einschieben[49]. Bei starkem Rauchverlangen:

- In den nächsten zwei (fünf) Minuten rauche ich nicht mehr

Beim Abendtraining:

- Morgen rauche ich die erste Zigarette erst nach dem Frühstück.

Es läßt sich leicht eine Vielfalt von Formeln aufstellen:

- Nicht rauchen macht mich frei und stolz[50]
- Der Geschmack des Tabaks stößt mich ab[51].

Die letzte Formel am besten mit möglichst lebhafter Vergegenwärtigung einer Katerstimmung (wo viel geraucht wird, wird auch gern getrunken).

- Ich weiß, daß ich vermeiden werde, eine einzige Zigarette zu irgendeiner Zeit, unter irgendwelchen Umständen, in irgendeiner Stimmung, in irgendeiner Situation zu rauchen.

oder

- Andere rauchen, mir sind Zigaretten gleichgültig[52].

Bei der Raucherentwöhnung können »therapeutische Brücken« und »Entwöhnungshilfen« eingebaut werden: physikalische Maßnahmen (Bäder, Massagen), Sport, viel Schlaf, vitaminreiche Nahrung zur Auffüllung des Vitamindefizites. Es werden Ersatzschablonen angeboten: anstatt der »Zigarette als Schnuller« Eukalyptusbonbons, Kaugummi, Nüsse, Obst u.ä. mehr.

Die Wirkung des Nichtrauchertrainings wurde durch vergleichende Behandlung verschiedener Gruppen untersucht[53]. 37 Verhaltensvorschriften wurden gegeben: Zigaretten in geringen Mengen kaufen, Anstecken verzögern, täglich die Marke wechseln. Auch hierbei kann das AT das Einhalten der Vorschriften und das Durchhalten des Trainings unterstützen: das AT wirkt ja nicht nur zusätzlich im Sinne einer *Selbstkontrolle,* sondern erleichtert auch das Einhalten der jeweiligen Teilaufgaben über die Vorsatzformeln.

Unterstützen kann man die Selbstkontrolle durch eine unterschriebene Verpflichtung (»Kontingenzkontrakt«): zweimal die Woche wird um einen bestimmten Geldbetrag (der nicht zu klein sein sollte) gewettet, daß man die Zigaretten auf eine bestimmte Anzahl reduziert. Bei Vertragseinhaltung wird der Betrag zurückgezahlt.

Bisher galt bei allen Entziehungsbehandlungen der Grundsatz, schlagartig das Suchtmittel abzusetzen. Das geschilderte Vorgehen bei Rauchern belehrt uns eines anderen: Die Selbstkontrolle ist gleichbedeutend mit *Eigeninitiative;* der Kontrakt zur Kontingenz, d.h. die Verpflichtung zur Einschränkung des Verbrauchs entspricht einer freiwillig übernommenen Frustration. Ohne diese Eigeninitiative wird ein Dauererfolg immer fraglich sein. Daher auch die geringen Erfolge einer Zwangsentziehung, gleichgültig ob diese (wie bei der Alkoholentziehung) in einer Klinik durchgeführt wird oder (wie ich einer Zeitungsnotiz entnehme) in einer einmaligen Sitzung mit Primitivhypnose unter Setzung massiver Ängste (»Sie fallen bei der nächsten Zigarette tot um«). Die Vorgänge bei der Selbstkontrolle und der freiwilligen Selbsteinschränkung entsprechen der Forderung nach Integration der gestellten Aufgabe in die Gesamtpersönlichkeit und unterscheiden sich damit von einer bloßen Verhaltensänderung. Wie das Training nach Schultz ist auch diese Form der Entwöhnung autogen; daher die Möglichkeit, beide gleichsinnig und gleichzeitig einzusetzen. Wie schon ausgeführt, wird niemand davon ausgehen, daß eine ausgeprägte Abhängigkeit durch das AT alleine behandelt werden kann. Aber das AT findet sich in zahlreichen Programmen zur Behandlung von Suchtpatienten und wird dort als in seiner Wirkung ausgesprochen günstig eingestuft. Von verschiedenen Arbeitsgruppen wurde es bei Alkoholkranken eingesetzt[54]. Die meisten Studien dazu sind empirisch kontrolliert. Zur Rückfallprophylaxe bei Süchtigen scheint vor allem das Prinzip »Entspannung statt Alkohol« beizutragen[55]. Auch bei Drogensüchtigen wurde das AT erfolgreich eingesetzt[56], obwohl die motivationalen Probleme hier noch größer sind. Roszell und Chaney nehmen an, daß die nachweisbare Verbesserung des Allgemeinbefindens Streß reduziert und damit rückfallprophylaktisch wirkt.

5. Schlafstörungen

a. Einteilung

Ihrer Entstehung nach lassen sich die Schlafstörungen in drei Gruppen einteilen: die symptomatischen Schlafstörungen, die Schlafstörungen bei Psychosen und die funktionellen Schlafstörungen[57].

Die *symptomatischen Schlafstörungen* sind Symptom eines organischen Leidens (Bluthochdruck, Schilddrüsenüberfunktion, Herzerkrankungen, Asthma, im Alter Arteriosklerose der Hirngefäße). Zu ihnen gehören auch Muskelkrämpfe (z.B. Wadenkrämpfe), die »restless legs« (unruhige Beine) und nächtliche Armschmerzen (Brachialgia paraesthetica nocturna), ferner die Schlafstörungen im Klimakterium (durch Fehlen der schlaffördernden Hormone). Die Behandlung des Grundleidens beseitigt auch die Schlafstörungen.

Zu den *Schlafstörungen bei Psychosen* sei nur bemerkt, daß Verstimmungszustände (z.B. Depressionen) sehr häufig mit Schlafstörungen anfangen, die den davon Betroffenen überraschen und beunruhigen, da er für ihr Auftreten keine Erklärung findet. Medikamente, in erster Linie Antidepressiva, sind dabei meist nicht zu umgehen.

Die weitaus größte und wichtigste Gruppe (etwa zwei Drittel aller Schlafstörungen) ist die der *funktionellen Schlafstörungen*. In der ICD-10 wird jetzt von den *nichtorganischen Schlafstörungen* gesprochen. Den Stand der Literatur haben Berti und Hoffmann (1990) zusammengefaßt[58]. Alles, was im folgenden über die Anwendung des AT bei Schlafstörungen gesagt wird, bezieht sich auf diese letzte Gruppe. Die funktionelle Schlafstörung ist auch der häufigste Grund, der Patienten zum Arzt führt mit dem Wunsch, das AT zu erlernen. Man kann diese Gruppe unterteilen in »exogene« und psychoreaktiv verursachte Schlafstörungen[59].

Die *exogene Schlafstörung* umfaßt alle durch äußere Gründe bewirkten Beeinträchtigungen des Schlafes. Dazu gehören Veränderungen des Schlafraumes, des Bettes, Umweltreize (Geräusche und Licht), Veränderungen der Tag-Nacht-Rhythmik (zum Beispiel bei Schichtdienst oder bei der transmeridianen Zeitverschiebung bei Flugreisen).

Bemerkenswert ist das Resultat eines Autogenen Trainings mit dem fliegenden Personal des Scandinavian Airlines System (SAS), das mit über 1000 männlichen und weiblichen Versuchspersonen von 1973 bis Dezember 1977 durchgeführt wurde. Gesucht wurde nach einem Mittel, um die Schlafstörungen zu beeinflussen, die bei transmeridianen Flügen (Flügen mit Zeitverschiebung) auftreten, und bei denen Alkohol und Medikamente als Schlafhilfe nicht angezeigt sind. Es wurden sechs oder sieben Übungen zu je 1½ Stunden nach der »gestuften Aktivhypnose« von D. Langen (die ja als Basis die Schwere- und Wärmeübung des AT beinhaltet) durchgeführt. In dem Zeitraum zwischen drei Monaten und zwei Jahren nach dem Training wurden die Resultate ermittelt:

1. Das Schlafvermögen unter normalen Bedingungen wurde verbessert; wie zu erwarten, bei schlechten und ganz schlechten Schläfern am deutlichsten, eine Bestätigung von Freuds Feststellung: »Je kranker der Patient, desto besser hilft ihm die Kur.«[60]

2. Das Schlafvermögen bei aus dem Gleichgewicht gebrachtem Tag-Nacht-Rhythmus (upset circadian rhythm) wurde in auffallender Weise verbessert.

3. Verschiedene Teilnehmer berichteten über positive Nebenwirkungen, die ihr persönliches Leben betrafen.

»Diese Ergebnisse sind in Hinsicht auf die Flugsicherheit bemerkenswert.«[61]

Der gesunde Mensch stellt sich schnell um. Aber auch bei einem unter veränderten Umweltbedingungen gut schlafenden Menschen lassen sich vegetative Reaktionen nachweisen, die nur langsam in ihrer Intensität nachlassen. Diese vegetative Umstellung kann durch das Training gefördert werden. Auf Außenweltreize reagieren die einzelnen Menschen sehr verschieden, je nach ihrer Konstitution, ihrer vegetativen Reaktionslage und ihrer emotionalen Einstellung zu den Störungen. Diese Faktoren bestimmen, wieweit Außenreize als Weckreize wirken. Von Schlafstörungen spricht man dann, wenn Dauer und Ausmaß dieser Störung in keinem angemessenen Verhältnis zum Anlaß mehr stehen[62].

Die *psychoreaktiven Schlafstörungen:* Eine vorübergehende Schlafverkürzung aufgrund eines akuten Konfliktes, zudem wenn dieser stark emotional gefärbt ist, wird kaum als Schlafstörung empfunden werden. Die »Störung« ist erst gegeben, wenn sie chronisch wird. Dieses Chronischwerden beruht meistens auf einem Sich-Einfahren im Sinne einer Zirkelbildung. Hierfür gibt es verschiedene Gründe, die alle bei einer Behandlung der Schlafstörung berücksichtigt werden müssen.

b. Die Bedingungen der funktionellen Schlafstörung

Wie für alle biologischen und psychologischen Vorgänge läßt sich für die Schlafstörung nie eine einzige Ursache nachweisen. Immer müssen mehrere Bedingungen (ein »Bedingungsbündel«) zusammenkommen, um einen Prozeß (hier die Schlafstörung) zu bewirken.

Im Kapitel über den Schmerz hieß es, der zivilisierte Mensch erhebe einen Anspruch auf ein schmerzfreies Leben. Ebenso glaubt der heutige Mensch ein Anrecht auf störungsfreien Schlaf zu haben. Diese Anspruchshaltung führt leicht dazu, daß gelegentlich auftretenden Schlafstörungen viel Aufmerksamkeit geschenkt wird. Damit geht die unbefangene Einstellung zum Schlaf verloren. Der schlafgestörte Mensch liefert sich nicht mehr dem Schlaf passiv aus, sondern fängt an zu registrieren und zu kontrollieren: wie lange man zum Einschlafen braucht, wie häufig man nachts aufwacht, die Schlafdauer wird berechnet u.ä. mehr. Je bewußter der Mensch einschlafen will, je mehr er den Schlaf anstrebt, um so schlechter schläft er ein. Der Wille zum Einschlafen gehorcht dem Gesetz von der Anstrengung, die den angestrebten Erfolg verhindert, die Schlafstörung nimmt zu (vgl. auch Kap. 17, 2).

Die zunehmende Schlafstörung führt zu einer *Fehleinstellung* dem Schlaf gegenüber; es entsteht der Schlafhypochonder, der nicht nur seinen Schlaf ängstlich hütet, sondern nach schlechtem Schlafen auch eine Fehleinstellung zum darauffolgenden Tag entwickelt: er steht ungern auf, kommt langsam in Gang, entwickelt eine den ganzen Tag anhaltende Schonhaltung mit Ruhepausen, Registrieren von Müdigkeit, Leistungseinbuße und gestörtem Allgemeinbefinden. All das erhöht wiederum die Sorge um die nächste Nacht. Die Bedeutung der Fehleinstellung zum Schlaf kann kaum überschätzt werden. Durch die ängstliche Erwartung vor der nächsten Nacht und die verstärkte Bemühung um Schlaf (»trying too hard«) kommt es zu einer *psychophysischen Aktivierung* und damit zu einer Verstärkung der Schlafstörung. Es handelt sich also um einen *Teufelskreis* von Erwartung, Angst, kompensatorischer Aktivität, Spannung, Aktivierung des Wecksystems und Schlafstörung. Die *Fehlerwartung* steht oft am Anfang. Diese Einstellung spiegelt sich wider in einer Studie der Universität Chicago[63]: auf Befragen gaben Schlafgesunde an, (im Mittel) 7 Minuten Einschlafzeit zu benötigen; die Schlafgestörten gaben 59 Minuten an. Laut EEG-Befund betrug die Einschlafzeit der Normalschläfer tatsächlich 7 Minuten, die der Schlafgestörten 15 Minuten; sie hatten also ihre Einschlafzeit um das Vierfache überschätzt.

Eine Reihe von Persönlichkeitsmerkmalen, wie Selbstunsicherheit oder Neigung zu Selbstüberforderung, begünstigen das Auftreten von Schlafstörungen; sie lassen den Menschen nicht schlafen. Zu »wache« Menschen schlafen meist schlecht. Eine bedeutende Rolle spielen auch lang anhaltende, schwelende, emotional betonte Konflikte: diese können in einer mangelnden Bewältigung der Vergangenheit liegen (Unaufgearbeitetes, Versäumtes, Schuldgefühle) und zu einem *verzögerten* Einschlafen führen, oder in einer ängstlichen Einstellung zur Zukunft (Aufgaben, Termine, Erwartungen, Examen) und ein *zu frühes* Aufwachen bedingen. Schließlich gibt es eine Form von neurotischer Schlafstörung, bei der der Schlaf unbewußt gestört wird, um für ein Versagen am nächsten Tag (z.B. Verstimmungen, Arbeitsunlust, unkontrollierte Aggressionen u.ä.) ein Alibi zur Hand zu haben.

c. Voraussetzungen zur Anwendung des AT
Das AT ist eine ideale Methode, um den Schlafgestörten von seinem Übel zu befreien, doch gelten für die Anwendung einige Voraussetzungen, die unbedingt eingehalten werden müssen. Sie betreffen den richtigen Umgang mit den eben angeführten schlafstörenden Verhaltensweisen und vor allem den *Fehlerwartungen an die Therapie* und das AT.

Die Besserung der Schlafstörung darf an *keinen Termin* gebunden sein. Es kann Wochen, Monate, manchmal ein bis zwei Jahre dauern, bis eine Besserung eintritt. Je mehr und je schneller eine Beseitigung der Störung erwartet wird, um so weniger und um so langsamer wird sie sich einstellen. Das AT ist kein Wundermittel, sondern ein Lernvorgang, der seine Zeit braucht. Diese Zeit hängt von den verschiedensten Faktoren ab, von denen hier drei erwähnt seien: die Dauer der Schlafstörung, die Menge und Zusammensetzung der bisher eingenommenen Mittel (Näheres siehe weiter unten) und, als wichtigstes, die Einstellung der Schlafgestörten zum Schlaf (siehe oben).

Der Schlaf darf auch bei der Einzelübung *nicht angestrebt* werden. Man darf nicht üben, um zu schlafen; es darf keine Absicht, kein Vorhaben, keine Zielstrebigkeit in bezug auf den erwarteten Schlaf bestehen. Je angespannter man den Schlaf erreichen will, desto weniger tritt er ein. »Wer schlafen *will,* bleibt wach.«[64] Richtig ist es, die Zeit, die man ohnehin wachliegt, mit dem AT zu vertreiben, weil Trainieren besser ist als Grübeln, weil das Trainieren die »AT-Kondition« verbessert. All das wurde schon häufiger angesprochen. Es wird hier wiederholt, weil mit der richtigen Grundeinstellung der Erfolg des AT steht und fällt, und weil erfahrungsgemäß immer wieder gegen dieses Prinzip verstoßen wird.

Es dürfen keine Forderungen an den Schlaf und an das Einschlafen gestellt werden. Der Nichtschläfer kann aber sicher sein, daß der Schlaf sich einstellt, wenn er vom Organismus benötigt wird, selbst dann, wenn der Schlafgestörte durch seine Fehleinstellung seinen Schlaf dauernd stört. Anstatt von Schlafgestörten wäre es darum oft richtiger, von *Schlafstörern* zu sprechen.

d. Die Wirkung des AT

Zur unmittelbaren Auswirkung des AT gehört die Bewußtseinseinengung, d.h. die Aufmerksamkeit, die den Körpervorgängen (Schwere, Wärme) zugewandt wird, steht für andere Beobachtungen nicht mehr zur Verfügung.

So wird beim schlafbereiten Menschen, der abends im Bett sein Training macht, die Aufmerksamkeit vom Grübeln und von der Schlaferwartung *abgelenkt* und hingelenkt zu den Vorgängen des Trainings. Nicht selten werden dabei auch Schlafgestörte vom Schlaf überrascht. Dieser Erfolg ist noch nicht spezifisch für das AT; er liegt auf derselben Ebene wie der Erfolg der alten Hausmittel: Die Schafe einer vorgestellten Herde zählen, vorüberziehenden, ebenfalls imaginierten Wolken zusehen oder ganz einfach von 1 bis 1000 zählen. Man wird abgelenkt, vergißt den Schlaf und schläft deshalb ein. Wir empfehlen aus solchen Überlegungen, das AT jedesmal beim *nächtlichen Erwachen erneut zu wiederholen*: der Effekt ist erstaunlich. Zum einen wird das Grübeln und damit die Aktivierung des Wecksystems (s.o.) verhindert, zum anderen schlafen viele bereits beim Ansatz des AT schon wieder ein. Der Effekt ist am besten bei sofortiger Aufnahme der Übung. Während bei der regulären Übung des AT tagsüber das Einschlafen nicht erwünscht ist (»Das AT ist ein Mittel zum Gewinn von Selbstkontrolle und kein Schlafmittel«), stellt die nächtliche Übung beim Schlafgestörten – aber wieder ohne Schlafintention! – eine Ausnahme dar.

Formeln zur Neutralisierung der Einschlafzeit (die von Vorsatzformeln aufgrund ihrer Situationsspezifität zu trennen sind):

- Gedanken sind ganz gleichgültig[65].
- Schlaf ganz gleichgültig, Ruhe wichtig[66].
- Der Schlaf wird kommen, wann, ist gleichgültig.

Oder die bereits angeführte Hilfsformulierung[67]:

- Gedanken kommen, steigen auf und ziehen dahin
  wie Wolken am dunklen Abendhimmel,

wobei das Sich-Ausmalen einer friedlichen Abendlandschaft sehr hilfreich sein kann, oder

- Die Ruhe schirmt mich ab wie ein weiter Mantel.

Die beim Training eingetretene *Umschaltung* führt die körperlichen und psychischen Bedingungen herbei, unter denen ein bestehendes Schlafbedürfnis zum Schlaf führt. Zu diesen Bedingungen gehört im vegetativen Bereich die trophotrope Ruhe und Aufbauphase, die für den Schlaf typisch ist. (Einzelheiten hierüber sind nachzulesen im Abschnitt über ›Neurophysiologie der Umschaltung‹ Kap. 6, 4a). Gleichzeitig mit der vegetativen Umschaltung kommt es zu einer Veränderung der emotionalen Sphäre und des Bewußtseinszustandes: Dämpfung der affektiven Resonanz, Umschaltung der Aufmerksamkeit von Außen- auf Innenvorgänge, Einengung des Bewußtseins, »Ruhetönung«. Aus diesen Gründen wird das AT bei abendlicher Übung im Bett *nicht zurückgenommen.*

Einige der Standardformeln wirken über ihre sonstige Entspannungswirkung hinaus schlaffördernd. Man erinnere sich an die Herabsetzung des Grades der Wachheit (Vigilanz) durch die Schwere- und Wärmeübungen, bei denen sich Schläfrigkeit einstellt.

Die *Wärmeübung* der Arme und Beine wirkt weiterhin durch Umleitung des Blutes in die Oberfläche der Gliedmaßen entlastend auf die Kopfdurchblutung und senkt etwas den Blutdruck: man schläft mit warmen Füßen schneller ein (das Schlafmittel alter Zeiten war die Bettflasche).

Im gleichen Sinne wirkt sich die *Sonnengeflechtsübung* aus, die in derselben Weise wirkt wie der Verdauungsvorgang. Ein warmes Sonnengeflecht studiert nicht nur ungern, sondern erleichtert auch das Einschlafen (zweites altes Hausschlafmittel: ein Glas warmen Zuckerwassers trinken).

Handelte es sich bisher um eine indirekte Unterstützung der physiologischen Einschlafbedingungen, so wirkt sich die *Stirnübung* direkt aus durch Veränderung der Durchblutung am Kopf und im Gesicht. Ebenso wird das Einschlafen durch die Formeln der entspannten, ruhigen und gleichförmigen

Dunkelheit (Dämmern) im Kopf- und Gesichtsfeld begünstigt.

Durchschlafleitsätze: Da sich das *Einschlafen* von selbst einstellen soll, sind Vorsatzbildungen für dieses Vorfeld des Schlafes ungeeignet. Es sollten beim chronisch Einschlafgestörten keine Ich-Formeln angewendet werden, da sie immer einen Impuls zum Handeln ausdrücken. Bei gelegentlichem schlechten Einschlafen mag die Formel

- Ich schlafe jetzt schnell ein

wirksam sein; bei echter Schlafstörung ist sie unbedingt zu vermeiden.

Vorsatzformeln eignen sich dagegen gut bei *Durchschlafstörungen.* Die »Kopfuhr«, die man auf *jede Zeit einstellen* kann, eignet sich nicht nur zur Schlafverkürzung, sondern auch zur Schlafverlängerung. Bewährt hat sich in meiner Praxis eine kombinierte Ein- und Durchschlafformel:

- Der Schlaf kommt, früher oder später.
- Ich schlafe (dann) ruhig und erholsam.
- Ich wache morgen früh frisch auf (strecke mich mit Genuß) und sehe dem Tag froh entgegen.

Diese Formel berücksichtigt die passive Einstellung zum Einschlafen und das Sicheinstellen des Schlafes, wann es ihm beliebt; eine Terminsetzung wird bewußt ausgeschaltet. Erst dann folgt der Vorsatz für den Schlafablauf und der Vorgriff auf das Aufwachen am nächsten Morgen. Mit diesem Antizipieren eines frischen Befindens und einer zuversichtlichen Einstellung zum kommenden Tag wird die bei schlechten Schläfern übliche Fehlhaltung zum Ablauf des kommenden Tags abgeändert und damit auch der Schlafablauf in seiner »Qualität« verbessert.

Viele Menschen brauchen ihre Zeit, um morgens wachzuwerden, um »in Gang« zu kommen, sie sind zunächst unlustig (Morgenmuffel), denkträge und wollen möglichst nicht angesprochen werden, ein Zustand, der bei depressiven Menschen besonders ausgeprägt ist. Eine solche Morgenverstimmung läßt sich am besten überbrücken, wenn man für das Aufwachen und das Aufstehen weitere Vorsätze zur Schlafformel hinzufügt:

- Aufstehen und Anziehen läuft von selbst (verläuft mühelos, automatisch).

- Nach der Morgengymnastik (dem Frühstück) bin ich ganz (voll) da.
- Ich gehe frisch an meine Arbeit.

Die *paradoxe Formel:* Bei der Besprechung der paradoxen Intention war die Rede davon, daß deren Wirkung auf keinem Gebiet so überzeugend ist wie bei den Schlafstörungen. Als Vorsatzformel eignet sich folgende:

- Ich bemühe mich, die ganze Nacht *nicht* zu schlafen.

Die Formel schließt das Mißlingen des Versuchs, nicht schlafen zu wollen, mit ein (ich *bemühe* mich); jede paradoxe Formel muß ja deren Nichtgelingen in sich schließen; sie ist sogar darauf abgestellt. Deutlich wird das Gesagte, wenn man eine Formel für einen Menschen aufstellt, der wirklich wach bleiben muß, bei einer Nachtwache beispielsweise. Sie muß dann lauten:

- Ich bleibe (die ganze Nacht) wach.

e. Schrittweises Schlafenlernen

Das bisher Gesagte zeigt, daß man das Schlafen nur langsam und mit Geduld erlernen kann, was nicht ausschließt, daß der Schlaf sich dabei überraschend einstellt. Der langsame Verlauf dieses Lernprozesses liegt auch darin begründet, daß fast alle Schlafgestörten, die sich zu einem AT-Kurs melden, seit kürzerer oder längerer Zeit Schlafmittel nehmen, und diese verändern den Schlafablauf. Gewohnheitsmäßig eingenommen, lassen manche Medikamente eine Beeinträchtigung des Tiefschlafes eintreten (so z.B. die Mittel der Benzodiazepin-Gruppe); andere Mittel wiederum (Barbiturate, Neuroleptika, Alkohol und Weckamine) stören die Traumphasen[68], die zur Erholung ebenso wichtig sind wie der Tiefschlaf. Bedenklich dabei ist die meist viel zu wenig beachtete Tatsache, daß nach dem Absetzen der Medikamente der gestörte Tiefschlaf zunächst im EEG nicht normalisiert wird[69]. Bezüglich der Medikamente gilt heute die Regel: *Benzodiazepine* – ein Bestandteil vieler Schlafmittel! – dürfen nur bis zu vierzehn Tagen zum Durchbrechen des erhöhten Aktivitätsniveaus gegeben werden. Danach läßt ihre schlaffördernde Wirkung nach und die Abhängigkeit steigt. *Sedierende Antidepressiva* sind das Mittel der ersten Wahl und können auch ohne Gewöhnung langfristig genommen werden. Die Gefahr beim Einsatz von Schlafmitteln sind die Selbstbeschaffung und der Mißbrauch.

Bei der Behandlung medikamentenbedingter Schlafstörungen empfiehlt sich daher ein schrittweiser *Abbau der Medikamente* (soweit es sich nicht um Antidepressiva bei kontrollierter Verschreibung handelt), beginnend im Urlaub oder an den Wochenenden, denn da kann man ja ausschlafen. Man verringert die Medikamentenmenge schrittweise. Von den bislang gebrauchten Tabletten legt man ein Viertel auf den Nachttisch, um sie erst nach anderthalb bis einer Stunde einzunehmen – so lange, bis man durch die inzwischen immer wirksamer werdende AT-Übung in der Zwischenzeit spontan einschläft und die Viertel-Tablette überflüssig wird. Dann fährt man mit dem schrittweisen Abbau weiter fort. Dieser muß Hand in Hand mit dem AT durch einen Arzt vorgenommen werden in Form einer subtilen, »elastischen« Umstellung auf schwächere Mittel und geringere Dosen. Noch nach fünfundzwanzig Jahren regelmäßigen Schlafmittelgebrauchs konnte dieser durch das AT abgestellt werden[70]. Der Erfolg des AT bei Schlafstörungen ist heute als durch mehrere Studien gut belegt anzusehen[71] (s. a. Kap. 28).

32. Kapitel
Die Anwendung des Autogenen Trainings bei psychovegetativen Störungen

1. Die Sonderstellung der psychovegetativen (funktionellen) Störungen

Eines der Ziele des AT ist nach Schultz die »Selbstregulierung sonst ›unwillkürlicher‹ Funktionen«. Mit »unwillkürlich« sind die dem Willen nicht unterworfenen, »von selbst« ablaufenden vegetativen und emotionalen Vorgänge gemeint. Die Regulierung dieser Erscheinungen ist in der Tat das wichtigste Anwendungsgebiet des AT, und die Erfolge, die dabei erreicht werden, haben viel dazu beigetragen, aus dem AT eines der bekanntesten und meist angewendeten psychotherapeutischen Verfahren zu machen.

Diese Entwicklung entspricht der Sonderstellung, die die psychovegetativen Störungen in der heutigen Medizin einnehmen, und der besonderen Eignung des AT als Mittel zur »Regulierung« dieser Störungen.

Die sich entwickelnde medizinische Wissenschaft des 19. Jahrhunderts hatte sich auf ein Konzept festgelegt, das nur körperliche Erkrankungen anerkannte: krank war gleichbedeutend mit *organisch krank.* Sogar in der Psychiatrie hält sich diese Ansicht bis in die neuere Zeit (K. Schneider): »Krankheit gibt es nur im Leiblichen, und ›krankhaft‹ heißen wir seelisch Abnormes dann, wenn es auf krankhafte Organprozesse zurückzuführen ist.«[1] Freud erweiterte den Krankheitsbegriff und betrachtete einen Menschen auch dann als krank, wenn er aufgrund eines abnormen Seelenzustandes (Neurose) arbeits-, kontakt- oder genußunfähig wird. Diese Ansicht hat sich erst langsam durchgesetzt; die praktische Konsequenz daraus, nämlich daß ein Neurosekranker ebenso einer ärztlichen Behandlung bedarf wie ein organisch Kranker, wurde z.B. in der Krankenversicherung erst in den letzten Jahren gezogen.

Die Einteilung der Krankheiten in körperliche und seelische

ist künstlich; sie ist ebenso künstlich wie die Spaltung des Menschen in Körper und Seele. Man geht heute davon aus – nicht nur in der Medizin –, daß der Mensch eine Einheit bildet und Körperliches und Psychisches nur Aspekte dieser Einheit darstellen. Jede körperliche Erkrankung verändert den Menschen auch im Seelischen (man denke an die psychische Auswirkung von Fieber, Schmerz und Giften), und ebenso verändern seelische Störungen, z.B. Konflikte, die körperlichen Funktionen: aufgrund von Neurosen (Konversionsneurosen) entstehen vielfach Krankheitsbilder, deren Unterscheidung von organisch bedingten Erkrankungen erst durch genauere Untersuchungen ermöglicht wird. In neuerer Zeit beschäftigt sich die psychosomatische Medizin mit Erkrankungen, bei denen bestimmte seelische Störungen (meist ein chronischer Konflikt) zu Veränderungen an den Organen führen.

Zwischen den Erkrankungen mit vorwiegend körperlicher Symptomatik und denjenigen, die mehr psychisch ausgeprägt sind, bleibt ein großes Mittelfeld an vegetativ-funktionellen Störungen, die ebenfalls psychisch bedingt sind bzw. ausgelöst werden – daher der Name *psychovegetative* Störungen –, und denen eine Sonderstellung zukommt. Je nachdem ob sich die Symptome vorwiegend im vegetativen oder psychischen Bereich einordnen ließen, bezeichnete man sie um die Jahrhundertwende als Neurasthenie oder Psychoasthenie; das dazugehörige Erscheinungsbild nannte man Nervosität, ein Ausdruck, der heute noch von Laien verwendet wird. Die Erscheinungen der Nervosität waren so vielgestaltig, so veränderlich und so schwer präzise zu beschreiben, daß sich kaum jemand damit befaßte. Vor mehr als einem Zeitalter hat sich J. H. Schultz das Verdienst erworben, über den nervösen Menschen zu schreiben.[2] Später legte man den vegetativen Begleiterscheinungen der Nervosität erhöhtes Gewicht bei und sprach von »vegetativer Dystonie«[3], ein Ausdruck, der alles und nichts besagt, denn es gibt weder ein körperliches noch ein seelisches Geschehen, das nicht mit vegetativen Veränderungen einhergeht[4]. »Vegetative Dystonie« wurde zur Sammelbezeichnung für alles, was sich nicht genauer diagnostizieren ließ.[5]

In neuerer Zeit spricht man von funktionellen Störungen[6], oder von einem *psychovegetativen Syndrom* (Syndrom = Erscheinungsbild[7]). Dieser letzte Ausdruck verdeutlicht, daß Vegetatives und Psychisches immer zugleich an den Einzelerscheinungen dieses Syndroms beteiligt sind. In dem ab 1998 auch für die BRD geltenden Klassifikationssystem ICD-10 wird die Bezeichnung *somatoforme autonome Funktionsstörung* verbindlich.

Die Anzahl von Menschen mit psychovegetativen Störungen ist beachtlich. In der Gesamtbevölkerung ganz verschiedener Gegenden der Erde wurde ihr Vorkommen recht einheitlich auf 3 Prozent geschätzt[8]; in der Bundesrepublik sind es etwa 5 bis 10 Prozent (sog. Punktprävalenz). Bei Musterungsuntersuchungen[9] wurde bei 25 bis 35 Prozent der Männer eine psychovegetative Labilität gefunden, die sich in der Hälfte der Fälle als »Störungen« äußerte. Von Patienten, die in der internen Fachpraxis, an Polikliniken und in Krankenhäusern untersucht wurden, litten ein Drittel an psychovegetativen Störungen[10].

2. Die Auswahl der Störungen für die AT-Behandlung

Erst eine *Diagnose* ermöglicht die Entscheidung, ob und wieweit eine psychovegetative Störung sich für die Behandlung mit dem AT eignet. Bei der Diagnose muß zweierlei unterschieden werden:

– Psychovegetative Störungen findet man bei Krankheitsbildern verschiedener Art und Herkunft. Wichtig ist, ob sie als Folge einer organischen Erscheinung auftreten, einer vererbten Anlage, einer frühkindlichen Schädigung oder als Begleiterscheinung einer weitergehenden Neurose.

– Sie können aber auch Ausdruck einer psychovegetativen Störung sein, eines komplexen Erscheinungsbildes, dem Eigenständigkeit zukommt, das also nicht als Ausdruck, als Symptom einer anderen primären Störung aufzufassen ist. Die psychovegetative Störung tritt einerseits als *umschriebene Dysfunktion* auf. Das bedeutet z.B. die funktionelle Behinderung beim Schlucken, bei der Verdauung, beim Atmen, bei der Sexualität u.a.m. Andererseits und häufiger findet sich ein *Syn-*

drom, ein umschriebenes Nebeneinander mehrerer Symptome, z.B. Schweißausbrüche, Herzrasen und Schwindel. Zur Vielfalt der Störungsbilder siehe unten.

Die Diagnose einer psychovegetativen Störung beginnt meist durch *Ausschluß einer organischen Erkrankung*. Der Patient wird internistisch untersucht; erst wenn aufgrund aller Untersuchungsergebnisse ein organischer Befund ausgeschlossen werden kann, wird die Diagnose: vegetative Dystonie bzw. psychosomatische Störung gestellt, womit der Patient dann zum Nervenarzt geschickt wird. Dieser, oder der aufgesuchte Psychotherapeut, präzisiert dann die Diagnose. Er steht am Ende einer Beratungskette, wenn der Patient »sonst nichts« (= keine »richtige« Krankheit) hat. Die Motivation des Patienten zur Psychotherapie wird dadurch eher behindert. Deshalb sei hier festgehalten, daß funktionelle Beschwerden auch positiv – bereits beim ärztlichen Erstkontakt – diagnostiziert werden *können*. Der Ausschluß einer organischen Krankheit stellt dann nur noch die *Sicherung* der Diagnose dar.

Funktionelle Beschwerden sind also vielfältig, vielgestaltig und stellen eine massive Belastung für viele Menschen dar. Das AT eignet sich in erstaunlicher Weise und mit empirisch gesicherten Ergebnissen für die Behandlung vieler dieser Störungen. Chronische Schmerzen und Schlafstörungen, die man auch zu den genannten Störungen rechnen kann, sind schon ausgeführt worden. Sind Verspannungszustände die Ursache funktioneller Störungen, so wirkt das AT sogar kausal (wie beim Spannungskopfschmerz, s. Kap. 31, 2).

Daneben kann das AT bei einer großen Anzahl körperlicher und seelischer Erkrankungen als adjuvante (zusätzliche) Therapie eingesetzt werden. Eine Übersicht über die psychosomatischen Krankheitsbilder im weiteren Sinne gibt das Kurzlehrbuch von S. O. Hoffmann und G. Hochapfel (siehe Literaturverzeichnis).

3. Die Eigenart psychovegetativer Störungen

Typisch für psychovegetative Störungen ist die fast uferlose Vielgestaltigkeit der Erscheinungen, die Vielzahl der Beschwerden, die Häufigkeit der allgemeinen Erscheinungen, die verschiedenen Ablaufsformen, das »Unangemessene« sowohl der Einzelreaktionen als auch der Zeit ihres Auftretens, die besondere Einstellung des Patienten zu seinen Beschwerden und das Ungewöhnliche des zur Beschreibung dieser Beschwerden benutzten Vokabulars. Delius[11] spricht vom »Verdruß über die zerfließende Unförmigkeit des Stoffes« – lange Zeit ein Grund für die Wissenschaft, diesem Komplex von Krankheitserscheinungen aus dem Wege zu gehen. Und trotzdem: Mit viel Mühe ließen sich in dieser »Unförmigkeit« Regeln auffinden, mit deren Hilfe sich diese Störungen als eigenes Erscheinungsbild (Syndrom) verstehen lassen.

Unter *psychischen Allgemeinerscheinungen* kann man alles verstehen, was unter die volkstümliche Sammelbezeichnung der Nervosität fällt: emotionale Labilität mit Neigung zu Unruhe, Gereiztheit, Fahrigkeit, Hast, Angstzustände, Wutanfälle, persönliche Überempfindlichkeit; die Art zu reagieren ist oft schnell, heftig, es kommt häufig zu Verstimmungen. Oder es bestehen Ausfallerscheinungen wie Müdigkeit, schnelle Ermüdbarkeit, Mattigkeit, Hinfälligkeit, Antriebsarmut, Verschlafenheit, Apathie, schlechtes Allgemeinbefinden, Krankheitsgefühl, depressive Stimmung; häufig sind Leistungsminderung, Unkonzentriertheit, schlechte Merkfähigkeit, schlechtes Gedächtnis, »Abschalten« oder Wegbleiben von Gedanken, »den Faden verlieren«, fehlende Ansprechbarkeit. Meist findet man eine Mischung dieser Erscheinungen, die man früher als »reizbare Schwäche« oder als »gespannte Erschöpfung« bezeichnete[12].

An *vegetativen Allgemeinerscheinungen* kommen vor: Schwitzen, aufsteigende Hitze, Frieren, marmorierte Haut, rote Fleckenbildung (besonders an Hals und Brust), kalte, feuchte, blasse oder blauverfärbte Gliedmaßen, die auch heiß und rot sein können. Zittern der Finger, der Augäpfel oder des ganzen Körpers, Lidflattern; die Pupillen sind weit oder weiten sich bei den geringsten Emotionen; es bestehen Appetitstörungen, Übelkeit, Schwindel, Kopfschmerzen, Schlafstörungen.

Außer dem hohen Anteil an Allgemeinbeschwerden fällt die Vielzahl der *Gesamtbeschwerden* auf. A. Jores[13] ließ an alle Patienten im Wartezimmer der Poliklinik Fragebögen mit 62 verschiedenen Fragen über Beschwerden austeilen. Resultat: Die Patienten, bei denen später die Diagnose »psychovegetative Störungen« gestellt wurde, hatten mit 27 beantworteten Fragen den höchsten Anteil an Beschwerden von allen Patienten, die die Poliklinik aufsuchten. Das Leiden der Betroffenen ist also erheblich.

Das *»Unangemessene« (Inadäquate)* als Eigenart der Störungen: Die Bezeichnung »unangemessen« setzt voraus, daß es angemessene Störungen gibt. Als angemessen werden die Beschwerden bei organisch erkrankten Menschen empfunden; wir billigen ihnen ein bestimmtes Maß an seelischen und vegetativen Veränderungen zu, weil gleichzeitig körperliche Veränderungen bestehen, auf die sie zurückgeführt werden. Also auch hier die Orientierung am Körperlichen, an Körpererkrankungen als Vergleichsnorm.

Es zeigt sich, daß der körperlich Kranke seine Beschwerden nüchterner sieht; er beschreibt sie präziser, hat mehr Abstand zu ihnen, läßt sich weniger beunruhigen. Treten bei organisch erkrankten Patienten die eben beschriebenen psychovegetativen Allgemeinbeschwerden in erhöhtem (unangemessenem) Maße auf, so spricht man davon, die organisch bedingten Beschwerden seien »überlagert«, »überbewertet«: man betrachtet sie als einen gleichsam unerwünschten, störenden psychischen Dunst, der sich über die nüchternen, klaren organischen Tatsachen legt.

Das Unangemessene der *Einzelreaktion:* Diese erfolgt zu schnell, zu heftig, zu stark, zu hastig, zu fahrig; oder umgekehrt, zu langsam, zu träge, zu schwach, zu indolent. Oder die Einzelreaktion erfolgt zu häufig oder zu selten. Normale Funktionen sind oft gestört: Der Schlaf beispielsweise kann zu kurz oder unruhig oder unterbrochen sein, oder zu lang dauern oder zu keiner Erholung führen.

Unangemessen ist auch *Zeit und Ort des Auftretens* der Störungen; organische Herzstörungen beispielsweise werden mit zunehmender körperlicher Belastung und Anstrengung deutlicher, sie bessern sich in der Ruhe; psychovegetative Herzbeschwerden sind am deutlichsten in der Ruhe, etwa abends beim Einschlafen, sie nehmen bei körperlicher Betätigung ab; die körperliche Tätigkeit wirkt hier als Ablenkung, wie überhaupt psychovegetative Störungen bei Ablenkung nachlassen oder für eine Zeitlang völlig verschwinden.

Organisch bedingte Schmerzen machen sich zu allen Zeiten bemerkbar, auch im Schlaf; der psychovegetative Schmerz tritt während der Nachtruhe nicht auf[14].

Die *Einstellung des Patienten:* Unverhältnismäßig ist auch das Verhältnis von objektiver Störung und subjektiver Verarbeitung: Bei oft nur geringen Organfunktionsstörungen (soweit sich diese objektiv erfassen lassen) werden diese vom Betroffenen als etwas Einschneidendes, Belastendes oder Gefährliches angesehen und empfunden. Die Patienten sind von ihren Beschwerden beunruhigt, verunsichert, verwirrt. Die Störungen werden eindringlich, oft weitschweifig, meist sehr anschaulich beschrieben. Eine Fülle persönlich geprägter Ausdrücke wird benutzt: Kopfschmerz, »als ob ein Messer ins Gehirn sticht«; Füße kribbeln, »als ob tausend Nadeln stechen« u.ä. Häufig sind die Beschreibungen recht unbestimmt: Krankheitsgefühl, Unlust u.ä.

Die Krankheitserscheinungen können kontinuierlich sein, sie können wellenförmig ablaufen, oder es können, bei störungsfreien Zwischenzeiten, »Anfälle« auftreten. Diese *Ablaufsformen* sind typisch für psychosomatische Störungen[15]. Die selteneren kontinuierlichen Verlaufsformen finden sich häufiger bei Frauen. Bei diesen gleichmäßig verlaufenden Störungen liegen auch kontinuierlich wirkende krankheitsauslösende Ursachen vor[16], z.B. Kontaktstörungen oder affektive Hemmungen; ihre Behandlung ist am langwierigsten. Das AT kann, wenn die Erfolge einer Konfliktbearbeitung deutlich werden, diese fördern und stabilisieren. Erfolgreicher ist es bei den periodischen (intermittierenden) Formen, bei denen die Kontaktstörungen geringer sind, ebenso die Abwehr auf Umweltreize.

Zu den periodischen Störungen gehören psychovegetative Störungen mit Krisen- bzw. Anfallscharakter. Wegen der äußeren Dramatik, mit der sie oft ablaufen, und wegen der Dauerbeunruhigung, die der Erkrankte in Erwartung des nächsten Anfalls durchmacht und dem damit verbundenen Rückkoppelungseffekt, wird das Auftreten von Anfällen gesondert behandelt (vgl. Kap. 33, 9).

Die *Effizienz* des AT bei psychovegetativen Störungen wurde empirisch signifikant belegt[17] (s.a. Kap. 28). Auch das Selbstbild (Selbstkonzept) psychosomatisch gestörter Patienten bessert sich stabil neben dem Rückgang der Allgemeinsymptome[18].

Die bereits erwähnte große Verlaufsstudie (s. Kap. 14, 10) an 375 Patienten aus der ehemaligen DDR erbrachte bei Kursabschluß eine gute bis sehr gute Entspannungsfähigkeit für 78 Prozent der Teilnehmer im körperlichen Bereich und für 57 Prozent auch im psychischen Bereich. Drei Monate später waren diese Ergebnisse noch verbessert. Unerwartet, weil nicht intendiert, gaben 53 Prozent der Patienten an, daß sie Konflikt- und Belastungssituationen besser bewältigten, drei Monate später waren es sogar 67 Prozent (Eckert und Katzberg, 1987).

33. Kapitel
Das Autogene Training bei einzelnen psychovegetativen Störungen und somatisch begründeten Organerkrankungen

Wenn im folgenden auf die Behandlungsmöglichkeit einzelner psychovegetativer Störungen mit dem AT eingegangen wird, so kann es nicht unsere Aufgabe sein, bei jedem Symptom auf die Bedingungen und Gründe seiner Entstehung einzugehen; diese werden in den Lehrbüchern der Psychosomatik abgehandelt.

1. Störungen des oberen und unteren Gastrointestinaltraktes (Nahrungsaufnahme und Verdauung)

Bei der Hälfte der Patienten, die wegen Magen-Darmstörungen einen Facharzt aufsuchen, läßt sich kein organischer Befund erheben[1]; sie leiden an funktionellen Störungen.

Der Zusammenhang von Affektverhalten und funktionellen Eß- und Verdauungsstörungen wurde bei der Besprechung der Sonnengeflechtsübung aufgezeigt (vgl. Kap. 22). Ein Zusammenhang ließ sich in vielen Ausdrücken der Umgangssprache nachweisen. Er wurde bestätigt durch die in Hypnose gegebenen emotional gefärbten Suggestionen und deren Auswirkung auf die Magen- und Darmmotilität und -sekretion.

Die Organe, an denen diese Funktionen ablaufen, kann man »geradezu als die innere Front des gemütlichen Ausdrucksapparates ansprechen, dessen äußere das Spiel der Mienen und Gesten und die Lautstärke darstellen«[2]. Man kann also in Analogie zum äußeren Ausdruck von einem inneren Ausdruck sprechen. A. Jores spricht von einer *Organsprache*[3]. Zu einer gestörten Äußerung und damit zu einer »Innerung« ihres Ausdrucksbedürfnisses kommen sicherlich Menschen, denen es, aus welchen Gründen auch immer, verwehrt ist, sich zu »äußern«. In der Tat betrifft die ganze Ausdrucks- (auch hier sinngemäß: Eindrucks)-sprache Konflikte in der Beziehung zur Umwelt. Viele der früher genannten Redensarten befassen sich mit dem Überraschtsein und der Abwehr, etwas aufnehmen (»schlucken«) zu müssen; mit dem Zwang, alles »in sich hineinfressen« zu müssen, das dann »unverdaut« bleibt, um nicht selten zu einem eruptiven Aggressionsausbruch (dem Kotzen) zu führen. Aggressivität als Reaktion auf eine Bedrängnis durch die Umwelt findet sich auch bei den Luftschluckern (Aerophagie), welche die im Magen angesammelte Luft, häufig sehr lautstark, wieder zu Tage fördern. All das läßt sich in die Störungen des »oralen« Verhaltens (Freud) bzw. »kaptativen« Verhaltens (Schultz-Hencke) gut einordnen.

Die *Motilitätsstörungen:* Die Speiseröhre hat zwei Stellen, die für Verkrampfungen anfällig sind: die untere am Mageneingang (Auftreten eines Kardiospasmus); die obere, von den Patienten oft als Druck durch die Schilddrüse gedeutet, der »Kloß im Halse«, früher als »Globus hystericus« bezeichnet, die Stelle, an der der »Bissen« steckenbleibt – nicht selten Ausdruck einer unterschwelligen »würgenden« Angst.

Zu den Motilitätsstörungen des Darms gehören das Colon irritabile, der »reizbare« Dickdarm, der sich in allgemeinen (diffusen) Bauchschmerzen und einer Druckempfindlichkeit im Verlauf des Dickdarms äußert. Diese Beschwerden werden auch als Vorstufe für zwei weitere Dickdarmstörungen angesehen: für die Obstipation, die Verstopfung (zu 95 Prozent spastisch bedingt) und für Durchfälle (Darminfektionen und organische Befunde ausgeschlossen).

Sekretionsanomalien finden sich schon bei der Speichelbildung, vorwiegend aber am Magen mit Über- oder Untersäuerung. Am Dickdarm findet sich gelegentlich eine übermäßige Schleimabsonderung als Zeichen einer Dickdarmreizung.

Die *Anwendung des AT:* Rufen wir uns ins Gedächtnis zurück, was im Abschnitt über das Sonnengeflecht (vgl. Kap. 22) gesagt wurde: Im AT normalisiert sich der Durchgang von Speisebrei an zwei anfälligen Stellen: am Ein- und Ausgang des Magens. Die Durchblutung der Magenschleimhaut nimmt zu. Auch darf als sicher angenommen werden, daß die Sekretion von Magen und Darm durch das AT beeinflußt wird.

Der Erfolg des AT bei den genannten Störungen ist teilweise

überraschend: So berichtet eine ältere Patientin in der zweiten Trainingsstunde, sie habe seit dem dritten Übungstag unverhofft regelmäßig Stuhlgang, nachdem sie jahrelang an starker Obstipation gelitten hatte. Erinnert sei auch an das Protokoll vom Patienten mit der Sklerodermie (Kap. 8, 1), der sich bis zu Beginn des AT wegen Schluckstörungen nur flüssig ernährt hatte und nunmehr alles essen konnte. Die Magen- und Zwölffingerdarmgeschwüre und das gehäufte Auftreten von Geschwüren im Dickdarm (Colitis ulcerosa) wurden als psychosomatische Erkrankungen im engeren Sinne hier ausgespart, doch auch bei ihnen kann das AT in Verbindung mit anderen Behandlungsmethoden gute Dienste leisten. Allein mit dem Training konnte eine Colitispatientin die Anzahl ihrer täglichen Stühle von 20 auf 3 herabsetzen.

In einer Literaturübersicht zur Behandlung des Reizkolons zählen Sasaki und Mitarbeiter (1992) das AT zu den wirksamen Verfahren. Über Erfolge mit dem AT bei der gleichen Gruppe war auch schon vorher berichtet worden[4]. In einer Zusammenstellung der kontrollierten Studien zur Wirksamkeit des AT referiert Stetter (1995) eine Untersuchung zu Crohnscher Krankheit und Colitis ulcerosa[5]. Über den Einsatz des AT bei der Behandlung von Patienten mit chronisch entzündlichen Darmerkrankungen im stationären Rehabereich hat Gotthardt (1984) berichtet. Er meint, daß im Schutz einer homogenen Symptomgruppe für viele dieser Patienten eine erste körperzentrierte Selbsterfahrung stattfindet, die den Einstieg in eine weitergehende Psychotherapie erleichtert.

2. Psychovegetative Störungen des Herz-Kreislauf-Systems

a. Herzfunktionsstörungen

Am Herzen sind zwei psychovegetative Störungen zu unterscheiden: die Durchblutungsstörungen (der Herzkranzgefäße) und die Rhythmusstörungen. Auch »organische« Ursachen sind oft mit psychovegetativen Erscheinungen gekoppelt. Es versteht sich von selbst, daß das AT die medikamentöse Behandlung nicht ersetzen, sondern nur *ergänzen* kann.

Für die Behandlung der *Herzdurchblutungsstörungen* sind die zusätzlichen Formeln zur Standardformel, wie sie bei der Herzübung besprochen wurden (warmes, weiches, weites, leichtes Herz), besonders geeignet; sie dienen der Beseitigung von Beklemmungsgefühlen, von Angst, Schmerzen und Sorgen und führen vermutlich zu einer Erweiterung der Herzkranzgefäße. Früher mehr als heute wurden, dem Prinzip der Headschen Zonen (s. Kap. 8, 2) folgend, warme Bäder des linken Armes empfohlen.

Diesem Modell von »aufsteigenden Armbädern« kann man auch bei den AT-Übungen folgen. Mit Hilfe zusätzlicher Formulierungen wird eine verstärkte Wärme im linken Arm eingeübt, die dann über Oberarm und Schulter in die linke Brustseite geleitet wird:

- Meine linke Hand ist ganz warm.
- Mein linkes Handgelenk ist ganz warm.
- Mein linker Unterarm ...

usw., bis zur linken Brustseite[6]. Verwiesen wird auf die Darstellung der Wärme bei der Herzübung.

Zu den *Rhythmusstörungen:* Bei der allgemeinen Schwereübung (die bis zu einer Stunde ausgedehnt wurde), ließ sich die Schlagfolge des Herzens ändern, und zwar um durchschnittlich vier Schläge pro Minute senken (maximal bis zu 24 Schlägen)[7]. Auch traten EKG-Veränderungen auf. Über die Auswirkungen des AT auf Herzstörungen orientiert folgende Übersicht[8]:

1. 42 Patienten mit Stenokardie; überwiegend funktioneller Natur (Herzbeklemmungen oder mit Schmerzen):
   25 Patienten 20 bis 30 Jahre alt, Erfolg: 22 beschwerdefrei
   17 Patienten 40 bis 60 Jahre alt, Erfolg: 12 beschwerdefrei
2. 18 Patienten mit Extrasystolie (ES = zusätzlicher Herzschlag, »Herzstolpern«):
   11 Patienten mit funktionellen ES verloren diese ausnahmslos.
   4 Patienten mit organisch bedingten ES verloren sie zeitweilig.
   3 Patienten mit organisch bedingten ES mußten zusätzlich organisch behandelt werden.
3. 8 Patienten mit anfallsweisem Herzjagen, das subjektiv als sehr unangenehm empfunden wurde:
   5 Patienten nach drei bis vier Monaten AT kein Anfall mehr, bei
   3 Patienten mußte weiterhin der Anfall durch Medikamente kupiert werden.

4. 2 Patienten mit vorübergehendem funktionellen Vorhofsflimmern: Nach Erlernen des AT innerhalb von ein bzw. drei Jahren kein Anfall mehr.

Von 70 Patienten wurden also 55 beschwerdefrei, nur mit dem AT, dem »Medikament aus der eigenen Hand«. Angewandt wurden Teile der Unterstufe: Schwere, Wärme, Atmung und Herzübung mit der Vorsatzbildung:

- Mein Herz arbeitet gleichmäßig, ruhig und sicher.

»Arbeitet« fand bei den Patienten mehr Anklang als »schlägt«. Bei diesen Resultaten ist besonders die vorbeugende Wirkung des AT zu beachten.

Ein *Herzinfarkt* kann beim Betroffenen vielerlei Reaktionen auslösen: 1. Der Patient reagiert mit Apathie und Resignation, er wird depressiv (»das mache ich nicht mehr lange mit«). 2. Der Infarkt wird verleugnet (»Ich kann ja nichts dazu tun«, »das Herz wird sich schon wieder beruhigen«). 3. Der Patient neigt dazu, sein Leiden zu integrieren, es in seinen gesamten Lebensablauf einzuordnen.

Bei den Depressiven ist eine Motivation zum AT erforderlich, mit der Apathie und Fatalismus überwunden werden. Hierbei sind die ersten Erfolge des Trainings sehr hilfreich. Die Verleugner kehren am schnellsten zu ihrer Arbeit und zu ihrer gewohnten gesundheitsgefährdenden (Nikotin, Hektik, Überforderung) Lebensweise zurück, unter Außerachtlassung ärztlicher Vorschläge. Die Gefahr einer Wiederholung bleibt in dieser Gruppe am größten. Die beste Prognose haben die Patienten mit einer Krankheitsintegrierung. Sie ziehen die Konsequenzen aus der Erkrankung und folgen den Behandlungs- und Verhaltensvorschriften des Arztes. Für diese Gruppe ist das AT ein gutes Mittel. Es wird von ihnen nicht nur regelmäßig, sondern auch über Jahre hinaus geübt.

In der klinischen Rehabilitation von Herzinfarktpatienten wird das AT seit langem mit Erfolg eingesetzt. In einem Kongreßreferat wurde 1989 über biochemische Veränderungen, insbesondere die Reduktion der Blutfette bei 48 Managern mit kardiovaskulären Risikofaktoren berichtet. Drei Jahre später wurde eine weitere Studie mit vergleichbaren Ergebnissen vorgelegt (Carruthers u. Stetter). Neben den Blutfetten wurden hier auch der Blutdruck sowie die allgemeine Ängstlichkeit und

Depressivität signifikant gesenkt. 1994 berichtete die gleiche Autorengruppe bei einer Untersuchung von 13 Herzinfarktpatienten über eine deutliche Reduktion von Aggressivität, Reizbarkeit und Depressivität durch das AT. Zu einer ebenfalls positiven Einschätzung der Wirkung des AT bei koronarer Herzkrankheit kommen Autoren, die das AT zusammen mit der PMR und Hypnose einsetzten[9] (s. Kap. 34, 1). Schließlich wurde auch über die positive Beeinflussung des oben erwähnten gesundheitsgefährdenden Verhaltens (sog. A-Typ) berichtet[10], obwohl offenbar diese Patientengruppe insgesamt schlechter auf das AT anspricht als der sog. B-Typ[11]. Wahrscheinlich ist diese Gruppe in besonderer Weise unfähig zu passiver Konzentration, wie in einer anderen Arbeit vermutet wurde[12] (s.a. Kap. 28).

b. Störungen des Gefäßsystems

Bei Patienten mit einem *dauernd bestehenden Bluthochdruck* (essentielle Hypertonie) wurde fünfzehn Monate lang das AT geübt mit zwei gemeinsamen Gruppenübungen in der Woche[13]. Der Blutdruckabfall erfolgte innerhalb der ersten vier Monate und blieb dann konstant. Die mittlere Blutdrucksenkung betrug 35 mm Hg systolisch und 18 mm Hg diastolisch. Die Anzahl der gebesserten von »nur« 31 Prozent läßt sich mit dem Fehlen von subjektiven Krankheitsempfindungen erklären. Das war der Grund, weshalb besonders jüngere Menschen die Behandlung abbrachen. Ein Vergleich dieser AT-Ergebnisse mit denen von blutdrucksenkenden Medikamenten entspricht dem Resultat bei Behandlung mit den damals üblichen Rauwolfiapräparaten, ohne deren Nebenerscheinungen aufzuweisen[14]. Diese Feststellung ist deswegen wichtig, weil ein Vergleich der Wirkung von medikamentöser und AT-Behandlung bisher noch nicht gemacht worden ist.

Im Gegensatz zum konstanten Hochdruck stellt sich bei einem *labilen Hochdruck* die Erhöhung bei starken Emotionen, Streßauswirkungen oder Konflikten ein; am ausgeprägtesten bei bereits vorhandener vegetativer Labilität. Der »funktionelle« Hochdruck ist durch das AT viel leichter zu beeinflussen: der gut Eintrainierte erreicht es sogar, mit jeweils bei Belastungen angewandten Einzelübungen den Blutdruck zu senken bzw. zu normalisieren. Nach Schultz kann der Abbau von Affektspannungen (Resonanzdämpfung) auch die Hochdruckentwicklung verhindern. Schultz berichtet über Blutdrucksenkungen von 190/200 auf 140/130 (systolisch) im Verlaufe einer AT-Sitzung[15].

Zur Frage eines zu *niedrigen Blutdrucks* führt Schultz das Protokoll einer 43jährigen Frau an, die an ohnmachtähnlichen vasomotorischen Schwächeanfällen litt: Mit einer langsamen, anfangs auf Teile von Gliedmaßen begrenzten Steigerung der vasomotorischen Selbstbelastung durch Wärme- und Kühleerlebnisse konnten im Laufe eines halben Jahres volle Leistungsfähigkeit erreicht und keinerlei vasomotorische Anfälle mehr beobachtet werden (Nachbeobachtung 7 ½ Jahre) Von besonderem Wert waren hierbei zusätzliche häufige und gründliche prophylaktische Ruhepausen[16]. Abschließende Übungsformel:

- Ich bin ruhig und *frisch*.

Sicher spielt bei der Neigung zu Kollapszuständen (Ohnmachten) die *Blutverteilung* im Körper eine entscheidende Rolle. Die Wirkung des AT im Sinne einer Blut*um*verteilung beseitigt den störenden Effekt. Dieser Vorgang läßt sich an der Wärmeregulation feststellen[17], die bereits bei der Schwereübung (nach 15 bis 70 Minuten) auftritt. Während der Übung steigt die Fingertemperatur um durchschnittlich 2,34 Grad an, die Rektaltemperatur, also die »Kerntemperatur« des Körpers, fällt gleichzeitig (maximal) um 0,8 Grad (vgl. Wärmeübung und Abb. 17).

Viele vegetativ-labile Patienten klagen über *Durchblutungsstörungen.* Am häufigsten finden sich kalte Hände und Füße, die entweder blaß oder bläulich-livide verfärbt sind. Der Einfluß von Affekten auf die Hautdurchblutung ist altbekannt: Angst und Wut beispielsweise führen zum Blaßwerden bzw. Erröten. Gestörte Durchblutung ist durch das AT ausgezeichnet zu beeinflussen; die AT-Wirkung läßt sich am Nachbluten von Nadelstichen an der autogen erwärmten Haut und am Fehlen einer Blutung an der gekühlten Haut deutlich sichtbar machen. Selbst eine anlagemäßige, in der Konstitution verankerte schlechte Dauerdurchblutung der Hände und Füße, an der häufig jüngere Mädchen leiden, läßt sich beeinflussen. Eine Kursteilnehmerin gab nach vier Wochen an, daß seit dem Erlernen der Wärmeübung ihre Gliedmaßen dauernd warm blieben, ein Zustand, den sie früher nie gekannt habe. Meistens allerdings stellt sich ein solcher Erfolg erst nach Monaten ein.

Auch wellenförmig auftretender Blutandrang zum Kopf, »aufsteigende Hitze«, wie sie in den Wechseljahren der Frau oft vorkommt, oder das Erröten jüngerer Menschen kann man durch das AT ausschalten. Die Furcht zu erröten ist nicht selten Ausdruck einer schweren Neurose, die einer gesonderten Behandlung bedarf. Es gibt aber eine ganze Reihe von Menschen mit Selbstunsicherheit, bei denen im Anschluß an das Erröten in einer belastenden und emotional betonten Situation die Furcht vor dem Erröten zur Wiederholung desselben führt. Wie bei vielen solcher Sekundärerscheinungen lernt es der autogen Trainierte, auch mit dieser Störung fertigzuwerden. Mit der Formel:

- Gesicht (Kopf) kühl, Arme (und/oder) Beine warm

läßt sich die aufsteigende Blutwelle in die Arme oder in die Beine umleiten; nach Schultz ein »Erden« der falschen Funktion[18].

Eine Verkäuferin, die jedesmal errötete, wenn ein Kunde den Laden betrat und sich ihr zuwandte, meldete sich ein Jahr nach abgeschlossenem Training und berichtete, sie habe inzwischen gelernt, das Blut in die Arme umzuleiten; jetzt sei sie soweit, daß sie nur noch selten an ein Erröten denke und in diesen wenigen Fällen das Rotwerden, bevor es überhaupt auftrete, durch eine Umleitung des Blutes in Sekundenschnelle verhindere.

Dieses Beispiel belegt den engen Zusammenhang zwischen Emotionen und dem Herz-Kreislauf-System.

Die Wirksamkeit des AT bei leichten und mittleren Erhöhungen des Blutdrucks gehört zu der meist untersuchten und am besten belegten. Stetter berichtet 1995 über acht kontrollierte Studien[19]. Die aktuelle Übersicht in Kap. 28 ergibt inzwischen schon elf Studien. Beispiele für die genannten guten Belege sind die nachstehenden:

Bei 90 Patienten einer russischen Studie erwies sich das AT insbesondere bei den milden Blutdruckerhöhungen als effizient; dabei wurden nicht nur die Kreislaufwerte sondern auch die psychischen Befunde verbessert, und die Zahl der Arbeitsfehltage ging zurück[20]. Die Auswertung einer russisch-amerikanischen Studie in transkultureller Hinsicht zeigte im Sofortvergleich nach dem Erlernen von AT oder Biofeedback eine vergleichbare Besserung des Blutdrucks. Bei der Nachuntersuchung lagen jedoch die russischen Patienten, die mit signifikant höheren Blutdruckwerten begonnen hatten, besser als die Amerikaner, und nach einem Jahr hatten 75 Prozent der behandelten Russen, aber nur 24 Prozent der Amerikaner diastolische Blutdruckwerte unter 90 mm Hg[21]. Das AT wirkt sich auch günstig auf erhöhten Blutdruck bei Fehlregulationen nach Bypassoperationen aus[22].

3. Störungen des Atemweg-Systems (Asthma als Modellfall)

Die wichtigste und ausgeprägteste Atemstörung ist das Bronchialasthma, auf das wir uns hier beschränken. Das Krankheitsbild gehört zu den Störungen, bei deren Entstehung und Verarbeitung neben organischen Abläufen (z.B. Allergien, chronische Entzündung, Obstruktion der Bronchien, äußere Reizstoffe) auch psychische Faktoren beteiligt sind. Es gibt also eine Psychologie des Asthmatikers[23]: Charakteristisch für die Situation des Asthmaanfalles ist »die Situation, daß ein Mensch in innerer Opposition zu einem bestimmten Geschehen, meist in seiner mitmenschlichen Umwelt, steht, ohne die Fähigkeit zu haben, sich dieser in ihren aufsteigenden Aggressionen zu entäußern«. Hinzu kommt eine Zirkelbildung, die gespeist wird aus der Wut über den gehabten und der Angst vor dem kommenden Anfall. So lauert der Kranke auch in der asthmafreien Zeit ängstlich, unruhig, mit »Luftsucht«, gespannt auf den nächsten Anfall[24].

Die Behandlung ist vielgleisig: Die psychische Fehleinstellung zu Mitmenschen oder zu bestimmten Situationen muß abgeklärt werden. Hinzu kommen Atem- und Lockerungsübungen, Boden- und Bewegungsübungen und Massagen zur

Entspannung der verkrampften Muskulatur des Brustkorbs und ferner – außer der symptomzentrierten Psychotherapie das wichtigste – das Autogene Training.

Ansatzpunkte des AT: Für die Entstehung und Verschlimmerung des Anfallgeschehens im Laufe der Zeit ist die eben beschriebene *Zirkelbildung* verantwortlich. Man muß dem Asthmatiker verständlich machen, daß seine Erkrankung das Resultat eines falschen Lernprozesses ist, eines »Negativtrainings«; das Autogene Training hat nunmehr in die andere Richtung, nämlich der Entspannung (= Entkrampfung), zu erfolgen. Damit wird stufenweise die Angst des Asthmakranken abgebaut.

Der Asthmakranke ist reizüberempfindlich, er reagiert allergisch auf: Druck auf der Brust, Beklemmungsgefühle, Hustenreiz, Jucken oder Kratzen im Rachen und im Hals, auf Temperaturunterschiede der Luft, auf Gerüche, Rauch, Nebel. Die Kette verläuft: Reiz – Husten – Niesen – Asthmaanfälle. Das AT verhilft zu einer Beseitigung bzw. Annahme von Reizen und/oder einer Gewöhnung an sie. Es findet eine verhaltenstherapeutische Desensibilisierung statt. Formeln, die die Nasen-, Rachen- und Kehlkopfreize ausschalten und gleichzeitig die Muskulatur der Bronchien entspannen, lauten

- Nase / Rachen / kühl

oder

- Die Luft strömt kühl (kühlend) durch Nase und Rachen,

am besten beim Einatmen mit »Schnüffelatmung«.
Beim Ausströmen der Luft

- Bronchien / Lunge / warm

und als spätere Übung

- Die Luft strömt mühelos (ungehindert) durch Luftröhre und Bronchien.

Mit der Formel Nase / Rachen / kühl kann man, mit dazwischengeschaltetem Schlucken, selbst sehr starken *Hustenreiz* (etwa in Konzertsälen, Vorträgen u.ä.) ausschalten[25]. Als besonders schnell wirksam und hilfreich erwies sich die Vorstellung, daß sich in Nase und Rachen durch die kühle einströmende Luft (Schnüffelatmung) Rauhreif bilde. Auf diese Weise läßt sich auch bei *Schnupfen* (auch Stockschnupfen) ein Abschwellen der Nasenschleimhaut erreichen.

Erfolge bei 50 Asthmapatienten zwischen 4 und 62 Jahren, die ohne Auslese mit dem AT (in Kombination mit oben beschriebenem Zusatzverfahren) behandelt wurden:
34 Patienten mindestens ein halbes Jahr Anfallsfreiheit
8 Patienten nach Anstrengungen und Erregungen leichte Atemnot
4 Patienten (mit Lungenerweiterung) leichte Atemnot, aber berufsfähig
4 Patienten lediglich leichte Besserung; davon bestand bei 3 Patienten ein starker Rentenwunsch.
Die Steigerung der Vitalkapazität (also der Luftmenge, die zwischen tiefster Ausatmung und stärkster Einatmung liegt) betrug:
vor und nach der AT-Einzelübung gemessen:
im Durchschnitt 500 ccm Steigerung;
vor und nach der Gesamtbehandlung gemessen:
durchschnittlich 1200 ccm Steigerung, womit die beim Asthmaanfall oft als lebensbedrohlich empfundene Atemnot verschwand und auch keine Anfälle mehr auftraten.

Das Asthma hat eine enge Verbindung mit der Person des Schöpfers des AT. J.H. Schultz litt die ersten 30 Jahre seines Lebens an schweren Asthmaanfällen. Die Überwindung des Asthmas durch die von ihm geschaffene Methode des AT brachte zugleich eine Lösung seines eigenen Lebensproblems[26].

Die Erfolge des AT beim Asthma sind seither gut belegt worden (Übersichten bei Erskine-Milliss 1981 und Linden 1994). Eine direkte Herabsetzung des Atemwegwiderstandes durch das AT muß als bewiesen angesehen werden[27]. In der standardisierten psychosomatischen Therapie des Asthmas von Deter (1986) stellt das AT eine feste Größe dar. Bei einer Befragung von 900 Patienten mit Atemwegserkrankungen in Davos zu den Erfahrungen mit dem AT fand sich eine sehr positive Einschätzung sowohl der körperlichen wie der psychischen Auswirkungen. Wie nicht anders zu erwarten, profitierten die Geübtesten am meisten[28].

4. Störungen an den Harn- und Geschlechtsorganen

a. Die Störungen der Sexualität

Es folgen einige Hinweise auf die Voraussetzungen und Bedingungen bei Sexualstörungen; nur wenn man diese beachtet, kann eine Behandlung zielgerecht und entsprechend wirksam angewendet werden.

Vorgänge an den Sexualorganen sind *emotional besetzt,* sowohl nach der Genußseite hin als auch bei einer Störung, in Richtung Angst, Ärger, Enttäuschung und Frustrierung. Der Stärke der Emotionen entsprechen die dazugehörigen vegetativen Begleiterscheinungen. Der Mensch steht den Sexualvorgängen *zwiespältig* gegenüber, d.h. zwischen den Forderungen des Sexualtriebes auf der einen Seite und den Forderungen zur Triebeinschränkung auf der anderen Seite, gleichviel ob diese durch eigene psychische Instanzen (Vernunft, Verantwortung, Idealvorstellungen) oder durch die Umwelt (Sitte, allgemeine Meinung) bestimmt werden.

Als ein Musterbeispiel, das für viele andere steht, sei hier die Onanie angeführt: dem heranwachsenden Knaben wurde – und wird teilweise heute noch – die Onanie als etwas Schädliches, Krankhaftes, zumindest Ungesundes, Unsittliches, Unnatürliches hingestellt, obwohl die Erzieher, Ärzte, Pfarrer, die diese Meinung vermitteln, ganz genau wissen bzw. wissen müßten, daß die Onanie zur Pubertät gehört und daß höchstens deren (seltenes) Fehlen beachtet zu werden verdient. Diese Widersprüchlichkeit von Triebrealität und Aufforderung zum Triebverzicht führt zu Schuldgefühlen, zu Onanieskrupeln, zu Konflikten, die ein häufiger Grund späterer Sexualstörungen sind. Für Mädchen steht dieses Problem nicht so sehr im Vordergrund, sei es, daß der Frau als »dem Sexualwesen« (von der Phantasie des Mannes kreiert) sexuelle Handlungen wie die Onanie nicht so hoch angekreidet werden (ähnlich wie bei der weiblichen Homosexualität), sei es, daß die Onanie bei der Frau nicht so »genital« betont ist: ein Orgasmus ist bei vielen Frauen durch einfachen Schenkeldruck, durch Schaukeln, beim Duschen u.ä. auszulösen. Der Grund, weswegen Frauen – angeblich – seltener onanieren, ist noch nicht überzeugend geklärt.

Ein häufiger Störfaktor ist die besondere *Beachtung,* welche die Sexualvorgänge erfahren. Beruhte diese früher vorwiegend auf Verbot und Dämonisierung (ein Verbot macht den davon betroffenen Vorgang aufregender und beachtenswerter), so ist der heutige Trend zur sexuellen Freizügigkeit in Gefahr, als Forderung und Zwang mißbraucht zu werden: Störfaktor war früher die Tabuierung der Sexualität, heute sind es die (teilweise maßlosen) Erwartungen, die auf einen selbst und auf den Sexualpartner gerichtet werden. Intentionales Verhalten gehört zu den häufigsten Gründen von Störungen im sexuellen Bereich.

Ebenso wie heute ein Anspruch auf Gesundheit, auf Angstfreiheit, auf gesunden Schlaf besteht, so auch auf einen *störungsfreien Ablauf* der Sexualität, wann und wo sie gewünscht wird. Der männliche Partner, der bestimmte Ansprüche (die von ihm selbst oder von seinem Partner gehegt werden) nicht erfüllt, empfindet dies als »Blamage«, glaubt deswegen, »kein rechter Mann« zu sein, fühlt sich gedemütigt: nicht umsonst bedeutet potentia wörtlich: Macht, Gewalt, körperliches Vermögen, Einfluß, Ansehen. Die Frau, die nicht mehrmaligen Orgasmus aufzuweisen hat (oder Gruppensex ablehnt), kommt leicht in die Gefahr, als kalt, unsinnlich oder nichtemanzipiert zu gelten. Es kommt zu einem Lauern auf die Soll-Quote mit daran sich anknüpfender Erwartungsspannung, zu Angst vor einem »Versagen«, zu erhöhter Bemühung und Anstrengung und damit zur Störung des sexuellen Geschehens; wieder einmal gilt hier das Gesetz von der Anstrengung, die den Erfolg verhindert.

Betreffen die *Ängste des Mannes* hauptsächlich die Potenzstörungen: Erektionsschwäche, vor- oder frühzeitiger Samenerguß oder seltener (weil weniger befürchtet) erschwerten bzw. verspäteten Samenerguß, so gründet sich die Angst der Frau oft auf eine mögliche Schwangerschaft, die die Erhaltung der beruflichen Tätigkeit und den damit verbundenen besseren Lebensstandard gefährden könnte. Das gilt nicht selten auch bei Anwendung wirksamer Antikonzeptiva. Die Ängste der Frau sind oft weniger vordergründig als beim Mann, da ihre Ursache weniger häufig in der sexuellen Situation als solcher zu suchen sind. (Physiologisch gesehen ist die Frau immer zum Verkehr fähig.) Hinzu kommt, daß die Frau einen Verkehr auch ohne Gefühlsbeteiligung auszuführen imstande ist. Nur bei heftiger innerer Ablehnung eines Partners, des Sexualaktes oder der Sexualität überhaupt kann die (oft unbewußte) Abwehr der Frau zu einem Scheidenkrampf führen, der den Verkehr unmöglich macht.

Die häufigsten Sexualstörungen des Mannes sind für beide Partner offenkundig (Erektionsschwäche, vorzeitiger Samenerguß); die entsprechende Störung bei der Frau, das Desinteresse an der Sexualität oder die Anorgasmie (Orgasmusunfähigkeit), mögen diese dauernd oder nur vorübergehend auftreten, wird vom Mann oft nicht bemerkt und damit zur Quelle eines zusätzlichen Konfliktes. Sagt die Frau die Wahrheit, läuft sie Gefahr, ihren Reiz als Sexualpartnerin einzubüßen; spricht sie nicht darüber, so leidet sie unter ihrem Zwiespalt an Gefühlen oder unter ihrer Unaufrichtigkeit, besonders wenn sie, oft vom Partner herausgefordert, »Theater« spielt und Gefühle »mimt«. Eine (neurotische) Notlösung des inneren Zwiespalts wird nicht selten durch das Auftreten körperlicher Symptome herbeigeführt; durch Ausfluß, Scheidenkrampf, durch verlängerte oder Dauerblutungen oder durch eine »psychogene« chronische Mandelentzündung (v. Weizsäcker) oder durch eine Magenschleimhautentzündung und den damit verbundenen Mundgeruch, womit sich die Frau den Partner »vom Leibe« hält.

Alle erwähnten Faktoren begünstigen das Auftreten von Konflikten und damit verbundenen psychovegetativen Störungen; diese beruhen auf einer *fehlerhaften Konditionierung,* auf einem (unbemerkten) Negativtraining, auf einer Zirkelbildung. Sie sind das Ergebnis eines mißglückten Versuchs, die Erwartungen und Vorstellungen der vorgefundenen Realität anzupassen.

b. Die Behandlung mit dem AT

Die Behandlung als Korrekturvorgang der besprochenen Fehlkonditionierung hat die Motivation des Verhaltens zu berücksichtigen, d.h. die Rolle zu beachten, die die Beweggründe, Absicht, Bedürfnis, Interesse, Gesinnung, um nur einige zu nennen, spielen. Kennt man die Motive, die zu einem bestimmten Fehlverhalten führen, so kann man dieses durch Beeinflussung der Motive abändern. Dabei ist, wie bereits häufiger erwähnt, auch die Frage nach dem Bewußtheitsgrad der Motive wichtig: je verdrängter, verleugneter, abgewehrter Motive sind, um so mehr wird ihre Aufhellung ein psychoanalytisch orientiertes Vorgehen erfordern.

Wie wir feststellten, spielen beim Zustandekommen von Sexualstörungen Emotionen eine große Rolle. Durch das AT wird eine *Dämpfung störender Affekte* erreicht, z.B. eine Dämpfung der Unruhe und Erwartungsängste. Sie werden zugunsten ungestörten sexuell-erotischen Erlebens abgebaut, womit die Genußfähigkeit erhöht wird.

Das im AT sich auswirkende paradoxe Prinzip der *aktiven Passivierung* führt beim Sexualvorgang (ähnlich wie beim Einschlafen) zu einem Geschehenlassen eines psychovegetativen Ablaufes bei einem Mindestmaß an bewußter Aktivität. Willensmäßiges Verhalten, Erzwingenwollen bestimmter Ziele oder Verhaltensweisen und der damit verbundenen Störanfälligkeit werden ausgeschaltet.

Eine autogene Vermehrung der Blutzufuhr in der Beckengegend wird erreicht durch die Formel

- Mein Becken ist warm[29]

oder

- Becken / warm / durchströmt.

Bei Spannung – Verkrampfung der vaginalen und uterinen Muskulatur verwendet man zusätzlich

- (Muskeln im) Unterleib / völlig / entspannt.

Wärme und Entspannung helfen bei Erektionsschwächen des Mannes und bei Neigung zur Verkrampfung der Beckenmuskeln der Frau (Vaginismus) während des Sexualaktes. Außer der vegetativen Umschaltung auf Blutfülle, die gerade bei der Erektionsschwäche fehlt, erfolgt damit eine *Somatisierung* (im Schultzschen Sinne) der Unterleibsorgane mit der dazugehörigen positiven Zuwendung, Annahme und dadurch bedingten Veränderung von Organfunktionen, die bisher negativ emotional besetzt, zum Beispiel Gegenstand von Befürchtungen, Erwartungs- und Versagensängsten waren. Man erreicht damit eine Veränderung der »psychologischen Funktion« der Organe[30].
Bei zu geringer oder zu langsamer Ansprechbarkeit auf sexuelle Reize die Formel

- Becken lustvoll warm durchströmt

evtl. unter Einbeziehung von erotischen Vorstellungen.
Die *emotionale Aufwertung* bezieht sich nicht nur auf eine zur

Zeit des Sexualaktes auftretende Störung, wie sie bei der Erektionsschwäche oder beim Vaginismus vorliegt; durch ein länger durchgeführtes AT mit betonter Einbeziehung der Unterleibsorgane lassen sich seit Jahren, sogar seit Jahrzehnten bestehende gefühlsmäßige Abwehr und Ablehnung abbauen; totgeschwiegene oder tabuierte Funktionen stellen sich wieder ein. Günstig kann sich dabei die Tatsache auswirken, daß sich zu Beginn des AT nicht selten spontan Sexualempfindungen einstellen, die bei Männern zu Erektionen und (selten) zu einem Samenerguß, bei Frauen zu einem Orgasmus führen können. Der gezielte Einsatz der Wärmeübung für die Beckenorgane stellt bei weiblicher Anorgasmie die legitime Anwendung solcher Beobachtungen dar[31]. Wir empfehlen hier speziell die Formel:

- Unterleib ist warm

oder

- kleines Becken ist warm.

Durch *Leitsätze* (»Es-Formeln« benutzen) im Sinne eines antizipierten störungsfreien Es-geschehen-Lassens läßt sich die Gesamteinstellung zu Sexualvorgängen auf eine entspannte Zuwendung hin abwandeln. So wird diejenige Stufe freischwebender Aufmerksamkeit und betrachtender (nach Schultz »botanisierender«) Einstellung erreicht, die in der Praxis der Atemübung geübt worden war. Damit werden auch die Störungen zielhaft-intentionalen Verhaltens abgebaut.

Mehr als andere Funktionsstörungen (das Einschlafen ausgenommen) neigen die Potenzstörungen – beim Mann besonders leicht – zur *Zirkelbildung*. Sie werden in Gang gehalten und verstärkt durch ängstliche Befürchtungen, die sich über ein Negativtraining realisieren. Durch das AT werden Gegenvorstellungen aktiviert, die zunehmend an Wirkung gewinnen und die störenden ängstigenden Phantasien verblassen lassen.

Ein Beispiel: Besteht bei einer Frau sexuelles Desinteresse, so muß erst gefunden werden, worauf es zurückzuführen ist. Besteht eine absolute Anorgasmie, so wird eine symptomatische Behandlung der fehlenden Sexualempfindungen wenig Aussicht auf Erfolg haben. Ist es dagegen zu irgendwelcher Zeit und unter irgendwelchen Umständen zu einem Orgasmus gekommen (relativ häufig tritt ein Orgasmus beim Onanieren auf, fehlt dagegen bei einem Verkehr), so läßt sich die körperliche und emotionale Ansprechbarkeit dieser fehlkonditionierten Sexualfunktion[32] autogen einüben. In solchen Fällen ist es günstig, das AT mit einer Verhaltenstherapie unter Einbeziehung des Partners zu kombinieren[33].

Nachbemerkung: Schultz weist darauf hin, daß auch Zwangsonanie und zwanghafte Fetischismen gut auf das AT ansprechen[34]. Am wirksamsten sind bei derartigen Störungen neutralisierende Formeln mit der Vorsatzeinstellung:

...ist gleichgültig, z.B.

- Onanie gleichgültig. (s. Indifferenzformeln, Kap. 26, 3c).

c. Störungen an den Geschlechtsorganen der Frau

Im wesentlichen bestehen die psychovegetativen Störungen in Blutungsstörungen, Ausfluß und spastischen Schmerzen. Mehr als bei anderen Organneurosen ist man in der Frauenheilkunde darauf angewiesen, eine organische Ursache der Beschwerden auszuschalten. Die Organsprache ist in diesem Bereich nicht so offenkundig wie anderswo. Dieselben Beschwerden können, nach Ausschluß eines organischen Leidens, ebenso Ausdruck einer persönlichkeitsgebundenen Neurose als auch eines bewußtseinsnahen Konfliktes darstellen. Die letzteren finden sich in der Mehrzahl bei reifen, verheirateten Frauen, die schwereren Neuroseformen in der Pubertät und der Adoleszenz. Die oberflächlich strukturierten neurotischen Fehlhaltungen machen 61 Prozent aller funktionellen Unterleibsbeschwerden aus[35].

Die *Regelschmerzen:* Die bei der Regel auftretenden spastischen Schmerzen sind nach allgemeinem fachärztlichen Urteil nicht selten psychogen. Die Unterscheidung von organisch bedingten und funktionellen Störungen ist für die Anwendung des AT gar nicht so wichtig, da dieses bei beiden Formen der Störung wirkt. Nicht selten berichten Kursteilnehmerinnen, sie seien ihre Regelschmerzen losgeworden, z.B. durch Verlagerung der Bauchwärme in den Unterleib. Man kann das AT in Gruppen mit symptomgleichen Frauen üben lassen[36]. Man kombiniert das AT mit gymnastischen Übungen, diätetischen Maßnahmen und einer entsprechenden Tageseinteilung während der kritischen Tage. Mit diesem Verfahren können über die Hälfte aller Störungen gebessert oder geheilt werden. Bei den Nichtgebesserten muß immer an eine strukturelle Neurose gedacht werden.

Das *prämenstruelle Syndrom:* Unter dieser Bezeichnung versteht man die der Regel vorangehenden Beschwerden wie Druck- und Spannungsgefühle in Unterleib und Brust, Kopfschmerzen, Reizbarkeit oder Stimmungslabilität; oft besteht eine allgemeine Gespanntheit bei gleichzeitiger Müdigkeit und Schlafstörung. »Vierzehn Tage lebe ich und vierzehn Tage vegetiere ich«, sagte eine Patientin[37].

Das *chronisch-funktionelle Unterleibssyndrom* (Pelipathia vegetativa): Die über dreißig Bezeichnungen, mit denen im Laufe der Zeit dieser Beschwerdenkomplex bedacht wurde, läßt sich durch die Vielzahl der Beschwerden erklären. Es handelt sich insbesondere um Schmerzen, verbunden mit Ausfluß und vegetativen Fehlregulationen. Alle Organe und meistens auch die Knochen des kleinen Beckens sind bei der Untersuchung druckempfindlich. Bei 41 Prozent wurde eine Psychogenese festgestellt[38]. Das AT sollte gleichzeitig mit der familiären und sozialen Sanierung angewendet und die »weibliche Rehabilitierung« gefördert werden.

Der *Ausfluß:* Über die Häufigkeit des psychogenen Fluors ist man sich nicht einig. Er ist der Ausdruck der »sexuell Unbefriedigten, Enttäuschten, Erwartenden und Verletzten«. So unterscheidet man Libidofluor (»Ausfluß aus Liebeshunger«), Abwehrfluor, Gewissensfluor, Tendenzfluor, Zermürbungsfluor[39]. Psychotherapie hilft schneller als Organtherapie, oft genügt eine analytische Kurzbehandlung[40], das AT allein hilft kaum.

Der Einfluß der Psyche auf die *Regelblutungen* ist bekannt: Heftige Daueraffekte (Todesangst), Depressionen, die Pubertätsmagersucht gehen oft mit einem völligen Ausbleiben der Regel über Monate oder gar Jahre einher; dasselbe tritt bei Prüfungs- und Terminängsten oder Sexualängsten ein[41], auch als Reifungsproblem.

Verstärkte oder unregelmäßige Blutungen können »Tendenz- oder Abwehrcharakter haben« (A. Mayer), Dauerblutungen in der Pubertät, auch Regelschmerzen, können als Protest gegen die Übernahme der weiblichen Rolle verstanden werden. Die besten Resultate zeigt das AT bei den unregelmäßigen Blutungen im Klimakterium.

Die Gesamtergebnisse bei funktionellen gynäkologischen Störungen sind aus der Tabelle (Abb. 34) zu ersehen: 21 Prozent Heilungen, 46 Prozent Besserungen = 67 Prozent günstige Beeinflussungen, wobei die Erfolge allerdings immer durch eine kombinierte zweigleisige Behandlung erfolgten.

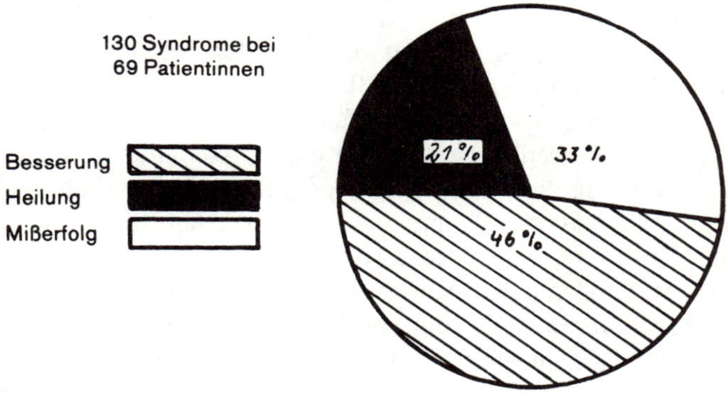

Syndrome	Heilung	Besserung	Mißerfolg
Pelipathie	9	18	11
Dysmenorrhoe	4	10	12
Vegetative Reaktionen (einschl. Klimakterium)	·10	18	9
Prämenstruelle Dystonie	1	4	5
Fluor genitalis	0	3	4
andere gynäkologische Symptome	3	7	2
Gesamtergebnis	27	60	43

	Patientinnen	
Heilung aller Symptome	12	19
Heilung/Besserung	7	
Besserung aller Symptome	20	29
Besserung eines oder mehrerer Symptome	9	
Mißerfolge	21	47
Trainingsabbruch	26	

Abb. 34: Erfolge des Autogenen Trainings bei gynäkologischen Erkrankungen (nach H. J. Prill)

d. Das AT in der Geburtshilfe

Obgleich die Geburt ein normaler physiologischer Vorgang ist, wird der Einfachheit halber der Einsatz des AT in der Geburtshilfe hier abgehandelt. In der bekannten Methode der Geburtserleichterung nach G. Dick-Read[42] wird dargelegt, daß die übliche Auffassung des zivilisierten Menschen, die Geburt sei ein schmerzvoller und gefährlicher Vorgang, Angst entstehen läßt; diese führt zu einer Abwehrreaktion, die Muskelspannungen hervorruft, und zwar vorzugsweise an den Muskeln, die den Unterleib verschließen. Furcht führt also zu einem Widerstand an der Öffnung des Muttermundes; Widerstand und Spannung lassen Schmerz entstehen. Durch das Ausschalten von Furcht und Spannung läßt sich auch der Schmerz ausschalten. Im Mittelpunkt einer solchen Behandlung steht die Unterbrechung des von G. Dick-Read so genannten »Furcht-Spannung-Schmerz-Syndroms«. Danach ist die Ursache des Geburtsschmerzes allein in psychischen und sozialen Umständen zu suchen. Behandelt wird mit Aufklärung, Entspannungsübungen und Atemgymnastik, deren Hauptziel eine »Entfürchtung« ist[43].

Das Buch von G. Dick-Read erschien 1933[44]. Es zeigt manche Gemeinsamkeiten mit dem Autogenen Training nach Schultz (1932). Auch das Schicksal beider Behandlungsmethoden ist ähnlich: sie wurden nur zögernd anerkannt, setzten sich aber nach dem Zweiten Weltkrieg um so schneller durch. Das Autogene Training ist nach fachärztlichem Urteil »neben der Hypnose die wirksamste psychotherapeutische Methodik zur Beeinflussung des Geburtsschmerzes«[45].

Tabelle 8: Ergebnisse mit dem Autogenen Training bei Schwangerschaftsbeschwerden (nach H. J. Prill, Corr. 236)

Diagnose	Heilung	deutliche Besserung	Mißerfolge
1. Störungen im Magen-Darmtrakt (spastische Beschwerden, Hypersekr. des Magens)	5	7	14
Sodbrennen, Obstipation	5	9	26

Diagnose	Heilung	deutliche Besserung	Mißerfolge
2. a. Kreislaufstörungen (kalte Hände und Füße, Akroparästhesien)	16	4	3
b. Funktionelle Herzbeschwerden	3	2	4
3. Funktionelle Krampfzustände und neurovegetative Störungen	4	6	9
4. Einschlafstörungen	15	6	4
insgesamt	48	34	60

Tabelle 9: Das vorgeburtliche Übungsprogramm zur Geburtsschmerz-Erleichterung an der Univ.-Frauenklinik Würzburg[48]

Std. Gymnastik	**Autogenes Training**	**Aufklärung**
1. Lockerung der Armmuskulatur, der Schulter-Nackenmuskulatur	äußere Entspannung, Unterschied zwischen Spannung und Entspannung, Pendelversuch, Ruhelage	Sinn und Zweck des Trainings, das Furcht-Spannung-Schmerz-Syndrom
2. Wiederholung (Wdh.), Lockerung der Bein- und Hüftmuskulatur	innere Entspannung, »abschalten«, Ruheerlebnis, Augenschluß, Schwereübung des rechten Armes	Besprechung der Schwangerschaft und auftretender Störungen, des Geburtsbeginns
3. Wdh., 1. und 2. Lockerung der langen Rückenmuskulatur und der Hüften	Schwereübung des rechten Armes, Generalisierung der Schwere, Anlegen von Übungsprotokollen	Besprechung der Eröffnungsperiode
4. Wdh., Lockerung der Gesichts-, Kopf-, Nacken-, Bauchmuskulatur, Gesamtlockerung	Intensivierung und Beschleunigung des generalisierten Schwereerlebnisses, Wärmeübung	Besprechung der Austreibungsperiode, der Geburt und Nachgeburt
5. Gesamtlockerung des Körpers, Brust- und Bauchatmung	Wärmeübung, Beschleunigung der Umschaltung, Besprechung der Übungsprotokolle	Physiologie und Psychologie der Atmung
6. Atemtechnik unter der Geburt	Herzruhigstellung (falls nötig), innere Atmungseinstellung, Besprechung der Übungsprotokolle	Wie sollen die Wehen verarbeitet werden? Gruppengespräch über Furcht und Angst

Std. Gymnastik	Autogenes Training	Aufklärung
7. Wdh., insbes. Atmung	innere Atmungseinstellung, Intensivierung und Beschleunigung der Umschaltung	Verhalten in den einzelnen Geburtsperioden, Gruppengespräche mit Frauen, die schon entbunden haben
8. Wdh., Kontrolle der Gesamtlockerung	Einstellung der Leibanästhie, Vorsatzbildungen zur Geburtsentspannung	Gruppentherapie, Führung durch die Geburts-Abteilung
9. Und evtl. weitere Stunden Wiederholung der Gymnastik, des AT und der Gruppentherapie		

Diese beiden Methoden sind allen anderen überlegen, wobei das AT gegenüber der Hypnose noch wesentliche Vorteile hat: fehlendes hypnotisches Odium, jederzeit möglicher Therapiebeginn; Unabhängigkeit vom Suggestor. Gerade diese Unabhängigkeit ist bei den Gebärenden wichtig, denn viele neigen dazu, sich (insbesondere gegen Ende der Geburt) in sich selbst zurückzuziehen. Die zur Suggestion nötige »Wir-Bildung« fällt weg; die gut im AT eingeübte Frau vermag, allein auf sich gestellt, die Wehentätigkeit zu lenken.

Hinzu kommt die Möglichkeit zur Selbstbehebung funktioneller Schwangerschaftsbeschwerden, die beim Erlernen des AT als Nebenerfolge abfallen. (Tab. 8[46] erläutert die Ergebnisse.)

In Tabelle 8 zeigt sich erneut die besonders günstige Wirkung des AT auf Kreislaufstörungen und auf den Schlaf, der in der Schwangerschaft in doppelter Weise gestört ist: rein körperlich durch den Leibesumfang und die dadurch bedingte ungewohnte Körperlage beim Schlafen und durch die Erwartungsunruhe, die sich, besonders bei labilen Frauen, gegen Ende der Schwangerschaft steigert.

Eine spezielle Organübung, z.B. die Schwere und Wärme auf den Unterleib auszudehnen, sollte vermieden werden, da hiermit eine unerwünschte Beachtung der Kindesbewegungen und des Geburtsvorganges eingeübt wird[47]. Bei der Darstellung der Leibwärme (Sonnengeflecht) gibt es »ein untrügliches Zeichen« für die richtig durchgeführte Übung: es treten (im Liegen und bei normaler Bekleidung) deutlich sichtbare Kindsbewegungen auf. Die Blutableitung nach unten in die Beine ist wichtig, da es in 20 Prozent der Fälle zu einem belästigenden Blutandrang zum Kopf kommt. Aus diesem Grunde muß auch die Entspannung sehr gründlich zurückgenommen werden. Zur Geburtsschmerzerleichterung braucht das AT »keinerlei methodische Veränderung«[49] (vgl. Tab. 9). Zusammen mit gymnastischen Übungen, Atemübungen und Aufklärung führt das AT zu folgenden Resultaten[50]:

1. Die Dauer der Eröffnungsperiode verkürzt sich um drei Stunden, bei Erstgebärenden um fast vier Stunden;
2. Die durchschnittliche Wehenzahl ist geringer;
3. Die »Arbeitszeit« (Wehenzahl mal Wehendauer) wird um 28,6 Prozent verkürzt.

Es braucht kaum hinzugefügt zu werden, daß die besten Resultate von Frauen erzielt werden, bei denen ein Kinderwunsch besteht und die zur Geburt eine positive Einstellung haben. Bei Ablehnung des Kindes beträgt die Versagerquote 50 Prozent.

e. Die Störungen der Harnblase

Zusammenhänge zwischen Harnmenge, Harnzusammensetzung und psychovegetativen Störungen sind bekannt, so die Ausscheidung großer, klarer Urinmengen (Urina spastica) bei Migräne, anfallsweisem Herzjagen, Angina pectoris-Anfällen und heftiger Erregung. Die Erhöhung der Urinmengen ist eine Sekundärerscheinung des Grundleidens und klingt mit diesem ab. Veränderungen der Harnzusammensetzung kommen bei nervösen Menschen vor (weißlich gefärbter Harn), insbesondere bei Kindern (Phosphaturie = Milchpissen). Die Bildung von Harnsteinen und ihre psychische Bedingtheit ist schwer nachzuprüfen.

Um so deutlicher sind die psychischen Einflüsse bei vielen Blasenstörungen: Wie bei allen vegetativ-autonomen Funktionen, bei denen ein willkürliches Eingreifen möglich ist (Atmen, Schlucken, Defäzieren), besteht auch bei der Blasenfunktion eine besondere Anfälligkeit für psychische Reize. Meistens handelt es sich dabei um Verkrampfungszustände der Blasenmuskulatur oder der Schließmuskeln, bei denen man mit dem AT »oft ausgezeichnete Resultate« erzielt[51].

Die *Harnverhaltung* in Gegenwart anderer, gleichviel ob diese anwesend oder nur vorgestellt sind (Dysuria psychica), führt durch die häufige Ansammlung größerer Urinmengen zu einer Blasenerweiterung und nicht selten zur Notwendigkeit regelmäßigen Katheterisierens mit der damit verbundenen Infektionsgefahr. Ein Beispiel für die Situationsbedingtheit solcher Störungen sind die postoperativen Harnverhaltungen, die sich durch beruhigende Aufklärung und Suggestivmaßnahmen von 18,7 Prozent auf 1,7 Prozent vermindern ließen[52].

Beim *Harnträufeln*[53] müssen grundsätzlich zwei Formen unterschieden werden:
– die durch Unterfunktion des Schließmuskels, auf den der Willenseinfluß verlorengeht und
– die bei normal arbeitendem Schließmuskel durch Verkrampfung der Blasenmuskulatur (Detrusor 2).

Die erste Form (die Inkontinenz) ist oft organisch bedingt und von der zweiten, meist psychogenen Form zu trennen. Über eine Kombination dieser letzteren mit einer Harnverhaltung berichtete J. J. Rousseau in seinen ›Bekenntnissen‹: In Gesellschaft quälte ihn ein ständiger Harndrang, während er sich zuhause häufig katheterisieren mußte[54].

Die *Reizblase* ist die häufigste Blasenstörung. Man versteht darunter häufige, oft von Schmerzen begleitete Entleerung kleiner Mengen von Harn (Pollakisurie), die bei Kälte zunimmt und (ähnlich wie der psychovegetative Schmerz) nachts nicht auftritt. Etwa 10 Prozent der angenommenen chronischen Blasenentzündungen gehören zur Reizblase[55]. Diesen Erscheinungen geht meistens – ähnlich wie bei der *»Prostataneurose«* – eine Entzündung voraus, die dann durch ängstliche zwanghafte Selbstbeobachtung, als Folge von Schuldgefühlen oder Ängsten (beispielsweise vor Geschlechtskrankheiten), in Gang gehalten werden. Eine medikamentöse Behandlung oder Blasenspiegelung u. ä. trägt oft zu einer Fixierung der Beschwerden das ihrige bei.

Behandlung mit dem AT: Die beschriebenen Erscheinungen gehen oft mit psychosexuellen Symptomen einher. Sie treten bei der Frau auf bei sexuellem Desinteresse, bei Vaginismus, Ekel vor dem Geschlechtsverkehr, beim Coitus interruptus, psychogenem Ausfluß, bei Regelschmerzen, nach Deflorationserlebnissen und bei männlichen Potenzstörungen[56] – Störungen, bei denen oft eine analytische Behandlung erforderlich ist. So kann eine ausgeprägte Harnverhaltung (in Anwesenheit anderer) den Ausdruck einer Abwehr homosexueller Wünsche bedeuten. Andererseits ist auffällig, wie leicht das Wasserlassen durch primitive Reize und Situationsänderungen zu beeinflussen ist. So kann Harndrang bei Kälte (als Kältedysurie), aber auch schon bei der Vorstellung von Kälte auftreten: eine ähnliche Wirkung hat das Geräusch fließenden Wassers, ein spritzender Gartenschlauch, der Anblick eines Urinierenden, das Bild einer Feuerwehr bei der Arbeit u. a. mehr.

Es liegt nahe, derartig bedingte Verhaltensweisen durch eine Verhaltenskorrektur auf dem Wege über autogene Vorsatzbildung, Gegenvorstellung (Wärme) oder neutralisierende Formeln (»gleichgültig«) abzuändern. Es wird über mehrere, teilweise seit vielen Jahren bestehende Fälle von »Reizblasen« berichtet, die mit anderen neurotischen Erscheinungen einhergingen und die durch Autogenes Training, kombiniert mit einleitender Hypnose und aufklärenden Aussprachen, völlig zu beheben waren[57].

Das nächtliche *Bettnässen* ist die im Kindesalter häufigste Störung der Blasenfunktion. Von 810 an das Berliner Zentralinstitut psychogener Erkrankungen zur Behandlung überwiesenen Kindern waren 40 Prozent Bettnässer. Erwachsene mit dieser Störung haben fast immer auch schon als Kind eingenäßt; es handelt sich bei ihnen um Rückfälle. Wie bei den Kindern liegt bei ihnen nicht selten ein chronifizierter neurotischer Beziehungskonflikt vor, dessen Symptom sich verselbständigt hat.

Kombiniert mit Massagen, Gymnastik (die von den Kindern als Bemutterung empfunden werden) führen autogene Weckformeln (ähnlich der Kopfuhr) oft zum Ziel[58]. Festzuhalten ist, daß verhaltenstherapeutische Methoden hier eindeutig effizienter sind.

5. Das AT bei Störungen der Haut

Die Haut macht wie ein Spiegel Affekte sichtbar: Angst ist von Blässe und kaltem Schweiß begleitet; Scham läßt erröten; Wut »puterrot« anlaufen; man schwitzt vor Verlegenheit; Unruhe und Gereiztheit führen zu Juckreiz – man fühlt sich dann »in seiner Haut nicht wohl«. Bei intensiver Suggestion lassen sich (in Hypnose, bei vegetativ labiler Konstitution) sogar Strukturwandlungen wie Brandblasen oder Veränderungen an den Nägeln und Haaren hervorrufen[59].

Im AT lassen sich deutliche Funktionsänderungen an der Haut herbeiführen: ein Wärmeanstieg bis über 7,5 Grad (vgl. Abb. 21), eine Herabsetzung der Schmerzempfindungen bei Kältesuggestion. Hinzu kommt eine Veränderung des psychogalvanischen Reflexes[60]. Dieser Reflex besteht in einer Herabsetzung des elektrischen Hautwiderstandes bei psychischer Erregung, bedingt durch die vermehrte Schweißsekretion. (Das Ausmaß der Emotion läßt sich also elektrisch messen – darauf beruht der sogenannte Lügendetektor). Bei der Schwere- und Wärmeübung des AT kommt es bei bestimmten Reizen zu einer Änderung des psychogalvanischen Phänomens, die bei kurzfristig Übenden deutlich ist, und bei länger Übenden wieder abnimmt[61]. Gleichsinnig zu diesen Erfahrungen stellt Schultz fest, daß es sich bei der vermehrten Schweißbildung beim Wärmeversuch meist »nur um ein Durchgangsphänomen handelt, das nach einigen Übungswochen von selbst verschwindet«[62].

Bei Menschen, die zu Hand- (und Fuß-)*Schweiß* neigen, sind nicht selten die Schweißabsonderungen (auch in den Achselhöhlen) durch Emotionen (Erwartungsangst) verstärkt. Es kommt zur Zirkelbildung: Angst – Schweiß – vermehrte Angst – vermehrter Schweiß. Bei »kaltem« Schweiß ist die Wärmeformel anzuwenden und zu ergänzen mit

- Die Hände (Füße) sind ganz trocken

oder

- Hände (Füße) / warm / und trocken
- Hände (Achseln) / kühl / und trocken

Zum Beispiel bei Hitzegefühl.

Erröten (soweit es sich nicht um die Erscheinung einer tiefergehenden Neurose handelt) läßt sich durch »Ablenkung der störenden Blutwelle in die Gliedmaßen beseitigen«[63]. Dieses Vorgehen schlägt auch bei den Hitzewallungen der Wechseljahre gut an.

Schultz berichtet von der Beseitigung von »quälendem Rückenzucken von vielfach einschlafhindernder Wirkung«, ebenso von einem Afterjucken »durch Kühlstellen der betreffenden Zone«[64].

Chronische Hautleiden (Neurodermitis, chronische Ekzeme) bessern sich manchmal durch das AT schon allein dadurch, daß mit dem Training der Zirkel: Juckreiz – Kratzen – sekundäre Verschlimmerung des Leidens unterbrochen wird. Als Formel eignet sich:

- Jucken / ganz / gleichgültig

oder

- Haut / kühl / und unempfindlich
- Haut weich und geschmeidig
- Haut glatt und entspannt.

Durch neuere deutsche Untersuchungen wurde sogar ein überraschend guter Effekt des AT bei der Neurodermitis belegt (Ehlers, Giehler u. Stangier)[65]. Selbst für ein so schweres Krankheitsbild wie die Sklerodermie konnte durch das AT ein zumindest kurzfristiger günstiger Effekt auch im organischen Bereich erreicht werden[66]. Bei der Raynaudschen Erkrankung erwies sich das AT als anderen Entspannungsverfahren ebenbürtig[67].

Zur Frage von allergischen Hauterkrankungen konnte ein japanisches Ärzteteam[68] nachweisen, daß das Auftreten allergischer Symptome zum großen Teil von der psychologischen Reaktion auf eine gegebene ärztliche Auskunft abhängt, also iatrogen ist. Bei der Behandlung war eine eindrucksvolle Aufklärung (»persuasive explanation«) in 71 Prozent erfolgreich. Bei schwierigen Fällen wurde das AT hinzugenommen und in der Entspannung eine zunehmende Reizbelastung vorgenommen, im Sinne einer (verhaltenstherapeutischen) »Desensibilisierung«.

6. Das AT bei Störungen des Sehapparates

Unabhängig voneinander berichten zwei Fachärzte[69] über die günstige Wirkung des AT beim *Schielen.* In zwei Fällen, bei denen Schielen seit der Kindheit bestand und im Anschluß an Liebeskummer, im anderen Fall durch Grippe verschlimmert wurde bzw. wieder erschien, verschwand die Störung völlig: beim einen Fall in sieben Monaten von 20 Grad auf null Grad.

Auch über die Behandlung von erhöhtem *Augeninnendruck* (Glaukom) wird berichtet[70]: eine hierfür geeignete Formel wurde bei der Übung der Augenentspannung besprochen (vgl. Kap. 24, 3). Da Glaukomanfälle oft nach Emotionen, insbesondere Angst, auftreten[71], wirkt sich die emotionale Dämpfung des AT günstig aus. Die Augendruck-senkende Wirkung des AT konnte beim Weitwinkelglaukom für Einzelfälle aufgezeigt werden[72], scheint jedoch nicht bei Streßbelastung anzuhalten[73].

Bei der Behandlung von *Blinden* hat sich das AT als außerordentlich segensreich erwiesen. Die erschwerte Anpassung an die Umwelt, besonders die Umstellung bei Erblindeten, die Umschulung auf einen neuen Beruf kann durch das AT wesentlich erleichtert werden[74]. Dies geschieht über die Somatisierung, die Schaffung eines neuen Körperschemas und die Entwicklung eines Außentastraumes, der an die Stelle der bisher optisch erfaßten Umwelt tritt.

7. Hormonelle Störungen und Stoffwechselstörungen

Bekanntlich kann sich, nach einer starken Emotion, plötzlich eine *Überfunktion der Schilddrüse* einstellen. Aber auch bei langsam sich entwickelnden Störungen findet man bei 80 Prozent eine belastende Lebenssituation[75]. In diesen Fällen läßt sich mit einer Psychotherapie eine Dauerheilung erreichen.

Bei drei Patientinnen mit einer erheblichen Grundumsatzsteigerung (von plus 56 Prozent bis plus 98 Prozent) wurde das AT angewendet[76]; sie wurden angehalten, täglich mehrere Stunden in der Schwereübung zu verbleiben, wobei die Gesamtumschaltung an der rektal gemessenen Temperatur kontrolliert wurde. Die Normalisierung von Gewicht, Grundumsatz und Jodstoffwechsel (Radio-Jodtest) wurde in einem Zeitraum von sechs bis zehneinhalb Monaten erreicht und blieb dann innerhalb von acht Jahren konstant.[77]

Cortisonwerte (Cortison entspricht dem aktivierenden Hormon der Nebennierenrinde) und ihre Schwankungen sind für die Wirkung des AT besonders aufschlußreich. Aus einer Reihe von Experimenten[78] seien hier einige Daten angeführt:

Bei einer Gruppe von Kurzeintrainierten (zwei Wochen) nahm der Cortisonspiegel im Blut während der Einzelübung ab (als Zeichen der Entspannung), um anschließend sofort wieder zu steigen. Nach einem sechs Monate lang durchgeführten Training sanken während der Übung die Cortisonwerte schneller ab, um dann nach der Übung noch weiter abzusinken – ein Beweis sowohl für das Weiterandauern der AT-Wirkung als auch für die unterschiedliche Wirkung der AT-Übung bei Kurz- bzw. Langeintrainierten.

Bei einer autogenen »Durchwärmung der Leber« wurde eine Erhöhung des *Blutzuckerspiegels* von durchschnittlich 40 Prozent mit gleichsinniger Veränderung der Leukozyten erreicht, während bei erhöhter Durchblutung der Bauchspeicheldrüse eine Abnahme des Blutzuckers bis zu 20 Prozent erreicht wurde[79]. Diese Ergebnisse sind sowohl für die Behandlung von Lebererkrankungen als auch der Zuckerkrankheit von größter Wichtigkeit. Nicht zu unterschätzen ist auch, nach eigenen Erfahrungen, die durch das AT bewirkte Disziplinierung, die den Zuckerkranken hilft, die sonst so häufigen Diätfehler zu vermeiden.

In einer Zeit, in der den Ursachen von Koronarerkrankungen, Herzinfarkt und allgemeiner Arterienverkalkung zunehmend Aufmerksamkeit geschenkt wird, ist es wichtig zu wissen, daß durch das AT die *Cholesterinwerte* im Blut oft sinken, und zwar um so mehr, je höher der Ausgangswert ist (bei Versuchen mit zehn Patienten, die im Durchschnitt 22,6 Wochen lang übten, wurde der Cholesterinblutspiegel von durchschnittlich 215,1 auf 191,3 gesenkt[80]).

Zur *Immunität:* »Die Immunitätslage hängt unter anderem ab von der Affektlage«, sagt V. Frankl. Der zufriedene Mensch wird also seltener krank. Hierzu folgende Beobachtung:

Schon vor fast einem halben Jahrhundert wurde festgestellt, daß Postboten wenig an wahnhaften Psychosen erkranken wegen des allgemeinen Wohlwollens, das sie genießen[81]. Bleiben wir bei den Postbeamten: Laut Statistik[82] sind in Deutschland November und Dezember die Grippemonate; das gilt für alle, nur nicht für die Postbeamten, die am häufigsten im Februar, am wenigsten im Dezember erkranken. Dafür gibt es nur eine Erklärung: vor Weihnachten herrscht bei der Post Hochbetrieb; aller Augen sind auf die Postbeamten, wie auf den Weihnachtsmann persönlich, gerichtet. So fühlen sich diese im Dezember – nicht zu Unrecht – als unersetzliche Glieder der menschlichen Gesellschaft; zu keiner anderen Zeit ist ihre Arbeit so anerkannt wie im Dezember.

Was dem Postbeamten die Selbstbestätigung durch den Beruf ist, finden manche Menschen aufgrund eines Zuwachses an Eigenverfügbarkeit, die sich von Emotionen befreit, die ihr zuwiderlaufen. Der Gradmesser für eine gelungene Psychotherapie, gleichviel ob Psychoanalyse, Verhaltenstherapie oder Autogenes Training, sollte sich unter anderem daran erkennen lassen, ob der Behandelte nicht nur im Psychischen, sondern auch im Körperlichen weniger anfällig, also »immun« wird. »Zufriedene Menschen werden nicht krank«, sagte A. Jores einmal.

Der enge Zusammenhang zwischen psychovegetativen Abläufen und Immunabwehr wird auch durch die Grundlagenforschung des Gebietes der *Psychoimmunologie* bestätigt.

8. Störungen des Stütz- und Bewegungsapparates

Die entzündlichen (Rheuma), degenerativen (Arthrose) und fibromyalgischen (»Weichteilrheuma«) Erkrankungen des Bewegungsapparates lassen den Einsatz des AT als Hilfsmaßnahme sinnvoll erscheinen.

Das wichtigste bei der *Rheumabehandlung* ist die Bewegung, da sonst die Gelenke sehr schnell versteifen. Die Hauptschwierigkeit dieser Behandlung besteht in den starken Schmerzen, die Bewegungen verursachen. Die Schmerzhaftigkeit wird verursacht durch die Entzündung der Gelenke, der Sehnen und Muskeln. Medikamente, die entzündungshemmend und schmerzlindernd wirken, ermöglichen eine Bewegungsbehandlung.

Überzeugend ist die Behandlung von Rheumakranken in Hypnose[83]. Man suggeriert Schmerzlosigkeit und kann auf diese Weise Gelenke mobilisieren, die vorher von den Kranken kaum noch bewegt werden konnten. Damit ist die Zirkelbildung: Schmerz – Bewegungsscheu – Versteifung der Gelenke – zunehmender Schmerz unterbrochen. Der Vorgang der Versteifung wird noch gefördert durch die Angst vor Schmerzen, die zu einer vermehrten Muskelanspannung führt, die wiederum die Schmerzen erhöht.

Dieser Zirkel kann auch durch das AT unterbrochen werden, wenn auch nicht auf so spektakuläre Weise wie durch die Hypnose; dafür fehlt dem AT der Hauptnachteil der Hypnose: die Abhängigkeit vom Arzt. Durch das AT gelingt es – zuerst langsam, dann immer besser, vor allem in eigener Regie des Patienten –, die erkrankten Gliedmaßen zu entspannen und dem Schmerz (vgl. Kap. 31, 2) seine beherrschende und destruktive Rolle zu nehmen. Am wirkungsvollsten dürfte die Kombination aus Hypnose, zu Beginn der Behandlung, und nachfolgendem AT sein, wobei das AT zumindest eine erneute Versteifung verhütet. Auf eine gleichzeitige medikamentöse und physikalisch-gymnastische Behandlung wird man meist nicht verzichten können. Das AT gehört in vielen Rheumakliniken bereits zur Routinebehandlung. Einen guten Beleg für die Wirksamkeit des AT in einem solchen Zusammenhang bringt die Studie von Schumacher (1997), in der sich der Effekt des AT über die Rehamaßnahme hinaus besonders hinsichtlich des allgemeinen Gesundheitszustandes, der Beschwerdemaße, der Schmerzstärke und der Blutdruckabsenkung nachweisen ließ.

Die *Wirbelsäule* hat zwei für Störungen anfällige Teile: die Lenden- und die Halswirbelsäule. Wegen der Häufigkeit ihrer Störungen und weil deren Erscheinungsbild »problematisch, verschwommen und unbefriedigend«[84] bleibt, soll die Halswirbelsäule hier als Modellfall besprochen werden.

Das Halswirbelsäulen-Syndrom (HWS-Syndrom) oder Zervikalsyndrom oder Schulter-Arm-Syndrom gehört zu den häufigsten Diagnosen. Die hiermit bezeichneten Störungen sind der Grund für 20 Prozent aller Kuren bzw. sozialen Heilmaßnahmen[85]. Die Erscheinungen dieser Störungen werden noch heute gern allein der Wirbelsäule zur Last gelegt, obwohl Statistiken und Erfahrungen dagegen sprechen:

Die Wirbelsäule altert mit dem Menschen. Bei 75 Jahre alten Menschen findet man 34 Prozent schwerste, 58 Prozent mittlere und (die restlichen) 8 Prozent leichte »degenerative« Veränderungen an der Halswirbelsäule. Trotzdem litten von diesen alten Menschen 20 Prozent in ihrem ganzen Leben nie an diesbezüglichen Beschwerden.

Von den Beschwerden haben etwa 80 Prozent vegetativen Charakter. »Für das vegetative Syndrom ist jedoch die Osteochondrose der Halswirbelsäule (worunter hier die Bandscheibenalterung mit allen dazugehörigen Reaktionen verstanden wird) nicht mehr als ein auslösender und lokalisierender Teilfaktor ... Von 34 konstitutionellen Neurasthenikern hatten dagegen alle 34 im 4. bis 6. Jahrzehnt ein ausgesprochenes vegetatives Zervikalsyndrom aufzuweisen bei häufig nur geringen anatomischen Halswirbelsäulen-Veränderungen.«[86]

Diese Zahlen werden durch die Erfahrungen in AT-Gruppen bestätigt: auch 20 bis 30jährige Teilnehmer, häufiger Frauen als Männer, an deren Halswirbelsäule nicht die geringsten anatomischen Veränderungen nachweisbar sind, können bei der Droschkenkutscherstellung (vgl. Kap. 14, 4 und 16, 2e) wegen der dann auftretenden *Schulter-Nackenschmerzen* ihren Kopf nicht hängen lassen. Eine vegetative Labilität mag vorliegen; was aber löst die Beschwerden aus, wenn Wirbelsäulenveränderungen nicht infrage kommen.

Anläßlich der Schulterübung (Kap. 23) stellten wir fest: Die äußere Haltung dokumentiert die innere Einstellung. Die damals erwähnten Ausdrücke für eine Fehleinstellung im Leistungsverhalten betreffen die Schultern und den Nacken; sie enthalten die ganze Skala von Spannungsgraden, vom Krampf des »Halsstarrigen« über die ausgewogene Spannung (»den Kopf oben behalten«) bis zum Erschlaffungszustand, in dem man »den Kopf hängen läßt«, nachdem man sich vorher »zuviel aufhalsen« ließ. Schultermuskelverhärtungen (Myogelosen) und Hartspann bilden sich in Überforderungssituationen, wobei es – wohlverstanden – immer auf die subjektive Einstellung zur Leistung ankommt: bei Terminen (nicht, weil man dann länger an der Schreibmaschine sitzt, sondern weil der Termin drückt), bei Belastung (nicht wegen der Überstunden, sondern weil diese vom Chef nicht anerkannt werden), bei Überforderung (nicht wegen der zusätzlichen Arbeit, sondern weil der Kollege, den man vertritt, einem unsympathisch ist). Die meisten Berufskrämpfe: Schreibkrämpfe, Violin- und Klavierspielerkrämpfe betreffen die Schulter-Armgegend; das stimmt mit unserer früheren Feststellung überein, daß Störungen im »oberen Kreuz« mit dem »ambivalenten«, konfliktgeladenen Leistungswillen zusammenhängen.

Bei psychischer Spannung verkrampft sich die Schultermuskulatur; damit verliert die Halswirbelsäule ihre natürliche Biegung und wird durchgestreckt.

Macht man bei stark schultergespannten Menschen eine Röntgenaufnahme der Halswirbelsäule, so wirkt diese oft gerade und steif wie ein Stock. Die Diagnose lautet dann: »Fehlhaltung der Halswirbelsäule«, eine der wenigen »physiognomischen« Diagnosen, die die Röntgenologie zu vergeben hat (Abb. 35/36).

Das Durchstrecken des Halsanteiles der Wirbelsäule überträgt sich auf deren gesamten Bereich. Die Wirbelsäule büßt damit ihre Doppel-S-Krümmung und ihre federnde Elastizität ein. Ihre Pufferwirkung erlischt. Eine ganz banale Folge davon: die beim Gehen entstehenden Erschütterungen erreichen, ohne gedämpft zu werden, den Kopf und verursachen Kopfschmerzen: ein Grund unter anderen, weshalb eine Entspannung der Schultermuskulatur zur Beseitigung von Kopfschmerzen führt. Bei sehr starken Verspannungen sollte man auch Massagen, Wärmeanwendungen und eine Badebehandlung mit zu Hilfe nehmen; schon allein um den Start im AT zu erleichtern.

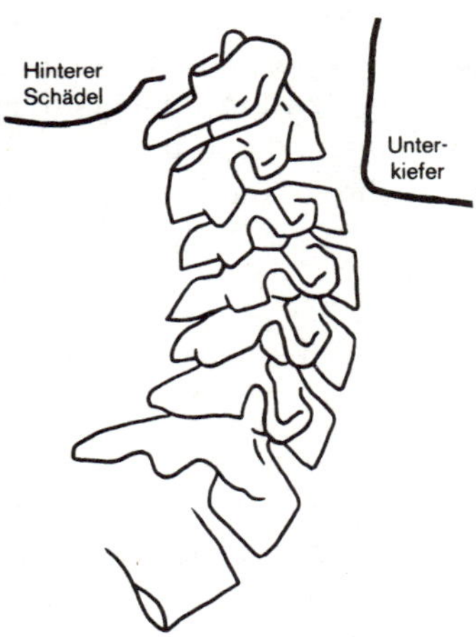

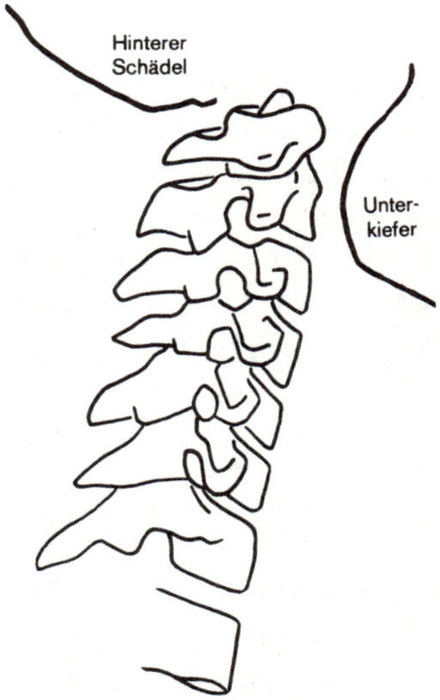

Abb. 35: Entspannte, nach vorn gewölbte Halswirbelsäule
Abb. 36: Starre Halswirbelsäule. Verlust der natürlichen Biegung

Es besteht heute zunehmend Einigkeit darüber, daß der »Weichteilrheumatismus« (im Gegensatz zum Gelenkrheumatismus) als ein psychosomatisches Syndrom im Bereich des Bewegungssystems aufgefaßt werden muß[87]. Auf Untersuchungsergebnisse zur Wirksamkeit des AT wurde in Kap. 31, 2 eingegangen.

Das Schulter-Arm-Syndrom ist *durch das AT gut zu behandeln,* allerdings mit einer Einschränkung: es wird vielfach erwartet, daß der Schultergürtel sich durch das AT ebenso schnell entspannen läßt wie die Gliedmaßen. Erfahrungsgemäß sind aber zwei bis vier Monate erforderlich, um die Schultern entspannen zu lernen; wer es gleich zusammen mit der Armschwere und Wärme versucht, kommt meist nicht zum Ziel; daher wurde auch die Schulterübung erst gegen Ende der AT-Standardübungen in diese eingebaut. Nicht nur die Schultermuskelentspannung als solche ist das Problem beim AT, sondern die dahinterstehende, mit der Muskelentspannung korrelierende psychische Haltung, die eine Muskelentspannung in kurzer Frist unmöglich macht. Im Absatz über »Leistung im Beruf« war schon von den beruflich gebundenen Fehlhaltungen die Rede, in deren Gefolge das Schulter-Arm-Syndrom auftritt (vgl. Kap. 29).

Es sei nochmals wiederholt, daß es nicht nur auf die objektive Leistungsforderung ankommt, sondern auf die Einstellung zur Leistung. Offensichtliche äußere Leistungsüberforderung wird oft gut verkraftet, wenn sie der eigenen Einstellung entgegenkommt: wenn sie dem eigenen Ehrgeiz dient, den Wunsch nach hohem Lebensstandard befriedigt, Anerkennung einbringt, dem Prestigebedürfnis schmeichelt oder als Selbstbestätigung empfunden wird.

9. Neurologische Störungen

Von den neurologischen Syndromen seien hier nur einige erwähnt, die gut auf das AT ansprechen[88].

Die *spastischen Lähmungen* sind ein überzeugendes Beispiel für die Wirksamkeit des AT auch bei organischen Leiden. Den Wirkungsmechanismus des AT kann man sich dabei wie folgt vorstellen: spastische Lähmungen sind zwar durch eine organische Störung, durch eine Unterbrechung bestimmter Nervenbahnen im Zentralnervensystem verursacht, die aber nach ihrem Auftreten von sich aus, auf längere Sicht meist zu einer Besserung neigen.

In der Zwischenzeit (z.B. nach einem Schlaganfall) kommt es aber entscheidend darauf an, die gelähmten Gliedmaßen funktionsfähig, beweglich zu erhalten und Abbauvorgänge (an Knochen und Gelenken) zu verhindern. Dazu dienen physikalische Maßnahmen, Bewegungsübungen, Massagen. Zur Erhaltung der Funktionsfähigkeit kann auch das AT viel beitragen:
– durch eine verbesserte Durchblutung (Wärmeübung);
– durch eine relative Entspannung des spastisch-verkrampften Muskels;
– durch die Entspannung der noch funktionstüchtigen Muskeln der Umgebung, die bei dem Versuch der willkürlichen Anspannung des gelähmten Muskels mit angespannt werden;
– durch den Abbau der Angst vor Schmerzen (bei Massagen und Bewegungsübungen);
– durch stetige Verminderung der Unsicherheit im Gebrauch der Gliedmaßen.
– Schließlich läßt sich die bestehende ängstliche Rücksichtnahme auf die öffentliche Meinung abbauen: »Die Menschen denken, ich sei betrunken, wenn ich beim Gehen schwanke« – »Ich kann doch in meinem Alter nicht mit einem Stock auf die Straße gehen« – »Was denken die Leute, wenn ich mit der linken Hand esse.« Durch ärztliche Gespräche kann man diesen Patienten zur Annahme ihres Leidens verhelfen und damit zur Abänderung ihrer verkrampft bewußten Bemühung um Änderung des Zustandes; erst dann kann sich das AT voll auswirken.

Ein Patient, der ein halbes Jahr nach einem Schlaganfall mit einer spastischen Lähmung des linken Armes einen Trainingskurs anfing, berichtete bereits wenige Wochen später von einer auffallenden Lockerung im Arm, die von seiner Frau bestätigt wurde. Die Massagen und Bewegungsübungen, die seit dem Schlaganfall durchgeführt wurden, hatten starke Schmerzen verursacht, die nunmehr abnahmen. Das Spannungsgefühl ließ von der Hand nach oben fortschreitend nach; bei Kursende (nach sechs Monaten) bestand die Spannung nur noch in gemäßigter Form in der Schulter. Natürlich ist dem AT nur ein Teil am Gesundungserfolg zu-

zumessen, die Beseitigung von Angst, Spannung und Schmerz kann aber in einem solchen Fall ausschlaggebend sein.

Eine sehr aktive Patientin, die an einer fortgeschrittenen multiplen Sklerose litt, erlernte in meiner Praxis das AT und kehrte anschließend in ein Sanatorium ins Ausland zurück. Drei Jahre später schrieb sie, sie führe, durch ihre Besserung und durch die dortigen Ärzte ermutigt, nunmehr bei ihren Mitpatienten (die an derselben Krankheit litten) mit viel Erfolg das AT durch.

Bei *schlaffen Lähmungen,* die mit einem Muskelschwund einhergehen, gleichviel ob sie auf einer Kinderlähmung, einer Nervenverletzung oder sonstigen Nervenschädigung beruhen, kann man mit der (Schwere- und) Wärmeübung durch die stärkere Durchblutung die Grundlage für einen Wiederaufbau der Muskeln verbessern. Außer Massagen und Durchwärmung werden in solchen Fällen Bewegungsübungen durchgeführt: dabei werden die gelähmten Gliedmaßen vom Behandler (passiv) bewegt, der Patient wird aufgefordert, die Bewegung aktiv »rein gedanklich im Kopf« mitzumachen. Dieses muß dem im AT gut Eingeübten, mit seinem eintrainierten Vorstellungsvermögen viel besser und intensiver gelingen als anderen Patienten.

Bei den sogenannten *extrapyramidalen Bewegungsstörungen,* deren häufigste Form die Schüttellähmung (Parkinsonsche Krankheit) ist, wird vom Grundleiden aus gesehen durch das AT keine Besserung zu erwarten sein. Stärkere Muskelspannung (Rigor) hebt nach Schultz »die Möglichkeit zu jeder Schwereempfindung auf, ohne die Darstellung des Wärmeerlebnisses zu beeinflussen«[89]. Durch Medikamente läßt sich der Rigor gut beeinflussen, das dazugehörige Schütteln (Tremor) weniger. Dieses hat außerdem noch die Neigung, bei emotional gefärbter Beachtung durch den Patienten (der es z.B. in Gegenwart anderer Menschen zu unterdrücken sucht) erheblich zuzunehmen. Durch die emotionale Dämpfung im AT läßt sich diese oft anfallsartig anmutende Verschlechterung des Schüttelns verhindern und darüber hinaus zeitweise der Tremor ganz ausschalten und der Rigor entspannen, so daß Berufstätigkeiten wieder möglich werden, die vorher nicht mehr ausgeführt werden konnten[90].

Begleiterscheinungen dieser Erkrankung sind[91]: Schlafstörungen, Verstimmungen, Gereiztheit, emotionale Inkontinenz und Neigung zu Zwängen – Symptome, die alle durch das AT zu beeinflussen sind und damit indirekt zur Verbesserung des Zustandes beitragen.

Bei *Neuralgien und Nervenentzündungen* wird man die Wärmeübung mit Erfolg anwenden (vgl. Kap. 31, 2). Als Beweis für eine Reaktion auf das AT darf man den örtlichen Schmerz auffassen, der beim Vorliegen von Neuralgien, Rheumatismus (gleichviel welcher Ursache) oder Entzündungen (Furunkel) bei der Wärmeübung, ähnlich wie nach äußerer Wärmezufuhr (warme Packungen, Kurzwellenbestrahlung u. ä.), auftritt.

Die *Mißempfindungen* (Paraesthesien) treten vielfach im Gefolge von Neuralgien und Nervenentzündungen auf. Es gibt aber eine ganze Reihe von funktionellen Empfindungsstörungen, die sich neurologisch nicht einordnen lassen. Der vegetative Schmerz, den man hierher rechnen kann, wurde früher abgehandelt (vgl. Kap. 31, 2). Erinnert sei auch an das Beheben von Phantomschmerzen (Beispiel siehe unten). Von der Beseitigung von Mißempfindungen mit dem AT berichtet Schultz[92]: »...weiterhin wurden mittels Training überaus lästige Paraesthesien abgearbeitet.«

Nach eigenen Beobachtungen sprechen die, meist im Klimakterium nächtlich auftretenden, schmerzhaften, schlafstörenden Mißempfindungen der Arme (Brachialgia paraesthetica nocturna) gut auf das AT an.

In einer neueren Studie wurden für die *Sudecksche Krankheit* (sympathische Reflexdystrophie) bei Personen, die AT übten, gegenüber einer konventionell behandelten Patientengruppe signifikante Verbesserungen erzielt (Abschwellung, Temperaturrückgang, Schmerzreduktion)[93].

Die häufigste Form des sogenannten kleinen *epileptischen Anfalls* sind die *Absencen,* die sich als eine kurzdauernde (d.h. einige Sekunden) Bewußtseinspause äußern. Neuere Forschungen haben ergeben, daß Absencen bei AT-Übenden bedeutend seltener auftreten. Durch EEG-Untersuchungen stellte man fest, daß im AT eine Zunahme der Alpha-Aktivität, also der tiefen Ruhe im Wachzustand (s. Kap. 7, Tab. 3), stattfindet, die sich über die gesamte Hirnoberfläche ausbreitet und zu einem Abnehmen der unstabilen »epileptogenen« Phasen führt[94].

Ein Beispiel für ein psychogenes Anfallsgeschehen war ein Kriegsversehrter, dem ein Bein oberhalb des Kniegelenkes amputiert worden war und der an »Phantomschmerzen« litt. Bei diesem, von Haus aus affektiv und vegetativ labilen Mann stellte sich noch ein Jahr nach der Amputation bei Aufregung ein »Trommeln«, wie er es nannte, des Stumpfes ein. Dabei bewegte sich dieser mit großer Heftigkeit auf und ab und schlug auf die Unterlage, so daß es durch das ganze Haus dröhnte. Die Aufregung steigerte sich dabei zu einem wahren Affektsturm von demonstrativ geprägter Erregung, Schmerz und Wut, »unter anderem ein persistierender Protest gegen die Verstümmelung«[95]. Mit den Grundübungen des AT (Schwere und Wärme) gelang es dem Mann, diese Anfälle zu vermeiden, nachdem er aufgrund einiger Besprechungen gleichzeitig zu der Einsicht gekommen war, er müsse den Verlust des Beines und damit seine Versehrtheit annehmen. Es wird deutlich, daß hier mehrere Teilwirkungen des AT ineinandergreifen: die Gefäß- und Muskelentspannung des überreizten Amputationsstumpfes, die vegetativ-affektive Resonanzdämpfung und die Abänderung der Gesamthaltung zum Leiden, das Auf-sich-Nehmen der Versehrtheit (aufgrund ärztlicher Gespräche), unterstützt durch Reihenübungen.

10. Das AT bei Tics und anderen Störungen

Der *Tic* ist die häufigste Bewegungsneurose. Man versteht darunter plötzlich und unwillkürlich sich einstellende, meist kurze Zuckungen von Muskeln bzw. Muskelgruppen; selten sind sie organisch verursacht (und gehören dann zu den besprochenen extrapyramidalen Bewegungsstörungen), am häufigsten psychisch bedingt: sie sind dann der Ausdruck eines Konflikts, der dessen symbolische Darstellung bei gleichzeitiger Affektentladung erlaubt.

Die Tics spielen sich meist an sichtbaren Körperteilen (am häufigsten im Gesicht) ab und entsprechen vielfach Ausdrucksbewegungen: so kann das Zucken der Schulter als Schultertic Ausdruck des Nichtwissens, der Ratlosigkeit sein; der Hustentic Zeichen der Aggressivität oder eines Auf-sich-aufmerksam-machen-wollens; der Kratztic Ausdruck der Verlegenheit usw.

Bei der Behandlung wird man zunächst festzustellen haben, welche neurotische Wertigkeit dem Tic zukommt und welchem Konflikt er entspringt. Die im AT sich entwickelnde Fähigkeit zur Selbstbeobachtung und Introspektion wird eine notwendig werdende analytische Behandlung auf jeden Fall unterstützen, bei günstigen Fällen wird der Tic durch ein zum AT hinzutretendes aufklärendes Gespräch verschwinden. Nicht selten beobachtet man das Nachlassen teilweise heftiger Ticbewegungen im Verlaufe des AT ohne jegliche sonstige therapeutische Maßnahme.

Nach Schultz sind ticartige Erscheinungen durch das AT um so besser beeinflußbar, je mehr sie Gewohnheitscharakter haben, d.h. je weniger sie neurotisch oder organisch bedingt sind[96]. Gewohnheiten (z.B. das Stottern eines Familienmitglieds) werden, insbesondere von Kindern, leicht übernommen. Sehr wirkungsvoll können mit dem AT kombinierte paradoxe Übungen sein.

Hierher gehört das *Nägelkauen:* Bericht eines seit einem dreiviertel Jahr trainierenden Akademikers: »Seit über 40 Jahren knabberte ich meine Nägel restlos ab, und alle Mittel, die versucht wurden, erwiesen sich als zwecklos. Jetzt jedoch versuchte ich es mit der Ruhigstellung und bin seit über einem Jahr von diesem Übel befreit.«[97]

Zum *Zähneknirschen:* Ein älterer, gut eintrainierter Patient berichtet, er habe sich an eine neue Zahnbrücke nicht gewöhnen können und sei morgens immer mit Zahnschmerzen aufgewacht, was er auf ein nächtliches Zusammenpressen der Kiefer zurückführte. Mit der antizipierenden Formel »Ich schlafe mit entspanntem Kiefer« konnte er die Schmerzen in zwei Wochen völlig abstellen.

Bei Kindern tritt das nächtliche Zähneknirschen besonders häufig und intensiv auf, so daß nicht selten Zerstörungen an den Zähnen und Kiefern dadurch entstehen. Durch den eben erwähnten Bericht angeregt, empfahl ich Müttern, die zu diesem Zwecke das Autogene Training erlernten, abends mit dem Kinde eine gemeinsame Ruhigstellung durchzuführen, mit einer anschließenden Vorsatzformel, die dem Alter und der Art des Kindes angepaßt war. Der Erfolg ist abhängig von der Mutter-Kind-Beziehung im allgemeinen, von einem der Übung vorangehenden Gespräch zwischen Mutter und Kind und davon, daß die Mutter die Spielregeln eines gelockerten »Fremdsuggestivtrainings« beherrscht.

Die Fähigkeit zur *Anpassung an Prothesen,* gleichviel, ob es sich dabei um Brillen, Hörgeräte, Zahnprothesen oder andere handelt, nimmt mit zunehmendem Alter, wie die Erfahrung lehrt, ab. Wiederholt gelang es AT-Übenden, teilweise aufgrund einer Indifferenzformel (z. B. »Zahnprothese gleichgültig«) sich die Umgewöhnung wesentlich zu erleichtern.

Die Entstehung des *Stotterns* muß heute als komplex angesehen werden. Emotionale Faktoren sind bei vielen Stotterern von Bedeutung, vor allem die *Erwartungsangst* zu sprechen. So kommt es, daß die Störung von einer Situation zur anderen, von einem Menschen zum anderen, von einer Lebensperiode zur anderen oft außerordentlich schwankt. Behandelt wird das Stottern mit phonetisch-pädagogischen Maßnahmen, im weiteren Sinne also mit einer Verhaltenstherapie. Ältere Autoren berichten von befriedigenden Behandlungsergebnissen,[98] ebenso eine kontrollierte Studie (s. Kap. 28).

Als Formel:

- Es spricht von selbst

oder, nach Schultz:

- Sprechen ist ganz gleichgültig
- Sprechen geht von selbst
- ... ich hauche Sprechen
- Ich atme die Worte aus

verbunden mit einer Teilübung: der Schulterschwere. Wesentlich ist dabei die »Entängstigung und Entkrampfung«[99].

Besonders gut sprechen die erwähnten Formeln bei Menschen an, die sich bei Beginn der Behandlung zu paradoxen Formeln bestimmen lassen, ohne daß zu große Ängste auftreten:

- Ich möchte so schlecht wie möglich sprechen

oder

- Ich stottere bei jedem Wort, damit die Menschen sehen, wie schlecht es mir geht.

Die *Beschäftigungsneurosen:* Der Schreibkrampf, der Schulterkrampf bei Musikern, Steno- und Phonotypisten, die Lähmung der Beine bei Tänzern u. a. sind oft situationsbedingt. Durch Änderung der beruflichen Lage oder der inneren Einstellung dazu kann, zusammen mit einer im AT erworbenen Entspannung, ein Wandel geschaffen werden, vorausgesetzt, daß die Abwehr gegen die Situation (neuer Chef, Beförderung junger Kollegen u. ä.) oder gegen den Beruf nicht zu groß ist und daß kein Rentenbegehren hinter den Symptomen zu suchen ist. Ist die Beschäftigung nicht die Ursache der Neurose, sondern nur für die Symptomwahl bestimmend, so handelt es sich um eine Konversionsneurose, die nur psychoanalytisch zu behandeln ist. Berichtet wird über die Behandlung von zwei Patienten, die seit drei und vier Jahren an einem Schreibkrampf litten. Behandelt wurde mit einer Kombination aus Betonung der Schwere im erkrankten Arm, Oberstufe (Visualisierung anderer Personen), paradoxen Formeln und graphomotorischen Übungen. Die Formel:

- Ich schreibe sauber (deutlich) und automatisch

schlug nicht an (wohl wegen der darin enthaltenen Intention), dagegen die paradoxe Formel:

- Ich schreibe so schlecht (erbärmlich) wie möglich.

Heilung nach 35 bzw. 59 Wochen[100].

11. Das AT bei hirnorganischen Veränderungen (Hirnschädigungen)

Als sehr fruchtbar hat sich das AT bei Hirnverletzten erwiesen[101]. Mit der Abnahme der Behandlungsbedürftigkeit der Verletzten aus dem Zweiten Weltkrieg hat diese Aufgabe nicht an Wichtigkeit verloren, kommt es doch durch Straßen- und Betriebsunfälle fortlaufend zu erneuten Schädel-Hirn-Traumen. Schwierig war es zunächst, die Hirntraumatiker zum AT zu motivieren, da viele von ihnen bei einer Besserung der Beschwerden um die Höhe ihrer Rente bangten. Nachdem diese Bedenken beseitigt waren, trug die Arbeit gute Früchte, nicht zuletzt aufgrund der suggestiven Gruppenatmosphäre, einem gewissen Korpsgeist, der die Betroffenen zusammenschloß[102]. Behandelt wurde mit einer mehrdimensionalen Therapie (mit einleitenden und eingestreuten Gesprächen und Atemgymnastik), in deren Mittelpunkt das AT stand. Diagnostisch wurden aufgrund der Beschwerden drei Gruppen gebildet[103]:

Gruppe I: Organische Ausfälle (Lähmungen, Sensibilitätsstörungen, Sprachstörungen, Anfälle);

Gruppe II: Vegetativ-dystone Beschwerden (darunter fallen: Kopfschmerzen, Schwindel, Übelkeit, Gleichgewichtsstörungen, Ohrensausen, herabgesetzte körperliche Leistungsfähigkeit, Schlafstörungen);

Gruppe III: Psychische Störungen
a. Störungen im Antrieb (Verlangsamung, abnorme Ermüdbarkeit u. ä.);
b. Störungen des Gemüts- und Affektverhaltens (darunter fallen: Depressionen, Angst, Unruhe, gesteigerte Erregbarkeit, Affektinkontinenz, Zwangsweinen u.ä.);
c. Störungen der intellektuellen Funktionen (Störungen der Konzentration, der Merkfähigkeit, der Aufmerksamkeit und des Gedächtnisses).

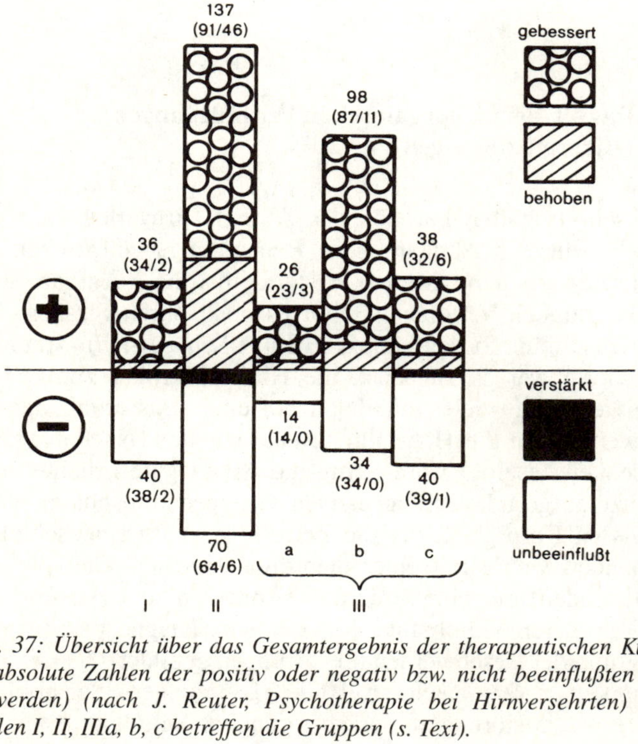

Abb. 37: Übersicht über das Gesamtergebnis der therapeutischen Kurse (= absolute Zahlen der positiv oder negativ bzw. nicht beeinflußten Beschwerden) (nach J. Reuter, Psychotherapie bei Hirnversehrten) Die Zahlen I, II, IIIa, b, c betreffen die Gruppen (s. Text).

Aus der anliegenden Abbildung fällt die Höhe der zweiten und vierten Säule auf: sie betreffen die Gruppe 2 und 3b. Wie nach den früher geschilderten Behandlungsergebnissen zu erwarten war, besserten sich auch bei den Hirntraumatikern die vegetativen Beschwerden und die Störungen des Gemütes und der Affekte in ganz besonderem Maße.

34. Kapitel
Dem AT verwandte Verfahren und Möglichkeiten der Kombinationsbehandlung

1. Dem AT verwandte Verfahren

Die *Katathym-imaginative Psychotherapie* nach Leuner und die *aktive Imagination* nach Jung sowie andere imaginative Verfahren werden in Kap. 38 abgehandelt. Die *Hypnose* ist ausführlich in Kap. 4 dargestellt.

a. Die progressive Muskelrelaxation (nach E. Jacobson[1])
Die progressive Muskelrelaxation (PMR) ist neben dem AT das in der Praxis am häufigsten vermittelte Entspannungsverfahren. Diese Methode wurde Anfang der zwanziger Jahre in den USA entwickelt und ist dort bis heute die am meisten angewendete Entspannungstechnik. Die zunehmende Verbreitung der PMR in der BRD seit Ende der siebziger Jahre ist nicht zuletzt durch die Verhaltenstherapie bedingt, die in der Tradition der systematischen Desensibilisierung nach Wolpe das Erlernen der PMR als ein wesentliches Therapieelement einführte. Dies erklärt auch, warum sich besonders die Psychologen diesem Verfahren zugewendet haben.

Jacobson ging aufgrund seiner Forschungen über die neurophysiologische Muskelaktivität davon aus, daß ein Zustand der Ruhe und Entspannung am deutlichsten und zuverlässigsten in einer Abnahme des Muskeltonus sichtbar wird. Er konnte belegen, daß psychische Prozesse mit efferenten peripherphysiologischen Veränderungen sowohl in der quergestreiften als auch in der glatten Muskulatur korrespondieren. Z.B. geht die Vorstellung bestimmter Armbewegungen mit einer Zunahme der elektrischen Aktivität in den betroffenen Muskeln einher; umgekehrte Effekte konnte Jacobson bei entspannenden Instruktionen beobachten. Im Grunde lieferte er damit auch einen empirischen Beleg für den Wirkmechanismus der Schwereübung des AT.

Im Gegensatz zum AT, bei dem die Entspannung vorwiegend über die psychische Konzentration erreicht wird, verzichtet Jacobson weitgehend auf suggestive Elemente bei den Übungen. (Wie das untenstehende Anleitungsbeispiel verdeutlicht, sind solche Elemente sehr wohl vorhanden, werden jedoch vom Konzept her als nicht wesentlich eingeschätzt.) Der Zugang zur Entspannung erfolgt über die willentliche, kontinuierliche Verminderung der Spannung einzelner Muskelgruppen des Bewegungsapparates. Durch hochdifferenzierte Anspannungs-Entspannungsübungen soll der Übende zunächst bewußt wahrnehmen lernen, welche seiner Muskeln angespannt oder verspannt sind, um zu wissen, wie er sich dann entspannen soll. Entsprechend nannte Jacobson als vornehmliches Ziel seines Trainings eine »Kultivierung der Muskelsinne«[2].

Die ursprüngliche Form der Durchführung bestand darin, systematisch nacheinander einzelne Muskelgruppen für die Dauer von ein bis zwei Minuten anzuspannen, sich auf die entsprechenden Empfindungen zu konzentrieren und dann zu versuchen, den gerade angespannten Muskel drei bis vier Minuten lang maximal zu entspannen. Dabei ging es nicht darum, möglichst intensive Anspannungen auszulösen, sondern im Gegenteil möglichst subtile und geringfügige Anspannungen des Muskels wahrnehmen zu lernen, Spannungen immer feiner unterscheiden zu können und selbst minimale Verspannungen noch weiter abzubauen. Die Entspannungsinstruktionen waren dabei von Jacobson so entwickelt, daß nacheinander alle Muskelgruppen der Arme, der Beine, des Rumpfes, des Nackens, der Augen, der Sprechmuskulatur und der Gesichtsmuskulatur zunächst angespannt und dann entspannt wurden. Dies bedeutete, daß eine tägliche Übungszeit von mindestens einer Stunde notwendig war und es drei bis sechs Monate dauerte, bis der Proband die Entspannungstechnik beherrschte. Jacobson selbst führte in der Lernphase mit seinen Patienten zwischen 50 und 200 Einzelsitzungen durch. Es ist naheliegend, daß sich das Verfahren in dieser Form nicht durchsetzen konnte und zunächst in Vergessenheit geriet.

Praxisnähere Varianten der PMR wurden in den fünfziger Jahren von Wolpe im Rahmen der systematischen Desensibilisierung und von Bernstein und Borkovec[3] in den siebziger Jahren entwickelt. Bezüglich der genaueren theoretischen Fundierung wird auf die entsprechende Literatur verwiesen[4].

Die PMR in der heutigen Anwendungsform bezieht sich fast ausschließlich auf die Entwicklung von Bernstein und Borkovec. Das Grundverfahren ist danach begrenzt auf 16 Muskelgruppen, deren Reihenfolge (beginnend mit der dominanten Hand) genau festgelegt ist. Für jede Muskelgruppe gilt folgender Trainingsablauf:

1. Der Übende konzentriert sich auf die entsprechende Muskelgruppe.
2. Auf ein vereinbartes Signal des Therapeuten hin wird die Muskelgruppe angespannt.
3. Die Spannung dauert fünf bis sieben Sekunden an (bei den Füßen kürzer).
4. Auf ein weiteres Zeichen hin wird die Muskelgruppe gelockert.
5. Der Übende konzentriert sich auch während des Lockerns auf die Muskelgruppe[5].

Die Übungen werden im Liegen oder auch in bequemer Sitzlage durchgeführt.

Zur Illustration der Vorgehensweise sei das folgende Beispiel einer ausführlichen Entspannungsinstruktion für die rechte Hand und den Unterarm zitiert:

»Spannen Sie jetzt die Muskeln Ihrer rechten Hand und Ihres rechten Unterarms an, indem Sie Ihre Hand zur Faust ballen, ganz fest, fühlen Sie den Druck, die Spannung, die Muskeln arbeiten ganz stark (sieben Sekunden), und lassen Sie nun locker, lassen Sie ganz locker, entspannen Sie sich. Versuchen Sie, die Muskeln nicht mehr zu kontrollieren. Lassen Sie sie ganz ruhig liegen. Vergleichen Sie im Geiste die Gefühle der Anspannung, die Sie vor wenigen Sekunden in Ihrer rechten Hand und in Ihrem Unterarm erlebt haben mit dem Gefühl der Entspannung, welches sich allmählich einstellt. Je genauer Sie auf die Ruhe und Gelassenheit achten, desto stärker werden Sie die Wirkung der Entspannung genießen. Fühlen Sie, wie die Entspannung und die Ruhe sich immer weiter ausbreiten (ca. 45 Sekunden)«[6].

Für alle 16 Muskelgruppen wird so eine Übungszeit von insgesamt ca. 20 Minuten benötigt. Die Entspannung kann auf unterschiedliche Weise beendet werden; zumeist erfolgt eine ähnliche Rücknahme wie beim AT. Nach anfänglichem Training mit einem Therapeuten soll der Proband die Übungen später dann alleine zweimal täglich durchführen. Wenn er in der Lage ist, sich mit der Abfolge von Anspannung und Entspannung in den 16 Muskelgruppen tief zu entspannen (dies ist in der Regel nach ca. vier Wochen möglich), beginnt man damit, die zur Entspannung benötigten Muskelgruppen schrittweise auf vier zu reduzieren. Später lernt der Proband, die Entspannung nicht mehr über reale wechselweise An- und Entspannung der Muskulatur zu erreichen, sondern stellt sich diesen Ablauf nur noch intensiv vor, während der Körper ganz ruhig bleibt. Zuletzt lernt er dann, sich nur noch durch ein Zählverfahren zu entspannen, das weder das Anspannen der Muskeln noch ihre Vergegenwärtigung erfordert.

Hier wird die Nähe zu lerntheoretisch fundierten Konditionierungsprozessen deutlich. Entsprechend haben Verhaltenstherapeuten auch eine Reihe weiterer kreativer und praxisnaher Kurzformvarianten der PMR entwickelt und teilweise auch mit individuellen kognitiven Elementen kombiniert, ähnlich der formelhaften Vorsatzbildung des AT.

Dieses recht zeitaufwendige Erlernen einer alltagsnahen Anwendungsform wird im AT weitaus schneller erreicht, zumal hier von Anfang an auf eine Verkürzung des Übungsablaufes hingearbeitet wird.

Häufig werden einzelne Übungen der PMR als Vorversuch zur autogenen Entspannung genutzt, um beim Beginn des AT das Gefühl von Muskelspannung und -entspannung zu vermitteln: Anspannung der Arme (oder/und Beine) für 15 bis 20 Sekunden; Entspannung für ein bis zwei Minuten. Bei Bedarf Wiederholung. Viele Menschen erreichen mit dieser Übung Schweregrade der Arme und Beine, wie sie sonst nicht so schnell erreicht werden.

Diese etwas relativierenden Anmerkungen dürfen nicht darüber hinwegtäuschen, daß für die PMR bisher eine umfangreichere wissenschaftliche Datenlage besteht als für das AT. Dabei werden vergleichende Untersuchungen zur Wirksamkeit jedoch insbesondere durch das Problem der nur geringen Standardisierung der PMR in ihrer Aussagekraft eingeschränkt. Es gibt so viele Varianten von Induktionsformen, daß Hamm zu der Aussage kommt, daß in manchen Fällen nur noch der Name »Progressive Muskelrelaxation« die Gemeinsamkeit des in zwei Studien verwendeten Entspannungsverfahrens kennzeichnet[7]. In amerikanischen klinischen Untersuchungen wird unter dem Therapieelement »relaxation« zudem oftmals eine Vermischung von Entspannung mit kognitiven Streß- oder Krankheitsbewältigungsstrategien verstanden.

Die Wirksamkeit der PMR ist sowohl im Rahmen physiologischer Grundlagenforschung als auch für die Bewältigung emotional belastender Situationen gut belegt. Dabei zeigt sich, daß die physiologischen Effekte der PMR sehr viel deutlicher während Streßinduktion als unter Ruhebedingungen auftreten. Die Effektivität ist daher besonders im klinischen Bereich für eine Reihe von Störungsbildern, insbesondere Angst, Schmerz, essentieller Bluthochdruck und Schlafstörungen belegt. Positive therapeutische Effekte werden aber auch bei koronarer Herzkrankheit, Tinnitus, Asthma, Diabetes, Krebserkrankungen, Reizdarm, Muskelspasmen und -krämpfen und Dysmenorrhöe berichtet. Besonders erfolgreich erweist sich die PMR bei der Behandlung des Bluthochdrucks und des Spannungskopfschmerzes[8].

Vergleiche zwischen AT und PMR ergaben, daß sowohl bei Gesunden als auch bei verschiedenen Störungsbildern mit der PMR schnellere Anfangserfolge und »Aha-Erlebnisse« zu erzielen sind, während das AT eher in der längerfristigen Anwendung der PMR überlegen ist[9]. Das entspricht den Ergebnissen von Vergleichen des Biofeedback mit dem AT, die Barolin als Slogan zusammenfaßt: »BF goes quicker, AT goes deeper«[10]. In einer vergleichenden Literaturübersicht kommt Lehrer (1994) zu dem Ergebnis, daß die PMR besonders bei Störungen mit einer überwiegenden muskulären Komponente wirksam ist, während das AT besonders effektiv bei Störungen mit Dysfunktionen des autonomen Nervensystems ist.

Ohm sieht die PMR in Abgrenzung zum AT insbesondere in folgenden Fällen indiziert:
– wenn bei sehr »verkopften« Menschen zum Ausgleich eine körperorientierte Übung gewünscht ist; dies trifft z.B. auch auf psychosomatische Patienten zu, wenn sie psychotherapeutischen Methoden sehr ablehnend gegenüberstehen und sich über den körperorientierten Zugang schrittweise psychischen Einflußfaktoren ihrer Symptomatik annähern können
– bei Menschen, die aufgrund subjektiv unbefriedigender oder schlechter Erfahrungen mit dem AT diese Entspannungsmethode ablehnen
– bei durch Muskelverspannungen bedingten Störungen, insbesondere Schmerzen des Bewegungsapparates und Spannungskopfschmerz[11].
– als vierten Punkt möchten wir die Indikation bei Menschen mit starkem Bedürfnis zu aktivem Handeln und Unlust (Beunruhigung) durch regressive Erlebnisse anfügen.

AT und PMR haben somit unterschiedliche Schwerpunkte. Aus der Erfahrung, daß die PMR zwar von den meisten schneller gelernt wird, das AT jedoch längerfristig mehr Vorteile bringt, entwickelte Ohm (1992) eine *Kombination beider Verfahren*: Seine Kurse beginnen zunächst mit der PMR (Entspannung auf der Ebene der Willkürmuskulatur) und gehen dann zum AT (konzentrative Entspannung) über. Der Einstieg sei somit insbesondere für sehr leistungsorientierte und zur Selbstüberforderung neigende Menschen leichter. Der Übergang zum AT erleichtere die Anwendung bei der Bewältigung alltäglicher Belastungssituationen; auch ergebe sich dadurch die Möglichkeit der formelhaften Vorsatzbildung und gezielten Anwendung auf bestimmte Probleme – eine Vorgehensweise, die bei der PMR nicht vorgesehen ist.

Die kombinierte Anwendung von AT und PMR hat sich schon 1987 in einer Untersuchung von Ohm und Mittag an Herzinfarktpatienten als vorteilhaft erwiesen.

b. Die aktive Tonusregulation (nach B. Stokvis)

Zu dieser Technik der Entspannung schreibt der Autor folgendes[12]: »Die Art dieser Muskelentspannung weicht vom Autogenen Training von J. H. Schultz ab. Sie strebt nämlich vor allem nach einer Konzentration der Aufmerksamkeit des Patienten auf einen umgrenzten Körperteil oder Funktionskreis, an welchem sie in jeweils wechselndem Ausmaß gleichsam haften bleibt, während im Autogenen Training der einzelne Körperteil immer gleichbleibend nur ein Durchgangsmittel darstellt, mit Hilfe dessen ein über den ganzen Leib generalisiertes ›Umschaltungs‹-Erlebnis vermittelt wird. Sind Entspannung, Schwere und Wärme einzelner Organe im Autogenen Training ›Umwege‹, bilden sie in der aktiven Tonusregulation ein Ziel. In den letztgenannten Übungen erfährt der Kranke durch die Konzentration in einzelnen Körperteilen Sensationen, welche es ermöglichen, daß er bestimmte Organe, z.B. das Herz ›entdeckt‹. Der Patient gerät gleichzeitig in einen Zustand von ›Versenkung‹. Der Sinn dieser Übung ist es, den Patienten in einen autohypnotischen Zustand zu bringen, indem die Suggestibilität zunimmt. Diese erlaubt es dem Arzt, hiervon ›einen dankbaren therapeutischen Gebrauch‹ zu machen«.

Diese Entspannungstechnik hat zwar in dieser konkreten Form wenig Bedeutung erlangt, dennoch greifen in der Praxis wohl viele Therapeuten im Rahmen einer Behandlung mit Entspannungsübungen darauf zurück.

c. Die funktionelle Entspannung (nach M. Fuchs[13])

Bei diesem Verfahren, das in den siebziger Jahren von Marianne Fuchs entwickelt wurde, ist die Entspannung nur ein Teilaspekt; es handelt sich vielmehr um die Wahrnehmung des Entspannens und Gespanntwerdens innerhalb der therapeutischen Beziehung, die als wesentliches Element hinzukommen muß. In der Zusammenarbeit mit dem Therapeuten (die als eine dialogische Beziehung verstanden wird) »entsteht ein wechselseitiger Vorgang des Suchens und Findens körperlicher Empfindungen und ihrer Bedeutungen. Die Eigenwahrnehmung mit ihren vielen Schattierungen – ihren beständigen und veränderlichen Aspekten – wird intensiver; die Entdeckung des Eigenrhythmus wird angeregt«[14]. Fuchs nennt das, was als

lebendiger Körper erfahrbar ist, den »Organismus und seine Bereiche«. Den Bezugsrahmen bilden der Boden, der Raum (Umgebung) und die Zeit (Rhythmus). Innerhalb dieses Rahmens wird die Erfahrung des Eigengewichtes (durch die Schwerkraft) und der eigenen Rhythmen (durch autonom vegetativ gesteuerte Funktionen) möglich. Im Zentrum der Methode steht der Eigenrhythmus der autonomen Atmung. Vom Therapeuten werden Anregungen (sog. »Spielregeln«) als Hilfen für die körperliche Selbsterfahrung gegeben. Diese ermöglichen einen systematischen Zugang zur Eigenwahrnehmung und beeinflussen über die Verknüpfung mit dem Atemrhythmus das vegetative Nervensystem und die von ihm gesteuerten Funktionen. Darüber hinaus wird der Wahrnehmungsprozeß zur tiefenpsychologisch orientierten Bearbeitung von Konflikten und Traumata genutzt. Die funktionelle Entspannung wurde inzwischen zu einer differenzierten Therapieform weiterentwickelt.
Einen eindrucksvollen Beleg für die Wirksamkeit als Entspannungsverfahren liefert eine Studie von Loew (1996) an 29 Patienten mit erhöhtem Atemwegswiderstand bei chronischen Lungenkrankheiten. Schon nach einer drei- bis fünfminütigen Unterweisung in bestimmten Elementen der funktionellen Entspannung waren sie in der Lage, mit diesem Verfahren ihren Atemwegswiderstand signifikant zu vermindern, und zwar so gut wie durch ein inhaliertes, bronchienerweiterndes Medikament[15].

Neben diesen drei genannten Entspannungsverfahren im engeren Sinne gibt es eine Vielzahl von Vorgehensweisen insbesondere aus dem körper- und bewegungstherapeutischen Bereich, die auf Entspannungselemente zurückgreifen, wie z.B. die konzentrative Bewegungstherapie, Feldenkrais, Eutonie, Qigong, Tai ji, verschiedene Formen der Atemtherapie und Techniken der Krankengymnastik, Musiktherapie, um nur einige zu nennen. Ein häufig empfohlenes Entspannungsverfahren ist Yoga, das allerdings im Gegensatz zur rein praktischen Ausrichtung des AT einen komplexen ideologischen Hintergrund hat. Unter Anleitung eines erfahrenen Lehrers ist es fraglos ein ausgezeichnetes Entspannungsverfahren. Auf seine vielfältigen Formen kann hier nicht eingegangen werden. Alltagsnahe Kurzübungsformen, die man z.B. auch unbemerkt im Bus oder am Arbeitsplatz durchführen kann, fehlen dem Yoga.

Auch im Bereich der physikalischen Medizin spielt die Entspannung eine zentrale Rolle; so nimmt man beispielweise heute an, daß der Haupttherapieeffekt einer klassischen Massage die Entspannungswirkung ist.

2. Ergänzende und abändernde Maßnahmen zum AT

a. Die Fremdsuggestion (Heterosuggestion)
Das Autogene Training ist seiner Definition nach eine selbstgestaltende, aktive, entspannende Übungsmethode. Völlig frei von fremden Einflüssen kann es aber niemals sein. Kein AT ist ohne einleitende Erklärungen möglich, selbst wenn es sich nur um die nüchterne, ohne Kommentar erfolgende Mitteilung der Körperhaltung, der Formeln, der mitlaufenden körperlichen Vorgänge handelt. Jedes übernehmende, nachahmende Lernen schließt aber Suggestion in sich ein, selbst wenn das AT trokken, »sec«[16], vermittelt wird.

Es ist mir auch keine Anleitung zum AT bekannt, in der nicht bestimmte bildhafte Vorstellungen der Vorgänge vermittelt werden, mögen diese auch nur rein physiologische Vorgänge betreffen: die Adern erweitern sich; das Bild der Temperaturkurve oder des Hautthermometers, das ausschlägt; die Vorstellung, den Arm umschließe eine warme Lufthülle. Alle Vermittlungen von Bildern, die AT-Vorgänge verdeutlichen, sind sicher fremdsuggestiv wirksam. Fremdsuggestiv ist es auch, wenn die Übung vom Übungsleiter vorgeübt wird oder er sie vorüben läßt. Auch das Vorsprechen der Formeln durch den Übungsleiter, ob sie vor oder während der Übung demonstriert werden. Das Ausmalen von Bildern während der Übung: Liegen im warmen Sand, in einem schaukelnden Boot, in Urlaubsstimmung in einer Waldlichtung, in der Sonne u.a. mehr, bedeutet einen weiteren Schritt in die Richtung der Fremdbeeinflussung.

Es liegt mir daran festzustellen, daß die Vermittlung des AT nie ohne Fremdsuggestionen vor sich gehen kann, mögen diese vom Gruppenleiter und vom Übenden bemerkt werden oder nicht, oder mögen diese methodisch benutzt werden und vom Übenden bewußt übernommen werden oder nicht. Es geht also hier nicht darum, *ob* eine Suggestion stattfindet, sondern nur um deren Intensität und um die Art des Einflusses, also um die ganze Stufenleiter von Möglichkeiten, von denen jeweils eine in die andere übergeht (s. a. Kap. 14, 12).

Entsprechend findet man eine kontinuierliche Reihe von Auswirkungen beim Übenden, angefangen bei Menschen mit bewußtem oder unbewußtem Widerstand, die keine Suggestion übernehmen (contre-suggestion), bis hin zu jenen, die intensiv alles mitmachen und dann völlig »weggetreten« sind, sich beim Zurücknehmen nur schwer besinnen können. Es finden sich alle Zustände von Spannung (Widerstand, Erwartungsangst) über Entspannung, Ruhe, Versenkung bis zu leichter Hypnose (hypnoid), Halbschlaf oder tiefer Hypnose (die allerdings selten vorkommt). In diesem Zusammenhang sei auch an die Erhöhung der Suggestibilität durch das Gruppenklima erinnert.

Es gibt eine ganze Reihe von Autoren, die fremdsuggestive Mittel beim AT bewußt einsetzen, sei es wegen der Kürze der zur Verfügung stehenden Zeit (bei Heilverfahren in einer Reha-Klinik)[17], sei es zur Verbesserung der Formelrealisierung oder zu deren »bedingtreflektorischer Einschleifung« (s. a. Kap. 13, 2).

b. Das gezielte Organtraining (nach H. Kleinsorge)

»Gezielte Organübungen« werden in der Jenaer Trainingsschule gelehrt[18]. Diese »Schule« besteht aus drei Klassen: In die 1. Klasse kann jeder zu jeder Zeit aufgenommen werden; der Patient wird über Sinn und Aufgaben des AT orientiert, ebenso über die Haltungen, in denen es geübt wird. Beherrscht der Patient die dem AT vorangehende Ruheübung, so kommt er in die 2. Klasse, in der er in die Grundübungen: Ruhe, Schwere, Wärme eingewiesen wird.

Die gezielten Organübungen der 3. Klasse werden in Einzelgruppen von 6 bis 12 Mitgliedern geübt, die zweimal wöchentlich zusammenkommen. Die Spezialgruppen sind voneinander unabhängig; jede einzelne Gruppe strebt eine »direkte Einflußnahme auf die gestörte Organfunktion« an, ohne alle einzelnen Organübungen nacheinander zu üben. Die Gruppen werden nicht nach Diagnosen eingeteilt, sondern von bestimmten Körperregionen her bestimmt. Der einzelne Übende stellt dann spontan die Formeln auf seine individuelle Störung ein.

Die Indikationen zur »Kopfgruppe« beispielsweise sind: vasomotorische Kopfschmerzen, Migräne, Konzentrationsstörungen. In der »Kopfarbeit« wird eine ausführliche Stirnübung durchgeführt und auch das Gesicht entspannt. Weiter gibt es eine »Herzgruppe«, in der alle Durchblutungs- und Rhythmusstörungen des Herzens behandelt werden. Weiter eine »Kreislaufgruppe«, von Patienten mit Durchblutungsstörungen, Blutdruckschwankungen und latenter Tetanie; eine »Bauchgruppe«; eine »Lungengruppe«, die vorwiegend Asthmakranke aufnimmt, die zwischen den einzelnen AT-Übungen mit Atemgymnastik, nach Abschluß des AT mit gymnastischer Behandlung bei zunehmender Leistungsanforderung behandelt werden. Eine »Ruhegruppe« dient der Behandlung von Schlafstörungen; diese Übung wird mit Bildvorstellungen kombiniert (auch mit dem Bildstreifendenken nach E. Kretschmer). Ebenso wie die Asthmagruppe machen die Nichtschläfer ihre Übung im Liegen.

c. Die Ergänzung des AT durch Musik

Es geht hier nicht um eine Kombination von AT und Musiktherapie, sondern um »die musikalische Umrahmung« des AT[19], wie sie bei den Gruppen des gezielten Organtrainings eingesetzt wird. Grundsätzlich ist die Musik als Entspannungsmittel *vor* Beginn des AT eine gute Möglichkeit, sich auf die jeweilige Übung vorzubereiten. Auch die musikalische Untermalung während einer Übung ist möglich:

> Bei den meisten Übenden führt sie zu einer zusätzlichen Entspannung; ausgesprochene »Programmusik« sollte man meiden, da diese sich leicht mit bestimmten Vorstellungen und Erinnerungen verknüpft. Bevorzugt wird das Air aus der D-dur-Suite von J. S. Bach, das unabhängig voneinander mehrere Musiktherapeuten vorgeschlagen haben. Überhaupt wirkt Barockmusik, mit den sich oft wiederholenden Figuren des Generalbasses, rhythmisierend und entspannend.

Es sei jedoch kritisch angemerkt, daß es sich dabei um heterosuggestive Entspannungselemente handelt, die (wie in Kap. 14, 12 ausgeführt) in der Lernphase des AT wegen der daraus entstehenden Abhängigkeit von einer CD oder Kassette nur ausnahmsweise angewendet werden sollten. Hat der Übende hingegen eine ausreichende Kontrolle über seine Entspannungsfähigkeit erlangt, können Elemente der Musik eine erhebliche Bereicherung des Entspannungserlebens darstellen[20].

3. Die Kombination des AT mit speziellen anderen Verfahren

a. Die gestufte Aktivhypnose

Die Methode wurde von E. Kretschmer entwickelt: Aufgrund der Einsicht in den Zusammenhang von Muskeltonus und Affektverhalten benutzte er die ersten Übungen des AT (vgl. Kap. 1, 5); unter Auslassung der Übung an den inneren Organen wird dabei im Anschluß an die Schwere- und Wärmeübungen gleich die Augenfixierung nach Innen-Oben hinzugefügt (vgl. Kap. 24, 3).

In dem dann eintretenden hypnoiden Zustand werden die psychovegetativen Störungen behandelt,

– durch verbale (Auto-)Suggestionen in Form von posthypnotisch wirkenden bildlichen Vorstellungen oder von »wandspruchartigen Leitsätzen« oder

– mit Formeln, die nunmehr verstärkt wirken.

»Das autogene Training, legitime Tochter des wissenschaftlichen Hypnotismus und aus ihm methodisch entwickelt, bietet dieselben therapeutischen Möglichkeiten wie die Ursprungsmethode«, stellt Schultz fest[21]. Welches sind nun die Gründe, wieder auf dieses Ursprungsverfahren des AT zurückzugreifen?

Die gestufte Aktivhypnose ist keine Hypnose im alten Sinne, sondern, um in der Sprache von Schultz zu bleiben, deren ebenso legitime Tochter, die allerdings der AT-Schwester recht ähnlich ist. Ein Vergleich zeigt dies am besten[22]:

1. Die Intensität und Schnelligkeit des Lernens wird durch begleitendes Mitsprechen des AT-Trainers beschleunigt, so wie es bei der Besprechung der Fremdsuggestion soeben geschildert wurde.

2. Die Fixierübung der Augen wird nicht, wie beim AT, erst beim Übergang zur Oberstufe ausgeführt, sondern bereits nach den Grundübungen der Ruhe-Schwere-Wärme; in der nun eintretenden erheblichen Vertiefung der Versenkung wird meist an den inneren Organen ein Zustand erreicht, wie er durch die Einzelübung des AT herbeigeführt wird[23]. Erklären kann man diesen Vorgang durch die in tiefer Versenkung umfassende Generalisierung bzw. »organismische Umschaltung«.

3. Die »formelhaften Vorsatzbildungen des AT« werden zu »wandspruchartigen Leitsätzen« erweitert und intensiviert.

Man sollte nicht übersehen, daß die Abkürzung des Lernvorganges bei der Aktivhypnose die Gefahr einer geringeren Aktivierung des Patienten in sich birgt: Protokollierung und spätere, nach Übungsabschluß erfolgende ärztliche Kontrollen sind daher noch wichtiger als beim AT, da durch die kürzere Behandlungszeit eine Aktivierung des Patienten oft nicht in vollem Maße gelingt.

b. Kombination von AT und psychoanalytischen Verfahren

Aufgrund der Erfolge der Psychoanalyse als einem »aufdeckenden« Verfahren hatte es sich eingebürgert, alle übrigen Verfahren als »zudeckende« Verfahren zu kennzeichnen. »Diese Gegenüberstellung verabsolutiert den analytischen Prozeß, als ob das wesentliche der Therapie im Aufdecken oder ›Sichtbarmachen‹ läge, und enthält gleichzeitig eine Wertung. Die Bezeichnung ›stützende‹ und ›analytische‹ Therapie aber bleibt deskriptiv und wertneutral.«[24] Es läßt sich nicht alles in eine Antithetik des Auf- bzw. Zudeckens fassen. Das AT gehört zu den stützenden Methoden: zusammen mit therapeutischen Gesprächen, sowohl mit beratenden als auch mit überzeugenden Gesprächen (Persuasion); zusammen mit allen suggestiven, entspannenden und übenden Verfahren, bei denen der Patient entweder passiv aufnehmend und mitausführend (wie bei der Hypnose) oder aber aktiv teilnehmend und selbstgestaltend (wie beim AT) wirken kann.

Läßt sich bei der gestuften Aktivhypnose darüber streiten, ob es sich bei ihr um eine Modifikation des AT mit Rückgriff auf die hypnotische Technik handelt oder um eine Kombination von zwei selbständigen, wenn auch ähnlichen Verfahren, so wird bei gleichzeitiger Anwendung von AT (oder Aktivhypnose) mit Psychoanalyse niemand bezweifeln, daß dabei zwei Methoden miteinander kombiniert werden: zwei völlig verschiedene Methoden, auch wenn beide aus der Hypnose entwickelt worden sind.

Die *»zweigleisige Standardmethode«*[25] läßt Analyse und Aktivhypnose in zwei getrennten Arbeitsgängen nebeneinander herlaufen. Während der Patient die Aktivhypnose erlernt, wird getrennt davon die aktuelle Konfliktsituation geklärt. Vom frühkindlichen Material wird nur soviel aufgedeckt und verwendet, als zur Behebung der Störung unbedingt erforderlich ist; es geschieht also ähnliches wie bei der Fokalanalyse, die sich auch an den Brennpunkt aktueller Störungen und deren Verursachung hält und alles übrige unberücksichtigt läßt. Im Unterschied zum psychoanalytischen Vorgehen erfolgt bei der zweigleisigen Methode in der Hypnose »eine hypobulische Einpflanzung der im analytischen Arbeitsgang gewonnenen Parolen« in einen durch die Aktivhypnose »vollkommen gutaufgelockerten und einregulierten Zustand der Tiefenperson«. Die Arbeit erfolgt also zunächst auf zwei getrennten Gleisen (dem analytischen und dem hypnotischen), die dann später zusammengeführt werden.

Die folgenden Vorteile dieser Methodik bestehen (nach E. Kretschmer):

1. in der starken Konzentrierung und Intensivierung der Arbeit;
2. in der Ausschaltung toter Punkte;
3. in der starken zeitlichen Verkürzung der Behandlungsdauer: bei täglichen Sitzungen beträgt diese im Durchschnitt ein bis zwei Monate, also einen Bruchteil der Zeit, die im allgemeinen für eine Psychoanalyse benötigt wird;
4. in der verbesserten Affektdynamik;
5. in der verringerten Schwierigkeit der Lösung der Übertragung, wie sie sich bei monatelangen oder jahrelangen analytischen Behandlungen findet.

In der klassischen Psychoanalyse wird eine Übertragung gefördert, d.h. die aus früher Kindheit stammenden konfliktauslösenden Personen werden emotional auf den Analytiker übertragen. Es entsteht damit eine »Übertragungsneurose«, die nunmehr bearbeitet wird. Nur auf diesem indirekten Wege kann, der klassischen Analyse zufolge, die Auflösung emotional besetzter Komplexe erreicht werden.

Die *steuernde Analyse* (nach D. Langen): Die zweigleisige Standardmethode betrifft die Kombination von Psychoanalyse und Aktivhypnose. Manche der Vorteile lassen sich auf das Zweigespann Analyse – AT übertragen: das ist bei der steuernden Analyse der Fall. Liegt das Hauptgewicht bei der zweigleisigen Standardmethode auf der Aktivhypnose, so steht bei der steuernden Analyse der analytische aufdeckende Anteil im Vordergrund. Die Einführung in das abgekürzte AT (Schwere + Wärme + Augenfixierung) beansprucht ein Fünftel der Behandlungszeit, gleichzeitig (im Gegensatz zur Aktivhypnose) wird analysiert und werden die Resultate der Analyse als wandspruchartige Leitsätze im autohypnoiden Zustand vertieft[26]. Kennzeichen der steuernden Analyse sind:

1. Die thematische Beschränkung der Gespräche, so wie sie sich durch die ersten Gespräche ergibt (also vorher nicht festgelegt wurde). Dem aktuellen Konflikt wird der Vorrang eingeräumt (konfliktzentrierte Analyse).

2. Die Einstellung des Arztes wechselt zwischen passiver und aktiver Zuwendung. Es wird eine »Primärübertragung«[27], ein affektiver Brückenschlag hergestellt, der im Gegensatz zur analytischen Übertragung (die vermieden wird) nicht bis in die Kindheit zurückreichen soll. – Da die Couchlage den Patienten infantilisiert und die analytische Übertragung fördert, findet die steuernde Analyse im Sitzen statt.

3. Die Behandlung mündet in eine Charakter- oder Haltungsanalyse mit dem Ziel, die positiven, nützlichen Eigenschaften zu entfalten (kombiniert mit formelhaften Vorsatzbildungen).

Schultz und andere Autoren[28] benutzten das AT als Mittel der Auslese: es gibt viele konkrete Hinweise dafür, ob eine Analyse bei einem Menschen erforderlich ist; viel schwieriger zu beantworten ist die Frage, ob sie erfolgreich sein wird, d.h. ob jemand eine Analyse »durchhält« und wieweit er sich zu engagieren bereit ist.

In Zweifelsfällen schlägt Schultz vor, mit dem AT anzufangen und es dabei als *»therapeutisches Sieb«* zu benutzen; der Psychotherapeut kann beim AT die Fähigkeit des Patienten zur

Introspektion, zum Aushalten von Frustrationen, die Bereitschaft zur Mitarbeit, das Durchhaltevermögen, die geistige Elastizität und Anpassungsfähigkeit oft besser beurteilen als nach ein oder zwei Stunden »Erstinterview«. Der Zeitaufwand (besonders in einer Gruppe) ist für das AT kurz im Vergleich zu der Zeit, die eine Analyse in Anspruch nimmt; außerdem bietet das AT jedem Menschen, insbesondere jedem Neurotiker eine Menge Vorteile, die sich in der dann anschließenden Analyse voll auszahlen.

c. AT und Verhaltenstherapie (VT)

Beide Verfahren haben einen gemeinsamen Nenner: den Lernprozeß. Trainieren heißt Lernen, darauf wurde im Absatz über das »Training« ausführlich eingegangen. Da beiden Verfahren eine gemeinsame Begründbarkeit (s. Kap. 3, 11 u. 12) zugrundeliegt, liegt es auf der Hand, sie zu kombinieren.

Die VT geht auf die Auffassung zurück, daß jedes Verhalten auf Erfahrungen beruhe, also erlernbar sei[29]. Darauf aufbauend entwickelten sich verschiedene Formen der VT, auf die hier nicht eingegangen werden kann. Grundsätzlich ist das Erlebnis tiefer Entspannung, welches das AT vermittelt, ausgezeichnet mit der VT kombinierbar. Da die VT in den USA (und Südafrika) entwickelt wurde, wo damals wiederum das AT so gut wie unbekannt war, wurden die beiden Verfahren, für die konditionierte Lernvorgänge eine so zentrale Bedeutung haben, in der Praxis nur selten zusammen angewendet. Die VT bevorzugt als Entspannungsverfahren – unter anderem aus diesem Grund – die PMR nach Jacobson (s. Kap. 34, 1a).

Eine gewisse Reserviertheit der VT, vor allem wohl gegenüber dem imaginativen Charakter des AT, ist nicht zu übersehen. Festzuhalten ist jedoch, daß prinzipiell einer Kombination dieser Verfahren nichts entgegensteht. Die Fortgeschrittenenstufe der PMR beinhaltet die Überführung in ein rein imaginatives Training, was unsere Auffassung zusätzlich unterstützt.

Trotz Gemeinsamkeiten darf man das AT nicht einfach als verhaltenstherapeutisches Verfahren subsumieren, wie dies heute zum Teil geschieht (s. a. Kap. 3, 12).

d. Das autogene Feedback

Das Feedback, die Rückkoppelung, besser: die Rückmeldung, ist ein Vorgang, der für alle Prozesse in der belebten Welt gilt: für automatisch ablaufende Organprozesse ebenso wie für sämtliche Lernprozesse. Die Kombination von AT-Lernprozessen mit technischer Rückmeldung (s. Biofeedback, Kap. 14, 8) ist autogenes Feedback. Im Grunde findet bei jeder AT-Gruppe eine Rückkoppelung statt. Der Übende berichtet über seine Erfolge, die durch Bestätigung in ihrer Wirkung verstärkt werden, oder über Schwierigkeiten, die durch Besprechung, Klärung ihrer Ursachen durch die Gruppe und den Übungsleiter abnehmen oder beseitigt werden. (Dieses Vorgehen setzt allerdings eine nicht zu große Gruppe voraus, in der jeder Übende zu Wort kommt).

Experimente ergaben, daß sowohl Gruppen mit einem instrumentalen Feedback als auch solche mit einem verbalen (gesprochenen) Feedback zu einer deutlichen Vergrößerung »der Fähigkeiten führten, Aufgaben einer Organbeeinflussung (visceral learning) durchzuführen«.[30]

e. Autogenes Training und Meditation

Beim Vorgespräch über das AT wird man häufig gefragt, ob man dieses mit der Transzendentalen Meditation (TM) des Maharishi Mahesh Yogi kombinieren könne bzw. ob sich beide miteinander vertrügen. Darauf kann man zunächst nur mit der alten Bauernregel antworten, man könne nicht gleichzeitig auf zwei Hochzeiten tanzen; auch das »Umsteigen« von TM auf das AT sollte motiviert sein und nicht einem oberflächlichen Ausprobieren verschiedener Methoden entsprechen.

Wenngleich es Gemeinsamkeiten zwischen Meditation und AT gibt, besteht jedoch der grundsätzliche Unterschied, daß Meditation (und insbesondere die TM) als eine Form religiöser, spiritueller Bewußtseinsveränderung konzipiert ist und nicht als Entspannungsverfahren. Aufgrund der unterschiedlichen Zielsetzungen ist daher eine Kombination nach derzeitigem Kenntnisstand nicht sinnvoll.

Bei Studien zur Frage vergleichbarer physiologischer Effekte von AT und Meditation stoßen Wissenschaftler immer wieder an Grenzen und stellen eine ausgeprägte Individualität des meditativen Erlebens und der jeweiligen psychophysiologischen Veränderungen fest. Eine wissenschaftliche Untersuchung versucht aber grundsätzlich, zu allgemeingültigen Aussagen zu kommen. Die Theoriebildung zur Wirkungsweise wird außerdem dadurch erschwert, daß es sehr viele verschiedene Formen von Meditation gibt[31].

Einige Hinweise zur Orientierung: Die *Auswirkungen, die für die TM angegeben werden*, sind denen des AT teilweise recht ähnlich, wenn auch der beschreibende Tenor hohe Ansprüche beinhaltet im Gegensatz zur nüchternen Diktion des AT:

– Im Geistigen: Verbesserung von Gedächtnis, Konzentration, Kreativität und Intelligenz.

– Im Körperlichen: Durch Entspannung und Ruhe werden Müdigkeit und Verspannungen gelöst. Es stellen sich »Energie, Dynamik und Tatendrang... schon nach einigen Tagen der Praxis ein, dazu Beseitigung der »eigentlichen Ursachen (?) psychosomatischer Krankheiten«.

– Im sozialen Bereich: Durch innere Stabilität und Ausgeglichenheit »mehr Sympathie, Verständnis und Toleranz anderen gegenüber«.

Die *Ausführung* ähnelt dem AT: Es handelt sich um ein aktiv-übendes Verfahren (2 mal 15 bis 20 Minuten täglich), das durch entspannte Aufmerksamkeit, durch Kontemplation den Zustand »ruhevoller Wachheit« anstrebt, dessen Ruhe »tiefer als Tiefschlaf ist«. (Tatsächlich läßt sich im EEG nachweisen, daß die Störbarkeit durch äußere Reize in der TM weitaus geringer ist als im Schlaf[32] und dem REM-Schlaf entspricht.)

Physiologische Auswirkungen: Die Herzfrequenz und das Herzminutenvolumen nehmen ab, die Atemfrequenz verlangsamt sich, der galvanische Hautwiderstand wird gleichmäßiger.

Eine Umschaltung in der TM findet bei gut Eingeübten offensichtlich statt. Sie wird getragen von einem Mantra, nach indisch-vedischer Tradition ein Gebet, eine Formel, im Sanskrit wörtlich ein »heiliger Spruch«, durch die Jahrhunderte als Zauberformel gebraucht. Dieser, in der gesamten TM wirksame *magische Aspekt* geht auch aus dem Hinweis hervor, der Mantra habe keine Bedeutung, man solle sich nichts darunter vorstellen, er wirke allein durch seinen Klang. Im Gegensatz dazu steht das AT, das mit seinem nüchternen physiologischen Aufbau von der Tatsache der Muskel- und Blutgefäßentspannung ausgeht und damit dem wissenschaftsgläubigen Menschen unserer Zeit entgegenkommt, wogegen die TM und andere Meditationsformen an das Irrationale des Menschen appellieren.

Bis hierher könnte man vielleicht noch sagen: verschiedene Mittel – ähnliche Ziele; doch gerade darin unterscheiden sich beide Methoden am stärksten: die TM ist, wie oben schon erwähnt, getragen von einem *Sendungsbewußtsein*, das sie zu einer *Heilslehre* macht. Der »Weltplan« zur Verbreitung der TM umfaßt sieben Ziele, deren letztes lautet: die geistigen Ziele der Menschheit (zu denen der Weltfriede gehört) in dieser Generation zu erreichen. Bedenkt man, daß die TM erst seit 1959 entwickelt wurde, so klingt es reichlich utopisch, nunmehr von der »Morgendämmerung des Zeitalters der Erleuchtung« zu sprechen.

Jenseits dieser kritischen Äußerungen soll jedoch nicht unerwähnt bleiben, daß es seriöse Ansätze gibt, bestimmte Formen der Meditation im klinischen Alltag, z.B. bei Angstzuständen und erhöhter Streßanfälligkeit, einzusetzen. Linden kommt in einer Übersicht bezüglich der Effektstärken zu folgender Einschätzung: »Die Meditation ruft unmittelbare und langfristige (therapeutische) Veränderungen hervor, die im wesentlichen dieselben sind ... wie beim AT oder der PMR ... aus klinischer Sicht sind die Effekte der Meditation (jedoch) klein.«[33]

f. Sonstige Kombinationen

Neben den verschiedenen bisher genannten Kombinationen finden sich in der Literatur eine Reihe weiterer Ansätze, die aber nicht weiterentwickelt wurden und daher nur der Übersicht halber hier aufgezählt werden: AT und Hypnose[34]; AT, Hypnose und Yoga[35]; AT und Gesprächstherapie[36]; AT und Logotherapie[37]. Eine sehr umfangreiche Studie von 1990 untersucht die Kombination von AT, PMR und analytischer Kurzgruppenpsychotherapie an 432 Patienten[38] (s. a. Kap. 34, 1a).

Wir träumen von Reisen in das Weltall. Ist denn das Weltall nicht in uns? Die Tiefen unseres Geistes kennen wir nicht. Nach innen geht der geheimnisvolle Weg. In uns oder nirgends ist die Ewigkeit mit ihren Welten, die Vergangenheit und die Zukunft.

Novalis, 1798

Fünfter Teil
Die Oberstufe des Autogenen Trainings

35. Kapitel
Das Vorfeld

1. Der Stellenwert der »gehobenen Aufgabenstufe« (Oberstufe)

Das Autogene Training ist identisch mit seiner »Unterstufe«. Diese ist gemeint, wenn von AT-Kursen gesprochen wird, wenn jemandem wegen funktioneller Störungen das AT ärztlich empfohlen wird. Im Standardwerk von Schultz nimmt das Kapitel »Technik und Leistungen der Oberstufe« etwa ein Zwölftel des Gesamtwerkes ein, im Handbuch der Neurosenlehre und Psychotherapie (Hdb.) ca. ein Achtel des Artikels über das AT. In kürzeren Abhandlungen und in Übungsheften wird die Oberstufe kaum erwähnt. In einer Sammlung von Aufsätzen über das AT[1] findet sich unter den Arbeiten keine, in deren Titel das Wort »Oberstufe« vorkommt. Schultz hat uns seine Oberstufe als Torso zurückgelassen; die klassischen »gehobenen Aufgaben« hören mit dem 36. Kapitel auf. Es lassen sich aber bei Schultz eine Reihe von Hinweisen für einen weiteren Ausbau, Keime für eine Weiterentwicklung, finden: Die visuellen Aufgaben (Kap. 36) fordern eine weitere Entwicklung in imaginative Verfahren geradezu heraus; der Abschnitt »Fragen der Einstellung an die Versenkung« steht analytischen Gedankengängen sehr nahe; die Schau anderer Menschen leitet über zur Interaktionspsychologie und zu den Auffassungen der amerikanischen Neopsychoanalytiker; auch die Katharsis findet sich in den Abreaktionen (Luthe) und im »inhaltlosen Abreagieren« vorgebildet. Ebenso läßt sich zu den Methoden, bei denen das Körpererlebnis im Mittelpunkt steht (etwa die Relaxation und die autogene Bewegungstherapie) eine Brücke schlagen. Man denke an das über Somatisierung und Psychisierung (Körperbeseelung) Gesagte. Auch eine pädagogische Seite wird angeschlagen[2], am deutlichsten in Form der Leitsätze.

Es soll hier der Nachweis versucht werden, daß die von Schultz oft nur kurz angedeuteten Möglichkeiten der »gehobenen Aufgaben« des AT außerordentlich entwicklungsfähig sind.

An dieser Entwicklung arbeiten viele seiner Schüler. Sie, die auf des Meisters Schultern stehen, können nunmehr ein Stück weiter sehen[3].

Das Ziel der Standardübungen ist erreicht, wenn man über die Dreiheit von *Entspannung*, *Regression* und *Introspektion* verfügt.

Diese Dreiheit, die, soviel ich sehe, nur das AT in voller Intensität herstellt, ist die Grundlage aller weiteren hier beschriebenen Verfahren. Viele Erscheinungen, die bei den »gehobenen Übungen« noch beschrieben werden, stellen sich bereits bei den Grundübungen ein. Sie sind den meisten Übenden bekannt (ihre Grundlage und Deutung wurde in vorangehenden Kapiteln besprochen). Das gilt auch für die mannigfachen optischen Erscheinungen, die häufig spontan bei den Grundübungen auftreten. Man vergleiche den Abschnitt über die Wirksamkeit der Bilder (Kap. 10) und über autosymbolische Erscheinungen (Kap. 7, 5). Überzeugend belegt wird diese Auffassung auch in den vielen Protokollen des Standardwerkes von Schultz. Einige Erscheinungen, die bisher als Nebenprodukte registriert wurden, werden bei den gehobenen Übungen methodisch ausgebaut.

2. Die Vorbedingungen der »gehobenen Aufgaben«

Voraussetzung für das Erlernen der Oberstufe ist nach Schultz »eine vollständige, sichere und prompte Beherrschung der allgemeinen Technik der Unterstufe«[4]. Die *autogene Umschaltung* muß in kurzer Zeit und zuverlässig vollzogen werden können. Diese Vorbedingungen sind bei Beendigung der Unterstufe nicht immer vorhanden, so daß man am besten einige Monate wartet, bevor man mit den Oberstufenübungen beginnt; bis dem Übenden die tieferen Versenkungsstufen selbstverständliches und spontan sich einstellendes Erleben geworden sind, in denen er *eine halbe bis eine Stunde verweilen kann*, ohne durch Vorgänge der Außenwelt abgelenkt zu werden.

Schultz rechnet *ein halbes bis ein ganzes Jahr regelmäßigen Trainings*, um diese Stufe zu erreichen.[5] Diese Pause ergibt sich meist schon dadurch, daß nur ein kleiner Teil der Unterstufenübenden an der Oberstufe interessiert ist bzw. sich dafür eignet; die Teilnehmer der gehobenen Übungen müssen sich erst zusammenfinden. Diese Wartezeit wirkt sich meist als »schöpferische Pause«[6] aus, in der das bisher Erworbene assimiliert und innerlich verarbeitet wird.

Nach Schultz sollte die Oberstufe »immer nur in einem sehr engen kleinsten Kreis von bestenfalls drei bis vier Mitarbeitern« vollzogen werden[7]. K. Thomas berichtet, er habe in den ersten Jahren Kurse mit fünf bis zehn Teilnehmern durchgeführt[8]. Diese Zahl ist auch nach meiner Erfahrung die günstigste und entspricht auch der Größe einer analytischen Gruppe (sechs bis acht Teilnehmer). Ist eine solche Gruppe nach einiger Zeit zu einer Gemeinschaft zusammengewachsen, so lassen sich auch gemeinsam tiefenpsychologische Probleme bearbeiten, die bei der Oberstufe immer wieder auftauchen, eventuell mit eingeschobenen Einzelstunden für den einen oder anderen Teilnehmer. Nach abgeschlossenen Kursen melden sich die Übungsteilnehmer von Zeit zu Zeit, um anhand der laufenden Protokolle neue Resultate zu besprechen.

Erhöht man die Teilnehmerzahl der Gruppen auf 20 bis 25, so dürfte damit die absolute obere Grenze erreicht, möglicherweise überschritten sein, innerhalb derer eine Besprechung einzelner individueller Bilderlebnisse noch möglich ist, selbst wenn man die Dauer der Gruppensitzung auf 100 bis 120 Minuten steigert[9]. Bei dieser Gruppengröße besteht bereits die Gefahr, daß der einzelne Teilnehmer zu einem Empfänger von Informationen wird, über das, was er zu tun, zu erwarten oder zu »erwerben« hat, anzuwendende Formeln miteingeschlossen.

Um die individuelle Bearbeitung der Erlebnisse zu fördern, stellte Thomas seinen Kursteilnehmern Zeichenblöcke und Farbstifte zur Verfügung. Die sofortige bildhafte Dokumentation verhindert das normalerweise eintretende Verblassen der unmittelbaren Eindrücke und ermöglicht verschiedenen Teilnehmern einen besseren Rückgriff auf die in der Gruppensituation induzierten Erlebnisse bei den häuslichen Einzelübungen.

3. Die Oberstufe als Fortsetzung der Unterstufenübungen

An den Anfang der Oberstufe stellt Schultz die *Oben-Innen-Stellung der Augäpfel*[10]. Besprochen wurde die Technik dieser »Fixierübung« bereits im Abschnitt über die Augen (Kap. 24, 3). Wie wir weiterhin sahen, wird diese Übung bei der gestuften Aktivhypnose angewandt (Kap. 34) und verfolgte dort denselben Zweck wie zu Beginn der Oberstufe. Man erreicht damit eine Verkürzung und Intensivierung des Umschaltungsvorganges. Bei dem durch die AT-Unterstufe bereits entspannten Menschen tritt durch die Fixierübung »eine vielfach ruckhaft einsetzende ›überwältigende‹ Vertiefung der Selbstumschaltung«[11] ein. Diese Augenstellung wirkt im Sinne eines bedingten Reflexes (physiologischer Schaltmechanismus, s. Kap. 24, 3) oder eines Verstärkers und kann daher für alle Behandlungsziele eingesetzt werden, die in den letzten Kapiteln besprochen wurden. Allerdings sollte man es, insbesondere in der ersten Zeit, vermeiden, die Innenrotation der Augäpfel über längere Zeit anzuwenden, da die Augen stark ermüden und Kopfschmerzen entstehen können; man sollte dieses Verfahren zunächst nur zur schnelleren Umschaltung oder für kurzfristige Aufgaben (z. B. zum Abstellen eines heftigen Schmerzes) benutzen.

Aufgrund dieser Augentechnik kann man die meisten der bisher besprochenen Aufgaben leichter lösen.

Bei körperlich-vegetativen Funktionen:
– bei den Standardübungen, die noch einer Verbesserung bedürfen und die man am Schluß der Übungen nach der Augenumschaltung wiederholt;
– bei den Zusatzübungen (Kap. 25, 3) und den speziellen Organübungen (Kap. 34, 2b);
– zur Intensivierung der »prophylaktischen Ruhepausen«, mit allen für diese Übungen früher beschriebenen Vorteilen.

Bei der Abänderung psychischer Vorgänge:
– zur zusätzlichen Verbesserung der Konzentration, die für die Oberstufe besonders wichtig ist, ebenso aber auch ihren Eigenwert besitzt (z. B. geringere allgemeine Störanfälligkeit);
– zur nachhaltigeren Dämpfung der Affekte;
– zur vertieften Umschaltung bei der Beseitigung mannigfaltiger Beschwerden: Schreibhemmungen, Arbeitsstörungen, Be-

fangenheit, Ängstlichkeit und »Situationsreaktionen störender Art«[12] – Aufgaben, die alle im 31. und 33. Kapitel besprochen wurden.

Vorsatzformeln haben ihre Vorläufer in den posthypnotischen Aufträgen (vgl. Kap. 26, 3a). Mit zunehmender Tiefe der Umschaltung nimmt auch die Wirkung der Vorsätze zu; daher erscheint es gerechtfertigt, bei der gestuften Aktivhypnose eine neue Bezeichnung für die intensiveren Vorsatzbildungen zu prägen und von »wandspruchartigen Leitbildern« zu sprechen[13]. Diese erweiterte Dimension läßt sich nach der Konvergenz der Augen im AT ebenfalls erreichen, handelt es sich doch dabei um den Zustand eines autogenen Hypnoides. Damit ist für die »hypobulische Einpflanzung« (vgl. Kap. 34, 3b) von Parolen gesorgt«[14]. Arbeitet man unter diesen verbesserten Bedingungen mit erhöht wirksamen Formeln, so sollte man nicht vergessen, daß (ähnlich wie bei der Fremdhypnose) mit einer »Inkubation« gerechnet werden muß, bevor die Vorsätze wirken. Der gut Eintrainierte soll dazu zwei Tage brauchen[15]; meistens dauert es erheblich länger.

Die *Körperbeseelung* ist eine zur Somatisierung (vgl. Kap. 6) parallel verlaufende Erscheinung. Bezeichnet man mit dem Ausdruck Somatisierung das sinnhafte Erfassen, das Innewerden physiologischer Körperfunktionen und Organgefühle[16], so meint die Körperbeseelung »die Entdeckung der psychischen Repräsentanz von Organerlebnissen«[17], »die persönliche Vertiefung des Menschen in sein körperliches Ich«. Nicht nur bei vielen Neurosen und Persönlichkeitsstörungen vermißt man die hier angesprochene seelisch-lebendige Beziehung zum eigenen Körper, sondern auch bei vielen anderen, in zunehmendem Maße lebens- und körperfremd ihr Dasein verbringenden Menschen. Dasselbe Ziel wie die autogene Körperbeseelung verfolgten bereits in den zwanziger Jahren dieses Jahrhunderts Ärzte, die die Psychotherapie mit Gymnastik verbanden[18] und in der heutigen Zeit die »konzentrative Bewegungstherapie«[19]. Von ihr heißt es: »Der Patient wird auf dem Wege des Sich-Erspürens durch die Wahrnehmung der sinnhaft motivierten Bewegung zunächst zum unvoreingenommenen Erleben seiner selbst und zu einem neuen Selbstwertgefühl geführt.«[20]

In seinem aufschlußreichen Kongreßbericht aus dem Jahre 1929 über gehobene Aufgabenstufen im Autogenen Training[21] berichtet Schultz über *Sinneserlebnisse,* »die durch konzentrative Zuwendung intensiviert und einer Gestaltung zugeführt werden«. Was damit gemeint ist, wird am Beispiel eines Kunsthistorikers dargestellt, dem es bei völlig neuen Plastiken und Bildern schwerfiel, einen sicheren Standpunkt zu finden. Er entwickelte eine Methode, im Versenkungszustand nach autogener Umschaltung das Kunstwerk auf sich wirken zu lassen, wonach es ihm ausnahmslos gelang, zu einem evidenten Urteil zu kommen[22]. Der Ausdruck von der »Intensivierung eines Sinneserlebnisses« beschreibt nur die oberflächlichste Seite dieses Geschehens: In Wirklichkeit findet die innere Erschließung eines Kunstwerkes statt und deren verbindliches Einfügen in einen ästhetisch-wertenden Zusammenhang durch eine fachlich qualifizierte Persönlichkeit.

36. Kapitel
Die visuellen[1] Vorgänge der Oberstufe des AT

1. Das »Vormaterial«

In seiner Arbeit über »Schichtenbildung im hypnotischen Selbstbeobachten« aus dem Jahre 1920[2] hat Schultz drei Schichten des hypnotischen Selbsterlebens beschrieben:

1. Optisches Vormaterial (amorphe Schicht): formloses Eigenerleben;
2. Visualisiertes Denken: intellektualisiertes Eigenerleben;
3. Primitivschicht: plastisch-leibhafte Fremderlebnisse.

Die Selbstbeobachtungen der Oberstufe spielen sich im Zustande der Regression im hyponoischen Bereich ab; die drei erwähnten Schichten entsprechen also verschiedenen Abstufungen hyponoischen Erlebens.

Freud ist bei seiner Arbeit immer von der dritten Schicht ausgegangen: in seiner Frühzeit von Bildern, Erinnerungsbildern, Fantasien, die in tiefer Hypnose auftreten; später von Traumbildern, die während des Schlafes entstehen. In der Oberstufe des Autogenen Trainings wird nach und nach auf die Bildproduktion aller drei Schichten eingegangen, auch wenn der Bewußtseinszustand in der dritten Schicht manchmal nur ein nachträgliches Erinnern und damit kaum eine simultane Stellungnahme zu den auftretenden Bildern zuläßt.

Die optischen Erscheinungen der ersten Schicht wurden bereits früher geschildert (vgl. Kap. 24). Wir bezeichneten sie damals als optische Elementarerscheinungen, betrachteten sie als Beigabe und ließen sie zunächst auf sich beruhen.

Bei gesunden Versuchspersonen, die angewiesen wurden, entspannt-passiv zu liegen und dabei auf mögliche optische Erscheinungen zu achten, stellten sich bei 53 von 90 Versuchspersonen bereits beim ersten Versuch Bilder ein; praktisch durchliefen alle die erste Schicht des amorphen Materiales; 31 kamen nicht darüber hinaus[3]. Bei eidetisch veranlagten Menschen und bei Kindern sind die Resultate weit günstiger; außerdem läßt sich die Vorstellungs- und Einbildungskraft schulen: eine der einleitenden Aufgaben der gehobenen Stufe.

Aufgrund dieser Erfahrungen liegt es nahe, zunächst das »optische Vormaterial« zu Tage zu fördern. Aus diesen meist in Grautönen erscheinenden Elementarerscheinungen gilt es dann, Farben und Bilder von Gegenständen zu entwickeln.

2. Die Einzelübungen

Hat der Übende durch die Grundübungen, eventuell mit zusätzlichem Oben-Innen-Blick, den Zustand passiver Akzeptation, die schauende Leere der »carte blanche« erreicht[4], so wird er angehalten, »irgendeine gleichförmige Farbe vor dem geistigen Auge erscheinen zu lassen«[5]. Setzt man für die Übung eine halbe bis eine Stunde an (wie schon angemerkt, tendieren die Bearbeiter eher zu kürzeren Übungszeiten; vielen Übenden genügen zu Beginn der Oberstufe durchaus 15 bis 30 Minuten, um die unten genannten Erlebnisse zu entwickeln), so pflegen sich – oft erst nach Tagen, manchmal nach Wochen – zuerst undeutlich, unbestimmt schattenhaft, flüchtig farbige Erscheinungen einzustellen, die kommen und gehen. Sie treten nicht selten zusammen mit bestimmten Stimmungen und Empfindungen (Kälte und Wärme) auf; optisch sind sie häufig an bestimmte Formen (geometrische Figuren) oder gegenständliche Erscheinungen (rotes Blut, blauer Himmel, gelbes Kissen) gebunden. Der Sinn dieses Versuches dient dem *Auffinden der Eigenfarbe* des Übenden.

Vor Beginn dieser Übung kann man dem Übenden den Umgang mit Farben erleichtern, indem man ihn aus einer größeren Anzahl von Farbtönungen seine Lieblingsfarben aussuchen oder eine abgestufte Skala von sympathischen bis zu unsympathischen Farben aufstellen läßt. Allerdings besteht die Gefahr fremdsuggestiver Beeinflussung.

Es können auch bestimmte, möglichst *nicht* vom Versuchsleiter gewählte, oder auch selbst gegebene Farben vergegenwärtigt werden und dann nacheinander – im Laufe der Zeit – sämtliche Farben des *Spektrums* zur Darstellung kommen.

Anderenorts wird vorgeschlagen, Farben zuerst real zu betrachten und dann vor dem inneren Auge aufsteigen zu lassen und sie nachzuerleben[8], um sie dann langsam wieder verschwinden zu lassen. Als gelungen ist der Versuch zu betrachten, wenn die Farbdarstellung trotz störender Reize (Telefon, Gespräche) nicht unterbrochen wird[9].

Nach dem Auffinden der Eigenfarbe folgt als nächstes die Aufgabe, »bestimmte Objekte innerlich erscheinen zu lassen«[10], und zwar in der passiven Erwartung, daß sich Objekte im dunklen Gesichtsfeld einstellen. Wie bei den Farben sind die *Gegenstände* zunächst oft undeutlich, unbestimmt, »verschleiert« oder bruchstückhaft. Als Vorbild (in des Wortes dreifacher Bedeutung) eignen sich (nach Thomas): Blumen, Früchte, eine brennende Kerze oder inhaltsreiche Farbdias, die zunächst offenen Auges längere Zeit betrachtet werden und die man bei geschlossenen Augen wieder aufsteigen läßt. Später erscheinen die Bilder »auf Abruf«. Auch hier dürfen »Vorbilder« nur zur Einleitung der Übungen benutzt werden, sonst übt man an der eigentlichen Aufgabe, dem spontanen Entstehenlassen von Bildern, vorbei.

Die *Schau abstrakter Gegenstände:* Schauen, sehen kann man natürlich nichts Abstraktes, sondern nur Bilder, die einen abstrakten Sachverhalt veranschaulichen. Dabei sollte es sich möglichst nicht um einen allegorischen Vorgang handeln, d.h. um die verstandesmäßige Übertragung eines Begriffes in ein Bild; man sollte sich an Symbole halten, an die bedeutungsgeladenen Sinnbilder eines – psychischen – Sachverhaltes, mag dessen Bedeutung persönlich gebunden sein oder Allgemeingültigkeit besitzen. Symbole stellen sich ein – Allegorien lassen sich mit dem Verstand konstruieren und allenfalls vorstellen.

Nicht nur Begriffe wie: Gerechtigkeit, Ruhe, Friede, Freiheit, Glück setzen sich oft in völlig überraschende Bilder um, sondern auch das »Eigengefühl«: ein Begriff, den Schultz in Analogie zur »Eigenfarbe« geprägt hat[11].

In einem Protokoll von Schultz wählte eine Versuchsperson zur Vergegenwärtigung des Eigengefühls das »Gefühl des Friedens, der Ausgeglichenheit beim Anblick der erhabenen Natur der Alpenwelt«; hinzu kam (spontan) »der Lobgesang, in dem wohl tausend gequälte Menschenseelen ihrem Gefühl Ausdruck gaben in dem weihevollen Hymnus an den Gottesgeist«.

Beim Begriff »Zufriedenheit« oder »Harmonie« taucht bei manchen Übenden das Bild eines Bootes auf einem ruhigen Wasser auf, ähnlich wie es bei der Atemübung benutzt wurde; überhaupt spielen Landschaften bei dieser Übung eine große Rolle.

3. Hinweise zur Durchführung der visuellen Übungen

Die bisher besprochenen Übungen haben vorläufigen Charakter. Schultz spricht vom »Vorversuch der Eigenfarbe«[12]. Der Übende soll mit einem Gebiet vertraut gemacht werden, das ihm bisher völlig fremd war. Die Versuche stellen einen Weg dar, um zu den szenischen Erlebnissen der hyponoischen Mittelschicht zu gelangen, die ausschlaggebend sind.

Eine zu hohe Bewertung dieser »Experimente«[13] kann leicht dazu führen, den Prozeß der Farbproduktion in allen Einzelheiten regeln zu wollen mit dazugehöriger Formelbildung: »vor meinem inneren Auge entwickelt sich ein Bild – die Farbe wird deutlicher – die Farbe steht klar vor mir – (nach drei bis vier Minuten Übung) die Farbe zieht sich allmählich zurück – die Farbe ist verschwunden«[14]. Damit besteht zwar die Möglichkeit, die Farb- und Bildproduktion anzukurbeln, doch was dabei herauskommt, dürfte wohl kaum das sein, »was den Übenden während der Übungen wirklich bewegt«[15]. Wallnöfer betrachtet die Übungen mit Farbe und Gegenständen als »Fingerübungen« bzw. »Etüden«, die zur Schulung des Imaginierens dienen. Der Therapeut soll »unter Berücksichtigung autogener Grundsätze eine respektierende (Eingriffe vermeidende) Haltung gegenüber den Produktionen... des Patienten« einhalten[16]. Diese behutsame Haltung des Therapeuten (die auch vom Psychoanalytiker erwartet wird) schildert das folgende Vorgehen: »Der Schüler in der Oberstufe produziert zumeist am Anfang verschiedenartige, oft diskordante Einzelbilder und schwankt eine Zeitlang in der Bevorzugung bestimmter Farben. Die Protokolle weisen aus, daß mit der Zeit sich eine Farbe durchzusetzen beginnt. Wenn dies geschieht, fällt von meiner Seite zum ersten Mal das Wort von ›Eigenfarbe‹.«[17] Nur so ist man sicher, daß der Übende wirklich seine »Eigenfarbe« findet; erst recht gilt das für das Auffinden des »Eigengefühls«.

Bei zu aktivem und schnellem Vorgehen droht auch die Gefahr der intentionalen Blockierung, von der schon oft die Rede war. Auch in der Oberstufe betont Schultz das Von-selbst-Entstehende: so beim »Vorversuch der Eigenfarbe, der gewissermaßen einen ersten spontanen Blick in die innere Farbwelt tun läßt«[18]. Alle gegebenen Hinweise sind vom Übenden nur als Spielregeln aufzufassen, als Hinweise beim Spielen mit inneren Bildern. Einer ganzen Reihe von Menschen fällt das Sich-Einstellen auf eine Farbe, einen Gegenstand, eine Idee schwer: anstelle dieser oft statisch unanschaulich empfundenen oder nur gedachten Objekte treten dann sofort szenisch filmartig ablaufende Bildstreifen auf. In den vielen Protokollen des Standardwerkes von Schultz findet sich kaum eine einfache Farbe, ein einzelner Gegenstand oder eine unanschauliche (abstrakte) Idee; sie sind immer begleitet von dazugehörigen

Formen, von Veränderungen, Bewegungen, von Synästhesien (= gleichlaufende Erscheinungen auf einem anderen Sinnesgebiet) und vor allem von Emotionen. Trotz fremdsuggestiver Beeinflussung, trotz rationaler Einstellung (»visualisiertes Denken«), trotz intentionaler Ungeduld verlaufen die Visualisationen vieler Übender nach einiger Zeit spontan-ungestört, lebendig, ganzheitlich-organismisch.

37. Kapitel
Übungen zur Persönlichkeitsentwicklung

1. Die Schau anderer Menschen

Die Aufgabe, das Bild eines bestimmten anderen Menschen erscheinen zu lassen, läßt sich am besten bei neutralen Personen der Umwelt realisieren. Schultz warnt davor, nahestehende Menschen diesem Verfahren zu unterwerfen, da der Versenkungszustand »eine sehr genaue Kontrolle der eigenen Gefühlsreaktion und damit der inneren Affektbeziehung zu den betreffenden Menschen« erlaubt[1]. Es können dadurch Krisen in den zwischenmenschlichen Beziehungen hervorgerufen werden, ähnlich wie es auch im Verlauf einer psychoanalytischen Behandlung geschehen kann; auf jeden Fall sollte man solche Experimente nur da anwenden, wo eine Klärung in den Beziehungen zu einem Mitmenschen erforderlich ist: Dies sollte aber immer unter Anleitung eines psychoanalytisch geschulten Übungsleiters geschehen. Bei unsympathischen Menschen führt eine Gefühlskontrolle der eben beschriebenen Art nicht selten zu einer »Versachlichung der inneren Einstellung«, manchmal auf dem Weg über eine Katharsis. Bei heftiger Ablehnung eines Mitmenschen eignen sich die Fragen:

- Weshalb hasse ich ihn?
- Weshalb reagiert er (ich) aggressiv? (Ist er selbst unsicher? Hat er Streit mit dem Chef, mit der Familie gehabt? Überträgt er diese Situation nur auf mich?)
- Welche gemeinsamen, abzulehnenden Eigenschaften besitzen wir?
- Worin ist er mir verwandt?
- Was ist an ihm liebenswert?

Auf diese Weise wird man häufig entdecken, daß man seine eigenen Fehler und Aggressionen auf den anderen, den »Feind«, überträgt und diese in ihm bekämpft. Bei problematischen zwischenmenschlichen Beziehungen bietet sich die Lösung nicht selten in einem Bilde an.

Es folgen zwei Protokolle aus meiner psychotherapeutischen Praxis:

Protokoll 1: Beim Einschlafen denke ich über einen »substanzarmen«, wenig intelligenten, wenig bildbaren Patienten mit einer chronifizierten Neurose nach. Da taucht folgendes Bild auf: ich hocke in unbequemer Stellung in einer Ecke des Dachbodens. Vor mir ein Balken, der am einen Ende morsch ist, am anderen Ende aus gesundem Holz besteht. Ich überlege, wo ich den Balken ansägen muß, um im Kern noch heiles Holz zu finden, an dem man eine Stütze anbringen könnte.

Deutung: Ich muß herausfinden, an welcher »Stelle« bei dem Patienten noch ein »gesunder Kern« ist. Nur eine »stützende« Therapie ist möglich. Die Situation empfinde ich als unbequem.

Protokoll 2: Bei einer länger sich hinziehenden psychoanalytischen Behandlung war ich ungeduldig geworden und hatte Ergebnisse vorausgesetzt, die – wie ich meinte – längst fällig waren, womit ich mich aber geirrt hatte. Beim Überdenken taucht folgendes Bild auf: Auf einem Acker sehe ich einen Hasen hin- und herhuschen, in einer Mulde vor mir liegt ein Igel – es spielt sich also vor meinen Augen das Märchen vom Igel und Hasen ab; dann wandelt sich das Bild: ein Sämann geht langsam säend über den Acker.

Deutung: Ich identifiziere mich zum einen Teil mit dem Hasen, der ungeduldig sein Ziel erreichen will, zum anderen Teil mit dem Igel, dessen billiger Scheinerfolg nur durch die Ungeduld des Hasen ermöglicht wird. Die Antwort auf dieses Fehlverhalten ist der Sämann, nach Schultz ein Bild für »gärtnerisches« Tun, der nichts erzwingt und der Saat *ihre* Zeit zum Reifen läßt.

2. Die »fragende Einstellung an die Versenkung« (nach J. H. Schultz[2])

Die Fragen dienen der klärenden Veranschaulichung des gegenwärtigen psychischen Zustandes. Die Einstellung

- Was mache ich falsch?

ist von besonderem Wert: Ein Wissenschaftler sieht sich daraufhin in einem Käfig (seiner abstrakt-starren Lebenshaltung) gefangen; ein Musiker geht »zwischen zwei unendlich langen Betonwänden« (Gefahr innerer Verödung durch das tägliche Einerlei als »Musikbeamter«); eine possessive Mutter sieht eine Glucke, die beim Gehen auf ihre Kücken tritt. Weitere Fragen:

- Was ist mein Weg?[3]
- Was stört meinen Weg?
- Wie könnte ich sein?
- Wie sollte ich sein?
- Was sollte ich tun?

Zur vertieften Selbsterkenntnis kann man die Formel benutzen:

- Vor meinem inneren Auge entwickelt sich ein Bild, das Bild zeigt mir, wer ich bin[4].

Am besten eignet sich das Visualisieren eines Spiegels, in dem man sich selbst erblickt. Am häufigsten treten dann Tiere auf, an erster Stelle Schwein und Bock (als Hinweis auf sexuelles Verhalten) oder eine giftspritzende Schlange (bei einem Denunzianten); eine Frau sieht sich als »Marionettenpuppe«, bei der andere Menschen die Fäden ziehen.

Alle diese Fragen können nicht leichthin gestellt werden; sie führen zur Klärung von bisher Unbeachtetem, Verleugnetem oder Unbewußtem. Es sind teilweise dieselben Fragen, gegen deren Klärung in der Psychoanalyse ein Widerstand erzeugt wird, den zu beseitigen manchmal jahrelange Arbeit erfordert. Schultz weist darauf hin, daß mangelnde Erfahrung oder Unachtsamkeit des Übungsleiters »katastrophale Durchbrüche aus der Tiefe« verursachen können (Selbstmord)[5]. Als häufige, fast gängige Begleiterscheinungen dieses Klärungsprozesses finden sich Schlaflosigkeit, manchmal wochenlang anhaltende Unruhe und Verstimmungszustände.

Das Beantworten von Fragen und das Bilden von Formeln, die in diesem Kapitel zur Sprache kommen, setzen, das sei nochmals wiederholt, Fähigkeiten voraus, die in der Unterstufe erworben wurden. Die Bereitschaft und Fähigkeit zur Introspektion, die Herabsetzung der Bewußtseinshelle, die Annahme eines hyponoischen Zustandes mit Veranschaulichung des Fühlens und Denkens. Die »fragende Einstellung an die Versenkung« betrifft nicht nur Probleme der Persönlichkeitsentwicklung. Es lassen sich damit auch kleinere, aber dafür durchaus wichtige Alltagsprobleme lösen. Sie treten oft spontan in Form autosymbolischer Erscheinungen auf, die nicht selten »kreative« Antworten beinhalten.

Protokoll: Ich soll einen Vortrag halten über ein umfangreiches Thema und bin mir nicht schlüssig, wie ich die Fülle an Material unterbringen soll. Das Bild: Ich stehe in einem leeren Omnibus, draußen drängt eine Menge zum Eingang, so daß keiner einsteigen kann. Dann aber faßt ein an der Tür Stehender den anderen an der Hand (wie die Männchen bei Kekulé), es bildet sich eine zusammenhängende Kette von Menschen, die den Omnibus füllen. Der größere Teil der Menge bleibt draußen und wartet auf das nächste Fahrzeug.

Antwort: Ich soll eine zusammenhängende Auswahl treffen, mich mit dem Nächstliegenden (der Tür am nächsten) begnügen, nicht mehr mitnehmen als (zur Zeit) möglich, im übrigen die restlichen Fakten zurückstellen.

Man sieht: Anweisungen zu einem »Kreativitätstraining« werden hier nicht gegeben, wohl aber Hinweise, unter welchen Bedingungen neue Gedanken und Vorstellungen uns »einfallen« und neue Wege laufen können, die nicht bestimmt sind durch Vorurteile, durch Denkschablonen oder durch übernommene Vorstellungen.

Das Träumen, das Fantasieren, das Spielen (im Sinne des kindlichen zweckfreien, aber sinnvollen Tuns) zusammen mit dem schöpferischen Handeln gehören zu den Voraussetzungen bei der Suche nach dem Selbst[6], das spielerische Tun ist die Basis für die Reifung des Menschen. Dem Erwachsenen gelingt eine Regression in die schöpferisch kindliche Welt nicht mehr, er kann aber kleinere Bezirke dieser Welt verwirklichen, indem er auf dem Umweg über das AT eine entspannte, von Zwecken und Rationalismus freie Introspektion schafft, die ihn dieser Welt einen Schritt näherbringt.

3. Persönlichkeitsformeln

dienen als Hilfe bei der Persönlichkeitsentwicklung: es sind Vorsatzbildungen im Dienste der Selbstverwirklichung. Am tiefsten greifen und am wirksamsten sind die Formeln, die auf Selbsterkenntnis aufbauen: sie sind tiefenpsychologisch wirksam. Sie können aber auch im Sinne einer Verhaltensmodifikation genutzt werden.

Aus der Formelsammlung von Thomas[7] lassen sich bei der Realisierung eines Vor- bzw. Leitbildes anwenden:
- Ich nehme mich an
- Ich werde, was ich sein sollte
- Ich folge meinem höchsten Ziel
- Ich werde wie mein Lehrer (oder ein anderes Vorbild).

Weitere Formeln:
- Ich erkenne das Rechte und handle danach
- Ich sage die Wahrheit
- Ich erfülle meine Pflicht

oder konkreter:
- Ich halte die nächste Stunde durch
- Ich folge nur meinem Gewissen
- Ich achte auf jegliche Freude.

Vorsatzbildungen zur Persönlichkeitsentwicklung beruhen, wie schon früher erwähnt, nicht nur auf dem Abstecken neuer Ziele – diese sind uns ohnehin meist deutlich –, sondern auf der Beseitigung der vielfachen Hemmungen, Widerstände und Abwehrmechanismen auf dem Wege zu diesen Zielen. Von solchen neurotischen Störungen, allerdings in sehr unterschiedlicher Dosierung, ist kein Mensch verschont. So gesehen bedeuten die Persönlichkeitsformeln in ihrer Mehrheit das positive Gegenstück zum neurotischen Symptom bzw. Verhalten.

Ängste, sowohl in kleinen Räumen als auch in Fahrzeugen, beruhen oft auf der Angst um den Verlust der persönlichen Freiheit, d.h. der Möglichkeit, voll über sein Handeln bestimmen zu können[8]. Man begegnet dieser Angst mit der Formel:
- Ich bin frei
- Ich verfüge über mich.

Bei Neigungen zu *Zwängen,* zu zwanghafter Ordnung, Pedanterie, Überpünktlichkeit:

- Leben ist Wandel und Wechsel

Bei *Labilität,* Zwiespältigkeit, Problemsucht:

- Ich will harmonisch sein[9].

Sozialängste kommen bei gestörter Persönlichkeitsentwicklung (Ich-Schwäche) recht häufig vor: Sie äußern sich als Schüchternheit, Befangenheit, Hemmungen im zwischenmenschlichen Kontakt. Vegetative Begleiterscheinungen sind: Erröten, Erblassen, Herzklopfen, kalte Hände u.ä. mehr. Der sozial Ängstliche zweifelt aufgrund seiner Erfahrungen mit früheren Bezugspersonen an seinen eigenen Fähigkeiten; er glaubt nicht an das Wohlwollen der anderen, neigt zu Mißtrauen und Pessimismus und fühlt sich sehr leicht kritisiert und verurteilt. Er traut sich daher nichts zu und verachtet sich außerdem deswegen. Es folgt als Modell eine zusammenhängende Reihe von Formeln, die man entweder einzeln oder nacheinander, über einen größeren Zeitraum verteilt, bei gestörten zwischenmenschlichen Beziehungen anwenden kann:

- Niemand bedrängt mich.
- Die Nähe der anderen stört mich nicht.
- Die Nähe der anderen läßt mich unberührt.
- Die Meinung der anderen läßt mich gelassen.
- Ich bleibe unabhängig (von anderer Meinung).
- Ich nehme mich an, auch unter Fremden.
- Ich denke selbständig, auch in Gegenwart anderer.
- Ich entscheide und handle in Freiheit.
- Ich bin ruhig, auch in Gegenwart anderer.
- Ich bin ein Teil (ein Mitglied) der Gemeinschaft.
- Viele Menschen sind wohlwollend.
- Ich stehe in der Gemeinschaft.
- Ich lasse (es zu, daß) die anderen an mir teilnehmen.
- Die Gemeinschaft trägt (auch) mich mit.
- Ich beteilige mich (am Spiel, am Tanz, am Sport, an der Unterhaltung).
- Ich bin bereit, mich den anderen (in einer vertrauten Gruppe) zu öffnen.
- Die Nähe der anderen Menschen entspannt mich.
- Mein Vertrauen zu den anderen (zu X, zu Y) nimmt zu.
- Die Gegenwart anderer Menschen beruhigt mich.

Hier noch einmal eine systematisierte Zusammenfassung der verschiedenen Oberstufenübungen:

Das *Schultzsche Oberstufenkonzept* beinhaltet die sieben vorgegebenen Motive Eigenfarbe, bestimmte Objekte, abstrakte Werte und Begriffe, Eigengefühl, Bild eines anderen Menschen, Fragende Einstellung, Fragen an das Unbewußte.

Thomas variiert diese Motive folgendermaßen:

1. Farberlebnisse (irgendeine Farbe, Eigenfarbe, Erleben des gesamten Farbspektrums)
2. Wahrnehmen konkreter Gegenstände
3. Schau abstrakter Werte (existentielle, geistige und religiöse Werte)
4. Übungen zur Charakterbildung (vertiefte Selbsterkenntnis, Selbstverwirklichung, Überwinden von Leiden und Schwierigkeiten)
5. Der »Weg auf den Meeresgrund«
6. Der »Weg auf die Bergeshöhe«
7. Freie und gesteuerte Bilderlebnisse mit bestimmter Zielsetzung (völlig freie Bilder, teilweise freie Bilder vertiefter Selbst- und Zielerkenntnis, ästhetischer Werte, allgemeinen Wertes, mit bestimmten therapeutischen Zielen sowie symbolischer Identifikation)

Rossmanith und Bartl schlagen 1993 in einer »integriert psychoanalytischen« Konzeption eine Modifikation mit verkürzter Übungsdauer (zehn Minuten), Verzicht auf die Oben-Innenstellung der Augäpfel und veränderten Motiven vor:

1. Farbe
2. Farbe und Form
3. Obst / brennende Kerze
4. Meer
5. Berg
6. Tor / Türe
7. Abstrakter Begriff

Von *Luthe* und *Rosa* wurde die Oberstufe in der Form gestaltet, daß die Vorgabe von konkreten Motiven mehr und mehr in den Hintergrund trat, nur noch sehr unspezifische »Bereiche« (Farben, Formen, Objekte, Filmstreifen, buntes Cinerama) angesprochen wurden und sie die Teilnehmer aufforderten, frei zu imaginieren. Dem Übenden wurden also keinerlei Aufgaben gestellt, sondern sie sollten den spontanen Bildern folgen.

Diese Richtung entwickelte *Kraft* (1996) in seinem an die Oberstufe angelehnten Verfahren der »Autogenen Imagination« weiter. Er läßt anfangs die Teilnehmer ein Stimmungsbild malen und einen Stimmungstext spontan entwerfen. In der anschließenden Übung, die den Charakter eines Wachtraums hat, sollen im Zustand der Entspannung spontane bildhafte Erlebnisse zugelassen werden. In Anlehnung an Rosa formuliert Kraft: »Was kommt, ist richtig, weil es aus Ihnen selbst aufsteigt.«

38. Kapitel
Autogenes Training und Imagination

1. Der Ablauf der Imagination

a. Die Entstehung der Bilder

Die Vorgänge einer ausgereiften Oberstufe spielen sich in der zweiten Schicht des oben erwähnten Schemas hyponoischer bildhafter Erscheinungen nach Schultz ab (vgl. Kap. 36). Es handelt sich dabei um den filmartigen Ablauf loser Bildgruppen, die in sich szenisch geordnet sind und eine hohe emotionale Beteiligung aufweisen können. Weiter ist bei diesen Vorgängen der Bewußtseinszustand eingeengt, die optischen Erscheinungen haben Bildcharakter, es besteht der Eindruck der Eigenproduktion im Gegensatz zu den als leibhaftig empfundenen Fremderlebnissen im Traum, bei Halluzinationen oder in tiefer Hypnose (falls sie erinnert werden). Die Oberstufen-Visualisationen spielen sich nur selten in dieser dritten tiefen hyponoischen Schicht ab.

Zur Mittelschicht gehören auch die beim Einschlafen auftretenden hypnagogen Bilder (»Schlummerbildchen«), die schon oft erwähnten autosymbolischen Erscheinungen (vgl. Kap. 7, 5), die subjektiven Anschauungsbilder (vgl. Kap. 10, 2), das Bildstreifendenken (E. Kretschmer), das Bildern (W. Frederking), die Bildschau (wie der Autor dieses Buches sie nennt), die Katathym-imaginative Psychotherapie (Katathymes Bilderleben bzw. Symboldrama nach H. Leuner), die aktive Imagination (nach C. G. Jung) und viele andere. Man verdeutliche sich nochmals den Unterschied im Vergleich zu den verschiedenen visuellen Erscheinungen, die im Kap. 36 beschrieben wurden: Diese müssen im wesentlichen als Vorübung, als ein Lernvorgang des Sich-Einsehens aufgefaßt werden und sind ferner durch einen vorwiegend ruhenden (statischen) Charakter, gleichbleibende Erscheinung und geringe emotionale Beteiligung gekennzeichnet. Natürlich gibt es fließende Übergänge zu den szenisch ablaufenden, oft stark gefühlsmäßig (emotional) betonten Bilderfolgen der Imagination.

Das Verwenden von szenischen Bildfolgen hat viele Vorteile:
– Sie stellen sich beim Eingeübten mühelos ein.
– Sie bleiben frischer im Gedächtnis haften als die Bilder der dritten hyponoischen Stufe (Nachtträume).
– Sie sind vielseitig therapeutisch zu handhaben.

Von den einzelnen Autoren werden sehr verschiedene Methoden benutzt, um die *Bildproduktion* anzuregen. Die Entwicklung optischer Vorgänge kann durch die Verabreichung von *Drogen* gefördert werden.

Benutzt wurden[1], zumeist nur einmalig zum »Einstieg« in das Bildern, Halluzinogene wie Opium, Meskalin später das viel bequemer zu handhabende LSD. Sind optische Vorgänge erst einmal in Gang gebracht worden, so pflegen sie sich später meist spontan wieder einzustellen. Die allgemein-entspannende und gleichzeitig optische Phänomene anregende Wirkung von Drogen, vor allem LSD, wurde früher in den Dienst einer Persönlichkeitsentwicklung gestellt: Die Methode wurde als Psycholyse[2] bezeichnet und darf nicht mit der psychodelischen Behandlung (vor allem durch Timothy Leary bekannt geworden) verwechselt werden, bei der durch hohe Dosen von LSD eine ekstatische Bewußtseinsveränderung hervorgerufen wird.

Man kann die Bilder auch aus optischem *Vormaterial* entstehen lassen[3], sie bilden sich dann meist mosaikartig oder werden, wie ein Foto im Entwickler, langsam deutlicher; sie können bei der ersten Bildschau bereits nach wenigen Minuten auftreten oder sich (wenn starke Verdrängungsmechanismen bestehen) erst im Laufe von mehreren Sitzungen herauskristallisieren.

Man kann ferner auf *Vorstellungsbilder* zurückgreifen oder von Wachträumen ausgehen[4]. Auch das Vorstellen von Tieren regt die Bildproduktion an: Empfohlen wird das Kamel[5] oder ein vorbeitrabendes Pferd[6]. Das Kamel als »exotisches« Objekt eignet sich gut für Projektionen, das vorbeitrabende Pferd wirkt als Bewegungsimpuls und aktiviert das Zustandekommen von Bilderreihen. Auf diese Weise läßt sich die Fähigkeit eines Menschen zum Imaginieren feststellen.

Bergson sagte einmal: »Nachdenken bedeutet sehen«, und Balzac meint: »Denken, das ist sehen.« Goethe sprach von »geistiger Anschauung«. In einem Gespräch mit Goethe über die Metamorphose der Pflanzen sagte Schiller, als jener den Vortrag beendet hatte: »Das ist keine Erfahrung, das ist eine Idee«, worauf Goethe antwortete, es könne ihm nur recht sein, wenn er Ideen an*schaue*[7].

Sehr bewährt hat sich das Zurückgreifen auf Träume, an denen man »weiterspinnen« läßt; auch hier pflegt Vorstellungsmäßiges bald in Bildhaftes überzugehen. Das Anknüpfen an *Träume* hat auch den Vorteil, daß man von Anfang an in einer aktuellen Problematik ist.

Schwierigkeiten zu Beginn des Bilderns lassen sich umgehen, indem man den Übenden auffordert, in der Vorstellung den Raum zu verlassen und durch immer entferntere Straßen in eine zunehmend imaginierte Landschaft zu gehen[8]. Die deutlichen *Erinnerungsbilder* der nächsten Umgebung setzen sich meist bald in Phantasiebilder um.

Versagen alle diese Hilfen beim Versuch, die spontane Phantasietätigkeit anzuregen, schaltet sich das Bewußtsein immer wieder störend ein, kommt es zu einem »Bewußtseinskrampf«, so lassen sich weitere Mittel einsetzen, um Inhalte des Unbewußten zu objektivieren.

»Die Wege zur Erlangung der Phantasien sind individuell verschieden«, meint Jung (s. Kap. 38, 3).

b. Abgrenzung der Imagination gegen »Tagträume«

Mit den eben beschriebenen Bildern sind die *Tagträume* leicht zu verwechseln. In ihrem formalen Ablauf sind beide nicht voneinander zu unterscheiden. Die Tagträume werden beschrieben als eine »Art Denktätigkeit« (Freud), als »blutlose, vage« Gebilde[9], bis zu bildhaften Erscheinungen, die »unter Umständen geradezu leibhaftig« sein können[10]. Es finden sich also sämtliche Möglichkeiten, die in Tab. 4 verzeichnet sind.

In ihrer Motivierung werden die Tagträume sehr verschieden beurteilt: Es wird ihnen zugebilligt, daß sie eine »Antizipation« (C. G. Jung), ein »planendes Ausphantasieren« darstellen, »Zielvorstellungen« (Schultz-Hencke) oder unbewußte Lernprozesse (Fromm-Reichmann) enthalten. Hierzu gehören die Tagträume kreativer Künstler und Wissenschaftler.

Am allerhäufigsten sind die Tagträume jedoch als ein Ausphantasieren von Wünschen zu betrachten, die der Alltag den Menschen vorenthält, oder von Befürchtungen, die das tägliche Leben mit sich bringt. Die Tagträume gehen fast immer von realen Begebenheiten aus und führen durch Kompensation bzw. Wunscherfüllung zu einer phantasierten Scheinwelt, zu Luftschlössern und Wolkenkuckucksheimen[11].

Es ist kein Zufall, daß sich Tagträume dieser Art besonders bei Kindern und Jugendlichen finden. Einerseits ist ihnen das Reich der Phantasie noch besonders vertraut, andererseits werden an sie die größten Forderungen gestellt, auf Wunscherfüllungen im Sinne des Lustprinzips zu verzichten und die notwendigen Forderungen des Alltags anzuerkennen. Diese Tagträume neigen zu – oft stereotypen – Wiederholungen und sind demzufolge unproduktiv. (Ihr exzessives Auftreten bei Erwachsenen läßt auf Neurosen oder eine früh erworbene autistische Einstellung schließen.) Auf den Beobachter wirken die meist jugendlichen Träumer still in sich versunken, geistesabwesend, lustvoll hingegeben; sie empfinden eine Unterbrechung als Störung, ähnlich wie ein Kind, das beim intensiven Spiel unterbrochen wird.

Der Unterschied zwischen Tagträumen und dem Imaginieren liegt also in der Zielsetzung: Tagträume dienen (im wesentlichen) dazu, Frustrationen zu kompensieren und damit das seelische Gleichgewicht zu erhalten; gelegentlich mögen sie auch zur Lösung von Problemen beitragen.

Das Imaginieren dagegen ist ein methodisch eingesetzes Verfahren, das die Bildwelt des Menschen im Dienste der Selbsterfahrung, der Persönlichkeitsentwicklung oder der Therapie einsetzt.

(Übt man allein, d.h. ohne Anleitung durch einen Fachmann, so besteht leicht die Gefahr, unbemerkt in eine Scheinwirklichkeit abzugleiten.)

c. Die Tiefenentspannung (nach W. Frederking)

Bei der Bildproduktion kommt es, sobald man darin einige Übung hat, zu einer hyponoischen Bewußtseinslage, und diese geht stets mit einer körperlichen Entspannung einher[12]. Es läßt sich immer eine Herabsetzung des Muskeltonus nachweisen. Man kann diese Wirkung nutzen bei Menschen, die mit den AT-Grundübungen Schwierigkeiten haben (z.B. durch Ängstlichkeit oder durch emotionale Blockierung). Das Bilderleben führt dann nicht nur zu einer psychischen Entspannung, sondern es verschwinden unter seinem Einfluß auch vegetative Störungen. Betont wird diese Gleichzeitigkeit von optischen Phänomenen und körperlicher Entspannung in der Methode von Frederking, über die er in einer Abhandlung ›Über die Tiefenentspannung und das Bildern‹ berichtete[13]. Bei seinem Vorgehen lenkte er durch vorsichtige Fragen die Aufmerksamkeit der Übenden auf körperliche und optische Veränderungen und veranlaßte deren genaue Beschreibung, wodurch sie an Deutlichkeit und Intensität gewannen. Es kommt hierbei nicht nur zu all den Entspannungserscheinungen, die sich auch zu Beginn des AT einstellen können, sondern häufig zu tiefgreifenden Veränderungen des Körperschemas. So erlebte eine Patientin ein rhythmisches, abwechselndes Länger- und Kürzerwerden der Beine, bis zu »Kilometerlänge«.

Mit der »Tiefenentspannung«, vor allem mit dem damit verbundenen Körpererlebnis, kann die AT-Entspannung vertieft werden, oder, bei Menschen, die mit den AT-Formeln nicht zurechtkommen, überhaupt erstmalig eintreten. In diesem Zustand erübrigen sich vielfach »Fragen an die Versenkung«; sie entstehen und beantworten sich von selbst.

Ein Protokoll: Ein junger Student hat sich in den Kopf gesetzt, Kant zu studieren, ohne sich einzugestehen, daß eine rationale Weltanschauung nicht sein bester Teil sei. Nach einiger Zeit erlebt er sich in einer Bildschau auf einer hohen Klippe, einem kahlen Felsen, ohne jegliche Vegetation. Er hat sich mühsam hinaufgequält, nun ist ihm die Lust am Klettern und an der Höhe vergangen. Er ragt zwar hoch aus seiner Umwelt heraus, hat aber die Beziehung zu ihr verloren – nur Nebel umwallen ihn. Das Hinabklettern mißlingt, eine »Antischwerkraft« (die Faszination des Rationalen?) drückt ihn immer wieder nach oben. Er macht viele Versuche, sein isoliertes Podest zu verlassen: Er stürzt sich kopfüber in den Abgrund, doch aufsteigende Winde setzen ihn wieder auf den Felsgipfel. Endlich, nach drei Wochen wiederholter Übungen, steht er auf halber Höhe der Klippe, in einem gangbaren Gelände: Unter ihm breiten sich fruchtbare Äcker aus, auf denen ein Bauer mit Pferden arbeitet. Der Student hatte damit seine »Verstiegenheit« in steril-rationale Höhen überwunden und zurück zu einer fruchtbaren Realität gefunden.

Frederking hat seine Methode bereits in den dreißiger Jahren angewandt und nur wenig darüber veröffentlicht. Ich verdanke ihm die Kenntnisse der »Tiefenentspannung«, des »Bilderns« und des Meskalinerlebens aus einer Reihe von Versuchen, die gemeinsam durchgeführt wurden.

Sehr entspannend und damit umschaltend sind Bildfolgen (nach Happich[14]), die (in verschiedenen Sitzungen) den Übenden an eine Wiese, später in einen Wald, auf einen Berg und zu einer Kapelle führen (das letzte Motiv entspricht dem ursprünglich christlichen Charakter dieser »Meditation«). Diese Bilder können ergänzt werden durch einen Gang in eine vom Übenden bevorzugte Art der Landschaft[15] (Seeufer, Abend- oder Morgenlandschaft) oder durch das Verfolgen eines Flußlaufes bis zu dessen Quelle oder auch bis zu seiner Mündung.

d. Der gesteuerte Wachtraum (nach R. Desoille)

Das Bilderleben kann *gelenkt* werden. Man unterscheidet einen gesteuerten und einen ungesteuerten Ablauf der Bilder; es wäre aber falsch, sich darunter zwei deutlich voneinander getrennte

Verfahren vorzustellen; nur der Grad der Lenkung ist unterschiedlich. Außerdem steuert ja nicht nur der Übungsleiter, sondern auch der Übende, bemerkt oder unbemerkt.

In der AT-Unterstufe beispielsweise ist der steuernde Anteil des Übungsleiters (Fremdsuggestion) zunächst höher, um dann abzunehmen; dafür nimmt die Eigensteuerung des Übenden im Laufe des AT-Lernvorganges zu (Autosuggestion). Mit der sich einstellenden Automatisierung nimmt diese wieder ab, zugunsten eines nunmehr reflexhaft ablaufenden Vorganges (»Formelfreie Akzeptation«).

Eine ausgeprägte Lenkung der Bilder oder Vorstellungen findet bei einer oft angewandten Form der Verhaltenstherapie statt: bei der »Vorstellungs-Desensibilisierung«. Hierbei werden emotional gefärbte Bilder (emotive images), z.B. ängstliche Vorstellungen, bis zu ihrer »Entängstigung« durchgearbeitet.

Ein hoher Grad an Lenkung in einer rein imaginativen Behandlung findet sich im »gesteuerten Wachtraum« nach Desoille. Der Übende wird vor verschiedene Aufgaben gestellt. Löst er sie nur schwer oder gar nicht, so wird ihm vom Versuchsleiter eine Fülle magischer Praktiken angegeben, womit er bedrohliche oder belastende Situationen oder Gestalten abwehren kann. Es werden dem Imaginierenden beispielsweise Waffen zugespielt (Äste, Lanzen u.ä.), schützende Kleidung (vom Taucheranzug bis zum weißen Schutzmantel) und Mittel, wie sie uns aus den Märchen bekannt sind (Wunschringe, Zauberstäbe, magische Helligkeit u.ä.)[16].

Man sollte mit solchen spektakulären Eingriffen während des Imaginierens zurückhaltend sein. Man erreicht zwar damit eine schnelle Entängstigung des Übenden, dafür bleiben aber die Auswirkungen oberflächlich bzw. sind nicht von Dauer[17]. Am stärksten wird die Bildabfolge gelenkt bei der Verhaltensmodifikation; am wenigsten bei der Katharsis, bei der ja alles darauf ankommt, daß sich der belastende Konflikt in seiner individuellen Problematik selbst darstellt, ohne regulierende Eingriffe von außen. *Völlig ungelenkt* verläuft das Bilderleben relativ selten; auch bei starker Zurückhaltung des Gruppenleiters bedeuten gelegentliche Fragen, zustimmende Bemerkungen, sogar sein anteilnehmendes Schweigen eine Beeinflussung des Bildablaufes; fehlt der Übungsleiter (beim häuslichen Üben

z. B.), so sind auch hier Wünsche, Erwartungsvorstellungen, Ablehnung oder Zustimmung zu den auftretenden Bildern, erst recht begleitende Angstgefühle oder Freude für den Ablauf der Bildschau bestimmend.

Ist es für den seelisch Gesunden manchmal schon schwer, sich seinen inneren, irrational-alogischen Phantasiebereich zu erschließen, so gilt das in gesteigertem Maße für den Neurotiker. Er stößt, wenn er seine Phantasien aufdeckt, auf verdrängte, verleugnete, für ihn unerträgliche Erlebnisspuren, die sich zu autonomen Komplexen verwandelten und ihrer Aufdeckung nicht selten einen äußersten Widerstand entgegensetzen. Gelingt es dennoch – z. B. aufgrund einer besonderen Übertragungshaltung –, verdrängte Konflikte zu imaginieren, so kann der unerfahrene Übungsleiter mit einem nicht sachgerechten Verhalten in erhebliche Schwierigkeiten geraten (z. B. durch unkontrollierbares Agieren des Patienten) oder auch schweren Schaden anrichten (Destabilisierung der Persönlichkeit, Suizidgefährdung).

2. Die Katathym-imaginative Psychotherapie (Katathymes Bilderleben bzw. Symboldrama nach H. C. Leuner[18])

Die Katathym-imaginative Psychotherapie (KIP) wurde früher Katathymes Bilderleben (KB) oder Symboldrama genannt. Dieses Tagtraumverfahren wird hier eigens betrachtet, da ihm unter den bisher erwähnten imaginativen Verfahren eine Sonderstellung zukommt. Das Vorgehen ist theoretisch gut fundiert und in der Praxis systematisch erprobt worden. Die Einordnung als tiefenpsychologisch fundierte Psychotherapie sowie konzeptuelle Weiterentwicklungen (progressionsorientierter, systemischer Ansatz und Fokusbildung auf die Hier-und-Jetzt-Situation) bewirkten die oben genannte Änderung der Bezeichnung (Leuner, 1994). Konzeptuell ist die KIP in eine Unter-, Mittel- und Oberstufe gegliedert.

Der Patient wird durch eine klar strukturierte Anleitung der Entspannung »unmittelbar auf die Ebene der kontrollierten Regression versetzt«. Die Entspannung »wird notfalls durch die

Schwereübung des autogenen Trainings oder durch einige Ruhe- und Entspannungssuggestionen vertieft«[19]. Zum Abschluß wird wie beim AT zurückgenommen. Dem Übenden wird eine Reihe von *Bildmotiven* angeboten, die jeweils einen bestimmten psychodynamischen Bereich aktivieren.

Ziel der KIP ist »die Entwicklung der reifen, selbständigen Anteile des Ich des Patienten und die Förderung seiner Ablösung von den Elternimagines« (bezüglich weiterer theoretischer Einzelheiten wird auf die entsprechende Fachliteratur, z.B. Leuner, 1994, verwiesen).

Das erste Bildangebot ist die »Wiese«[20], die hier als Modell etwas detaillierter besprochen werden soll: In der Wiese spiegelt sich – zunächst – die Grundeinstellung und Gestimmtheit des Übenden. Diese Wiese kann saftig, feucht, trocken, steppenhaft-ausgedörrt sein; sie kann von Flüssen und Wegen durchzogen sein, denen der Übende folgen kann. Die Stimmung wechselt von sonnig-heiter bis wolkig-gewittrig-bedrohlich. Der Übende kann die Blumenpracht bewundern, genießen, sich hinlegen, umhergehen, es können Menschen oder Tiere auftauchen, zu denen ein Kontakt aufgenommen werden kann.

Alles, was gesehen und getan wird, hat einen psychischen Hintergrund. Hindernisse, Gräben, Zäune sind »Verhinderungsmotive« und meist Ausdruck von inneren Widerständen und Abwehr bei Konflikten bzw. neurotischen Störungen. Über den Gang der Handlungen wird fortlaufend berichtet, der Therapeut schaltet sich nur mit Kurzbemerkungen, Bestätigungen oder Fragen ein, ähnlich wie es bei der analytischen Technik üblich ist.

Weitere Motive, die dem Übenden angeboten werden, sind: der Bach, dessen Lauf zur Quelle oder zur Mündung verfolgt werden kann, der Berg, das Haus, der Waldrand, später die Höhle – alles »archetypische Bilder« (C. G. Jung), die sich besonders dazu eignen, die individuelle Phantasie jedes einzelnen Übenden anzuregen.

Ein Mittel, um die Bildabläufe in Gang zu halten bzw. zu steuern, sind die *Regieanweisungen.* Sie dienen u.a. dem Umstimmen feindseliger Symbolgestalten, dem Sich-Versöhnen mit ihnen, während auf der anderen Seite wohlgesonnene Gestalten gefördert und gepflegt werden oder ihre Hilfe in Anspruch genommen wird. Das Symboldrama ist ja die – gelegentlich dramatisch ablaufende – emotionale Auseinandersetzung des Imaginierenden mit den Symbolgestalten, die meist der Ausdruck unverarbeiteter Konflikte sind.

Eine Bildveränderung tritt z.B. auf nach einer zutreffenden Deutung durch den Therapeuten oder den Übenden. Die Wandlung der Bilder ist der sicherste Hinweis dafür, daß die ihnen entsprechenden innerpsychischen Instanzen ihre emotionale Besetzung geändert haben. Meistens wird es sich darum handeln, angsteinflößende oder aggressive Seelenanteile zu entschärfen. Diese *Wandlungsphänomene* kann man manchmal schon innerhalb einer einzigen Sitzung beobachten: Riesen schrumpfen zusammen und werden freundlich, zutraulich; Tiger, die gut gefüttert werden, verwandeln sich in kleine Kätzchen. Der Gang auf einen Berg, die Entdeckung, daß sich nach einiger Zeit (d.h. nach Wochen oder Monaten) das Panorama geändert hat, daß beispielsweise an die Stelle von Wüsten oder Steppen Wälder oder fruchtbare Täler getreten sind, kann den Stand der inneren Wandlung anzeigen. Diese Übung eignet sich gut als Test, um die erreichte Stufe der inneren Gestaltung zu bestimmen.

Die Katathym-imaginative Psychotherapie basiert auf verschiedenen (bereits erwähnten) imaginativen Verfahren, einschließlich der Bildmeditation nach Happich und des gesteuerten Wachtraumes nach Desoille.

> Der »katathyme Zustand« ist gekennzeichnet durch:
> Senkung und gleichzeitig Einengung des Bewußtseins,
> Erhöhung der Suggestibilität,
> Aufhebung des Zeitgefühls,
> Schwächung der rationalen Anteile der Abwehr,
> »kontrollierte Ich-Regression«,
> Abgabe der reifen Ich-Funktion an den Therapeuten,
> Vertiefung der Versenkung durch die Imagination.[21]
> Alle diese Veränderungen finden sich auch beim AT, bis auf eine wichtige Ausnahme: die »Abgabe der reifen Ich-Funktion an den Therapeuten«.

Diese Abgabe führt beim Übenden zu einem Zustand, der der Fremdhypnose ähnlich ist. Zusammen mit der Ent-Ichung kommt es zu einer *Passivierung,* in der Bildmotive induziert werden. Diese Fremdsteuerung kommt in der englischen Bezeichnung »*guided* emotional imagery« deutlich zum Ausdruck. Damit rückt diese Methode in die Nachbarschaft des »gesteuerten Wachtraumes« (rêve éveillé *dirigé*) von Desoille. Im Unterschied hierzu strebt das AT einen Aufbau des Ich an, darin der modernen Ich-Psychologie verwandt, die bestrebt ist, Störungen und Schwächen des Ich zu beseitigen. Die Regression beim AT ist zwar auch gesteuert, aber durch das Ich, nicht durch den Therapeuten. Auch beim Auffinden der Leitsätze – die individuell geprägt und verbindlich sein sollen – ist das bewußte Ich in hohem Maße beteiligt.

Ein zweiter Unterschied zwischen AT und der KIP ist das Benutzen magischer Einflüsse bei dieser Methode[22]. Es werden sowohl magische Mittel (Flüssigkeiten, Nahrung), als auch magische Praktiken (essen, trinken, baden, mit dem Blick bannen) angewandt, die zwar schnell und symptombeseitigend wirken können – darin der Hypnose verwandt –, ob aber auf die Dauer und in die Tiefe, das bleibe dahingestellt. Magie ist definitionsgemäß eine Einflußnahme durch Ich-fremde Kräfte, die einer selbst zu erarbeitenden Stärkung des Ich (s. nächstes Kapitel) nicht entgegenkommt.

3. Die aktive Imagination (nach C. G. Jung)

a. Der Ablauf der Imagination

Seit 1913 hat Jung in verschiedenen Büchern zu einer Methode Stellung genommen, die er aktive Imagination nannte[23]. Mit ihrer Hilfe ist es leichter möglich, eine Verbindung zwischen dem Ich und dem Unbewußten herzustellen.

Die Wege ins Unbewußte sind mannigfaltig. Jung schreibt darüber: »Die Resultate dieser Bemühung sind zunächst in den meisten Fällen wenig ermutigend... auch sind die Wege zur Erlangung der Phantasien individuell verschieden... manche schreiben sie am leichtesten, andere visualisieren sie, und wiederum andere zeichnen und malen sie mit oder ohne Visualisierung... Oft können nur die Hände phantasieren, sie modellieren oder zeichnen Gestalten, die dem Bewußtsein oft gänzlich fremd sind. Die Übungen müßten so lange fortgesetzt werden, bis der Bewußtseinskrampf gelöst ist...«[24]

Die Annäherung an das Unbewußte nannte Jung »den unentbehrlichen zweiten Teil jeder Analyse, die in die Tiefe gehen soll«[25]. Da Jung mit dem Einhalten einer analytischen Technik flexibel umging und ihm alles auf das Resultat ankam, haben viele Jung-Nachfolger keine Bedenken, die aktive Imagination auch als eigenes therapeutisches Verfahren angewandt zu sehen – analytische Kenntnisse vorausgesetzt. Im Rahmen dieses Buches soll auf Eigenschaften dieses Verfahrens hingewiesen werden, da es für jede imaginative Therapie wichtig ist – hat doch die aktive Imagination bei allen heute gebräuchlichen therapeutischen Formen von Imagination Pate gestanden.

Als wesentliche Voraussetzung (bei der Anwendung aller Imaginationsformen) wird ein stabiles Ich gefordert. Sehr vereinfacht gesagt hat – nach dem psychoanalytischen Modell – das Ich die Beziehung zu drei Instanzen zu regeln: zur Außenwelt, zum Über-Ich (der von der Familie und Umwelt geprägten moralischen Instanz) und zum Es (dem Träger der unbewußten Triebregungen). Ist der bewußte Anteil des Ich instabil, so neigt dieses dazu, sich den oft überstrengen Forderungen des Über-Ich zu unterwerfen, oder es läßt sich von der realen Umwelt einschüchtern, oder es wird von den sehr beweglichen Triebmächten des Es überschwemmt. Das aktive Imaginieren führt eine Auseinandersetzung des Ich mit dem eigenen Es herbei. Wird dabei unvorsichtig vorgegangen, so kann sich das Es wie der Flaschengeist des Märchens verhalten; das Ich befindet sich dann (um eine zweite Metapher zu benutzen) in der Rolle des Zauberlehrlings, der Ereignisse in Gang brachte, die er nicht mehr zu steuern vermag. Es erliegt damit einer malignen (bösartigen) Regression. Daher die Notwendigkeit einer Kontrolle durch einen Therapeuten, die, wenn die Entwicklung sinnvoll verläuft, in immer größeren Abständen erfolgen kann.

Der erste Schritt beim Beginn der aktiven Imagination ist das Herstellen einer *»Leere«*[26] – ähnlich wie in manchen östlichen Meditationen. In dieser Leere tauchen – wenn man die nötige Geduld hat – Bilder, Phantasien, Stimmen, meist in Form von redenden Figuren auf. Lassen diese auf sich warten, kann man auf »automatisches« Malen oder Schreiben zurückgreifen oder auf Traumfetzen, abgebrochene Träume, die oft mitten ins Problem führen. »Nacht ist es – nun reden lauter alle springenden Brunnen, und auch meine Seele ist ein springender Brunnen«, sagt Nietzsche. (Auch Phantasien können springende Brunnen sein.)

Läuft das »innere Kino« ab, in dem man nur Zuschauer ist, so ist die Stufe der *»passiven Imagination«* erreicht. Diese muß sich jedoch weiter entwickeln zur »aktiven Imagination«, bei der man »als handelnde und leidende Figur in das innere Drama eintritt«[27] und damit in die »psychische Objektivität, in die Wirklichkeit der Seele«[28]. Ein probater Weg, Phantasien zu fassen, ist ein Abstieg in die Tiefe. Stößt man dann auf Gestalten, d.h. Personifikationen des Unbewußten, so versucht man, mit ihnen ins Gespräch zu kommen. Das bedeutet, daß man Inhalte des Unbewußten isoliert, »indem man sie personifiziert und dann vom Bewußtsein her einen Kontakt mit ihnen herstellt. Nur so kann man ihnen die Macht entziehen, die sie sonst auf das Bewußtsein ausüben«[29]. »Diese Auseinandersetzung zwischen dem Ich und dem Unbewußten... ist der zweite und wichtigste Teil der Prozedur.«[30] Es handelt sich dabei um einen Dialog zwischen Gleichberechtigten, der ebenso gut zwischen Arzt und Patient stattfinden könnte[31]. »Was der Arzt dann tut, ist weniger Behandlung, als vielmehr Entwicklung der im Patienten liegenden schöpferischen Keime.« Zu viel Methode von Seiten des Arztes, zu viel Führung (wie sie bei so vielen imaginativen Verfahren angewandt wird), zu viel Zielvorstellung sind der Entwicklung des Patienten meist abträglich. »Die Therapie muß sich wohl oder übel nach den irrationalen Gegebenheiten des Kranken richten.«[32] Im Gegensatz zu Freud, der analytisch-reduktiv verfährt, fügt Jung eine Synthetik hinzu, »welche die Zweckmäßigkeit der unbewußten Tendenzen hinsichtlich der Persönlichkeitsentwicklung hervorhebt«[33]. Alle diese Überlegungen sind nur aus Jungs Auffassung verständlich, der, im Gegensatz zu Freud, das Unbewußte nicht als »Ort« nicht bewußtseinsfähiger Motive und verdrängter bzw. unbearbeiteter Konflikte aus der Entwicklung des einzelnen Menschen versteht, sondern als einen nicht nur persönlichen, sondern auch kollektiven Bereich von ozeanischer Ausdehnung, mit Strömungen verschiedenster Wertigkeit, aus dem das Bewußtsein wie eine kleine Insel herausragt.

Außer verdrängten Trieben und unerfüllten Wünschen, die vom Unbewußten her das bewußte Erleben und Handeln erheblich stören können, findet man bei Jung eine ganze Reihe von personifizierten Tendenzen, von *Urbildern* (Archetypen), die für ganze Kulturen, sogar für die ganze Menschheit Geltung haben. Solche Urbilder sind schon gelegentlich erwähnt worden: Prometheus und Epimetheus z. B. »Jeder Mann trägt seine Eva in sich« – (wie umgekehrt jede Eva ihren Adam) – sagt der Volksmund[34]. Jung nannte diesen gegengeschlechtlichen, ergänzenden Anteil beim Manne die Anima, bei der Frau den Animus. Auf dem Wege der Selbstfindung, der *Individuation,* kommt man an diesen Gestalten nicht vorbei. Animus und Anima stellen die Verbindung vom Unbewußten zum Bewußten her. Je nachdem, wie man mit ihnen umgeht, können sie außerordentlich hilfreich sein. Sie können aber auch zerstören, das Ich kann ihnen verfallen. Da die Urbilder immer persönlich gefärbt sind, treten sie in den mannigfaltigsten Variationen auf; es bedarf der Hilfe des Therapeuten, um sie sicher zu identifizieren. Das gilt auch für die Rolle dieser Gestalten, die zunächst für sich sprechen und nicht für das Wohl des Ich, dem sie sich durch allerhand Kniffe zu entziehen versuchen. Sie sollen in den Dienst des Ich gestellt werden und versuchen, sich dem zu entziehen, indem sie sich, wie der altgriechische Prometheus, von einer Gestalt in die andere verwandeln.

Es ist schwierig zu unterscheiden, ob unser reales Ich oder ein nur fiktives Ich die Beziehungen zu den erwähnten Gestalten aufnimmt. Sicher zu entscheiden ist es manchmal nur daran, ob der eingeschlagene Weg sich auf die Dauer als der richtige erweist, oder ob es sich um eine Sackgasse handelte. Ferner ist oft unsicher, ob die uns begegnende Gestalt eine Projektion des Ich oder aber eine echte Personifizierung des Unbewußten ist. Die Echtheit der Gestalt erkennt man in ihren Antworten, die unser Ich niemals erfunden haben könnte.

Jung weist ferner auf die Gefahr einer *Intellektualisierung* hin, bei der man alles schnell verstehen und deuten will: »Man versteht alles und hat doch seine Neurose wie zuvor.«[35] Dasselbe gilt für die Ästhetisierung: Man malt, schreibt oder protokolliert des Geschehen besonders schön und wird dadurch vom Wesentlichen abgelenkt. Auch bei einer Vernachlässigung der *ethischen Einstellung* kommt man nicht weiter; es geht hier um die Verbindlichkeit und Verantwortlichkeit des inneren Tuns: Das Geschehen darf nicht nur Befriedigung gewähren, es muß interpretiert und konsequent verfolgt werden; dazu gehört z.B., daß man das Versprechen, täglich mit seiner Anima (bzw. seinem Animus) ein kurzes Gespräch zu führen, auch einhält[36].

b. Gemeinsamkeiten von aktiver Imagination und AT

Ich bin auf die Jungsche Imagination näher eingegangen, weil sie mit dem AT, trotz scheinbarer großer Verschiedenartigkeit, bei näherer Prüfung viele gemeinsame Züge aufweist.

1. Wichtig bei der Imagination ist die Beibehaltung des Bewußtseins an jener »subtilen Mitte an der Schwelle des Bewußtseins... Ist man zu hell bewußt, so bricht die Phantasie leicht ab, ist man es zu wenig, so schläft man ein...«[37] Ähnlich im AT die »Gratwanderung« zwischen Schlaf und Wachsein.

2. Ebenso typisch wie der beschriebene »Balanceakt« an der Grenze des Bewußtseins ist für beide Methoden die »Leere«, die nach Jung die Vorbedingung der aktiven Imagination ist. Sie entspricht der »carte blanche« (Luthe), dem Zustand völliger Unabhängigkeit von der Außenwelt, in dem sich keine vagabundierenden Alltagsgedanken mehr einstellen: die beste Basis für Leitsätze und für die gehobenen Aufgaben des AT. Die von Jung geforderte »Leere«, die oft schwer herzustellen ist, ist beim autogen Eintrainierten bereits vorhanden, wenn er mit dem Imaginieren beginnt, was eine wesentliche Erleichterung der bestehenden Aufgaben bedeutet.

3. Wie schwer der Zustand der »weißen«, also »leeren« Karte, d.h. der Bewußtseinsleere, zu erreichen ist, zeigen die technischen Hinweise verschiedener Autoren. Schultz spricht von »denkerischer Verkrampfung«, Baudouin vom »Gesetz der das Gegenteil bewirkenden Anstrengung«[38], Jung von einem »Bewußtseinskrampf« – alles Hindernisse, die sich einstellen können.

4. Das Gegenmittel hierzu ist das »Geschehenlassen«, das »Tun im Nicht-Tun«, das »Sich Lassen«; im AT die »formelfreie, passive Akzeptation«, mit anderen Worten, die Annahme

dessen, was geschieht, der Zustand, in dem alles »von selbst« sich einstellt, bei gleichzeitiger Vermeidung jeder intentionalen Einstellung.

5. Das Ergebnis ist – oft erst nach Wochen – die Erweiterung der sinnlichen Erfahrung, der Körpererlebnisse, der Klangbilder oder (am häufigsten) das Sich-Einstellen eines »inneren Kinos«. Setzt sich das Ich in der AT-Grundstufe vorwiegend mit vegetativen Funktionsstörungen (und deren Begleiterscheinungen) auseinander, so ist eine Aufgabe der Oberstufe die »fragende Einstellung an die Versenkung«. Fragenstellen bedeutet aber die Aufnahme eines Dialogs. Ebenso kommt es (nach Jung) zu einer Auseinandersetzung zwischen dem Ich und dem Unbewußten, indem man mit den imaginierten Gestalten ins Gespräch kommt.

6. Das Protokollieren des Erfahrenen spielt dabei eine große Rolle: bei Jung zunächst nach, später am besten schon während der Übung. Im AT dient das Aufschreiben einer Erhöhung der Aufmerksamkeit, einer Intensivierung des Erfolgserlebnisses, durch dessen Feedback man zu besserer Motivation und damit zur Intensivierung des Lernvorganges kommt. (Bei der autogenen Neutralisation am konsequentesten durchgeführt.)

7. Zu viel Methode, vor allem zu viel Führung durch den Therapeuten, ist unangebracht, sowohl beim AT, das von einer – wenn auch zunächst übernommenen – Autosuggestion ausgeht, als auch beim aktiven Imaginieren. Beide Verfahren helfen dem Patienten, sein Selbst selbst zu suchen und zu finden; sie sind also mit seiner Selbstentwicklung identisch.

8. Jung warnt vor einem zu starken Ästhetisieren und Intellektualisieren. Wo der Intellekt herrscht, ist eine Regression, eine Introspektion, ein Hineintauchen in die Bilderwelt weder beim AT, noch bei der Imagination möglich, was nicht ausschließen soll, daß das Bewußtsein die Kontrolle über die innerpsychischen Vorgänge behalten soll. AT und Imagination tragen ihren Sinn in sich selbst; eine vermeintliche ästhetische oder intellektuelle Aufwertung kann diesen Sinn nur verfälschen.

9. Besonders hervorgehoben wird von Jung die ethische Einstellung, die Verantwortlichkeit gegen sich selbst und gegenüber der Entfaltung der eigenen Möglichkeiten. Ohne diese

(reife erwachsene) Grundeinstellung sind weder AT noch Imagination möglich. Hierher gehört auch die Protokollierung der Übungen und ihre regelmäßige Wiederholung. (Nebenbei sei hier bemerkt, daß eine ganze Reihe von Ansinnen an den Psychotherapeuten *nicht* von dieser Verantwortlichkeit getragen werden, z. B. wenn ein Patient hypnotisiert werden möchte, nur um ein lästiges Symptom loszuwerden.)

10. Abschließend der wichtigste Vergleichspunkt: Beide Methoden sind *aktive* Verfahren. Das AT gehört zu den »aktiv übenden Verfahren«[39], bei denen der Übende aktiv an seiner Entwicklung beteiligt ist und den Therapeuten praktisch nur als »Wegweiser«, höchstens als zeitweiligen Begleiter braucht. (Man vergleiche damit die passive Haltung eines Patienten bei der Hypnose. Passiv ist das Imaginieren eines Kindes, das sich leicht hervorrufen läßt, ebenso ein Traum oder »ein interessantes Gespräch mit seinem Arzt, dessen Ergebnis irgendwo in der Luft hängt«[40].) Aktiv nennt Jung erst die »materielle Gestaltung des Bildes..., die zu einer anhaltenden Betrachtung in allen seinen Teilen zwingt..., so daß es dadurch seine Wirkung voll entfalten kann«[41]. Gestalten heißt insbesondere: ein Bild malen, Situationen beschreiben, Protokollieren von Gesprächen und Vorgängen, bis die Dinge Wirklichkeit gewinnen. »Wirklich ist was wirkt«, sagt Jung. »Die Phantasien des Unbewußten wirken – darüber ist kein Zweifel gestattet.«[42]

4. Andere imaginative Verfahren

Oberstufe des AT, Katathym-imaginative Psychotherapie und aktive Imagination sind gekennzeichnet durch den Versuch einer theoretischen Fundierung und Systematisierung der Vorgehensweise und des Ablaufes. Andere Verfahren legen weniger Wert auf die Theorie, sondern sind explizit erfahrungsgeleitet und anwendungsorientiert.

Recht bekannt im klinischen Bereich ist das *Simonton-Verfahren,* das bei der Behandlung von Krebskranken angewendet wird. Neben anderen Elementen wird Imagination hier in der Form eingesetzt, daß der Patient auf der Vorstellungsebene Kontakt mit seinem Tumor aufnimmt. Im Sinne einer geleiteten Imagination (auf Tonbandkassette) werden Heilungsvisualisierungen entwickelt und täglich geübt. Man geht davon aus, daß die »heilenden« Bilder Körperabwehrkräfte (das Immunsystem) des Krebspatienten aktivieren. Wissenschaftliche Studien belegen, daß durch dieses Verfahren eine allgemeine Verbesserung der Befindlichkeit bewirkt wird und auch der Depressionswert gegenüber einer Kontrollgruppe signifikant sinkt. Es gibt auch, was natürlich der beeindruckendste Erfolg wäre, erste Belege dafür, daß die mittleren Überlebenszeiten stiegen[43].

Zunehmend setzt die *kognitive Verhaltenstherapie* imaginative Elemente ein. Früher sah die Lerntheorie den Organismus als »black box« an und vernachlässigte zugunsten eines Reiz-Reaktions-Konzeptes innerpsychische Abläufe. Seit den achtziger Jahren rücken jedoch im Zusammenhang mit der »kognitiven Wende« der Verhaltenstherapie gerade imaginative Elemente in den Focus sowohl der Theoriebildung als auch insbesondere des therapeutischen Vorgehens. Diese Imaginationen dienen jedoch nicht der vertieften Innenschau und dem Bewußtwerden von tieferliegenden Persönlichkeitsdimensionen, sondern der Veränderung von emotionalen Erlebnisqualitäten und ungünstigen Verhaltensweisen. »Therapeutisches Ziel aller imaginativen Verfahren ist die offene und/oder verdeckte Verhaltensänderung«[44]. Die Imagination wird als »Vehikel einer lerntheoretisch begründeten Verhaltensänderung angesehen«[45]. Der Patient wird auf einer imaginativen Ebene möglichst detailgerecht hinsichtlich sensorischer, motorischer und affektiver Elemente in eine problembehaftete Situation gebracht (z.B. eine Angstsituation). Dabei wird versucht, auf dieser imaginativen Ebene ungünstige Denkweisen (Kognitionen) und korrespondierende Gefühle (Affekte) zu modifizieren und ein geändertes Verhalten zu imaginieren (z.B. Neuinterpretation der Situation, Veränderung von Kontrollüberzeugungen, neue Problemlösestrategien). Diese Imaginationskontrolle durch das »Guided Imaginal Coping« gilt als wichtige Entwicklung im Bereich der Verhaltenstherapie[46]. Im Idealfall übernimmt der Patient diese mit dem Therapeuten erarbeitete Vorgehensweise als Problemlösestrategie. Nach Meichenbaum (1986) erinnert sich der Patient in einer konkreten Situation an seine während der Imagination erlernten Bewältigungsstrategien, wodurch verändertes Verhalten im Alltag wahrscheinlicher wird.

39. Kapitel
Autogenes Training und analytische Verfahren

Im vorliegenden Buch wurden bereits häufig Vergleiche zwischen AT und anderen psychotherapeutischen Verfahren gezogen und Kombinationsmöglichkeiten erwogen. Auch auf die Beziehungen zu den analytischen Methoden wurde wiederholt hingewiesen. Wenn dieses Thema jetzt noch einmal aufgenommen wird, so im Sinne einer – wenn auch erweiterten – Zusammenfassung.

Freud übernahm zu Beginn seiner Forschung (von Breuer) die Hypnose als Behandlungsform, bei der ja *auch* eine Regression besteht, allerdings durch fremde Mittel herbeigeführt. Im hypnotischen Zustand erzählten die Patienten von einschneidenden Kindheitseindrücken, die sie im Wachzustand nicht erinnerten. In der späteren Form der klassischen Psychoanalyse wird das nötige Material im Nachttraum gefunden, entstammt also einem Zustand natürlicher Regression, dem Schlaf. Bearbeitet wird dieses Traummaterial durch Assoziationen. Im 4. Kapitel wurde die Entwicklung sowohl des AT als auch der Psychoanalyse aus der Hypnose besprochen. Die Introspektion, die bei der Hypnose nur durch die Suggestion des Hypnotiseurs, ohne Mitarbeit des Patienten, also *passiv* zustande kommt, wird sowohl beim AT als auch bei der Assoziationsmethode Freuds und der aktiven Imagination nach C. G. Jung *aktiv,* introspektiv. Im Unterschied zur Hypnose ist der Patient nunmehr voll am Heilungsprozeß beteiligt. Das dürfte einer der

Gründe gewesen sein, die Freud dazu bewogen, die Hypnose aufzugeben.

Ein kleiner Rest dieser Hypnose wurde weiterhin benutzt, wenn auch in stark verdünnter Form und viel bewußtseinsnäher vom Patienten selbst herbeigeführt. Es ist die »gleichschwebende« (Freud) entspannte Aufmerksamkeit, die auch bei der »Selbsthypnose des autogenen Trainings« (Thomas) angewendet wird. Das Wichtigste an diesem Zustand ist das »Kommen-Lassen«[1], das »Von-selbst-Entstehende«, »Von-selbst-Auftauchen« der Einfälle.

Eine der Klippen bei der analytischen Methode ist die Umstellung von logisch-rationalem, zielgerichtetem Denken auf die ungerichtete Assoziation des freien Einfalls. Manche rational eingestellten oder systematischen Denker haben damit ihre liebe Not. Ich kenne Menschen, die mehrere hundert Analyse-Sitzungen brauchten, um eine echte, emotional gesteuerte, assoziative Technik des freien Einfalls zu lernen (auch bei Lehranalysen). Es wäre sehr zeit- und kraftsparend, als Vorspann zu einer Analyse die Grundübungen des AT zu lernen und damit die oben erwähnte Dreiheit von Entspannung, Regression und Introspektion zu erwerben. Psychoanalyse arbeitet aber auch in einem Zustand von Spannung.

Während einer analytischen Behandlung tritt eine (unbewußte) erhöhte Alarmbereitschaft ein, in der ein Auftauchen, ein Sich-Offenbaren unerwünschter psychischer Inhalte mißtrauisch-abwehrend beobachtet wird: der *Behandlungswiderstand.* Man kann jede Neurose als eine Notlösung auffassen, bei der einander widerstreitende Triebregungen, Emotionen, Forderungen des Gewissens und der Umwelt meist mit viel Mühe im Gleichgewicht gehalten werden. Es stellt sich während einer Analyse in erhöhtem Maße ein Widerstand gegen alle Maßnahmen ein, die dieses künstliche, labile Gleichgewicht und Sicherungssystem bedrohen. Jeder Analytiker weiß, wieviel Geduld und Zeit es erfordert, bis Patienten diesen Widerstand gegen die eigene Introspektion abbauen. Eines der Hauptabwehrmittel ist das »Rationalisieren«, mit dem alles, was geschieht, assoziiert oder geträumt wird, mit guten Scheingründen erklärt wird. Damit wird eine Bedrohung des neurotischen Gebäudes und die damit verbundene Angst abgewehrt.

Nicht so beim AT. Zumindest pflegt der Behandlungswiderstand hierbei weit weniger intensiv und nicht so lückenlos zu sein wie in der Analyse. Körperempfindungen, aufsteigende Bilder, überraschende Einfälle, die unverbindlich und unverfänglich scheinen, werden eher angenommen, nicht zuletzt deswegen, weil zunächst gar nicht oder sehr vorsichtig auf sie eingegangen wird. Die oft mit diesen Produktionen verbundene Angst, die in der Analyse sehr heftig sein kann, schwindet im AT daher auch bald. Ist erst der Prozeß der Somatisierung im AT (Schwere und Wärme) in Gang gekommen, pflegt die Introspektion, das Eingehen auf eigene seelische Inhalte, nachzufolgen: Aufsteigende Einfälle werden hin- und angenommen, das Sich-Sträuben gegen irrationales Geschehen läßt nach, die Scheu, beispielsweise vor Träumen, geht verloren. Die Angst vor der Bedrohung der neurotischen Schutzburg läßt nach, der Abwehrpanzer lockert sich. Mit anderen Worten:

Das AT, mit seiner gesteuerten Form der Regression, bereitet unter Verminderung der Angst und des Widerstandes den Weg zum Unbewußten vor.

»Das absichtliche Übergehen subjektiver Probleme läßt langsam nach, in dem Maße, in dem sich das Erlernen des AT vollzieht.«[2] »Manche Menschen finden Gefallen daran, in sich selbst hinabzutauchen, und sie praktizieren die Entspannung wie ein Spiel.«[3]

Es gibt weitere Möglichkeiten, durch die das AT eine Analyse unterstützen kann: Bei den analytischen Verfahren spielen die Träume eine große Rolle. Freud bezeichnet sie als die »via regia«, als den königlichen Weg zum Unbewußten. In gleicher Weise lassen sich die katathymen Bilder verwerten. Nachtträume sind oft der Ausdruck sehr tiefer seelischer Schichten und sind dementsprechend komplex und auch schwer aufzuschlüsseln. Die katathymen Bilderlebnisse stammen aus zugänglicheren seelischen Bereichen. Viel häufiger als die Nachtträume werden die imaginierten Bilder als eigenes Produkt empfunden, sie sind also »autogener«. Es ist leichter als bei den Träumen, die Bilder zu »objektivieren«, d.h. sie zum Gegenstand einer Betrachtung zu machen. Imaginierte Bilder sind unmittelbarer, frischer, lassen sich besser erfassen, bleiben besser im Gedächtnis haften; sie werden leichter angenommen und unterliegen weniger einer Verdrängung.

Wichtig ist auch, innerhalb derselben Behandlungssitzung zu den Bildern Stellung zu nehmen. Assoziationen und Bildschau liegen dicht beieinander: Man kann die Bildschau auffassen als eine Assoziation auf einer tieferen Bewußtseinsstufe. Das analytische Assoziieren verläuft vorwiegend in emotional gelenkten Gedanken und Vorstellungen, das Imaginieren entstammt hingegen ganz der »Schicht der Bilder«. (Zwischen beiden wäre das »Bildstreifendenken« nach E. Kretschmer angesiedelt.)

Während die Nachtträume ein spontanes Geschehen darstellen, das willkürlich nicht hervorgerufen werden kann und – aus welchen Gründen auch immer – oft schlecht behalten wird, lassen sich die Imaginationen – ein autogener Zustand (mit der Trias Entspannung, Regression, Introspektion) und eine gewisse Übung vorausgesetzt – auch willkürlich in Gang bringen.

Weitere Vorteile der Imagination: Man kann mit ihr wahlweise kathartisch oder analytisch umgehen. Man kann ferner die Bildmotive gesteuert einstellen (Wiese, Bach, Berg etc.) und damit die Produktion des Unbewußten anregen bzw. in eine bestimmte Richtung lenken.

Aufgrund von geschauten Bildern läßt sich ein unbewußter Konflikt meist schneller diagnostizieren als durch Nachtträume und auch leichter psychotherapeutisch bearbeiten. Außerdem kann man in einer klassischen Analyse eine schnellere Aufschlüsselung von Träumen erreichen, wenn man mit dem Imaginieren an Traumreste oder unterbrochene Träume anknüpft, also eine »Bild-Assoziation« mit einschaltet.

Der Gedanke, Imaginationen ebenso wie Träume zu bewerten und therapeutisch zu nutzen, stammt von Jung. Er hielt die (im Kap. 38, 3 beschriebene) aktive Imagination für so wesentlich, daß er sie als »unentbehrlichen zweiten Teil jeder Analyse« bezeichnete. Im Katathymen Bilderleben (Leuner) ist dann diese zweite Form der Annäherung an das Unbewußte systematisch ausgebaut, auch für kurzdauernde Behandlung verfügbar und für die tägliche tiefenpsychologisch orientierte Praxis verfügbar gemacht worden.

Die Vergabe der Prädikate »retrospektiv«, »prospektiv« und »gegenwartsbezogen« an verschiedene Psychotherapieverfahren geschieht relativ rasch, ist aber nicht ohne Probleme (s. Kap. 27).

Das AT ist zunächst einmal ein Verfahren im Hier und Jetzt und bedarf der Verknüpfung mit *Vorsatzbildung* und *Imagination,* um zukunftsorientiert zu werden.

Die klassische Psychoanalyse ist erst einmal ein Verfahren, in dem das Hier und Jetzt (Übertragung und Gegenübertragung, Konflikte) gleichwertig neben dem Dort und Damals steht. Über eine eigene zukunftsorientierte Behandlungstechnik verfügt sie nicht. Demgegenüber ist in der Analytischen Psychologie C. G. Jungs fraglos eine teleologische (zielorientierte) Sicht vorhanden. Wenn es Ziel der Psychotherapie ist, Vergangenheit und Gegenwart in die zukünftige Entwicklung zu integrieren, dann könnte die *Kombination psychoanalytischer Einsichten mit Vorsatzbildung und Imagination* in diesem Bereich liegen. Mit der gleichen Logik kann man auch für eine *Kombination von Psychoanalyse und verhaltenstherapeutischen Behandlungselementen* (Bewältigungsstrategien, geplante Exposition u.a.) argumentieren.

Die technischen Mittel bei den analytischen und den imaginativen Verfahren ähneln sich stark. Von Freuds berühmtem »Erinnern, Wiederholen, Durcharbeiten« fällt bei der Imagination das Erinnern (im Gegensatz zur Analyse) am leichtesten. Die Darstellung eines Bildes, dessen Verbalisierung oder, wenn außerhalb der Sitzung beobachtet, das »Wiedererleben«, auch das »freie Assoziieren« über das Bild, all das entspricht der soeben erwähnten Anweisung Freuds, man solle sich Bilder, z.B. auftretende Gestalten, sehr genau ansehen; am deutlichsten formuliert es Jung, der dasselbe Bild an mehreren aufeinanderfolgenden Tagen aufsteigen läßt, mündlich und schriftlich beschreiben läßt, bis die Züge des Bildes ganz deutlich werden, sich evtl. abändern, um dann schließlich ihre endgültige Gestalt anzunehmen.

Eine von Wallnöfer gezeigte Methode, die *Märchentechnik*[4], kann man als eine weitere Form der Verarbeitung, der »Bildassoziation«, bezeichnen. Tauchen beim Imaginieren eine Reihe unzusammenhängender Einzelbilder auf, so läßt man den Übenden daraus ein Märchen verfassen, was nicht selten zu überraschenden Einsichten führt[5].

Weitere technische Hilfen sind das Stellen von neutralen Fragen, um die Aufmerksamkeit wachzuhalten bzw. den Ablauf der Bilder in Gang zu halten. Eine Deutung der Phänomene sollte möglichst dem Übenden überlassen werden. Je vorsichtiger Bilder vom Therapeuten gedeutet werden, um so weniger Widerstände werden mobilisiert, um so flüssiger laufen das AT, die Imagination und die Analyse ab.

40. Kapitel
Autogenes Training, Persönlichkeitsentwicklung und Bewußtseinserweiterung

Die Persönlichkeit wird verschieden definiert. Nach der statischen Auffassung ist die Persönlichkeit die Gesamtheit aller Eigenschaften, die dem Individuum seine unverwechselbare Eigenart verleihen. Als Beweis gilt, daß der einzelne sich selbst immer wieder erkennt und auch durch andere als derselbe wiedererkannt wird; aber gerade dieser Beweis ist brüchig, denn vielen Menschen ist es unmöglich, sich in frühere Entwicklungsstadien hineinzudenken bzw. sie nachzuempfinden, und auch Außenstehende bestätigen gelegentlich, jemand sei ein »ganz anderer Mensch geworden«.

Von anderer Seite wird der *Prozeßcharakter* der Persönlichkeit betont. Es bedarf wohl kaum des Hinweises, daß wir diese zweite Auffassung vertreten: uns geht es nicht um die Erbmasse, die das gesamte Leben vorprogrammiert, sondern um die dynamische Auffassung des individuellen Lebensablaufes, genauer gesagt um die Möglichkeit, Erbanlagen und frühkindliche soziale Einflüsse aufgrund von Lernprozessen abzuändern oder in einer bestimmten Richtung weiterzuentwickeln.

Die Entwicklung des Menschen ist nie ein Vorgang, der sich nur auf einem bestimmten Sektor oder in einer bestimmten Funktion abspielt; immer ist der Mensch als Gesamtperson daran beteiligt. Hierzu steht nicht im Widerspruch, daß bei der Besprechung von der Abwandlung der verschiedenen vegetativen und emotionalen Abläufe bzw. ihrer Störungen durch das AT immer wieder von Persönlichkeitsentwicklung gesprochen wurde: die Gesamtpersönlichkeit läßt sich nur von ihren Einzelfunktionen her beeinflussen. Das Bestimmende im Leben sind nicht die großen Entschlüsse, sondern der Weg der kleinen Schritte, die »kleine Arbeit, tagaus tagein« (vgl. das Motto zu Beginn des Buches).

Bestand haben nur »organismische«, in die Gesamtpersönlichkeit eingeordnete folgerichtige Entwicklungen, und die brauchen ihre Zeit. Damaskus-Erlebnisse, zündende Geistesblitze, plötzliche Wandlungen der Persönlichkeit sind selten, zumindest sind sie dann von langer Hand vorbereitet. Das geht deutlich aus den Schilderungen und Beispielen des »kreativen Augenblickes« hervor. Auch negative Persönlichkeitsveränderungen gehen langsam vor sich: man denke an die Auswirkungen von Drogen, Alkohol, überhaupt Suchtmitteln, von langen Haftzeiten, Fließbandarbeit u.a.m.

> Der grundlegende Vorgang des AT ist die Abänderung vegetativer Funktionen, die weiter zu einer Kontrolle des emotionalen Lebens und damit zu einer *Selbstkontrolle* im innerpsychischen und sozialen Bereich führt. Diese wiederum ermöglicht eine freiere *Selbstbestimmung,* Selbstverfügung und damit zusammenhängend ein spontanes, sachbezogenes und partnergerechtes Verhalten: das bedeutet ein Mehr an menschlicher *Autonomie.*

Diese Entwicklung zur Autonomie wird durch eine *Beseitigung störender Faktoren* gefördert; die Vergrößerung des Bewußtseinsbereiches ist dagegen eine echte Neuerwerbung.

Die Oberstufe des Trainings führt zu einer Entfaltung von brachliegenden, bis dahin nicht genutzten »minderwertigen« Funktionen; dazu gehört das Auftauchen bisher nie gekannter Emotionen, Stimmungen und Befindlichkeiten, die Entwicklung optischer Erlebnisse, das symbolisch-anschauliche Sich-Darstellen von Problemen – mit einem Wort: eine Fülle neuer Einsichts- und Erlebnismöglichkeiten.

Voraussetzung für die *Ausweitung des Bewußtseins* ist eine veränderte psychische Blickrichtung: weg von der Außenweltbetrachtung hin zur Innenschau, zur Ein-Sicht in des Wortes doppelter Bedeutung. Das Bedürfnis einer Wendung nach innen pflegt im Laufe des Lebens zuzunehmen: In der ersten Lebenshälfte ist der Mensch vorwiegend nach außen gerichtet, extravertiert; er wird von Ausbildung, Beruf, Partnerfindung ausgefüllt. Die Introversion gehört zu den Erfordernissen, die in der zweiten Lebenshälfte (nach C. G. Jung) nicht vernachlässigt werden dürfen, wenn die individuelle Entwicklung sinnvoll verlaufen soll. Weicht man diesem vorgezeichneten Weg aus, so kommt es zu einem Entwicklungsstillstand oder zu Krisen, zu den heute viel beachteten Krisen der Lebensmitte.

Mit der erzwungenen Extraversion, die das Zeitalter der Technik mit sich bringt, wird, als Ausgleich und Reaktion, der »Weg nach innen« (Hermann Hesse) auch von der Jugend immer häufiger beschritten. Die Entwicklung der Autonomie, der Selbstverfügung des Menschen, wird durch Beseitigung von Faktoren gefördert, die sich ihr in den Weg stellen. Die Unterstufe des AT hat daran einen großen Anteil. Damit wird der Weg frei für die Durchführung der gehobenen Aufgaben. Über die Introversion verläuft der Weg zu neuen Erlebnismöglichkeiten. Der Introspektive gleicht den Fischern tropischer Meere, die in den Boden ihrer Boote eine Glasscheibe eingebaut haben, durch die hindurch der Blick in Räume von ungeahnter Ausdehnung und von überwältigender Formenfülle dringt. In diese Räume gilt es hinabzutauchen.

Anmerkungen

Die Stichworte in Kursivschrift verweisen entweder auf das Verzeichnis der Abkürzungen für Standard- und Sammelwerke oder (Lit.) auf das allgemeine Literaturverzeichnis.

Der Autorenhinweis bei den einzelnen Formeln ist ohne Gewähr für Priorität, da sich in den verschiedenen Werken über das AT dieselben oder ähnliche Formeln häufig wiederfinden.

Vorbemerkungen

[1] *AT.*
[2] AT, Vorwort zur 13. Aufl., S. VII.
[3] *Heft,* S. 10.

1. Kapitel

[1] *Jaspers,* S. 286, Lit.
[2] *Mensch,* S. 16.
[3] Belletristisch bei A. Miller, Geschichte eines Handlungsreisenden.
[4] *Mensch,* S. 35.
[5] *Mensch,* S. 27.
[6] *Jaspers,* S. 286, Lit.
[7] Nach Lohmann, *Hypno-AT,* S. 58.
[8] *Kretschmer,* 1949, S. 47ff., Lit.

2. Kapitel

[1] Med. Klin. 22 (1926), S. 952, 7.
[2] *Binswanger, S.* 193–207, Lit.; auch *AT,* S. 14.
[3] *AT,* S. 14.
[4] *AT*, S. 27.
[5] *Med. Psychol.,* S. 230.
[6] *Freud,* S. 381, Lit.
[7] Ebenda.
[8] Das Bild wird von C. G. Jung gern verwendet. S. auch Peters, Überwachheit – Überklarheit – Besinnungsfülle. In: Musik + Medizin 6 (1975), S. 5–11.
[9] zit. nach *Mensch,* S. 41 f.
[10] Ebenda.
[11] zit. nach *Stolze,* 1964, S.107, Lit.

3. Kapitel

[1] *AT*, S. 1.
[2] Vom schottischen Philosophen Th. Brown, Anfang des 19. Jh.
[3] zit. nach *Hofstätter*, S. 29, Lit.
[4] B. F. Skinner, 1938.
[5] A. Bain, 1855.
[6] E. L. Thorndike, 1931.
[7] *Hofstätter*, S. 209, 216, Lit.
[8] C. L. Hull, 1952.
[9] *Hofstätter*, S. 216, Lit.
[10] »Präsenzzeit« nach W. Stern, 1897.
[11] *Hofstätter*, S. 212, Lit.
[12] H. Wallnöfer (Wien), persönl. Mitteilung.
[13] Nach E. C. Tolmann.
[14] Nach J. Kreschevsky, 1932.
[15] *Hofstätter*, S. 213, Lit.
[16] Im Sinne von Tolmann.
[17] W. Köhler, 1917.
[18] Ph. Lersch.
[19] A. Jores (in einem Vortrag).
[20] Die künstliche Unterkühlung (Hibernisation) bei Operationen wurde erst Jahrzehnte später angewandt. Das Wissen um die Auswirkungen einer Unterkühlung ist nach wie vor lückenhaft.
[21] *Pfeiffer*, Lit.
[22] *Mensch.*
[23] O. Vogt, A. Forel.
[24] *Freud*, S. 125–36, Lit.
[25] *Kretschmer*, 1971, Lit.
[26] *AT*, S. 105.
[27] La Rochefoucault (?).
[28] Kronfeld bei *Birnbaum*, S. 224, Lit.
[29] A. Bandura, 1969.
[30] Ebbinghaus, 1885.
[31] Abszisse des Koordinatensystems mit Angebot an Silben, Ordinate mit Anzahl der behaltenen Silben.
[32] *AT*, S. 265.
[33] *Doubrawa*, 1992, *Legeron*, 1993, Lit.

4. Kapitel

[1] Weg, S. 84, 70.
[2] *Thomas*, 1969, Lit.
[3] *Bongartz*, 1995, Lit.
[4] *AT*, S. 1.
[5] Lib. I, Cap. 65.

[6] Ebenda, Cap. 68.
[7] Marquis de Puységur, 1784.
[8] H. Bernheim und Liébeault in Nancy, gleichzeitig mit Charcot in Paris.
[9] Leipzig/Wien, 1888. Der französische Titel ist für das hier Gesagte viel aufschlußreicher: De la suggestion dans l'etat hypnotique et dans l'état de veille.
[10] *Binswanger,* S. 193, Lit.
[11] *Rosa,* Das ist autogenes Training, S. 9, Lit.
[12] Schüler von A. Forel in Zürich, 1894.
[13] Kronfeld bei *Birnbaum,* S. 222, Lit.
[14] Zitiert nach Schultz.
[15] Charcot arbeitete ausschließlich mit Hypnose. Nonne wandte sie im und nach dem 1. Weltkrieg bei traumatischen Neurosen noch an.
[16] Mtschr. Psychiatr. 49, S. 137.
[17] *AT,* S. 11.
[18] Ärztl. Prax. 7 (1950).
[19] Hypotaxie (griech.) = Unterwürfigkeit.
[20] Nach R. Otto, Das Heilige, München 1917.

5. Kapitel

[1] *AT,* S. 322.
[2] *AT,* S. 256.
[3] *AT,* S. 296.
[4] *AT,* S. 276.
[5] *AT,* S. 299.
[6] *AT,* S. 271.
[7] *Luthe,* 1969, I, S. 39, Lit.
[8] *AT,* S. 13.
[9] Von Puységur so benannt.
[10] *Luthe,* 1969/70 I, S. 39, Lit.
[11] *Baudouin,* 1972, S. 116, Lit.
[12] *AT,* S. 13.
[13] *Baudouin,* 1972, S. 116, Lit.
[14] *Jaspers,* S. 122, Lit.
[15] Nach O. Vogt und K. Brodmann.
[16] *Kretschmer,* 1971, S. 108, Lit.
[17] *AT,* S. 299.
[18] Luthe, Jus und Geissmann in: *Corr.,* S. 8.
[19] Auch D-state = dreaming state (nach Hartmann).
[20] Jung, *Lex.*
[21] Jus und Jus in: *Corr.,* S. 13.
[22] Luthe, Jus und Geissmann in: *Corr.,* S. 8.

[23] *Knox*, 1980, *Jacobs*, 1989, Lit.
[24] Jus und Jus in: *Weg,* S. 360.
[25] Luthe, Jus und Geissmann in: *Corr.,* S. 8.
[26] *Vaitl, Petermann*, 1993, S.189, Lit.
[27] Geissmann in: *Weg,* S. 373.
[28] *AT,* S.121, 130f., 170.
[29] Jus und Jus in: *Weg,* S. 360.
[30] U. Ebbecke und W. R. Hess, zit. nach *AT,* S. 12.
[31] *AT,* S. 13.
[32] Jus und Jus in: *Corr.,* S. 13.

6. Kapitel

[1] *Hofstätter,* S. 234, Lit.
[2] *Freud,* S. 337, Lit.
[3] *Balint,* 1970, S. 173, 179, Lit.
[4] *Kretschmer,* 1948, Lit.
[5] Zu der der Pawlow-Schüler *Völgyesi,* Lit., neigt.
[6] Goltzsches Experiment.
[7] Steiniger, 1936.
[8] *Kretschmer,* 1948, Lit.
[9] *Schultz,* Hypnosetechnik, Lit. S. auch *AT,* S. 286.
[10] P. Janet.
[11] *AT,* S. 12.
[12] *AT,* S. 343; ähnlich bei *Stolze,* S. 14, Lit.
[13] Von Wernicke als »Somatopsyche« bezeichnet.
[14] Sapir u. a. in: *Corr.,* S. 167.
[15] Besonders in der angelsächsischen und französischen Literatur.
[16] *AT,* S. 315.
[17] *AT,* S. 98; Ausdruck von August Vetter.
[18] *AT,* S. 98.
[19] *AT.*
[20] *AT,* S. 84.
[21] *Krause u. Mitarb.*, 1990, *Krause*, 1991, Lit.
[22] *Paulus*, 1983, Lit.
[23] Caspers in: *Physiologie* 5, S. 100.
[24] Ders. und W. Hess, 1936.
[25] Magoun und Moruzzi, 1949.
[26] Daher auch die Bezeichnung der Formatio reticularis als Wecksystem (arousal system).
[27] ACTH – und Adrenalinausschüttung.
[28] Nach Magoun und Bremer.
[29] Sog. Polysynapsen (bei Caspers).
[30] *Vaitl, Petermann*, 1993, S. 60, Lit.

7. Kapitel

[1] *Med. Psychol.,* S. 248.
[2] Ebenda.
[3] *Diehl,* 1992, Lit.
[4] Nach E. Kretschmer.
[5] *AT,* S. 12.
[6] Kurt Lewin, zit. nach *AT,* S. 297.
[7] *AT,* S. 12.
[8] Bild-Aglutination nach *E. Kretschmer,* 1971, Lit.
[9] *Silberer,* Lit.

8. Kapitel

[1] *AT,* S. 34f.
[2] *AT,* S. 209.
[3] Corpus callosum.
[4] Balkenapraxie.
[5] *Rosa,* Das ist autogenes Training, S. 86, Lit.
[6] *AT,* S. 302.

9. Kapitel

[1] *AT,* S. 1.
[2] Von Stokvis und Wiesenhütter wird das AT unter die aktiv autosuggestiven und entspannenden Übungen eingereiht. S. *Mensch,* S. 144.
[3] *Rosa,* Das ist autogenes Training, S. 9, Lit.
[4] *Suggerierter* = Suggerendus. S. *Suggestion.*
[6] *Baudouin,* 1972, S.16, Lit.
[7] *Kretschmer,* 1971, S. 7, Lit.
[8] Straus, zit. nach *Mensch,* S. 40. S. auch *AT,* S. 14.
[9] *Suggestion,* S. 22.
[10] *Schultz,* Die seelische Krankenbehandlung, S. 119, Lit.
[11] *Kretschmer,* 1971, S. 7, Lit.
[12] *Kretschmer,* 1949, S. 40, Lit.
[13] Ebenda, S. 208.
[14] *Baudouin,* 1972, S. 116, Lit.
[15] *Langen,* Kompendium der medizinischen Hypnose, S. 16, Lit.
[16] *Freud,* S. 193, Lit.
[17] *Clauser,* 1972, S. 3, Lit.
[18] *Schottländer,* S. 226, Lit.
[19] Äußerung gegenüber P. Bjerre, zit. nach *Suggestion,* S. 35.
[20] Bei A. Jores.
[21] *Kretschmer,* 1949, S. 206, Lit.
[22] F. Dorsch, 1963.
[23] *Suggestion,* S. 70.

[24] *Suggestion,* S. 22 (und verschiedenste Stellen).
[25] S. Anm. 8.
[26] *Suggestion,* S. 79ff.
[27] »Die Welt« vom 3. 8. 73 (Tageszeitung).
[28] *Suggestion,* S. 80.
[29] Rosenthal (1966), zit. nach *Hofstätter,* Lit.
[30] A. Jores (persönliche Mitteilung).
[31] Zit. nach O. u. L. *Prokop,* Lit.
[32] J. S. Gravenstein, 1956, zit. nach *Suggestion,* S. 54.
[33] *Baudouin,* 1972, S. 13, Lit.
[34] *Suggestion,* S. 27ff.
[35] D. *Langen,* Kompendium der medizinischen Hypnose, S. 9, Lit.
[36] Nach Th. Lips, 1907.
[37] H. von Ditfurth, Die affektiv-vegetative Kommunikation. In: Nervenarzt 28 (1957), S. 70.
[38] A. di Mascio und Mitarb., zit. nach *Suggestion,* S. 30.
[39] *Straus,* Lit.
[40] Ch. Baudouin und E. Coué.
[41] Jores, zit. nach *Suggestion,* S. 83.
[42] Stokvis, ebenda.
[43] *Baudouin,* 1972, S. 13, Lit.
[44] Nach *Bumke,* Lit.
[45] *Baudouin,* 1972, S.128, Lit.
[46] Ebenda, S. 135.
[47] Tod auf magischer Stufe, in: *Jores,* 1961, S. 178, Lit.
[48] E. Straus, zit. nach Stokvis, in: *Hdb.* IV, S. 20.
[49] Zit. nach H. Paul, Deutsches Wörterbuch. Niemeyer, Halle/S. 1935.
[50] *Ferenczi,* Lit.
[51] Begriff von C. G. Jung, 1911.
[52] *Suggestion,* S. 38.
[53] L. Grassl, Die Willensschwäche. In: Angew. Psychol, Beiheft 77, Leipzig 1937.
[54] *Suggestion,* S. 48.
[55] Kronfelt und Baumeyer in: *Birnbaum,* S. 223, Lit.
[56] *Suggestion,* S. 62.
[57] *Straus,* Lit.
[58] *Jores,* 1961, S. 22, Lit.
[59] In: *Kretschmer,* 1971, Lit.
[60] F. Meinert, Aussagefehler und Zeugenprüfung in der Kriminalistischen Praxis. Auerdruck, Hamburg 1948.
[61] *Suggestion,* S. 74.

10. Kapitel

[1] Liébeault, 1866.
[2] *Baudouin,* 1972, S. 223, Lit.

[3] Ebenda, S. 16.
[4] Ebenda, S. 56.
[5] *Hellpach,* Lit.
[6] *AT,* S. 22.
[7] *Kretschmer,* 1971 (1. Aufl. 1922), S. 137, Lit.
[8] *Jores,* 1961, S. 31, Lit.
[9] *Coué,* S. 18, Lit.
[10] Zit. nach Brugger, Philos. Wörterbuch, 1950.
[11] *Jaspers,* S. 59, Lit.
[12] Nach *Jaensch,* Lit.
[13] Nach *Brugger,* Lit.
[14] Nach *Straus,* Lit.
[15] Nach *Jung,* 1925, Lit.
[16] Nach Lin Yutang, Mein Land und mein Volk. 1936.
[17] *AT,* S. 88.
[18] Nach *Straus,* Lit.
[19] *Mensch,* S. 184.
[20] *Suggestion,* S. 41.
[21] *Freud,* S. 71–161, Lit.
[22] *Baudouin,* 1972, S. 25, Lit.
[23] Ebenda, S. 62.
[24] Nach E. *Jaensch,* S. 114, Lit.
[25] *Schottlaender,* S. 230, Lit.
[26] Zit. nach Gruhle, Handb. d. Psychol. Bd. 2.
[27] Zit. nach *Jaensch,* S. 186, Lit.
[28] H. Guze, Hypnosis as emotional response. In: J. Psychol. 35 (1953), S. 313.
[29] *AT,* S. 83.
[30] *Mensch,* S. 41.

11. Kapitel

[1] Trojan in: *Weg,* S. 333.
[2] W. R. Hess.
[3] Trojan in: *Weg,* S. 337.
[4] *Weg,* S. 336.
[5] Ausdruck von W. Bitter.
[6] *AT,* S. 21.
[7] E. Straus, nach *Hdb.* IV, S. 20.
[8] Aus einer Übungsanleitung zum AT.
[9] *Weg,* S. 270.
[10] Gehlen, Der Mensch, seine Natur und seine Stellung in der Welt. Athenäum-Verlag [10]1974.
[11] Bei *Thomas,* 1965, Lit.
[12] Schultz und Luthe in: *Weg,* S. 273.

[13] Schultz, Thomas, Rosa – unter Berufung auf *Busemann,* Lit.
[14] Schultz und Luthe in: *Weg,* S. 273.
[15] *Lindemann,* S. 87, Lit.
[16] *Rosa,* Das ist autogenes Training, S. 103, Lit.
[17] Schultz und Luthe in: *Weg,* S. 273.
[18] F. Kainz, Psychologie der Sprache. 1960, zit. nach F. Trojan, 1962; s. auch *Weg,* S. 33.
[19] *Heft,* S. 15.
[20] Bei *Lindemann,* Lit.
[21] Bei *Thomas,* 1969, Lit.
[22] *Heft,* S. 12.
[23] Darstellung des hier Gemeinten in: Aufrichtige Erzählungen eines russischen Pilgers. Herder, Freiburg 1959, S. 21.
[24] Luthe in: *Corr.,* S. 171, 189.
[25] *Fromm,* S. 35, Lit.
[26] Ebenda, S. 29.
[27] Ebenda, S. 34.

12. Kapitel

[1] *Raudszus-Nothdurfter*, 1992, Lit.
[2] *Mensch,* S. 74.
[3] *Wittrock u. Mitarb.*, 1995, Lit.
[4] *Kröner u. Beitel*, 1981, Lit.
[5] *Büssing u. Mitarb.,* 1986, Lit.
[6] *Springup u. Mitarb.,* 1989, Lit.
[7] *AT,* S. 126.
[8] *Mensch,* S. 280.
[9] *Hahnewald*, 1989, Krampen u. Ohm in: *Zielke u. Sturm*, 1994, Lit.
[10] *Brandstätter,* 1987, Lit.
[11] Krampen u. Ohm in: *Hehl u. Mitarb.,* 1985, Lit.
[12] *Hahnewald,* 1989, Lit.
[13] *Meyer u. Mitarb.,* 1987, Lit.
[14] *Gheorghiu u. Mitarb.,* 1994, Lit.
[15] *Coué,* S. 34, Lit.
[16] *AT,* S. 266.
[17] Ebenda.
[18] *Freud,* S. 399, Lit.
[19] *Freud,* S. 1–12, Lit.
[20] *Langen,* 1971, S. 111, Lit.
[21] *Kraft u. Mitarb.,* 1982, Lit.
[22] *Simon,* 1980, Lit.
[23] *Kallert*, 1992, Lit.

13. Kapitel

[1] *AT,* Vorwort und *Wallnöfer,* S. 53, Lit.
[2] *AT,* S. 266.
[3] *Weg,* S. 281.
[4] H. R. Böttcher in: *Med. Psychol.,* S. 372.
[5] Raoul Schindler in: Psyche 1957.
[6] Schultz, auf der Lindauer Psychotherapiewoche 1950.
[7] K. Lewin, zit. nach *Med. Psychol.,* S. 327.
[8] Schultz, auf der Lindauer Psychotherapiewoche 1950.
[9] Friedemann in: *Hdb.* IV, S. 321ff.
[10] *Med. Psychol.,* S. 320.
[11] Sullivan, Allport – 1937.
[12] Th. Lipps, 1903.
[13] Friedemann in: *Hdb.* IV, S. 351.
[14] Weshalb nicht »Lernanalyse«, statt der dozentenzentrierten »Lehranalyse«?
[15] *Med. Psychol.,* S. 325.
[16] *Baudouin,* 1972, S. 26, 30, Lit.
[17] A. Friedemann in: *Hdb.* IV, S. 363. Im gleichen Sinne benutzt R. Schindler die griech. Buchstaben (Zit. nach Friedemann).

14. Kapitel

[1] *AT,* S. 15.
[2] *Rosa,* Das ist autogenes Training, S. 32, Lit.
[3] Ebenda, S. 2, Lit.
[4] *Lindemann,* S. 53, Lit.
[5] Schultz in: *Weg,* S. 159.
[6] *Rosa,* Das ist autogenes Training, S. 38, Lit.
[7] Schultz: zu Beginn 1–2 Min.; Stokvis/Wiesenhütter: 1 Min.; Kleinsorge/Klumbies: 3 Min.
[8] *Übungsheft (Thomas),* 1989, Lit.
[9] *AT,* S. 80.
[10] *AT,* S. 97.
[11] *AT,* S. 20.
[12] *Übungsheft (Langen),* 1983, Lit.
[13] *Übungsheft (Thomas),* 1989, Lit.
[14] *Relaxation,* S. 43.
[15] *Heft,* S. 15.
[16] *Krönung,* 1994, Lit.
[17] M. Szulk in: *Hyp-Psychosom.,* S. 200.
[18] W. Schulte, zit. nach *Langen,* 1971, S. 153, Lit.
[20] Nach *Faust* oder *Jacobson,* Lit.
[21] Neben dem Alpha-Wellen-Feedback wird heute auch Theta-Wellen-Feedback angewendet.

[22] *Barolin*, 1988, *Leuner*, 1994, Lit.

[23] Im Gegensatz zum Autor verzichten die Bearbeiter inzwischen auf die Nennung von Gerätemarken, da der Markt sich als schnellebig und innovativ erwiesen hat, was sich insbesondere auch durch die EDV-Entwicklung beschleunigt hat.

[24] O. Veraguth, 1904.

[25] *Braud u. Mitarb.,* 1980, *Philipp*, 1987, Lit.

[26] *Lehrer u. Mitarb.,* 1994, Lit.

[27] *Banner,* 1983, *Aivazyan,* 1988, *Wittrock u. Mitarb.,* 1995, Lit.

[28] *Dvorák,* S. 89, Lit.

[29] *Paul* und *Trimble,* S. 285–302, Lit.

[30] *Relaxation.*

[31] Ausdruck von G. Krapf in: Fortschritte der Medizin 9 (1977), S. 545.

[32] *AT,* S. 98.

[33] *AT,* S. 267.

[34] *Franke,* S. 32, Lit.

[35] J. H. Schultz in: Mediz. Welt 22 (1961), S. 1217.

[36] *Bartmann u. Mitarb.,* 1992, Lit.

[37] H. Caspers in: *Physiologie,* S. 465.

[38] *Thielen u. Krampen,* 1993, Lit.

[39] *Rittmannsberger u. Mitarb.,* 1990, Lit.

[40] *Eckert u. Katzberg,* 1987, Lit.

[41] *Krampen u. Mitarb.,* 1991, Lit.

15. Kapitel

[1] Stammt nach Schultz von Galton, S. *AT,* S. 184.

[2] *AT,* S. 186.

[3] Siehe auch *AT,* S. 26.

[4] *Baudouin,* 1972, S. 106, Lit.

[5] Ebenda, S. 60.

[6] *Coué,* S. 21f., Lit.

[7] La loi de l'effort converti, bei *Baudouin,* 1972, S. 64, Lit.

[8] *AT,* S. 309.

[9] *Coué,* 1926, S. 22, Lit.

[10] *AT,* S. 232, Abb. 13.

[11] *Wallnöfer,* 1968, S. 166, Lit.

[12] A. S. Romen, in: *UDSSR,* S. 17.

[13] *Krampen,* 1993, Lit.

16. Kapitel

[1] *Rosa,* Das ist autogenes Training, S. 41, Lit.

[2] *AT,* S. 24; *Heft,* S. 15.

[3] Ebenda.

[4] *AT,* S. 34.
[5] Müller-Hegemann in: *Weg,* S. 195.
[6] Ders. ebenda, S. 198.
[7] *AT,* S. 24.
[8] *AT,* S. 45.
[9] *AT,* S. 336.
[10] Luthe in: *Corr.,* S. 22–52.
[11] *Heft,* S. 16.
[12] *AT,* S. 48.
[13] *AT,* S. 213.
[14] Mitteilung von H. Wallnöfer während der Lindauer Psychotherapie-Woche April/Mai 1980.
[15] *Thomas,* 1969, S. 4, Lit.
[16] *AT,* S. 35.
[17] *AT,* S. 59.
[18] Ebenda.
[19] W. v. Siebenthal, Eine vereinfachte Schwereübung des Schultzschen autogenen Trainings. In: Psychotherapie 2 (1952).
[20] *AT,* S. 25.
[21] Müller-Hegemann in: *Weg,* S. 196.
[22] *Training,* S. 27.
[23] *AT,* S. 43.
[24] *AT,* S. 88.
[25] Müller-Hegemann in: *Weg,* S. 200.
[26] J. Jastram, zit. nach *AT,* S. 88.
[27] Ebenda.
[28] Max Levy-Suhl, zit. nach *AT,* S. 208.
[29] *Training,* S. 27.
[30] *Jacobson,* 1925, Lit.
[31] *AT,* S. 33.
[32] *AT,* S. 206.
[33] Ebenda.

17. Kapitel

[1] *AT,* S. 198.
[2] Luthe in: *Corr.,* S. 39.
[3] *AT,* S. 198.
[4] *Kretschmer,* 1949, S. 208, Lit.
[5] Luthe in: *Corr.,* S. 23.
[6] Ebenda.
[7] G. Krapf in: Fortschritte der Medizin 9 (1977), S. 545.
[8] z. B. das Jendrassik-Phänomen.
[9] La loi de l'effort converti, bei *Baudouin,* 1972, S. 64, Lit.
[10] *AT,* S. 205.

[11] Müller-Hegemann in: *Weg,* S. 193.
[12] Zit. nach Walther Nigg, Große Heilige.
[13] *Med. Psychol.,* S. 144.
[14] Nach Schweißheimer, Hambg. Ärzteblatt (1972).
[15] *Relaxation,* S. 78.
[16] *Mensch,* S. 70.
[17] Ebenda, S. 42.
[18] *AT,* S. 226.
[19] *Barolin,* 1978, Lit.
[20] W. Luthe in: *Corr.,* S. 39.
[21] *Luthe,* 1969, Bd. I, S. 180–210, Lit.
[22] Ders., 1976, S. 266, Lit.

18. Kapitel

[1] In seinen Aphorismen.
[2] Brown, zit. nach *Mensch,* S. 168.
[3] *Training,* S. 25.
[4] *AT,* S. 90.
[5] *Heugel,* S. 23, Lit.
[6] *Heft,* S. 15.
[7] *AT,* S. 275.

19. Kapitel

[1] *AT,* S. 88.
[2] Hensel, zit. nach *Aktivhypnose,* S. 27.
[3] Vogel, zit. ebenda, S. 18.
[4] A. S. Romen in: *UDSSR,* S. 17 (Tab. verkürzt wiedergegeben).
[5] Ders., ebenda, S. 60, mit Bild 18 u. 19 im Bilderteil.
[6] *Relaxation,* S. 25.
[7] *AT,* S. 138.
[8] Vortrag auf einer Lindauer Psychotherapietagung Anfang der 50er Jahre.
[9] *Thomas,* 1969, S. 25, Lit.
[10] A. David-Neel, Heilige und Hexer. Brockhaus, Leipzig 1936, S. 223.

20. Kapitel

[1] *AT,* S. 84.
[2] *AT,* S. 85.
[3] *AT,* S. 82.
[4] *AT,* S. 84.
[5] Aufrichtige Erzählungen eines russischen Pilgers. Herder, Freiburg 1959, S. 54, 121.

[6] *AT,* S. 81.
[7] Dolto, Kammerer, Kongreß für Relaxation, Straßburg 1962, zit. nach *AT,* S. 73.
[8] *Relaxation,* S. 45.
[9] *Mensch,* S. 148.
[10] A. Jores, zit. nach Langen in: *Weg,* S. 358.
[11] *Relaxation,* S. 44.
[12] A. Jores, persönl. Mitteilung.
[13] *AT,* S. 268.
[14] Ebenda.
[15] Laberke in: *Corr.,* S. 203.
[16] Onda in: *Corr.* S. 254.
[17] *Dogs,* 1973, S. 29, Lit.
[18] *AT,* S. 219.
[19] Laberke in: *Corr.,* S. 202
[20] Langen, *Aktivhypnose,* S. 21.
[21] *AT,* S. 80.
[22] *AT,* S. 82.
[23] *Training,* S. 34.
[24] *Heft,* S. 19.
[25] *Training,* S. 34.
[26] *Klages,* Lit.

21. Kapitel

[1] *Heft,* S. 20.
[2] H. Wallnöfer, unveröffentl. Manuskript.
[3] *Rosa,* Das ist autogenes Training, S. 71, Lit.
[4] Zit. nach *AT,* S. 87.
[5] Nach Fuchs in: *Hypno-AT,* S. 200.
[6] A. Jores, zit. nach Langen in: *Weg,* S. 358.

22. Kapitel

[1] *Rosa,* Das ist autogenes Training, S. 78, Lit.
[2] *Training,* S. 37.
[3] *Rosa,* Das ist autogenes Training, S. 79, Lit.
[4] *AT,* S. 88.
[5] Laberke in: *Corr.,* S. 203.
[6] *Heyer,* Organismus der Seele, Lit.
[7] Sapir und Reverchon in: *Corr.,* S. 63.
[8] Ikemi und Mitarb. in: *Corr.,* S. 64.

23. Kapitel

[1] *Heft,* S. 22.
[2] *AT,* S. 104.

[3] Dr. Pietsch, Lindau, zit. nach *AT,* S. 298.
[4] v. Rojansky, zit. nach *AT,* S. 9f.
[5] A. Gehlen, Der Mensch, seine Natur und seine Stellung in der Welt. Athenäum-Verlag[10] 1974.
[6] *Stolze,* 1953, Lit.
[7] *AT,* S. 80.

24. Kapitel

[1] Claparède, zit. nach *AT,* S. 316.
[2] *Heft,* S. 21.
[3] Bayer. Ärzteblatt 12 (1973).
[4] *Pfaffenrath,* 1992, Lit.
[5] *Mann u. Mitarb.*, 1989, Lit.
[6] *Jolowicz,* S. 137, Lit.
[8] *Lindemann,* S. 137, Lit.
[9] *AT,* S. 94.
[10] *Rosa,* Das ist autogenes Training, S. 83, Lit.
[11] *Training,* S. 38.
[12] Laberke in: *Corr.,* S. 203.
[13] *AT,* S. 93.
[14] *AT,* S. 229.
[15] *AT,* S. 92.
[16] *AT,* S. 92.
[17] *Training,* S. 38.
[18] Hegemann in: *Weg,* S. 196.
[19] *AT,* S. 230.
[20] *AT,* S. 229.
[21] *Völgyesi,* 1938, S. 101, Lit.
[22] *Langen,* Kompendium der medizinischen Hypnose, Lit.
[23] *AT,* S. 230.
[24] *Kretschmer,* 1971, S. 103, Lit.
[25] Luthe in: *Corr.,* S. 189.
[26] *Training,* S. 189.
[27] Luthe in: *Corr.,* S. 189.
[28] *AT,* S. 267.

25. Kapitel

[1] *Heft,* S. 23.
[2] *Rosa,* Das ist autogenes Training, S. 85, Lit.
[3] *AT,* S. 104.
[4] Ebenda.
[5] *AT,* S. 256, Protokolle.
[6] Langen in: *Weg,* S. 280.
[7] *Rosa,* Das ist autogenes Training, S. 76, 88, Lit.

26. Kapitel

[1] E. Friedell, Kulturgeschichte der Neuzeit. Beck, München 1927–32.
[2] E. Speer, Der Arzt der Persönlichkeit. Stuttgart 1949.
[3] *Jores,* 1961, S. 179, Lit.
[4] Kollarits, zit. nach *AT,* S. 121.
[5] *Clauser,* Die Kopfuhr, Lit.
[6] *AT,* S. 121.
[7] Vgl. das Motto zum 4. Teil dieses Buches.
[8] Stolze in: *Weg,* S. 229.
[9] *Thomas,* 1969, Lit.
[10] Prill in: *Corr.,* S. 244.
[11] *Langen,* 1971, S. 113, Lit.
[12] *Barolin,* 1978, Lit.
[13] *Frankl,* 1978, Lit.

27. Kapitel

[1] F. Reverchon in: *Paris,* S. 32.
[2] Ders., ebenda, S. 40.
[3] M. Sapir, ebenda, S. 174.
[4] Ders., ebenda, S. 175.
[5] J.-J. Prévost, ebenda, S.59.
[6] M. Sapir, ebenda, S. 116.
[7] Ders., ebenda, S. 1.
[8] Ders., ebenda, S. 121.
[9] A. Cornier, ebenda, S. 105.
[10] R. Philibert, ebenda, S. 101.
[11] C. Canet-Palaysi, ebenda, S. 73.
[12] R. Philibert, ebenda, S. 103.
[13] S. Cohen-Léon, ebenda, S. 162.
[14] C. Canet-Palaysi, ebenda, S. 77.
[15] P. Fédida, ebenda, S. 169, 171.
[16] M. Sapir, ebenda, S. 128.
[17] C. Canet-Palaysi, ebenda, S. 66.
[18] Briefl. Mitteilung von Dr. med. Oswald Meier, Zöringen/Schweiz, vom 20. 9. 78. Oswald Meier ist zusammen mit Michel Sapir der Initiator der »Silser-Studien-Woche«, in der die »Relaxation« im hier beschriebenen Sinne vermittelt wird.
[19] S. Cohen-Léon in: *Paris,* S. 162.
[20] Zit. nach C. Canet-Palaysi, ebenda, S. 69.
[21] M. Sapir, ebenda, S. 133.
[22] C. Canet-Palaysi, ebenda, S. 71.
[23] M. Sapir, ebenda, S. 134.
[24] Ders., ebenda, S. 125.

[25] *Krapf*, 1989, *Dill,* 1993, Lit.
[26] *Müller-Hegemann u. Stetter,* 1989, Lit.
[27] *Müller-Hegemann*, 1984, Lit.

28. Kapitel

[1] *Meyer u. Mitarb.,* 1991, Lit.
[2] *Grawe u. Mitarb.,* 1994, Lit.

29. Kapitel

[1] *Heft,* S. 10.
[2] Bauer u. a. in: *Corr.,* S. 15l.
[3] *AT,* S. 102.
[4] Worauf Thomas hinweist.
[5] *AT,* S. 104.
[6] *Krampen,* 1992, Lit.
[7] *Lindemann,* Lit.
[8] Ebenda, S. 82.
[9] G. S. Barolin, zit. ebenda, S. 83.
[10] Ebenda, S. 83.
[11] Auch *AT,* S. 106.
[12] *Lindemann,* S. 13.
[13] Ebenda, S. 80.
[14] Steinbach in: *Hyp-Psychosom.,* S. 214.
[15] *Guidoni u. Mitarb.,* 1987, Lit.
[16] *Schneider,* 1985, Lit.
[17] Zit. nach *Lindemann,* S. 80, Lit.
[18] Viëtor in: Hyp-Psychosom., S. 206.
[19] *Thomas,* 1973, S. 35, 37, Lit.
[20] *Lindemann,* S. 68, Lit.
[21] *AT,* S. 250.
[22] Mellgren in: *Hyp-Psychosom.,* S. 216.
[23] Nach Thomas.
[24] *AT,* S. 133.
[25] H. Gerlach, Die verratene Armee.
[26] *AT,* S. 133.
[27] *Kankeleit,* Lit.
[28] Paul Valéry, Descartes. Paris 1941.

30. Kapitel

[1] *Raudszus-Notdurfter,* 1992, Lit.
[2] Patricia Lindquist, Ph. D., Hypnosis with Children who have chronic Illness. First Internat. Congress of Clinical Hypnosis, Juni 1978, Malmö/Schweden.

[3] *Groller,* 1992, Lit.
[4] *Labbe,* 1995, Lit.
[5] *Saile u. Klüsche,* 1994, Lit.
[6] *Kröner u. Steinacker,*1980, Lit.
[7] *Kröner u. Langenbruch,* 1982, Lit.
[8] *Winter,* 1989, Lit.
[9] *Krampen,* 1992, Lit.
[10] *Mara,* 1985, Lit.
[11] *Biermann,* S. 104, Lit.
[12] *Kruse,* Lit.
[13] *Eberlein,* 1976, Lit.
[14] W. Kruse, Anwendung der formelhaften Vorsatzbildungen in der Kindertherapie mit autogenem Training. In: *Rom,* S. 96.
[15] *Raudszus-Notdurfter,* 1992, Lit. Weitere Bücher zum Kindertraining: *Kemmler,* Lit. und *Postmeyer,* Lit.
[16] *Polender,* 1982, Lit.
[17] *Polender,* 1982, Lit.
[18] *Kaltwasser,* 1986, Lit.
[19] *Hochmuth,* 1992, Lit.
[20] *Hirsch,* 1987, Lit.
[21] *Hirsch,* 1993, Lit.
[22] *Barolin,* 1986, Lit.

31. Kapitel

[1] *Hoffmann u. Hochapfel*, 1995, Lit.
[2] *Wolpe,* 1961, Lit.
[3] *Bühler u. Mitarb.,* 1989, *Springup u. Mitarb.*, 1989, Lit.
[4] *Stetter u. Mitarb.*, 1994, Lit.
[5] *Kröner u. Mitarb.,* 1982, Lit.
[6] *AT,* S. 109.
[7] Ähnlich *AT,* S. 282.
[8] Nach J. Donnars.
[9] *Thomas,* 1973, S. 22, Lit.
[10] *AT,* S. 110.
[11] E. Jacobson, zit. nach *Mensch,* S. 166.
[12] E. Klumbies, bestätigt von Dogs, zit. nach *Wallnöfer,* S. 196, Lit.
[13] R. Kobos, zit. nach *Hyp-Psychosom.,* S. 164.
[14] *Sauerbruch,* Wenke, Lit.
[15] *Harrer,* Lit.
[16] *Aktivhypnose,* S. 75.
[17] E. Mikory, zit. nach H. Linke, Schmerz und Persönlichkeit. In: Med. Welt 1959, II, 1962ff.
[18] W. Schulte, zit. bei *Langen,* 1972, Lit.
[19] H. Hensel, Somato-viszerale Sensibilität. In: *Physiologie,* S. 442.

[20] *Harrer,* Lit.
[21] *Egle u. Derra,* 1996, Lit.
[22] H. Linke, Therapiewoche 17 (1966), S. 1033.
[23] *Berlin u. Mitarb.,* 1990, Lit.
[24] *Sargent u. Mitarb.,* 1986, *Morrill u. Blanchard,* 1989, *Zitman*, 1992, *Labbe*, 1995, Lit.
[25] *ter Kuile u. Mitarb.,* 1994, Lit.
[26] *Anderson u. Mitarb.,* 1981, *Reich*, 1989, *Zitman u. Mitarb.*, 1992, *Spinhoven u. Mitarb.*, 1992, Lit.
[27] *Janssen u. Mitarb.,* 1986, Lit.
[28] *Perini u. Mitarb.,* 1984, Lit.
[29] *Selye,* 1954, Lit.
[30] de Bousingen in *Corr.,* S. 248.
[31] *Eberhardt,* 1990, Lit.
[32] *Kröner u. Mitarb.,* 1982, *Schloffer*, 1986, Lit.
[33] *Schrapper,* 1985, Lit.
[34] *Siersch,* 1986, Lit.
[35] *Lison,* 1987, *Sattel,* 1988, Lit.
[36] *Labhardt,* 1982, Lit.
[37] *Aktivhypnose,* S. 50.
[38] M. V. Kline in: *Hyp-Psychosom.,* S. 194.
[39] Ebenda, S. 52.
[40] *AT,* S. 264.
[41] *Thiemann,* Lit.
[42] *Lindemann,* S. 121, Lit.
[43] Schultz, Luthe in: *Weg,* S. 274.
[44] *Thomas,* 1969, S. 39, Lit.
[45] *Lindemann,* S. 125, Lit.
[46] *Thomas,* 1969, S. 39, Lit.
[47] *AT,* S. 173.
[48] D. T. Frederikson, New York, nach Medical Tribune (1971).
[49] O. Hammer, Sanatorium Hassia, Bad Nauheim.
[50] *Lindemann,* S. 124, Lit.
[51] *Thomas,* 1969, S. 40, Lit.
[52] Schultz, Luthe in: *Weg,* S. 273.
[53] J. C. Brengelmann, Max-Planck-Institut für Psychiatrie, München, in: Medical Tribune 19 (1974), S. 6. Neuere Untersuchungen: *American Academy of Family Physicians*, 1993, Lit.
[54] *Häuser u. Mitarb.,* 1982, *Pehboeck*, 1985, *Stetter u. Mann,* 1991, *Becker u. Mitarb.*, 1992, *Mann u. Mitarb.*, 1995, Lit.
[55] *Kals,* 1990 und 1993, Lit.
[56] *Roszell u. Mitarb.,* 1982, *Chaney,* 1983, Lit.
[57] *Finke,* Schulte, Lit. und Finke in: *Lex.*
[58] *Berti u. Hoffmann,* 1990, Lit.
[59] *Langen,* 1971, Lit.

[60] Zit. nach Wallnöfer, unveröffentl. Manuskript.

[61] Diese Angaben sind dem Artikel: ›Autogenic Training for Flight Personnel in Scandinavian Airlines System‹ entnommen, geschrieben von dem verstorbenen Psychiater Dr. Heino Sommer u. dem Direktor der med. Abt. der SAS, Dr. Sune Byren. Der Bericht konnte wissenschaftl. noch nicht ausgewertet werden, da Dr. Sommer mit seinem Flugzeug tödlich verunglückte, wobei auch wichtige Unterlagen vernichtet wurden. Die Studien werden von Dr. Byren fortgesetzt. Seinem Entgegenkommen verdanke ich die Kenntnis der bisherigen Ergebnisse, wofür ich mich nochmals herzlich bedanke.

[62] *Finke,* Lit. u. Lex.

[63] Zit. nach W. Baust, Therapie der Schlafstörungen, in: Medizin. Welt 24, Heft 23 (1973).

[64] *AT,* S. 11.

[65] *Lindemann,* S. 89, Lit.

[66] *Aktivhypnose,* S. 82.

[67] *Training,* S. 25.

[68] Witte und Luthe in: *Lex.,* S. 534.

[69] Baust, vgl Anm. 60.

[70] H. H. Dietrich, zit. in: *AT,* S. 169.

[71] *Nicassio u. Bootzin,* 1974, *Coursey,* 1980, *Engel-Sittenfeld u. Mitarb.*, 1980, Lit.

32. Kapitel

[1] *Schneider,* 1967, Lit.

[2] *Bumke,* Lit.

[3] B. Wichmann, 1934.

[4] Dennig, 1930, zit. nach *Loch,* Lit.

[5] *Mitscherlich,* 1958, Lit.

[6] v. *Uexküll,* Lit.

[7] Thiele, 1958, und *Delius,* 1966, S. 7, Lit.

[8] Pflanz, 1962, zit. nach *Delius,* 1966, S. 88, Lit.

[9] Finger, zit. ebenda.

[10] Ebenda, S. 88.

[11] *Delius,* 1966, S. 67, Lit.

[12] Ebenda, S. 132.

[13] *Jores,* 1973, S. 12, Lit.

[14] Ebenda, S. 106, Lit.

[15] *Enke* u. Mitarb., 1964, S. 514, Lit.

[16] *Jores,* 1973, S. 13, Lit.

[17] *Selig,* 1982, *Buessing u. Mitarb.*, 1986, Lit.

[18] *Beitel u. Kröner,* 1982, Lit.

[1] E. Hafter, Praktische Gastroenterologie, zit. nach *Jores,* 1973, S. 121, Lit.
[2] E. Kehrer in: *Birnbaum,* S. 355, Lit.
[3] *Jores,* 1973, S. 19, 25, 60, 90, Lit.
[4] *Berndt,* 1985, Lit.
[5] *Milne u. Mitarb.,* 1986, *Stetter,* 1995, Lit.
[6] Schaeffer in: *Corr.,* S. 217.
[7] Polzien in: *Corr.,* S. 69.
[8] Kenter in: *Corr.,* S. 199.
[9] *Ohm u. Mittag,* 1987, Ohm in: *Zielke u. Sturm,* 1994, Lit.
[10] *Simma u. Mitarb.,* 1985, Lit.
[11] *Sato u. Mitarb.,* 1988, Lit.
[12] *Farne u. Mitarb.,* 1986, Lit.
[13] Schaeffer in: *Corr.,* S. 220.
[14] G. Eberhardt, zit. nach *Corr.,* S. 221.
[15] *AT,* S. 143.
[16] *AT,* S. 136.
[17] Polzien in: *Corr.,* S. 53.
[18] *AT,* S. 137.
[19] *Stetter,* 1995, Lit.
[20] *Aivazyan,* 1988, Lit.
[21] *Blanchard,* 1988, *Rossi,* 1989, *Wittrock u. Mitarb.,* 1995, Lit. s.a. *Tsikulin,* 1989, Lit.
[22] *Winterfeld,* 1993, Lit.
[23] *Hoffmann u. Hochapfel,* 1995, Lit.
[24] Schwoebel in: *Corr.,* S. 209, u. H. Trautwein in: *Weg,* S. 135.
[25] Ders., ebenda, S. 213.
[26] *Lebzeltern,* 1983, Lit.
[27] *Sauer u. Schnetzer,* 1978, *Malouvier,* 1981, *Spiess u. Mitarb.,* 1988, *Henry u. Mitarb.,* 1993, Lit.
[28] *Schreiner u. Kürten,* 1991, Lit.
[29] Schultz und Luthe in: *Corr.,* S. 270.
[30] Stokvis, zit. nach Stolze, in: *Weg,* S. 230.
[31] von W. Luthe als autogene Entladung aufgefaßt.
S.a. *Simon,* 1980, Lit.
[32] Paterson in: *Hyp-Psychosom.,* S. 181.
[33] Nach Watson bzw. Masters-Johnson.
[34] *AT,* S.172.
[35] *Prill,* Gynäkologie, Hdb. V, S. 208, Lit.
[36] Prill in: *Corr.,* S. 242.
[37] Ebenda, S. 243.
[38] *Prill,* Gynäkologie, Hdb. V, S. 228, Lit.
[39] A. Mayer u. Schaetzing, zit. in: *Prill,* Gynäkologie, Hdb. V, S. 230, Lit.

[40] Prill in: *Corr.,* S. 243.
[41] *Prill,* Gynäkologie, Hdb. V, S. 217, Lit.
[42] *Dick-Read,* Lit.
[43] Kurzvorbereitung nach Lukas, zit. in: *Aktivhypnose,* S. 73; auch Psychotherapie 5 (1963). S.a. *Cattani,* 1987, Lit.
[44] Einleitung zur deutschen Übersetzung (Hellmann).
[45] *Prill,* Geburtshilfe, Hdb. V, S. 266, Lit.
[46] Prill in: *Corr.,* S. 236.
[47] Prill in: *Weg,* S. 222.
[48] Tabelle 6 in: *Corr.,* S. 239.
[49] Prill in: *Corr.,* S. 238.
[50] Nach Stephan-Odenthal, zit. nach *Corr.,* S. 241.
[51] A. Friedemann, in: Psychotherapie 1 (1955).
[52] Kleinsorge, Urologie und Psychotherapie, in: *Hdb.* V, S. 287.
[53] Ebenda, S. 288.
[54] Ebenda, S. 287.
[55] *Delius,* 1966, S. 218, Lit.
[56] Kleinsorge, Urologie und Psychotherapie, in: *Hdb.* V, S. 285.
[57] Ebenda.
[58] U. Diesing in: Kinderärztl. Praxis 25 (1965).
[59] *Mohr,* Lit.
[60] Nach O. Veraguth, 1904.
[61] Nach A. Jus und K. Jus in: *Corr.,* S. 92.
[62] *AT,* S. 217.
[63] *AT,* S. 137.
[64] *AT,* S. 163.
[65] zitiert nach Hoffmann u. Meyer in*: Heimann u. Hartmann-Lane,* 1995, Lit.
[66] *Seikowski,* 1995, Lit.
[67] *Keefe u. Mitarb.,* 1980, *Surwit u. Mitarb.*, 1982, *Freedman u. Mitarb.*, 1983, Lit.
[68] Y. Ikemi u. a. in: *Corr.,* S. 228.
[69] R. Kraemer in: Nervenarzt (1955), S.423, und J. Seabra-Dines in: *Corr.,* S. 224.
[70] O. Mentz, zit. nach *AT,* S. 154.
[71] O. S. Hinz, Ophtalmologie, in: *Hdb.* V, S. 303.
[72] *Miyazaki u. Mitarb.,* 1990, Lit.
[73] *Kaluza u. Strempel,* 1994, Lit.
[74] Seabra-Dines in: *Corr.,* S. 224.
[75] Recamier, zit. nach *Luban-Plozza* und *Pöldinger,* S. 53, Lit.
[76] P. Polzien in: *Corr.,* S. 207.
[77] W. Luthe in: *Corr.,* S. 71.
[78] R. Alnaes und O. E. Skaug in: *Corr.,* S. 79.
[79] H. Marchand, 1956, zit. nach *AT,* S. 156.
[80] W. Luthe in: *Corr.,* S. 88.

[81] *Kretschmer,* 1966, Lit.
[82] H. Sopp, zit. bei *Luban-Plozza* und Pöldinger, S. 132, Lit.
[83] *Dogs,* 1967, S. 72, Lit.
[84] G. Säker, Das Zervikalsyndrom. In: Ärztl. Praxis XII (1960).
[85] *Delius,* 1966, S.219 (Schätzung für 1961), Lit.
[86] *Säker,* S. 43, Lit.
[87] *Ecker-Egle u. Egle,* 1993, Lit.
[88] Auch *AT,* S. 134.
[89] Ebenda.
[90] J. v. Hattingberg in: *Weg,* S. 233; s. auch *AT,* S. 178.
[91] J. Eiginger in: Psychiatr. Wochenschrift, Halle 40/41 (1934); s. auch *AT,* S. 386.
[92] *AT,* S. 163.
[93] *Hexel u. Mitarb.,* 1995, Lit.
[94] K. Sipos und J. Tomka, A Comparative Study of Electrical and Clinical Manifestations of Petit Mal Epilepsy during Various Levels of Vigilance and under the Influence of Autogenic Training. In: *Rom,* S. 29–39.
[95] Zit. nach D. Langen.
[96] *AT,* S. 176.
[97] *AT,* S. 175.
[98] A. Schilling, Hdb. der HNO-Heilkunde II, 1960, und H. Fernau-Horn, Die Sprechneurosen. Stuttgart 1969.
[99] Schultz, Das Autogene Training, in: *Hdb.* IV, S. 196 und *AT,* S. 178.
[100] Uchivyma in: *Corr.,* S. 133.
[101] *Reuter,* Lit. und H. Binder in: *Corr.,* S. 128.
[102] *Reuter,* S. 109, Lit.
[103] Ebenda, S. 68.

34. Kapitel

[1] *Jacobson,* 1993, Lit.
[2] Ebenda.
[3] *Bernstein u. Borkovec,* 1978, Lit.
[4] *Jacobson,* 1993, Lit.
[5] *Bernstein u. Borkovec,* 1978, Lit.
[6] Hamm in: *Vaitl u. Petermann,* S.251, 1993, Lit.
[7] Ebenda, S.253.
[8] *Ohm,* 1992, Lit.
[9] *Katzberg u. Mitarb.,* 1987, Ohm in: *Zielke u. Sturm,* 1994, Lit.
[10] *Barolin,* 1988, Lit.
[11] *Ohm,* 1992, Lit.
[12] *Mensch,* S. 173ff.
[13] *Fuchs,* 1989, Lit.

[14] *Uexküll u. Mitarb.,* 1994, Lit.
[15] *Loew,* 1994, Lit.
[16] de Bousingen, zit. nach *Corr.,* S. 168.
[17] *Franke,* S. 32, Lit.
[18] *Relaxation,* S. 44; *Corr.,* S. 216.
[19] *Relaxation,* S. 43.
[20] *Schaub,* 1980, Lit.
[21] Schultz in: *Weg,* S. 216.
[22] Langen in: *Weg,* S. 355.
[23] *Aktivhypnose,* S. 263.
[24] *Langen,* 1971, S. 96, Lit.
[25] Kretschmer in: *Hdb.* IV, S. 130.
[26] *Wendt,* Lit.; *Langen,* 1946, Lit.
[27] *Langen,* 1971, S. 129, Lit.
[28] Teirich, zit. nach *Corr.,* S. 158.
[29] Watson, 1913.
[30] Cowings in: *Rom,* S. 173, *Salz u. Mitarb.*, 1982 , *Barolin,* 1988, *Krause,* 1991, Lit.
[31] Linden in: *Vaitl u. Petermann,* S. 208, 1993, Lit.
[32] *Knox,* 1980, *Gallois*, 1984, Lit.
[33] Linden in: *Vaitl u. Petermann,* S.212, 1993, Lit.
[34] *von Rom,* 1988, Lit.
[35] *Hartmann,* 1982, Lit.
[36] *Cavaliere,* 1990, Lit.
[37] *Sedlak u. Mitarb.,* 1987, *Bazzi,* 1988, Lit.
[38] *Pritz,* 1990, Lit.

35. Kapitel

[1] *Weg.* Die einzige Ausnahme bildet ein Aufsatz von J. H. Schultz: »Gehobene Aufgabenstufen im autogenen Training« (1929).
[2] *Thomas,* 1969, Lit.
[3] Das Bild stammt aus einem Vortrag, den G. S. Barolin auf dem Ersten Europäischen Kongreß für Hypnose im April 1978 in Malmö gehalten hat.
[4] *AT,* S. 228.
[5] *AT,* S. 231.
[6] Fritz Klatt, Die schöpferische Pause.
[7] Schultz, Das Autogene Training, in: *Hdb.* IV, S. 187.
[8] *Thomas,* 1969, S. 48, Lit.
[9] Ebenda.
[10] *AT,* S. 229.
[11] *AT,* S. 239.
[12] *AT,* S. 248ff.
[13] Kretschmer in: *Hdb.* IV, S. 37 und *Langen* 1972, S. 18, Lit.

[14] Kretschmer in: *Hdb.* IV.
[15] *AT,* S. 251.
[16] *AT,* S. 343.
[17] *Weg,* S. 79; C. G. Jung, Ges. Werke, S. 234, zit. nach *Ammann,* S. 78, Lit.
[18] Giese, Körperseele. Delphinverlag, München.
[19] L. Heyer, Beitrag in: *Heyer,* Praktische Seelenheilkunde, Lit.
[20] *Stolze,* 1964, Lit.
[21] 1929 in: *Weg,* S. 81.
[22] Schultz, Das Autogene Training, in: *Hdb.* IV, S. 190.

36. Kapitel

[1] Der Begriff der »visuellen Vorgänge« wird vom Verfasser als Abgrenzung gegenüber den Imaginationen benutzt. Das »Visuelle« bezieht sich auf die vorwiegend unbewegten (statischen) Farberlebnisse; sie werden als einheitliche Farbflächen beschrieben, mit fehlender oder geringer emotionaler Besetzung.
[2] Zit. nach *Weg,* S. 34.
[3] *Kluge* und Thren, Lit.
[4] Luthe in: *Corr.,* S. 171.
[5] *AT,* S. 231.
[8] *Thomas,* 1969, S. 50, Lit.
[9] *AT,* S. 238.
[10] *AT,* S. 239.
[11] *AT,* S. 241.
[12] *AT,* S. 234.
[13] Ebenda.
[14] *Thomas,* 1969, S. 54, Lit.
[15] *Rosa,* Das ist autogenes Training, S. 119, Lit.
[16] Luthe in: *Corr.,* S. 189.
[17] *Rosa,* Das ist autogenes Training, S. 120, Lit.
[18] *AT,* S. 234.

37. Kapitel

[1] *AT,* S. 243.
[2] Ebenda.
[3] *AT,* S. 244.
[4] *Thomas,* 1969, S. 59, Lit.
[5] *AT,* S. 264.
[6] D. W. Winnicot, Vom Spiel zur Kreativität.
[7] *Thomas,* 1969, S. 60ff., Lit.
[8] *AT,* S. 246.
[9] Ebenda.

[1] von W. Frederking.
[2] R. A. Sandison, 1924. In Deutschland H. Leuner, 1962.
[3] *Tucjek,* S. 151, Lit.
[4] Schultz-Hencke.
[5] H. Leuner.
[6] *Kluge* und Thren, Lit.
[7] *Jaensch,* S. 176.
[8] W. Frederking und H. Leuner.
[9] Schultz-Hencke, zit. nach *Katzenberger,* S. 11, Lit.
[10] *Kehrer,* S. 48, Lit.
[11] Zit. nach *Katzenberger,* S. 18, Lit.
[12] *Kluge* und Thren, Lit.
[13] Psyche X, S. 211–28.
[14] *Happich,* 1948, Lit.
[15] *Petz,* Lit.
[16] Ähnlich bei *Thomas,* 1969, S. 64, Lit.
[17] Auch abgelehnt von Wallnöfer, s. *Binder,* 1973, S. 86, Lit. – Auch aggressive Praktiken werden abgelehnt, zugunsten »eigener Schätzmaßnahmen« des Übenden.
[18] *Leuner,* 1980 u. 1994, Lit.
[19] und zwar im Sinne eines Hypnoids. *Leuner,* S. 68, Lit.
[20] Ders., S. 32ff., 69, Lit. – Das Wiesenmotiv – ebenso ein Wald-, ein Berg-, ein Kapellenmotiv – benutzte bereits *Happich,* 1932, Lit.; s. auch *Krapf,* 1977, S. 2605, Lit.
[21] G. Krapf, Das katathyme Bild-Erleben. In: Fortschritte der Medizin 43 (1977).
[22] Ähnlich bei Desoille und Thomas.
[23] *Jung,* 1962, S. 182, Lit.
[24] Ders., 1929, S. 15ff., Lit.
[25] Ders., Briefe, Bd. II, S. 76.
[26] M. L. von Franz in: *Bitter,* 1972, Lit.
[27] Ebenda, S.26.
[28] *Jung,* 1962, S.186, Lit.
[29] Ebenda, S. 189.
[30] Ebenda, S. 96.
[31] Ebenda, S. 101.
[32] Ebenda, S. 104.
[33] C. G. Jung in: Ges. Werke, Bd. XI, zit. nach *Ammann,* Lit.
[34] *Jacobi,* S. 177, Lit.
[35] *Bitter,* 1972, S. 29, Lit.
[36] Ebenda, S. 27.
[37] Ebenda.
[38] La loi de l'effort converti, bei *Baudouin* 1972, S. 64, Lit.

[39] *Mensch.*

[40] C. G. Jung in: Seelenprobleme der Gegenwart, zit. nach *Ammann,* S. 57, Lit.

[41] Ebenda.

[42] C. G. Jung, Praxis der Psychotherapie. Ges. Werke, Bd. XVI, S. 53.

[43] Lenk in: *Revenstorf,* 1993, Lit.

[44] Petermann u. Kusch in: *Vaitl u. Petermann,* S. 218, 1993, Lit.

[45] ebenda, S. 230.

[46] ebenda, S. 223ff.

39. Kapitel

[1] von Wallnöfer geprägter Ausdruck.

[2] J. S. Beuer u. a. in: *Corr.,* S. 154.

[3] Vgl. B. Jencks, Das autogene Ruhespielzeug. In: *DDR.*

[4] Wallnöfer zit. nach *Binder,* 1973, S. 77f., Lit.

[5] Die Märchenbildung aus unverständlichen Einzelbildern hat eine gewisse Parallele in: C. G. Jung, Die psychologische Diagnose des Tatbestandes. Zürich-Leipzig 1941. – Diese Methode ist übrigens in die Literatur eingegangen in »Le silence du colonel Bramble« von André Maurois.

Literaturverzeichnis

In diesem Verzeichnis sind die Aufsätze und Werke verzeichnet, die direkt oder indirekt bei der Niederschrift der vorliegenden Arbeit benutzt worden sind. Literaturstellen, die nur am Rande Liegendes betreffen oder auf die selten Bezug genommen wurde, tauchen zum Teil nur in den Anmerkungen auf. Bei Übungsheften und Darstellungen des AT, die für den Lernenden von Nutzen sein können, ist die Anzahl der Seiten hinzugefügt, um über den Umfang des Werks zu orientieren.

Die folgenden Abkürzungen beziehen sich auf häufig benutzte Standardwerke, vielfach Sammelbände mit Aufsätzen der verschiedensten Autoren. Einige in späteren Auflagen dieses Handbuchs neu hinzugekommene Werke führen als Abkürzung die Stadt bzw. das Land ihres Erscheinens.

Aktivhypnose	Langen, D.: Die gestufte Aktivhypnose. Eine Anleitung zu Methode und Klinik. 4. Aufl., Thieme, Stuttgart 1972
AT	Schultz, J. H.: Das autogene Training. Konzentrative Selbstentspannung. Versuch einer klinisch-praktischen Darstellung. 14. unveränd. Aufl., Thieme, Stuttgart 1973 (410 S.). – Das Standardwerk des Schöpfers des Autogenen Trainings; in viele Sprachen übersetzt; enthält die Literatur seit dem Beginn des Trainings 1932
Canada	Luthe, W.: Stress and Self-Regulation. Introduction to the Methods of Autogenic Therapy. International Institute of Stress, Pointe Claire/Canada 1977
Corr.	Luthe, W. (Hrsg.): Autogenes Training. Autogenic Training. Le Training Autogène. Correlationes Psychosomaticae. Montreal/Canada, Thieme, Stuttgart 1965 (327 S.)
DDR	Katzenstein, A. (Hrsg.): Suggestion und Hypnose in der psychotherapeutischen Praxis. Fischer, Jena 1978
Hdb.	Frankl, E., V. E. v. Gebsattel und J. H. Schultz (Hrsg.): Handbuch der Neurosenlehre und Psychotherapie. Urban & Schwarzenberg, München-Berlin 1958
Heft	Schultz, J. H.: Übungsheft für das autogene Training. Konzentrative Selbstentspannung. 15. Aufl., Thieme, Stuttgart 1972 (27 S.)

Hypno–AT	Langen, D. und E.Wiesenhütter: Hypnose und autogenes Training in der psychosomatischen Medizin. Hippokrates, Stuttgart 1971
Hyp–Psychosom.	Langen, D. und E. Wiesenhütter: Hypnose und psychosomatische Medizin. Hippokrates, Stuttgart 1971
Lex.	Müller, C. (Hrsg.): Lexikon der Psychiatrie. Springer, Berlin 1973
Med. Psychol.	Delay, J. und P. Pichot: Medizinische Psychologie. Ein Kompendium. 2. Aufl., Thieme und dtv, Stuttgart und München 1968
Mensch	Stokvis, B. und E. Wiesenhütter: Der Mensch in der Entspannung. Hippokrates, Stuttgart ^{3}1971 (384 S.)
Paris	Sapir, M., F. Reverchon, J.-J. Prévost, C. Canet-Palaysi, R. Philibert, A. Cornier, S. Cohen-Léon und P. Fédida: La relaxation. Son approche psychanalytique. Bordas, Paris 1975
Physiologie	Keidel, W. D.: Kurzgefaßtes Lehrbuch der Physiologie. 2. Aufl., Thieme, Stuttgart 1970 (524 S.)
Relaxation	Kleinsorge, H. und G. Klumbies: Technik der Relaxation – Selbstentspannung. Fischer, Jena 1967 (90 S. m. Schallplatte)
Rom	Luthe, W. und F. Antonelli (Hrsg.): Therapy in Psychosomatic Therapy. Bd. 4: Autogenic Therapy. Edizioni Pozzi, Rom 1977
Suggestion	Pflanz, U. und B. Stokvis: Suggestion. Hippokrates, Stuttgart 1961 (259 S.)
Training	Kleinsorge, H.: Selbstentspannung und gezieltes Organtraining. Trainingsheft für das autogene Training. 2. Aufl., Fischer, Stuttgart 1972 (52 S.)
UDSSR	Romen, A. S.: Hypnose in der Sowjetunion. (Dt. Übers. des Originaltitels: Autosuggestion und ihre Wirkung auf den menschlichen Organismus. Eine experimental–theoretische und klinisch-praktische Untersuchung.) Biotronic Corp., Wilmington/USA 1978
Weg	Langen, D. (Hrsg.): Der Weg des autogenen Trainings. Wissenschaftl. Buchgesellschaft, Darmstadt 1968 (389 S.)

Aivazyan, T. A., Zaitsev V. P., Salenko B.B., Yurenev A. P. und Patrusheva I. F.: Efficacy of relaxation techniques in hypertensive patients. Health Psychol 1988, Vol: 7 Suppl, 193–200

Aivazyan, T. A., Zaitsev V. P. und Yurenev A. P.: Autogenic training in the treatment and secondary prevention of essential hypertension: five year follow-up. Health Psychol 1988, Vol: 7 Suppl, 201–208

Alarcía, J., Pinard, G., Serrano, M., Tetreault, L.: Étude comparative de trois traitements du bégaiement: relaxation, désensibilisation, reéducation. Revue de Psychologie Appliquée 1982, 32, 1–25

Albrecht, C.: Psychologie des mystischen Bewußtseins. Bremen 1951

Alnaes, R. und O. E. Skaug: Über Veränderungen der Cortisonwerte im Blut bei Heterohypnose und bei passiver Konzentration auf Schwere- und Wärmeformeln des Autogenen Trainings. Corr. 79

American Academy of Family Physicians. Success in smoking cessation after self-hypnosis. American Family Physician, 1993 Dec, Vol: 48 (8), 1546

Ammann, A. N.: Aktive Imagination. Walter, Freiburg/Br. 1978

Anderson, N. B., Lawrence P. S. und Olson T. W.: Within subjekt analysis of autogenic training and cognitive coping training in the treatment of tension headache pain. J Behav Ther Exp Psychiatry 12 (3), 1981, 219–224

Aufrichtige Erzählungen eines russischen Pilgers. Herder, Freiburg 1959

Balint, M.: Der Arzt, sein Patient und die Krankheit. Klett, Stuttgart 1965

Balint, M.: Therapeutische Aspekte der Regression. Die Theorie der Grundstörung. Klett, Stuttgart 1970

Banner, C. N. und Meadows W. M.: Examination of the effectiveness of various treatment techniques for reducing tension. Br J Clin Psychol 1983 Sep, Vol: 22 (Pt 3), 183–193

Barolin, G. S.: Rückblick auf acht Jahre psychohygienischer Arbeit mit Spitzensportlern. In: Psychother., Medizin, Psychol. 6 (1978)

Barolin, G. S. und M. Dongier: Le Training Autogène chez l'enfant épileptique. Corr. 120

Barolin, G. S. und Wöllersdorfer E.: Gruppenpsychotherapie mit integriertem Autogenen Training bei Senioren, Teil I. Ärztliche Praxis und Psychotherapie, 1986, 8 (1), 3–11; Teil II: ebenda, 1986, 8 (2), 3–10

Barolin, G. S.: Autogenes Training (AT), Respiratorisches Feedback (RFB). Neue Gesichtspunkte zu alten Erfahrungen. Ebenda, 1988, 10 (3), 23–29

Barolin, G. S.: Autogenes Training (AT) – Respiratorisches Feedback (RFB). Gleichartigkeiten und Abgrenzungen in einer praxisorientierten Differentialindikation. Wien Med Wochenschr 1988 Apr 15, Vol: 138 (6–7), 161–164

Bartmann, U. und Mathes W. D.: Autogenes Training an der VHS zur Psychohygiene, Effekte bei klassischem versus modifiziertem Vorgehen. Prävention, 1992, 15 (1), 22–24

Battegay, R. und U. Rauchfleisch: Medizinische Psychologie. Huber, Bern 1974

Baudouin, Ch.: Der Couéismus. Reichel, Darmstadt 1926

Baudouin, Ch.: Suggestion und Autosuggestion. Schwabe, Basel-Stuttgart 1972

Bauer, J. S., J. U. Wetta und R. Durand de Bousingen: Utilisation du Training Autogène en milieu étudiant. Corr. 150

Baust, W.: Therapie der Schlafstörungen. In: Medizinische Welt 23 (1973)

Bazzi, T.: Logotherapie und autogenes Training. Zur Möglichkeit ihrer Kombination. in: Längle A.: Entscheidung zum Sein. Viktor E. Frankls Logotherapie in der Praxis. Piper, München 1988, 83–86

Becker, I. S., Stetter F. und Mann K.: Autogenes Training bei Alkoholkranken. Zeitschrift f. Allgemeinmedizin, 1992, 6, 162–164

Beitel, E. und Kröner, B.: Veränderung des Selbstkonzepts durch Autogenes Training. Zeitschrift für klinische Psychologie, 1982, 11 (1), 1–15

Berlin, J., Cartellieri S., Schwendner H., Pfotenhauer M., David E. und Erdmann W.: Integrierendes Verfahren von Hypnose und Autogenem Training bei klassischer Migräne. in: Wörz, R.: Chronischer Schmerz und Psyche. G. Fischer, Stuttgart 1990, 227–238

Berndt, H. und Märker W.: Zur Psychotherapie beim Reizkolon. Z gesamte Inn Med 1985 Feb 15, Vol: 40 (4), 107–110

Bernstein, D. A. und Th. D. Borkovec: Entspannungstraining. Handbuch der progressiven Muskelentspannung nach Jacobson. München 1978

Berti, L. A. und Hoffmann S. O.: Psychogene und psychoreaktive Störungen des Schlafes. Vorkommen, Typen, Ursachen und Therapie. Nervenarzt, 1990, 61, 16–27

Betz, K.: Bildstreifendenken. Hdb. IV

Biermann, G.: Autogenes Training mit Kindern und Jugendlichen. Reinhardt, München-Basel 1975

Binder, H.: Seminar über Gruppentherapie mit dem autogenen Training. Lehmann, München 1964 (68 S.)

Binder, H.: Autogenes Training bei Hirnversehrten (1956). Weg 212

Binder, H.: Erfahrungen mit dem Autogenen Training bei Hirnversehrten. Corr. 128

Binder, H.: Zwanzig Jahre praktische und klinische Psychotherapie. Lehmann, München 1973

Binder, H. und Binder K.: Autogenes Training – Basispsychotherapeutikum. Deutscher Ärzte-Verlag, Köln 1993 (162 S.)

Binswanger, L.: Vom anthropologischen Sinn der Verstiegenheit. In: Der Nervenarzt 20 (1949)

Binswanger, L.: Beobachtungen an entspannten und versenkten Versuchspersonen. In: Der Nervenarzt 4 (1929)

Birnbaum, K. (Hrsg.): Handwörterbuch der medizinischen Psychologie. Thieme, Leipzig 1930

Bitter, W. (Hrsg.): Praxis dynamischer Gruppenarbeit. Internat. Gemeinschaft Arzt und Seelsorger, Stuttgart 1972

Bitter, W. (Hrsg.): Meditation in Religion und Psychotherapie. Kindler-Taschenbücher

Bjerre, Paul: Das Träumen als Heilungsweg der Seele. Rascher, Zürich 1936

Blanchard, E. B. et al.: The USA-USSR collaborative cross-cultural comparison of autogenic training and thermal biofeedback in the treatment of mild hypertension. Health Psychol 1988, Vol: 7 Suppl, 175–192

Blöschl, L.: Verhaltenstherapeutische Ansätze in der Psychosomatik. Hypno-AT 201

Blüher, H.: Traktat über die Heilkunde. Klett, Stuttgart 1950

Blunk, W. und D. Gross (Hrsg.): Die Schlafstörungen und ihre Behandlung. Stuttgart 1971

Böttcher, H. R.: Varianten in der Anwendung des autogenen Trainings (1961). Weg 280

Bongartz, W.: Hypnosetherapie. Psychotherapeut, 1995, 40, 249–260

Borelli, S.: Dermatologie. Hdb. V

Boyes, D.: Autogenes Training Yoga. Eine praktische Übungsanleitung. O. W. Barth, München 1976

Brachfeld, O.: Acta psychother. 2 (1954)

Brandstätter, E.: Kontrollüberzeugung, Geschlecht und Realisierbarkeit des autogenen Trainings: Eine explorative Studie. Dissertation, Universität Graz, Naturwissenschaftliche Fakultät 1987

Brauchle, A.: Hypnose und Autosuggestion. Reclam, Stuttgart 1949

Braud, W. und Masters D.: Electro dermal reactions to opposite types of autogenic training imagery. Biol Psychol 10 (3), 1980, 211–218

Bräutigam, W., P. Christian und M. von Rad: Psychosomatische Medizin. Thieme, Stuttgart 1992

Brugger, W. (Hrsg.): Philosophisches Wörterbuch. Herder, Freiburg 1950

Brun, R.: Allgemeine Neurosenlehre. Schwabe, Basel 1946

Bühler, Ch.: Psychologie im Leben unserer Zeit. Droemer, München 1962

Bühler, K. E. und Biesenecher-Fjornes R.: Stimmung und Befindlichkeit beim Autogenen Training. Zeitschrift f. Psychosomatische Medizin u. Psychoanalyse, 1989, 35 (2), 130–142

Büssing, A., Lehmkuhl G. und Bergmann R.: Therapiekontrolle im autogenen Training. Einfluß von Motivation und Persönlichkeitsvariablen auf den Übungserfolg. Psychotherapie, Psychosomatik, Medizinische Psychologie, 1986, 36 (7), 221–226

Bumke, O.: Lehrbuch der Geisteskrankheiten. Bergmann, München ^{4}1944

Busemann, A.: Stil und Charakter. Meisenheim 1948

Carruthers, M. und Stetter F.: Die Beeinflussung kardiovaskulärer Risikofaktoren durch Autogenes Training. Zeitschrift f. Allgemeinmedizin, 1992, 6, 154–157

Caspers, H.: Zentralnervensystem. In: Physiologie (s. d.)

Cattani, P., Tosadori U., Dell Angelo M. und Di Francesco G.: Influence of the respiratory autogenic training R. A. T. method on some psychological aspects of childbirth. Fracastoro 80 (5–6), 1987, 178–182

Cavaliere, R.: Das Autogene Training – Eine wichtige Komponente der Psychotherapie. Autogenes Training & Progressive Relaxation, 1990, 7, 3–7

Chaney, E. F. und Roszell D. K.: A cognitive behavioral analysis of relaxation training in drug abusers. Drug Alcohol Depend, 1983 Oct, Vol: 12 (2), 201–207

Chertok, L.: Hypnose. Kindler, München 1973

Clauser, G.: Über seelische Wirkungen der Arznei. In: Deutsche Medizinische Wochenschrift 370 (1956)

Clauser, G.: Psychotherapiefibel. Thieme, Stuttgart 1972

Clauser, G.: Die Kopfuhr

Coué, E.: Die Selbstbemeisterung durch bewußte Autosuggestion. Schwabe, Basel-Stuttgart 1972

Coué, E.: Ce que j'ai fait. Nancy 1926

Coursey, R. D., Frankel B. L., Gaarder K. R. und Mott D. E.: A comparison of relaxation techniques with electrosleep therapy for chronic, sleep-onset insomnia – a sleep-EEG study. Biofeedback Self Regul 1980 Mar, Vol: 5 (1), 57–73

Cremerius, J., S. O. Hoffmann und W. Trimborn: Psychoanalyse, Über-Ich und soziale Schicht. Die psychoanalytische Behandlung der Reichen, der Mächtigen und der sozial Schwachen. Kindler, München 1979

Delay, J. und P. Pichot: Medizinische Psychologie. Thieme, Stuttgart 1966

Delius, L. (unter Mitarbeit von J. Fahrenberg): Psychovegetative Syndrome. Thieme, Stuttgart 1966

Delius, L.: Plädoyer für die Entthronung der »vegetativen Dystonie« und eine zeitgemäße Nachfolgediagnose. In: Materia Medica Nordmark 22 (1970)

Derra, C.: Entspannungsverfahren bei chronischen Schmerzpatienten. Schmerz, 1997, 11, 282–295

Derra, C.: Autogenes Training für zwischendurch, TRIAS, Stuttgart 1998

Desoille, R.: Le Rève Eveille en Psychothérapie. In: Presses Universitaires de France, Bibliotheque de Philosophie Contemporaine (1945)

Deter, H. C.: Psychosomatische Behandlung des Asthma Bronchiale. Springer, Berlin, Heidelberg, New York, Tokio 1986

Dick-Read, G.: Mutterwerden ohne Schmerz. Hoffmann & Campe, Hamburg 1962

Diehl, B. J. M.: Autogenes Training und gestufte Aktivhypnose. Psychophysiologische Aspekte. Ein Leitfaden für Ärzte, Zahnärzte und Psychologen. Springer, Berlin 1987

Diehl, B. J. M.: Gehirnphysiologische Aspekte der Hypnose und des Autogenen Trainings. Praxis der Klinischen Verhaltensmedizin und Rehabilitation, 1992, 5 (Heft 20), 259–267

Dill, R.: Die Wirkungsweise des Autogenen Trainings und der Modernen Hypnotherapie nach M.Erickson. Praxis der Psychotherapie und Psychosomatik, 1993, 38 (4), 248–254

Dittmann, R. W.: Zur Psychophysiologie beim Autogenen Training von Kindern und Jugendlichen. Lang, Frankfurt 1988, Europäische Hochschulschriften, Reihe 6, Psychologie, Band 256

Dogs, W.: Die ärztliche Hypnose. Braun, Duisburg 1967

Dogs, W.: Konzentrative Entspannungstherapie. Braun, Duisburg 1973 (60 S.)

Doubrawa, R.: Das Autogene Training in verhaltenstherapeutischer Sicht. Praxis der Klinischen Verhaltensmedizin und Rehabilitation, 1992, 5 (Heft 20), 250–258

DSM-IV (Diagnostic and Statistical Manual of Mental Disorders, 4th Edition), Amer. Psychiat. Assoc., Washington/DC 1994

Dunbar, F.: Deine Seele – Dein Körper. Psychosomatische Medizin. Ullstein, Berlin 1955

Dvorák, M.: Effekte eines Trainings mit verschiedenen Entspannungsmethoden bei phobischen Personen. Dipl. Arb. Univers. Hamburg 1972

Eberhardt, E. E.: Autogenes Training als Bestandteil des betrieblichen Ablaufs. in: Diehl und Miller.: Moderne Suggestionsverfahren. Hypnose, Autogenes Training, Biofeedback, Neurolinguistisches Programmieren. Springer, Berlin 1990, 320–328

Eberlein, G.: Gesund durch Autogenes Training. Econ, Düsseldorf 1973

Eberlein, G.: Autogenes Training für Fortgeschrittene. Econ, Düsseldorf 1975

Eberlein, G.: Autogenes Training mit Märchen. Econ, Düsseldorf 1976

Ecker-Egle, M. L. und Egle U. T.: Primäre Fibromyalgie. in: Egle und Hoffmann: Der Schmerzkranke. Schattauer, Stuttgart 1993, 530–543

Eckert, H., Katzberg H. und Müller F. D.: Differentielle Untersuchungen zu Wirkungsbedingungen und Ergebnissen im Autogenen Training I. Psychoth.-Berichte (IfPN Berlin), Nr.36, 1987

Eckert, H. und Katzberg H.: Differentielle Untersuchungen zu Wirkungsbedingungen und Ergebnissen im Autogenen Training II. Psychoth.-Berichte (IfPN Berlin), Nr.37, 1987

Egle, U. T., Derra C., Nix W. A., Schwab, R.: Spezielle Schmerztherapie. Schattauer, Stuttgart 1999

Egle, U. T. und Hoffmann S.O. (Hrsg): Der Schmerzkranke. Schattauer, Stuttgart 1993

Ehlers, A., Stangier U. und Gieler U.: Treatment of atopic dermatitis: A comparison of psychological and dermatological approaches to relapse prevention. J Consult Clin Psychol., 1996, im Druck

Engel-Sittenfeld, P., Engel R. R., Huber H. P. und Zangl K.: Active mechanisms of psychological therapy techniques in the treatment of chronic sleep disorders. Zeitschrift für Klinische Psychologie Forschung und Praxis, 1980, Vol 9 (1), 34–52

Enke, H., A. u. J. Houben und P. Rotas: Beitrag zum psychosomatischen Grundproblem. In: Medizinische Welt 514 (1964)

Enke, H., E. Enke-Ferchland, B. Malzahn, H. Pohlmeier, G. W. Speierer, J. v. Troschke: Lehrbuch der Medizinischen Psychologie. Urban & Schwarzenberg, München-Berlin 1974

Erickson, M. H. und Rossi E. L.: Hypnotherapie. Aufbau – Beispiele – Forschungen. Pfeiffer, München 1993

Erskine-Milliss, J. und Schonell M.: Relaxation therapy in asthma: a critical review. Psychosom Med. 1981 Aug, Vol: 43 (4), 365–372

Eschenbach, U. (Hrsg.): Therapeutische Konzepte der analytischen Psychologie C. G. Jungs. Bonz, Fellbach-Oeffingen 1979

Farne, M., Sebellico A. und Gnugnoli D.: Personality trait influences on autogenic training, results 2. An inquiry on refractoriness. Bollettino Societa Italiana Biologica Sperimentale, 62 (4), 1986, 547–552

Farne, M. und Corallo A.: Autogenic training and signs of distress: An experimental study. Bollettino Societa Italiana Biologica Sperimentale, 68 (6), 1992, 413–417

Faust, J.: Aktive Entspannungsbehandlung. Hippokrates, Stuttgart 1960

Ferenczi, S.: Introjektion und Übertragung. Psychoanal. Verlag, Wien 1908

Fernau-Horn, H.: Hemmungszirkel und Ablaufzirkel in der Pathogenese und Therapie des Stotterns. In: Medizinische Monatsschrift 8 (1952)

Fernau-Horn, H.: Die Sprechneurosen. Hippokrates, Stuttgart 1975

Finke, J. und W. Schulte: Schlafstörungen – Ursachen und Behandlung. Thieme, Stuttgart 1970

Florin, I.: Entspannung – Desensibilisierung. Urban–Taschenbuch, 1978

Frank, R. G.: Leistungssteigerung durch Hypnose und autogenes Training im Sport. Nowotny + Söllner, München 1975

Franke, K.: So lernt man Autogenes Training. Paracelsus, Stuttgart 1974 (37 S.)

Frankl, V. E.: Die Psychotherapie in der Praxis. Deuticke, Wien 1947

Frankl, V. E.: Der unbedingte Mensch. Deuticke, Wien 1949

Frankl, V. E., V. E. v. Gebsattel, J. H. Schultz (Hrsg.): Handbuch der Neurosenlehre. Urban & Schwarzenberg, München-Berlin 1960

Franz von, M.-L.: Über aktive Imagination. In: W. Bitter (s.d.), Praxis dynamischer Gruppenarbeit. 1972

Franz von, M.-L.: Die aktive Imagination in der Psychologie C. G. Jungs. In: W. Bitter (s.d.), Meditation in Religion und Psychotherapie

Frederking, W.: Über die Tiefenentspannung und das Bildern. Psyche 2 (1948), 211–228

Freedman, R. R., Ianni P. und Wenig P.: Behavioral treatment of Raynaud's Disease. Journal of Consulting and Clinical Psychology, 1983, 51, 539–549

Freud, S.: Gesammelte Werke. Imago, London 1940

Freyberger, H.: Psychotherapie bei chronisch psychosomatischen Kranken. Hypno-AT 147

Fromm, E.: Haben oder Sein. Die seelischen Grundlagen einer neuen Gesellschaft. Dt. Verlags-Anstalt, Stuttgart 1977

Fuchs, M.: Atemrhythmisierende Entspannungstherapie bei psychosomatischen Störungen. Hypno-AT 197

Fuchs, M.: Funktionelle Entspannung. Hippokrates, Stuttgart 1994

Gallois, P.: Modifications neurophysiologiques et respiratoires lors de la pratique des techniques de relaxation. Encephale. 1984, Vol: 10 (3), 139–144

Garcia, J.: Autogenes Trainig und Biokybernetik. Hippokrates, Stuttgart 1983

GAT, Gesellschaft zur Förderung des autogenen Trainings und der psychischen Hygiene. Wien 1976. (Vortragsreihen des Jahres 1975)

Geissmann, P.: Zur Frequenzanalyse des Elektroencephalogramms von Versuchspersonen während des autogenen Trainings (1965). Weg 364

Geissmann, P.: Étude de l'analyse des fréquences de l'électroencéphalogramme des sujets sous Training Autogène. Corr. 15

Geissmann, P.: Étude de l'électroencéphalogramme des sujets sous Training Autogène. Corr. 18

Gheorghiu, V. A. und D. Langen: Beziehungen zwischen Suggestibilität und autogenem Training. Hypno-AT 179

Gheorghiu, V. A., Koch E., Hübner M. und Keller K.: Ein Verfahren zur Erfassung der »Entspannbarkeit« in Anlehnung an die Grundübungen des Autogenen Trainings. Zeitschrift für Klinische Psychologie, Psychopathologie und Psychotherapie, 1994, 42 (1), 60–76

Gotthardt, J.: Zum Stellenwert des Autogenen Trainings in der stationären psychosomatischen Behandlung von Colitis-ulcerosa-Patienten. Psychotherapie, Psychosomatik, Medizinische Psychologie, 1984, 34 (2), 41–43

Grawe, K., Donati R., Bernauer F., Psychotherapie im Wandel. Von der Konfession zur Profession. Hogrefe, Göttingen 1994[2]

Groller, B.: Zur Effektivität von kombinierten Entspannungsübungen für Kinder mit Asthma bronchiale. Kinderärztl.Prax. 1992 Feb, Vol: 60 (1), 12–16

Gross, D.: Heilung über das Nervensystem. Hippokrates, Stuttgart 1972

Guidoni, G., La Malfa G. P., Strik W. K., Hautman G., Pastorino A. und Cabras P. L.: Effectiveness of autogenic training applied to a group of baseball and softball players. Med.Sport (Turin), 40 (2), 1987, 145–152

Häuser, M. L. und Morach D.: Autogenes Training in der ambulanten Behandlung Suchtkranker. Verband ambulanter Behandlungsstellen für Suchtkranke-Drogenabhängige. Freiburg 1982

Hahnewald, M.: Patienteneinstellungen als Erfolgsprediktoren beim Autogenen Training. Zeitschrift für die gesamte Hygiene und ihre Grenzgebiete, 1989, 35 (1), 44–45

Happich, C.: Anleitung zur Meditation. Roether, Darmstadt 1948

Happich, C.: Zbl. Psychotherapie, 1932

Happich, C.: Dtsch. med. Schr. 2, 1939

Haring, C.: Lehrbuch des Autogenen Trainings. Enke, Stuttgart 1993 (186 S.)
Harrer, G.: Zur Therapie von Schmerzzuständen. In: Sympos., Salzburg (Nov. 1965)
Hartmann, H.: Ich-Psychologie und Anpassungsproblem (1939). Klett, Stuttgart 1970
Hartmann, M.: Autogenes Training bei mäßig motivierten Klienten. Praxis der Psychotherapie und Psychosomatik, 1982, 27 (4), 147–150
Hattingberg, I. v.: Beobachtungen über die Möglichkeiten und Grenzen des autogenen Trainings bei extrapyramidalen motorischen Störungen (1958). Weg 233
Hau, T. F. (Hrsg.): Psychosomatische Medizin in ihren Grundzügen. Hippokrates, Stuttgart 1973
Heimann, H. und T. Spoerri: Elektroencephalographische Untersuchungen an Hypnotisierten. In: Uschr. Psychiat. Neurol. 4 (1953)
Heiss, R.: Allgemeine Tiefenpsychologie. Huber, Bern 1956
Hellpach, W.: Klinische Psychologie. Enke, Stuttgart 1946
Henry, M., de Rivera J.L.G., Gonzalez M.I.J. und Abrey J.: Improvement of respiratory function in chronic asthmatic patients with autogenic therapy. J Psychosom Res. 1993, 37, 265–270
Herz, E.: Tiefenentspannung. Autogenes Training. Grundkurs. Kolb, Karlstein/M. 1975
Heugel, D.: Autogenes Training als Erlebnis. Hirzel, Leipzig 1938
Hexel, M. et al.: Die Anwendung von Autogenem Training Grund- und Mittelstufe bei Patienten mit sympathischer Reflexdystrophie (Morbus Sudeck). Psychotherapie Forum, 1995, 3 (1), 38–42
Heyer, G. R.: Praktische Seelenheilkunde. Lehmann, München 1935
Heyer, G. R.: Der Organismus der Seele, Lehmann, München 1935
Hirsch, R. D.: Zur Problematik des Autogenen Trainings bei Älteren. Psychotherapie, Psychosomatik, Medizinische Psychologie, 1987, 37 (7), 233–236
Hirsch, R. D.: Anwendungsmöglichkeiten des Autogenen Trainings bei psychisch kranken älteren Menschen. in: Möller und Rohde, Psychische Krankheit im Alter. Springer, Berlin 1993, 428–437
Hochmuth, M.: Autogenes Training und progressive Muskelrelaxation für Eltern-Kind-Gruppen. Untersuchung, Erfahrungsbericht, Anleitung zum Handeln. Dissertation Universität Leipzig 1992
Hoffmann, S. O. und Hochapfel G.: Neurosenlehre, Psychotherapeutische und Psychosomatische Medizin. Schattauer, Stuttgart, New York 1995
Hoffmann, S. O. und Meyer A. E.: Der Themenschwerpunkt Psychosomatik – ein Rückblick der zwei Fachgutachter. in: Heimann und Hartmann-Lang, Psychische Erkrankungen im Erwachsenenalter. Fischer, Stuttgart, Jena, New York 1995, 23–29
Hofstätter, P.: Psychologie. Fischer Taschenbuch. 1972

Hutchings, D. F. und Reinking R. H.: Tension headaches: What form of treatment is most effective? Biofeedback Self Regul, 1976, Vol:1, 183–190

ICD–10 (Internationale Klassifikation psychischer Störungen, 10. Aufl., Kapitel V (F) der WHO), Huber, Bern Göttingen Toronto Seattle 1993[2]

Ikemi, Y., S. Nakagawa, M. Kumura, H. Dobery, Y. Ono und M. Sugita: Bloodflow Change by Autogenic Training – Including Observations in a Case of Gastric Fistula. Corr. 64

Ikemi, Y., S. Nakagawa, T. Kusano und M. Sugita: The Application of Autogenic Training to »Psychological Desensitization« of Allergic Disorders. Corr. 228

Iversen, G.: Vom psychotherapeutischen Engagement bei psychosomatisch Kranken. Praxis der Psychotherapie und Psychosomatik, 1984, 29, 218–221

Jacobi, J.: Die Psychologie von C. G. Jung. Rascher, Zürich 1940

Jacobs, G. D. und Lubar J. F.: Spectral analysis of the central nervous system effects of the relaxation response elicited by autogenic training. Behav Med. 1989 Fall, Vol: 15 (3), 125–132

Jacobson, E.: Progressive Relaxation (1925). Weg 45

Jacobson, E.: Die Technik der »Progressiven Relaxation« (1924). Weg 41

Jacobson, E.: Entspannung als Therapie: Progressive Relaxation in Theorie und Praxis. Pfeiffer, München 1993

Jaensch, E. R.: Die Eidetik und die typologische Forschungsmethode. Quelle & Meyer, Leipzig 1925

Jaensch, E. R. (und Mitarb.): Grundformen menschlichen Seins. Elsner, Berlin 1929

Janssen, K. und Neutgens J.: Autogenic training and progressive relaxation in the treatment of three kinds of headache. Behav Res Ther. 24 (2). 1986. 199–208

Jaspers, K.: Allgemeine Psychopathologie. Springer, Berlin 1948

Jencks, B., Ph. D.: Your Body, Biofeedback at its Best. Nelson Hall, Chicago 1977

Jolowicz, E.: Praktische Psychotherapie. Zürich–Leipzig 1935

Jores, A. und H. S. Puchta: Der Pensionierungstod. In: Medizinische Klinik 54 (1959)

Jores, A.: Vom kranken Menschen. Thieme, Stuttgart 1961

Jores, A.: Der Kranke mit psychovegetativen Störungen. Verlag für medizin. Psychologie, Göttingen 1973

Jores, A. und M. v. Kerekjarto: Der Asthmatiker. Huber, Bern 1967

Jung, C. G.: Psychologische Typen. Rascher, Zürich 1925

Jung, C. G.: Einleitung zu Richard Wilhelm: Das Geheimnis der goldenen Blüte. Rascher, Zürich 1929

Jung, C. G.: Briefe. Bd. I: Zürich 1932; Bd. II: Zürich 1947

Jung, C. G.: Die psychologische Diagnose des Tatbestandes. Rascher, Zürich-Leipzig 1941

Jung, C. G.: Erinnerungen, Träume, Gedanken. Rascher, Zürich–Stuttgart 1962

Jung, C. G.: Einblicke in Leben und Werk. Rascher, Zürich 1963

Jus, A. und K. Jus: Das Verhalten des Elektroencephalogramms während des autogenen Trainings (1965). Weg 359

Jus, A. und K. Jus: The Structure and Reactivity of the Electroencephalogram during Autogenic Training. Corr. 12

Jus, A. und K. Jus: The Evolution of the Respiratory Pattern during Autogenic Training. Corr. 104

Kallert, T. W.: Bridenileus – eine Komplikation beim Autogenen Training. Psycho, 1992, 18 (4). 271–273

Kals, K.: Alkoholprophylaxe und autogenes Training. in: Diehl und Miller. Moderne Suggestionsverfahren. Springer, Berlin, 1990, 354–364

Kals, K.: Alkohol–Prophylaxe und Autogenes Training. Suchtreport, 1993, 6, 46–48

Kaltwasser, B. und Breitenbach E.: Autogenes Training für sprachbehinderte Kinder – eine modifizierte Form und ihre Auswirkung auf das Konzentrationsvermögen. Die Sprachheilarbeit, 1986, 31 (3), 119–125

Kaluza, G. und Strempel J.: Autogenes Training in der Augenheilkunde – dargestellt am Beispiel des Glaukoms. Karger, Heidelberg 1994

Kankeleit, O.: Die Schöpferische Macht des Unbewußten. de Gruyter, Berlin-Leipzig 1933

Katzberg, H., Müller F. D., Neumann A., Siedt J. und Seidler C. H.: Differentielle Vergleichsstudie bei entspannungsorientierten Psychotherapie-Methoden. Psychoth.-Berichte (IfNP Berlin), Nr.38, 1987, 7–66

Katzenberger, H.: Der Tagtraum. Reinhardt, München-Basel 1969

Keefe, F. J., Surwit R. S. und Pilon R. N.: Biofeedback, autogenic training and progressive relaxation in the treatment of raynauds disease, a comparative study. J Appl Behav Anal 13 (1), 1980, 3–11

Kehrer, S.: Wach- und Wahrträume bei Gesunden und Kranken. Leipzig 1935

Keidel, W. D. (Hrsg.): Kurzgefaßtes Lehrbuch der Physiologie. Thieme, Stuttgart 1970

Kemmler, R.: Autogenes Training mit Kindern und Jugendlichen. Bartenschläger, München 1975

Kenter, H.: Das Autogene Training in Prophylaxe und Therapie der Herzkrankheiten. Corr. 196

Kerekjarto, v. M. (Hrsg.): Medizinische Psychologie. Springer, Berlin–Heidelberg 1974

Kielholz, P.: Entspannung – neue therapeutische Aspekte. In: Internationales Symposium der Ciba-Geigy AG. Wehr/Baden in St. Moritz (16. 1. 1970)

Kirst, W. und U. Diekmeyer: Creativitätstraining. Deutsche Verlagsanstalt, Stuttgart 1971

Klages, L.: Handschrift und Charakter. Barth, Leipzig 1929

Kleinsorge, H. und G. Klumbies: Technik der Relaxation – Selbstentspannung. Fischer, Jena 1967
Kleinsorge, H.: Selbstentspannung und gezieltes Organtraining. Trainingsheft für das autogene Training. Fischer, Stuttgart 1972 (51 S.)
Kleinsorge, H.: Urologie und Psychotherapie. Hdb. V
Kluge und Thren: Zschr. Psychotherapie A (1951)
Kniffki, Ch.: Transzendentale Meditation und autogenes Training. München 1979
Knox, S. S.: Effect of passive concentration as instructional set for training enhancement of EEG alpha. Percept Mot Skills 1980 Dec, Vol: 52, 767–775
Kraft, H. und Schötzau P.: Das autogene Training in der Behandlung schizophrener Patienten. Fortschritte der Neurologie, Psychiatrie. 1982, 50 (9), 297–304
Kraft, H.: Autogenes Training. Methodik, Didaktik und Psychodynamik. Hippokrates, Stuttgart 1996 (194 S.)
Krampen, G. und Ohm D.: Zur indikativen Bedeutung generalisierter Kontrollüberzeugungen für das AT. in: Hehl et al. Diagnostik psychischer und psychophysiologischer Störungen. 12.Kongreß für Angewandte Psychologie, Bd.II. Dt. Psychologen Verlag, 1985, 231–252
Krampen, G., Main C. und Waelbroeck O.: Optimierung des Lernprozesses beim Autogenen Training bei kurzer Kurslaufzeit durch Übungsprotokolle. Zeitschrift für Klinische Psychologie, Psychopathologie und Psychotherapie, 1991, 39 (1). 33–45
Krampen, G.: Übungsheft zum Autogenen Training. Verlag für Angewandte Psychologie, Stuttgart 1991 (32 S.)
Krampen, G.: Einführungskurse zum Autogenen Training. Ein Lehr– und Übungsbuch für die psychosoziale Praxis. Verlag für Angewandte Psychologie, Göttingen, 1992 (277 S.)
Krampen, G.: Autogenes Training als Entwicklungsintervention – empirische Befunde zu seinem Stellenwert in der angewandten Entwicklungspsychologie. Zeitschrift für Entwicklungspsychologie und Pädagogische Psychologie, 1992, 24 (3), 184–200
Krampen, G.: Effekte der Grundübungen des autogenen Trainings im schulischen Anwendungskontext. Psychologie in Erziehung und Unterricht, 1992, 39 (1), 33–41
Krampen, G.: Interventionsorientierte Diagnostik und Evaluation beim Autogenen Training. in: Baumgärtel und Wilker: Klinische Psychologie im Spiegel ihrer Praxis. 1. Deutscher Psychologentag. Dt. Psychologen Verlag, Bonn, 1993, 52–58
Krampen, G.: Anwendungs- und forschungsorientierte Aus- und Weiterbildung in Autogenem Training. Ein Beispiel für den Erwerb psychologischer Basiskompetenzen. in: Krampen und Zayer: Psychologische Aus-, Fort- und Weiterbildung in den alten und neuen Ländern. Ebenda, 111–120

Krampen, G.: Erste Befunde zu einem integrativen Gruppenprogramm zur Gesundheitsförderung bei Älteren. Die Effekte von Autogenem Training sowie systematischer Selbstbeobachtung und Reflexion des Verhaltens (SySeRe). Zeitschrift für Gesundheitspsychologie, 1994, 2 (1), 49–63

Krampen, G.: Evaluation of the Effectiveness of Autogenic Training in Gerontopsychology. European Psychologist, 1996, Vol 1, No. 4, 243–254

Krampen, G.: Autogenes Training vor und begleitend zur methodenübergreifenden Einzelpsychotherapie bei depressiven Störungen. Zeitschrift f. Klinische Psychologie, Psychiatrie und Psychotherapie, 1997, 45, 214–232

Krapf, G.: Autogenes Training aus der Praxis. München 1980 (141 S.)

Krapf, G.: Hypnose. Autogenes Training. Katathymes Bilderleben. In: Die Psychologie des 20. Jahrhunderts. Kindler, Zürich 1976/77

Krapf, G.: Gedanken zum autogenen Training. In: Prax. Psychoth. 1970

Krapf, G.: Wesen und Wirkung der Oberstufe des Autogenen Trainings. Einige Gedanken. Ärztliche Praxis und Psychotherapie, 1989, 11 (4), 9–26

Krapf, G.: Das »autogene Grundprinzip« beim Autogenen Training. Praxis der Psychotherapie und Psychosomatik, 1985, 30 (5), 268–270

Kratochvil, S.: Sleep and Hypnosis. Hyp-Psychosom. 32

Krause, W. R. und Schubert R.: Physiologische Untersuchungen zum Autogenen Training. Die Heilkunst, 1990, 103 (5), 1–4

Krause, W. R., Schubert R. und Weisbrod D.: Der Einfluß des Autogenen Trainings (AT) auf Cortisol und Leukozyten. Psychiatrie, Neurologie und medizinische Psychologie, 1990, 42 (2), 120–122

Krause, W. R.: Hautwiderstandsuntersuchungen beim Autogenen Training nach J. H. Schultz im Vergleich zur Hypnose. Ärztliche Praxis und Psychotherapie, 1991, 13 (5–6), 53–56

Krause, W. R.: Autogenes Training und thermales Feedback. Autogenes Training & Progressive Relaxation, 1991, 8, 13–14

Kretschmer, E.: Hysterie, Reflex und Instinkt. Thieme, Stuttgart 1948

Kretschmer, E.: Psychotherapeutische Studien. Thieme, Stuttgart 1949

Kretschmer, E.: Der sensitive Beziehungswahn. Springer, Berlin ^{4}1966

Kretschmer, E.: Medizinische Psychologie. Thieme, Stuttgart 1971

Kretschmer, E.: Gestufte Aktivhypnose. Zweigleisige Standardmethode. Hdb. IV

Kröner, B. und Beitel E.: Längsschnittuntersuchung über die Auswirkung des autogenen Trainings auf verschiedene Formen der subjektiv wahrgenommenen Entspannung und des Wohlbefindens. Zeitschrift für Klinische Psychologie und Psychotherapie, 1980, 28 (2), 127–133

Kröner, B. und Steinacker I.: Autogenes Training bei Kindern. Auswirkung auf verschiedene Persönlichkeitsvariablen. Psychothe-

rapie, Psychosomatik, Medizinische Psychologie, 1980, 30 (4), 180–184
Kröner, B. und Beitel E.: Erfolgserwartung und Therapieerfolg beim autogenen Training. Psychotherapie, Psychosomatik, Medizinische Psychologie, 1981, 31 (5), 166–167
Kröner, B. und Langenbruch B.: Untersuchung zur Frage der Indikation von autogenem Training bei kindlichen Konzentrationsstörungen. Psychotherapie, Psychosomatik, Medizinische Psychologie, 1982, 32 (5), 157–161
Kröner, B., Frieg H. und Niewendiek U.: Einsatz verschiedener Programme des Autogenen Trainings bei Prüfungsangst. Zeitschrift für Klinische Psychologie und Psychotherapie, 1982, 30 (3), 254–266
Kröner, B. und Heiß M.: Der Einsatz von Entspannungsverfahren bei chronischen Kopfschmerzen – Eine Studie über die Möglichkeiten nichtmedikamentöser Therapie. in: Huber, M. P. (Hrsg.): Migräne. Urban & Schwarzenberg, München 1982, 154–175
Krönung, H. W.: Autogenes Training (Bochumer Modell). Ein ganzheitlich dynamischer Grundstufenansatz. Autogenes Training & Progressive Relaxation, 1994, 11, 4–6
Kronfeld, A.: Perspektiven der Seelenheilkunde. Thieme, Stuttgart 1930
Kruse, W.: Entspannung. Autogenes Training für Kinder. Deutscher Ärzte Verlag, Köln 1975
Kühnel, G.: Verbindung von autogenem Training und Psychoanalyse. Nervenarzt 20/2 (1949)
Labbe, E. E.: Treatment of childhood migraine with autogenic training and skin temperature biofeedback: a component analysis. Headache, 1995 Jan, Vol: 35 (1), 10–13
Laberke, J. A.: Klinische Erfahrungen mit dem Autogenen Training bei Herz– und Kreislauferkrankungen. Corr. 201
Labhardt, F.: Der Einfluß von autogenem Training bzw. Betablockade auf Streß bei Chirurgen. in: Kielholz, Siegenthaler, Taggart und Zanchetti. Psychosomatische Herz-Kreislauf-Störungen: wann und wie behandeln? Huber, Bern 1982, 194–196
Langen, D.: Methodische Probleme der klinischen Psychotherapie. Stuttgart 1946
Langen, D.: Anleitung zur Gestuften Aktivhypnose. Thieme, Stuttgart 1961
Langen, D. (Hrsg.): Der Weg des Autogenen Trainings. Wissenschaftliche Buchgesellschaft, Darmstadt 1968
Langen, D.: Psychotherapie. dtv, München 1971 (162 S.)
Langen, D.: Die gestufte Aktivhypnose. Eine Anleitung zur Methodik und Klinik. Thieme, Stuttgart 1972 (95 S.)
Langen, D.: Kompendium der medizinischen Hypnose. Karger, Basel 1972 (126 S.)
Langen, D.: Die zweigleisige Psychotherapie bei psychosomatischen Krankheiten. Hypno-AT 184

Langen, D.: Autogenes Training. Gräfe und Unzer Ratgeber Gesundheit, München 1994 (95 S.)

Langenkamp, B., Steinacker I. und Kröner B.: Autogenes Training bei 10jährigen Kindern. Beschreibung des Kursprogramms und des kindlichen Verhaltens während der Übungsstunden. Praxis der Kinderpsychologie und Kinderpsychiatrie, 1982, 31 (6), 238–243

Laplanche, J. und J.-B. Pontalis (Hrsg. A. Mitscherlich): Das Vokabular der Psychoanalyse. Suhrkamp, Frankfurt 1972

Lebzeltern, G.: Wie es zum Autogenen Training kam. Praxis der Psychotherapie und Psychosomatik, 1983, 28 (5), 240–249

Legeron, P.: Strategies comportementales et cognitives dans la gestion du stress. Encephale, 1993 Mar, Vol: 19 Spec No 1, 193–202

Lehrer, P. M., Carr R., Sargunaraj D. und Woodfolk R. L.: Stress management techniques: are they all equivalent, or do they have specific effects? Biofeedback Self Regul, 1994 Dec, Vol: 19 (4), 353–401

Leuner, H.: Katathymes Bilderleben. Thieme, Stuttgart 1970

Leuner, H., G. Horn und E. Klessmann: Katathymes Bilderleben mit Kindern und Jugendlichen. Reinhardt, München-Basel 1977

Leuner, H. (Hrsg.): Katathymes Bilderleben – Ergebnisse in Theorie und Praxis. 1980

Leuner, H.: Katathym-imaginative Psychotherapie (K.I.P.). Thieme, Stuttgart, New York 1994

Lidz, T.: Die Persönlichkeitsentwicklung im Lebenszyklus. Suhrkamp, Frankfurt 1970

Lindemann, H.: Anti-Streß-Programm. So bewältigen Sie den Alltag. Heyne, München 1974

Lindemann, H.: Überleben im Stress – Autogenes Training. Bertelsmann Ratgeberverlag, München 1973 (160 S.)

Linden, W.: Autogenic training: a narrative and quantitative review of clinical outcome. Biofeedback Self Regul 1994 Sep, Vol: 19 (3), 227–264

Lison, E.: Kurzzeitige kognitive Effekte in einem durch Autogenes Training veränderten Bewußtseinszustand. Experimentelle und klinische Hypnose, 1987, 3 (1), 61–83

Loch, W.: Vegetative Dystonie, Neurasthenie und das Fehlen der Problemwahl. In: Psyche 13 (1959)

Loew, T.: ›Functional relaxation‹ reduces acute airway obstruction in asthmatics as effectively as inhaled Terbutaline. Psychother Psychosom, 1996 im Druck

Lohmann, R.: Vegetatives Nervensystem und psychosomatische Krankheiten. Hypno-AT 51

Luban-Plozza, B. und W. Pöldinger: Der psychosomatische Kranke in der Praxis. Lehmann, München 1971

Lukas, K. H.: Seelisch bedingte Störungen in der Gestation. Hypno-AT 131

Luthe, W. (Hrsg.): Autogenes Training – Correlationes Psychosomaticae (s. Corr.). Thieme, Stuttgart 1965

Luthe, W.: The Work of Oskar Vogt and Autogenic Therapy I und II, Faculty of Medicine, Ugushu University, Fukuoka-Japan 1969/70

Luthe, W. (Hrsg.): Autogenic Therapy. Grune & Stratton, New York-San Francisco-London 1969
Bd. 1: W. Luthe und J. H. Schultz: Autogenic Methods
Bd. 2: W. Luthe und J. H. Schultz: Medical Applications
Bd. 3: W. Luthe und J. H. Schultz: Applications in Psychotherapy
Bd. 4: W. Luthe: Research and Theory
Bd. 5: W. Luthe: Dynamics of Autogenic Neutralization
Bd. 6: W. Luthe: Treatment with Autogenic Neutralization

Luthe, W.: Creativity Mobilisation Technique. Grune & Stratton, New York-San Francisco-London 1976

Luthe, W.: ICAT (= International Committee for the Coordination of Clinical Application and Teaching of Autogenic Therapy) Survey of Precautions in the Use of Autogenic Training. Montreal 1977

Luthe, W.: Oskar Vogt als Vorbereiter des autogenen Trainings und der Psychosomatik. Hyp-Psychosom. 258

Luthe, W., A. Jus und P. Geissmann: Autogenic State and Autogenic Shift. Psychophysiologic and Neurophysiologic Aspects. Corr. 3

Luthe, W.: Autogene Entladungen während der Unterstufenübungen. Corr. 22

Luthe, W.: Changes of Iodine Metabolism during Autogenic Therapy. Corr. 71

Luthe, W.: Lowering of Serum Cholesterol during Autogenic Therapy. Corr. 88

Luthe, W.: The Clinical Significance of Visual Phenomena during the Autogenic State. Corr. 171

Malouvier, D.: Beeinflussung der Bronchialobstruktion durch Autogenes Training. Atemwegs- und Lungenkrankheiten, 1981, 7, 299–200

Mann, K., Piepenhagen G., Sikorski D., Taubert S. und Bartels M.: Experimentelle Untersuchung zur Stirnkühle im autogenen Training. Psychotherapie, Psychosomatik, Medizinische Psychologie, 1989, 39 (7), 266–267

Mann, K., Stetter F., Günthner A. und Buchkremer G.: Qualitätsverbesserung in der Entzugsbehandlung von Alkoholabhängigen. Dt.Ärzteblatt 1995, 92: A-3052-3059 (Heft 45)

Mara, B.: Der Einsatz des Autogenen Trainings als Interventionsverfahren bei zehnjährigen Schulkindern: eine Evaluationsstudie. Dissertation, Universität Graz 1985

Mellgren, A.: Hypnose und künstlerisches Schaffen. Hyp-Psychosom. 216

Mensen, H.: ABC des autogenen Trainings. Goldmann, München 1975 (155 S.)

Meyer, A.E., Richter, R., Grawe K., Graf v.d. Schulenburg J.M., Schulte B.: Forschungsgutachten zu Fragen eines Psychotherapeutengesetzes. Univ.-Krankenhaus Hamburg-Eppendorf 1991

Meyer, H., Giebel K., Diehl B. J. M. und Beltz J.: Tellegens Absorption-Skala und Kurserfolg bei Autogenem Training. Experimentelle und klinische Hypnose, 1987, 3 (2), 109–119

Meyer, J. E.: Bewußtseinszustand bei optischen Sinnestäuschungen. In: Archiv für Psychiatrie 189 (1952)

Meyer, J. E.: Konzentrative Entspannungsübungen nach Elsa Gindler und ihre Grundlage. In: Zeitschrift für Psychotherapie und medizinische Psychologie 11 (1961)

Milne, B., Joachim G. und Niedhardt J.: A stress management programme for inflammatory bowel disease patients. Journal of Advanced Nursing, 1986, 11, 561–567

Mitscherlich, A.: Das Ende einer Simplifizierung. In: Materia medica Nordmark 1958

Mitscherlich, A.: Krankheit als Konflikt. Suhrkamp, Frankfurt 1968

Miyazaki S., Miyazaki E., Matunaga I. und Konishi K.: Clinical trial of autogenic training in the control of ocular tension. Folia Ophthalmol Jpn, 41 (6), 1990, 1152–1158

Mohr, F.: Psychophysische Behandlungsmethoden. Hirzel, Leipzig 1925

Morrill, B. und Blanchard E.B.: Two studies of the potential mechanisms of action in the thermal biofeedback treatment of vascular headache. Headache, 1989 Mar, Vol: 29 (3), 169–176

Müller, Ch. (Hrsg.): Lexikon der Psychiatrie. Springer, Berlin-Heidelberg-New York 1973

Müller, J.: Über die phantastischen Gesichtserscheinungen (1826). Neudruck, Fritsch, München 1967

Müller-Hegemann, D.: Autogene Psychotherapie. Rowohlt, Hamburg 1981

Müller-Hegemann, D.: Autogenes Training und Psychoanalyse – methodische Unterschiede. Praxis der Psychotherapie und Psychosomatik, 1984, 29 (4), 197–201

Müller-Hegemann, D. und Stetter F.: Neuere Gesichtspunkte in Theorie und Praxis des autogenen Trainings. Psychotherapie, Psychosomatik, Medizinische Psychologie, 1989, 39 (5), 178–181

Nicassio, P. und Bootzin R.: A comparison of progressive relaxation and autogenic training as treatment for insomnia. Journal of Abnormal Psychology, 1974, 83, 253–260

Ohm, D. und Mittag O.: Autogenes Training, Progressive Relaxation und Hypnosebehandlung in der Rehabilitation von Herzinfarktpatienten. in: Esser. Psychologische Gruppenarbeit im Rahmen der Rehabilitation von Herzpatienten. Enke, Stuttgart 1987, 52–60

Ohm, D.: Psyche, Verhalten und Gesundheit. Trias Thieme Hippokrates Enke, Stuttgart 1990

Ohm, D.: Progressive Relaxation. Trias Thieme Hippokrates Enke, Stuttgart, 1992
Onda, A.: Autogenic Training and Zen. Corr. 251
Paul, G. L. und R. W. Trimble: Recorded vs. »life«. Relaxation, Training and Hypnotic Suggestion. Comparative Effectiveness for Reducing Physiological Arousal and Inhibiting Stress Response. In: Behav. Ther. I (1970), S. 285–301
Paul, H.: Deutsches Wörterbuch. Max Niemeyer, Halle 1935
Paulus, B.: Unmittelbare Auswirkungen des Autogenen Trainings. Eine Studie über Veränderungen vegetativer Parameter peripherer Regulation und die dabei auftretenden Empfindungen während des Trainings. Dissertation Universität Salzburg 1983
Pehboeck, C. V.: Über der Einfluß des autogenen Trainings auf den Verlauf des Alkoholismus. Dissertation Universität Salzburg 1985
Perini, C., Müller W., Battegay R. und Labhardt F.: Autogenes Training bei der generalisierten Tendomyopathie. Schweiz Rdsch Praxis, 1984, 73, 129–132
Peters, F., F. Miltner u. K.-P. Schaefer: Hirnelektrische und neuronale Korrelate der sog. »Tierhypnose«. Hyp-Psychosom. 67
Peters, U. H.: Wörterbuch der Psychiatrie und medizinischen Psychologie. Urban & Schwarzenberg, München-Berlin 1971
Peters, U. H. und K. Pollak: Vom Kopfschmerz kann man sich befreien. Erfahrungen aus einer Kopfschmerz-Klinik. Kindler, München 1976
Pfaffenrath, V.: Der chronische Kopfschmerz – Spannungskopfschmerz und Schmerzmittelmißbrauch. Arcis Verlag, München 1988
Pfeiffer, W. U.: Konzentrative Selbstentspannung durch Übungen, die sich aus der buddhistischen Atemmeditation und aus der Atemtherapie herleiten. In: Psychotherapie 16, Heft 5 (1966)
Philipp, S.: Hautwiderstandsmessungen bei AT-Patienten. Psychoth.-Berichte (IfNP Berlin), Nr.38, 1987, 67–90
Polender, A.: Entspannungsübungen. Eine Modifikation des Autogenen Trainings für geistig behinderte Kinder. Praxis der Kinderpsychologie und Kinderpsychiatrie, 1982, 31 (2), 50–56
Polender, A.: Entspannungsübungen. Eine Modifikation des Autogenen Trainings für Kleinkinder. Praxis der Kinderpsychologie und Kinderpsychiatrie, 1982, 31 (1), 15–19
Polzien, P.: Die Thermoregulation während der Schwereübung des Autogenen Trainings. Corr. 53
Polzien, P.: EKG-Änderungen während des ersten Versuchs der Schwereübung des Autogenen Trainings. Corr. 69
Polzien, P.: Die Änderung des Atemminutenvolumens während der Schwereübung des Autogenen Trainings. Corr. 94
Polzien, P.: Therapeutische Möglichkeiten des Autogenen Trainings bei Hyperthyreosen. Corr. 207

Postmeyer, B.: Jugend hilft sich selbst. Autogenes Training, Selbststeuerung, Selbstentwicklung, Meditation. Echter-Verlag, Würzburg 1975

Prill, H. J.: Das autogene Training zur Geburtsschmerzerleichterung (1956). Weg 216

Prill, H. J.: Das Autogene Training in der Geburtshilfe und Gynäkologie. Corr. 234

Prill, H.-J.: Geburtshilfe, Hdb. V

Prill, H.-J.: Gynäkologie, Hdb. V

Pritz, A.: Kurzgruppenpsychotherapie. Struktur, Verlauf und Effektivität von autogenem Training, progressiver Muskelentspannung und analytisch fundierter Kurzgruppenpsychotherapie. Springer, Berlin 1990

Prokop, O. und L. Prokop: Homöopathie und Wissenschaft. Enke, Stuttgart 1957

Rachmann, S.: Verhaltenstherapie bei Phobien. Urban & Schwarzenberg, München-Berlin 1970

Rathbone, J. L.: Relaxation. Lea & Febiger, Philadelphia 1969

Raudszus-Nothdurfter, I.: Autogenes Training bei Kindern. Praxis der Klinischen Verhaltensmedizin und Rehabilitation, 1992, 5 (Heft 20), 268–272

Raudszus-Nothdurfter, I.: Der Formelhafte Vorsatz im Autogenen Training mit Kindern. Autogenes Traning & Progressive Relaxation, 1992, 9, 5–10

Reich, B. A.: Non-invasive treatment of vascular and muscle contraction headache: a comparative longitudinal clinical study. Headache, 1989 Jan, Vol: 29 (1), 34–41

Remplein, H.: Psychologie der Persönlichkeit. Reinhardt, München 1963

Reuter, J. P.: Psychotherapie bei Hirnversehrten. Enke, Stuttgart 1964

Revenstorf, D.: Klinische Hypnose. Springer, Berlin-Heidelberg-New York 1993

Rittmannsberger, H.: Effektivität von Kursen für autogenes Training im Rahmen der Volkshochschule. Psychotherapie, Psychosomatik, Medizinische Psychologie, 1990, 40 (7), 264–270

von Rom, D.: Ergänzung der Hypnosetherapie durch Autogenes Training. Experimentelle und klinische Hypnose, 1988, 4 (2), 93–107

Rosa, K.: Das ist autogenes Training. Kindler Taschenbuch, München 1975 (142 S.)

Rosa, K.: Das ist die Oberstufe des autogenen Trainings. Kindler Taschenbuch, München 1975 (90 S.)

Rossi, N., Caldari R., Costa F. V. und Ambrosioni E.: Autogenic training in mild essential hypertension: a placebo-controlled study. Stress Med 5(1), 1989, 63–68

Rossmanith, S. und Bartl G.: Autogenes Training als integrative Psychotherapie. Praxis der Psychotherapie und Psychosomatik, 1993, 38 (6), 352–360

Roszell, D. K. und Chaney E. F.: Autogenic training in a drug abuse program. Int J Addict, 1982 Dec, Vol: 17 (8), 1337–1349

Säker, G.: Kleine neurologische Fibel für die Praxis. Sonderdruck aus: Ärztliche Praxis XII (1960)

Saile, H. und Klüsche P.: Zur Therapie hyperaktiver Kinder. Selbstinstruktionstraining und Autogenes Training im Vergleich. Universität, Fachbereich I – Psychologie, Trier 1994

Salz, M. und Eichhorn H.: Zur Anwendung des Biofeedback bei Entspannungstraining. Probleme und Ergebnisse der Psychologie, 1982, 80, 69–74

Sapir, M. und F. Reverchon: Modifications objectives-circulatoires et digestives au cours du Training Autogène. Corr. 59

Sargent, J., Solbach P., Coyne L., Spohn H. und Segerson J.: Results of a controlled, experimental, outcome study of nondrug treatments for the control of migraine headaches. J Behav Med, 1986, 9, 291–323

Sasaki, D., Sutoh T. und Abe T.: Psychosomatic treatment of irritable bowel syndrome. Nippon Rinsho, 1992 Nov, Vol: 50 (11), 2758–2763

Sato, S., Sugiyama Y., Okuse S. und Yashiro N.: A survey of the acquisition and effects of autogenic training for psychosomatic patients. J Lib Arts Sci Sapporo Med Coll, 29 (0), 1988, 1–8

Sattel, L.: Kurzzeitige kognitive Effekte im STROOP-Test durch Variation des Entspanntheitsgrades. Experimentelle und klinische Hypnose, 1988, 4 (2), 149–158

Sauer, J. und Schnetzer M.: Zum Persönlichkeitsbild des Asthmatikers und seiner Veränderung durch unterschiedliche Behandlungsmethoden im Verlauf einer Kur. Zeitschrift für Klinische Psychologie und Psychotherapie, 1978, 26, 171–180

Sauerbruch, F. und Wenke: Über den Schmerz.

Schaeffer, G.: Das Autogene Training in einer medizinischen Poliklinik. Corr. 215

Schäfgen, E.: Häufige Fehler bei der Vermittlung des autogenen Trainings. in: Diehl und Miller: Moderne Suggestionsverfahren. Hypnose, Autogenes Training, Biofeedback, Neurolinguistisches Programmieren. Springer, Berlin 1990

Schaub, S.: Musik im autogenen Training. Eine experimentelle Untersuchung. Psychotherapie, Psychosomatik, Medizinische Psychologie, 1980, 30 (6), 286–292

Schloffer, H.: Über die Wirkung des autogenen Trainings auf Prüfungsangst und vegetative Störungen. Dissertation Universität Graz 1986

Schmitz, K.: Heilung durch Hypnose. Lehmann, München 1957

Schneider, H. J.: Autogenes Training im Sport. Die Wirkung eines modifizierten Autogenen Trainings auf Befindens-, Leistungs- und physiologische Parameter bei Sportlern in Laborsituationen und beim 1000m–Lauf. bps-Verlag, Köln 1985

Schneider, K.: Klinische Psychopathologie. Deuticke, Wien 1967
Schottlaender, T.: Blendung durch Bilder. In: Psyche 10 (1956)
Schrapper, D. K. und Mann K. F.: Veränderung der Befindlichkeit durch Autogenes Training. Psychotherapie, Psychosomatik, Medizinische Psychologie, 1985, 35 (10–11), 268–272
Schreiner-Kürten, K. und Hartung K.: Autogenic training in patients with chronic respiratory tract disease. Atemwegs- und Lungenkrankheiten, 1991, 17 (10), 517–522
Schultz, J. H.: Über Schichtenbildung im hypnotischen Selbstbeobachten (1920). Weg 34
Schultz, J. H.: Über Narkolyse und autogene Organübungen. Zwei neue psychotherapeutische Methoden (1926). Weg 52
Schultz, J. H.: Bionome Psychotherapie. Thieme, Stuttgart 1951
Schultz, J. H.: Die seelische Krankenbehandlung. Jena 1919. Piscator, Stuttgart 1952
Schultz, J. H.: Hypnose-Technik. Piscator, Stuttgart 1952
Schultz, J. H.: Grundfragen der Neurosenlehre. Thieme, Stuttgart 1955
Schultz, J. H. und W. Luthe: »Autogenic Training«. Vorwort – Spezielle Übungen – Theorie (1959).
Schultz, J. H.: Le Training Autogène. In: Presses Universitaires de France (1960)
Schultz, J. H.: Lebensbilderbuch eines Nervenarztes. Thieme, Stuttgart 1964
Schultz, J. H.: Übungsheft für das autogene Training. Thieme, Stuttgart 1972 (27 S.)
Schultz, J. H.: Übungsheft für das autogene Training. Bearbeitet von D. Langen. Thieme, Stuttgart, New York 1983 (38 S.)
Schultz, J. H.: Übungsheft für das autogene Training. Bearbeitet von K. Thomas. Trias Thieme Hippokrates Enke, Stuttgart 1989 (47 S.)
Schultz, J. H.: Das autogene Training. Thieme, Stuttgart 1973
Schultz, J. H.: Das autogene Training. Hdb. IV
Schultz, J. H.: Leistungssteigernde Verfahren. Hdb. IV
Schultz-Hencke, H.: Lehrbuch der analytischen Psychotherapie. Thieme, Stuttgart 1951
Schumacher, H.L.: Autogenes Training in der stationären Rehabilitation bei rheumatischen Erkrankungen. Praxis Klin. Verhaltensmedizin und Rehabilitation, 1997, 39, 25–35
Schur, M.: Comments on the metapsychology of somatization. Psychoanal Study Child, 1955, 100, 119–164
Sczesni, B. und Kröner B.: Monosynaptische Reflexaktivität und elektrodermale Prozesse bei Praktizierenden des Autogenen Trainings und »naiven« Kontrollpersonen. Zeitschrift für Klinische Psychologie, Psychopathologie und Psychotherapie, 1985, 33 (3), 208–223
Seabra-Dinis, J.: Le Training Autogène dans les desordres ophtalmologiques. Corr. 223

Sedlak, F. und Steurer-Kerbl L.: Autogenes Training und Logotherapie. Psychologie in Österreich, 1987, 7 (1), 20–25

Seikowski, K., Weber B. und Haustein U. F.: Zum Einfluß der Hypnose und des Autogenen Trainings auf die akrale Durchblutung und die Krankheitsverarbeitung bei Patienten mit progressiver Sklerodermie (PS). Hautarzt, 1995 Feb, Vol: 46 (2), 94–101

Selig, E.: Psychovegetative Syndrome und Angst als möglicher ätiopathogenetischer Faktor und der Versuch einer Reduktion mit Hilfe des autogenen Trainings. Dissertation Universität Salzburg 1982

Selye, H.: Einführung in die Lehre vom Adaptationssyndrom. Stuttgart 1954

Selye, H.: Stress beherrscht unser Leben. Econ, Düsseldorf 1957

Sharp, C., Hurford D. P., Allison J., Sparks R., Cameron B. P.: Facilitation of internal locus of control in adolescent alcoholics through a brief biofeedback assisted autogenic relaxation training procedure. Journal of Substance Abuse Treatment, 1997, 14, 55–60

Siersch, K.: Verbesserung von Konzentrationsleistungen durch Autogenes Training. Zeitschrift für Klinische Psychologie, 1986, 15 (2), 158–163

Silberer, H.: Bericht über eine Methode, gewisse symbolische Halluzinationserscheinungen hervorzurufen und zu beobachten. In: Jahrbuch psychoanal. psychopath. Forschung I (1909)

Simma, L. und Benzer W.: Rehabilitation nach Herzinfarkt. Autogenes Training in der ambulanten Koronarsportgruppe. Wien Med Wochenschr, 1985 Nov, Vol: 135 (21), 527–531

Simon, W. C. M.: Kathartische Effekte im autogenen Training und deren therapeutische Nutzung. Zeitschrift für Klinische Psychologie und Psychotherapie, 1980, 28 (2), 124–126

Spiegelberg, U.: Heterohypnose bei psychosomatischen Krankheiten. Hypno-AT 152

Spiess, K., Sachs G., Buchinger C., Roeggla G., Schmack C. und Haber P.: Zur Auswirkung von Informations- und Entspannungsgruppen auf die Lungenfunktion und psychophysische Befindlichkeit bei Asthmapatienten. Praxis der Klinischen Pneumologie, 1988, 42, 641–644

Spinhoven, P., Linssen A. C. G., Van Dyck R. und Zitman F. G.: Autogenic training and self-hypnosis in the control of tension headache. Gen Hosp Psychiatry, 1992 Nov, Vol: 14 (6), 408–415

Spoerri, Th.: Autogenes Training bei psychosomatischen Krankheiten. Hypno-AT 164

Springup, J., Feiereis, H. und Wilke E.: Der Einfluß der Compliance auf die Behandlung mit autogenem Training. Psychotherapie, Psychosomatik, Medizinische Psychologie, 1989, 39 (11), 418–422

Steinbach, M.: Autogenes Training im Leistungssport. Hyp-Psychosom. 213

Steinfeld, L.: Autogene Meditation. Von den Grundübungen des autogenen Trainings zur meditativen Versenkung. Düsseldorf 1978

Stetter, F.: Chronobiologische Aspekte beim Autogenen Training. Thermometrische Befunde beim Autogenen Training in Abhängigkeit von der Tagesperiodik bei vegetativ dystonen Patienten. Zeitschrift für Psychosomatische Medizin und Psychoanalyse, 1985, 31 (2), 172–186

Stetter, F. und Stuhlmann W.: Autogenes Training bei gerontopsychiatrischen Patienten. Zeitschrift für Gerontologie, 1987, 20 (4), 236–241

Stetter, F. und Mann K.: Der Wunsch nach Entspannung – eine autonome Entscheidung. Das autogene Training als Komponente in der Behandlung Alkoholabhängiger. Psycho, 1991, 17 (5), 305–310

Stetter, F., Mann K.: Autogenes Training. Empirisch begründetes psychotherapeutisches Verfahren in der Primärversorgung. Dt. Ärzteblatt, 1992, 89, 1427–1428

Stetter, F.: Gestufte Aktivhypnose, autogenes Training und zweigleisige Psychotherapie. Fundamenta Psychiatrica, 1994, 8, 14–20

Stetter, F., Günthner A. H., Mann K. F. und Bartels M.: Physiologische und psychische Veränderungen bei der Behandlung mit autogenem Training in der Rehabilitation von Herzinfarktpatienten. Praxis der Klinischen Verhaltensmedizin und Rehabilitation, 1994, 7 (Heft 25), 46–52

Stetter, F., Walter G., Zimmermann A., Zähres S. und Straube E. R.: Ambulante Kurztherapie von Angstpatienten mit autogenem Training und Hypnose. Behandlungsergebnisse und 3-Monats-Katamnese. Psychotherapie, Psychosomatik, Medizinische Psychologie, 1994, 44 (7), 226–234

Stetter, F.: Wirksamkeitsnachweis von Therapien mit autogenem Training anhand kontrollierter, klinischer Studien. Vortrag bei der 1. Arbeitstagung der Deutschen Gesellschaft für ärztliche Hypnose und autogenes Training, Juni 1995

Stetter, F., Kupper S.: Autogenes Training – Qualitative Meta-Analyse kontrollierter klinischer Studien und Beziehungen zur Naturheilkunde. Forschende Komplementärmedizin, 1998, 5, 221–223

Stetter, F., Kupper S.: Autogenic training: A meta-analysis of clinical outcome studies (in Vorbereitung)

Stokvis, B.: Psychologie und Psychotherapie der Herz– und Gefäßkranken. Cochem 1941

Stokvis, B. und M. Pflanz: Suggestion. Hippokrates, Stuttgart 1961

Stokvis, B. und E. Wiesenhütter: Der Mensch in der Entspannung. Hippokrates, Stuttgart 1961

Stokvis, B.: Psychotherapie für den praktischen Arzt. Karger, Basel 1969

Stokvis, B.: Suggestion. Hdb. IV

Stolze, H.: Das obere Kreuz. Psychotherapie bei Erkrankungen der Halsregion. Lehmann, München 1953

Stolze, H.: Psychotherapie. 1964

Stolze, H.: Möglichkeiten der Psychotherapie von Angstzuständen durch konzentrative Bewegungstherapie. In: Psychotherapie 14 (1964)

Straus, E.: Wesen und Vorgang der Suggestion. Abh. Neurol. Psychiatr. Psychol., Berlin 1925

Surwit, R. S., Allen L. M. und Gilgor R. S.: The combined effect of Prazosin and autogenic training on cold reactivity in Raynaud's phenomenon. Biofeedback Self Regul, 1982, Vol:7, 537–544

Susen, G. R.: Erlebte Veränderungen einzelner Verhaltensbereiche durch Autogenes Training. Zeitschrift für Psychosomatische Medizin und Psychoanalyse, 1978, 24, 329–383

Susen, G. R.: Vergleichende Untersuchung zur differentiellen Wirksamkeit des autogenen Trainings und der transzendentalen Meditation. Dissertation, Fachbereich Psychologie Universität Gießen 1980

Ter Kuile, M. M., Spinhoven P., Linssen A. C., Zitman F. G., Van Dyck R. und Rooijmans H.G.: Autogenic training and cognitive self-hypnosis for the treatment of recurrent headaches in three different subject groups. Pain, 1994 Sep, Vol: 58 (3), 331–340

Thielen, R. und Krampen G.: Kurse zum Autogenen Training in der offenen Erwachsenenbildung. in: Krampen und Zayer. Psychologische Aus-, Fort- und Weiterbildung in den alten und neuen Ländern. 1. Deutscher Psychologentag. Deutscher Psychologen Verlag, Bonn, 1993, 160–169

Thiemann, E.: Gewohnheit oder Sucht? Umschau Verlag, Frankfurt 1970

Thomas, K.: Praxis der Selbsthypnose des autogenen Trainings. Thieme, Stuttgart 1969 (112 S.)

Thomas, K.: Meditation in Forschung und Erfahrung, in weltweiter Beobachtung und praktischer Anleitung. Thieme, Stuttgart 1973

Thomas, K.: Autogenes Training bei Blinden (1954). Weg 206

Trojan, F.: Die Rolle des stimmlichen Ausdrucks und der Sprache im autogenen Training und bei verwandten heterogenen Methoden (1962). Weg 333

Tsikulin, A. E., Zinkovskiy A. K. und Vilkov V. S.: L'aspect psychologique de la recuperation des hypertendus. Sante Publique (Bucur), 1989 Jul-Sept, Vol: 32 (3), 287–294

Tuczek, K.: in: Nervenarzt 1 (1928)

Uchiyama, K.: Some Clinical Considerations Concerning the Effects of Autogenic Training on Writer's Cramp. Corr. 133

Uexküll, Th. v.: Grundfragen der psychosomatischen Medizin. Rowohlt, Hamburg 1963

Uexküll, Th. v., Fuchs M., Müller-Braunschweig H. und Johnen R.: Subjektive Anatomie. Schattauer, Stuttgart-New York 1994.

Unestähl, L.-E.: Hypnosis and posthypnotic suggestions. Script, 1974

Vaitl, D. und Petermann F.: Handbuch der Entspannungsverfahren. Band 1: Grundlagen und Methoden. Band 2: Anwendungen. Beltz, Psychologie-Verlags-Union, Weinheim 1993

Van Dyck, R., Zitman F.G., Linssen A. C. G. und Spinhoven P.: Autogenic training and future oriented hypnotic imagery in the treatment of tension headache: outcome and process. Int J Clin Exp Hypnosis, 1991, 39, 6–23

Vietor, W. P. K.: The Treatment of Manager's Diseases by Hypnosis. Hyp-Psychosom. 206

Völgyesi, F.: Menschen- und Tierhypnose. Orell-Füßli, Zürich 1938

Völgyesi, F.: Hypnosetherapie und psychosomatische Probleme. Hippokrates, Stuttgart 1950

Wallnöfer, H.: Seele ohne Angst. Hoffmann & Campe, Hamburg 1968

Wallnöfer, H.: Gesund mit autogenem Training. Innsbruck-Frankfurt/M. 1979

Wallnöfer, H.: Autogenes Training. Eine Information und ein praktischer Kurs für Ärzte aller Fachrichtungen, mit Experimenten. Boehringer, Mannheim-Wien 1980

Wallnöfer, H.: Grundlagen des autogenen Trainings nach J.H.Schultz. in: Diehl und Miller. Moderne Suggestionsverfahren. Hypnose, Autogenes Training, Biofeedback, Neurolinguistisches Programmieren. Springer, Berlin, 1990, 237–252

Wallnöfer, H.: Aufdecken durch Gestalten vor und nach dem Autogenen Training. in: ebenda, 339–343

Wendt, C. F.: Psychotherapie im abgekürzten Verfahren. Berlin 1949

Wiesenhütter, E. (Hrsg.): Hypnose und autogenes Training in der psychosomatischen Medizin. Hippokrates, Stuttgart 1971

Wiesenhütter, E. (Hrsg.): Hypnose und psychosomatische Medizin. Hippokrates, Stuttgart 1972

Winnicot, D. W.: Vom Spiel zur Kreativität. Klett, Stuttgart 1974

Winter, M.: Schulangst und Autogenes Traning als Interventionsprogramm bei Hauptschülern. Dissertation Universität Graz 1989

Winterfeld, H. J. et al.: Autogenes Training bei hypertonen Regulationsstörungen nach aortokoronarer Venenbypass-Operation (ACVB) bei koronarer Herzkrankheit. Z Gesamte Inn Med, 1993 Apr, Vol: 48 (4), 201–204

Wittrock, D. A., Blanchard E. B., McCoy G. C., McCaffrey R. J. und Khramelashvili V. V.: The relationship of expectancies to outcome in stress management treatment of essential hypertension: results from the Joint USSR-USA Behavioral Hypertension Project. Biofeedback Self Regul, 1995 Mar, Vol: 20 (1), 51–63

Wörterbuch der Psychologie. Hrsg. von C. Günther. VEB, Leipzig 1976

Würthner, H.: Die Macht der Entspannung. Hyperion, Freiburg 1955

Zielke, M. und Sturm J.: Handbuch Stationäre Verhaltenstherapie. Beltz, Psychologie-Verlags-Union, Weinheim 1994

Zitman, F. G., Van Dyck R., Spinhoven P. und Linssen A. C. G.: Hypnosis and autogenic training in the treatment of tension headaches: a two-phase constructive design study with follow-up. J Psychosom Res, 1992, 36 (3), 219–228

Personenregister

Sachregister

Alles über die Gesundheit

Dr. med. Marianne Koch

Mein Gesundheitsbuch

dtv premium 24151

In diesem grundlegenden Nachschlagewerk erklärt die prominente Internistin Marianne Koch Aufbau und Funktion des menschlichen Körpers, beschreibt die häufigsten Erkrankungen und ihre Behandlung und gibt Hinweise zur gezielten Vorbeugung. Weil zum gesunden Körper auch eine gesunde Seele gehört, widmet die Autorin diesem Thema ein eigenes Kapitel. Neben den schulmedizinischen Vorgehensweisen werden auch erprobte alternative Heilmethoden vorgestellt. Tipps für eine ausgewogene, bewusste Ernährung, Strategien für ein gesundes Alter und Ratschläge zur Aktivierung der Selbstheilungskräfte runden das informative und umfassende Gesundheitsbuch ab.

»Koch gelingt es, selbst komplizierte Zusammenhänge anschaulich und verständlich darzustellen und hilft mit, dass der Leser zu einem mündigen Partner des Arztes wird.«
Kurier

»Ein Nachschlagewerk, das in keinem Haushalt fehlen sollte.«
frau aktuell

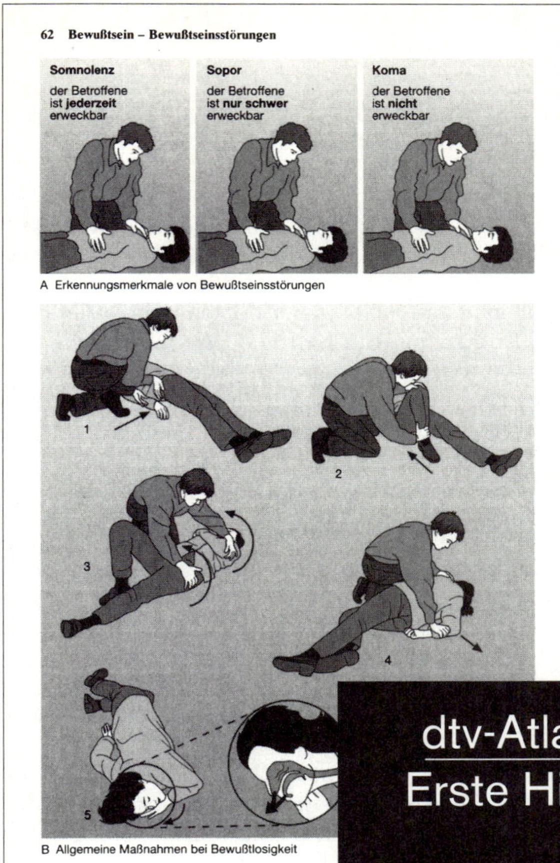
62 Bewußtsein – Bewußtseinsstörungen

Somnolenz	Sopor	Koma
der Betroffene ist **jederzeit** erweckbar	der Betroffene ist **nur schwer** erweckbar	der Betroffene ist **nicht** erweckbar

A Erkennungsmerkmale von Bewußtseinsstörungen

1 2 3 4 5

B Allgemeine Maßnahmen bei Bewußtlosigkeit

dtv-Atlas Erste Hilfe

von Harald Karutz und
Manfred von Buttlar
104 Farbseiten
von Jörg Mair
Originalausgabe
dtv 3238

John O'Donohue im dtv

John O'Donohue nimmt uns mit in die spirituelle Welt der Kelten auf eine intime Reise zu uns selbst

Anam Ċara
Das Buch der keltischen Weisheit
dtv premium 24119

Anam ist das gälische Wort für Seele, Ċara heißt Freund. Anam Ċara bedeutet nach keltischem Verständnis also »Seelenfreund«. Die Kelten besaßen eine tiefe Einsicht in das Wesen der Liebe und der Freundschaft, die zwei Menschen auf unzertrennliche Weise verband. John O'Donohue enthüllt in diesem Buch keltische Geheimnisse, die die Leser in unserer hektischen Zeit in harmonischen Einklang mit der Welt bringen und das Leben reicher machen.

Echo der Seele
Von der Sehnsucht nach Geborgenheit
dtv premium 24180

Irgendwo, tief in unserem Innern, lebt die Sehnsucht. Es ist die Sehnsucht nach Liebe, Geborgenheit und Zugehörigkeit. Noch nie war der Hunger nach Zugehörigkeit so quälend wie heute. Die Geborgenheit, die wir in der Zugehörigkeit erfahren, schenkt uns Kraft; sie bestätigt in uns eine Stille und Gewissheit des Herzens. Sie befähigt uns, äußeren Druck und Verwirrung zu ertragen, und sie versichert uns des Bodens, auf dem wir stehen.

Dieses Buch ist »eine eloquente Meditation über die Kunst des Lebens. Es ist eine Schatzgrube für Leser aller Glaubensrichtungen.«
Publisher's Weekly

Hilfe zur Selbsthilfe

Mandy Aftel
Der Roman unseres Lebens
Wendepunkte erkennen und nutzen · dtv 36072

F. Diane Barth
Tagträumen
Der Schlüssel zur kreativen Energie · dtv 35148

Dietmar Friedmann
Klaus Fritz
Wer bin ich, wer bist du?
Mehr Erfolg durch bessere Menschenkenntnis
dtv 36530

Klaus Fritz
Ein Sternenmantel voll Vertrauen
Märchenhafte Lösungen für alltägliche Probleme
dtv 36120

Irène Kummer
Ich bin die Frau, die ich bin
Eine lebendige Beziehung zu sich selbst und anderen finden · dtv 35078

Arnold Lazarus, Allen Fay
Ich kann, wenn ich will
Anleitung zur psychologischen Selbsthilfe
dtv 36109

Helmut Milz
Der wiederentdeckte Körper
Vom schöpferischen Umgang mit sich selbst
dtv 35075

Norman Vincent Peale
Die Kraft positiven Denkens
dtv großdruck 25110

Peter Schellenbaum
Die Wunde der Ungeliebten
Blockierung und Verlebendigung der Liebe
dtv 35015

Peter Schellenbaum
Abschied von der Selbstzerstörung
Befreiung der Lebensenergie
dtv 35016